Vsévolod Meierhold

COLEÇÃO PERSPECTIVAS
dirigida por J. Guinsburg

Supervisão editorial: J. Guinsburg
Tradução: J. Guinsburg, Christiane Takeda, Yedda C. Chaves, Matteo Bonfitto e Anita Guimarães
Preparação de texto: Marcio Honorio de Godoy
Revisão: Iracema A. de Oliveira
Capa e projeto gráfico: Sergio Kon
Produção: Ricardo W. Neves, Sergio Kon, Luiz Henrique Soares e Raquel Fernandes Abranches

Vsévolod Meierhold

Ou a Invenção da Encenação

Gérard Abensour

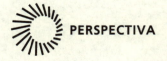
PERSPECTIVA

PRIMEIRA EDIÇÃO BRASILEIRA, REVISTA E AMPLIADA

Título do original francês
Vsévolod Meyerhold ou l'invention de la mise en scène

© Librairie Arthème Fayard,1998

CIP-BRASIL. CATALOGAÇÃO-NA-FONTE
Sindicato Nacional dos Editores de Livros, RJ

A124v

Abensour, Gérard
    Vsévolod Meierhold, ou, A invenção da encenação / Gérard Abensour ; [tradução J. Guinsburg... et al.]. – São Paulo: Perspectiva, 2011. 39 il. – (Perspectivas)

    Tradução de: Vsévolod Meyerhold, ou, L'invention de la mise en scène
    Anexos
    Inclui bibliografia e índices
    ISBN 978-85-273-0903-5

    1. Meierhold, V. E. (Vsévolod Emilevich), 1874-1940. 2. Diretores e produtores de teatro – União Soviética – Biografia. I. Título. II. Título: A invenção da encenação. III. Série.

10-6116.   CDD: 927.920233
                          CDU: 929:792.071.1

25.11.10   09.12.10
023143

Direitos reservados em língua portuguesa à
EDITORA PERSPECTIVA S.A.

Av. Brigadeiro Luís Antônio, 3025
01401-000 São Paulo SP Brasil
Telefax: (11) 3885-8388
www.editoraperspectiva.com.br
2011

Sumário

Para a Edição Brasileira   9
Introdução   15

1. Descer da Cortina   27
2. Nascimento de um Homem de Teatro   75
3. O Ano 1906 ou o Triunfo dos Simbolistas   125
4. Uma Nova Sensibilidade, os Anos 1907 e 1908   167
5. O Desabrochar   207
6. Tempestades Públicas e Privadas   251
7. A Guerra dos Sete Anos I   287
8. A Guerra dos Sete Anos II   329
9. Da Conquista do Público à Criação do Teatro Meierhold   385
10. Do Teatro Meierhold ao Teatro Nacional Meierhold   425
11. Novos Tremores (1927-1932)   473
12. O Teatro da Rua Tverskaia (1932-1938)   535
13. Crônica de uma Morte Planejada (1939-1940)   567
    A Cortina Ergue-se Novamente   627

Anexos   635
Bibliografia   651

Índice de Nomes   661
Índice de Obras   671

Agradecimentos   677

Para a Edição Brasileira

Depois de tê-lo riscado do mundo dos vivos e apagado da memória artística, seu país redescobre a estatura de Meierhold. Ele é reabilitado em 1955. A reabilitação penal, pronunciada por uma corte de justiça, reconhece que as acusações levantadas contra ele eram falaciosas e anula sua condenação como inimigo do povo. O homem reencontra seu lugar, o artista não ainda. Será preciso esperar uma boa dezena de anos para que sua obra teatral reapareça aos olhos do público e dos especialistas. Suas cartas são publicadas, seus escritos são reencontrados, e a eles são acrescentados os testemunhos daqueles que o conheceram e o admiraram. O crítico Rudnítski publica a obra que continua sem igual, *Režisser Mejerhol'd*, isto é, *Meierhold, o Encenador*, na qual ele reconstrói cada uma de suas encenações, enriquecendo seu propósito com um florilégio de artigos críticos, testemunhos e extratos de sua correspondência. Podemos, assim, assistir a todo o percurso artístico de um artista que estava constantemente em outro lugar e não lá onde o esperavam.

Dois museus foram criados, museus instalados nos próprios locais em que ele viveu. O primeiro em Penza, na casa da família onde ele passou a infância; o outro, em Moscou, no último apartamento que ele conheceu antes de desaparecer. Mas como encerrar nas paredes de um museu um homem que era só movimento? Em Penza o museu se duplica como um centro cultural. Natalia Kugel criou um estúdio teatral sob o nome de Dottor Dapertutto, pseudônimo adotado pelo mestre no início do século XX. Em Moscou, o museu é mais tradicional. Seu primeiro mérito é o de existir, e devemo-lo à energia infatigável de Maria Valentei, a neta de Meierhold (sua mãe, Tatiana Vorobiova, era a segunda filha do mestre). Ela conseguiu, por sua obstinação, juntar pouco a pouco as duas partes que formavam seu apartamento e que haviam sido divididos entre dois locatários. Ela se esforçou em reconstituir o interior onde o casal vivia e onde ele recebia numerosas celebridades, como Schostakóvitch, Oborin, Pasternak, André Malraux, entre outros. A sala de visita está ornada com um belíssimo retrato, a bico de pena, de Zinaida Reich, que observa o visitante com um ar altivo. Foi sob o olhar deste retrato, que ela foi barbaramente assassinada pelos matadores a soldo.

A questão que envergonha todos aqueles que se interessam por Meierhold é saber por que ele e sua mulher foram objeto de tamanha manifestação de ódio e crueldade. No estado em que se acham nossos conhecimentos atuais, e sob reserva da descoberta de novos documentos, a única explicação plausível reside na falta imperdoável de uma Zinaida Reich acuada pelo desespero. Na sua ingenuidade, ela se dirige a Stálin como a um companheiro de luta na construção de uma nova sociedade. Ela quer provocar um encontro entre Stálin e seu marido, Meierhold, como se uma discussão franca pudesse remover todos os mal-entendidos. Bastaram expressões amiúde desastradas e, à vezes, arrogantes, para obter o resultado inverso àquele que ela esperava.

> Enganam-no constantemente, constantemente, e escondem-lhe as coisas e mentem para o senhor [...] Eu sou neste momento a voz das massas e o senhor deve me escutar até o fim, quer isto lhe agrade ou não. O senhor sabe muito bem distinguir o verdadeiro do falso [...] O senhor compreendeu Maiakóvski, o senhor compreendeu Chaplin, o senhor compreenderá do mesmo modo Meierhold. Uma mão malévola o afastou dele, e nós do senhor.

Escrita em 29 de abril de 1937, esta carta acendeu uma mecha lenta que levou dois anos para detonar a explosão. Objeto de uma repressão feroz, Meierhold viu seu destino eclipsado por seu estatuto de vítima. Suas qualidades de inovador, de criador infatigável foram passadas para o segundo plano. Quando a gente segue passo a passo as etapas de sua vida, constata-se que há nele, muito cedo, um homem revoltado. Ele se orienta em uma direção diferente da de Stanislávski, e se situa à mesma altura que este, porém na margem oposta.

A essência mesma do trabalho teatral está em jogo nesta oposição. Em Stanislávski, o fundamental reside no trabalho interior do comediante. Ele deve apelar abundantemente para as suas lembranças, pôr-se no lugar da personagem, encontrar pontos de apoio nos cenários e nos praticáveis. O comediante, segundo Stanislávski, é capaz de dar vida, de dar substância a uma personagem, mesmo completamente vazia e desprovida de carne.

Defronte, encontra-se o trabalho corporal, a distância entre o comediante e a personagem, que ele segura de algum modo à força de braço. As peças devem ser máquinas de atuar, devem suscitar uma energia comunicativa a serviço das grandes ideias filosóficas ou políticas, a paz e a guerra, a dominação e a submissão, a sinceridade e a hipocrisia. Todo o pensamento forte tende a ser retomado por discípulos que deformam o ensinamento do mestre. Todavia, a linha instaurada por Meierhold tem uma descendência fecunda. Pensemos em Grotóvski, em Barba, mas também em Kuznet e em contemporâneos como Valeri Fokin. Sua herança é compartilhada por todos aqueles que compreendem que o teatro deve passar pelo domínio do corpo, e pela sua evolução em face de outros corpos, como na dança. O perigo é cair em um esteticismo sem emoção, e é, no fundo, o que seus contemporâneos censuram em Meierhold sem se dar conta disso. Esses aí não compreendem que há uma flama do pensamento, uma paixão do gesto, uma iluminação da visão que se situam no coração da prática de Meierhold. Ao construir seus espetáculos, ele tinha sempre em vista um objetivo: despertar o público, fazê-lo participar da aventura teatral.

Retomando a expressão de Mallarmé, sua morte transformou sua vida em destino. O que há atrás disso? Todos reconhecem agora em Meierhold um encenador e um genial teórico do teatro. Um inventor de formas, um revolucionário da construção da personagem, um homem que está na origem de uma profunda mudança da concepção do espetáculo.

Sua condenação medieval, redigida em muitas páginas por seu antigo colega Kerientsev, traduz em termos políticos aquilo que era, antes de tudo, uma rejeição intelectual, moral e estética. Meierhold atraiu o ódio de seus pares e das autoridades políticas para quem semelhante fautor de perturbações devia ser suprimido. Até um homem respeitável como Alexei Popov, diretor do teatro do exército soviético, participa desse sentimento de reserva para com Meierhold. Eis a característica do que ele diz ao magistrado incumbido do dossiê de reabilitação. É prudência política ou convicção real?

> Eu conheci Vsévolod Meierhold, eu acompanhei toda sua atividade teatral, em todo caso no curso dos anos que seguiram imediatamente a Revolução. No ano de 1924-1925, ele montou, no Teatro Vakhtângov, *Boris Godunov*, em forma experimental, depois nós nos encontramos no Teatro da Revolução, teatro em que o sucedi como diretor artístico, e no qual lhe pedi para vir reapresentar *Um Emprego Lucrativo*, um de seus melhores espetáculos realistas. Eu, que era na época apenas um encenador iniciante, fiquei muito impressionado vendo o seu trabalho.
> É impossível dar aqui uma breve apreciação de Meierhold, ele a cujo respeito foram escritas numerosas obras e que encontrou o seu lugar na história do teatro mundial. Eu me aterei a dois pontos:

> 1. É preciso acabar com a ocultação da figura de Meierhold. É preciso estudá-lo e mostrar seus lados positivos, assim como os negativos. Proceder como se Meierhold não tivesse existido na história do teatro é um absurdo;
> 2. O que dizer do artista? Era um espírito rebelde, cujos alvos variavam segundo as épocas. O que é natural, pois era visceralmente uma emanação do teatro burguês decadente e, ao mesmo tempo, ele fez parte dos artistas que traçaram laboriosamente o caminho do novo teatro soviético. Ele votou, com Maiakóvski, o velho mundo ao ultraje público; em troca, tanto quanto se pode ser convencido pelas hosanas de Maiakóvski ao novo mundo, tanto as de Meierhold nos deixam frios. Nem por isso deixa de ser verdade que há muito a compreender no grande mestre que era Meierhold, e que há muito a aprender, com a condição de se proceder à crítica de suas concepções, situando-as no quadro de sua época.

No centro de tão fortes tensões, políticas e estéticas, o homem Meierhold foi transfigurado, tornando-se uma figura legendária, ilustrando a vitória póstuma do artista sobre o poder que o condenou a uma morte ignominiosa. Ele tem agora seu culto, seus sectários, seus fiéis. Para lhe testemunhar sua veneração, eles se reúnem regularmente no seu apartamento mítico, a fim de celebrar o aniversário de seu nascimento no dia 10 de fevereiro de 1874. Possa um pouco deste fervor comunicar-se ao leitor desta obra.

Gérard Abensour

Introdução

Vsévolod Meierhold se distingue dos seus iguais por vários traços que tornam o seu percurso excepcional e fazem da sua vida uma espécie de romance iniciático. Charles Dullin, que o encontrou em 1930, qualificava-o de "pirata iluminado"[1]. Pirata, pois durante toda a sua vida Meierhold tomou de assalto as caravelas da arte *bien-pensant*. Iluminado, pois era habitado pela certeza de que o teatro tem uma função vital para o homem, escola de liberdade e espiritualidade. Mas para construir a nova cena, que ele pressentia com a segurança de um visionário, foi-lhe necessário primeiro destruir tudo aquilo que no teatro não era teatro.

Esse personagem inventivo, irrequieto, fervilhante de ideias teria podido se tornar um pioneiro da arte da cena entre

---

1 *Souvenirs et notes de travail d'un acteur*, p. 69.

outros. Mas essa vida assim, farta no plano da criação teatral, foi transformada em destino por um fim que ele compartilhou, infelizmente, com muitos de seus contemporâneos na Rússia. A visão total que ele tinha do teatro, verdadeira religião dos novos tempos, incomodava os responsáveis políticos totalitários que erigiam sua doutrina em religião. Meierhold será executado em 2 de fevereiro de 1940, com uma bala na nuca, ao fim de um simulacro de processo. Tudo toma um sentido novo diante desta morte violenta, ocultada durante mais de quinze anos pela memória coletiva.

Meierhold fazia parte desses intelectuais e artistas russos que acreditaram que a vida e a arte podiam confundir-se e quiseram transformar o mundo, destruindo-o de alto a baixo. A revolução simbolista foi seguida daquela do Outubro teatral. Deixava-se Meierhold enganar pelo curso dos acontecimentos?

Meierhold foi um homem de teatro que, desde a sua juventude, dedicou-se à cena como outros entram para a religião. O teatro não era, não devia ser, um passatempo adulterado para os afortunados; era uma chave que permitia entrever o mistério da existência para todos os sedentos que, à medida que desabavam as Igrejas e as certezas, eram cada vez mais numerosos e procuravam respostas algures. Muito cedo Meierhold descobre que a aparência enganosa – a essência do jogo teatral – é melhor que um tratado de filosofia, revelador da verdade. O teatro toca a articulação misteriosa da inteligência e do corpo. É a figura da unidade do homem, corpo e espírito. No jogo teatral, a aparência enganosa não significa fraude, logro, pois sendo jogo, ele não é outra coisa que ele mesmo. Ele se exibe como tal, como liberdade do homem que joga com o seu corpo, os seus sentimentos, a sua alma, jogando diante dele mesmo, diante dos seus parceiros, diante dessa instância suprema que é o público.

Não, afirma Meierhold, os espectadores não vêm ao teatro para viver por procuração, identificar-se a atores que encarnam por sua vez as personagens, mas para se maravilhar e ver com qual arte suprema o ator de profissão domina o seu corpo, a sua voz, e exerce o seu ofício com a busca de perfeição. Eles vêm ver não um ser encerrado nas redes da vida cotidiana, mas um mágico que se apropria da matéria do papel e a transforma à sua vontade. O que está em jogo é a maneira com a qual o ator ocupa a sua personagem, o julgamento que tem sobre ela. Nos interstícios do jogo aparece, fulgurante, a verdade da condição humana.

Mas quem diz jogo diz regras de jogo, convenções a respeitar e, entre estas, a divisão da sala entre a cena (o que se vê) e a plateia (os que veem). Meierhold descobre muito cedo que o grande erro seria ignorar estas convenções, o que faz o Teatro Artístico de Moscou[2], com a preocupação da verossimilhança, erigir uma quarta parede entre o público e os atores e cair no que ele chama o "naturalismo". Este teatro esquece a música interior.

Por uma reviravolta, que caracteriza plenamente o modernismo, Meierhold põe a nu as convenções, para liberar a imaginação. Preconiza corajosamente um "teatro da convenção" e faz dele um método de trabalho de caráter universal que se aplica

[2] A tradução de certos nomes próprios continua sujeita a discussão. Alguns casos típicos: o teatro fundado por Stanislávski e Nemiróvitch-Dantchênko usa em russo o nome de Hudožestvennyj teatr, o adjetivo "hudožestvennyj" traduzindo-se em "artístico"; esta palavra tem uma conotação mais larga que em francês, dado que as "belles-lettres" dizem-se "hudožestvennaja literatura", ou seja "literatura artística"; a palavra "artística" conotando "grande" literatura, em oposição a literatura de divertimento. O mesmo acontece no tocante ao teatro. As críticas que emergiram da expressão "teatro de arte" diziam respeito à inserção desta instituição russa na rede dos teatros de arte nascidos na Europa no momento decisivo do século, como o "Teatro das Artes" de Jacques Rouché. Não valeria mais conservar a especificidade da expressão russa, como o faz judiciosamente Claudine Amiard-Chevrel na sua obra, *Le Theatre artistique de Moscou: 1898-1917*? Na sua prudência o *Dictionnaire encyclopédique du théâtre*, de Bordas, dá as duas expressões. (No Brasil, convencionou-se o uso de Teatro de Arte. Nesta edição, opta-se por manter a forma do original francês, Teatro Artístico [N. da E.])
Se nos debruçarmos, agora, sobre o título de peças de teatro pouco ou não conhecidas em francês, constata-se a mesma flutuação.
Encontra-se para a peça de Lérmontov, *Maskarad,* duas traduções em francês: *Mascarade* (Mascarada) e o *Bal masqué* (Baile de Máscaras). Deve-se a André Markowicz a tradução definitiva *Bal masqué*.
Para *Zemlja dybom,* de Tretiakov/Martinet, peça desconhecida na França, a tradução geralmente adotada é *Terre cabrée* (Terra Revoltada), enquanto a expressão a *Terre debout* (Terra de Pé) teria sido mais sugestiva.
O problema é mais delicado tratando-se de *Bania*, de Maiakóvski, peça traduzida para o francês. O título russo faz referência a um estabelecimento de banhos que faz parte da paisagem cultural russa. A expressão *La Grande Lessive* (A Grande Limpeza), que tende a impor-se, privilegia a acepção metafórica do termo. A tradução literal *Les Bains* (Os Banhos) é, sem dúvida, um mal menor.
Komandarm II, outra peça desconhecida, foi inadvertidamente traduzida por *Commandant de la deuxième armée* (Comandante do Segundo Exército). Trata-se, com efeito, da rivalidade entre o primeiro "*komandarm*" ("general" no jargão revolucionário) e o segundo que quer tomar o seu lugar, da onde o título: *O Segundo Comandante do Exército*.

à toda obra teatral, moderna ou clássica, polêmica ou poética. Tudo isso se traduzirá, sobretudo por um tratamento não figurativo do cenário e do jogo do ator, por uma espécie de piscada de olho que significa: "Vocês, o público, e eu, o ator (ou o cenógrafo, ou encenador), nós sabemos bem que estamos no teatro e que procuramos, antes de tudo, o prazer do jogo e o orgulho do trabalho bem feito".

O "teatro da convenção". Eis uma das suas expressões que tiveram sorte e que lhe serão criticadas ulteriormente. É que o Mestre (tal será o título respeitoso e afetuoso que a partir de 1920 lhe darão os seus alunos, entre os quais alguns que tornaram-se discípulos) tem o sentido do *slogan*, da expressão que acerta em cheio no alvo. Quantas ele não lançou na sua vida, desde o "Novo Drama" até o "Outubro teatral" passando pela "biomecânica"!

A biomecânica é um termo ao mesmo tempo misterioso e fascinante, com o seu toque de cientismo procedente do industrialismo dos anos de 1920. Como muitos intelectuais formados no início do século, Meierhold fazia profissão de ateísmo e as explicações mecanicistas pareciam-lhe as mais satisfatórias[3]. É verdade que, repelida pela porta, a alma reaparecia pela janela sob a forma dos chamados "processos psíquicos". Agindo pelo intermédio do corpo do ator, o encenador colocava em marcha com a biomecânica toda uma máquina destinada a agir sobre o aparelho psíquico do público.

No momento de seu processo ele devia, em particular, declarar que acreditava na verdade e não em Deus, e que acreditava nela porque a verdade venceria[4]. Esta verdade, qual seria ela se não o valor supremo que ele procurou durante toda a sua vida, pela qual viveu, combateu, criou esse valor que ele conferia aos

---

3 Meierhold reconheceu mais tarde o quanto o seu positivismo tinha de ingênuo: "Para o seu aniversário, enviei a Pavlov um telegrama no qual declarava, um pouco ligeiramente, que eu dirigia os meus votos ao homem que tinha posto um termo à esta coisa obscura e misteriosa que é 'a alma'. Ele agradeceu-me polidamente meus votos precisando ao mesmo tempo: 'No que diz respeito à alma, é ainda demasiado cedo para afirmar o que quer que seja'", apud A. Gladkov, *Teatr, vospominanija i razmyšlenija*, p. 264.
4 "Minutas do Processo de V. Meierhold, 1º de Fevereiro de 1940 em Moscou", processo de instrução n. 537, p. 203; cf. *Vernite mne svobodu, memorial'nyj sbornik dokumentov iz arhivov byvšego KGB*, p. 236, ver Anexo III, infra p. 642.

seus espetáculos, objetos constantes de violentas polêmicas porque a verdade incomoda?

Vsévolod Meierhold deu uma definição de teatro, na qual ele sublinha a ligação muito forte que une esta arte à atualidade, ao contemporâneo:

> Uma representação teatral não conhece nem "ontem" nem "amanhã". O teatro é a arte do presente, da hora, do minuto, do segundo. Para o teatro, "ontem" é o relato, a tradição, a legenda, o texto; "amanhã" são os sonhos do artista. Mas a sua verdade é unicamente "hoje". O poeta, o músico podem trabalhar para os leitores, para os ouvintes futuros... Para o ator, estes sonhos não têm sentido. A sua arte existe enquanto ele respira, enquanto a sua voz vibra, os seus músculos se esticam para jogar, enquanto a sala o ouve retendo a sua própria respiração. É por isso que o teatro é, por excelência, a arte do presente. Quando um teatro respira o ar do seu tempo, ele pode tornar-se o grande teatro da sua época mesmo quando ele encena Shakespeare ou Púschkin. Um teatro que não respira o ar do seu tempo é um anacronismo, mesmo se ele põe em cena a atualidade[5].

O teatro está destinado a ligar-se ao mundo que o cerca. Meierhold está tão persuadido disso que ele sempre se esforçou em conciliar-se com o poder do momento. Ele se põe ao serviço da autoridade, quer se trate do rico Alekseiev-Stanislávski, insatisfeito do seu teatro (1905), da atriz Komissarjévskaia, que sonha em acrescentar à sua celebridade o título de egéria do teatro simbolista (1906-1907), de Teliakóvski, diretor dos teatros imperiais, que tem por meta renovar as grandes instituições teatrais da capital (de 1908 a 1917), de Lunatchárski, primeiro Comissário do Povo para a Educação e Cultura (de 1920 a 1929), e dos seus sucessores, Andréi Búbnov (de 1929 a 1936) ou Platon Kerientsev, presidente do Comitê dos Assuntos Artísticos (de 1936 a 1938).

Ao contrário de um Rimbaud, que pode sonhar em "mudar a vida" sem deixar o seu quarto, o encenador, que é, além disso, diretor da companhia teatral, é diretamente confrontado com as necessidades econômicas e sociais do seu tempo. Ele precisa

---

5 A. Gladkov, op cit., p. 296. Cf. V. Meyerhold, *Écrits sur le théâtre*, v. IV, p. 338.

manter uma trupe de atores, de maquinistas e de empregados administrativos; ele deve pagar os honorários aos autores, compositores e cenógrafos, e cuidar do funcionamento de uma escola de arte teatral. As receitas são evidentemente insuficientes para assegurar a sobrevivência de um teatro de criação. Ele precisa de ajudas externas, a dos mecenas ou do Estado. Ele deve, por conseguinte, estar necessariamente em bons termos com os poderosos do dia.

Estando ele mesmo à frente de uma instituição oficial, Meierhold se transforma, pela força das coisas, em homem de poder. Fascinado pela ordem militar, o vemos no início dos anos de 1920 usar o capote cáqui, o barrete frígio dos cavaleiros do Exército vermelho, assim como as botas que fazem um barulho terrível sempre que ele sobe sobre o palco. Uma fotografia o mostra ereto como uma estaca, vestido com um uniforme, e nada lhe dá mais prazer que a atribuição do título honorífico de "soldado de elite" da guarnição de Moscou, que lhe é concedida oficialmente em 1923. Sua equipe de direção artística se torna para ele um "Estado-Maior", e ele apoia seus atores na campanha de ativismo, montando espetáculos de propaganda nas casernas e fábricas. Obcecado pelo crescimento da violência, Meierhold consagrou vários dos seus espetáculos aos diversos conflitos que lhe foram contemporâneos: variações patrióticas sobre a Primeira Guerra Mundial (*O Triunfo das [Grandes] Potências* e o *Fogo* em 1914, em seguida *As Auroras*, em 1920 e *A Terra Revoltada**, 1923); quadros contrastados da luta entre o mundo soviético e o mundo capitalista (*Tirem as Mãos da Europa*, em 1924; *É a Luta Final!*, em 1931 e a *Adesão ao Partido*, em 1933); visão crítica da guerra civil, violência fundadora do Estado soviético (*O Segundo Comandante do Exército*, em 1930, e *Uma Só Vida*, em 1937).

O repertório clássico[6] também contém uma violência a respeito do qual o encenador se presta a remover as camadas de verniz tranquilizadoras depositadas ao longo dos anos. As modificações

---

*   A tradução do título francês da peça *Terré Cabreé* seria *Terra Encabritada*, denominação que pode causar estranheza, daí a opção por uma denominação aproximada (N. da T.).

6   O repertório "clássico" russo compreende todas as obras anteriores ao século XX. O mesmo tratamento é aplicado aos dramaturgos estrangeiros. Meierhold alternará sabiamente as encenações de obras "clássicas" e obras contemporâneas.

introduzidas, quando houver, referem-se menos ao conteúdo que à sua organização. Assim, *A Floresta*, de Aleksandr Ostróvski, tem cinco atos: Meierhold a decompõe em 33 episódios. Ao contrário, quando em 1935 ele monta *A Dama das Camélias*, de Alexandre Dumas Filho, ele não modifica uma vírgula. Mas ele dramatiza o texto, submetendo-o a um ritmo interno do qual ele possui o segredo.

Pouco a pouco se constituiu ao redor de Meierhold um culto da personalidade no qual misturavam-se amor e temor. É evidente que, à medida que a potência do despotismo de Stálin crescia, esse tipo de atitude só podia aparecer como uma má imitação ou como uma paródia do único culto que foi considerado como legítimo.

Meierhold gosta de fazer poses de ditador. Quando ele chega na sala de ensaio, um dos seus assistentes pronuncia com voz alta: "De pé, o Mestre!" Ele, então, instala-se nas primeiras filas, em uma escrivaninha munida de uma pequena luz. Seus veredictos são temidos.

Tanto a alegria acompanha o seu famoso "Muuuuuito bem", lançado ao intérprete que soube realizar com talento a passagem que estava ensaiando, quanto aquele que, banido de cena, é aniquilado. Meierhold quer ser adorado ou temido. Ele tem entusiasmos repentinos por um ator, uma atriz, um escritor, um músico. Após um momento, no entanto, a sua desconfiança crônica retorna e ele queima, sem piedade, aquele que antes adorou. Trata-se de excomunhões, de demissões estrondosas, mas também de abandonos sem pré-aviso, em particular no caso de Ilínski, a estrela que podia permitir-se tudo.

Para afirmar a sua autoridade ele sobe ao palco com a intenção de dar uma visão da ou das personagens estudadas. Transforma os ensaios em recitais em que exibe sua virtuosidade unanimemente reconhecida. Não há aqui uma espécie de culto da personalidade? Um ator multiforme e todo poderoso como ele não acaricia, ele mesmo, o sonho de representar um papel na sociedade?

Este mimetismo entre o poder totalitário do tirano e o poder totalizante do artista se reencontra naquilo que constitui o essencial da sua personalidade, sua assinatura no cartaz. O seu nome sempre aparece no centro, não apenas como encenador, ao lado ou em baixo do autor, mas como "criador do espetáculo". Apesar de dons oratórios limitados, ele participa de todas as discussões públicas relativas ao seu teatro e se defende atacando, sobretudo os seus rivais, como Taírov, às vezes Stanislávski, mas também os seus antigos discípulos, como se ele os recriminasse de voar com suas próprias asas: Okhlopkov, Lutze, Radlov.

Ao lado desses golpes que, segundo o meu ponto de vista, às vezes faltam com a elegância, Meierhold pode ser de uma fidelidade que toca levemente o heroísmo. Após a denúncia de Schostakóvitch no *Pravda*, em março de 1936, por exemplo, ele é o único a defendê-lo publicamente. É verdade que tratava-se de um compositor e não de um homem de teatro: nenhuma rivalidade podia ser temida. Em seu campo era feroz e sujeito às mesmas aberrações que as do poder, particularmente aquela do segredo; ele chegou a mandar embora da sala de ensaios um jornalista suspeito de espionar, por conta de um rival hipotético. Meierhold devia ser ele mesmo vítima, mas de modo implacável da realidade, dessa caça aos espiões que era uma das armas do sistema soviético[7].

Não contente de tirar-lhe a vida, o poder obstinou-se contra a sua memória: uma obra bem documentada, abundantemente ilustrada, foi publicada em 1941 sobre o espetáculo *Baile de Máscaras* que ele tinha montado em 1917. Nessa obra o autor realizava a proeza de descrever sabiamente a encenação e a cenografia sem mencionar uma só vez o nome de seu criador[8]. Em 1942, a sua filha Tatiana Meierhold-Vorobiova foi presa simplesmente por ter conservado uma fotografia do seu pai[9].

Igualmente surpreendente são os meandros da história, que permitiram preservar todos os detalhes esperando tempos melhores. Apesar de ter deixado os cursos de Meierhold após um ano, Serguêi Eisenstein manteve sentimentos ambivalentes pelo Mestre. Ele não pôde rodar o seu famoso filme *Ivan, o Terrível* sem ter sob os olhos a fotografia de Meierhold no papel-título no

---

7 S. Jutkevitč, Dottor Dapertutto 40 let spustja, em L. D. Vendrovskaja (org.), *Vstreči s Mejerhol'dom*, p. 216.
8 E. Lansere (org.), Maskarad *Lermontova, po eskisam Aleksandra Golovina*.
9 M. Valentej, Ne mogu molčat', *Teatral' naja žizn'*, n. 6, p. 6.

Teatro Artístico de Moscou, à idade de 24 anos; o ator aparece numa pose cheia de majestade, o seu rosto traduz uma vontade selvagem e uma desconfiança exacerbada.

Eisenstein realizou uma proeza extraordinária, salvando da destruição os arquivos inestimáveis de Meierhold e do seu teatro. Tatiana Iessiênin, a filha adotiva do Mestre, após ter conseguido arrancar cerca de quarenta caixas do sequestro entregou tudo ao cineasta. Esses documentos constituíam um lote de cerca três mil objetos que, depositados nos Arquivos Literários e Artísticos da Rússia[10], são doravante acessíveis aos pesquisadores.

Preso em 20 de junho de 1939, Meierhold foi executado a 2 de fevereiro de 1940. Em 14 de julho de 1939 a sua mulher tinha sido assassinada, com 45 anos de idade. Meierhold era assim riscado da história. O seu ensinamento teatral foi condenado por "formalismo". Em 1955, negociações foram empreendidas em vista da revisão do seu processo. No fim desse mesmo ano ele foi reabilitado juridicamente, mas foi necessário esperar vários anos ainda, antes de ser efetuada a empresa de reabilitação total, humana, artística, histórica.

Devido à sua origem e cultura familiar Meierhold faz parte desses numerosos grupos de russos, de proveniência alemã, que deixaram sua marca na pátria de adoção. O espírito de autonomia suscitado pelo luteranismo, combinado à espiritualidade ortodoxa e ao racionalismo levado às suas extremas consequências pelos marxistas dão resultados pouco habituais. Encontramos um exemplo na personalidade do escritor de origem alemã, Boris Pilniak, o qual compartilha com Meierhold o gosto pelo paradoxo e pela provocação, um sentimento vivo de sua independência, uma oscilação entre a fascinação pelo caos e a necessidade de pôr ordem na massa informe, a fim de extrair uma obra de arte, uma atenção extrema prestada à sorte do povo e ao mesmo tempo uma atitude desenvolta que toca, às vezes, o desprezo. A esses dois criadores de talento se acrescenta a segunda mulher de Meierhold, Zinaida Reich, que partilha com eles, à sua maneira,

---

10 Os Arquivos Literários e Artísticos Centrais do Estado (TsGALI), por muito tempo sob a tutela do KGB, passou a ser designado, em 1991, pelo nome de Arquivos Literários e Artísticos da Rússia (RGALI).

a atitude de desafio em relação ao mundo. Todos os três pagaram com a própria vida o não conformismo[11].

Chegou a hora de apresentar ao público uma obra que se esforça, a fim de avaliar a situação inspirando-se em publicações recentes consagradas à Meierhold no seu país, e completando-a com notícias a partir de numerosos informadores ou extraídas dos arquivos oportunamente conservados. Tentar-se-á se mostrar, nas páginas que se seguem, a grandeza do homem de teatro sem ocultar-lhe as fraquezas. Todos os que se aproximaram dele não deixaram de lhe atribuir alguma coisa de inexplicável que se chama o gênio. Ele foi uma fonte de inspiração excepcional para a prática e a investigação teatrais no seu país e além das suas fronteiras: nos anos de 1930, grandes homens de teatro como Gordon Craig ou críticos como Aleksandr Bakshy faziam viagens a Moscou especialmente para vê-lo trabalhar e retornavam maravilhados.

Meierhold ilustra o destino dos intelectuais da sua geração que, formados e destacados sob o antigo regime, adotaram sem reserva os ideais do novo poder. Ao ponto de Meierhold aderir, em 1918, ao partido comunista. Independentemente dessa escolha política, toda a sua carreira foi dedicada à concepção de um teatro popular encarregado de despertar o público e de ajudá-lo a tomar consciência das suas responsabilidades. Para ele o teatro era uma parte inerente da sociedade. E nele mesmo estava a revolução[12]. À medida que o tempo passava e que a eliminação da oposição trotskista, em 1927, fazia a Rússia entrar no caminho do despotismo, o teatro tornava-se para Meierhold a única ilha preservada desta revolução. Dependente inteiramente da vontade do poder público, ele conseguiu resistir, por algum tempo, por meio de homenagens formais aos *slogans* do dia, esperando guardar em seu poder sua liberdade de criação.

---

11 Contrariamente a certas afirmações recentes (Arié Elkana, *Mejerhol'd*; e Wanda Bannour, *Meyerhold, saltimbanque de génie*), o antissemitismo não parece ter sido determinante nas perseguições das quais Meierhold foi vítima.

12 "Meierhold *é* um revolucionário. Era suficiente até aos anos de 1920 [...] Doravante, ser revolucionário não é suficiente. É necessário ser também dialético. Ora o 'teatro' do materialismo dialético, é o cinema". S. M. Ejsenstejn, *Memuary*, v. II, p. 301.

Ilusão enganosa. Um dia a máquina de esmagar homens colocou-se em funcionamento. Com o seu espírito de ator habituado a olhar-se no espelho (como ensinava aos seus jovens atores), Meierhold nos deixou, em algumas cartas dirigidas aos líderes do seu país, o testemunho de uma vítima desta máquina policial, contando sobre as reações de um corpo golpeado, esbofeteado, ultrajado. Seu espírito conseguiu triunfar, e é com uma dignidade exemplar que se dirigiu aos seus juízes antes do veredicto final.

Homem de teatro transbordante de invenções no seio das quais o teatro atual continua a se inspirar, cidadão exigente para com os outros e para com ele mesmo numa sociedade que, após ter proclamado a liberdade para todos os homens, impunha uma nova escravidão, por sua estatura incontestável de artista e homem palpitante às chamadas da modernidade, Meierhold está muito próximo do nosso mundo em busca de pontos de referência. O estético nele é inseparável de uma visão do mundo global com fundamentação ética. A sua procura incansável pela modernidade é apoiada por uma concepção que atribui ao teatro o papel central que lhe conferia a Antiguidade e, ao mesmo tempo, a função religiosa exortada pelos poetas filósofos Friedrich Nietzsche e Viastcheslav Ivánov. Até nos seus reveses, Meierhold continuou fiel à sua vocação de ator-poeta. Isso explica, sem dúvida, o abismo de incompreensão no qual debateu-se com valentia durante toda a sua vida. Cada um dos seus trabalhos foi objeto de polêmicas apaixonadas, como se críticos e espectadores não compreendessem que o que estava em jogo ia bem além da estética teatral.

O jovem encenador Vakhtângov, discípulo de Stanislávski e admirador de Meierhold, escrevia em 1921:

> Eu penso em Meierhold. Que encenador genial, o maior que já existiu, o maior de todos! Cada uma das suas encenações renova o teatro. Cada uma delas poderia ser a fonte de toda uma corrente...
>
> Eu sei que a história situará Meierhold acima de Stanislávski, porque onde este deu à sociedade russa duas décadas de teatro (e ainda não a toda a sociedade, unicamente à burguesia e aos intelectuais), Meierhold deu as suas raízes aos teatros do futuro. E o futuro o retribuirá na mesma moeda.

Meierhold é maior que Reinhardt, maior que Fuchs, maior que Craig e Appia...[13].

Com o recuo do tempo tornou-se evidente que, em seus espetáculos, o artista Meierhold formulava as questões fundamentais sobre as quais se interroga o homem na sociedade contemporânea. Com a sua visão afinada, Charles Dullin tinha penetrado a carapaça e entrevisto nele este "pirata iluminado" da modernidade que faz dele mais que um artista, um herói.

13 E. Vakhtângov, *Zapiski*, notas escritas na casa de repouso de Vsesviatkie, 21.3.1921. Ver *Teatr*, Moscou, n. 12, 1987.

1. Descer da Cortina

A charrua das palavras enferrujou
Nenhum sulco de amor não aborda mais a carne
Um lúgubre trabalho foi lançado como pasto
À miséria devorante

Paul Éluard

O "Formalismo" em Questão

Em meados dos anos de 1930, a vida cultural em Moscou está no seu auge. Encenador e diretor de teatro, Meierhold é uma personalidade em evidência. Em seu apartamento da rua Briússov para onde se mudou em 1930, ele recebe profusamente celebridades conhecidas da vida política e artística. Situado no centro de Moscou, esse apartamento, espaçoso para as normas soviéticas, abriga o escritório do Mestre, a sala de estar e o quarto do casal. É aí que moram também os filhos de Zinaida Reich e Serguêi Iessiênin, adotados por Meierhold. Será a sua última morada[1].

Em 1930, Meierhold obteve a promessa de uma reforma completa do edifício vetusto do Teatro ex-Sohn, Praça Triunfal,

---

1 Esse apartamento tornou-se o museu Meierhold, no n. 12 da Briussóvski pereulok.

que lhe fora atribuído uns dez anos antes. Um novo teatro deve surgir, beneficiando-se de todos os aperfeiçoamentos modernos, meio Globo de Shakespeare, meio Arena de Gordon Craig, realizando os sonhos mais ousados do encenador!

Mas em 1936 ocorre uma reviravolta brutal: o Teatro Nacional Meierhold, assim como o conjunto do setor artístico, sofre críticas mordazes a pretexto de desvios "formalistas". Em 18 de janeiro é publicada no *Pravda*, na forma de um editorial intitulado "Da Cacofonia à Guisa de Música", uma condenação virulenta da última ópera de Schostakóvitch, *Lady Macbeth de Mtsensk*. Não estando o artigo assinado, tudo leva a crer que ele fora inspirado em altíssimo escalão[2].

Depois de um exórdio ameaçador:

> Essa música pertence à corrente negadora da ópera, uma corrente aparentada com a arte revolucionária, que arrebata ao teatro sua simplicidade e seu realismo, tudo aquilo que o faz uma arte acessível, que arranca a expressão verbal natural... O público é escaldado desde o início por um fluxo de sons voluntariamente dissonantes e cacofônicos [...] É um jogo cerebral que pode acabar muito mal

o mentor do dia responsabiliza o "meierholdismo", apresentado como um antimodelo: "Os aspectos mais negativos do 'meierholdismo' são transpostos e, até mesmo, acentuados na ópera."

O que pode ter provocado essa ira repentina? A ópera de Schostakóvitch, criada em Leningrado no Teatro Malegot (Pequeno Teatro de Ópera), era apresentada em Moscou no âmbito de uma turnê oficial, de 5 a 17 de janeiro de 1936, na filial do Bolshoi. Além da célebre *Lady Macbeth de Mtsensk* e d'*A Dama de Espadas* (ambas montadas no ano anterior), há *O Dom Silencioso*, ópera composta por Dzerjínski, a partir do romance de Sholokhov. Enquanto a crítica musical de *Moscou Noturna* discerne nessa última ópera a influência de Tchaikóvski, Blaramberg, Serov, e... Schostakóvitch, declarando simultaneamente que a parte mais fraca é a música[3], os dirigentes

---

2   Sumbur vmesto muzyki. Ob opere *Ledi Makbet Mcenskogo uezda*, Pravda, 18.1.1936.
3   Carta de Dmítri Schostakóvitch a Ivan Sollertinski (09.1.1936), em Ljudimila Miheeva-Sollertinskaja, Pis'ma Šostakoviča k Sollertinskomu, *Žurnal ljubitelei iskusstva*, n. 8-9, 1997. Serov e Blaramberg são compositores russos de ópera do século XIX.

políticos, Stálin, Molotov, Idánov e Micoian parabenizam Dzeriínski, mas abandonam ostensivamente a sala após o terceiro ato de *Lady Macbeth*.

No dia seguinte à recepção que ofereceu aos artistas, Búbnov, o Comissário do Povo para a Educação e para a Cultura, é brutalmente demitido de suas funções. A reassunção em mãos do domínio cultural traduz-se pela cisão do comissariado em duas instituições distintas: por um lado um comissariado do povo à Instrução pública, por outro lado um Comitê dos Assuntos Artísticos ligado ao Conselho dos comissários do povo.

Se Meierhold perde em Búbnov um ministro que sempre o apoiou, ele encontra em Platon Kerientsev, nomeado presidente do Comitê, um de seus velhos conhecidos. O Comitê foi concebido como um organismo de execução, encarregado de aplicar docilmente as decisões tomadas por Stálin e Andréi Idánov. Dirigente de Leningrado, este último manifestou, desde sua intervenção no congresso constitutivo da União dos Escritores, um interesse manifesto pelos assuntos culturais.

Os intelectuais ficam horrorizados com a brutalidade do ataque e a intervenção do político nas questões estéticas. Como se pode preferir Dzeriínski e sua pálida escrita sem futuro a Schostakóvitch, criador autêntico de novas formas?

Para bem mostrar que nenhum domínio da vida cultural lhe escapa, a direção política ataca na semana seguinte em uma outra direção, a do ensinamento da história. Publica-se, com quase dois anos de atraso, uma crítica severa, assinada em agosto de 1934 por Stálin, Kírov e Idánov. A história da nação é remodelada. Todo o campo do imaginário é pouco a pouco investido. O debate sobre as relações entre tradição e modernidade é encerrado.

Em fevereiro, é a arte do balé que é coagida, depois a arquitetura, depois a pintura. Qual pode ser a reação de um artista como Meierhold diante desse embargo brutal do poder político sobre a vida intelectual?

O testemunho de Aleksandr Gladkov, seu jovem secretário, esclarece-nos sobre a confusão da *intelligentsia* diante dos ataques de que é objeto. No dia 5 de março, ele é convidado a almoçar na casa dos Meierhold, onde encontra o casal Pasternak assim como André e Roland Malraux. Aspirando a se tornar redator chefe da revista *Literatura Internacional* publicada em Moscou, o meio-irmão do escritor conta ingenuamente com a ajuda dos escritores russos que conhece. Quanto a André Malraux, ele sonha com uma adaptação de *A Condição Humana* para a cena (Meierhold) e para o cinema (Eisenstein). Quatro meses depois acontecerá a guerra da Espanha e os projetos russos serão abandonados.

Os dois visitantes franceses ausentam-se depois do almoço. Eles vão, em companhia de Isaak Babel e de Mikhail Koltsov, fazer uma visita a Górki, cuja saúde se sabe frágil. Depois da partida deles, a atmosfera descontrai. Gladkov lembra-se do bom café preparado pelo dono da casa e regado com conhaque à francesa. O encenador então diminui a voz e solicita o conselho de seus convidados: ele recebera a visita de um certo P.[4], um próximo de Stálin, que veio assistir três vezes *A Dama das Camélias* e fez saber a Zinaida Reich que lamentava muito a ausência de um camarote oficial, o que torna impossível uma visita de Stálin, quando este teria certamente apreciado o espetáculo. Esse misterioso personagem acrescentou que era possível que Stálin quisesse receber o encenador para falar de seus problemas. Certamente ele não podia conjecturar a decisão, mas, se Meierhold o desejasse, ele se oferecia para organizar tal encontro.

O artigo atacando a ópera de Schostakóvitch e alfinetando o "meierholdismo" data de um mês e meio. Meierhold ainda não se sacrificou ao rito de autocrítica e recusou juntar sua voz ao coro dos detratores do compositor.

Voltando-se para seus convivas, nos quais declara ter completa confiança, pede-lhes conselhos. A palavra é dada primeiramente ao mais jovem dentre eles. Em sua ingenuidade juvenil, Aleksandr Gladkov estima que é uma honra para Meierhold ser recebido pelo secretário geral do partido. Para ele, não há nenhuma dúvida de que Meierhold será recebido e ouvido atentamente: "Quem senão o senhor, um comunista, o maior encenador do país, poderia dizer toda a verdade a Stálin, explicar-lhe como colaboradores

---

[4] Tratar-se-ia de Poskrebichev, o secretário particular de Stálin?

incompetentes desviam de seu verdadeiro sentido as diretivas do partido no domínio artístico?"[5]

Zinaida, mulher de temperamento forte, muito admirativa de seu marido, vai no mesmo sentido, ainda que o aconselhe a evocar somente as questões ligadas ao Teatro Nacional Meierhold e a não abordar o assunto Schostakóvitch.

Pasternak desaconselha vivamente empreender tal conduta. Ele recorda o episódio no qual Stálin desligou na sua cara por ocasião de sua célebre conversa telefônica sobre Mandelstam. Confessa que lhe restou um gosto amargo. Escaldado por essa intervenção indesejável do déspota, Pasternak estima que, por uma questão de dignidade, Meierhold deve se privar de solicitar uma entrevista desse gênero. "Homens da envergadura de um Stálin e de um Meierhold devem se falar de igual para igual ou evitar de se encontrar".

As palavras de Pasternak vão certamente na direção das convicções íntimas de Meierhold, que adere à opinião do poeta. Ele não conhece Stálin pessoalmente. Quando este veio assistir a um de seus espetáculos, em 1927, era um personagem apagado, um homem do aparato, e Meierhold mal o notara. Restam dois anos de existência para seu teatro, mas jamais, nem nesse período particularmente difícil, nem depois, ele se abaixará para solicitar a ajuda, o apoio ou a indulgência do déspota. Meierhold é um artista, um poeta, um criador. Ele não quer reconhecer outros critérios que não sejam os de sua consciência artística e moral. Esse dia decisivo de março de 1936 determinará sua conduta futura e o fará escolher o caminho da honra, diante de um poder acirrado a destruir as forças psíquicas, morais e físicas de suas vítimas.

Meierhold vai, portanto, reagir com dignidade diante do ataque dissimulado do qual é objeto por meio do termo "meierholdismo". Ele estima que sua estatura de artista do povo da Federação da Rússia, de membro do Partido Comunista desde 1918, de autoridade reconhecida no domínio da encenação teatral, seu combate incessante pela arte revolucionária dão-lhe o direito de se exprimir com toda a liberdade. Já em 14 de março, ele encara

---

[5] A. Gladkov, Vstretči s Pasternakom, *Mejerhol'd*, v. II, p. 347-351.

uma plateia de pessoas de teatro reunidas em Leningrado. Sua intervenção porta o título provocador de "Meierhold contra o Meierholdismo"[6].

Diante de uma sala exaltada onde cada um o espreita e está pronto a fazê-lo tropeçar, ele se lança em uma argumentação irrefutável: o "meierholdismo" existe, é detestável, mas por si mesmo não representa nada, é a maneira de agir dos seguidores, dos epígonos, dos imitadores servis do Mestre.

> Se os senhores examinarem atentamente esta longa série de trabalhos [segue-se a lista das suas montagens desde 1920], dos quais cada um esteve na origem de alguma coisa nova, basta rememorar aos senhores alguns elementos negativos que se encontravam neles e dos quais se apoderaram os epígonos e os ecléticos – que não são "formalistas", mas charlatões – para compreender que é por causa deles que o termo "meierholdismo" se tornou pejorativo: não é Meierhold o que eles fizeram, mas meierholdismo. Em todos esses trabalhos, cometi erros como encenador, erros enormes, mas são a consequência do impulso gigantesco com o qual abordei meu trabalho. Não se faz uma omelete sem quebrar ovos[7].

Sua única concessão ao gênero imposto da autocrítica é o reconhecimento de alguns erros; mas esses são logo justificados pela amplitude da tarefa a que está atrelado. Há, além disso, a audácia de retomar para si a expressão, hipocritamente utilizada por Stálin, para desculpar os "excessos" da coletivização: "não se faz omeletes sem quebrar ovos". A impertinência do homem de teatro não passa despercebida. Duas semanas mais tarde, ele é intimado a renovar sua apresentação pública, desta vez em Moscou, onde quatro dias de discussão estão previstos para conduzir o meio do teatro à resipiscência.

---

6 Cf. *Écrits sur le Théâtre*, v. IV, p. 30-47.
7 Desde 1920 ele havia montado com seu grupo 24 espetáculos cuja enumeração ele fornece: *As Auroras, Mistério-Bufo, O Corno Magnífico, A Morte de Tarelkin, A Terra Revoltada, A Floresta, Mão Baixa sobre a Europa, Bubus, o Preceptor, O Mandato, Grita, China!, O Inspetor Geral (Revizor), Uma Janela para o Campo, Desgraça do Espírito (primeira versão), O Percevejo, O Segundo Comandante do Exército, O Tiro, Os Banhos, A Batalha Decisiva, A Lista das Benesses, A Adesão ao Partido, As Núpcias de Kretchínski, A Dama das Camélias, Trinta e Três Desfalecimentos* e *Desgraça do Espírito(segunda versão)*. É preciso acrescentar *O Emprego Lucrativo* e *O Lago Lul* no Teatro da Revolução, em Moscou e a ópera *A Dama de Espadas*, no Pequeno Teatro de Ópera (Malegot) de Leningrado.

Meierhold intervém no último dia, 26 de março. Seu ato de contrição é, desta vez, um pouco mais sério. Ele censura sempre seus confrades por tê-lo imitado e mal imitado. É evidente que estes, acusados, às vezes, nominalmente, experimentam em relação a ele uma forte animosidade. Mas o que lhe interessa, é o combate pelas ideias. Ele reafirma seu credo estético: a forma comanda o conteúdo, não se pode separar esses dois elementos constitutivos da criação artística.

> Em uma verdadeira obra de arte a forma e o conteúdo são inseparáveis, é essa união que fascina o artista criador! É uma alegria para o artista chegar a descobrir a forma que convém ao conteúdo, objeto de sua mira criadora. Quando o artista admira a forma, esta respira e palpita em profundidade no conteúdo[8].

A imprensa não pode evidentemente se satisfazer com esses restos de autonomia: "Ontem na reunião com as pessoas de teatro V. Meierhold pronunciou um grande discurso. De fato, trata-se de uma retomada da comunicação de Leningrado, que era um ataque dos animadores de outros teatros e não uma verdadeira autocrítica"[9].

Pela primeira vez, seu velho amigo Kerientsev trata Meierhold brutalmente: "Ele conduziu seu teatro em um impasse... Foi incapaz de produzir a menor autocrítica... Não tem coragem de condenar seus erros... finalmente ele baniu a dramaturgia soviética do repertório de seu teatro"[10].

Todos os temas que este utilizará, um ano mais tarde, para acabar com a carreira de Meierhold já estão reunidos. A última reprimenda é também a mais pérfida; ela será retomada incansavelmente a partir deste momento até o halali final. Esse Meierhold, que pretendia ser o chefe do Outubro Teatral, isto é, um tipo de Lênin do teatro, está na verdade completamente superado pelos acontecimentos que vive o país.

---

8 V. Meierhold, Intervention à une réunion des travailleurs de théâtres de Moscou (26 de março de 1936), *Écrits sur le Théâtre*, v. IV, p. 57.
9 Protiv formalizma i naturalizma. Diskussija u teatral'nyh rabotnikov. Vystuplenie V. E. Mejerhol'da, *Teatr i dramaturgija*, n. 4, p. 207-210.
10 *Literaturnaja gazeta*, 31.3.1936.

Suas últimas criações estão bem distanciadas da realidade da época: *A Dama das Camélias*, com seus toques nostálgicos, *A Dama de Espadas*, cuja ação ele situou no começo do século XIX e, finalmente, um jogo teatral sob o nome de *Trinta e Três Desfalecimentos*, reagrupando três comédias em um ato de Tchékhov. São obras soviéticas?

O encenador responde que ficaria contente em partilhar o impulso revolucionário, mas que não há boas peças à sua disposição. Nenhum dos dramaturgos incensados pela crítica parece-lhe autenticamente revolucionário. Kirchon, Afinoguenov, Pogodin, Virta, tantos escritores de circunstância, cuja obra está viciada na base e não pode servir de trampolim nem à imaginação do homem de teatro, nem à dinamização do público.

Os dois temas da atualidade na ordem do dia são a industrialização e a coletivização. As peças de Pogodin, consagradas à vida industrial, como o *Poema do Machado* ou *O Ritmo*, são exercícios que popularizam palavras de ordem da propaganda com uma arte da comunicação que pode iludir. Meierhold sublinha a "mediocridade"[11] disso. Quanto ao tema rural, é apanágio de Nicolai Virta, cuja peça, *A Terra*, vai ser logo apresentada pelo Teatro Artístico de Moscou.

Meierhold, apesar de tudo, explica-se mais em detalhe sobre essa questão essencial. Ele se indispôs com vários dramaturgos por causa de seu método de trabalho, que consiste em se servir do texto como uma talagarça sobre a qual ele borda sem escrúpulo. Ele tenta desajeitadamente se justificar: "Em meu teatro, trabalha-se muito com os autores. É verdade que Vischniévski se esvaiu, que Selvínski se indispôs comigo porque ele não apreciou a maneira que manejei sua peça; quanto a Bezimenski, ele trabalha lentamente ou procura um teatro diferente do meu"[12].

E conclui sua autocrítica explicando que, desde então (início dos anos de 1930), está sempre à procura de um autor dramático com o qual teria compreensão recíproca. O que ele espera de um texto dramático é que forneça ao menos uma ou duas cenas particularmente convincentes nas quais se cristalize um momento

---

11 V. Meyehold, *Écrits*..., v. IV, p. 33.
12 Idem, p. 47.

excepcional de comunhão entre o ator e o espectador. Esses instantes de revelação são também atos políticos, já que se trata de despertar a consciência do público.

Mas em 1936, fazem Meierhold compreender secamente que seu tempo passou. Enquanto em 1923, para a celebração de seus 25 anos de carreira, ele tinha sido um dos raros homens de teatro a ter sido honrado com o título de Artista do Povo da República da Rússia, a promoção de 1936 que consagra os Artistas do Povo da URSS o ignora.

Meierhold acusa o golpe.

Sua companhia envia a Kerientsev uma carta coletiva, de conteúdo patético, que denuncia o sufocamento progressivo de que é objeto o Teatro Nacional Meierhold já há dois ou três anos.

Desde o outono de 1932, este funciona, a título provisório na sala da Passagem da rua Tverskaia[13], situada em pleno centro de Moscou, perto do Teatro Artístico, mas cujas dimensões reduzidas não permitem mais os efeitos monumentais. Os setenta alunos da escola do Teatro Meierhold tiveram que se instalar em um bairro distante, o que complica a participação deles nos espetáculos como figurantes.

Esperando que o novo responsável pelos assuntos artísticos seja mais atencioso que seu predecessor, os autores da carta enviada a Kerientsev recordam que desde alguns anos as autoridades parecem sofrer de amnésia em relação a esse teatro: contrariamente ao hábito, não se celebrou oficialmente nem os dez anos (7 de novembro de 1930), nem os quinze anos de sua criação (7 de novembro de 1935). Da mesma maneira o sexagésimo aniversário de Meierhold (10 de fevereiro de 1934) passou sob silêncio quando se sabe o significado simbólico que se atribui a essas comemorações na Rússia.

> À leitura desses fatos, fica fácil compreender que o organismo mais endurecido não poderia suportar os abalos e os golpes recebidos sem consequências deploráveis para a sua saúde e seu sistema nervoso. A Companhia de Teatro Meierhold experimenta os temores mais graves e os mais fundados para o destino e a vida de um dos maiores mestres

---

[13] Atualmente Teatro Ermolova.

da modernidade que [...] pode e deve dar à arte soviética numerosos testemunhos de seu talento da encenação[14].

A Preparação do Vigésimo Aniversário da Revolução

Mais de um ano e meio antes, os organismos artísticos são convidados a preparar o vigésimo aniversário da revolução que será celebrado em 7 de novembro de 1937. Espera-se de Meierhold que ele monte uma peça soviética significativa, provando seu repúdio às "caricaturas" formalistas com as quais ele está acostumado.

Meierhold anuncia primeiramente que vai retomar *O Percevejo*, de Maiakóvski, atualizando-o. A nova versão levará o título de *Comédia Feérica*... A memória do poeta foi restabelecida em toda a sua estatura depois que, em 5 de dezembro de 1935, Stálin declarou no *Pravda*: "Maiakóvski é e permanece como o maior poeta, o poeta mais dotado de nossa época soviética. Toda indiferença com respeito à sua memória ou às suas obras é criminosa". Meierhold pensa dedicar sua *Comédia Feérica* a... Stálin em pessoa.

Mas logo o projeto é abandonado, sem razão aparente, sendo a carga satírica de Maiakóvski, sem dúvida, intolerável para os padrões da pureza ideológica...

Meierhold nutre então outro grande projeto: a peça de Púschkin, *Boris Godunov*, com a qual ele conta inaugurar sua nova sala. Não se celebraria no decorrer do verão de 1937 o centenário da morte do grande poeta nacional? De agosto a dezembro de 1936 a companhia ensaia sem descanso. Mas aqui também a escolha se revela infeliz. Essa tragédia, que coloca em cena um povo manipulado e os poderosos conspirando uns contra os outros, não é do gosto das autoridades. Ainda mais que o encenador acentua o caráter despótico do tsar, um arrivista asiático (tártaro) cujos

---

14 Carta coletiva do Teatro Nacional Meierhold a Platon Kerientsev, presidente do Comitê para os Assuntos Artísticos (25.01.1936): ... Daže železnyj organizm – ne možet vyderžat' vseh etih potrjasenij..., *Teatr*, Moscou, n. 1, p. 138-140.

boiardos suportam com impaciência o jugo. Ao mesmo tempo, Mandelstam é preso por ter escrito que Stálin é um "montanhês osseta" (caucasiano) "de dedos espessos e gordos".

O Mestre adia, portanto, a criação de seu *Boris* para o dia em que ele dispuser de seu novo teatro.

No entanto, tendo necessidade de tomar distância, Meierhold viaja à França para o verão, depois de ter obtido de maneira inesperada as autorizações necessárias para si e para sua mulher. Ele vai primeiramente fazer sua cura habitual em Vichy, depois elabora diversos projetos durante sua estadia em Paris. Confirma com Picasso sua encomenda dos cenários para *Hamlet*. Sonha com uma turnê aos Estados Unidos. Reencontra um certo número de seus velhos conhecidos. Um dentre eles, Evrêinov, sente muito claramente que ele gostaria de permanecer no Ocidente, mas que Zinaida é uma soviética fervorosa para a qual está fora de questão emigrar. O casal permanece na França até o começo de novembro e retorna a Moscou somente quando a temporada já está bem encetada.

Em seu retorno, Meierhold escreve uma carta cheia de solicitude a Dmítri Schostakóvitch, que soa como uma confissão:

> Fiquei bem triste ao ler que o senhor não se sente bem. Caro amigo! Seja forte! Seja corajoso! Não se deixe levar à melancolia [...] Estou certo [...] que o senhor retomará o combate engajado por uma nova música monumental e que o início de um novo trabalho reduzirá a cinzas seu *spleen* [...] Tenho muita vontade de ver o senhor, de falar com o senhor[15].

Em 26 de setembro de 1936, Guenrik Iagoda, comissário do povo para os assuntos internos (NKVD), é demitido de suas funções sob a acusação paradoxal de ter "falhado em vigilância na caça aos inimigos do povo...". Sucede-lhe Nicolai Iejov que receberá a alcunha de "anão sangrento". A mudança do chefe dos serviços de segurança não pressagia nada de bom.

Entretanto, o ano de 1936 acaba em júbilo. O VIII congresso extraordinário dos Sovietes, reunido de 25 de novembro a 5 de

---

15 Carta de V. Meierhold a Dmítri Schostakóvitch (13.11.1936), *Perepiska*, p. 347-348.

dezembro, adota a nova constituição. Seria o fim da ditadura e a entrada da Rússia em um ciclo finalmente "normal" de existência? A constituição é promulgada em 6 de dezembro. Pela primeira vez na capa do *Pravda* aparece um Stálin majestoso. O homem está de pé, em uma pose heroica, cercado de bandeiras e visto em *contre-plongée*. De agora em diante o poder toma diretamente o controle dos meios de comunicação e fiscaliza ainda mais estreitamente o mundo dos espetáculos.

Para o Teatro Nacional Meierhold, em contrapartida, o ano passa sem uma única criação, o que o coloca em uma situação crítica. É verdade que, graças ao sistema de alternância, as apresentações das melhores peças do repertório prosseguem normalmente: *As Núpcias de Kretchínski* (Sukhovó-Kobilin), versão revista em 1933, *A Floresta* (Aleksandr Ostróvski), criada em 1924, *O Revizor* (O Inspetor Geral*)(Gógol), em 1926, e *A Dama das Camélias* (Dumas Filho), cuja criação data de 1934.

O Ano de 1937. Qual Espelho Mostra o Público de Hoje?[16]

Apressado por Kerientsev, Meierhold decide então fazer uma nova incursão no domínio contemporâneo. Ele escolhe uma dramaturga conhecida, bem considerada, Lidia Seifulina, que acaba de escrever uma peça intitulada *Natascha*, cuja ação se situa em um colcoz. Certamente é uma obra de propaganda sem pretensão cujo tom se pode julgar pela réplica final: "Ah, que vida feliz é a nossa, para nós, os jovens!"

O encenador tem dificuldade de se investir nessa obra. A vida no campo é um tema inflamado que pode somente fornecer a ocasião para banalidades. Recorda-se ele, talvez, da conversa que teve dois anos antes com o jornalista Matskin vindo da Ucrânia e que dá um gosto de cinza a esse campo de opereta? A fome.

---

*   Nesta edição, utiliza-se o título *O Revizor*, em transliteração do russo (N. da T.).
16 Março: *Natascha*, de Lidia Seifulina (proibida); novembro: *Uma Só Vida*, de Gabrilóvitch – segundo Nicolai Ostróvski (proibida)

Mais que a fome, a guerra aos camponeses, uma guerra silenciosa, empestada pelo odor dos cadáveres, tendo como único barulho o rugido dos gatos que ficaram loucos. Aterrorizado, o jornalista interrogava-se. Em que se transformou, diante de tantos horrores, a frase de Dostoiévski afirmando que "a beleza salvaria o mundo?" Embaraçado, Meierhold tinha gaguejado que a beleza não tinha sido ainda descoberta. Finalmente afirmara: "Certamente a beleza não salva da fome, mas ela pode salvar da barbárie, da grosseria, da vulgaridade[17]".

Barreira frágil contra a barbárie triunfante, seu teatro se quer um soldado alistado no combate para a salvação do mundo.

A criação da peça de Seifulina é prevista para 8 de março, dia internacional da mulher. Mas o Comitê do repertório não está satisfeito. De um lado, o dispositivo cênico peca contra o realismo, de outro, a peça não valoriza o papel dirigente do partido comunista no campo e apresenta a vida do colcoz de uma maneira abstrata. A peça é retirada de cartaz.

Os prazos aproximam-se e o teatro está sempre à procura da obra que lhe dará o direito de existir. Nesse período crucial, quando sente que os dados são ludibriosos, Meierhold debate-se sem achar solução.

Ao mesmo tempo que reflete sobre essa criação encomendada, ele mergulha em uma obra na qual encontra todas as alegrias da criação pura. Curioso de todas as formas de criação, ele aborda com ardor o trabalho radiofônico. Propõe uma peça de Púschkin, conhecida sobretudo pela ópera que dela foi inspirada: *A Russalka* (*A Ondina*). Enganada pelo príncipe, a filha do moleiro perde-se na loucura e afoga-se no rio. Sua vingança será o feito de sua posteridade: a filha do príncipe e da Russalka arrastará, por sua vez, o príncipe para o rio. Pode-se ver nisso uma alegoria do artista enganado pelo poder e que encontrará sua vingança somente na posteridade?

Mas os prazos aproximam-se e Meierhold deve pensar em seu teatro. Ele decide recorrer a uma obra irrepreensível no plano ideológico, que encarna um dos mitos fundadores da República soviética: a guerra civil que configurou o rosto do jovem Estado.

---

17 Cf. A. Mackin, Vremja uhoda. Hronika tragicheskih let, *Teatr*, n. 1, p. 30.

A época é idealizada, o entusiasmo revolucionário aparecendo puro, generoso e desinteressado. Tal é o tema do romance *Assim Foi Temperado o Aço*, de Nicolai Ostróvski, obra que se tornou o livro de cabeceira dos membros da juventude comunista.

Trata-se de um romance de formação. O herói, Pavel Kortchaguin, é um jovem operário que faz sua aprendizagem como homem e militante durante a guerra e depois na fase de edificação de um novo mundo. Ele sofre sucessivamente a ocupação alemã (em 1918), a dos independentistas ucranianos, de Simon Petliura (em 1919) e finalmente a dos poloneses (em 1920), contra os quais faz seu batismo de fogo. Tornado membro, depois dirigente das Juventudes Comunistas, Pavel coloca-se a serviço da reconstrução do país. Tanto em tempo de paz como de guerra, mostra uma energia sem falha.

O que aumenta o valor desse romance é que ele é em grande parte autobiográfico. Seu autor recebeu a Ordem de Lênin, após sua publicação, em 1932-1933, na revista *A Jovem Guarda*.

É em 25 de maio de 1937 que Meierhold empreende o trabalho de adaptação, após uma visita ao autor paralisado. Restam-lhe apenas alguns meses para montar o espetáculo.

Para a adaptação, ele pede ajuda a um de seus colaboradores, Evgueni Gabrilóvitch, que toca piano em seu teatro. A princípio, dá o nome à peça de *Pavel Kortchaguin*, seu herói, depois propõe chamá-la *Uma Só Vida*, de maneira a alargar a importância. Esse título resume uma frase essencial do romance:

> O mais precioso no homem é sua vida, recebe-se como dom uma só vida e é preciso vivê-la de tal sorte que não se tenha a lamentar amargamente os anos vividos sem objetivo, e que no dia de sua morte possa se dizer: dei toda a minha vida e todas as minhas forças ao que há de mais belo, a luta pela libertação do homem[18].

Meierhold podia somente subscrever a uma tal declaração.

---

18 Programma p'esy *Odna Žizn'*, Arquivos Literários e Artísticos da Rússia, fundo 988, inventário n. 1, peça 526.

Sob o Signo de Iejov

A sociedade toda tinha sido convidada a preparar com dignidade, convicção e entusiasmo o vigésimo aniversário da Revolução. No início do ano de 1937 fora aberto um novo processo desconcertante, no qual estavam implicadas personalidades importantes do regime, tais como Piatakov, Radek ou Sokolov; esse processo do Centro Paralelo Trotskista Anti-Soviético acabara em condenações à morte. Entre os acusados figura Drobnis, o fundador do partido comunista ucraniano, velho conhecido de Meierhold. O presidente da corte militar era um personagem inamovível, o mesmo que presidiria o processo intentado a Meierhold, o "magistrado militar" Vassíli Ulrich.

No final do mês de fevereiro e no começo do mês de março de 1937 reuniu-se em plenária o Comitê Central do Partido Comunista, durante o qual Stálin e Iejov revelaram que tinham descoberto dentro do país uma rede tentacular de espiões e estavam solenemente engajados a aniquilá-la. A partir desse momento as expurgações alcançaram proporções desconhecidas até então. Três mil tchekistas recrutados por Iagoda foram executados. Entre os altos funcionários do NKDV, presos durante o verão de 1937, figura Agranov, que não estará mais ali para proteger Meierhold. Mas sua presença teria sido suficiente para afastar o golpe que se preparava?

Em abril, paralelamente à expurgação dos serviços de segurança, Iejov visava os militares e, mais particularmente, uma certa "organização fascista militar contra revolucionária". O Estado Maior era atacado na pessoa de seu chefe, o marechal Tukhatchévski, antigo vice comissário do povo para a Defesa, acusado de ser um espião a serviço da Alemanha. Com outros sete oficiais superiores ele foi julgado à porta fechada e executado em 12 de junho (durante os seis meses que se seguiram, cerca de trinta mil oficiais do exército vermelho foram vítimas do terror). Ora, Tukhatchévski, homem de cultura, praticava o mecenato em favor de numerosos artistas. Um dentre eles, Liatchev, o mestre de Schostakóvitch, foi arrastado na tormenta que levaria o marechal. A mesma sorte não ameaçava o compositor ou o encenador? O primeiro recorda em suas *Memórias* o quanto ele tremia cada noite, sua pequena mala pronta para a grande partida...

O Canto do Cisne

Meierhold reencontra seus atores em setembro de 1937, após a pausa do verão. Gabrilóvitch lê para eles o texto definitivo de *Uma Só Vida*, que ele ajustou com o encenador. A trupe aprova a escolha dessa peça que aborda finalmente um tema ligado à realidade soviética, e decide consagrar essa obra à celebração de 7 de novembro. Ela parte, então, em turnê para Leningrado onde, como cada ano, apresenta seu repertório.

Três atos divididos em vários episódios encadeiam-se rapidamente como sequências de cinema para apresentar os acontecimentos do início da revolução (1918 – 1920). No primeiro ato o jovem operário Pavel Kortchaguin entra para o movimento da juventude comunista e participa nos combates contra o inimigo.

O segundo ato tem como quadro um canteiro de obras ferroviário, após a guerra civil. É preciso enfrentar o desânimo dos jovens operários, que se encontram no frio do inverno, sem muitos meios, e são, além disso, o alvo dos independentistas hostis aos bolcheviques.

No terceiro ato, o aspecto autobiográfico da obra de Nicolai Ostróvski emerge: vê-se Pavel aceitar sem recriminação a cegueira que o atinge. A peça termina com a celebração da junção da nova linha à rede férrea local.

Para galvanizar seus atores, Meierhold explica-lhes que o objetivo procurado é

> o homem vivaz do futuro que transparece nas personagens principais da peça. É um homem que não só ultrapassa as normas de produção em seu trabalho no forno Martin, mas que, após ter feito sua toilete, veste seu mais belo traje para ir ver um balé. Um homem como ele é terno com sua mãe e ama sua pátria[19].

Para ele, o revolucionário é um homem completo e, reciprocamente, um verdadeiro homem é um revolucionário: é um homem da Renascença.

---

19 L. D. Snežnickij, *Na repeticjah u masterov režisury*, p. 178.

Meierhold serve-se do texto de Gabrilóvitch como de um canevás que ele malaxa, transforma, torna mais dramático à medida que ensaia. Cada noite as modificações são anotadas por um pequeno grupo composto pelo autor do texto (Gabrilóvitch), o autor do espetáculo (Meierhold), o assistente do encenador (Tsetnerovitch) e dois atores.

Aparentemente, havia no tema o que satisfazia os críticos superciliosos que esperavam de Meierhold uma peça revolucionária. Contudo, a guerra civil não estava mais verdadeiramente na ordem do dia: o que era preciso exaltar agora era a transformação do Império russo em uma grande potência industrial que conseguiu dirigir seu meio campesino.

A técnica preconizada por Meierhold consiste em se exprimir quase unicamente pela mímica e o gestual, adotando procedimentos do cinema mudo; a fala reduzida ao estrito mínimo vindo coroar o gesto, confirmando o que já foi expresso sinteticamente pela linguagem do corpo.

Eis aqui, como exemplo, a maneira pela qual ele fazia ensaiar o episódio da "condenação à morte":

> Os jovens proletários que organizaram a resistência contra as autoridades "burguesas" foram presos. É necessário valorizar a coragem deles no anúncio do veredicto. Um ator ensaia o papel do oficial que vai pronunciar a sentença de morte. Ele adquire uma fisionomia terrível, fatiga os pulmões, fica vermelho. Meierhold explica que não é preciso atuar dando livre curso ao temperamento, mas construir a atuação no tempo, conduzindo uma pausa: esta deve ser suficientemente longa para que o público tenha a impressão de uma duração superior àquela do texto que vai ser pronunciado. A demonstração disso é feita logo em seguida por Meierhold que sobe à cena. Ei-lo escutando, a fisionomia impenetrável, a acusação que lhe leem em voz alta, ao mesmo tempo ele tira sua cigarreira, abre-a, retira um cigarro, começa a tamborilar nele para comprimir o tabaco, seguindo atentamente os movimentos de seus dedos. Ele então ergue os olhos e passeia-os pelo rosto dos rapazes e das moças que aguardam o veredito. Suas pupilas dilatam-se pouco a pouco, seu rosto adquire uma expressão cruel. Inclinando-se ligeiramente para frente, ele observa, a fisionomia ainda mais impassível, o rosto dos condenados e

pode-se ler a sentença de morte em seus olhos amplamente abertos, injetados de sangue. Meierhold dá medo de se ver. Ele lembra Ivan, o Terrível, atravessando o olhar dos boiardos que ele fazia torturar. De repente, abaixa os olhos, tamborila novamente seu cigarro contra a tampa da cigarreira e pronuncia secamente: "levem-nos, todos![20]"

O método de trabalho do encenador é ilustrado por uma outra cena, no episódio do primeiro ato intitulado "Pavel é Interrogado pelos Alemães". Aqui estão as sucessivas modificações:

Introduzindo os alemães na cena, Meierhold pensa imediatamente em uma novela de Maupassant que ele conhece bem por tê-la adaptado em 1914: *Mademoiselle Fifi*, cuja ação se passa durante a guerra de 1870 na França. Ele introduz um oficial alemão e uma jovem prostituta judia, Sarah, que será levada a matá-lo para se vingar da crueldade dele. Essa colagem testemunha a vontade do encenador de fazer desta peça uma arma de combate patriótico, sem suspeitar das mudanças que estão se produzindo na política exterior de seu país diante da Alemanha hitleriana.

Instalado em sua escrivaninha, Meierhold dá indicações de atuação para seus atores. O oficial alemão atua corretamente seu papel, mas falta-lhe vigor. Ele deve insultar a jovem a ponto de provocar sua vingança.

Vendo isso, Meierhold grita: "Pare!", precipita-se para o palco e no mesmo arrebatamento agarra a jarreteira de Sarah e arrasta-a atrás de si por toda a extensão do palco, obrigando-a a saltitar sobre uma perna só. Aqui está um meio físico simples, visando suscitar nela o sentimento de humilhação, que servirá de trampolim à sua reação.

Ele desce para a plateia e observa agora a atuação dos atores sem os interromper.

No momento em que Sarah se prepara para matar o oficial, Meierhold sobe novamente ao palco. Ele mostra primeiramente à atriz como ela deve se conter, de costas para a mesa do banquete coberta de vitualhas, de maneira a se apoderar de uma faca sem se fazer notar. Ele toma então o lugar do oficial e pede à atriz para

20 Idem, p. 132.

lhe enfiar a faca no peito. Ele está sem jaqueta. A atriz brande a faca e precipita-se sobre Meierhold. Os espectadores aterrorizados veem que ele cai esforçando-se, com gestos convulsivos, para retirar a faca mergulhada em seu peito.

Uma vez de pé, Meierhold dá a explicação técnica desse jogo de cena: "no momento em que Sarah se precipita para me apunhalar, eu guio seu gesto em direção à minha axila apertando o cabo da faca de que me apropiei"[21].

E ele refaz lentamente todo o movimento para que bem se compreenda o desenvolvimento disso que se acaba de ver.

Esse episódio é remodelado várias vezes por Meierhold que quer lhe dar um valor exemplar. "Fritz! Traga o detento!", ordena o oficial alemão.

Pavel é conduzido por dois guardas. Ele tem as mãos atadas nas costas e sua camisa está rasgada.

"O senhor recusa-se a dizer quem lhe ordenou a se infiltrar em nossas linhas?" pergunta o oficial com uma cortesia carregada. Pavel mantém silêncio, nenhum músculo de seu rosto se movimenta.

"Pena que o senhor não queira conversar conosco", retoma o alemão sem levantar a voz, sempre tão cortês, o charuto entre os lábios. Depois ele ordena com uma voz seca: "Que o levem!" Os guardas empurram Pavel e o arrastam com eles, em um grande barulho de botas. Do cômodo vizinho ouve-se o barulho abafado dos golpes.

Fiel à sua poética do imaginário, Meierhold deixa nas coxias as cenas de violência insuportáveis para os espectadores. A cena do interrogatório vigoroso é sugerida por meios indiretos, primeiro pelo som: o barulho dos golpes deve ser abafado e breve, em seguida pela visão: através da porta o oficial olha a cena em questão, fumando com arrogância seu charuto. Por duas vezes ele ordena aos guardas para trazer Pavel: incapaz de andar, este é arrastado, o rosto tumefeito, em direção ao oficial que o interroga, depois reconduzido novamente ao cômodo sinistro ao lado. "*Genug*!" – diz o alemão que perde a paciência, "Leve-o de volta à prisão. Eu o interrogarei amanhã"[22].

21 Idem, p. 150-151.
22 Idem, p. 165.

E ouve-se o barulho das botas dos soldados que levam consigo Pavel.

Quantos elementos proféticos nesse episódio! A guerra que se perfila no horizonte e Meierhold, que será enclausurado em um quarto de tortura!

No segundo ato, somos convidados a admirar a coragem dos jovens comunistas encarregados dos trabalhos de construção: a comida é racionada, a moradia não é aquecida, embora seja pleno inverno; em suma, condições de vida mais difíceis que durante a guerra. Extenuado, um desses jovens militantes decide abandonar tudo. É essa crise que ilustra o episódio intitulado: "Entregue sua Carteira de *komsomol*", uma das cenas em que a tensão é levada a seu paroxismo.

> O palco está atravancado de uma montanha de cubos, de caixas, de praticáveis. Os atores sobem nesses volumes que figuram como degraus circulares. Pavel Kortchaguin está no alto, de lá ele domina todo o conjunto.
> Há um ambiente de assembleia, a atmosfera é levada a seu ponto de ebulição. Todos os protagonistas estão exauridos e esfomeados. Há três grupos: os *komsomols* endurecidos que suportam valentemente as privações, a massa de hesitantes que estaria pronta a largar tudo, e enfim o pequeno bando de oponentes que manifestam abertamente seu descontentamento. O ponto culminante é aquele em que o revoltado declara que vai abandonar o canteiro de obras. Pavel exige que ele entregue sua carteira de membro do *komsomol* (enquanto, no romance, é a personagem que a entrega em sinal de desafio). O ambiente está tenso. O jovem retira sua carteira e joga-a no chão com desdém. Logo se faz um silêncio pesado. Nenhuma palavra. Se o silêncio durasse muito tempo, seria a vitória do desertor e a maior parte dos outros jovens imitá-lo-ia.
> Após essa explicação da situação, Meierhold sobe sobre o praticável e toma o lugar do ator Samoilov (Pavel). Ele pede aos atores situados a seu lado que se agarrem a ele para detê-lo no momento em que a carteira é jogada ao chão. Retoma-se a cena desde o início. Em pé sobre o seu praticável, a três ou quatro metros de altura, do lado esquerdo da cena, Meierhold

observa o que se passa sobre o palco. O contestador está de pé sobre uma caixa do lado direito do proscênio. Ele joga sua carteira, Meierhold então se atira para frente e tem-se a impressão de que ele atravessa todo o palco de um só salto. Achando-se diante do jovem rebelde desconcertado, ele faz um salto ágil para o lado, permanece um instante imóvel, fixando-o direto nos olhos. Depois, com uma distensão de pantera, ele avança sobre seu peito e derruba-o de costas com todo o seu peso sobre a caixa que lhe serve de pedestal. À contemplação dessa leveza e dessa agilidade todos os participantes aplaudem, estupefatos com a lição de juventude que lhes dá este homem de 63 anos.

Uma vez de pé, o encenador, completamente agitado, declara, enxugando as gotas de suor de sua fronte: "aqui está um dos truques do ator Di Grasso, a técnica do teatro siciliano". E ele explica a Samoilov o segredo de seu salto prodigioso. Tudo está na resistência que lhe foi oposta. Impedindo-o de passar, os atores contribuem para o seu avanço. "Basta fazer um movimento brusco para frente e vocês são levados pelo seu próprio peso".

Ele mostra aos figurantes os movimentos que devem fazer para sustentar Samoilov. Trata-se em suma de ação e de reação, segundo os preceitos regulados na biomecânica.

"Tentem, quando vocês pularem, abrir passagem na multidão. Utilizem a resistência que se opõe a vocês como um obstáculo a se superar. Isso será o gatilho físico de seu comportamento".

Samoilov executa o movimento pedido e situa-se sobre o palco. Meierhold pede então ao jovem rebelde para sacar seu revólver. E novamente o movimento de recuo (*otkaz*, no vocabulário meirholdiano) de todos os participantes na assembleia deve destacar o perigo ao qual se expõe agora Pavel Kortchaguin.

"Está bem", diz Meierhold[23].

A dinâmica do espetáculo funda-se sobre a alternância de cenas dramáticas e de episódios líricos ou grotescos, que manterão o público ofegante graças a um ritmo anelante, semelhante ao dos filmes de aventura.

23 Idem, p. 147.

Quando se vê as fotos de Meierhold em 1937, não se pode deixar de ficar impressionado com seu ar inquietante, dir-se-ia um homem taciturno cujos olhos sofrem com a luz do dia, ele que vive somente na obscuridade das salas. Parece cada vez mais fora do mundo que o rodeia e inteiramente concentrado sobre seu trabalho teatral. Apesar dos contínuos obstáculos que retardam a construção de seu teatro, ele nutre ainda a esperança de ver o empreendimento logo concluído. Nesses meses de setembro e outubro de 1937, quando está essencialmente ocupado em montar essa peça, que é a sua última carta, ele aparece transbordando de energia, reduplicando criatividade, em pleno domínio de sua arte. Há muito tempo ele não era visto tão animado e tão pouco econômico em suas forças apesar de sua idade.

Depois de ter trabalhado os diversos episódios, a trupe volta a Moscou onde continua os ensaios na sala do Teatro Nacional Meierhold. Devido ao tamanho reduzido da cena, Meierhold faz instalar o cenário em diagonal. Os ensaios ocorrem todos os dias das 11 às 17 horas. Meierhold volta para casa para jantar, depois retorna às 19 horas para o teatro e, enquanto se ensaia as peças inscritas no repertório, ele aperfeiçoa com Gabrilóvitch o texto de *Uma Só Vida*, que se modifica constantemente à vontade de sua inspiração.

O Halali

A temporada do Teatro Nacional Meierhold começava habitualmente em meados de outubro, mas em 15 de outubro de 1937, se fica sabendo pela imprensa que a abertura é adiada para uma data ulterior. Dois dias antes, o *Pravda* dá conta da reunião, em plenária do Comitê Central do Partido Comunista, da qual uma das decisões foi a nomeação de Iejov como membro candidato ao gabinete político, em recompensa pelos seus eminentes serviços.

A trupe trabalha agora na continuidade de *Uma Só Vida*, Meierhold reserva-se a possibilidade de alongar certos episódios, encurtar outros, modificar completamente alguns dentre eles, trocar até de intérpretes. Trata-se de criar um espetáculo equilibrado, animado por um ritmo orgânico.

A temporada inicia-se, enfim, em 29 de outubro com *A Floresta*, espetáculo seguido no dia seguinte por *O Revizor* na matinê e por *A Dama das Camélias* à noite. Uma semana mais tarde tem lugar, na matinê, a tão esperada visita do comitê do repertório, do qual depende a autorização para apresentar *Uma Só Vida*. Na plateia há somente os membros do comitê: todos aqueles cuja presença não é necessária são mantidos afastados do lado de fora.

Após a representação, engaja-se uma discussão. O comitê emite várias críticas, repreende as falhas de encenação, desaprova certos episódios, particularmente o de "A Condenação à Morte" e, de maneira geral, todas as alusões à violência. Exige modificações e sugere correções substanciais. Isso dito, as críticas são de preferência construtivas e Vassilévski, presidente do dito comitê, declara que, no que concerne ao tema, não há nada a censurar. Um de seus adjuntos sustenta até mesmo propósitos encorajadores: "Este espetáculo foi para mim uma grande revelação. Segui com grande interesse todos os episódios. Certas cenas são extremamente claras e coloridas. É preciso fazer justiça a toda trupe dirigida por Meierhold: um grande passo foi feito em direção ao abandono do naturalismo e do esquematismo"[24].

Quanto a Vassilévski, ele avisa que somente o presidente do Comitê dos Assuntos Artísticos está habilitado a tomar uma decisão e propõe hipocritamente uma solução da expectativa:

> Estamos inteiramente do lado de vocês. Todos aguardam com impaciência seu espetáculo e acredito que vocês não atribuem uma importância excessiva ao fato de apresentar sua peça um pouco mais cedo ou um pouco mais tarde. Assim, acredito que seria do interesse de vocês prever a primeira representação somente após as festas, em torno de 10 ou 12 de novembro.

Meierhold fica encantado com essa proposta: esse prazo suplementar lhe permitirá polir o espetáculo. Ele não fareja a armadilha e

---

[24] L. D. Snežnickij, Poslednij god, em L. D. Vendrovskaja (org.), *Vstreči s Mejerhol'dom*, p. 562.

entrega-se ao trabalho a partir do dia seguinte às festas. Naquele ano, o 7 de novembro cai em um domingo, mas a celebração oficial da Revolução de Outubro deve ocorrer somente na quarta-feira 10 de novembro. Sendo esse dia feriado, o Teatro Nacional Meierhold descansa, anunciando a criação de *Uma Só Vida* para 12 de novembro, seguida de dez apresentações no decorrer do mês de novembro.

Finalmente, é somente na sexta-feira 19 que o espetáculo, com as modificações requisitadas, é exibido uma segunda vez para o comitê do repertório. Estão aí reunidos os dirigentes do Comitê dos Assuntos Artísticos, Platon Kerientsev na chefia. O clima é tenso. Contrariamente aos costumes, Kerientsev permanece com seu casaco e seu barrete de pele durante toda a duração da representação.

A peça é objeto de um debate à porta fechada em presença dos responsáveis do espetáculo, o diretor (Meierhold), o autor (Evgueni Gabrilóvitch), o cenógrafo (Vladímir Stenberg) e o secretário da seção do teatro (Piotr Kudlai).

Evidentemente, o destino da trupe e de seu diretor foi decidido no alto escalão. O tom das discussões toma logo um jeito mal-intencionado. Os que tinham se mostrado bem dispostos por ocasião do primeiro exame criticam agora violentamente a adaptação de Gabrilóvitch, a direção de Meierhold e a atuação dos atores. O mais áspero em sua condenação é Kerientsev. Ele acede, contudo, após longas tergiversações a pedido de Meierhold e de seus companheiros, a dar uma última chance à peça. Duas repreensões essenciais são formuladas: o personagem de Pavel Kortchaguin é amargo, desiludido, é um herói perdido que não tem nada a ver com as qualidades de otimismo e de vontade pretendidas pelo autor; quanto ao dispositivo cênico de Stenberg, é muito esquemático e não segue a linha do realismo. São prometidas modificações principalmente nesses dois domínios.

Ao mesmo tempo, Schostakóvitch, cujo destino tão frequentemente cruzou o de Meierhold, dispõe-se a oferecer para o aniversário da Revolução a obra que testemunhará sua submissão. Trata-se da *Sinfonia n. 5*, cuja força trágica deixa transparecer sua revolta interior. No momento em que compõe essa sinfonia, fica sabendo da prisão de sua irmã Maria e de seu cunhado Vsévolod

Frederix e da relegação a Karaganda de sua avó. E exigem que ele escreva uma música cheia de alegria e jorrante de felicidade!

Apesar disso as coisas se arranjam miraculosamente para o compositor. Ensaiada muito cuidadosamente em sua presença sob a batuta do jovem maestro Evgueni Mravínski, a nova sinfonia é criada em 21 de novembro no âmbito da "Década da Música Vermelha". O sucesso é extraordinário. Os aplausos duram mais de meia hora e clama-se pelo gênio.

Por contraste, a atmosfera no Teatro Nacional Meierhold é irrespirável. Em 21 e 22 de novembro realiza-se uma assembleia geral que reúne o conjunto do pessoal, atores, maquinistas e empregados. Meierhold expõe as decisões do comitê, dá a palavra a cada um e explica-se com calma, tentando responder pausadamente às críticas que lhe são endereçadas, mesmo as mais injustas. Declara-se pronto a trabalhar de maneira a colocar o espetáculo em conformidade com as exigências das autoridades. A assembleia, inicialmente reticente se deixa convencer. Meierhold declara que, após os momentos de tensão que acaba de vivenciar, foi voltando a visitar o apartamento onde viveu Nicolai Ostróvski que ele recuperou a coragem:

> Eu sentia que era na casa dele que tiraria a energia de que tinha necessidade para prosseguir com meu trabalho, apesar de todas as dificuldades que conheceu, ele sempre conduziu seus projetos a um bem. Lembro-me desta frase dele que permanecerá gravada em minha memória até o fim de meus dias. Tinha vindo visitá-lo um dia em que eu estava abatido. Eu o escutava, sentado a seu lado, a cabeça inclinada. E então ele disse a Zinaida Reich: "Pode um leão curvar a cabeça?" É verdade. Se eu devo ser um leão, isto é, forte e enérgico em meu trabalho, não devo curvar a cabeça.
> Pois bem, camaradas, se vocês me ajudarem, não curvarei a cabeça, se estiver certo de que não somente eu, mas que será o mesmo com todos vocês, não a curvarei[25].

Não haverá uma terceira chance. No entanto, as aparências são conservadas. O comitê do repertório envia uma "brigada"

---

25 Idem, p. 563.

de escritores para reescrever o texto de Gabrilóvitch. Meierhold envolve-se totalmente nesse trabalho. A data limite para apresentar a nova versão é fixada para 12 de dezembro, dia das eleições dos deputados no Soviete Supremo, "as eleições mais livres do mundo", que irão ocorrer, conforme a nova constituição. No *Pravda* do domingo, dia 12, que fecha a campanha eleitoral, é publicado um discurso enérgico do candidato à deputação, Stálin, no qual declara, entre outras coisas, que ele não precisará ter confiança cega nos deputados e que entre eles, os inimigos do povo não falharão em se infiltrar. Mesmo nos momentos de alegria, esse leão lança rugidos ameaçadores.

No Teatro Nacional Meierhold os atores começam a ser corroídos pela dúvida. Dão-se conta de que será impossível entregar para o dia 12 de dezembro a versão revista e corrigida da peça. Em um gesto apaziguador diante de seus detratores, Meierhold retira de cartaz *A Dama das Camélias*, sabendo que ela lhes desagrada. O diretor do teatro e seu assistente Nikonov continuam a conduzir negociações febris com o comitê. A data fatídica do dia 12 passa sem que uma decisão seja tomada.

Meierhold decide, então, em um gesto de desafio, retomar a programação de *A Dama das Camélias*, o que traduz perfeitamente seu estado de espírito: ele se sente banido da sociedade, assim como o eram as amantes sob o Segundo Império, elas que valiam bem mais que seus detratores. A peça de Alexandre Dumas Filho é representada na segunda-feira 13 e na terça-feira 14. Para resistir à tentação do desespero, Meierhold conhece um único remédio, o trabalho: ensaia o ator Sniejnitski, trânsfuga do Teatro Máli, no papel de Armand, pois não está satisfeito com seu atual titular. Desde a recente partida de Tsariov, ele tem dificuldades em lhe achar um substituto. Reapresenta *As Núpcias de Kretchínski*, de Sukhovó-Kobilin, na quarta-feira 15, e aí também decide retrabalhar certas cenas que perderam seu frescor (a peça tinha sido criada em 1922!). Na quinta-feira 16 apresentam *O Revizor* que, muito criticado em sua criação, tornou-se um clássico. No entanto, a trupe ainda ensaia *Uma Só Vida* sem muita convicção.

Na sexta-feira 17 de dezembro, o leitor do *Pravda* descobre na quarta página inteira um longo artigo de Platon Kerientsev intitulado "Um Teatro Estranho", portando no subtítulo: "A Propósito do Teatro Meierhold". Na primeira página o editorial é triunfante: "Todo o povo soviético votou para o partido de Lênin e de Stálin". A comissão eleitoral comunica a porcentagem dos votantes para cada uma das repúblicas da URSS. Os números oscilam entre 95,6% e 96,8%.

Nesse fundo de unanimidade popular, o título do artigo de Kerientsev é particularmente inquietante. De estranho a inimigo do povo há só um passo, em um mundo onde as cartas estão marcadas. O texto é um requisitório devastador que, em um jargão com pretensão política, apaga, de uma penada toda, a carreira de Meierhold, cujo trabalho teatral teria sido apenas uma sucessão de acrobacias e de artifícios, visando unicamente a surpreender o público e a desviá-lo das virtudes políticas do mundo soviético. Tanto pelo que enuncia como por seu estilo, essa denúncia pública testemunha o funcionamento de um sistema cuja realidade não está tão longe. Aqui estão alguns extratos deste modelo de retórica inquisitorial:

UM TEATRO ESTRANHO. A PROPÓSITO DO TEATRO MEIERHOLD

> Para o vigésimo aniversário da Grande Revolução socialista, nos setecentos teatros profissionais que conta a Rússia, achou-se somente um que tenha se omitido a apresentar uma criação especialmente concebida para o aniversário de Outubro e que não conta em seu repertório com uma única peça soviética. Trata-se do Teatro Meierhold [...] V. Meierhold começou sua carreira no teatro soviético carregado do pesado fardo do passado. Toda a sua atividade teatral anterior à Revolução de Outubro tomou sobretudo a forma de um combate contra o teatro realista, por um teatro "convencional" [não figurativo], ao mesmo tempo esteta, místico e formalista, em suma, dando as costas à vida real. V. Meierhold fazia parte, a esse respeito, dessa franja da *intelligentsia* russa que, à época da reação, mergulhou no misticismo, no simbolismo e na busca de Deus, em uma tentativa que visava anestesiar e perverter a classe operária.

Os pecados do acusado remontam portanto a seu passado pré-revolucionário, o que é uma maneira de colocar em dúvida seu apego ulterior à revolução e particularmente sua sinceridade de militante comunista. Além disso, a alusão aos "buscadores de Deus" visa um homem como Lunatchárski que foi durante dez anos o protetor de Meierhold.

> Em suas teorias teatrais V. Meierhold opunha, com particular vigor, o "teatro de máscaras" ao teatro realista, preconizando mostrar ao teatro não imagens artísticas, reais e vivas mas "não figurativas" e irreais. É em 1920-1921 que começaram as atividades de V. Meierhold no seio do teatro soviético, onde foi diretor dos teatros no comissariado do povo para a Educação e para a Cultura e fundador do teatro que leva seu nome. É a época em que afirma, desencadeando uma campanha estrondosa, que a Revolução de Outubro começou no domínio teatral no dia em que ele chegou a Moscou.
> V. Meierhold e seus cúmplices elaboraram uma teoria ridícula e politicamente perigosa, segundo a qual a preparação das condições indispensáveis à edificação do teatro soviético teria como origem não a Revolução de Outubro mas... a Direção dos teatros do comissariado do povo para a Educação e para a Cultura e V. Meierhold, seu responsável [...] Ele tenta organizar em torno de si a corrente formalista na literatura, na pintura e na arte dramática (construtivismo, futurismo etc.).

O principal crime de Meierhold é ter se erigido em poder autônomo com relação às autoridades políticas. Proclamar o Outubro teatral era pretender uma revolução no domínio dos espetáculos independentemente das diretivas dos órgãos de propaganda. Assim, como não se pode ter um "segundo chefe do exército", não se pode ter um segundo chefe da revolução. O Proletkult, que pretendia a autonomia em matéria da criação artística, tinha sido seriamente criticado por Lênin. Podia-se tolerar esta pretensão de um indivíduo "estranho" a seu povo?

> Desde a sua primeira criação (a adaptação cênica de *As Auroras*, de Verhaeren), ele magnifica o papel de uma personagem menchevique e traidor da classe operária. Mas, contrariamente aos votos do teatro e de seu diretor, não foi para esse "herói" que o público destinava seus aplausos, mas para a personagem que o denunciava. Sua segunda criação (*A Terra Revoltada*), Meierhold dedicou-a simplesmente... a Trótski!

É assim que em 1920-1921 o Teatro Meierhold começa sua carreira, glorificando um traidor menchevique e adulando um antigo menchevique que se tornou posteriormente um lamentável agente do fascismo.

Os cachorros estão à solta. Meierhold é culpado dos dois crimes que valem a condenação à morte: menchevismo e trotskismo. Trata-se evidentemente de puras calúnias. Na versão do *Mistério Bufo*, montada em 1921, uma personagem de menchevique foi introduzida por Maiakóvski, mas ele é odioso e ridículo.

Quanto a Trótski, Meierhold dirigira-se a ele para lhe pedir emprestado os veículos militares do tempo em que era comissário do povo para a Guerra. Mas posteriormente Stálin exercera sua ira implacável contra Trótski e os trotskistas. Os processos de 1936 e de 1937 haviam tido por alvo principal o trotskismo. O destino de Meierhold está selado.

Em dezessete anos, 23 peças foram propostas ao público por esse teatro. O repertório é sempre, para um teatro, o revelador essencial de seu semblante político. Qual é então o semblante político do teatro de Meierhold, quais são as peças que foram montadas nesta cena?

O teatro interessou-se sobretudo pelo repertório dos clássicos do passado. Mas essas peças foram representadas com a ajuda do espelho deformante do formalismo. No lugar de chamar a atenção para o lado ideológico das obras clássicas, V. Meierhold consagrou-se totalmente ao aspecto exterior delas: interpretação sofisticada do texto, elucubrações artificiais, jogo de cena abracadabrante, gosto pelo espanto e outros procedimentos falsificados. *O Revizor* não foi interpretado no estilo realista, mas inspirando-se da interpretação mística dada em seu livro *Gógol e o Diabo*, pelo emigrado branco Mereikóvski. Vítima do espírito de espanto, *Desgraça do Espírito* perdeu toda sua carga política dirigida contra o regime burocrático tsarista. Os vaudeviles simples e claros de Tchékhov, o grande autor realista do teatro russo, foram transformados em *Trinta e Três Desfalecimentos*, isto é, em uma obra em que, sob o efeito de acrobacias e de artifícios, desaparece a beleza do texto de Tchékhov.

Aqui são retomadas as repreensões que tinham sido feitas por diversos críticos ditos marxistas: deformação intolerável das obras clássicas, ausência de denúncia das relações de classe. Mereikóvski é, certamente, o autor de um interessante estudo que coloca em evidência o aspecto diabólico da obra de Gógol. Mas Meierhold inspirou-se nele? Basta associar Meierhold à obra de um emigrado que, além disso, de seu exílio continua a combater o regime soviético para cobri-lo de opróbrio.

> A situação é bem mais grave para as peças dos dramaturgos soviéticos. Não somente nenhuma dessas peças se manteve no repertório do teatro, mas a maioria não foi montada em outros teatros soviéticos. Em outros termos, o trabalho que V. Meierhold consagrou aos dramaturgos soviéticos permaneceu estéril [...] Assim, mostra-se claramente que Meierhold não pode (e sem dúvida não quer) compreender a realidade soviética, é incapaz de refletir os problemas que preocupam todos os cidadãos soviéticos e de marchar no mesmo passo com todos os artistas soviéticos. Em resposta às repreensões que lhe são feitas sobre a ausência de repertório soviético em seu teatro, V. Meierhold responde, ano após ano, que não há peça satisfatória, mas também que não há espaço teatral adequado [...] Seu teatro fez muito conscienciosamente a pintura desta monstruosa personagem que é o "pequeno burguês", sem ser capaz de proceder a uma análise social desse tipo de personagem e sem ter a vontade de fazê-lo.

Essa personagem do "pequeno burguês", do qual repreendem Meierhold de se obstinar, é o homem da rua, tentando se desembaraçar dos laços que lhe estende uma sociedade cada vez mais tentacular. Mas não é também o funcionário de temperamento "pequeno burguês", contra o qual se aplica a sátira das peças cômicas do Teatro Meierhold?

> Em várias peças montadas nesse teatro, a realidade soviética foi apresentada sob uma forma grosseiramente caricatural, banhada em uma atmosfera de sarcasmo e de oposição. A peça *Uma Janela para o Campo* era uma caricatura do campo soviético [...] Enternecia-se nessa peça

diante dos vestígios de um passado pesado (a ausência de cultura) e ignorava-se o papel dirigente do partido e a luta do campo contra os cúlaques. A peça *O Segundo Comandante do Exército* mostrou, de maneira monstruosamente caricatural, os combatentes de nosso Exército vermelho [...] largados sem diretivas nem do partido nem da hierarquia militar. O Estado maior estava retratado com um tom de sarcasmo caluniador. A peça *O Tiro*, de Bezimenski, estava penetrada de uma concepção trotskista. A célula do partido foi mostrada como um organismo burocrático, composto de pequenos burgueses limitados.

Durante vários anos V. Meierhold lutou com teimosia para obter a autorização de montar essa calúnia abjeta contra a família soviética, que é a peça *Eu Quero uma Criança*, do inimigo do povo Tretiakov[26], ou a peça *O Suicida*, de Erdman, na qual se defende o direito dos pequenos burgueses à existência e que constitui um protesto contra a ditadura do proletariado.

Em suma, as escolhas de Meierhold em matéria de teatro contemporâneo são inteiramente erradas. As autoridades tiveram a sabedoria de proibir duas peças indefensáveis. Notemos a esse respeito que as três peças de Maiakóvski criadas no Teatro Meierhold passaram sob silêncio, enquanto seu autor era incensado por Stálin, o que o torna intocável.

Kerientsev aborda agora os acontecimentos mais recentes da vida do teatro, a contestação da última peça que, apesar de ter sido escolhida precisamente por sua ortodoxia, foi recusada pelo Comitê dos Assuntos Artísticos. Ele evoca igualmente a contrição escassa de Meierhold que não julgou necessário renunciar a seus erros:

---

26 Serguêi Tretiakov (1892-1937), preso no fim de julho de 1937, foi executado um mês depois como espião a serviço do Japão. É um desses *condottiere* do espírito dos quais pode se orgulhar a Rússia. Nativo de Riga, encontra-se em Vladivostok no momento da revolução, vai em seguida para Moscou, onde escreve roteiro de peças e de filmes para Eisenstein. De uma estadia em Pequim traz sua peça *Grita, China!* Escreve para Meierhold *Eu Quero uma Criança*, peça proibida em 1934, secunda Maiakóvski na direção da revista *Frente de Esquerda da Arte* (*LEF*), e serve de ponte entre eles e Bertolt Brecht. Reencontra o dramaturgo em 1931 em Berlim. Entusiasmado com o gênio dele, traduz em 1934 seus *Dramas Épicos*. Brecht, que faz duas estadias em Moscou, em 1931 e 1935, considera-o como seu mestre. No início de 1939, ele constata com inquietude: "Ninguém tem notícias de Tretiakov [...] Meierhold foi privado de seu teatro. A literatura e a arte estão sendo espezinhadas". Tretiakov será reabilitado em 1956.

O Comitê dos Assuntos Artísticos explicou especialmente a V. Meierhold que um teatro que se afasta deliberadamente do repertório soviético não poderia ser reconhecido como necessário ao Estado soviético, e que lhe foi proposto retornar resolutamente aos temas soviéticos e adotar uma interpretação realista.

O teatro começou a preparar um espetáculo tirado do romance de N. Ostróvski, *Assim Foi Temperado o Aço*. O espetáculo, tal como foi finalmente apresentado constitui um fiasco político e artístico totalmente lamentável. Nenhum dos traços típicos da guerra civil, o otimismo, o bom humor, a retidão ideológica do proletariado e o heroísmo da juventude revolucionária, nada disso encontrou sua expressão na cena. O espetáculo é uma caricatura desenfreada de tudo o que é otimista e vivo na obra de Ostróvski [...] Esse fracasso, que provém da errada linha política e estética adotada por essa trupe, está profundamente ligado ao estado de deliquescência no qual caiu o teatro[...].

Em seus primeiros artigos sobre o formalismo, o *Pravda* denunciou expressamente os erros formalistas de V. Meierhold, mas ele se comportou, em relação a essas críticas, com a falta de seriedade e a irresponsabilidade que o caracterizam. Embora estivesse infestado mais do que ninguém de seus erros formalistas, V. Meierhold não tirou nenhum ensinamento dos artigos do *Pravda*. No lugar de proceder à crítica de seus erros políticos e ao reexame de sua carreira artística extraviada, aplicou-se em fustigar à queima-roupa os erros "meierholdistas" cometidos em outros teatros. Ele não corrigiu seus desvios ideológicos e suas sutilezas formalistas nas peças de seu repertório corrente; quanto ao espetáculo previsto para a celebração do vigésimo aniversário de Outubro, comporta uma interpretação política perigosa e erros de ordem formalista e grosseiramente naturalista.

O autor do artigo termina com uma conclusão em forma de veredito:

No momento em que nossa arte teatral conhece um progresso impetuoso, no momento em que assistimos aos êxitos e às vitórias extraordinárias em todas as linhas de frente da cultura, o Teatro de V. Meierhold encontra-se totalmente isolado. Ele se desviou dos temas soviéticos, da realidade soviética, isolou-se da dramaturgia soviética e da sociedade soviética, desenvolveu em seu seio uma atmosfera antissocial, de bajulação e de autossatisfação unidas à ausência de autocrítica.

A atitude, visando desviar-se da realidade soviética, a caricatura política dessa realidade e a calúnia injuriosa de nossa vida conduziram este teatro a um craque ideológico e estético completo e a uma falência ignominiosa.

V. Meierhold e seu teatro colocaram-se à parte do trabalho coletivo que visa refletir a realidade soviética por meio de imagens artísticas. Em consequência, esse teatro tornou-se um elemento estranho no corpo da arte soviética, tornou-se um teatro estranho.

A arte soviética, os espectadores soviéticos têm necessidade de um teatro desse tipo?[27]

O ato de acusação termina com essa questão carregada de subentendidos e de ameaças. Em todos os lugares perseguem-se os inimigos do povo e as acusações lançadas contra Meierhold e seu teatro são suficientes para justificar as medidas mais extremas. Pode-se imaginar a impressão produzida por tal requisitório cuja leitura é proposta para o país inteiro.

Meierhold está em seu apartamento da rua Briússov, deitado sobre seu divã, o jornal caído ao chão. Zinaida interroga silenciosamente seu marido. Uma das censuras, não escritas, endereçadas a Meierhold é precisamente a parcialidade que demonstra com respeito a sua mulher, a qual elevou à posição de primeira atriz, sob risco de incomodar as outras comediantes. Os numerosos inimigos de Meierhold alimentam muitos mexericos sobre esse assunto. Se ele próprio não se preocupa com isso, os serviços da polícia, eles sim, prestam-lhes atenção.

A maioria dos golpes aturde ainda mais por serem dados por um bom conhecedor do teatro, tendo compartilhado em grande parte as ideias de Meierhold sobre o teatro popular. Kerientsev tenta se fazer perdoar por seu *Teatro Criador*, escrito em 1918, que refletia as teses do Proletkult.

Conforme seu estatuto cooperativo, o Teatro Meierhold reúne-se em assembleia geral para debater as conclusões desse artigo. Três dias de debates tumultuosos vão se suceder (22, 23 e 25 de

[27] *Pravda*, 17.12.1937, p. 4.

dezembro). Desta vez Meierhold é submetido a rajadas de críticas. Salvo alguns fiéis que sublinham as dificuldades com as quais ele se debateu há alguns anos (ausência de um espaço de trabalho adaptado, apatia do coletivo dos atores que não demonstraram iniciativa na escolha do repertório, hostilidade ou pelo menos falta de compreensão das autoridades, que não colocaram um freio às últimas realizações), ataca-se frequente e violentamente aquele que continuam, apesar de tudo, a saudar pelo nome de Mestre. Censuram-lhe abertamente sua parcialidade frente a Zinaida Reich; mas acusam-no também de ser um mau organizador, incapaz de planejar seu repertório, lançando-se em várias direções de uma maneira desordenada.

Esse último ponto merece reflexão. É a expressão de um caráter demasiado impulsivo? Ou a consequência dos obstáculos que se multiplicaram em seus passos? A partir da criação de *A Dama das Camélias* (março de 1934), Meierhold parece se engajar em uma corrida maluca, em ziguezague. Nenhuma peça que ele considerou montar pôde ser levada a termo.

Ao final desses debates durante os quais ele se defendeu à sua maneira habitual (aquiescendo às censuras anódinas para melhor combater os ataques mais virulentos), Meierhold conclui que está pronto a se sacrificar para assegurar a sobrevivência do teatro, isto é, está pronto a ceder seu lugar para que o teatro que leva seu nome pudesse continuar a viver.

Uma resolução presume resumir essas discussões; de fato, ela retoma ponto por ponto a argumentação de Kerientsev:

> Após exame do artigo do camarada Kerientsev "Um Teatro Estranho", publicado no *Pravda* em 17 de dezembro, a assembleia geral dos membros do Teatro Meierhold estima que:
> 1 – O artigo do camarada Kerientsev dá um julgamento político exato sobre o trabalho passado e atual do teatro e dissecou com espírito bolchevista as razões que conduziram o teatro a seu fracasso ideológico e artístico.
> 2 – Apesar de numerosas observações provenientes dos órgãos do partido, dos sovietes, da imprensa e mesmo do coletivo do teatro, e visando que ele se volte deliberadamente para a temática soviética dentro de uma interpretação realista, o diretor do teatro Vsévolod Meierhold manteve uma

atitude irresponsável; não corrigiu seus erros formalistas em seu trabalho de criação; não submeteu seu método de criação à crítica bolchevista [...] Criou um atmosfera na qual a autocrítica estava refreada enquanto se desenvolvia o nepotismo e a bajulação [...]

7 – À questão colocada pelo camarada Kerientsev em seu artigo, assim como pela imprensa e a opinião soviéticas, em saber se este teatro é necessário para o público soviético, a assembleia geral responde com determinação que não.

No momento em que for examinada a questão da sorte reservada a este coletivo, a assembleia geral pede para se ter em conta a presença em seu seio de um conjunto de artistas e de técnicos altamente qualificados, podendo servir de base à edificação de uma nova entidade teatral, capaz de arrumar lugar entre os teatros realistas soviéticos[28].

O essencial está no último parágrafo: o objetivo buscado é salvar, custe o que custar, essa instituição teatral tão cara ao Mestre. Meierhold já sonha retomar o serviço em Leningrado onde ainda tem amigos. Ele quer muito se afastar com a condição de que seu teatro possa continuar a funcionar, com seus artistas, seus maquinistas, seu pessoal, sua reputação, seu repertório – o que espera obter fazendo reparação pública e lembrando que não é preciso dilapidar o capital que constitui um "conjunto de artistas e de técnicos altamente qualificados".

Quanto à peça abortada *Uma Só Vida*, aqueles que a assistiram antes de sua interdição acharam-na de uma verdade admirável. Dela sobressaía uma questão muda: todo esse heroísmo, toda essa fé em um mundo melhor não teriam sido desdobrados em pura perda? Se eles tivessem sabido no que se transformaria seu país vinte anos mais tarde – o reino da polícia política, da suspeita, da delação, do arbitrário, a dominação de uma casta de burocratas estúpidos e desumanos –, os jovens revolucionários da têmpera de Pavel Kortchaguin teriam sacrificado aquilo que tinham de mais precioso, a vida deles?

---

28 Postanovlenie obščego sobranija rabotnikov gos. teatra imeni V. Mejerhol'da, *Mejerhol'dovskij sbornik*, v. 1, p. 377-378.

A Morte de um Teatro

No sábado, 7 de janeiro de 1938, três semanas após a condenação ideológica do Teatro Nacional Meierhold, correm rumores sobre a sua dissolução iminente. Nessa noite, apresenta-se *A Dama das Camélias*. Os admiradores apressam-se para marcar com sua presença seu apego a esta última manifestação pública de independência. Apesar do frio e da neve, numerosos são os apaixonados por teatro que se enfileiram até o fim da Tverskaia. Criada a três anos, essa peça conhece sempre o mesmo sucesso. Nunca Zinaida Reich esteve tão comovente como neste papel de mulher apaixonada, com toques de Berenice. A mulher que ama permanece eternamente sacrificada. A encenação coloca em relevo o valor sacrificial da inocência, atingida em sua honra e em sua carne. Podia não se pensar em todos os inocentes que no mesmo momento estavam sendo arrastados pela tormenta! Jamais como nessa noite a beleza dos cenários e dos figurinos, a elegância dos atores foram tão sentidas e levadas a crédito do encenador genial. Este anda de um lado para o outro nas coxias, um cigarro nos lábios. Sadóvski, que faz o papel de Armand, surpreende, em uma pausa, a conversa a meia-voz de dois atores que se perguntam ansiosamente se a notícia é verdadeira e procuram telefonar para se certificar. Impossível endereçar-se ao Mestre; seu nervosismo costumeiro deu lugar a uma calma olímpica.

Chega-se ao ato final. Dura mais que vinte ou vinte e cinco minutos. Na última cena, Marguerite Gautier vai em direção à janela e com um gesto largo puxa para o lado a pesada tapeçaria. A brisa penetra no cômodo fazendo tremular os leves véus. "Não sofro mais. Dir-se-ia que a vida entra em mim... experimento um bem-estar que jamais experimentei. Mas vou viver! Ah! Como me sinto bem!"[29]

Com essas palavras, Marguerite recua e deixa-se cair em uma ampla poltrona, o dorso para a sala. Armand precipita-se em sua direção, atravessando em diagonal toda a largura da cena. Pega a mão dela e a aperta sobre seu coração. A expressão de Armand

---

29 A. Dumas Filho, *La Dame aux camélias*, p. 410.

e a mão de Marguerite, que desliza ao longo da poltrona, fazem compreender que tudo acabou.

Armand afasta-se lentamente e senta-se maquinalmente sobre o parapeito da janela, os olhos sempre fixos na jovem mulher. Sua amiga Nichette entra então e avança docemente. Ela está vestida de noiva. Ajoelha-se lentamente diante daquela que não vive mais. Gaston, o marido de Nichette, e Armand permanecem de pé, aterrorizados, o olhar fixo.

O gongo ressoa, escurece, as luzes reacendem e os atores vêm saudar.

Nessa noite, no momento de pegar a mão de Zinaida Reich para apertá-la contra seu coração, Sadóvski fica apavorado: o rosto dela está agitado por movimentos espasmódicos, sua garganta parece pronta a rebentar. Ele pressente que ela vai ter uma crise de histeria. Não resta mais que um minuto antes do final. Ele aperta a mão da atriz na sua, esperando assim criar uma distração psicológica. Ela lança-lhe um olhar apavorado, mas adivinha confusamente o significado desse gesto.

Os artistas saúdam, em seguida, apenas levada de volta às coxias, a atriz desmaia e afastam-na da cena. Meierhold surge então e grita: "Zinotchka! O que aconteceu?" Ele a pega nos braços e leva-a para seu camarim.

Enquanto isso o público vocifera: "Meierhold! Meierhold! Meierhold!" Seguindo instruções do Mestre, Sadóvski reaparece em cena para declarar que Zinaida Reich está indisposta e que Meierhold não está disponível. A multidão recomeça: "Meierhold! Meierhold! Meierhold!" É então que acontece algo surpreendente: todos precipitam-se para o palco, procuram entrar nas coxias, cuja entrada está barrada por uma corrente humana formada de atores, de maquinistas, de aderecistas, de bombeiros!

Na verdade, a decisão de dissolver o teatro fora tomada no final da tarde e a notícia tinha vazado confidencialmente: essa apresentação devia ser a última. Meierhold tinha sido avisado, mas o casal resolveu continuar até o fim. Logo Zinaida Reich retoma consciência. Ela está deitada sobre uma banqueta em seu camarim e fuma um cigarro. Meierhold também fuma, sentado em uma poltrona diante dela. Todos os camarins, inclusive o seu, foram invadidos por um público silencioso. Ninguém quer deixá-los e separam-se somente tarde da noite.

Nenhuma notificação oficial ainda não foi comunicada concernindo a dissolução da companhia. O *Revizor* está previsto para a matinê do domingo. Apesar da publicação do temido decreto na imprensa da manhã, a representação acontece, mas sem Zinaida Reich que se faz substituir por sua suplente.

Mais tarde, durante o dia a trupe de balé de Viktorina Krueger vem tomar posse do lugar.

O Teatro Meierhold acabou[30].

O decreto ordenando a dissolução da trupe é publicado em todos os jornais da União Soviética, o *Pravda*, os *Izvestia*, os *Trud*, os jornais das Repúblicas, para bem marcar a importância capital da condenação pronunciada contra o Teatro Nacional Meierhold, símbolo da contestação.

A principal vítima disso é evidentemente seu diretor, atacado em seu ser. Ademais deixa-se pairar a incerteza sobre seu destino pessoal: estará ainda autorizado a trabalhar em seu domínio? A trupe e a mão-de-obra do teatro vão ser distribuídas em diferentes cenas, das quais nada diz que elas serão moscovitas. Qual será a sorte de Zinaida Reich que é, afinal de contas, somente uma comediante entre as outras?

A operação contra Meierhold visa, aos olhos das autoridades, um mal mais amplo. É o único artista que conseguiu até então, graças à sua autoridade, conservar uma certa autonomia apesar das instruções e advertências. Sua condenação deve servir de exemplo e de aviso: o texto do decreto será lido e comentado publicamente em todos os teatros e em todas as escolas de arte dramática da União Soviética. Cada participante das reuniões que acontecerão deverá se comprometer a romper todo vínculo pessoal ou artístico com Meierhold e suas concepções e prometer uma lealdade absoluta com respeito aos cânones impostos.

A sequência dos acontecimentos vai revelar os procedimentos do poder, que lançou Kerientsev na linha de frente de ataque para melhor se livrar dele, matando dois coelhos com uma cajadada

---

30 M. Sadovskij, Teatral'nyj čarodej, em L. D. Vendrovskaja (org.), *Vstreči...*, p. 526-528.

só. O artigo do presidente do Comitê dos Assuntos Artísticos data de 17 de dezembro de 1937. Um mês mais tarde, dia a dia, o *Pravda* publica a intervenção de Idánov à primeira sessão do Soviete Supremo recentemente eleito. Na qualidade de deputado de Leningrado, ele se queixa primeiro da inércia deste organismo, em seguida chega ao assunto do momento:

> Conhece-se a recente decisão relativa à liquidação do Teatro de Meierhold, estranho à arte soviética. O que é incompreensível, é que o Comitê dos Assuntos Artísticos e seu dirigente, o camarada Kerientsev, tenham tolerado durante tanto tempo a existência, ao lado deles, em Moscou, de um teatro que, por seu espírito de espanto e seus artifícios, tentou desfigurar as peças do repertório clássico, não criou uma peça sequer autenticamente soviética e contaminou a trupe de seu teatro, beneficiando-se totalmente do contínuo patrocínio do Comitê dos Assuntos Artísticos, que sempre lhe concedeu amplas subvenções do orçamento do Estado. Isso não mostra o funcionamento pouco satisfatório desse comitê?

Depois de ter enumerado outros exemplos de decisões contestáveis do comitê, Idánov conclui com um ataque em regra:

> Acredito que esses fatos são suficientemente numerosos para que se coloque a questão de saber se nós temos necessidade desse tipo de presidente no topo do Comitê dos Assuntos Artísticos; pode-se perguntar se este homem é mesmo o dirigente do Comitê dos Assuntos Artísticos ou um simples caixeiro viajante? (risos.) Não é muito forte nosso presidente do Comitê dos Assuntos Artísticos. (voz: "É verdade!")
> Acredito que podemos encontrar em nosso país um responsável dos assuntos artísticos que seja realmente digno desta grande e gloriosa função[31].

Idánov coloca-se, portanto, desde essa época como pretendente ao posto de regente dos assuntos culturais. Kerientsev teria mostrado certas reticências antes de escrever seu requisitório infame com respeito a alguém que, no fundo de si mesmo, ele respeitava? Assim como se desembaraçam dos sicários, uma vez que sua empreitada é concluída, imediatamente é colocado um fim à carreira

---

31 *Pravda*, 17.1.1938.

desse funcionário zeloso. Nomeia-se para seu lugar Nazarov, logo substituído por Kraptchenko, homem de gabinete, autor de obras sobre o teatro soviético e futuro acadêmico. Mas Kerientsev escapa. Ele será nomeado diretor adjunto da *Grande Enciclopédia Soviética*, função que conservará até a sua morte em junho de 1940, apenas alguns meses após a execução de Meierhold.

O Purgatório

Meierhold está diante do abismo. Ele conserva, por enquanto, sua integridade física e material. Resta-lhe o casulo de seu apartamento, o consolo de sua biblioteca. Mas a atividade teatral que é sua razão de ser? O rumor fala de uma afetação como encenador de um teatro do subúrbio... o que não deixaria de aparecer como uma humilhação suplementar.

Pode-se imaginar o abatimento de um homem que vê todo o trabalho de sua vida despedaçado ao termo de um processo iníquo. Pode-se imaginar a dor de um homem de teatro privado de sua trupe, desses homens e mulheres que o uniam a tantas alegrias e tristezas, companheiros de trabalho que compartilhavam seus sonhos, seus êxitos, suas visões geniais, com os quais ele jogava em todos os sentidos do termo. Tal qual o Mestre de Bulgakov[32], de quem se arrancou seu manuscrito, ele erra solitário ao luar, confiando-se a seu secretário, o devotado Aleksandr Gladkov. O amor de Zinaida, sua Margarida, saberá preservá-lo da morte ao seduzir o Diabo?

Ele deve se dirigir a Stálin para reclamar justiça ou bem se ater aos conselhos de Pasternak? Ou ainda, não deveria se voltar para esse Nicolai Iejov que parece ser o homem que está em ascensão e cuja esposa é uma amiga de infância de Zinaida Reich? Por ocasião das eleições de 12 de dezembro de 1937, ele teve direito às felicitações de Micoian e foi condecorado com a Ordem de Lênin. Meierhold se interroga.

---

32 Cf. o romance de Mikhail Bulgakov, *O Mestre e Margarida*.

A Força da Amizade

Sob o choque da intervenção brutal do poder em seu reino artístico, Meierhold passa os dias prostrado em seu divã, diante da tapeçaria oriental tão expressivamente representada na tela do pintor Kontchalóvski. Encarquilhado sobre si mesmo, envolto em uma manta, ele medita folheando obras de arte, tentando se evadir no mundo da beleza. Não procura a companhia, mas de toda a maneira esta se esgota por si mesma. O telefone não toca mais. Além daqueles que, movidos por um sentimento de pudor, não querem incomodar o Mestre, a maior parte se afasta daquele sobre o qual caiu o raio do poder. E dizer que a casa, nos tempos de seu esplendor, estava sempre tão cheia![33]

Entre os raros visitantes estão seu secretário Aleksandr Gladkov ou o ator Lev Sniejnitski, recentemente contratado no teatro. Este procura consolar Meierhold, declarando que certamente encontrará um trabalho à sua altura. Ele está certo do contrário. "Não me deixarão trabalhar!" E, depois de um silêncio: "Ao menos poderia escrever meu romance *Hamlet*!"[34]

Laços sutis ligam-no a *Hamlet*; seu amigo Pasternak fará uma tradução e sobretudo escreverá um poema trágico, no qual se identifica com o herói shakespeariano entrando em cena para afrontar um público hostil, escondido em uma sala que lhe parece um buraco negro. Pasternak vem visitar Meierhold apenas três dias depois do fechamento do teatro. Sob o golpe da emoção, ele fala com dificuldade. Os dois homens estão sentados no escritório, e Pasternak cerca Meierhold com o calor de sua amizade:

> Tudo vai se arranjar, estou certo disso. Mas o principal é resistir durante este período difícil. O senhor tem dinheiro? O senhor tem do que viver? – Não sou alguém que especula nas costas da arte, nunca ganhei muito dinheiro. – Mas

---

[33] Os Meierhold gostavam de se cercar de jovens. Distinguia-se os pianistas Lev Oborin e Sofronitski, os compositores Schostakóvitch e Schebalin, os poetas Boris Kornilov e Iaroslav Smeliakov, os atores favoritos Tsariov, Samoilov ou Sniejnitski, o secretário Gladkov, os estrangeiros de passagem, como Gordon Craig, e homens políticos, Lunatchárski, Ríkov, ou o tchekhista Agranov.

[34] L. Snežnickij, Poslednij god, op. cit., p. 565.

então, retoma Pasternak, como o senhor vai fazer para viver? – Não sei, diz Meierhold encolhendo os ombros, tenho um automóvel, será preciso vendê-lo"[35].

Uma outra visita tem algo de desconcertante: surge diante dele um velho de mais de setenta anos, o ator Rossov, que ele tinha aplaudido quando adolescente, em sua cidade natal. Já então apaixonado por teatro, tinha particularmente admirado esse ator e anotou em seu diário íntimo: "Rossov interpreta Hamlet com uma peruca loira..., muito nervoso e sensível... O Hamlet interpretado por Rossov está bem mais perto da verdade que o de Galitski [o jovem primeiro ator da trupe de Penza]"[36].

E eis que essa testemunha de um outro mundo, de uma outra vida, aparece, vestido com um paletó fora de moda com uma camisa de colarinho duro, e declara-lhe com uma mistura de solenidade e ternura: "Nunca fiz parte dos admiradores de seu teatro; sempre fui contra as novas correntes artísticas. Mas a maneira com a qual lhe trataram! Não se trata assim artistas!"[37]

Era preciso a delicadeza de um ator da velha escola para exprimir uma verdade, que não podia mais ser dita em uma sociedade que elevava a delação, a covardia e a mentira ao renque de virtude.

Entre aqueles que se juntaram à horda dos ladradores, há os seres mais diversos, como o célebre aviador Valeri Tchkalov que, tendo atravessado o Atlântico, declara para se fazer perdoar seus contatos nos Estados Unidos:

> Para mim o teatro de Meierhold sempre foi um empreendimento estranho. Evitava assistir a seus espetáculos. Não gosto das experiências feitas com minhas peças favoritas... O fracasso do teatro Meierhold é o resultado lógico de uma via errada[38].

Enquanto os rivais de Meierhold, tais como Taírov, Nemiróvitch-Dantchênko ou Serguêi Radlov, têm todos a elegância de se calarem, esse não é o caso do ator Mikhail Tsariov que, no entanto,

---

35 Idem, ibidem.
36 N. Volkov, *Mejerhol'd*, v. I, p. 28-29.
37 L. Snežnickij, Poslednij god, op. cit., p. 566.
38 V. Čkalov, O teatre Mejerhol'da: Bankrotstvo, *Izvestia*.

foi paparicado pelos Meierhold; ele se explica rudemente sobre a decisão que tomou em deixar a trupe no meio do ano de 1937:

> Nesse verão já comuniquei na imprensa as razões que me levaram a deixar o Teatro Meierhold; destaquei o fato de que nesses últimos anos esse teatro perdia cada vez mais sua substância criadora... Somos muitos a ter trabalhado com interesse com V. Meierhold, como encenador, e a tentar muitas vezes lutar para sanear a atmosfera do teatro que ele dirigia. Infelizmente Meierhold jamais deu continuidade a essas tentativas... Já há muito tempo os atores de talento deixaram esse teatro um após o outro. Nesses últimos anos Meierhold perdeu também autores. É evidente que trabalhar em um teatro onde se sente tão claramente a existência de um processo de decomposição interna, é uma atividade desprovida de toda perspectiva que cessou de obter a menor satisfação. Eis o que me impulsionou a deixar V. Meierhold[39].

Diante de algumas penas servis que aceitaram juntar seu testemunho aos artigos acusadores das *Izvestia*, admirar-se-á a coragem daqueles que se recusam a uivar com os lobos. É o caso do velho mestre de Meierhold, Konstantin Stanislávski.

No que concerne a sua colocação no índex, o único testemunho que dispomos sobre os sentimentos pessoais de Meierhold nos é transmitido por Iuri Bakhruchin, que era na época conselheiro literário do teatro Stanislávski:

> Tudo o que me aconteceu, comigo e com meu teatro, é algo incompreensível e pesadelar, diz-lhe Meierhold com um tremor na voz. Minhas pesquisas avançavam segundo um plano definido, de fato, e já tinha visto na montagem de *A Dama de Espadas* que havia alguma coisa que não dava certo. Os que viram *A Floresta*, *O Revizor*, *Desgraça do Espírito* e *A Dama das Camélias* sabem qual foi minha evolução. As duas últimas peças, *Natascha* e *Assim Foi Temperado o Aço*, foram objeto de um tratamento completamente diferente, puramente realista. E apesar disso, foram rejeitadas. Quando fiz Belilóvski ver minhas maquetes e meus esboços para *Natascha*, de estilo perfeitamente realista, ele me declarou: "isso não prova nada. O senhor escolheu esses cenários delibe-

---

39 M. Tsarev, O teatre Mejerhol'da: Počemu ja porval s Mejerhol'dom, *Izvestia*.

radamente para ridicularizar o realismo". Não me compete dizer quem tem razão ou quem está errado, a história julgará[40].

Certamente, não se pode ser inteiramente ingênuo com as palavras de Meierhold, quando declara ter se sacrificado ao realismo que se tornou estilo oficial. Ele sempre explicou que o realismo superficial era uma fraude e que seus espetáculos, em sua procura pelo símbolo, eram selados com um realismo autêntico. O que relativiza seu propósito é este gracejo, que ele teria confiado a um dos encenadores do teatro de Stanislávski: "Todos consideram-me como 'formalista' no plano estético. Efetivamente sou um realista puro, mas um realista, digamos, apimentado, compreende, um realista apimentado"[41].

Isso dito, o fato de contar com o julgamento da história diz muito sobre o grau de lucidez alcançado por Meierhold. Não há mais nada a esperar dos príncipes que governam seu país.

Apesar de seu estado de prostração, ele não se esquece de Stanislávski, que reverencia como um pai e que permanece para ele uma autoridade a despeito das diferenças de ordem estética que os separaram. Seu antigo mestre vive a alguns passos de sua casa, rua Leontievski, na casa particular que lhe foi atribuída no começo dos anos de 1920. Ele está praticamente recluso há dez anos, após um mal-estar cardíaco que ocorreu no palco de seu teatro. Mandou construir uma pequena sala de ensaios e, um pouco como Meierhold em sua casa do Bulevar Novinski, entre 1920 e 1928, fez os alunos trabalharem no domicílio em dois estúdios, especializados um na arte lírica, o outro na arte dramática. Mas é sobretudo pela ópera que o encenador se interessa. Suas criações são montadas no palco do teatro musical, edifício que divide com seu antigo associado Nemiróvitch-Dantchênko. Os dois fundadores do Teatro Artístico situam-se agora em trajetórias divergentes: Nemiróvitch tornou-se uma espécie de empresário, alinhando espetáculo em espetáculo; Stanislávski continua perseguido pelo demônio da pesquisa. Idoso e doente, é poupado por sua família das tempestades do mundo exterior.

40 Ju. Bahrušin, Stanislavskij i Mejerhol'd, em L. D. Vendrovskaja (org.), op. cit., p. 589.
41 P. Rumiancev, V opernom teatre imeni K.S. Stanislavskij, em idem, p. 595.

Para o septuagésimo quinto aniversário dele, em 18 de janeiro de 1938, Meierhold endereça-lhe uma carta de votos que é, sem o dizer, um apelo de socorro:

> Caro Konstantin Sergueievitch,
> No meio de uma descrição, quando sentia certa dificuldade em se exprimir pela pena, Nicolai Gógol interrompe-se de repente para exclamar: "Pois bem, não! Não consigo! Que me deem uma outra pena! Para uma cena como essa, a minha está embotada demais, terna demais!"
> Ao começar minha carta para o seu aniversário, encontro-me no mesmo estado de espírito que Gógol.
> Meus sentimentos pelo senhor, meu caro Mestre, são tais que para exprimi-los sobre o papel só tenho penas embotadas e ternas.
> Como dizer-lhe a que ponto eu o amo?
> Como expressar-lhe a imensidão de meu reconhecimento por tudo o que o senhor me ensinou na arte tão difícil da encenação?
> Se tivesse forças suficientes para superar todas as dificuldades que me abateram, em virtude dos acontecimentos desses últimos meses, eu iria vê-lo e o senhor leria em meus olhos a alegria que experimento em saber que está restabelecido, em vê-lo novamente alerta e alegre, em saber que o senhor recomeçou a trabalhar, para o bem de nossa grande pátria.
> Aperto-lhe a mão muito forte. Eu o abraço.
> Cumprimente toda sua família e, em particular, Maria Lilina. Cumprimente ternamente sua neta, cuja delicadeza em relação a mim, quando lhe perguntei notícias suas, comoveu-me às lágrimas.
>
> *V. Meierhold*
> Com toda sua afeição[42].

Os dias passam. Em 10 de fevereiro, Meierhold festeja em família seu sexagésimo quarto aniversário. Então é o milagre. Stanislávski telefona para Meierhold para vir vê-lo. São onze horas da manhã e o encenador decaído precipita-se para a casa de seu mestre. Zinaida Reich espera-o durante o dia todo. Chegada a noite, a porta da entrada bate e Meierhold faz sua entrada no

---

42 Carta de V. Meierhold a K. Stanislávski, *Écrits...*, v. IV, p. 208.

salão. "Zinotchka, " diz para sua mulher tirando sua peliça, "no fim de minha vida nossos caminhos se cruzaram!" E acrescenta após um momento de reflexão: "Fui o primeiro a dizer que no começo há a ação"[43].

Zinaida Reich olhava atentamente o rosto de Meierhold. Ela não fazia perguntas, mas via-se que ardia para saber com detalhe o que tinha acontecido.

Compreendendo seu olhar, ele pega-lhe a mão e diz a ela que tinha passado todo o dia em companhia de Stanislávski. Este tinha lhe mostrado a sala de ensaios e tinha discutido com ele o método das ações físicas. Em seguida, falaram longamente de estética e finalmente Stanislávski tinha lhe proposto vir trabalhar em seu teatro de ópera. "Foi assim", diz o ator Sniejnitski, que conta a cena, "que fiquei sabendo que Stanislávski havia estendido a mão para Meierhold! Foi assim que tive a chance de saber que os dois grandes artistas do teatro russo tinham se entendido"[44].

Uma nova vida abre-se diante de Meierhold. Ele vai colaborar com aquele que lhe ensinou os rudimentos da profissão de ator. Sua experiência dá-lhe o direito de estar em plano de igualdade com um homem que sempre admirou. Trabalhar com Stanislávski é uma porta de saída inesperada. Ele vai poder aprofundar suas pesquisas em matéria da arte lírica, na linha de *A Dama de Espadas*.

Muito curiosamente, as autoridades políticas não fazem objeções ao pedido de Stanislávski. A nomeação oficial de Meierhold, como encenador principal do Teatro Stanislávski, entra em vigor em primeiro de março.

Assim pode se justificar o otimismo de sua primeira mulher, Olga Munt, que escreve de Leningrado:

> Primeiro de março de 1938,
> Obrigada, minha querida Zinaida Nicolaievna, por sua carta e pelo dinheiro[45]. Por várias vezes quis escrever-lhes, mas não tive coragem, sabia que vocês sofriam e é muito difícil exprimir compaixão. Eu mesma estou doente com toda essa história,

---

43 L. Snežnickij, Poslednij god, op. cit., p. 566.
44 Idem, p. 569.
45 Meierhold continuava a ajudar financeiramente Olga Munt que criava os filhos de Maria, morta em 1929.

mas sempre estive convencida de que tudo se arranjaria e que o pior tinha passado...

Esperava que vocês viessem; queria tanto que a gente pudesse conversar; lembro-me das numerosas mudanças que já aconteceram na vida de Vsévolod Emilievitch; várias vezes foi lhe preciso recomeçar do zero. Se não me engano, esta é a sexta vez que ele muda de teatro, eu queria até escrever um artigo a esse respeito, mas não sou capaz disso. Porém, se isso lhe interessa, posso contar-lhe tudo, lembro-me perfeitamente. Enfim, minha carta é longa demais, talvez isso nem lhe interesse, mas sentia vontade...

Cumprimente Vsévolod Emilievitch. Passem bem,

Sua O. Munt[46].

No dia seguinte abre-se o processo público dito dos 21 ou ainda do "bloco dos direitistas e trotskistas antissoviéticos", acusados, ao mesmo tempo, de complôs contra Lênin e Stálin, do assassinato de Kírov, Kuibischev e Górki, sem contar outros atos de sabotagem e traição. Meierhold conheceu bem Bukharin e sobretudo foi amigo de Ríkov[47]. Não se deixará de censurá-lo por esses laços de amizade.

Tradução: Christiane Takeda

---

46 Carta de Olga Munt a Zinaida Reich de 1.3.1938. As duas mulheres mantinham relaçõe s amistosas. *Teatr*, n. 1, p. 142-143.
47 Em julho de 1935, os Meierhold efetuam a travessia de barco Odessa – Sebastopol. Eles se encontram com a família de Ríkov, na época comissário do povo para as comunicações. Meierhold faz uma descrição apaixonada do novo teatro que está sendo construído. Muito impressionada com sua recente visita à construção, Zinaida Reich infla depois grita repentinamente, no meio da ponte, com um dos joelhos no chão: "Meierhold, você é um gênio!". Rasskazivaet N. Rikova-Perli, *Teatral'naja žizn'*, n. 5, março de 1989, p. 28.

2. Nascimento de um Homem de Teatro

É a imagem do espectador e não a imagem da vida que reflete a arte

Oscar Wilde

As Origens

Em março de 1896 em Moscou, um jovem estudante de direito é admitido na Escola de Arte Dramática da Sociedade Filarmônica. Sua recitação do monólogo de Otelo diante do senado impressionou tanto o júri que ele ascende diretamente ao segundo ano. Reúne-se ali com sua cunhada Ekaterina Munt, por quem ele mantém afetuoso sentimento. Os estudos de arte dramática dessa escola privada, amplamente subvencionada por mecenas, duram três anos. O ensino é pragmático: os alunos trabalham diversos extratos de peças no decorrer do ano e, ao final deste, devem representar espetáculos completos, tradição que se conservou até os nossos dias.

Mas essa escola inova. Concede uma importância particular à formação cultural dos futuros atores, negligenciada até então. Ao lado dos cursos técnicos de dicção e declamação, eles são iniciados à "história do teatro e das escolas teatrais". O personagem mais influente dessa instituição é o escritor, dramaturgo e crítico Aleksandr Nemiróvitch-Dantchênko*, que quer formar atores cultos. Nascido na Geórgia, onde seu pai servia, ele se tornou amigo do futuro ator Aleksandr Sumbatov que, com o pseudônimo de Iujin, isto é, o "Homem do Sul", será uma das vedetes do Teatro Máli. As primeiras comédias do dramaturgo Nemiróvitch datam de 1882: *A Roseira Brava* e *Os Americanos*. Em 1896, ele obtém o prêmio Griboiêdov pelo seu drama *O Valor da Vida*, distinção que recusa, pois estima que é a Anton Tchékhov que ela deveria pertencer. Ele admira *A Gaivota*, que acaba de ser montada em São Petersburgo, infelizmente sem que os atores compreendessem seu valor inovador.

A atitude de Nemiróvitch é tão mais notável já que o gênio de Tchékhov foi reconhecido apenas tardiamente. Meierhold recordará com humor quais eram os escritores reconhecidos em sua juventude:

> Acreditem vocês que se considerava então um Boborikin como mais importante que Balzac, que ao seu lado estava colocado na mesma linha Paul de Kock. Colocava-se Spielhagen acima de Stendhal, incitava-se Tchékhov a tomar lições com Scheller-Mikhailov e, até a sua morte, que foi um choque para a Rússia culta, a opinião geral era a de que ele era do nível de Potapenko[1].

Com seu senso do teatro, Nemiróvitch esforça-se para dar a seus alunos um método de trabalho, combinando psicologia, aná-

---

* O nome completo de Nemiróvitch-Dantchênko é Vladímir Ivanovitch Nemiróvitch-Dantchênko, não constando em nenhuma obra de referência o nome Aleksandr, citado pelo autor (N. da T.).

1 A. Gladkov, *Mejerhol'd*, v. II, p. 273. Esses escritores eram muito célebres no final do século XIX. Paul de Kock (1793 – 1871), autor prolífico de romances populares, muito lido na Rússia, onde contribuiu fixando um certo número de estereótipos sobre a sociedade francesa. Friedrich Spielhagen (1829 – 1911), romancista alemão, descreveu abundantemente a burguesia de seu país. Piotr Boborikin (1836 – 1921), autor russo a quem se deve uma trintena de romances e algumas peças de teatro. Aleksandr Scheller (pseudônimo Mihailov) (1838 – 1900), homem de letras russo, poeta e romancista de caráter populista. Ignati Potapenko (1856 – 1929), um dos romancistas russos mais fecundos de sua época, deixou narrativas humorísticas sobre o meio religioso e peças de teatro.

lise das personagens e, sobretudo, a aproximação literária da obra dramática. Ele afirma que o ator deve compreender a vida e não se contentar em tomar emprestado, como se fazia correntemente, as técnicas de atuação transmitidas pelas vedetes. Esses preceitos, que dão a impressão de serem óbvios, aparecem como inovadores no final desse século.

Mas quem é este novo aluno admitido tão brilhantemente na escola de arte dramática? Não é mais um adolescente, tem 22 anos e já possui uma experiência teatral adquirida no contexto do teatro amador.

Nasceu em 9 de fevereiro de 1874[2], em Penza, capital do "governo" situada a sudeste de Moscou. Por um fenômeno que não tem nada de espantoso neste imenso império tsarista, onde coabitam os povos mais diversos, ele faz parte de uma família de nacionalidade alemã. Fala-se alemão em casa, e seu pai, Emil Meiergold, rico proprietário imobiliário, fabricante e comerciante de licores e principalmente de vodka, é um emigrado recente, que fala russo com um forte sotaque germânico. Sua mãe, Alvina Neeze, é uma alemã do Báltico totalmente russificada. Nosso herói é o oitavo filho desta grande família. Ele será batizado na confissão luterana, a de sua mãe, com os nomes de Karl, Theodor e Kasimir.

O pai é uma personagem de tez corada que reina como déspota sobre os seus, mantendo simultaneamente uma segunda família que conta duas crianças. Meierhold brinca frequentemente com seu meio irmão Boris e sua meia irmã Lidia, que têm quase a mesma idade que ele. Sua mãe, de temperamento doentio, transfere a seus filhos sua afeição frustrada. Ela desenvolve neles o gosto pela poesia e pela música, especialmente nos dois mais jovens, Fiódor e Karl. Este último aprende a tocar piano a partir de idade precoce e continuará quando estiver no ginásio (escola secundária). Em seguida tomará curso de violino e continuará a tocar esse instrumento por toda a sua vida.

2 O calendário utilizado na Rússia até março de 1918 está atrasado doze dias no século XIX e treze dias no século XX, com relação ao calendário gregoriano adotado no Ocidente. As datas dadas no texto são, tanto quanto possível, as do calendário gregoriano, ou "novo estilo" (n. e.), as datas do calendário juliano concernindo ao "antigo estilo" (a. e.). (Para o registro civil, Meierhold nasceu em 28 de janeiro [a. e.], o que corresponde a 9 de fevereiro [n. e.].)

Membro da corporação dos comerciantes, Emil Meiergold possui seu camarote no teatro local. Convida-se à casa os atores em turnê. Assim, Vassíli Dalmátov, um dos grandes nomes do Teatro Alexandrínski, de São Petersburgo, que Meierhold reencontrará quando for nomeado aí encenador em 1908, deixa a seu pai uma foto autografada. Em casa, organizam-se noites musicais e bailes.

Emil Meiergold é o modelo desses "comerciantes" russos, excessivos em seu comportamento, que adoram fazer extravagâncias em um país burguês como a França. Ele visita regularmente sua tia que vive em Paris, e de lá vai a Monte Carlo onde dilapida sua fortuna.

O jovem Karl entra no ginásio com dez anos: os estudos secundários na Rússia duram sete anos, mas logo esse ensino lhe pesa a ponto que ele deverá repetir várias disciplinas. Obterá seu certificado de conclusão de estudos somente em 1895, com a idade de 21 anos!

Entrementes seu pai morre, esse pai com o qual ele não se entendia, e a casa Meiergold, assumida por Alfredo, o irmão mais velho, é levada à falência. Em um país submetido ao sistema de castas, Karl perde todo estatuto social: não passa de um simples *meshchanin*, isto é, um "residente da cidade de Penza", o que o situa na classe dos "pequenos burgueses". Mas ele está apaixonado por Olga Munt, uma amiga de infância, que pertence à nobreza. As duas senhoritas Munt, Olga e Ekaterina, sua irmã, são órfãs acolhidas por uma tia. Elas encontram na casa dos Meiergold uma segunda família.

No momento de partir para Moscou, onde vai retomar os estudos de direito, o jovem Karl Meiergold fica noivo de Olga e se converte à ortodoxia. Por essa medida ele afirma seu apego à Rússia como pátria, rompendo toda ligação com a Alemanha; além disso, tornando-se russo, pode se inscrever sem dificuldades na universidade. Seu sobrenome é russificado para Meierhold, e seu nome Karl é trocado pelo de Vsévolod. Esse nome de consonância profundamente eslava é o do escritor Vsévolod Garschin que, precursor de Tchékhov, colocou fim a seus dias em um acesso de melancolia, o que o faz um herói adulado pela juventude.

Seu amigo Rêmizov, em relegação a Penza, caracteriza-o assim:

No ano em que se casou e em que passou de Karl a Vsévolod, ele passou igualmente do luteranismo à ortodoxia... Olga Mikhailovna Munt, a mulher de Meierhold, é a sobrinha de Pantchulidze, o marechal da nobreza[3] de Penza, autor de *A História da Guarda a Cavalo*. "A grande burguesia uniu-se ao feudalismo", é assim que traduzi, na minha linguagem da época, a ligação Meierhold-Munt-Pantchulidze... Quanto a mim, inoculava em Meierhold meu "marxismo". Ele escutava meus argumentos com a mesma paixão com que eu o escutava falar de teatro. Ele era muito impressionável e acreditava em tudo o que era exaltador e extraordinário, mesmo se fosse irrealizável, tal como meu paraíso sobre a terra libertada dos "exploradores"[4].

Em seu diário íntimo, esse jovem no cruzamento de duas culturas tentará definir sua verdadeira identidade. A um interlocutor que se desculpa por ter criticado violentamente diante dele o imperador Guilherme, responde com fogosidade:

O que representa Guilherme para mim? Como eu poderia dizer que a Alemanha é o meu país? É ridículo. Tenho dezenove anos, eis então dezenove anos que vivo no meio dos russos, que assimilei os hábitos do povo russo, que o amo: meus educadores são Gógol, Púschkin, Lérmontov, Turgueniev, Tolstói, Dostoiévski e todos os outros grandes poetas e escritores russos; é em russo que rezo e, de repente, seria preciso que eu chame a Alemanha de meu país? Não seria absurdo?![5]

Se este que se chamava ainda Karl Meiergold era um aluno fraco do ensino secundário, é particularmente porque consagrava o melhor de seu tempo à sua paixão, o teatro. Havia na cidade de Penza um teatro alugado para a temporada de setembro à terça-feira de carnaval.

3 Presidente da Assembleia dos Nobres.
4 A. Remizov, *Iveren*, p. 100.
5 Citado por N. Volkov, *Mejerhol'd*, v. I, p. 34. Esta primeira biografia de Meierhold, escrita às pressas por um crítico de seus amigos, se detém em 1917. O terceiro volume, que deveria ser consagrado ao "período revolucionário" do encenador, não pôde ser concluído. A data de 1929, na qual foram publicados os volumes I e II, traça bem o limite entre o período esplendoroso de Meierhold e o estado de semidesgraça que se seguiu. Vólkov teve acesso a numerosos documentos pessoais de seu herói, diários íntimos e cartas endereçadas à sua mulher, hoje desaparecidos. Apesar de seu lado hagiográfico, é um documento precioso para toda a primeira metade da vida de Meierhold.

Os teatros imperiais das capitais fechavam durante a quaresma, os cinquenta dias que precedem a Páscoa. Também numerosos atores partiam em turnê pelas províncias, onde as trupes locais lhes cediam espaço a partir da terça-feira de carnaval, ou serviam-lhes de ajudantes se viessem atuar como solistas. Em 1891 é o grande ator Nicolai Rossov que vem a Penza, onde representa Tchatski (*Desgraça de Ter Espírito*), Hamlet e Otelo. É esse mesmo Rossov que, como vimos, virá lhe manifestar sua simpatia quase cinquenta anos depois.

Na adolescência, Karl lança-se na aventura do teatro amador. Em 14 de fevereiro de 1892 (ele tem dezoito anos), "com a autorização das autoridades", é dada em uma casa privada uma representação de *A Desgraça de Ter Espírito* por "amadores de arte dramática". Fiódor atua o papel principal, o de Tchatski, enquanto Karl atua o de Repetilov, um impertinente. Ao mesmo tempo ele é o "assistente" do encenador. Olga, sua noiva, atua no papel de Sofia, a coquete pela qual Tchatski está apaixonado, enquanto o papel de Lisa, a criada, é representado pela irmã dela Ekaterina. Cinco dias depois, fica-se sabendo da morte de Emil Meiergold "após uma longa e dolorosa doença", o que aparentemente não impediu seu filho de atuar na comédia. Entre o teatro e a vida, este muito cedo fez sua escolha.

Em seu diário íntimo, lê-se isto: "Sei que posso me tornar um bom ator... É o meu sonho mais caro: penso nisso talvez desde a idade de cinco anos. Eu gostaria de subir à cena..., mas, claro, jamais na província"[6].

E, no entanto, a província nesta época não cedia em nada às capitais no plano do desenvolvimento cultural. Penza era uma cidade bem animada, com uma população diversificada onde os operários russos se misturavam aos camponeses e camponesas mordovianos. Todos os anos na praça do mercado se instalava a feira com suas tendas e suas barracas de apresentadores de animais, seus carrosséis e suas loterias. Aí se espremiam soldados, camponeses, artesãos, jovens mulheres dos subúrbios, mendigos. Meierhold irá se lembrar, por toda sua vida, dos arengadores

---

6 N. Volkov, op. cit., v. I, p. 36.

empoleirados sobre os estrados, de onde eles batem os tambores e fazem tinir guizos e tímpanos; dos palhaços rivalizando em bufonarias, dos manequins gigantes representando alguma fábula comovente; dos chineses fazendo malabarismos com facas; dos adivinhos armados com seu realejo, sobre o qual pousava um papagaio; do calmuco apresentador mudo de serpente e dos empregados de lojas, divertindo-se a correr sobre pernas de pau!

A jovem Rússia formava-se nesses locais recuados, desencravados desde a aparição da estrada de ferro. E, sobretudo, as precauções da polícia, que afugentava das capitais as pessoas de força de espírito exilando-as na província, contribuíam para difundir, um pouco em todos os lugares, as novas ideias. Kossóvski, o professor de piano de Meierhold, é um polonês exilado em consequência da insurreição de 1863, testemunha das injustiças e das violências do império russo. O jovem moscovita Alexei Rêmizov, relegado a Penza por suas ideias políticas, inicia Meierhold na ideologia socialista e marxista.

Este vive em uma casa espaçosa do centro da cidade, construída em 1881 e que compreende três edifícios, que dão acesso a um pátio interior, amplamente dominado pela fábrica de vodka. As crianças estão habituadas a viver e a brincar entre os operários, que rolam grandes tonéis, enchem garrafas e cantam durante os momentos de descanso.

Por volta dos dezoito anos, Karl sente-se profundamente infeliz nesse meio onde só conta o êxito comercial:

> A vida é feita unicamente para o conforto e a despreocupação em detrimento do espírito? Não, eu não quero uma vida desse gênero, que comporta demasiada baixeza, vulgaridade, tão habilmente recobertas de um verniz exterior. Para que a vida real não me pareça demasiadamente insuportável, escolhi para mim uma vida de sonho. Isso já foi há muito tempo, há quatro anos[7].

Ele tem agora 21 anos. Está noivo. Parte para Moscou onde vai começar seus estudos de direito. É o caminho traçado para

---

7 Idem, p. 21.

entrar no comércio ou tornar-se funcionário. Parte com sua futura cunhada Ekaterina Munt, que ardia por encetar uma carreira teatral. Sigamo-los em Moscou.

Em Moscou

O ano de 1895-1896 será efetivamente um ano de transição na vida do jovem provinciano que abandona rapidamente seus estudos de direito. Ele se embriaga com representações teatrais. Desde o início da temporada, vai ao Máli para admirar Ermolova, a grande atriz, em uma das últimas obras de Aleksandr Ostróvski, *A Última Vítima*. Ele irá rever essa atriz inesquecível em uma peça moderna, *A Pátria*, de Sudermann, o que reavivará nele o desejo de subir ao palco: "Ela fez vibrar minha corda elegíaca e sinto um ressentimento. Por que, então, não estou em cena? Isso não me acontecerá jamais? É preciso que eu me oponha à minha vocação?"[8]

Além do Máli, há em Moscou dois teatros privados, o Korsch, nome de seu diretor, e o Skomorokh, teatro popular. Mas Meierhold acha que os atores aí não atingem o nível do teatro Máli. Ele vai ver as representações da trupe de amadores da Sociedade de Arte e de Literatura que, naquele ano, representa *Otelo*, e fica fascinado pelo frescor desse trabalho devido à energia daquele que se faz chamar Stanislávski para não comprometer os Alexeiev, essa grande família de industriais à qual ele pertence.

> Stanislávski possui um talento enorme, escreve Meierhold à sua noiva. Eu jamais vi um tal *Otelo* e duvido que verei um semelhante na Rússia. Vi esse papel ser interpretado por um Wechter e um Rossov. Enrubesço retrospectivamente por eles. A coesão do espetáculo é maravilhosa, cada um dos elementos da multidão vive em cena[9].

---

8   Idem, p. 50.
9   Idem, p. 57.

Tudo o interessa. Descobre a arte lírica no Bolshoi. Fica encantado com *A Russalka*, do compositor Dargomiski. Essa obra causa-lhe uma impressão maravilhosa: "a música desse compositor me vai direto ao coração. A representação durou das treze às dezessete horas. O teatro estava lotado"[10].

Graças a Ekaterina, descobre o mundo do teatro com suas intrigas. Após ter sido recusado na escola do Máli, por falta de recomendação, ele opta pela escola de arte dramática da Sociedade Filarmônica onde ela foi admitida. Com que avidez Meierhold se informa com ela do desenrolar de seus estudos!

Nas férias de Natal e de Páscoa, ele volta a Penza, onde atua no "teatro popular" criado graças à perseverança de Rêmizov e de Vólkov, um defensor das convicções populistas. A rede dos "teatros populares" oferece como objetivo elevar o nível cultural do povo e aproximar este último da *intelligentsia*.

Durante as férias de Páscoa, em 17 de abril de 1896, o jovem Vsévolod desposa religiosamente Olga Munt. A primeira filha deles, Maria, nascerá no ano seguinte. Durante o verão, ele continua a atuar nos espetáculos de amadores, preparando-se para o concurso de admissão da escola de arte dramática da Sociedade Filarmônica, pois, está decidido, tornar-se-á ator.

A tirada que conduz à decisão do júri é o discurso, repleto de nobreza e de espírito, que Otelo pronuncia para se desculpar perante o Senado de Veneza da acusação de ter enfeitiçado Desdêmona:

> Tão poderosos, tão austeros e reverendíssimos senhores,
> Meus nobres senhores cuja bondade eu senti,
> Raptei a filha deste ancião,
> É bem verdade, é verdade que eu a desposei...[11]

Para preparar esse papel, Meierhold inspira-se em Stanislávski que, no inverno precedente, assumiu o hábito do Mouro para as representações de seu círculo teatral. O jovem candidato é admitido diretamente no segundo ano, no qual encontra sua cunhada Ekaterina (Katia), e Olga Knipper, a futura esposa de Anton Tchékhov.

---

10 Idem, p. 54.
11 W. Shakespeare, *Othello*, ato I, cena 3, *Oeuvres complètes*, v. IX, p. 59.

Esta afirmará mais tarde ter notado imediatamente este recém-chegado que chamava a atenção:

> Eu me recordo muito precisamente de sua face cheia de charme, seu rosto mutável e nervoso, seus olhos pensativos, sua mecha rebelde sobre uma fronte inteligente e expressiva, sua retenção que beirava a secura. Quando o conheci melhor, fiquei impressionada com sua cultura, a acuidade de seu espírito e o refinamento de todo o seu ser[12].

Seguindo essa formação, Meierhold continua a frequentar assiduamente o teatro e as salas de concertos. A Sociedade Filarmônica, da qual a escola de arte dramática faz parte, é célebre por sua atividade musical. Ela difunde amplamente a música contemporânea e nosso ator aprendiz ouve especialmente, além das sinfonias de Beethoven, as aberturas de Wagner, fragmentos de *Psique*, de César Franck, ou a sinfonia *Roma*, de Bizet. Ele acredita menos no valor das instituições que no de sua própria intuição. Ainda em seu diário íntimo:

> Da mesma maneira que não é suficiente ter passado pelo ensino superior para se tornar um oráculo da ciência, também não é suficiente ter seguido um curso de arte dramática para se tornar um artista culto. É particularmente verdade para nossas escolas russas, tão mal concebidas. É por isso que, tanto durante seus estudos como posteriormente, é preciso se esforçar para se instruir de uma maneira autônoma, fora da instituição escolar[13].

Os exames ocorriam na época da Quaresma no palco do Teatro Máli parado. Em março de 1897, Meierhold participa em vários espetáculos de final de ano: atua em *A Noiva do Tsar*, de Mei, *Uma Luva*, do norueguês Bjornson e em *A Batalha das Borboletas*, de Sudermann. Seu mestre Nemiróvitch entrega-lhe um atestado que é um modelo no gênero:

---

12 O. Knipper-Čehova, Želannaja vstreča, em L. Vendrovskaia (org.), *Vstriă s Mejerhold'dom*, p. 26.
13 V. Mejerhol'd, *Zapisnaia knijka*, Arquivos Literários e Artísticos da Rússia, fundo 998, inventário 3, peça 1, p. 15.

Meierhold foi admitido diretamente no segundo ano. Durante o ano atuou mais frequentemente que os outros alunos, mesmo os do terceiro ano. Tem uma boa composição da cena que ele domina, ainda que, em seus gestos e seus movimentos, ele não tenha se desembaraçado dos hábitos adquiridos na província. Não tem um temperamento forte, mas poderá desenvolvê-lo; seu estilo não brilha pela sua agilidade, sua voz é um tanto velada. Em dicção, tinha defeitos que eliminou rapidamente. Seu rosto não é muito feliz, mas convém perfeitamente aos papéis de composição[14].

Com perspicácia Nemiróvitch revela os limites de um homem com físico ingrato: rosto anguloso, nariz longo, cabelos desgrenhados, voz surda e pouco expressiva, corpo desprovido de graciosidade. Em contrapartida, revela nele uma sede de trabalho que nada pode atenuar: ele está pronto para atuar em todos os papéis, e tem a inteligência do ofício. Essas características permanecerão praticamente inalteradas durante toda a carreira posterior de Meierhold, que saberá transformar suas falhas de ator em vantagens para a encenação.

No verão de 1897 encontra-se em Penza e novamente no "teatro popular", onde atua especialmente em várias peças de Ostróvski, tais como *O Abismo*, *Ajeitam-se Entre Si* e *Não se Vive como se Quer*.

O Fim dos Estudos de Arte Dramática

Voltando a Moscou, no outono de 1897, para seu último ano de estudos, Meierhold sabe que dos seus resultados dependerá o montante do contrato que ele negociará com um diretor de teatro.

Os exames, que acontecem de 22 de fevereiro a 26 de março, comportam cinco espetáculos: *Vassilissa Melentieva*, peça histórica de Ostróvski, e *Amor Tardio* do mesmo autor, *Olga, Filha de Funcionário*, de Severnaia, *O Mundo em que nos Aborrecemos*, de Pailleron e *As Últimas Vontades*, de Nemiróvitch-Dantchênko. As duas medalhas

14 N. Volkov, *Mejerhol'd*, v. I, p. 80.

de prata, correspondentes à menção muito bem, são atribuídas, respectivamente, a Vsévolod Meierhold e a Olga Knipper.

O atestado de conclusão dos estudos redigido por Nemiróvitch retoma aquele que estabelecera no ano precedente, desenvolvendo-o:

> Entre os alunos da Escola Filarmônica, Meierhold é um fenômeno excepcional. Basta dizer que é a primeira vez que um aluno obtém a melhor nota em história do teatro, história da literatura e história da arte. Uma boa vontade rara entre os homens do curso, um espírito de seriedade no que concerne seu trabalho. Apesar da ausência desse charme que permite ao ator ganhar facilmente a simpatia do público, Meierhold tem todas as chances de se manter, não importa em qual trupe, em uma posição de primeiro plano. A qualidade mais notável de sua personalidade cênica é seu emprego vasto e variado. Ele atuou em nosso curso em mais de quinze grandes papéis, do velho característico ao idiota de vaudevile, e fica difícil dizer em qual foi melhor. Trabalhador obstinado, capaz de manter a unidade de tom sabendo bem se caracterizar de velho, tem o temperamento e a experiência de um ator consumado[15].

É preciso levar em conta, evidentemente, o fato de que esses atestados são destinados aos diretores de teatro à procura de novos atores. Pode-se pensar, contudo, que Nemiróvitch não exagera. Meierhold aparece, logo de início, como um ser excepcional, cujas qualidades ultrapassam as dos atores habituais.

Uma bela carreira portanto abre-se diante dele.

Ele recebe ofertas de Borodai, de Kharkov, e de Malinovskaia, de Iaroslavl, os mais renomados diretores de teatro da província. O público dessas duas cidades é bom conhecedor e trata-se de um bom trampolim para entrar no ofício. O salário proposto é da ordem de mil rublos por ano, o que é considerável para um iniciante. No entanto, Meierhold vai aceitar uma oferta menos interessante (novecentos rublos) por um projeto cujo futuro é incerto. Trata-se de entrar na trupe de um teatro que não existe ainda, mas que foi assunto no decorrer de todo o ano.

---

15 Idem, p. 88-89.

Olga Knipper fornece-nos uma ideia desta atmosfera de expectativa e de mistério:

> Nós estávamos muito excitados com os vagos rumores sobre a criação, em Moscou, de um pequeno teatro muito "especial"; já se via passar pela escola a silhueta pitoresca de Stanislávski, com sua cabeleira grisalha e suas sobrancelhas pretas [...]; ele já nos tinha visto no decorrer de um ensaio de *La Locandiera**, exame durante o qual nosso coração estava apertado de emoção; já no meio do inverno nosso professor Nemiróvitch-Dantchênko tinha dito a Savitskaia, a Meierhold e a mim que poderíamos entrar nesta trupe se seu sonho de criação se realizasse, e nós preservamos preciosamente esse segredo[16].

Na realidade, o projeto de criação de um novo teatro foi elaborado por Nemiróvitch-Dantchênko e Stanislávski, no decorrer de um encontro célebre que durou uma noite inteira, em junho de 1897. Esse projeto parte da ideia de que o público reclama obras mais carregadas de emoção e de reflexão que os dramas e vaudeviles habituais que invadiam os palcos; ele está fundado igualmente sobre a convicção de que se pode encontrar atores capazes de representar essa nova veia, atores que aspiram a uma visão poética do mundo.

A trajetória de Nemiróvitch, dramaturgo e professor de arte dramática, encaminha-o naturalmente à liderança de um teatro. Meierhold vai ser levado a seguir os passos dele.

O Aprendizado do Ofício de Ator
(1898-1902)

O Teatro Artístico de Moscou é uma das raras instituições teatrais que, de certa maneira, saiu toda montada do cérebro de seus criadores. Os objetivos, o funcionamento, o programa são definidos a partir de uma concepção moderna da cultura e de

---

* Citação em italiano no texto do autor. Trata-se da peça de Carlo Goldoni, cujo título em português tem sido traduzido como *Mirandolina* (N. da T.).
16 Idem, p. 81.

seu papel na sociedade. Tal como engenheiros, Stanislávski e Nemiróvitch desenham amplamente a planta de seu projeto antes de passar à sua realização. Querem criar um "teatro estabelecido sobre princípios novos, ficando à espreita de homens capazes de participar desse teatro"[17].

Eles não procuram a rentabilidade, mas recorrem aos mecenas esclarecidos que compartilham o ideal deles: levar a um público, ávido por se abrir ao mundo, o alimento espiritual de que necessita. Os dois iniciadores do Teatro Artístico vão impor à Rússia, que conhecia até então somente teatros de corte inteiramente financiados pelo tesouro imperial, o primeiro teatro privado que se propõe não somente a se igualar a seus concorrentes pela qualidade de seus espetáculos, mas também a superá-los, pela escolha de um repertório moderno e democrático. Os outros poucos teatros privados abertos recentemente nas duas capitais, estão longe de alimentar uma tal ambição.

Para bem sublinhar seu projeto cultural, o teatro chama-se em seus inícios "Teatro Artístico de Moscou Acessível a Todos", o que o desmarca radicalmente dos teatros imperiais concebidos para um público aristocrático, no qual se misturam altos funcionários e burgueses abastados.

A novidade está na escolha do repertório. O Teatro Artístico dá-se por objetivo responder às aspirações da juventude e da classe média emergente. Volta-se na direção dos autores, rompendo com a rotina dos dramas à francesa que invadiam os palcos da época. A ênfase é colocada sobre os valores espirituais e artísticos, sobre esta nova sensibilidade que se encontra em dramaturgos como Ibsen, Hauptmann, Sudermann ou Tchékhov. Além dessa tendência modernista, esse teatro deverá também mostrar que é capaz de representar os clássicos mundiais e de se fazer um lugar no mundo teatral russo, montando obras especificamente nacionais.

Que arrepio de felicidade e que expectativas grandiosas para Meierhold quando, em junho de 1898, é admitido nesta nova abadia de Teleme que, segundo um plano bem estabelecido, reúne-se no campo, nos arredores de Moscou, para trabalhar longe da

---

17 C. S. Stanislavski, *Ma vie dans l'art*, p. 235.

agitação da metrópole! Stanislávski exige um comportamento irrepreensível, que deve contrastar com as imagens de boemia habitualmente associadas ao mundo dos bastidores. A jovem trupe aceita de bom grado essa disciplina compartilhada, e prossegue seu trabalho de formação durante quatro meses, de meados de julho a meados de outubro. Todo o futuro de Meierhold será moldado por essas primeiras impressões. Em alguns meses sua exaltação ingênua será confrontada à dura realidade das relações humanas. Ele conhecerá sua primeira grande frustração.

Nos dois primeiros meses, a tarefa de fazer trabalhar os atores cabe a Stanislávski. Ele faz Meierhold ensaiar vários papéis, Tirésias em *Antígone*, de Sófocles, o príncipe de Aragon em *O Mercador de Veneza*, o papel título em *Tsar Fiódor Ioanovitch*, de Alexei Tolstói, e o personagem do Anjo da morte em *A Ascensão de Hannele*, de Gerhardt Hauptmann. A partir do mês de agosto, é a vez de Nemiróvitch dirigir a trupe. Ele conseguiu convencer um Stanislávski reticente de colocar no programa *A Gaivota*. Confia a Meierhold o papel de Treplev, esse jovem escritor neurastênico, no qual o ator principiante se reconhecia perfeitamente. Mas seu orgulho sofre ao mesmo tempo uma ferida dolorosa. Nemiróvitch retira-lhe o papel do tsar Fiódor para confiá-lo a Moskvin, um ator mais experiente.

O novo teatro é, enfim, inaugurado em outubro de 1898, mas, *A Ascensão de Hannele* tendo sido proibida pela censura, faz a temporada abrir-se com *Tsar Fiódor Ioanovitch* (cuja proibição acaba de ser revogada). À falta de atuar no papel principal nessa peça, Meierhold encarna uma personagem importante, o príncipe Schuiski, intrigante de alto nível. O repertório enriquece-se no último momento com *La Locandiera*, peça já montada por Stanislávski na Sociedade de Arte e de Literatura. Meirhold atua aí no papel masculino principal, o do marquês de Forlipopoli.

Sabe-se o acontecimento que foi a criação em Moscou de *A Gaivota*. É o triunfo da encenação, isto é, de uma visão coerente, equilibrada, concebendo o espetáculo como um todo orgânico, coerente, em oposição ao amadorismo que tinha presidido sua criação, dois anos antes, em São Petersburgo. Meierhold, no personagem de Treplev, reclama essas "formas novas", que são a marca da modernidade. Treplev escreveu uma peça "simbolista" em que exprime, em uma linguagem abstrata e futurista, toda a angústia de uma existência frustrada de afeto e de amor. Nina, a moça que ele ama como em um sonho, é a intérprete desta voz do além que grita do fundo dos tempos:

> Os seres humanos, os leões, as águias e os faisões, os cervos, os gansos, os peixes mudos que povoam as águas, as estrelas do mar e as criaturas microscópicas, todos esses seres vivos, tendo cumprido seu triste périplo, extinguiram-se... Faz frio, frio, frio; ao redor é o vazio, o vazio, o vazio; reina o terror, o terror, o terror... O corpo dos seres vivos caiu em poeira... a alma deles se fundiu em uma única alma... Eu sou a alma de Alexandre e de César e de Shakespeare e de Napoleão e da última das sanguessugas. Em mim, a consciência dos seres humanos confunde-se com o instinto dos animais e lembro-me de tudo, tudo, tudo e vivo uma vez mais as vidas que estão em mim...Uma única coisa que me seja dada a conhecer, é que, na luta opiniática e cruel contra o diabo, fonte das forças materiais, serei vitoriosa, eu, a alma...[18].

Como sempre na obra de Tchékhov, o patético não se desenvolve sem uma certa ironia. Não é certo que Meierhold tenha sabido exprimir o lado ambíguo da personagem. Sua atuação não recebe uma aprovação unânime, como se julgará por essas anotações do crítico Urusov:

> O quarto ato é representado muito lentamente. Seria preciso ir mais rápido, com menos desses silêncios dos quais abusam Meierhold (Treplev) e Roxanova (Nina). A grande cena do terceiro ato entre a mãe e o filho é interpretada de uma maneira batida, seca, com um peso que estraga a impressão procurada; parece-me que o senhor Meierhold deixa escapar notas berrantes, tem entonações deslocadas. Igualmente no primeiro ato, ele é um pouco brusco demais. Todavia, no conjunto, ele atua com ardor e inteligência[19].

---

18 Cf. A. Tchekhov, *La Mouette, Théâtre*, p. 46-48.
19 A. I. Urusov, *Kurier*, 3.1.1899.

Na primavera seguinte, um pouco antes do final da temporada, Tchékhov encontra esta trupe que fez triunfar uma peça, na qual ele acreditava ter fracassado. A gaivota irá se tornar o emblema fetiche do teatro, que a reproduzirá na cortina, sobre as molduras da entrada e nos programas dos espetáculos. Uma sólida amizade se estabelece entre o escritor já maduro e o ator principiante. Com sua benevolência costumeira, Tchékhov representará o papel de diretor de consciência junto a esse jovem atormentado.

A segunda temporada (1899-1900) é aquela em que o Teatro Artístico se impõe verdadeiramente na paisagem teatral de Moscou. Após o sucesso de *Tsar Fiódor*, cujo tema é tirado da história russa, o teatro reincide representando *A Morte de Ivan, o Terrível*, que faz parte do mesmo ciclo. O papel do tsar é desempenhado por Stanislávski, mas Meierhold serve-lhe de substituto. Uma foto mostra-nos ele sentado em seu trono, a aparência efetivamente "terrível". Os críticos repreenderão o ator por exagerar o aspecto patológico do soberano.

Os papéis principais são pouco a pouco monopolizados por dois excelentes atores, Stanislávski e Moskvin, e Meierhold vê-se relegado a papéis secundários, como o de Malvolio, em *A Noite de Reis*, um convencido pretensioso e ridículo. Nemiróvitch confia-lhe, todavia, um texto que corresponde totalmente ao seu tipo de papel, o de Johannes Vokerat, em *Almas Solitárias* de Hauptmann. Meierhold fica encantado de interpretar um autor que ele aprecia ao ponto de ter traduzido do alemão, a conselho de Rêmizov, sua peça *Antes do Nascer do Sol*. Ele pede a Tchékhov para ajudá-lo na análise do papel:

> No que concerne à nervosidade, explica-lhe pacientemente o escritor, não é necessário acentuá-la para que a natureza patológica não venha mascarar, esmagar o que é mais importante, a saber, a solidão, estado que somente os organismos elevados e saudáveis (no sentido mais elevado) experimentam. Não se apoie demasiadamente na nervosidade, não a mostre como um traço característico, não exagere, senão o senhor terá um jovem não solitário, mas simplesmente irascível[20].

---

20 Carta de A. Tchékhov a V. Meierhold (2.1.1900), *Polnoe sobranie sočinenij i pisem*, v. XVIII, p. 292.

Esses conselhos não foram aproveitados, se acreditarmos em Olga Knipper que escreve a seu marido*: "Meierhold despendeu muita energia, muitos nervos, trabalhou muito, mas censuram-no por sua atuação abrupta, sua agitação, seu excesso de nervosidade"[21].

Sem dúvida será preciso a ele tempo para assimilar em profundidade as lições de Tchékhov, que faz da sobriedade o critério da arte – tanto para o escritor como para o ator – e que confia à sua esposa: "É preciso expressar a dor como se faz na vida, isto é, sem bater os pés ou agitar os braços, mas pelo tom, o olhar, não pela gesticulação, mas pela graça. Vocês objetarão que são as convenções do teatro, mas nenhuma convenção justifica a mentira"[22].

Quando Meierhold tiver se tornado encenador, o problema da convenção teatral estará no centro de suas reflexões. Todos os seus esforços consistirão em resolver a contradição entre a natureza convencional do teatro e a exigência da verdade, ponto levantado por Tchékhov.

Para a sua terceira temporada (1900-1901) o Teatro Artístico dá um passo a mais na direção do reconhecimento oficial. Abandona o qualificativo "acessível a todos", que arriscava a desqualificá-lo aos olhos do público culto, mas, sobretudo, obtém a autorização de efetuar uma turnê na capital e de aí representar, durante a Quaresma, na sala do Teatro Alexandrínski. É uma consagração poder afrontar um público que tem a reputação de ser mais refinado e mais exigente que o de Moscou.

O declínio do ator Meierhold prossegue, mesmo quando ele se vê ainda confiar em um papel importante, o de Tuzenbach em *As Três Irmãs*. Ele não aparece nem em *A Donzela da Neve*, de Ostróvski, nem em *Um Inimigo do Povo*, de Ibsen que são as proezas do Teatro Artístico, e faz somente uma breve aparição em *Quando Despertarmos de Entre os Mortos*, também de Ibsen.

Não há pior decepção, para quem quer que seja, de se ver pouco a pouco colocado à parte. Meierhold é atraído pelos papéis

---

* Nessa época, Olga e Tchékhov eram apenas amigos. O casamento ocorrerá somente em 1901 (N. da T.).
21 Carta de O. Knipper a A. Tchékhov (22-26.12.1899), *Perepiska Čhehova i Knippera*, Moscou, 1934-1936, v. I, p. 111.
22 Carta de A. Tchékhov a Olga Knipper (2.1.1900), op. cit., v. XVIII, p. 292.

sérios que traduzem a angústia do homem moderno, mas seu físico ingrato e seus dons de imitador orientam-no na direção dos papéis cômicos de composição: o marquês de Forlipopoli, o príncipe de Aragon, Malvolio. Quando aceita escutar seus mentores, ele consegue êxitos notáveis. Como diz Nemiróvitch a respeito de uma retomada de *A Gaivota*:

> Modificamos duas ou três pequenas coisas na interpretação de Treplev. E de novo não sou eu, mas Tchékhov. No início Meierhold caía na violência e na histeria, o que não corresponde em nada à óptica do autor. Agora ele colocou suavidade e encontrou o tom certo. Sua principal falha consistia em representar o primeiro ato como se fosse o último[23].

Bem mais tarde, Meierhold evocará esse período ingrato: "Durante minha juventude trabalhei com Stanislávski; ele me considerava um gritador medonho e obrigava-me sem cessar a baixar o tom; eu não compreendia e assim me diminuía"[24].

Ele chega a duvidar de sua vocação e, aos 26 anos, atravessa uma verdadeira crise de adolescência: "Tenho a impressão de que alguém me espera por detrás da porta, espera sua hora para entrar e que transformará toda minha existência. Empalideço com a ideia de que um dia finalmente representarei verdadeiramente e espero, espero, espero"[25].

Quatro meses mais tarde, ele retoma essa queixa em uma carta endereçada a Tchékhov na qual conclui: "Minha vida manifesta-se como uma crise contínua, torturante, a de uma doença horrível que perdura", escreve em 1900. "E eu me consumo a esperar o desfecho dessa crise, qualquer que seja a saída"[26].

Essa doença profunda da alma é também a da Rússia que espera por um milagre, qualquer que seja, e que estará pronta a se lançar nas experiências mais insensatas para sair de sua apatia.

---

23 Carta de V. Nemiróvitch-Dantchênko a K. Stanislávski (12.9.1898), *Izbrannie Pisma*, Moscou, 1954, p. 140.
24 A. Gladkov, Mejerhol'd govorit, *Teatr, vospominanija i razmyšlenija*, p. 274.
25 V. Mejerhol'd, *Zapisnaja knižka*, 19.12.1900, Arquivos Literários e Artísticos da Rússia, fundo 998, inventário 1, peça 625, p. 9, ms.
26 Carta de V. Meierhold a A. Tchékhov (18.4.1901), *Perepiska*, p. 30.

Na época da turnê do Teatro Artístico para São Petersburgo a realidade política une-se aos movimentos do imaginário em um desses encontros cujo segredo a história possui. Entre as peças apresentadas encontra-se *Um Inimigo do Povo*. Perturbações ocorreram na rua, opondo os estudantes e a polícia. Como isso acontece em períodos de tensão, em que a opinião pública não tem exutório natural, os espectadores agarram-se a algumas réplicas significativas para expressar a sua revolta. Esta revelação ancora Meierhold em sua vocação:

> Sim, o teatro pode representar um papel enorme na reconstrução de tudo aquilo que existe. Compreende-se bem por que a juventude de Petersburgo manifestou tão intensamente seus sentimentos para com nosso teatro. Enquanto nas praças e até nas igrejas os chicotes e os sabres golpeavam cruel e cinicamente nossa juventude, esta podia, em nosso teatro, protestar abertamente contra a polícia arbitrária, apropriando-se de frases tomadas fora de seu contexto e aplaudindo-as furiosamente: "É possível que as pessoas cultas sejam governadas por imbecis? Quando se vai defender a verdade e a liberdade não se coloca suas roupas de domingo". Aqui estão as frases de Stockman (a personagem principal da peça) que provocaram a manifestação [...] O teatro reunia todas as classes da sociedade, todos os partidos; graças a ele todos compartilhavam do mesmo sofrimento, expressavam o mesmo entusiasmo, protestavam contra o que indignava a todos igualmente. Por meio disso o teatro manifestava sua independência em relação a todos os partidos, e deixava-nos entrever o tempo que logo virá, quando ele protegerá, com suas paredes contra o chicote, aqueles que quiserem governar o país em nome da libertação universal[27].

Na escrita de Meierhold assistimos a um deslocamento conceitual do teatro que, primeiramente edifício, torna-se uma trupe, depois uma instituição social e mesmo uma religião. Sim, é uma espécie de religião a que se refere esse jovem ator falando do teatro para o qual ele consagra doravante toda sua vida.

---

27 Idem, p. 29.

Esse ano de 1901, que viu a efervescência estudantil, o assassinato do ministro da Educação Bogolepov e a manifestação do dia 4 de março diante da Nossa Senhora de Kazan, em São Petersburgo, é também o ano da excomunhão de Lev Tolstói acusado de colocar em dúvida os ensinamentos da Igreja. A vida cultural não progride menos com a afirmação do simbolismo como sensibilidade dominante. Briússov publica um almanaque literário, sob o título significativo de *Flores do Setentrião*, afirmação da maturidade da poesia russa que rivaliza, assim, com a obra sulfurosa de Baudelaire, fonte da modernidade; ao mesmo tempo reivindica-se aí a especificidade da Rússia que, mesmo sendo plenamente europeia, opõe-se à Europa como o Norte opõe-se ao Sul. Por outro lado, ele encabeça uma bela revista literária, *A Balança*, na qual serão publicados os textos fundamentais da filosofia moderna, Nietzsche, Maeterlinck, Mereikóvski, Viatchesláv Ivánov, Andréi Biely, e que vem preencher o vazio deixado pelo desaparecimento de *Mundo da Arte*, a luxuosa revista de Diaghilev, que tanto fez para assegurar as premissas de uma nova concepção de arte e de vida.

No domínio teatral é preciso notar a nomeação para a Direção dos Teatros Imperiais de Vladímir Teliakóvski, um oficial que sucede ao príncipe Serguêi Volkonski, esteta pouco afeito para a administração e que ocupou esse posto durante quase dois anos (1899-1901). Recém-chegado nesse domínio de numerosas armadilhas, Teliakóvski irá se afirmar em breve como um excelente organizador e representará um papel primordial na modernização da arte teatral e lírica confiada a seus cuidados. Ocupará essa função até o fim do regime.

No limiar da temporada 1901-1902, a quarta da existência do Teatro Artístico, o balanço de Meierhold é negativo. Nas três novas peças (*O Pato Selvagem*, de Ibsen, *Michael Kramer*, de Hauptmann e *Nos Sonhos* de Nemiróvitch-Dantchênko) criadas nessa temporada, nenhum papel lhe é proposto. Mesmo que ele continue a representar as peças do repertório, seu futuro no Teatro Artístico de Moscou está comprometido.

A Crise

Em novembro de 1901, um dos principais mecenas do teatro, Sava Morozov, aceita investir uma soma considerável na construção de uma sala – uma joia de arte nouveau – que ainda existe na rua Kamergerski, em Moscou. O Teatro Artístico vai poder dispor de sua própria sala com a qual ele se identificará. Mas Morozov exige igualmente uma gestão mais rigorosa e impõe a adoção de um estatuto de sociedade por ações. O conselho administrativo compreenderá por um lado os capitalistas, por outro os incentivadores e amigos do teatro. No final do mês de janeiro de 1902, fica-se sabendo o nome daqueles que são mantidos como societários. Se Tchékhov é convidado, aliás para seu grande espanto, a se beneficiar desse favor, vários atores e encenadores do teatro se veem dispensados. É o caso de Meierhold, que fica profundamente ulcerado.

Essa exclusão talvez encontre sua explicação em um incidente que ocorreu na época da criação da peça de Nemiróvitch, *Nos Sonhos*, em 21 de dezembro de 1901. Sem receio de indispor seu antigo professor, Meierhold fez conhecer publicamente o pouco caso que fazia daquela obra. Ele confia a Tchékhov:

> A peça de Nemiróvitch revoltou o público. Ele adota uma atitude branda em relação à burguesia, enquanto ela é detestada pelo público e particularmente pela juventude. É pitoresca, bem colorida, mas é desprovida de significação e de sinceridade. O dramaturgo aparece como um discípulo de Boborikin [autor em voga] e tenho vergonha pelos meus ídolos, os Tchékhov e os Hauptmann, vergonha que o autor tenha se esforçado em enfiar a atmosfera deles em uma macedônia de mau gosto. Por que tanto trabalho, tantas despesas?[28]

Consciente de ter se excedido, Meierhold tenta se explicar com Stanislávski por quem sempre sente respeito: "O maior desespero de minha vida", afirmará mais tarde,

---

28 Carta de V. Meierhold a A. Tchékhov (final de dezembro de 1901), op. cit., p. 34.

Meierhold, diretor da Companhia
do Novo Drama, em Kherson (1903).

Tchékhov lê *A Gaivota*, rodeado pelo elenco do Teatro Artístico de Moscou (1899). Na ponta, à esquerda, Nemiróvitch-Dantchênko; no centro, Stanislávski (à direita de Tchékhov) e sua esposa, a atriz Lilina (à esquerda de Tchékhov); na ponta, à direita, Meierhold.

Meierhold no papel de Treplev (*A Gaivota*,
de Anton Tchékhov) no Teatro Artístico de Moscou (1898).

Meierhold no papel de Ivan, o Terrível
(*A Morte de Ivan, o Terrível*, de Alexei K. Tolstói)
no Teatro Artístico de Moscou (1899).

Nemiróvitch-Dantchênko, dramaturgo e professor de arte dramática (1896).

Stanislávski, ator e criador do "sistema" (1916).

O poeta Aleksandr Blok (1907).

Vera Komissarjévskaia, diretora do Teatro Dramático e comediante (1906).

Olga Munt, a primeira esposa de Meierhold
e suas três filhas, Maria, Irina e Tatiana (1916).

Maria Valentei-Vorobiova, neta
de Meierhold, diretora do Museu
Meierhold (1991).

A.V. Lunatchárski,
por M. A. Verbov (1924). D. r.

Meierhold e sua segunda mulher, Zinaida Reich (1923?).

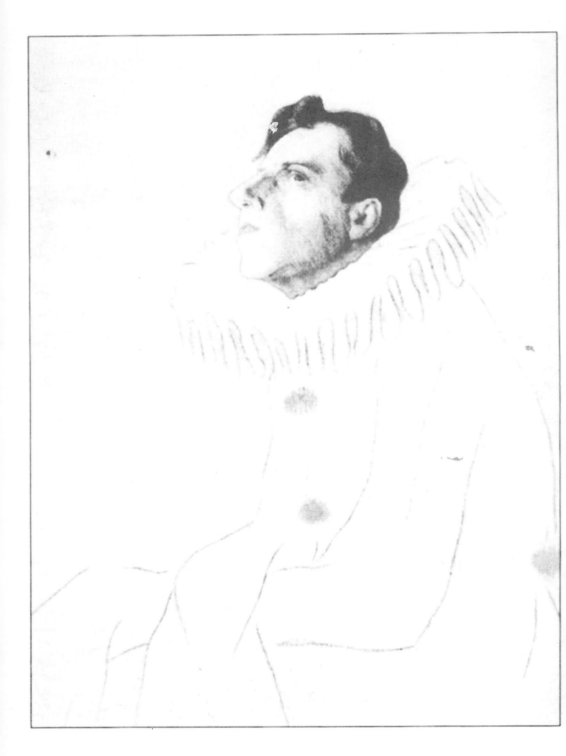

Retrato de Meierhold como Pierrô por Uliánov (1908).

foi quando Stanislávski se zangou comigo. A causa dessa discórdia reside nos clássicos mexericos do teatro. No decorrer da estreia da peça de Nemiróvitch vaias foram ouvidas. Ora, eu tinha acabado de escrever a Anton Tchékhov uma carta na qual manifestava minha desaprovação com relação a essa peça. Souberam disso no teatro, não sei como[29]. Fizeram uma aproximação entre minha carta e essas vaias e contaram a Stanislávski que fui eu que tinha montado essa intriga: era absurdo, mas não sei por que ele acreditou. Cessou de falar comigo, eu queria me justificar, ele não me autorizou a vê-lo. Mais tarde tudo foi esclarecido, e ele manifestou com relação a mim uma cordialidade ainda jamais vista, como se ele se sentisse em falta com relação a mim. Foi então que compreendi a que ponto eu considerava a sua amizade[30].

Já frio com Nemiróvitch, eis Meierhold indisposto com aquele a quem tinha transferido sua afeição filial. Sentindo-se rejeitado, toma a decisão de deixar o teatro e funda uma trupe composta de uma vintena de trânsfugas (entre os quais sua cunhada Ekaterina Munt). Eles arrendam o Teatro Municipal de Kherson, pequena cidade turística da Crimeia, onde vão se esforçar para colocar em prática as lições tiradas de sua aprendizagem junto ao melhor teatro da Rússia.

Dividido entre as angústias do desespero e as aspirações por um futuro promissor, Meierhold redige em seu diário íntimo uma descrição sem complacência:

> Estou mais frequentemente infeliz que feliz, mas a felicidade irei encontrar quando tiver adquirido forças para me lançar na luta ativa. Na nova peça de Górki tem um personagem que diz: "É preciso agarrar a vida por inteiro". Como isso é verdade! Em *Malva* o vagabundo declara: "É preciso se ativar constantemente, movimentar em torno de si, para sentir que se está vivo. A vida, é preciso sacudi-la sem cessar, senão ela se imobiliza". Como isso é verdade! No drama de Treplev, de Johannes, de Tuzenbach, há muito de mim mesmo, sobretudo em

---

[29] Meierhold faz alusão discreta a Olga Knipper, que mantém uma ligação com Nemiróvitch-Dantchênko.
[30] A. Gladkov, Mejerhol'd govorit, op. cit., p. 309.

Treplev. Quando representei esse papel pela primeira vez em 1898, eu estava vivendo algo semelhante; o papel de Johannes coincidiu com a atração que experimentava pelo individualismo; quanto às aspirações de Tuzenbach, a seus apelos para o trabalho e para uma luta ativa, eles me ajudaram a sair do domínio de um idealismo passivo. Aqui estou, portanto, pronto a me jogar em um trabalho sadio, fremente, ligado à vida. Quero ferver, lançar-me para criar, não somente destruir, mas criar destruindo. Agora é a crise, o momento mais perigoso. E minha consciência refinada, minhas dúvidas, minhas hesitações, minhas análises interiores, a crítica do mundo exterior, a atração pelas doutrinas, tudo isso deve ser unicamente um meio. Tudo isso deve desembocar em algo diferente[31].

Diretor de Trupe... na Província (1902-1904)

Nada será mais salutar para este homem fechado sobre seus problemas interiores do que se agarrar às realidades. Agora que o cordão umbilical com sua matriz foi cortado, ele vai ter que se transformar em animador de teatro, isto é, este personagem que conduz o jogo, diretor literário, encenador e, sobretudo, inspirador de um teatro do qual molda o rosto, o estilo, as relações com o público. O teatro deve ser compreendido como um organismo vivo, com sua coerência interna, sua legibilidade, sua personalidade.

Meierhold efetua na primavera de 1902 sua primeira viagem ao exterior. Visita Milão e descobre o Lago Maior. Fascinado pela atividade fervente da cidade grande, ele vê aí a prefiguração da civilização urbana, da qual seu teatro se fará o arauto.

Kochevérov e Meierhold associam-se no seio da Sociedade para a Animação Teatral da Cidade de Kherson, uma sociedade em comandita constituída de cinco partes de mil rublos, das quais três são retidas pelo primeiro e duas pelo segundo. A duração da

---

[31] V. Meierhold, *Diário Íntimo*, citado em A. Gladkov, Iz Vospominanij o Mejerhol'de, *Teatral'naja Moskva*, p. 349.

sociedade está limitada à da temporada teatral. Ao mesmo tempo homem de negócios, diretor de trupe e de atores, os dois sócios assinaram um contrato com a prefeitura, no qual se engajam a recrutar uma trupe destinada a assegurar a animação teatral da cidade de 15 de setembro de 1902 à Quaresma de 1903 (26 de fevereiro). A sala estará disponível a partir de 15 de agosto para os ensaios. A prefeitura reserva-se o direito de exigir a substituição dos atores que não satisfizerem. Além disso, fica especificado que o repertório, que deve ser de qualidade e se possível comportar obras novas, será submetido à aprovação prévia das autoridades municipais. O número de apresentações não poderá ser inferior a quatro por semana, e dez matinês com preço reduzido serão reservadas aos alunos das escolas.

Ainda que Kherson seja um grande burgo, situado na embocadura do Dniper, a municipalidade não deixa de ter orgulho de seu teatro. Ela traduz as aspirações culturais de uma população em plena mutação. O público, composto de notáveis, proprietários, mercadores, comerciantes, vai ao teatro como se irá mais tarde ao cinema; ele espera a cada semana sua porção de diversão. A trupe é submetida assim a um ritmo infernal: ao longo dos seis meses que dura a temporada, ela apresentará nada menos que 120 obras diferentes, mantendo seus compromissos em matéria de qualidade. Como diz o crítico local, "o teatro dos senhores Kochevérov e Meierhold abriu em Kherson uma escola da verdade, da benevolência e da beleza"[32].

A temporada abre, em 23 de setembro de 1902, com *As Três Irmãs*, e Meierhold no papel de Tuzenbach. A representação é acolhida favoravelmente:

> Esta peça difícil de representar tinha sido tão bem trabalhada em todos os seus detalhes que aqueles que a tinham visto antes em Kherson, em uma outra interpretação, não a reconheceram. A distribuição era homogênea. Todos os atores estavam igualmente bem, até a velha ama, no papel mudo, que olha da escada exterior os artilheiros deixando a cidade.

---

32 *Teatr i iskusstvo*, 17.2.1903, citado em N. Volkov, op. cit., v. I, p. 163.

A qualidade da encenação e do cenário foram igualmente uma novidade para os habitantes da cidade[33].

Meierhold representa em seguida Astrov, em *Tio Vânia*, papel novo para ele, mas no qual é apreciado:

> Havia verdadeiras pérolas em sua atuação. Este artista nos familiarizou com as naturezas doentias nas quais a psicologia ocupava o primeiro lugar. Sua bela atuação artística, que traduzia finamente os menores meandros da alma de suas personagens, a interioridade delas, revelou um mundo novo do espírito e da paixão para os espectadores que estivessem na plateia ou nas galerias, pois é essencialmente sua presença que criava a atmosfera[34].

Meierhold introduz uma peça que ele mesmo traduziu do alemão, *Os Acrobatas*, de Franz von Schöntan, na qual é abordado o tema do teatro dentro do teatro. A intriga desenrola-se em um circo e a ação é apresentada a partir das coxias, o que permite os efeitos comentados:

> Um dos últimos espetáculos [da temporada], *Os Acrobatas*, pode ser qualificado com segurança como a obra prima da encenação. O público assistiu à vida como se vê nas coxias do circo: em cena todos os elementos necessários, escadas, trapézios, mastros, arcos de papel, obstáculos para cavalos, mecanismos para malabaristas. Nada foi esquecido, nem mesmo as inscrições como "bufê" ou "toaletes", e vê-se até mesmo uma fileira de botões elétricos correspondentes às diversas campainhas. Através de uma cortina que separa a coxia da arena percebe-se as arquibancadas todas iluminadas, cheias de espectadores. Acrescente a isso os atores com figurinos de circo muito belos e assumindo poses de acrobatas[35].

A impressão de penetrar em um mundo oculto e misterioso aumenta a sedução que produz esse gênero de peças. Meierhold

---

33 Idem, p. 161.
34 A. N-n, *Jug*, citado em N. Volkov, op. cit., p. 166.
35 V. Lenskij, *Jug*, 28.01.1903, citado em N. Volkov, op. cit., p. 167.

inspira-se visivelmente em Picasso para fazer os atores adquirirem poses expressivas.

Apesar do sucesso, Meierhold continua a ter momentos de depressão. "Desde que está desanimado", escreve um de seus conhecidos, "ele diz que no final de *A Gaivota*, na qual faz Treplev, irá se matar verdadeiramente"[36].

Durante a Quaresma a trupe parte em turnê pela Crimeia (Nicolaiev, depois Sebastopol). Ela apresenta aí novas criações tais como *A Dama do Mar*, de Ibsen, *No Fundo*, de Górki e principalmente *Interior*, de Maeterlinck, obra simbolista considerada irrepresentável. O saldo é positivo: apoiando-se na base do Teatro Artístico, a trupe inicia seu público às mutações profundas que a arte dramática conhece em toda a Europa.

Na temporada seguinte – a última de Meierhold em Kherson – ele se encontra sozinho na direção da trupe. Dá-lhe o nome de Companhia do Novo Drama, proclamando assim seu apego à modernidade. Esta se manifesta essencialmente pela dissociação progressiva do herói no seio de um drama de caráter poético ou metafísico. Além de Ibsen, Hauptmann e Tchékhov, a Companhia do Novo Drama quer se abrir para os dramaturgos europeus como Schnitzler, Maeterlinck ou Przybyszewski[37].

O público reage com reticência a essa tentativa para fezê-lo sair de seus hábitos. Além disso, o trabalho de encenação é frequentemente apressado demais. Obras como *A Desgraça de Ter Espírito* (Griboiêdov), *A Floresta* ou *Dinheiro Insano* (Ostróvski) teriam sido montadas com uma "negligência evidente"[38], o que vale igualmente para *Neve*, uma criação de Przybyszewski. Além disso, o encenador-ator manifesta um gosto pelo grotesco que está longe de ser convincente:

> Em *Sonho de uma Noite de Verão*, as admiráveis cenas cômicas, respirando um humor sadio e sem complicação, foram transformadas em um grosseiro espetáculo de guinhol com gritos,

---

36 Carta de Lazarévski a A. Tchékhov (3.6.1903), Akademija nauk SSSR. Moscou, 1960, v. LXVIII, em *Literaturnoe Nasledstvo*, p. 430.
37 Autor polonês, pronuncia-se Pchybychevski.
38 M. Linskij, *Teatr i Iskusstvo*, n. 3, p. 72.

gargalhadas e mugidos criados pelos artesãos, enquanto os casais de apaixonados pareciam comerciantes brigando.

No que concerne *Monna Vanna* "as cores brilhantes de Maeterlinck estavam desbotadas, murchas e escurecidas, sem contar que os atores não sabiam o papel deles". Por fim, *O Jardim das Cerejeiras* "tornou-se uma coisa banal com lacaios, criadas e governantas de vaudevile, sem contar um Piotr incompreensível, pronunciando as palavras: "Bem vinda nova vida!" com uma nuance cômica vaudevilesca que suscitou risos do público. Lopakhin aparece como um filho de mercador imbecil, um perfeito libertino, o que deforma completamente o sentido da peça até torná-la absurda. O único personagem interessante é o de Firs, representado por Pevtsov[39]".

É essa última peça que fecha a temporada em 8 de fevereiro de 1904. Meierhold, que tem por ambição estar "na direção do teatro impressionista", atingiu seus objetivos? Distanciando-se do realismo psicológico, que continua a ter o favor do público, ele se bate inevitavelmente com manifestações de incompreensão senão de hostilidade. A peça inquietante de Przybyszewski, *Neve*, montada em dezembro de 1903, vai servir de emblema programático para Meierhold, que irá representá-la em várias reprises (Tbilisi no outono de 1904, depois Poltava no decorrer do verão de 1906). Personagem polimorfa, o dramaturgo polonês, que reivindica o "satanismo", tem a ambição de criar uma nova escrita dramática. Ele publicou, em 1902, uma série de artigos sob o título de *A Dramaturgia e a Atuação Teatral*, série traduzida para o russo em 1904, na qual defende uma filosofia completamente oposta ao positivismo ainda dominante. Para ele, é por meio da arte, e somente por meio dela, que se pode chegar a um conhecimento da alma, quer dizer, do absoluto. Sua estética procura no inconsciente, que ele chama de "alma nua", as paixões essenciais que se manifestam por meio das pulsões sexuais. Apanhado na gargalheira de uma sociedade que acredita somente no intelecto e na razão, o ser sensível não encontra escapatória a não ser na loucura ou na morte. O novo drama opõe-se à tradição realista e exprime "a luta do indivíduo con-

---

[39] L. Bolotin, *Teatr i Iskusstvo*, n. 8, p. 178.

sigo mesmo, quer dizer, com as realidades psíquicas. Assim, o campo de batalha modificou-se, estamos na presença de uma alma humana, mas estilhaçada e sofrida. O drama é o dos sentimentos e dos pressentimentos, dos remorsos e da luta interior, é o drama da inquietação, do horror e do espanto"[40].

Neve é a ilustração dessas ideias; assiste-se à marcha inexorável do destino no seio de uma realidade tranquila, imóvel e cotidiana. É uma peça em quatro atos, algarismo par que acentua o caráter estático de uma obra em que se desdobram as variações da vida interior (tristeza, inquietude, alegria infantil, desejo, ciúmes, desespero). O drama desenrola-se no mais profundo inverno, um inverno recoberto por uma espessa camada de neve. A neve é pura e branca como a morte; a fonte das neves, anunciadora da primavera, será também o presságio da morte. É graças ao sacrifício da neve que a natureza, preservada mesmo quando a consideravam morta, poderá retomar vida. Thaddée é feliz com sua jovem esposa Bronka, que é pura como um floco de neve. Só por sua presença Eva, a mulher fatídica, será a causa da infelicidade deles. Thaddée parte com Eva para se lançar em uma nova vida e Bronka, abandonada, joga-se em uma fissura do lago congelado que é também o limiar do reino dos mortos.

Em sua qualidade de conselheiro literário da trupe, Rêmizov revela, em abril de 1904, na revista simbolista *A Balança*, a existência da Companhia do Novo Drama:

> O Novo Drama propõe um teatro situado no mesmo nível daquilo que faz ferver a filosofia e a arte, um teatro habitado por uma aspiração incoercível pela pesquisa de novas formas capazes de exprimir os mistérios eternos, o sentido de nosso ser, a significação de nosso mundo, esse mundo que coloca o homem no mundo para aí suportar sofrimentos e desgraças crucificadoras, mas também para aí gozar de uma exaltação celeste. O teatro não é um divertimento, o teatro não é uma cópia daquilo que há de medíocre no homem, o teatro é um culto, uma liturgia sagrada cujos mistérios escondem talvez a Redenção... E é com tal teatro que sonha o Novo Drama. O grande sentido artístico

---

40 S. Przybyszewski, O drame i o scene, *Polnoe sobranie sočinenij*, v. IV, p. 340.

do encenador manifesta-se na realização cênica que soube combinar pela tonalidade, as cores e a plástica, o simbolismo do drama e sua trama real, e conseguiu obter da parte dos atores a atitude certa, toda de amor pelo seu papel. Tudo isso compõe uma sinfonia de neve e de relva macia, de apaziguamento e de sede inextinguível, tudo isso permite representar a alma triturada de sofrimento e o coração frêmito de audácia do criador de *Angústia*[41].

Tratando-se da atuação dos atores, Rêmizov não esgota elogios para Ekaterina Munt no papel de Bronka,

> floco de neve branca, puro, tão fortemente agarrada ao jovem soldado de infantaria, esmeralda ardente, vivente ainda que adormecida; pássaro branco, puro, que de seu canto acalentador e do calor de seu sangue conseguiu reaquecer o poderoso pássaro ferido, para lhe dar novamente a força do voo...[42].

Esse comentário muito lírico do amigo de Meierhold mal esconde as falhas, que se pode adivinhar, de uma trupe ainda muito nova para representar uma peça no estilo grandiloquente, beirando às vezes o ridículo. "O público, incapaz de compreender algo, fingia tudo apreender ou bem franzia sua testa estreita de réptil tacanho; e além disso ele riu bastante em uma réplica de Eva: 'É preciso primeiramente domar os mares! Ha! ha! ha!'" A reação é similar em Nicolaiev: "*Neve* não teve sucesso. Produziu no público o efeito de uma cacetada na cabeça. Deu pena de ver"[43].

Apesar de tudo Meierhold teima, ele quer fazer a educação de seu público. Em Kherson mantém três apresentações da peça de Przybyszewski.

O jovem encenador encontra na amizade de Rêmizov um fermento indispensável à sua criação artística. Ele sempre irá se cercar de escritores, músicos ou poetas que servirão de trampolim à sua imaginação criadora. Ao mesmo tempo, ele tira suas informações de obras como a de Edgar Steiger, que consagra, em 1898,

---

41 A. Remizov, Tovariščestvo novoj dramy, *Vesy*, n. 4, p. 36.
42 Idem, p. 38.
43 Idem, p. 39.

um estudo à evolução recente do Novo Drama (*Das Werden des neuen Dramas*) no qual, partindo de Ibsen, chega a Hauptmann, Maeterlinck, Schnitzler e Sudermann; ele afirma que o século XX é o século do drama e constata que à antiga ordem sucedeu o caos e que é necessário uma visão nova para criar as impressões caleidoscópicas do mundo moderno.

A Nova Arte na Capital Georgiana (Tbilisi, 1904-1905)

Na Páscoa de 1904, Meierhold reúne-se à sua mulher e à sua filha em Penza, onde passa o verão preparando sua passagem a uma cena mais prestigiosa. Em junho ele assina um contrato com a Sociedade Artística de Tbilisi. Nele faz precisar que "o encenador é um ator da trupe do Teatro Artístico Acessível a Todos de Moscou, que contratará atores provenientes desse mesmo teatro". Ele se abriga por trás da notoriedade do teatro de Stanislávski e de Nemiróvitch-Dantchênko, cujo prestígio conquista o país inteiro.

Os riscos financeiros são maiores que os do contrato precedente: a sala é alugada por uma soma de duzentos rublos em matinê. Além disso, os cenários estão a cargo da trupe (até a soma de dois mil rublos) e não da Sociedade Artística, proprietária da sala. Esta mandou fazer reformas de modernização técnica, palco giratório e mecanismo permitindo modelar o tablado da cena. Não se está longe das teses de Georg Fuchs que, em sua obra *Die Schaubühne der Zukunft* (A Cena do Futuro), faz-se o apóstolo da cena em relevo.

Assistido por dois de seus camaradas de estudo, Zagárov e Kostromskoi, Meierhold está na direção de uma trupe de dezenove comediantes (nove mulheres e dez homens). Como no Teatro Artístico de Moscou, é proibido entrar na sala depois do início do espetáculo; igualmente não é recomendado interromper o curso da ação com aplausos. Duas inovações meierholdianas: a cortina de cena, no lugar de enrolar verticalmente como era de hábito, abre-se lateralmente fendendo-se em duas partes. Finalmente, as três batidas tradicionais são substituídas por batidas de gongo, que permanecerão a assinatura de seu teatro até o fim.

A temporada inicia-se em 26 de setembro com um reconhecimento certo, *As Três Irmãs*. Todos os efeitos sonoros "naturalistas" do Teatro Artístico – o sino do relógio, o canto do cuco, os barulhos de multidão – provocam a admiração do público, que vê pela primeira vez atores tentando "viver em cena". A crítica local fica seduzida pelo "natural" da atuação dos atores, que não hesitam a se comportar como se o público não existisse, ou mais exatamente seguindo o princípio da quarta parede, que dá ao espectador a ilusão de que ele surpreende uma "fatia de vida".

Com *O Sino Submerso*, de Hauptmann, *O Fim de Sodoma*, de Sudermann, *Um Inimigo do Povo*, de Ibsen e *A Boa Esperança* de Heiermans, encenada por Zagárov, a trupe retoma seus sucessos experimentados, cuja temática social responde às aspirações de um público culto, ávido por reformas. Se *O Sino Submerso* deixa o público indiferente, a peça de Heiermans é muito apreciada, particularmente por causa de duas indumentárias tipicamente holandeses e do charme pitoresco do cenário de caráter realista.

Obras mais leves, que visam a desencalhar as caixas registradoras do teatro, alternam-se com as peças sérias. *O Colega Crampton*, de Hauptmann parece ter sido o espetáculo mais apreciado: "É verdadeiramente uma noite rica em prazeres artísticos que os entreatos vêm desastrosamente interromper; ter-se-ia desejado não deixar a sala depois da apresentação", escreve um crítico local[44] que, aliás, não esgota elogios sobre a atuação de Meierhold, que foi "naquela noite um grande artista". O mesmo ocorre com sua interpretação da personagem de Ivan, o Terrível, um de seus papéis preferidos. Ao contrário, ele desgosta muito de sua interpretação de Shylock, suscitando a mesma reprovação que em Kherson.

As cenas de multidão são tratadas com uma inteligência que suscita admiração. No lugar de confiar a figuração aos soldados de guarnição, como de hábito, Meierhold constitui uma trupe de sessenta voluntários, todos amadores de teatro que, em troca da

---

44 *Tiflisskij listok*, citado em N. Volkov, op. cit., v. I, p. 187.

participação inteligente deles no espetáculo, veem-se outorgar ingressos gratuitos e beneficiam-se de cursos de dicção e de arte dramática.

Mas essas inovações constituem, aos olhos de Meierhold, somente um pré-requisito e um condicionamento. Ele não renuncia à sua ambição de ir mais longe e de apresentar obras do Novo Drama. É com essa perspectiva que ele monta a peça impressionista de Hauptmann, *Schluck e Jaú*, mas especialmente tenta novamente passar a vibração de Przybyszewski em *Neve*. Segue-se um tumulto como Tbilisi não conhecia há muito tempo. O espetáculo é vaiado com gritos de "Abaixo os dramas de vanguarda!". Um crítico sublinha "a obscuridade escura" que reina na peça, tanto no sentido próprio como no figurado; o caráter absconso da obra sendo acentuado por uma utilização hesitante das técnicas de iluminação. Um crítico conclui que é preciso usar muita precaução quando se quer fazer conhecer ao público o repertório contemporâneo. "Não se deve, sobretudo, começar pela neve ultravioleta", declara à guisa de conclusão[45].

Sabe-se o choque que criou em todo o país, a repressão sangrenta da manifestação de 9 de janeiro de 1905 em São Petersburgo. Os protestos multiplicam-se. Tbilisi não escapa ao contágio e dá prova de seu temperamento contestador. A polícia receia o pior e proíbe a esmo vários espetáculos, principalmente *Um Inimigo do Povo*, de Ibsen e *Os Veranistas*, de Górki, escritor que esteve na primeira fila dos protestadores.

Para complicar as coisas, dois atores particularmente apreciados, Sneguirev e Zagárov, são recrutados: a guerra contra o Japão prossegue com violência e continuará ainda por vários meses. Após um período conturbado em janeiro e fevereiro, o teatro propõe, no final da temporada, uma obra de Frank Wedekind ainda inédita na Rússia: *A Solista da Corte*, em uma tradução de Meierhold. Sempre esta mesma vontade de estar na ponta da vanguarda.

Enquanto a trupe parte em turnê para Nicolaiev, Meierhold retoma contato pela primeira vez com os dirigentes do Teatro Artístico. Os mal-entendidos dissiparam-se. Stanislávski escuta

---

45 *Teatr i iskusstvo*, n. 44, p. 778.

com atenção o relato de seu jovem confrade, que lhe expõe suas realizações no caminho do modernismo; ele vê aí uma possibilidade interessante para o Teatro Artístico que, depois da morte de Tchékhov, está à procura de uma nova fonte de inspiração. Stanislávski acaba justamente de montar três peças em um ato desse Maeterlinck, cujas interrogações mudas lhe parecem prolongar os silêncios tchekhovianos. Estas obras, *Interior*, *A Intrusa* e *Os Cegos*, deixam aparecer toda a presença confusa da angústia da morte, no seio da existência mais cotidiana, mais banal. Montadas no Teatro Artístico em 2 de outubro de 1904, elas deixam o público desconcertado e Stanislávski insatisfeito consigo mesmo.

Nemiróvitch também está convencido de que é preciso renovar o estilo do teatro. Suspira: "Os afetuosos personagens tchekhovianos, modestamente líricos, morreram"[46]. Ele acrescenta que vê a "verdadeira poesia" em obras como *Aglavaine e Sélysette*, de Maeterlinck. A que Stanislávski responde: "Maeterlinck é uma tonalidade nova na literatura". Mas ele tem o sentimento de um fracasso: "Enquanto não tiver encontrado o tom conveniente para Maeterlinck, não poderei me acalmar nem me restabelecer"[47].

Esta mania por Maeterlinck é significativa da evolução da sensibilidade neste começo do século XX. As pulsões profundas do homem, restituídas à glória por Bergson, procuram se expressar em cena. O meio para alcançar isso é a criação deste "teatro estático" que propõe Maeterlinck: "Espero do teatro", escreve em *O Tesouro dos Humildes*, "algo da vida ligado a suas fontes e a seus mistérios por laços que não tenho ocasião nem força de perceber todos os dias [...] Esperava que me tivessem mostrado não sei qual presença, qual força ou qual deus que vive comigo em meu quarto"[48].

O dramaturgo quer redescobrir o sagrado nos gestos simples da vida cotidiana e não na algazarra grandiosa das ações qualificadas como "grandes". Desde 1900, a revista *Mundo da Arte*, por meio da qual Diaghilev iniciava a Rússia na arte moderna, publicou "O Trágico da Vida Cotidiana" onde Maeterlinck expõe sua concepção de

---

46 Carta de Nemiróvitch-Dantchênko a K. Stanislávski (10.06.1905), *Istoričeskij arhiv*, n. 2, p. 25.
47 Carta de Stanislávski a Lilina (16.8.1904), *Sobranie sočinenij v 8-mi tomah*, v. VII, p. 304.
48 M. Maeterlinck, *Le Trésor des humbles*, p. 167.

teatro. Há na conjunção desses dois conceitos antinômicos uma tensão que a literatura russa conhece bem. Desde Gógol a "vida cotidiana" – o receptáculo do mesquinho e do diabólico – está no ataque do sagrado. E se, por uma inversão audaciosa, fosse precisamente no seio do mesquinho que nasceria o sublime?

Os artistas russos que davam o tom ao *Mundo da Arte* são ilustradores como Golóvin, Kustodiev ou Sudéikin que reencontraremos mais tarde como cenógrafos. Admiradores de Aubrey Beardsley, eles preconizam os ornamentos, as cores aplicadas uniformemente sobre uma superfície, as cores tom sobre tom, as cartelas, as vinhetas, os cartazes onde a arte do leiaute é capital. É, portanto, em estreita conjunção com os pintores do *Mundo da Arte* que Stanislávski vai engajar a arte teatral, com Meierhold ao seu lado.

O poeta Balmont publica na revista *A Balança* um artigo com título evocador: "O Segredo da Solidão e da Morte na Obra de Maeterlinck", no qual expressa o fascínio que exerce sobre os simbolistas a forma dramática:

> O sentimento da Morte e da Solidão interior é bem conhecido de todo artista, de todo homem sensível, mas ele se tornou, de certa maneira, a palavra de ordem da arte contemporânea. Esse sentimento, na arte dramática, expressou-se com uma clareza particular em três grandes escritores, Ibsen, Hauptmann e Maeterlinck[49].

Este último conseguiu purificar totalmente seus dramas de todo atributo acidental. Tudo se passa como fora do tempo e do espaço, ou melhor, em um tempo e em um lugar que pertencem particularmente a cada ser humano. Daí a conclusão de Balmont:

> Maeterlinck considera a vida em sua contradição fundamental e angustiante: a personalidade humana persegue seus próprios objetivos, enquanto a natureza, o cosmos persegue os seus, e o encontro dessas duas forças, muito frequentemente hostis uma à outra, o choque entre essas duas ordens de finalidade, cria no coração humano um sofrimento indelével[50].

---

[49] K. Balmont, Tajna odinočestva i smert v tvorčestve Meterlinka, *Vesy*, n. 2, p. 4.
[50] Idem, p. 6.

O Estúdio do Teatro Artístico de Moscou (1905)

Nesse ano de 1905, tão decisivo para o destino da Rússia, a arte dramática esforça-se para se elevar ao diapasão da nova sensibilidade artística, que encontrou sua expressão na poesia simbolista. Pode-se imaginar as esperanças e os sonhos acalentados pelos próximos de Meierhold, esses atores que nos meses de março e abril de 1905 terminam a temporada em Tbilisi, depois partem em turnê para Nicolaiev, na espera das decisões que lhes permitirão, talvez, participar na continuação dessa nova aventura.

Na realidade, os dois iniciadores dessa medida avançam tateando. Stanislávski funda, com Meierhold, um teatro experimental, filial do Teatro Artístico, destinado a encenar os autores ditos "poéticos". Financiado por Stanislávski, esse "estúdio teatral"[51] irá se instalar em uma pequena sala do bairro Arbat, na rua Povarskaia, com uma trupe composta de atores oriundos da escola do Teatro Artístico e de membros da Companhia do Novo Drama.

Pela primeira vez na história do teatro é oferecido a atores profissionais proceder a uma experiência de laboratório, sem ter que se preocupar com o aspecto utilitário do empreendimento. Desde o romantismo, e mais especialmente nesse começo do século XX, os artistas, fossem eles pintores, compositores ou escritores, reivindicavam a liberdade absoluta do criador que obedece somente às leis próprias à sua arte. O teatro, com sua pesada máquina e seu grande número de participantes (atores, cenógrafos, maquinistas), não podia atingir um tal grau de autonomia. Meierhold vai, contudo, excepcionalmente, elaborar as leis intrínsecas da arte teatral, e isso sem o menor comprometimento. E essa experiência ficará até o fim de sua vida, como o modelo ao qual ele irá se referir constantemente e do qual ele terá êxito por uma espécie de proeza a ser imposta ao longo de toda sua carreira.

---

[51] Será o primeiro de uma série de estúdios que Stanislávski suscitará, com a ajuda de discípulos inspirados, no rasto do Teatro Artístico para renovar seu estilo. Ele criará em definitivo três estúdios dos quais o primeiro (que data de 1913) terá a honra de se tornar o segundo Teatro Artístico de Moscou (1924-1936), enquanto o terceiro irá se tornar, com a morte de seu fundador, um teatro totalmente à parte, o Teatro Vakhtângov.

No lugar de ter que preparar uma peça em dois ou três dias, como em Kherson, Meierhold dispõe de cinco meses (de maio a setembro) para ajustar um punhado de espetáculos. Mas se as perspectivas são animadoras, o projeto é por si fonte de conflito entre Nemiróvitch e Stanislávski. O primeiro guarda rancor de Meierhold por seu espírito de independência e ele o descreve para seu sócio como um pequeno arrivista, do qual ele deveria desconfiar. A crise que atravessam no plano artístico os dois fundadores do Teatro Artístico duplica-se em um conflito que afeta suas relações pessoais. Esses dois homens tão diferentes, o primeiro, um tipo de asceta para quem a arte é uma religião, o segundo, um *bon vivant* culto e sensível ao êxito material, percebem que o que os unia até aqui, os separa agora. E Meierhold é o revelador dessa crise.

Em primeiro de maio de 1905 a imprensa revela ao público os contornos do projeto:

> A ligação entre o Teatro Artístico e sua filial será mantida pelo controle do primeiro sobre as peças propostas pela segunda. O repertório será um pouco diferente daquele do Teatro Artístico. A escolha apoiava-se em primeiro lugar nas peças de autores contemporâneos de estilo muito pessoal: *Neve*, de Przybyszewski, *O Colega Crampton*, de Hauptmann e *O Jogo da Vida*, de Knut Hamsun. Em suma, irá se representar Ibsen, Hauptmann, Przybyszewski, Hamsun, Strindberg, Tchékhov, Tchírikov e Naidionov[52].

Nada de muito original. Retoma-se peças já montadas pela Companhia do Novo Drama. Mas pouco a pouco o programa modifica-se e Meierhold vai se concentrar sobre uma obra que rompe com o passado por sua recusa a toda referência ao real: *A Morte de Tintagiles*, de Maeterlinck. A angústia destilada nessa peça curta é um sentimento puro, elementar, que jamais foi traduzido como tal em cena.

Meierhold e Stanislávski demarcam cada um o seu propósito. Para o primeiro trata-se antes de tudo, como ele explica longa-

---

[52] *Južnaja gazeta* de 1.5.1905, citado em N. Volkov, op. cit., v. I, p. 195.

mente em uma carta a seu mestre, de permitir ao Teatro Artístico de se renovar:

> A tarefa da nova trupe consiste em ajudar com todas as suas forças o Teatro Artístico a não perder seu charme, que é o de um teatro de vanguarda, avançando sempre ao ritmo da "nova" dramaturgia e da nova pintura, recusando-se a deixar a dramaturgia e a pintura preceder muito claramente a técnica da cena, a técnica dos comediantes. O relativo insucesso do Teatro Artístico de Moscou em sua tentativa para representar Maeterlinck (etapa significativa na vida desse teatro) explica-se não pelo fato da obra de Maeterlinck não ser feita para ser representada, mas porque os atores do Teatro Artístico estão excessivamente habituados a representar peças de estilo realista e não puderam encontrar meios de expressão adequados para interpretar a nova dramaturgia mística e simbolista[53].

Stanislávski não encontra nada a censurar nessa análise e vai até mais longe no discurso que pronuncia em 5 de maio diante de toda trupe do estúdio:

> O tempo do irreal em cena agora terminou... é preciso representar não a vida por si, tal como ela transcorre na realidade, mas tal como a sentimos confusamente no devaneio, nas visões, nos momentos de exaltação. É esse estado psíquico que nos é necessário representar cenicamente, como o fazem os pintores da nova escola em suas telas, os músicos da nova tendência em sua música, os novos poetas em seus versos. As obras desses pintores, músicos, poetas não possuem contornos precisos, melodias definidas, completas, pensamentos expressos claramente... A força da nova arte está na combinação das cores, das linhas, das notas, na consonância das palavras. Eles criam impressões gerais que agem inconscientemente sobre aquele que olha; eles sugerem ao espectador empregar sua própria imaginação[54].

Ele resumirá assim sua atitude em relação a Meierhold: "No fundo, nós não tínhamos conflitos e procurávamos o que já

---

53 V. Meyerhold, Projet d'une nouvelle troupe dramatique près le théâtre d'Art de Moscou, *Écrits sur le Théâtre*, v. I, p. 71-72.
54 C. S. Stanislavski, *Ma vie dans l'art*, p. 357.

tinha sido encontrado nas outras artes e que, para o momento, não era aplicável na nossa"[55].

Quanto a Meierhold, quando ele for analisar retrospectivamente esta experiência, ele se surpreenderá ao constatar a que ponto este trabalho, que ficou sem continuação, semeou os germes para o futuro.

No dia da inauguração, encontram-se na sala do Estúdio os organizadores (Stanislávski e Sava Mamôntov, em sua qualidade de mecenas), a trupe de 23 atores (dos quais seis provêm da Companhia do Novo Drama, e especialmente Ekaterina Munt), os cenógrafos (cinco, dos quais Uliánov, Sapúnov e Sudéikin) e o compositor (Iliá Satz). A partir de primeiro de junho, a trupe reúne-se em uma propriedade nos arredores de Moscou, em Púschikino, lá, onde sete anos antes o Teatro Artístico isolou-se para melhor trabalhar. O destino estará uma segunda vez no encontro? Stanislávski parte confiante para sua cura anual no Cáucaso, tranquilizado com os relatórios que Meierhold lhe envia fielmente.

Com a ajuda dos cenógrafos Sapúnov e Sudéikin, Meierhold descobre pouco a pouco um estilo de teatro que está a cem léguas das concepções de Stanislávski. Para retomar os termos de Rudnítski, "no lugar de representar um quadro de vida objetiva em cena, uma imagem direta do mundo exterior, Meierhold vai se esforçar em representar a *relação* do artista no tocante ao mundo e à realidade, em dar-lhe carne"[56].

Extraindo as consequências da estrutura estética do teatro moderno, no qual o ponto de vista do autor é o eixo dominante da obra, o encenador tem por objetivo realizar uma tradução visual. Ao destacar o aspecto imaginário da construção estética, ele reduz ao mínimo os meios destinados a dar a impressão de realidade.

Se esses dois termos não contrastassem entre si, poder-se-ia qualificar *A Morte de Tintagiles* de "tragédia impressionista". É uma tragédia clássica, em cinco atos, com um número reduzido de personagens: o herói é Tintagiles, um adolescente ainda mergulhado nos sonhos da infância e calorosamente amado por suas

---

55 Idem, ibidem.
56 K. Rudnickij, *Režisser Mejerhol'd*, p. 52.

duas irmãs, Bellangere e Ygraine, assim como por seu velho mestre Aglovale. A adversária, evocada mas jamais visível, é a Rainha que governa a ilha, na qual vivem as personagens como se murados. Somente três Criadas manifestam as vontades inexoráveis da soberana. Ter-se-ia reconhecido nesse coro tricéfalo o tema das três bruxas de *Macbeth*, que será retomado em seguida por Leonid Andrêiev em *A Vida de Homem*. Essas três aparições maléficas são a expressão do destino, que sempre faz uso dos humildes mensageiros para transmitir seus oráculos.

As consonâncias medievais nos nomes das personagens, o estilo evanescente das réplicas, o pessimismo ingênuo do diálogo contribuem para criar este clima impressionista que é a marca de Maeterlinck. "Diz-se isso, diz-se aquilo; mas é a alma que segue um caminho totalmente diferente", diz Ygraine, exprimindo assim toda a distância entre a corrente subterrânea do pensamento e sua expressão empobrecida pela linguagem dos homens. O inconsciente aflora.

Ainda que revolvendo as cordas do terror e da piedade, que são as forças da tragédia, o autor esforça-se para sugerir um sentimento de espanto ingênuo, quase infantil. Como não se maravilhar com a teimosia em viver que experimentam os humanos, apesar da onipresença da morte?

Para traduzir cenicamente essa obra pouco comum, Meierhold deve trabalhar com atores que, no essencial, foram formados para reproduzir, tão fielmente quanto possível, os traços característicos da vida corriqueira. Como eles irão se converter a uma nova estética teatral, a de um indivíduo encarnando forças que o ultrapassam, entidades metafísicas expressando-se em uma linguagem distante daquela da vida? Meierhold enumera em dez pontos as instruções a serem observadas pelos comediantes:

    1. Viver a forma e não somente as emoções da alma;
    2. O sorriso para todos;
    3. O trêmulo banido;
    4. É necessário dizer o texto como se cada frase escondesse uma grande fé em uma força todo-poderosa;
    5. solidez do som, dado que o impreciso faz o "moderno";
    6. Teatro estático;

7. Não carregar o fim das palavras. O som deve cair em um precipício profundo. Som claro, que não vibra no ar;
8. O som do piano. Eis por que não há vibrações;
9. O tom rápido das conversas está proscrito. Calma épica;
10. Movimentos de madona[57].

A emoção deverá nascer da regularidade, da harmonia dos gestos cotidianos, segundo o preceito: "Viver a forma e não a única emoção da alma". Cada gesto deverá ser acabado na plenitude de sua forma e devolvido à sua fonte, que é esta parte do sagrado inscrita em cada ser humano. O "sorriso", que é a marca suprema do refinamento e da civilização, será o apanágio de todas as personagens, sejam elas alegres ou tristes, jubilosas ou prostradas de dor. Como Meierhold notará mais tarde, não há trágico maior do que aquele da Virgem ao pé de Cristo na cruz; ora, na obra de Perugino, a Virgem "sorri", o que dá ao trágico uma dimensão cósmica, a dor é aceita, sublimada, reconhecida como uma necessidade inelutável de onde nascerá um bem.

A partir dessas considerações de base, Meierhold dá essencialmente dois tipos de indicações, uma sobre gestualidade, outra concernindo à dicção, indicações que se completam e formam um todo inseparável:

– Gestos lentos (de madona), sorriso "para todos", imobilidade;
– Frases pronunciadas com clareza, ainda mais que o sentido delas é frequentemente impreciso, ambíguo, alusivo. Evitar os efeitos vocais, o trêmulo, manter uma voz branca, neutra, preservar-se de duas dificuldades: as modulações da conversa cotidiana e uma certa declamação demasiadamente carregada[58].

Ele utiliza aqui duas imagens que retomará frequentemente: a da pedra que cai em um poço profundo e que em sua queda produz um ruído ao mesmo tempo limpo e abafado, sobre um fundo de silêncio; a da nota musical obtida batendo-se em uma

---

57 V. Mejerhold, *Režisserskie tetradi*, Arquivos Literários e Artísticos da Rússia, fundo 998, inventário 1, documento 187, p. 42, ms.
58 Idem, ibidem.

tecla do piano, nota seca, que se opõe à nota tocada no violino, por exemplo, que se prolonga à vontade da emoção do músico.

O recorte da encenação utiliza-se desse material para obter o efeito procurado. Assim, no começo do primeiro ato: a ação passa-se atrás de uma cortina de tule, enquanto se vê ao fundo o mar, com os contornos de um castelo à direita e ciprestes destacando-se nesse vasto fundo. Na cena encontram-se, da direita para a esquerda, um talude que se acessa por meio de três degraus, ao centro, um caramanchão com uma banqueta e à esquerda, uma ponte precedida de sete degraus.

Tintagiles entra pela direita, seguido de Ygraine. "No cume do talude, Tintagiles para por um momento e coloca um joelho no chão; ele colhe uma flor, uma haste longa bem reta, um lírio crescendo no cume do talude; Ygraine para. Baixo relevo". Essa última indicação será uma constante na obra de Meierhold. A composição de grupos plásticos inspira-se não somente em estátuas antigas, mas nas personagens modeladas por pintores como Maurice Denis ou Puvis de Chavannes. Durante um instante a eternidade parece concentrada nesse grupo imóvel. Em seguida as duas personagens descem, passam por trás do caramanchão e reaparecem à esquerda na entrada da ponte, Ygraine precede Tintagiles. Meierhold anota suas indicações de atuação:

> Aí eles param. Tintagiles abaixa os braços diante da balaustrada (a flor na mão e isso ao longo de todo o ato). Ygraine para e olha-o. Uma pausa. Começa então a falar [...] Ygraine desce em silêncio pela escada que conduz ao caramanchão. Ficando de frente para a banqueta, as costas para o público, ela vira seu ombro direito e senta-se à extrema direita. A cabeça abaixada, as mãos juntas sobre os joelhos, ela se coloca a falar [...] Mesma pose, mas a cabeça erguida [...] Novo baixo relevo. Ela traz suas mãos ao rosto (madona)...[59]

O monólogo de Ygraine é desarticulado, os movimentos, os gestos, as poses e os "baixo-relevos" tornando-se o verdadeiro texto, cujas palavras são somente ornamentos. Quando essas chegam

---

59 Idem, documento 186, p. 8.

à consciência dos espectadores, eles terão a impressão de já ter compreendido tudo graças à linguagem da plástica.

Assim Meierhold inaugura uma maneira radicalmente nova de fazer teatro. A revolução na atuação dos atores acarreta uma revolução análoga na concepção do cenário: Vereguina, titular do papel de Bellangere, está consciente dessa ligação:

> Os ensaios de *Tintagiles* desenvolviam-se em um simples fundo de tela, o que, dada esta apresentação cênica, era um fundo adequado para as silhuetas e movimentos humanos. O desenho plástico era da maior importância. Os movimentos eram o acompanhamento das falas, às vezes eles se completavam ou reforçavam a impressão, como para anunciar o que iria acontecer. É assim que o soluço musical de Bellangere era precedido de um gesto enérgico, os braços erguidos, as mãos dobradas para trás. Esse soluço era musical e tão estilizado que ele fazia pensar preferencialmente no som de um instrumento de música[60].

Ora, Meierhold não ousou ir até o final de suas intuições e recusar a ajuda dos cenógrafos. Quando Sapúnov e Sudéikin abordam a peça de Maeterlinck, recusam-se a construir a maquete do cenário e propõem criar telas coloridas, em harmonia com a ação cênica, cenários "vazios" e "convencionais"; isto é, sugestivos e não figurativos.

Será somente bem mais tarde que Meierhold compreenderá que ele se desencaminhou. Para retomar a análise de Vereguina: "Por mais admiráveis por si e completamente adaptados à peça que fossem, os cenários não contribuíam do mesmo modo a valorizar o desenho do movimento cênico"[61].

Teria sido necessário continuar na simplicidade e deixar os atores representarem diante de uma simples tela de fundo. Os ânimos não estavam prontos a aceitar um tal despojamento.

Em 11 de agosto, Stanislávski vem ver o que se passa em Púschikino. "Havia muitas coisas interessantes, novas, inesperadas", considerará ele mais tarde em *Minha Vida na Arte*. "Havia grandes qualidades

---

60 V. Verigina, *Vospominanija*, p. 71.
61 Idem, p. 76.

de imaginação, o dom da invenção do encenador. Foi com grande interesse que assisti a essa representação modelo e parti tranquilo"[62].

Esta anotação lacônica não deve fazer esquecer o entusiasmo que ele mostrava na época e do qual esta carta testemunha:

> Gostaria, seria somente por escrito, de dividir com o senhor minhas agradáveis impressões. O dia de ontem me trouxe uma grande alegria. Foi um belo sucesso. De uma maneira inesperada toda a trupe do Teatro Artístico estava lá, assim como Górki e Mamôntov. Desse modo a reunião se fazia em presença de grandes chefes! *Schluck* causou muito boa impressão... *Tintagiles* elevou o entusiasmo. E eu fiquei muito feliz por Vsévolod Emilievitch... O importante, em todo caso, é isso que apareceu claramente ontem: nós temos uma trupe, ou mais precisamente, há aí do que fazer uma trupe. Esta questão me atormentou todo o verão e ontem eu fiquei tranquilo. Ontem, mesmo os pessimistas admitiram o sucesso e concederam ao Estúdio sua primeira vitória[63].

O lado mundano do evento arriscava distorcer o que estava em jogo, pois esperava-se demais dessa experiência.

> Muitas pessoas vieram, entre outras Nemiróvitch-Dantchênko, Maxim Górki, Maria Andrêieva[64] e atores do Teatro Artístico. Que eles pertencessem ou não ao movimento simbolista, os intelectuais da vanguarda esperavam uma revolução capaz de satisfazer sua sede por uma nova arte. Eles não ficaram decepcionados, parece-me. *A Morte de Tintagiles* produziu uma forte impressão na plateia. Stanislávski estava radiante. Este artista autêntico se alegrava de todo coração pelo sucesso dos jovens. Ele se alegrava pela descoberta de um novo domínio, também estava encantado com um pesquisador que, de uma maneira desinteressada, consagra todas as suas forças e seus meios ao objeto de sua paixão[65].

---

62 C. Stanislavski, op. cit., p. 358.
63 Carta de K. Stanislávski a S. Popov, *Sobranie sočinenij.*, v. VII, p. 325.
64 Maria Andrêieva, atriz do Teatro Artístico, companheira de Górki, que reencontraremos em 1918, em Petrogrado, na direção dos teatros da cidade. Meierhold estava fascinado por sua beleza quando os dois trabalhavam no Teatro Artístico. Isso não impedirá que a rivalidade deles, no momento da revolução, se traduza por relações bem tensas.
65 V. Verigina, em *O Stanislavskom*, p. 359.

Quem são esses pessimistas? Não se trata particularmente de Nemiróvitch-Dantchênko que continuava a reprovar este projeto? Em 10 de outubro de 1905, o Estúdio oferece enfim seu ensaio geral na rua Povarskaia. E é uma catástrofe. Stanislávski fica furioso, tanto mais quanto colocara em jogo nessa experiência sua reputação de artista e uma parte de sua fortuna. Ora, ele se sente fisicamente agredido por um elemento de todo inesperado: para que o espectador estivesse mergulhado em um estado de contemplação religiosa, a cena é mal iluminada. O pintor Uliánov, que assistiu a esse ensaio, descreve-o assim:

> Em cena reina a penumbra, distingue-se somente as personagens por sua silhueta, o cenário está vazio, não há coxias, a tela de fundo está quase ao nível da ribalta; eis o que é novo, é de uma maneira igualmente nova que vem da cena falas ritmadas dos atores. A ação desenvolve-se lentamente, parece que o tempo parou.
> De repente ouve-se a voz de Stanislávski: "Luz!" O público estremece, cochicha, agita-se. Sudéikin e Sapúnov saltam de seus assentos, protestam. Voz de Stanislávski: "O público não pode suportar por muito tempo a obscuridade em cena; é antipsicológico, quer se ver o rosto dos atores!" Sudéikin e Sapúnov: "Mas o cenário foi concebido para a penumbra; iluminado ele perde todo seu caráter estético!" O silêncio volta, cortada pelas falas ritmadas dos atores, a cena está completamente iluminada. Mas mal restitui-se a iluminação e todo o aspecto decorativo se evapora; é a desarmonia, a cacofonia entre a pintura e a silhueta das personagens. Stanislávski levanta, o público imita-o. O ensaio é interrompido, o espetáculo não está pronto[66].

Acontecimentos externos unem-se contra o Estúdio. A partir de 14 de outubro Moscou fica paralisada pela greve geral. O Teatro Artístico fecha suas portas até o dia 20, enquanto no dia 17 é proclamado o famoso Manifesto imperial que concede as liberdades fundamentais. Mas as desordens logo recomeçam sem cessar. Moscou será em dezembro o local de confrontos muito violentos entre os "conselhos" de operários e a polícia. A abertura do Estúdio

---

66 N. Ul'janov, *Moi vstreči*, p. 135-136.

é adiada *sine die*. Stanislávski anuncia para a trupe e, grande *seigneur*, paga os salários devidos até o fim do contrato (primeiro de maio de 1905 – 30 de abril de 1906). Ele enterrou uns oitenta mil rublos nesse negócio, quase a metade de seu patrimônio.

As Lições de um Fracasso

Não se encontrará jamais na escrita de Stanislávski a menor repreensão com relação àquele que ele poderia considerar como um perigoso aprendiz de feiticeiro; no máximo nota-se uma ligeira ponta de amargura:

> Uma vez mais, pude constatar que, entre os sonhos de um encenador e sua realização há um passo enorme. O teatro deve se conceber, antes de tudo, para o ator, ele não pode existir sem ele, a nova arte tem necessidade de novos atores, dotados de uma técnica absolutamente nova. Todas as minhas esperanças foram então transferidas ao ator e tenderam à elaboração de bases sólidas, em vista de sua ação criadora e de sua técnica. Fui a vítima desse fracasso, mas não tenho o direito de falar mal. O Teatro Artístico tanto mais deve conservar uma piedosa lembrança de seu natimorto, o único a ter tirado um sábio partido de seus próprios erros de juventude. Graças a essa esperança, o Teatro Artístico encontrou-se rejuvenescido e renovado[67].

O "sistema" de Stanislávski nasceu dessa tentativa abortada para abordar as novas obras e de vanguarda concedendo a primazia ao encenador. Ela é para ele a prova absurda de que é preciso, antes de tudo, modificar o comportamento do ator. A partir do ano seguinte, com a ajuda de Sulerjítski, um discípulo de Tolstói, adepto da filosofia oriental, Stanislávski empreende, assim, a elaboração de um método específico de formação, que ele começará a aplicar no que será seu primeiro Estúdio. Acrescente-se a isso seu fascínio por Isadora Duncan e sua dança libertadora,

---

67 K. Stanislavskij, *Stat'i. Reči. Besedy. Pis'ma*, p. 58.

cujo ensino será igualmente introduzido na Escola de Arte Dramática do Teatro Artístico.

Em 11 de dezembro de 1905, os dois criadores do Teatro Artístico têm uma longa conversa sobre o futuro de seu teatro. A reconciliação deles é selada. A partir de meado de dezembro o teatro é novamente obrigado a fechar em virtude da atmosfera de guerra civil que reina na cidade. Então, uma turnê para o exterior é decidida, o que permitirá respirar na espera de dias mais calmos. Será também a oportunidade de fazer um balanço do trabalho realizado ao longo de sete anos decorridos, de colocar um ponto final sobre a crise que agitou os dois homens e de restabelecer, se possível, uma situação financeira, abalada pelas desordens do ano de 1905.

Cabia ao pai espiritual do Estúdio, o poeta e teórico do simbolismo Valeri Briússov, pronunciar a oração fúnebre desse teatro natimorto. Ele lhe consagra um grande artigo intitulado "Jalões", publicado em 1906 na revista *A Balança*:

> Eu estava entre os raros eleitos que tiveram o privilégio de ver no Estúdio o ensaio geral de *A Morte de Tintagiles*, de Maeterlinck. Posso dizer que é um dos espetáculos mais interessantes que me foi dado a ver [...] Desejaria dizer aos animadores deste teatro: deem-me um ou outro, ou um palco realista, ou uma cena submissa ao reino da "convenção". O teatro não pode ser reconstruído sobre fundações antigas: ou continua-se a construção do edifício de Antoine e de Stanislávski, ou recomeça-se tudo da base[68].

O poeta simbolista permanece fiel à sua ideia fundadora, exposta em 1902 na revista *Mundo da Arte* com o título de "A Verdade Supérflua", e estima que Meierhold errou em parar no caminho seu ardor de iconoclasta.

O novo teatro é um teatro não figurativo (um teatro fundado na convenção, quer dizer, onde as convenções são colocadas a nu e assumidas), que deve suplantar o teatro realista, o de Antoine e de Stanislávski, que permanece, quanto a ele, fiel à "verdade supérflua":

---

68 V. Brjusov, Vehi. Nenužnaja pravda, *Vesy*, p. 72 e 74. Cf. C. Amiard-Chevrel, *Les Symbolistes russes et le théâtre*.

No Estúdio, tentou-se romper em todos os pontos de vista com o realismo da cena contemporânea e mergulhar audaciosamente na "convenção", que é o princípio da arte teatral. Os movimentos eram executados mais em função de seu valor plástico que por imitação da realidade; certos grupos faziam pensar nos afrescos de Pompeia e constituíam quadros vivos. Os cenários estavam deliberadamente afastados de toda referência à realidade, as salas não eram fechadas por um teto, as colunas do castelo estavam cercadas de lianas e de folhagens diversas[69].

Infelizmente, se o cenário era não figurativo em sua concepção, ele não restava menos realista em sua realização: "Certamente as salas não eram fechadas por um teto, mas é porque se estava em um edifício em ruína; as lianas que subiam do alçapão e cercavam as colunas aspiravam parecer-se com lianas verdadeiras [...] os criadores não compreenderam eles mesmos o que procuravam"[70].

Meierhold tem necessidade de teóricos capazes de dar forma a suas intuições de prático. O que Rêmizov foi para ele em Kherson, e que resultou na criação controversa de *Neve*, ele o esperava dos membros da comissão literária que ele constituiu em torno do Estúdio: há Briússov, claro, mas também o amigo deste, o poeta Iuri Baltrushaitis, que se tornou seu amigo. Mas nem um nem outro representam o papel que ele espera deles. Inversamente, os pintores jovens modernistas, Sapúnov e Sudéikin (respectivamente seis e oito anos mais jovem que ele), viam nele seu mentor, enquanto ele próprio teria tanta necessidade de estar rodeado! Ele procura em vão a amizade paternal de Briússov.

> O Estúdio era um teatro experimental, à procura de novas formas. Isso deveria impelir a crítica teatral a seguir seu trabalho com um cuidado particular; ela deveria enfatizar o caminho que o teatro tinha percorrido e por aí poderia ajudá-lo a progredir com mais segurança. Mas todo o trabalho desse teatro permaneceu oculto. Nada foi tomado em consideração, nem sua obra de destruição nem seu trabalho de descoberta. O teatro não abriu suas portas ao público e a

---

69 Idem, ibidem.
70 Idem, ibidem.

história não está em condições de apreciar todo o valor da experiência que ele adquiriu[71].

Tal é a constatação amarga que estabeleceu Meierhold, dois anos mais tarde, em um artigo-balanço que é uma apologia do Estúdio. Qual a lição que ele tira disso? Ele dá quase razão a Briússov: ele não foi suficientemente longe no empreendimento de destruição depois de reconstrução. Ele confiou demais nos cenógrafos que, no lugar de considerar a obra em sua globalidade, contentaram-se em fazer variações livres sobre o tema proposto pela peça de Maeterlinck. A conclusão de Meierhold é oposta à de Stanislávski: ele prega um reforço do papel do encenador, que deve, tal qual um maestro, velar pela coerência do conjunto tendo em vista um projeto comum: fazer com que a alma do espectador entre em comunhão com a do poeta pela mediação do jogo teatral.

Essa reflexão apaziguada e aberta sobre o futuro data de 1907. Mas, no outono de 1905, Meierhold sofre amargamente do ditame de Stanislávski. No plano humano, ei-lo rejeitado uma vez mais por aquele que ele admira e de quem esperava se tornar o colaborador e o confidente. No plano artístico um trabalho essencial conduzido no entusiasmo é ignorado, espezinhado. Ele se agarra a Briússov, sem se dar conta do egocentrismo do poeta de *Me eum esse*.

Embaraçado em relação a Meierhold, Stanislávski oferece-lhe retomar seu lugar de ator na trupe do Teatro Artístico, o que ele recusa categoricamente. Apenas participa de uma reprise de *A Gaivota* onde desempenha novamente o papel de Treplev.

Uma página está definitivamente virada para ele. Não somente operou sua mutação de ator para encenador, mas, além disso, ficou possuído pela ideia de uma revolução teatral a realizar. Ele desbravou um caminho inteiramente novo e não pode mais voltar atrás: agora é o possuidor de certos segredos que ele não pode deixar se perderem. Sente-se investido de uma missão grandiosa: fazer do teatro o servo de um novo culto, do qual somente ele conhecerá a liturgia.

71 V. Meyerhold, Histoire et technique du théâtre, *Du Théâtre, Écrits sur le théâtre*, v. I, p. 93. (N. da T.: O leitor poderá, também, reportar-se a esse texto na tradução de *Sobre o Teatro*, em: Maria Thais, *Na Cena do Dr. Dapertutto*, São Paulo: Perspectiva, 2010, p. 185-238.)

Sua história pessoal segue as mesmas curvas da vida de seu país. Ele tem consciência disso e confia em seu diário íntimo: "Estou feliz com a Revolução. Ela colocou o teatro de cabeça para baixo. Agora se pode enfim começar a trabalhar para a construção do novo altar"[72].

Nesta fase conturbada na qual todas as vias estão abertas, ele decide partir para São Petersburgo. O movimento simbolista é aí mais vigoroso que em Moscou. Um mês mais tarde ele estará em condições de ter um olhar já mais sereno sobre esse infortúnio. Ele escreve à sua mulher, no fim do mês de janeiro, uma carta tranquilizadora:

> Quando tomei lugar no vagão para empreender uma nova temporada, tive um olhar involuntário na direção do passado e compreendi tudo aquilo que adquiri no decorrer deste ano. Alguma coisa nova nasceu em mim, alguma coisa que vai desabrochar, dará frutos que amadurecerão, e minha vida deve absolutamente florir abundantemente, magnificamente. Alguém disse recentemente que a vida de um artista era uma curva, ascendente durante 25 anos, descendente durante 30 anos e depois ascendente novamente por 35 anos, e este ano foi para mim um dos escalões ascendentes, parece-me. O mês de maio passamos no ateliê onde fabricamos as maquetes, com os pintores que me ajudaram a tomar consciência de realidades ainda ocultas. Minha alma constrói um mundo novo. O verão fez-me descobrir o teatro de Maeterlinck e, em cena, pela primeira vez, o "primitivo" tomou consistência. O fim do Estúdio foi minha salvação, pois não era o que se necessitava, verdadeiramente não. Somente agora compreendo o quanto é bom que o Estúdio esteja morto[73].

Teoria estranha essa dos movimentos ascendentes e descendentes da vida de um criador, que ele toma emprestado sem dúvida de Viatchesláv Iványv, e que infelizmente não se aplicará a Meierhold.

Tradução: Christiane Takeda

---

72 K. Rudnickij, *Režisser Mejerhol'd*, p. 69.
73 Carta de V. Meierhold a Olga Munt (31.1.1906), *Perepiska*, p. 60.

3. O Ano 1906 ou o Triunfo dos Simbolistas

Sob a vidraça e seus clarões moventes,
Solitário na penumbra,
Junto ao pórtico com a noite
Murmurava um Arlequim.

Aleksandr Blok

O Sonho de um Teatro Simbolista

Meierhold interpreta pela última vez na sua vida o papel de Treplev em 14 de novembro de 1905. Ele deixa então Moscou e vai para São Petersburgo, e doravante a sua vida será dividida entre estas duas capitais. "Desembarco hoje em Petersburgo; quero fazer aqui o que não consegui em Moscou; no teatro daqui, o trabalho está em pleno andamento enquanto em Moscou tudo fecha, mesmo o Teatro Artístico"[1].

São Petersburgo, a cidade dos sonhos, abria para o jovem diretor, sem muita sorte até o momento, perspectivas mais promotoras. A capital da Rússia era o centro do movimento dos simbolistas.

---

1 Carta de V. Meierhold a V. Vereguina (21.12.1905), *Perepiska*, p. 58.

Inspirado por Viastchesláv Ivánov; universitário erudito, poeta e filósofo da arte, a *intelligentsia* sonhava com uma profunda mudança do mundo que garantiria o triunfo da espiritualidade, proposição na qual o teatro ocupava um lugar central. Não o teatro tal como existia nas salas da Europa e da Rússia juntas, mas um teatro que retornava às fontes, um teatro como lugar dos mistérios antigos. Tal teatro seria a matriz dentro da qual os espectadores transfigurados se transformariam em padres da nova religião. Assim como ele, o mundo também seria transformado. Este projeto grandioso tinha um nome, As Tochas. Ele esperava um organizador à sua altura: Meierhold.

No trem, Meierhold sonha. Ele repensa no papel de Treplev que lhe está tão próximo. Ele repensa *A Gaivota*. Não haveria na verdade algo de premonitório nessa obra, em que se exprime o mal de viver da nova geração? Tchékhov coloca em confronto duas concepções opostas. Um teatro de repertório populista, que percorre a província russa com o seu cenário de fundo que agrada a todos, *passe-partout*, e seus atores encarregados de alegrar a pequena nobreza local. O outro teatro, o mais recente, segue penosamente um caminho pelas capitais através dos obstáculos criados pela rotina. É o teatro dos simbolistas, esses homens novos, misteriosos e tristes, que não hesitam em dirigir-se do alto da cena ao espírito do mundo: "Ô vós, seres humanos, leões, águias e faisões!"[2]

Trata-se de uma paródia sarcástica? Não, porque Tchékhov simpatiza com essa nova sensibilidade, da qual ele se sente próximo, recusando definitivamente o seu caráter grandiloquente. Ele propõe uma terceira via, frágil, dolorosa, entre o teatro realista e o teatro dos simbolistas, este surpreendente teatro que é apenas seu e que não foi ainda totalmente explorado.

Entretanto, se Treplev proclama, pela voz de Meierhold, "É necessário formas novas", Stanislávski responde-lhe: "É necessário um tom novo". Desta diferença, que pode parecer originalmente ínfima, nasceu o mal entendido que separou o mestre e o discípulo.

Em São Petersburgo o exército dos simbolistas espera Meierhold como um salvador. A alegre lição de Nietzsche recordou

---

2   Cf. A. Tchekhov, *La Mouette, Théâtre*, p. 46.

que o teatro está, na origem, ligado ao sangue do bode sacrificado, à embriaguez, à exuberância sexual e apresenta-se como um rito de regeneração. No artigo que ele publica na revista *A Balança*, "Nietzsche e Dioniso", Viastcheslác Ivánov desenvolve de maneira extensa a sua concepção do papel religioso do teatro. Ele aprofunda a sua análise na *Crise do Individualismo*, obra de 1905, onde ele tenta libertar o caminho que se abre para a *intelligentsia*, após a remoção radical de velhos hábitos operada por Nietzsche.

> O individualismo triunfante está morto, e, no entanto, nunca proclamou-se com tanta força como agora o valor da pessoa; nunca defendeu-se com tanto zelo os seus direitos à afirmação levada ao extremo e mais refinada de si mesma... Porém este extremismo e esta refinação me parecem, no sentido mais preciso do termo, como os sintomas do fim do individualismo[3].

O teatro impõe-se como mediação necessária. O conjunto dos indivíduos que descobriram em si mesmo "o todo e o universal" deve poder constituir-se em "comunidade universal". Esta realiza-se em "coro" como na tragédia antiga. O povo deve criar "o órgão do verbo coral", que remete à sua própria vontade.

"As formas de *tomadas de palavra* empregadas pelo povo são superficiais e condenadas à destruição se não encontram a sua consagração ideal na voz universal da orquestra"[4]. Tal é o grande propósito de Viastcheslác Ivánov: é ultrapassando o ensinamento de Nietzsche e redescobrindo os fundamentos do ser que a *intelligentsia* poderá comparecer ao encontro que a história lhe reserva com o povo, cujo edifício teatral é ao mesmo tempo o lugar e o símbolo.

Ao lado dele alguns poetas procuram criar um repertório concebido para esse renovamento do teatro: assim Fiódor Sologub escreve um drama, *O Dom das Sábias Abelhas*, que traz uma abordagem serena do mistério da morte.

---

[3] V. Ivanov, *Krizis individualizma, Polnoe sobranie sočinenij*, v. l, p. 831.
[4] Idem, Ty esi, *Zolotoe runo*, n. 7-8-9, p. 425.

Meierhold é esperado em São Petersburgo com tanto mais de impaciência, visto que Moscou provou mais uma vez a sua incapacidade em criar um teatro simbolista. A tentativa do ator Vaschkévitch para criar o teatro de Dioniso revelou-se um fracasso. O texto de Balmont de *Três Auroras* tinha sido escolhido como ato de incitação à contemplação silenciosa. Os espectadores deviam trajar-se de togas e levar uma palma na mão. O caráter artificial da organização era patente e dava a impressão de uma lamentável paródia das cerimônias antigas. O golpe recebido poderia ser fatal à própria ideia de mistério teatral.

São Petersburgo está pronta para aceitar o desafio e criar um teatro autenticamente simbolista. O projeto nasceu no salão que Viastchesláv Ivánov e a sua esposa Lidia Zinovieva-Annibal organizam de quarta-feira, no seu apartamento que domina o palácio de Tauride, respeitosamente chamado "a Torre". Toda a flor das *belles-lettres* russa se reúne no salão, em forma de mansarda, num canto que dá para os jardins e decorada por uma profusão de almofadas: para aumentar o ambiente em forma de meia-lua onde se reuniam, empurra-se contra a parede a grande mesa que serve então de sede para a anfitriã e os seus hóspedes, o pintor Somov ou os poetas Kuzmin e Gorodetski: chegaram ao ponto de atirar maçãs ou laranjas no orador que os entediassem. A sala é iluminada por uma grande quantidade de velas distribuídas em castiçais, candelabros ou simplesmente garrafas.

Deve-se à Berdiaev uma descrição pitoresca deste elevado lugar da cultura russa:

> A alma das "quartas-feiras de Ivánov" era Lidia Zinovieva-Annibal. Ela não falava muito, não propunha soluções nos debates, mas criava uma atmosfera de feminilidade criadora que envolvia os nossos encontros, as nossas conversações... Não se fazia "política" durante essas "quartas-feiras", apesar da revolução que fazia então furor... Mas mesmo nesta atmosfera de tensão extrema, enquanto a maior parte das pessoas ocupava-se apenas com a política, impuseram-se e afirmaram-se nas "quartas-feiras" os valores da vida espiritual, da poesia, da arte, da filosofia, do misticismo, da religião. E

nessas discussões nós não nos sentíamos fora da vida... Havia na atmosfera dessas "quartas-feiras" algo de jovem, de tônico, de fecundante. Permanecerão para todo o sempre um episódio brilhante da nossa evolução cultural[5].

No dia 3 de janeiro de 1906 foi realizada a reunião fundadora das "Tochas". Meierhold é particularmente seduzido pela amplitude da visão de Górki, cuja presença marca a vontade de ecumenismo dos fundadores desse teatro. A esse propósito, ele anota no seu diário:

> A. M. Peschkov [Górki]
> Temperamento de revoltado.
> Como participar desta revolta?
> Os princípios mais amplos,
> O teatro deve ser revolucionário,
> Entusiasmo.[6]

A questão dirige-se imediatamente sobre a significação da palavra "revolucionária". Trata-se de modificar um gênero artístico, chamando em causa uma nova percepção do real? Ou então de mudar a vida dos espectadores, fazendo com que eles comunguem os mesmos ritos no centro do edifício teatral? Ou ainda conduzir a uma luta fratricida, em vista da tomada do poder, para regenerar uma sociedade corroída?

Górki acaricia a ideia de criar outra organização teatral que possa impressionar. Durante a reunião de 3 de janeiro os proponentes desses dois projetos esforçaram-se a fim de estabelecer um diálogo construtivo. Se Górki veio praticamente sozinho, do lado dos simbolistas nota-se a presença de celebridades tais que Aleksandr Blok, Andréi Biely ou Fiódor Sologub. No entanto, Meierhold está dividido: "O teatro As Tochas não deverá ser cultivado em estufa, deverá, pelo contrário, ser compreensível a todos, e não somente compreensível mas necessário. E talvez isso se deva graças ao seu caráter ao mesmo tempo sagrado e revoltado"[7].

---

5 N. Berdjaev, Ivanovskie sredy, em S. Vengerov (org.), *Russkaja literatura XX-go veka*, v. III, p. 97.
6 V. Mejerhol'd, *Zapisnaja knižka*, Arquivos Literários e Artísticos da Rússia, Moscou, fundo 998, inventário 1, documento 193, p. 14, ms.
7 Idem, p. 6.

O teorizador mais convencido das "Tochas" é Guéorgui Tchulkóv, adepto do "anarquismo místico" que fascina Meierhold.

> Qual é o valor do misticismo para mim? É o último refúgio dos que avançam, que recusam a se inclinar diante do poder da Igreja, sem, no entanto, perder a sua fé de homem livre num mundo transcendente. O misticismo é uma prova a mais de que o teatro pode resolver a questão religiosa; tão sombrio quanto a tonalidade de uma obra dramática, o misticismo contém um apelo incansável à vida... O teatro deve, por conseguinte, conforme o meu ponto de vista, ser capaz de arrancar os espectadores da Igreja para fazê-los entrar no seu recinto. É lá que se produzirá a iluminação, a *catharsis*. É lá que a alma revoltada do homem encontrará o caminho que o conduzirá à luta[8].

Meierhold exprime o seu credo agnóstico profundo, persuadido de que a instituição teatral pode substituir a Igreja e trazer essa purificação espiritual ao homem e essa recarga de energia da qual ele tem a necessidade mais absoluta para conduzir esse combate diário que é o seu destino.

Uma segunda reunião é prevista para o dia 10 e conta-se muito com a presença de Briússov, chefe de fila dos simbolistas de Moscou. Górki está presente e mais uma vez são suas as palavras que Meierhold cita:

> Na Rússia, com exceção da pobreza, não há outra realidade além da arte, da qual nós somos o "governo". Não se deve subestimar a nossa importância, devemos reinar com "autoridade" e conceber o nosso teatro sob uma grande escala. Deveria ser uma espécie de clube que reuniria todas as tendências do mundo das letras[9].

Embora indisposto pelo ativismo desordenado desses "homens novos", que são Tchulkóv ou Meierhold, Aleksandr Blok promete ao editor chefe da revista *As Tochas* escrever uma peça lírica para o novo teatro. O grão semeado nesse dia dará nascimento a

---

8 Idem, p. 1.
9 Idem, p. 3.

uma obra singular que será criada um ano depois e desempenhará um papel capital na evolução estética de Meierhold. Quanto aos outros artistas que tendo seguido a via aberta pelo projeto das *Tochas*, podemos reencontrar-los nos anos de 1920 e adeptos de uma arte engajada, funcional e construtivista destinada a mudar a vida. O templo teatral sonhado por todos será o edifício concebido no início dos anos de 1930 pelos arquitetos Barkhin e Serguêi Vakhtângov para o Teatro Meierhold.

A Companhia do Novo Drama em Tbilisi (fevereiro – março de 1906)

Sem se deixar afetar pela importância do malogro ligado ao fechamento do Estúdio, o abandono do projeto dos simbolistas de São Petersburgo deixa Meierhold novamente diante de uma encruzilhada. A experiência parece mostrar que o teatro não deve submeter-se aos poetas e aos dramaturgos, mas reivindicar abertamente a sua autonomia. Persuadido da importância vital do repertório simbolista, Meierhold, se concentra doravante na busca pelo quadro institucional no qual poderá dar livre curso à sua inspiração.

Tendo partido de Tbilisi há um ano, ele retorna à grande metrópole cultural e consegue alugar uma sala por um mês (do 20 de fevereiro ao 20 de março). Ele se instalará, em seguida, em Poltava para a temporada de verão de 1906 (4 de junho – 14 de julho), lugar de veraneio na Ucrânia. Mas esses dois efêmeros contratos não podem satisfazer Meierhold, que está cansado de desempenhar o papel de chefe de companhia de província.

Durante a sua permanência em São Petersburgo ele entrou em contato com a atriz Vera Komissarjévskaia. Ela também, após longas andanças pela província, acaba por instalar-se na capital. Ela adquiriu a sala chamada Passagem, situada na rua dos Oficiais. Seu primeiro passo consiste em decorá-la por pintores do Mundo da Arte como Sudéikin e Bakst. Vera Komissarjévskaia será aquela que dará o teatro "simbolista" aos simbolistas. Atriz frágil e cheia de charme, é a coqueluche da juventude. Chegada relativamente tarde ao teatro, com idade de 27 anos, ela começou no círculo dramático da Sociedade de Arte e Literatura de Stanislávski.

Um ponto os aproxima: ela criou, em São Petersburgo, o papel de Nina, em *A Gaivota*; Meierhold, o de Treplev, mas em Moscou. Além disso os dois sonham com uma renovação do teatro sob o signo do simbolismo. A diretora do Teatro Dramático convida Meierhold para ser o encenador. Apesar do interesse pela oferta inesperada, ele hesita.

Em Tbilisi ele recebe igualmente uma oferta interessante de Marguerita Pitoeff: um contrato de quatro anos com boas condições financeiras. Mas finalmente, o jovem encenador é demasiadamente atraído pela capital, e aceita o convite de Vera Komissarjévskaia, que lhe promete um salário global de 4500 rublos, para a temporada teatral que vai de 1º de Agosto de 1906 a 4 de Março de 1907. Ele negocia para os seus amigos da Companhia do Novo Drama um contrato de dois anos em Tbilisi e lhes promete assegurar a direção artística da capital.

Durante a última sucessão de representações nessa cidade, Meierhold persegue com ainda mais ardor suas experiências teatrais. Ele monta, enfim, a famosa *Morte de Tintagiles*, interrompida por Stanislávski, que se tornou o porta-bandeira do novo teatro. A peça de Maeterlinck será encenada apenas ao fim do compromisso, em 19 de março, como se temesse as reações do público. No dia da representação Meierhold pronuncia um discurso – o mesmo que ele tinha previsto para a abertura do Estúdio – no qual se esforça em dar as chaves para a compreensão dessa obra desconcertante.

> Uma marcha fúnebre, talvez escrita para os funerais de um soberano. Chora-se ouvindo esta marcha fúnebre, mas não pela morte do soberano, pensamos em sua mãe que morreu, em um irmão desaparecido na guerra, em uma irmã que bate nas grades de um calabouço. Geme-se quando os homens são massacrados [...] Eis o conteúdo dessa marcha fúnebre, aí está o seu discurso, a sua significação, eis porque existe a música, esta forma superior da arte. *A Morte de*

Tintagiles é música igualmente, tantos espectadores, tantas explicações, supondo que a música deva ser explicada[10].

Meierhold combina abordagem estética e reivindicação social. Ele faz abertamente apelo à revolta e conclui com um hino à juventude. Apesar dos seus 32 anos, continua a ser fiel aos ideais da sua adolescência:

> Quando ouvirem a peça tentem revoltar-se com a Ygraine, não contra a morte mas contra o que leva à morte. A significação simbólica da peça atingirá então cumes vertiginosos; se nos indignamos não é diante da Morte, mas diante do que é portador de morte. Então compreenderemos que a ilha onde se passa a ação é a nossa vida, e que este castelo que se esconde atrás das árvores sombrias e secas, este castelo é uma prisão. Tintagiles é a juventude confiante, bonita, ideal e pura. E há alguém que impiedosamente manda matar estes seres jovens e magníficos. Irmãs, mães e filhos que esticam para o céu os seus braços impotentes; eles imploram a graça, o perdão, a clemência, a liberdade. Tudo isso é inútil, ninguém quer escutar, ninguém quer saber. Sobre a nossa ilha gemem e morrem milhares de jovens e bonitos Tintagiles[11].

Não podemos deixar de nos sentir aflitos pela audácia dessa denúncia do arbítrio policial sob o qual vive a Rússia. As eleições para a primeira Duma* acabam de ser realizadas, mas o futuro é incerto. Com certeza, Meierhold pode dizer também que a prisão da qual ele fala é o símbolo da condição humana, das contradições intransponíveis contra as quais os homens são chamados a lutar desde Prometeu.

No dia que seguiu a representação Meierhold envia à sua esposa uma longa carta, na qual ele volta a falar sobre a significação da obra: "Era essencial para mim, no plano psicológico, colocar em cena essa peça. O público pôde conhecer o meu

---

10 V. Meyerhold, Mot d'introduction avant la première de *La Mort de Tintagiles* à Tiflis, *Écrits sur le théâtre*, v. 1, p. 79-80.
11 Idem, ibidem.
* Nome da câmara do parlamento na Rússia; a primeira Duma de Estado do Império russo foi convocada em 27 de abril de 1906 (N. da T.).

trabalho e eu pude verificar as qualidades e os defeitos da minha encenação"[12].

A partir daí, ele expõe o seu propósito. Sem proceder de maneira analítica ele propõe uma cor artística, uma chave estética, a partir da qual ele vai tratar a obra de modo que o público compartilhe as mesmas referências. "Pode-se apresentar a peça sob dois aspectos completamente diferentes. Utilizar as paisagens de Böcklin e as atitudes plásticas de Botticelli; ou adotar o primitivismo de marionetes"[13].

Ele deixa claro que prefere a segunda forma, mas também observa que não existem atores para encarná-la. No entanto, ele não diz que Maeterlinck havia acrescentado a inscrição: "Para um teatro de marionetes". Meierhold não cessará de mostrar que esta indicação, assim paradoxal, será realizável mesmo com atores verdadeiros.

Em contrapartida, considera que a trupe da qual dispõe é inteiramente capaz de atuar segundo a primeira modalidade, ou seja, segundo um estilo pictórico e hierático. Os russos conhecem muito bem o quadro *A Ilha dos Mortos*, de Böcklin, sobre o qual se pode encontrar um grande número de litografias. Um contraste angustiante se estabelece entre a calma do mar e o gigantismo dos ciprestes pretos que se erguem sobre a ilha; no primeiro plano Charon, em túnica branca, aproxima-se da margem funesta com o seu barco, minúscula mancha colorida perante a presença inelutável da natureza imutável. Se Böcklin é fonte de inspiração para as cenografias, as figuras graciosas da *Primavera*, de Botticelli ditarão as atitudes a Tintagiles: ele passeia com um lírio na mão, com uma atitude elegante isenta de afetação.

O diretor, os atores e o público compartilham as mesmas referências estéticas, participam da mesma cultura, aquela da Europa nesse início de século.

Contudo, Meierhold não possui todos os meios à sua disposição. Os atores não conseguem organizar a dimensão plástica, eles não conseguem dar essa impressão de espetáculo "estilizado", "convencional" e "não figurativo", harmonioso como uma

---

12 Carta de V. Meierhold a Olga Munt (20.5.1906), *Perepiska*, p. 65.
13 Idem, ibidem.

dança, que invoca a referência à Botticelli. "Não atuaram da melhor maneira, era pouco vivaz, sem inspiração e seco. Eu fiquei irritado. Infelizmente, o que posso fazer? Oh! Quando veremos finalmente os atores do teatro do futuro!"[14]

Enquanto Stanislávski deduz que era necessário formar atores capazes de atuar de diferentes maneiras, Meierhold adota uma atitude radicalmente oposta: "Eu me tornei nesse momento um partidário da personalização do ator, eu diria quase da sua especialização. O ator deve desempenhar todos os papéis somente no início. Isso é tão útil quanto fazer exercícios, mas em seguida é absolutamente necessário especializar-se"[15].

Ele parece preconizar a noção de *emploi*, tão desacreditada visto que ela é a regra do teatro de província com suas categorias estereotipadas (o primeiro jovem, a primeira jovem, o ponderador, a governante etc.). O salto qualitativo consiste em reabilitar a noção de *emploi*, integrando-a às estruturas do teatro modernista, ou seja, dirigindo-se ao teatro de máscaras.

Com a sua usual obstinação, Meierhold apresentou então ao público essa *Morte de Tintagiles* tão controversa. A experiência efetuada em Tbilisi confirma que ele infelizmente não adquiriu o domínio de uma obra tão estranha às leis do teatro do seu tempo. Durante esse período de experimentação, Meierhold se consagrou particularmente ao aspecto plástico do jogo dos atores. Mais tarde ele desenvolverá essa pesquisa inspirando-se na comédia italiana. Podemos ter uma ideia desse trabalho sobre o corpo do ator a partir de uma outra peça: *Os Judeus*, de Tchírikov, obra audaciosa que mostra com realismo pungente uma cena de *pogrom*. A representação adequada da violência se apresenta:

> Monto essa cena não com um ruído de fundo, mas com um silêncio completo. Em primeiro lugar, ouve-se nos bastidores os remotos clamores da multidão que se exalta. O barulho se aproxima, mas no momento em que os espectadores esperam que a multidão faça irrupção sobre a cena, eu afasto o clamor para tão longe que não mais o ouvimos. Um silêncio. No palco as personagens estão petrificadas, o público respira.

---

14 Idem, ibidem.
15 Idem, ibidem.

Nesse momento, ouvimos subitamente golpes contra a porta, as persianas voam em estilhaços, nem um grito, apenas um sussurro. Você se lembra quando construíram barricadas[16] perto de nossa casa, é isso mesmo.

As personagens sobre a cena apagam tudo, as lâmpadas, as velas. É a obscuridade total. Nesse momento a porta é colocada abaixo, os insurretos fazem irrupção. Sem um barulho semeiam o caos, matam sem barulho. Lia é abatida com um tiro. Bérézine estrangulado. Lá fora, passa um pelotão de cossacos disparando incessantemente. Os insurgentes desaparecem[17].

A obscuridade é apenas sugerida, uma luz tênue que permite aos espectadores entrever de maneira confusa os assassinatos descritos pelo encenador, o qual sem dúvida conserva, no seu espírito, a afirmação de Stanislávski, segundo o qual a obscuridade não é suportada pelo público por muito tempo.

A cena termina: "Entra Nachman. Ele ilumina a cena e constata com horror que ela está coberta de cadáveres. Somente Lazare está lá, sentado num canto, murmurando que a tempestade passou e que ela levou tudo. Nachman desmorona e chora suavemente sobre o cadáver de Lia. O relógio toca. O efeito é extraordinário"[18].

Assim cada elemento é concebido para produzir um efeito. A disposição dos cadáveres corresponde, ela também, a uma visão plástica e não realista do massacre. Em seguida, o efeito sonoro retoma o seu curso e o toque do carrilhão surge como um contraponto irônico e trágico ao horror da morte, como se somente o autômato ainda estivesse vivo.

Teatro Experimental em Poltava (Junho-Julho de 1906)

De 20 de março a 4 de junho Meierhold está com a sua família em Moscou. Ele aproveita dessa breve pausa para refletir

16 Alusão a uma lembrança comum ligada aos motins de dezembro de 1905.
17 Carta de V. Meierhold a Olga Munt (24.2.1906), *Perepiska*, p. 63.
18 Idem, ibidem.

sobre o seu trabalho. Ele mergulha com avidez na obra alemã de Georg Fuchs que afirma que a emergência da sociedade industrial provocará necessariamente uma revolução teatral. Ele dá muita importância às condições materiais do espetáculo, evoca, com precisão refinada, o lugar cênico sobre o qual se estenderá o teatro moderno. A arte, ao mesmo tempo simples e complexa, é chamada a desempenhar um papel essencial na tomada de consciência da sociedade. A representação teatral deve criar um estado de tensão insustentável que pede a reconciliação, a *catarse*. Como realiza-se essa ação de purificação? Pelo ritmo. "A arte dramática é, em sua essência, o movimento rítmico do corpo humano no espaço, produzido com o objetivo de inebriar os espectadores, de lhes fazer perder a razão"[19].

Esta ação orgiástica e purificadora pode realizar-se somente com a condição de que seja suprimida a divisão que separa atores e espectadores. Uma nova arquitetura: vasto anfiteatro e cena aberta, a qual é precedida pelo proscênio que é ligado à plateia por degraus. A cena é repartida em níveis diferentes. Os atores são colocados em destaque como altos-relevos e os seus movimentos devem ser ritmados como os de uma dança, impulsionados por uma música interna. Do mesmo modo, as cores dos figurinos devem ser assim significativas como no teatro japonês. Quanto ao dramaturgo, ele deve ser como Goethe, um homem próximo da cena, assumindo por vezes a direção dos atores.

Alimentado por essa leitura providencial, Meierhold procederá, em Poltava, a experiências que o inspiram. Pela última vez ele trabalha com a Companhia do Novo Drama e ensaia com ela as obras que serão representadas em Tbilisi. O repertório é sempre tirado dos mesmos autores: Ibsen (*Espectros* e *Hedda Gabler*), Schnitzler (*O Grito da Vida*), Dimov (*Caim*) e sobretudo Maeterlinck, com uma nova peça em um ato, *O Milagre de Santo Antônio*. Dessa maneira, Meierhold prepara a sua entrada no Teatro Dramático de Komissarjévskaia. Essas poucas semanas em Poltava serão para ele como um momento de graça, em que ele poderá dar livre curso à sua imaginação cênica.

19 G. Fuchs, *Die Schaubühne der Zukunft*.

A criação do *Espectros* é dedicada a Ibsen que acabara de falecer (10 de maio de 1906). Pela primeira vez Meierhold suprime a cortina do palco, data memorável na história da arte cênica ocidental. Ele coloca no proscênio o piano que Oswald tocará e no quarto ato essa personagem (interpretada por Meierhold) atua sentada ao piano. Os figurinos são estudados na tentativa de simbolização das cores: Oswald é vestido de preto durante os três primeiros atos, Régine de vermelho.

Caim também é representada sem cortina, não há portas, nem janelas, nem cenários. *O Grito da Vida* é a ocasião para experimentar outros efeitos: móveis enormes devem simbolizar a importância excessiva que os protagonistas demonstram pelos objetos. Os movimentos dos atores são regulados como os de uma dança, mesmo nas passagens realistas. *Hedda Gabler* é o espetáculo que obtém mais sucessos. Trata-se de um esboço do futuro espetáculo do Teatro Dramático. Enfim, com *O Milagre de Santo Antônio*, Meierhold tenta obter de sua trupe este estilo "marionete" que em vão procurou para *A Morte de Tintagiles*. Os herdeiros sórdidos devem dar uma visão caricatural do seu personagem, enquanto as figuras do santo e de Virginie devem impressionar pela "naturalidade".

Os acontecimentos políticos interferem novamente na vida teatral. Após a dissolução brutal da Duma, um grupo de deputados se reúne em Vyborg, na Finlândia, para fazer um apelo à desobediência civil. A guarnição militar de Poltava rebela-se com o objetivo de defender a democracia ultrajada. As representações teatrais estão suspensas. No teatro, a vida também não é idílica. No fim da sua permanência em Poltava, Meierhold escreve à sua amiga Vereguina uma carta onde revela as suas feridas ocultas:

> As atividades mais interessantes da Companhia do Novo Drama se desenrolaram em Poltava onde tivemos à nossa disposição um laboratório de pesquisas. Eu revivi pela primeira vez algo de semelhante durante os meses agitados do Estúdio [...] Eu também vi pessoas que lutam pelo dinheiro. Elas me colocaram a corda no pescoço e arrastaram-me por caminhos enlameados e sujos, nos pântanos lamacentos, no frio, no calor tórrido, contra a minha vontade, apesar dos meus gemidos. Visão de pesadelo como as nossas "gesticulações",

destinadas a nos proporcionar dinheiro, *mas...* tudo era resgatado pelos momentos de sonho. Um desses momentos foi aquele pelo qual passamos, Pronin e eu, um dia de manhã em Kherson, onde, no entanto, tínhamos ido "ganhar dinheiro". Devemos instituir a "Comunidade das cabeças loucas". Ela é a única que poderá realizar os nossos sonhos[20].

Essa capacidade que ele tem de provocar os fiéis na perseguição de seus sonhos é sem dúvida o que faz a força e o charme de Meierhold. Isso não o impede de fazer volta-faces que deixam os seus amigos desamparados. Três anos depois, quando ele aceitará a função oficial de encenador dos teatros imperiais, ele receberá de um dos seus antigos companheiros de sonho uma carta que testemunha uma grande preocupação:

> Tenho muito medo por você, medo que você seja anestesiado pelo teatro do tsar. Você não tem o direito de fazer isso, você, o nosso Mestre, porque existem muitas "cabeças loucas" que ainda acreditam e não devemos abandoná-las. Quero crer que o sonho das doze cabeças loucas ainda não se apagou em você, que você ainda vive desses sonhos e da grande efervescência futura, que você ainda gosta desse grande sonho confuso mas que nos era tão caro[21].

A Companhia do Novo Drama prosseguirá a sua existência durante dois anos ainda, no primeiro ano ela afundou-se na mediocridade em Tbilisi. "Sempre as mesmas trevas sobre palco e os golpes surdos do gongo fúnebre! Aí está tudo o que a Companhia do Novo Drama cultiva com zelo perfeito", constata com despeito o crítico do jornal *O Cáucaso*. No ano seguinte a Companhia prosseguirá a sua carreira em Kostroma, nos arredores de Moscou, antes de se dissolver.

Desde o 1º agosto, Meierhold chegou na capital para colocar-se à disposição da diretora do Teatro Dramático. Ela aceitou contratar alguns atores da trupe de Meierhold: quatro atrizes, Ekaterina

---

20 Carta de V. Meierhold a V. Vereguina (23.7.1906), *Perepiska*, p. 67.
21 Carta de K. Kuzmin-Karávaev a V. Meierhold (janeiro 1909), Arquivos Literários e Artísticos da Rússia, fundo 998, inventário 3, documento 110, p. 3.

Munt, Vereguina, Volokhóva e Schilovskaia, e dois atores, Pronin e Aleksandróvski.

Meierhold vai poder enfim se concentrar na encenação sem ter que assumir as preocupações e as responsabilidades de um diretor de companhia. Ele se reencontra numa posição similar àquela que ocupava no Estúdio, com a diferença que, desta vez, Vera Komissarjévskaia participa amplamente do trabalho de criação.

Após ter acreditado e investido em seu trabalho, Stanislávski rejeitou totalmente a sua contribuição. Komissarjévskaia, por sua vez, quer associá-lo ao seu projeto, persuadida que dessa aliança resultará um raio de luz excepcional para o teatro que ela dirige. Será que essa aliança resistirá à prova do tempo e do trabalho em comum?

O Amor pelas Cartas

Para financiar projetos que serão necessariamente dispendiosos, Komissarjévskaia tem apenas um meio que já foi testado: realizar turnês pela província onde ela é lisonjeada. O fluxo do público é assegurado uma vez que o seu aparecimento é anunciado nos papéis de Nora (*Casa de Bonecas*), Rosy (*A Batalha das Borboletas*, de Sudermann), Klärchen (*O Fim de Sodoma*, do mesmo) ou Larissa (*Sem Dote*, de Ostróvski).

Aguardando a reforma do seu teatro, ela empreende uma turnê no oeste do império (Kovno, Smolensk e Vitebsk). Evidentemente Meierhold parte em turnê com eles, várias cartas dirigidas à sua mulher chegaram até nós. Essas cartas são uma espécie de diário no qual ele se revela na sua intimidade:

> *Hedda Gabler* está indo muito bem. Se você soubesse o quanto é fácil trabalhar com autênticos atores! Eles me compreendem com meias palavras. Mesmo um ator idoso, como Arkadiev, está atento ao menor dos meus movimentos. Vera Fiodorovna também está muito receptiva. Feona [Tesman] encontrou a nota justa. Digamos que vai funcionar. Estou tão feliz. Aparentemente os atores estão muito contentes[22].

22 Carta de V. Meierhold a Olga Munt (16.9.1906), *Perepiska*, p. 76.

Em casa e cuidando de seus filhos, Olga Meierhold suporta mal a vida errante e os crescentes compromissos profissionais de seu marido. Além disso, ela teme que o seu marido sucumba ao encanto de Komissarjévskaia. Ele escreve de Kovno (Kaunas) uma carta que mescla relatório de atividades e notas de viagem:

> Às 4 horas eu voltei à igreja [...] Havia uma missa solene. Eu me senti no paraíso. Tocava-se o órgão. Uma longa aleia de velas brancas. A doce música dos sinos de prata, sinos de prata agitados pelas mãos suaves de meninos pálidos. O coro dos anjos. Bandeiras de rendas suaves e perfumadas. Luz de velas e a luz do dia que atravessa os vitrais. O incenso, serpentinas de fumaça saindo dos incensórios e o outono dourado visível pelos vitrais. As estátuas da Virgem e o barulho que fazem os fiéis, apoiando os joelhos no chão de pedra, um barulho tão abafado quanto o murmúrio das folhas lá fora[23].

Meierhold sente igualmente uma sensação física de jubilação à vista das cores, amarelas, douradas, castanhas, vermelhas das folhas transformadas pelo verão indiano.

> Hoje, quando nós atravessamos o Neman, e após ter escalado uma espécie de promontório coberto por um bosque denso de bordos e de carvalhos, chegamos a um pico muito elevado de onde avistamos a cidade e o Neman, e gritamos de alegria, a deusa Milda está lá!
> Tudo havia desaparecido, as casas, as ruas, as pessoas.
> Via-se as manchas brancas e vermelhas das igrejas com o seu órgão e os seus incensos que subiam para o céu em forma de fitas brancas e vermelhas.
> O Neman estava imóvel e o outono não sentia nenhum medo diante da ideia de morrer no meio deste ouro.
> O ouro tilintava, o ouro tremia, o ouro embriagava, o ouro do outono morria.
> Não quisemos percorrer os caminhos traçados.
> Nós escalamos as margens abruptas dos barrancos.
> Na frente andava Hedda Gabler, seguida por Thea, e depois por Loevborg e, enfim, aquele que quer derreter as almas destas personagens, numa harmonia sem falha sobre o fundo de outono dourado.

---
23 Carta de V. Meierhold a Olga Munt (8.9.1906), idem, p. 73.

Ah! o outono dourado! Ouvimos no seu grito de moribundo a voz de Milda, a luminosa!

Não poderia *Hedda Gabler* se reencontrar ela mesma aqui, nestes lugares onde se abrem trilhas novas?[24]

Todos os seus pensamentos estão concentrados na transposição para o palco da peça de Ibsen e para além dos atores ele vê as personagens vivas, Hedda, Thea e Loevborg. Mas ele percebe que se deixou levar por uma exaltação que Olga verá com mau olho. Ele tenta então associar sua mulher às suas sensações:

> Quando eu via as folhas vibrantes, douradas cair do céu sobre mim, você pode imaginar, com certeza, que eu não pensava em mais nada além de *Hedda Gabler*.
> Mas eu pensava, eu penso e eu pensarei sempre e sempre em você, sempre.
> Quando eu retornar, eu te direi no que eu pensava. Eu te direi que não deve duvidar do meu Amor. Eu te direi o que eu sempre tive medo de te dizer abertamente, eu te direi sinceramente o que nos falta para atingir a plena comunhão, eu te direi. O que me falta, o que te falta, o que falta para nós dois.
> Mais uma vez eu me contenho para não exprimir aqui, nesta carta, os meus pensamentos mais íntimos. Eu te direi de viva voz. Senão você me dirá ainda: "Você está bem somente nas suas cartas".
> Boa noite, querida Milda!
> Que as folhas de outono rodando acima de você te enviem sonhos dourados. Beijo-lhe os cabelos! Beijo-lhe os lábios! Boa noite! Eu amo você!
> O teu Vsévolod.
>
> Abraço Marussia[25], Tânia, Irina. Lembranças a Dacha e a Kátia[26].

No fim dessa longa carta, ele mergulha em um tal fluxo de amor que ele abarca as crianças e as domésticas: ele cita Maria,

---

24 Carta de V. Meierhold a Olga Munt (9.9.1906), idem, p. 74.
25 Marussia é o diminutivo afetuoso de Maria.
26 Carta de V. Meierhold a Olga Munt (8.9.1906), idem, p. 73.

nascida em 1897, e Tatiana, nascida em 1902, e a sua terceira filha, Irina, que acaba de nascer, em 1905.

O homem que é nele, mas sobretudo o artista, tem extrema necessidade de ser apoiado por um ser querido que o compreenda. Ora, Olga parece não estar mais disponível para desempenhar esse papel de musa de outrora. É o que julga-se por esta outra carta:

> Querida Olga! Se eu te dissesse que a sua ausência pesa-me e que estou muito tocado, você não acreditaria, como você não acredita em nada disso que eu te digo nos últimos tempos. No entanto, eu durmo mal e eu penso em você a cada momento, você, minha mulher de ouro, embora bem caprichosa. Também não te escreverei sobre os meus sonhos porque você vai dizer que as minhas cartas são sempre mais bonitas que a nossa vida quando nós nos reencontramos.
>
> O teu Vsévolod que te ama.
>
> Eu abraço vocês muito forte, você e as pequenas[27].

Um mal-estar emana dessa carta. Olga lhe acusa simplesmente de viver fora do mundo, ou existe uma falha mais profunda entre eles? Será que esse jovem homem febril não consegue preencher os apetites de uma mulher exigente?

Na sua carta seguinte, datada de Smolensk, ele emite suposições que parecem confirmar essa interpretação:

> Eu gostaria de deixar repousar minha ternura sobre você. Minha ternura epistolar. Porque me retorna à memória suas censuras: as minhas cartas são maravilhosas, ardentes, mas quando nós nos reencontramos você sempre se decepciona... Quero então reter os meus impulsos epistolares, a fim de que quando nós nos reencontrarmos eles sejam ardentes e autênticos... Eu quero que você se sinta realizada, eu não quero que você se sinta decepcionada[28].

---

27 Carta de V. Meierhold a Olga Munt (14.9.1906), idem, p. 75.
28 Carta de V. Meierhold a Olga Munt (Smolensk, 17.9.1906), *Mejerhol'dovskij sbornik*, p. 241.

Meierhold aborda então a sexualidade sob a forma de um quadro de estilo pré-rafaelita no qual a nudez é o sinal da inocência e da castidade.

> Nunca me encontrei tão elevado, nas nuvens, como agora. E Você, Você, a única Mulher que conheci e da qual ainda eu não bebi o amor até ao máximo, somente Você está comigo nos meus sonhos, lá nas nuvens rosas. É impossível para mim ficar sem a Mulher. Você deve mostrar o teu corpo nu para mim, eu que sou puro nos meus pensamentos, sem pecado, para deixar-me embriagar pelo teu Amor. E então eu entrarei neste Prado Verde que me religará à Terra. Você dirá: "É necessário realmente que eu faça isso para a sua Arte, para os seus sonhos nas nuvens e eu sou apenas um modelo para você?" Não. Para o Nosso Amor. Para a Fusão e o Amor. E para a Arte. Que meu Eu e a minha Arte seja para você unidos em um só rosto: o de Vsévolod[29].

Sonhando com um amor em simbiose com Olga para realizar os seus impulsos criadores, ele percebe, no entanto, as exigências da realidade.

> Esqueça a minha Arte. Esta Arte sou eu. Eu quero que tudo seja para o Nosso Amor, e se existe *algo* que nos impeça de se fundir em um todo, que este algo não seja os impulsos que me levam às nuvens de minha arte, mas... simplesmente o fato que depois de muito tempo nós não estivemos juntos sobre o prado verde, os dois numa câmara com um tapete e uma lareira acesa, juntos sem ninguém ao redor, dias inteiros. É minha culpa se temos sempre pessoas pela casa? É minha culpa se você não está por inteiro diante de mim? É minha culpa se eu nunca bebi o néctar das suas carícias até não ter mais sede? Nem eu, nem você...
> Para que serve procurar o culpado? É realmente necessário?...
> De repente eu compreendo:
> Eu não posso estar sem você no mundo dos sonhos. Mesmo quando você não está lá você está comigo! Porque sem a Mulher não posso estar nas nuvens. Minha arte é forte porque eu posso ligar os céus à terra.

29 Idem, ibidem.

Ô, minha mulher adorada, eu sou feito de carne![30]

Ele exprime confusamente aquilo que será a lei do seu teatro, que a arte e a vida existem somente na fusão do carnal e do espiritual. O fim da viagem aproxima-se e na última carta, escrita em Vitebsk, ele adota um tom mais pacífico:

> Você queima de impaciência, evidentemente, ô minha pequena Olga de pele morena e olhos negros, para saber qual é o estado da minha alma, em quais alturas ela se encontra, durante esta viagem.
> Bem, aqui está.
> Exteriormente: sempre faço de conta que sou um pouco criança, eu rio sem razão, eu faço rir sublinhando o lado incongruente de todas as coincidências que se apresentam, eu disseco as coisas inesperadas, graças ao meu sentido agudo de observação, eu capto a menor ocasião, eu sintetizo o conjunto das pequenas coisas da vida, eu mostro como tudo isso é fortuito, engraçado e gratuito.
> Em suma, estou feliz quando desço à terra, pois vejo o lado marionete da vida que se revela, ou melhor, sou eu quem a revela a cada momento.
> Internamente: eu sofro porque estou sozinho; estou angustiado porque eu estou solitário; estou inquieto porque já é tempo de deixar a terra e de pular de cabeça no mundo dos sonhos. Se eu estou angustiado com tanta frequência, e de maneira tão incompreensível, é sem dúvida porque não sei tudo o que você pensa, tudo o que você faz; estou inteiramente submetido ao Destino ao qual dirijo as minhas orações, a quem eu peço que nos reúna em breve...
> Na minha vida interna, é o modo menor o mais absoluto, porque eu aspiro te reencontrar, ah! como eu aspiro te reencontrar!
> Na minha vida exterior, tudo vai bem, devo dizê-lo, quando ensaiamos *Hedda Gabler*. Eu os levo todos comigo!
> E eu, eu aspiro reunir-me às nuvens[31].

Essas confidências destacam em Meierhold a estranha coexistência de um ser amargo, escarnecedor, tocado pelo lado artificial

---

30 Idem, ibidem.
31 Carta de V. Meierhold a Olga Munt (18.9.1906), *Perepiska*, p. 77.

da existência – a marionete – e de um personagem romântico e sonhador, em busca da fusão impossível. Esse conflito interno, que encontrará a sua resolução estética no estilo grotesco, reflete perfeitamente a sua visão do mundo que não variará.

Esse espírito analítico deixa ao poeta o cuidado de traduzir a parte do sonho que está nele:

> Hoje... eu vi pela janela o brilho das cúpulas douradas atravessar a folhagem dourada do outono e a cortina de tule da janela. Foi esplêndido. Eu fiquei com a respiração cortada, e queria saltar de alegria. Ver o ouro e não o tocar, ver as nuvens e saber que só se pode olhá-las.
> "Eu gosto das nuvens... as nuvens que passam... lá longe... lá longe... as nuvens maravilhosas". Você se lembra, na casa de Baudelaire?
> Ô minha alegria! Olga, minha amada! Eu espero te reencontrar. Estou esperando. Eu me entedio. Vamos nos rever muito em breve. Eu te abraço muito forte.
> O teu Vsévolod que te ama ardentemente[32].

"Ver as nuvens e saber que só se pode olhá-las", não é aí que reside todo ascetismo do teatro, essa arte na qual tudo pode acontecer mas sem passagem para o ato, num diálogo constante com seres humanos, no qual alguns concentram sobre eles os fogos da visão, enquanto os outros são movidos pelo prazer de um imaginário compartilhado.

A Aventura do Teatro Simbolista (1906-1907)

Na vida de Meierhold, tão rica em criações teatrais, a temporada que se inicia no Teatro Dramático é um verdadeiro fogo de artifício. Nascido da conjunção de duas fortes personalidades, esse novo teatro corresponde à imagem de seus temperamentos nervosos, febris. Parece traduzir o pressentimento de

---

32 Carta de V. Meierhold a Olga Munt (14.9.1906), idem, p. 75.

que tal aliança é marcada pelo selo do efêmero; mais profundamente, o simbolismo não tardará a manifestar as suas contradições e mandar pelos ares um projeto que revela suas fraquezas. A aliança durará um ano, exatamente até o 9 de novembro de 1907, data em que Komissarjévskaia anunciará brutalmente a dispensa de seu companheiro de armas.

Olhos brilhantes, com grandes olheiras que acentuam a doçura, pequeno rosto de aspecto apaixonado, voz melodiosa, Vera Komissarjévskaia, que representa o papel de ingênua, encarna as aspirações ao mesmo tempo bovarianas e de emancipação das mulheres do império russo. Retomando a definição de Mandelstam, ela traz "o espírito de protestação da *intelligentsia* russo". Filha do cantor de ópera Fiódor Komissarjévski, irmã da atriz Skarskaia (esposa de Gaideburov) e de Fiódor, *régisseur** de seu teatro, ela pertence a uma família tipicamente de artistas.

É a primeira atriz da Rússia. O príncipe Serguêi Volkonski a descreve dessa maneira:

> Pequena de estatura, magra, frágil, não muita bonita, com uma certa assimetria no rosto, mas um sorriso sedutor e luminoso, uma voz encantadora e, o que é uma raridade entre nós, sem um centavo de vulgaridade, tais são os dons naturais de Komissarjévskaia... Quando ela se deixava levar pela inspiração ela atingia uma profundidade extraordinária.

O primeiro teatro que ela ocupou foi uma ruína financeira (setecentos mil rublos em dois anos), mas conseguiu-se forjar uma reputação de não conformismo. Durante os acontecimentos de 1905, ela impôs a peça de Górki, *Filhos do Sol*, cujos diálogos inflamados eletrizaram os espectadores. Sem contar a ajuda aos grevistas durante os dias de insurreição. Ela instala-se agora numa nova sala, a do antigo Teatro Nemetti, que estará pronta no outono 1906. No fim do mês de setembro, enquanto os trabalhos de decoração de Sapúnov e Sudéikin ainda não foram terminados, ela reúne no sábado, no *foyer*, a elite intelectual e artística da capital. A sala cinza serve de

---

* Termo que designa as funções desempenhadas pelo gerente da administração e do diretor de cena (N. da T.).

espaço à leitura de várias obras originais. Após *Tântalo*, tragédia em versos de Viastchesláv Ivánov, sucederam-se *O Rei na Praça*, moralidade que é lida por Aleksandr Blok em pessoa, em seguida *O Dom das Sábias Abelhas*, de Fiódor Sologub, enquanto Valeri Briússov chega, especialmente de Moscou, para ler seus versos. Em suma, nós encontramos lá todos os iniciadores do teatro das Tochas.

A primeira reunião aconteceu no sábado dia 14 de outubro de 1906. Trajando um vestido de noite branco, os ombros cobertos por uma estola de zibelina, Komissarjévskaia acolhe pessoalmente seus convidados: Mikhail Kuzmin, olhos negros, com ar atordoado, vestindo um casaco de seda colorido; Fiódor Sologub, calvo, com um ar de velho, tez lívida, a barba e as bigodes cinza; Viastchesláv Ivánov com seu *pince-nez* de ouro, imerso em uma conversação animada. Aleksandr Blok em terno preto e camisa branca, com uma gravata-borboleta branca, inclina-se diante da atriz e lhe beija a mão. Vemos também a jovem geração – Serguêi Gorodetski, Guéorgui Tchulkóv, Serguêi Auslender, Óssip Dimov – cercar reverentemente o respeitado Valeri Briússov. Maxim Volóschin, que retorna de Paris, também está presente, e com o seu grande porte domina o pequeno Alexei Rêmizov com quem conversa animadamente. Leon Bakst, elegante e magro, exprime o seu desacordo com o pintor Konstantin Somov, um homem de rosto arredondado que sorri de maneira infantil. Quanto a Boris Pronin, ele apresenta as atrizes da trupe: Ekaterina Munt, Valentina Vereguina, Olga Glébova, Natalia Volokhova, Émilia Schilovskaia, Vera Ivánova e Ekaterina Filipova. Observa-se que Volokhova, bonita e com uma voz profunda, deixa Blok fortemente impressionado. Meierhold, muito ocupado, vai de um grupo para outro, cheio de excitação, feliz de ver que todos os nomes que ele sugeriu a Komissarjévskaia responderam ao seu convite.

O Teatro Dramático conhecerá três períodos que pontuarão as etapas da união até a ruptura entre os dois protagonistas da aventura.

A abertura da nova sala foi realizada em 10 de novembro de 1906 com *Hedda Gabler*. Em menos de dois meses se sucederão com um ritmo vertiginoso seis criações, das quais duas serão marcantes: *Irmã Beatriz*, de Maeterlinck, que testemunha a harmonia perfeita entre a atriz e o encenador e *Barraca de Feira*, de

Aleksandr Blok, onde Meierhold impelirá o simbolismo teatral até aos seus limites extremos.

De janeiro a março de 1907 são quatro novas criações de autores contemporâneos sobre o tema do amor, encabeçando em primeiro plano *A Vida de Homem*, de Leonid Andrêiev, que marca a passagem do simbolismo ao expressionismo.

No verão de 1907 começam as relações difíceis entre Meierhold e o irmão da atriz, invejoso do encenador. Os dois homens, que foram juntos para a Alemanha em busca de novidades, trazem uma peça de Wedekind, *O Despertar da Primavera*, a qual encontra-se em completa consonância com a linha vanguardista do Teatro Dramático. Os espetáculos *Pelléas e Mélisande* e *A Vitória da Morte*, de Fiódor Sologub, realizadas no outono de 1907, foram umas das últimas criações de Meierhold antes da sua expulsão brutal.

A Primeira Rajada
(Outono 1906)

No final do outono de 1906, cinco obras se sucedem, através das quais o teatro procura compor uma imagem conforme os desejo de seus dois inspiradores. Meierhold esforça-se lealmente por realizar a síntese dessas duas visões.

Hedda Gabler

Vera Komissarjévskaia desempenha o papel-título de *Hedda Gabler*, com cenário de Sapúnov. Para Meierhold, trata-se de provar que no Teatro Dramático pode-se, contrariamente aos preconceitos, dar uma leitura "simbolista" da peça de Ibsen.

O cenário deve dar uma impressão "de outono dourado", é esta impressão, ao mesmo tempo física e imaterial, que marcou profundamente Meierhold durante a sua recente viagem. A sensação de que a natureza rivaliza com a arte é a chave da interpretação da peça de Ibsen. A oposição entre Hedda, aberta para o sol da vida, e os seus companheiros, encerrados numa vida fria como a morte, é reforçada pelo contraste dos figurinos. Tesman tem um terno cinza chumbo, o de Brack é cinza escuro e o de Loevborg marrom. Thea traja um vestido rosa que revela a mulher-criança que existe nela. O vestido verde de Hedda deve dar, pelo contrário, uma impressão de "frieza soberana e outonal". Mas o fato de deslocar completamente para o simbolismo uma peça de fatura realista é um desafio que não convence a crítica. Como escreve Iordanski: "Hedda Gabler recusa não somente a mediocridade pequeno-burguesa, mas também o mundo. É uma ideia interessante, de um drama não mais interessante, mas que tem por autor não Ibsen mas o sr. Meierhold"[33].

Komissarjévskaia sente-se aparentemente desconfortável nesse papel onde ela deve desempenhar, contra a vontade, uma paixão contida.

Mandelstam a observa com seu olho clínico: "Andar e ficar sentada a irritava igualmente. Era por isso que ela ficava sempre imóvel e de pé. Ela aproximava-se desta lanterna azul que era a janela do salão professoral de Ibsen e permanecia lá por um longo tempo sem se mexer, oferecendo aos espectadores as suas costas planas, ligeiramente arqueadas"[34].

Acusa-se geralmente Meierhold de ter cometido dois sacrilégios: um contra Ibsen, do qual teria invertido os sinais, o que seria um mal menor, o outro envolvendo a grande Komissarjévskaia, a quem ele teria mutilado reprimindo assim o seu temperamento lírico. Já ele considera ter sido fiel aos termos do seu contrato, realizando o cadinho misterioso onde elaborava-se o novo teatro.

Na Cidade

Após essa obra que se tornou um clássico, a companhia cria uma peça russa contemporânea que testemunha o seu compromisso político. Trata-se do texto de um autor judaico, Simeon Iuschké-

---

33 N. Jordanskij, Individualizm v teatre, *Sovremennyj mir*, n. 1, 2ª parte, p. 61.
34 O. Mandelstam, *Sobranie sočinenija v 3-h tomah*, v. II, p. 100. Cf. *Le Bruit du temps*, p. 78.

vitch, que pertence ao grupo dos escritores populistas, reunidos por Górki no seu Círculo do Conhecimento. Ele descreve a degradação moral de uma família judaica vítima da corrupção da sociedade urbana, o pai condenado pelo desemprego, a filha entregue à prostituição. É uma espécie de reedição dos *Bas-Fonds*, [No Fundo] em ambiente judaico, mas que enfoca a célula familiar. Uma personagem tolstoiana chamada Behr desempenha um papel equivalente ao de Luka. Embora arruinado, ele mantém em vida a esperança dos que sofrem repetindo: "Em cinco ou dez anos tudo estará mudado... As pessoas serão livres como quando o mundo foi criado"[35].

A peça de Iuschkévitch foi criada em Moscou no Teatro Korsch, e o Teatro Dramático quer mostrar que é capaz de aceitar o desafio. No entanto, Vera Komissarjévskaia não encontra nessa peça um papel do seu gosto. Nem a mãe cheia de dureza, nem as filhas demasiadamente submissas são papéis que lhe convêm.

Alguns procedimentos expressionistas empregados por antecipação acusam o contraste exacerbado entre as cenas da vida familiar e aquelas que refletem a realidade sórdida da cidade. A supressão da divisão entre a cena e a plateia supõe a materialização da onipresença da rua, para os espectadores que repentinamente se encontram privados dessa barreira tradicional. Em contrapartida, as cenas do interior são esquematizadas, simplificadas e privadas de qualquer referência estereotipada aos bons costumes judaicos. O quarto onde a família se encontra foi reduzida a um simples esboço; a parte inicial da escada começa nos bastidores e está escondida por uma simples cortina. Os muros são azuis e brancos, exceto no fim em que eles terão a cor marrom escura, de acordo com a tonalidade trágica do quarto e último ato, que termina com o suicídio da filha mais jovem. Da mesma maneira, o palco que se prolonga até a plateia com um assoalho polido é amarelo durante os três primeiros atos e verde escuro no quarto ato.

O público acolhe bem a peça e, na noite da estreia (13 de novembro), cumprimenta com uma ovação o autor e o encenador.

---

35 S. Juškévič, *V gorode*, em *Rasskazy I p'esy*, p. 141.

Mas a crítica de forma alguma está lisonjeada com a engenhosidade do procedimento. Eis o que escreve Kugel, o contestador mais determinado de Meierhold:

> A imaginação idealista do sr. Meierhold recusa-se a mostrar-nos um samovar, ela admite, no entanto, as xícaras de chá. Esta classificação dos objetos, em que xícara e pires pertenceriam ao teatro "idealista" enquanto [junto] com o samovar eles revelariam o teatro realista, parece-me simbólica, vejam vocês, do grau de audácia do encenador[36].

Após esse ataque de caráter ideológico eis a acusação que vai retornar constantemente: o encenador "moderno" é um demônio, é o *Horla*, de Maupassant, ele mata o ator e logo o teatro: "Assim que um ator, assim que uma atriz abriam a boca, eu percebia imediatamente as garras do encenador enterradas na sua carne".

A Irmã Beatriz

Com a peça de Maeterlinck, criada em 22 de novembro, o Teatro Dramático opta pela primeira vez por uma obra que pertence plenamente ao programa simbolista. A *Irmã Beatriz* é animada por essa sensibilidade de fim de século, à imagem primitiva, e responde às aspirações dos dois arautos do Teatro Dramático. É um "milagre" marcado pela ingenuidade da Idade Média, com uma escritura levemente decadente, que além disso apresenta um papel feminino de extrema beleza.

Por amor ao príncipe Bellidor, Beatriz, uma irmã, foge do seu convento. Abandonada por aquele que ama, ela descobre o mundo com sua violência, e quando retorna vinte anos mais tarde, ferida no corpo e na alma, pronta a expiar sua falta, descobre o milagre: durante a sua ausência a Virgem, cuja estátua ornava a capela, tomou o lugar de Beatriz e ninguém percebeu a sua ausência. Ao regresso da pecadora, a Virgem volta para o nicho de onde

---

36 Citado em N. Volkov, *Mejerhol'd*, v. l, p. 270.

tinha desaparecido misteriosamente. O milagre de sua reaparição é atribuído a Beatriz, que morre aliviada e santificada.

O encenador se propõe a suscitar no público a atitude interna de um espectador da Idade Média. Através dessa alegoria ele atribui ao teatro a tarefa de falar a linguagem da alma, por meios simples e profundamente humanos.

A lição do malogro de *A Morte de Tintagiles* não foi perdida. Dessa vez os cenários e os figurinos desenhados por Sudéikin se harmonizam com os movimentos dos atores. A cena é reduzida a uma passagem estreita sobre um fundo colorido de tapeçaria ouro-velho, inspirada na Renascença italiana, para dar a impressão de que as personagens saem desta. O grupo de religiosas com as suas vestes azul-acinzentadas compõe a cada momento os conjuntos plásticos, que recordam Giotto ou Fra Angelico.

Vera Komissarjévskaia desempenha o papel da Beatriz e da Virgem, modificando levemente o timbre da sua voz. Ela traz longos cabelos dourados que caem harmoniosamente sobre os ombros. Como uma primeira bailarina cercada por uma corola de bailarinas, a atriz, no meio de seis religiosas, passa para a sala a emoção lírica que ela sente intensamente. Quanto ao encenador, ele conseguiu colocar o público num estado de hipnose, assim atestado por uma testemunha persuadida, de que a luz emergiu no momento em que o foco eram as mãos "tão luminosas" da Virgem.

Enfim, se realiza esse teatro simbolista do qual sonhavam os adeptos das Tochas. Como no teatro antigo existe, a bem dizer, um único herói, o corifeu, desempenhado por Komissarjévskaia, cercada pelo coro das religiosas e dos mendigos. Os meios preconizados pelo encenador, desenho plástico do corpo, ritmo musical da dicção, vontade de mistério, são apreendidos intuitivamente e interiorizados pela grande atriz que dá a eles um pleno significado. Ela se identifica totalmente com a personagem, a ponto de doravante assinar as cartas ternas, que endereçará ao poeta Briússov, com o nome de Beatriz.

O trabalho do encenador consiste em ordenar a rica matéria que lhe é fornecida pelo dramaturgo. Assim a cena característica do encontro entre a Virgem e os mendigos requer um tratamento especial da multidão:

Os pobres aos montes apressam-se, ávidos, gemendo, os braços tensos ao redor da Virgem que, debruçada sobre o cesto dele, retira, as mãos cheias, roupas das quais jorram raios, lenços que cintilam, panos que se iluminam. À medida que ela o esvazia, o cesto transborda abundantemente tecidos cada vez mais preciosos[37].

Todo o jogo de cena se produz com a chegada da procissão, a distribuição dos tecidos, as orações dos mendigos, em seguida o fechamento da porta do convento, quando toca o sino que chama para o recolhimento. A impressão de mistério é dada pela música mais que pelas notações visuais; Meierhold se concentra então na partitura sonora, cujo desenho vai permitir-lhe mostrar o ritmo interno da passagem. Para esse texto ele realizará um recorte em quatro partes, que se tornará a matriz a partir da qual fará trabalhar os atores:

I. 1. Chegada. O zumbido de um enxame. Dez segundos.
    2. Silêncio.
    3. Um gesto breve.
    4. "É ela ou não? É ela ou não?"
    5. Pausa. Cinco segundos.
    6. A Virgem fala.
        Em seguida: um Velho pobre
                    um Enfermo
                    a Virgem

II. 7. Zumbido de enxame mais enérgico
    Se destaca sobre este fundo:
        "*Minha irmã* (precisaria de um lençol)" depois
        "(Minha irmã) *eu vos peço...*"
        palavras da Pobre Mulher
        de uma outra.
    8. Sempre sobre o fundo de zumbido.
    9. O monólogo da Virgem.

---

37 M. Maeterlinck, *Théâtre*, v. III, p. 197-200.

III. 10. Pausa no final do monólogo.
　　 11. Exclamações maravilhadas.
　　 12. *Pausa* (maior) dez segundos.
　　 13. Cena de alegria intensa (Taírov e os outros).
　　 14. O toque de um sino.
　　 15. Um gesto da Virgem e as suas palavras: "Vão em paz..."
　　 16. A multidão se apazigua.
　　 17. Segundo golpe de gongo (o sino).
　　 18. Cena de alegria intensa até ao hino de reconhecimento (Taírov e a multidão).

IV. 19. No momento em que a multidão sai, terceiro toque de sino[38].

A alternância das faixas sonoras e dos silêncios, a harmonização dos diálogos "sobre fundo de zumbido", foram alguns dos meios para criar a impressão "sonambúlica" que desejava o autor. Essa valorização do ritmo interno faz com que apareça, de maneira mais evidente, as articulações do texto e encontra múltiplas ressonâncias nos gestos, nas atitudes e nos movimentos das personagens, nos coloridos dos seus vestuários e nas linhas do cenário. Todo o edifício repousa sobre a intersecção da trama visual e do encadeamento sonoro, o encenador é encarregado de dominar os volumes, à maneira de um chefe de orquestra. Esse frágil equilíbrio parece bem ter sido atingido durante as representações de *Irmã Beatriz*.

Deixamos a palavra a Kugel de quem conhecemos o dente duro: "Existem quadros de uma grande beleza, como a cena dos pobres que recebem esmola das mãos da Santa Virgem: o cenário forma um quadro adequado a esta pintura. Este grupo imóvel e murmurante é um sucesso". Aleksandr Blok exprimiu, de sua parte, todo o encantamento que sentiu nesse espetáculo.

> Apesar das imperfeições gritantes sobre certos detalhes (Bellidor causa desgosto, os coros têm falta de unidade, os figurinos e os cenários são pobres), nós experimentamos neste

---
38 V. Mejerhol'd, *Režisserskie tetradi*, Arquivos Literários e Artísticos da Rússia, fundos 998, documento 196, p. 6.

espetáculo a emoção que desperta o sopro da arte. Tudo se apresentava com uma tal evidência, uma tal simplicidade, uma tal naturalidade. O público que demonstrava, nesse aspecto, aborrecimento, sentiu a mesma emoção, as longas e ruidosas ovações no final da peça ganharam, em certa medida, o andamento de uma manifestação, dirigida contra as críticas que tinham sido ainda mais duras... Dizem que estes espectadores tinham sentido passar o sopro do milagre que tinha feito regozijar a cena[39].

A obstinação do encenador lhe permitiu encontrar os meios técnicos susceptíveis de traduzir, de maneira concreta, o conteúdo extático desse hino ao amor que é *Irmã Beatriz*. Desse modo, Meierhold demonstra que as peças de Maeterlinck não são irrepresentáveis.

Essa reivindicação encontra-se em uníssono com as aspirações de uma juventude ávida de superar as barreiras morais, as convenções esclerosadas de uma ordem social que sentimos antiquada, de uma religião cada vez mais retrógrada. Essa peça é um convite a uma moral autêntica, a uma vida social harmoniosa, animada pela presença diária do milagre. Graças ao acordo perfeito entre seus dois animadores, o Teatro Dramático, ao mesmo tempo que luta para arrancar o velho teatro dos seus ouropéis, é porta-voz do liberalismo social e político, numa Rússia que é atravessada por correntes contraditórias e pronta para aceitar as soluções mais extremas para aceder à liberdade.

O Conto Eterno

O fogo de artifício repercute com a peça de Stanislaw Przybyszewski, *O Conto Eterno*, cujo simbolismo advém de fontes eslavas. Essa reflexão sobre o poder, de inspiração shakespeariana, é experimentada na linguagem etérea da época. Ilustrando a luta "eterna" entre o Bem e o Mal, o autor se esforça por demonstrar que essas duas forças se situam em planos diferentes; seria ilusório

---

39 Dramatičeskij teatr V. F. Komissarževskoj, *Pereval*, dezembro 1906.

e mesmo perigoso para o Bem combater o Mal, colocando-se no seu nível com o mesmo uso da violência. Debate essencial que agita os grupos revolucionários do Império russo, Polônia incluída.

Na suposição de que se desenrole "em uma época que se perde na noite dos tempos", a ação mergulha numa Idade Média de convenção. Um jovem rei, manipulado pelo chanceler, esposa, contra o parecer da sua corte, uma jovem estrangeira de nome Sonka (forma polaca de Sophie, a sabedoria), filha do feiticeiro Vityn. Ele é fascinado pelo seu sogro, uma espécie de cientista, que o inicia nas ciências herméticas. Transformado pelo apetite de poder, o chanceler, figura do "realismo" absoluto, quer dominar o rei. Ele leva Vityn à justiça sob a acusação de bruxaria, esperando, assim, colocar o soberano sob a sua dependência e forçá-lo a repudiar a rainha. A rainha, encarnação do "idealismo", previne o seu marido: "Você não pode vencer o chanceler utilizando as mesmas armas que ele. A verdadeira vitória é abandonar o poder temporário". No entanto, o rei inicia as hostilidades contra o seu chanceler e o vence finalmente, mas ao preço da ruína do reino. A peça termina com a imagem do rei jogando a sua coroa à terra num gesto de renúncia absoluta.

Para evitar cair na armadilha da reconstituição histórica, Meierhold decide aceitar a proposição do autor, que qualifica a sua peça de conto para crianças. O pintor Dénissov se inspira do estilo dos vitrais para criar "um conto azul, pacífico, de uma simplicidade épica; o fundo, uma intriga de corte, deliberadamente descolorada e simplificada"[40]. Infelizmente, os atores não chegam a encontrar o tom justo correspondente à esquematização que lhes é pedida. "O princípio de imobilidade encontrava-se aplicado a cenas demasiadamente longas, esfumado por um lirismo nobre e verborrágico. Era necessário, nessas condições, um temperamento extraordinário para conseguir desempenhar plenamente e não apenas declamar as suas falas": são algumas das conclusões às quais chegou o encenador.

Seduzido pelo texto de um autor que ele admira profundamente, Meierhold não se deu conta de que se tratava de uma pálida imitação do estilo e dos métodos de Maeterlinck. Komissarjévskaia,

---

40 P. Jarčev, *Zolotoe runo*, 1907, n. 7-9. Citado em V. Meyerhold, *Écrits...*, v. L, p. 218.

vítima da mesma ilusão de ótica, desempenha com fervor o papel de Sonka, que a atrai pela sua pureza e sua ternura infantil. O público reserva, de resto, um bom acolhimento para essa obra com uma problemática tão atual: ela responde à atitude de numerosos intelectuais russos, que tentaram recusar os jogos da cidade, para operar unicamente no domínio do espírito. Andréi Biely ou Valeri Briússov concentram as suas atividades de escritores, enquanto os social-democratas como Górki, Lunatchárski ou Bogdanov desenvolvem uma filosofia da ação, chamada de os construtores de Deus, que parte do postulado de que qualquer luta é criadora do bem.

Meierhold se censura, finalmente, pela escolha dessa peça:

> Para evitar qualquer semelhança com a realidade externa, o nosso teatro, fiel ao texto de Przybyszewski, esforçou-se por se destacar das coisas da terra; mas, sendo o texto aquilo que é, a simplicidade procurada transformou-se, contrariamente à nossa vontade, num "modernismo" de pacotilha[41].

Não se pode compreender a escolha do repertório e a sua tradução cênica (cenários, figurinos, jogo dos atores), realizada por Meierhold e Komissarjévskaia, sem levar em conta a existência de uma vontade subjacente de polêmica com o Teatro Artístico de Moscou. Adentrando-se por uma nova via, eles abordam um estilo novo, cuja escritura destoa e cria uma defasagem em relação à realidade, que era até o momento o único critério mantido em consideração. Ninguém fala como Maeterlinck, Przybyszewski ou Hofmannsthal. Convenção literária, convenção poética que o teatro assume, jogando por sua vez com suas próprias convenções: maneira de falar, entonação, maneira de se deslocar, ciência dos gestos, canto e dança, aí estão as armas de um teatro que até o momento ignorava as suas potências, ocupado em reproduzir a "vida", uma vida onde não se canta nem se dança.

Como diz o crítico Znosko-Boróvski:

> Alguns espetáculos deste tipo permitiram definir o caráter deste teatro, que era uma vitória sobre as realidades da vida cotidiana, sobre a rotina de todos dias, aquilo de que se inspirava o

---

[41] Idem, p. 219.

Teatro Artístico de Moscou. Apesar da reticência em relação aos procedimentos de encenação de Meierhold, a respeito da dramaturgia simbolista com o seu misticismo, numerosos foram os que reconheceram os seus méritos. Após a dominação do teatro de costumes, característica do mundo tchekhoviano que conduziu a um impasse, ele chamava para o despertar da pessoa[42].

A emulação entre o Teatro Artístico de São Petersburgo e o de Moscou se manifesta particularmente na escolha do repertório e leva, às vezes, à criação simultânea de uma peça do mesmo autor, ou da mesma peça nos dois teatros.

Casa de Bonecas

Em 18 de dezembro Komissarjévskaia, que aspira reencontrar o seu público no registro que lhe é familiar, retoma o seu papel preferido, o de Nora em *Casa de Bonecas*; no mesmo dia está sendo levada em cena, no Teatro Artístico, uma outra peça de Ibsen, *Brand*, com direção de Nemiróvitch-Dantchênko. Simples coincidência? Ibsen é o primeiro que desperta os espectadores para optar pela liberdade, e, nesse sentido, ele é inspirador reconhecido dos dois teatros.

Meierhold não esconde a fascinação que sente pelo talento da grande atriz. Intuitivamente ela pratica o jogo estilizado de ator do qual ele procura obstinadamente o segredo: "Existem atores, ele escreve,

> que, no auge do período de entusiasmo pelo naturalismo, utilizaram, apesar de tudo, jogos de cena do tipo alusivo. Assim, em *Casa de Bonecas*, a tarantela de Vera Komissarjévskaia se reduz a uma pose expressiva: o movimento dos pés não é nada mais do que um ritmo nervoso; se fixarmos sobre eles o nosso olhar, vemos que não é uma dança mas uma fuga [...] Uma atriz do teatro naturalista teria tomado lições com um professor de dança, em seguida teria executado

---

42 *Russkij teatr načala XX-go veka*, p. 284.

conscienciosamente os passos da tarantela mergulhando-se inteiramente nesta dança[43].

Concentração, economia dos meios, apelo constante à atenção do espectador, aí está o que Meierhold admira em Komissarjévskaia, e também o que ele tenta suscitar nos atores com os quais ele trabalha.

Barraca de Feira

O ano 1906 termina no dia 30 de dezembro com duas peças de um ato que reúnem, numa mesma noite, duas obras-primas do simbolismo. O simbolismo russo faz uma entrada ensurdecedora na cena teatral com *Barraca de Feira,* do poeta de São Petersburgo Aleksandr Blok, que leva ao seu paroxismo a problemática dessa escola, a fim de miná-la pelo lado interno, ao passo que o *Milagre de Santo Antônio,* de Maeterlinck aparece em contrapartida como uma simples *pochade* um tanto quanto moralizadora.

Blok, poeta amado pela musicalidade de seus versos orientados para algum lugar e atemporal, prometeu realizar para o teatro das Tochas uma adaptação teatral do seu pequeno poema homônimo, que põe em cena um menino e uma menina enfeitiçados pelo encanto de um castelinho de marionetes, por onde desfila senhoras, cavaleiros e diabinhos sendo que um destes, ferido, sangra "sumo de groselha".

Consternados pela violência contida nesse espetáculo "feliz", as duas crianças se derretem em lágrimas.

O "drama lírico" leva ao extremo a tensão entre o artifício e a realidade. Personagens extremamente sóbrios, outros místicos, são reunidos no seu salão para uma sessão de espiritismo. Essa noite, ele pensa, a morte virá enfim visitá-lo. E quando aparece uma jovem moça com uma veste branca e uma longa trança nas costas, eles estão certos de que serão aplacados. Eles não consideraram Pierrô que, sentado com as pernas pendentes no rebordo da boca de cena, grita: "Mas é Colombina, a minha noiva!" E a fantasia

---

43 V. Meyerhold, Histoire et technique du théâtre, *Du théâtre,* em *Écrits ...,* v. l, p. 97.

toma conta. Enquanto os místicos desaparecem de maneira lastimável, chega um Arlequim feliz que seduz Colombina e a leva, deixando Pierrô embaraçado. Intervém então o Autor, que tenta explicar ao público que a sua peça foi inteiramente desfigurada. Ele é expulso de cena. Os episódios se sucedem com um ritmo veloz, uma procissão avança trazendo tochas, um baile de máscaras invade o palco e deixa entrever sucessivamente três casais de namorados, que ilustram episódios da vida do poeta: a fase mística com cores da Idade Média, a fase religiosa banhada com o ouro das cúpulas, e, por último, a fase cigana feita de paixões e desdobramentos. No final, Pierrô está com remorsos, pois ele se reconciliou com o seu amigo Arlequim e ambos zombaram de Colombina, tratando-a de "boneca de papel machê". Ficando sozinho em cena, ele toca diante do público uma triste cantilena com a sua flauta doce, com a qual ele exprime toda a sua dor de viver.

Pode-se realizar um espetáculo sobre bases assim desconcertantes? Aí está o desafio ao qual Meierhold se propôs, principalmente porque o próprio autor considera a sua peça como irrepresentável. E assim, após a performance de Vera Komissarjévskaia, em *Casa de Bonecas*, ele está contente por recordar-se que também é ator: ele desempenhará o papel de Pierrô, personagem com a qual se identificará plenamente, ao ponto de se deixar pintar por duas vezes, pelos pintores Uliánov e Golóvin, com a vestimenta de Pierrô, e com sua máscara de poesia e de solidão.

No que diz respeito ao cenário, Meierhold chama Sapúnov, com quem, diz ele, "foram entreabertas as portas secretas do país das Maravilhas"[44]. Não é somente um trabalho cênico novo, é a descoberta maravilhosa das leis da teatralidade que Meierhold procura descobrir obstinadamente. O que tinha sido até o momento uma rede de intuições confusas, toma forma para se desenvolver pouco a pouco em uma concepção coerente. É de fato graças à "feliz invenção de planos de encenação, concebidos para a maravilhosa *Barraca de Feira*", que Meierhold faz com que ressurja a origem das suas certezas cênicas. O teatro, como ele repetirá sem cansar-se, nasce da literatura...

---

44 Idem, p. 86.

Pelo revés característico da sua capacidade de invenção, Meierhold utiliza agora toda a profundidade da área teatral e também toda a altura do edifício que vai desnudar. Aos painéis decorativos utilizados até o momento, ele substitui audaciosamente por uma simples tela azul esticada no fundo da cena. No meio do palco, ele constrói um teatro em miniatura, descobrindo todo o aparato feito de cabos e rolamentos que, em princípio, sustentam os elementos da cenografia. A pequena cena aparece então como uma maquete de teatro à qual teríamos retirado a capa de Arlequim, que geralmente oculta aos olhos dos espectadores toda a maquinaria teatral. Assim, Meierhold põe em obra um processo de denúncia da convenção cênica em ressonância subterrânea com o texto de Blok.

Além disso, ele se investe totalmente no papel de Pierrô, avatar do Treplev dos seus inícios.

Ele atuava em virtuose, com uma arte incomparável, como um músico mestre do seu instrumento. Por trás do som surdo das suas palavras sentíamos perfurar uma autêntica tristeza. Estas se acompanhavam, às vezes, de um som queixoso, como estas bonecas de som que se põem a gemer quando pressionamos o seu ventre:

"Mas você, você está ausente, (*com uma voz apagada*) não iremos nos juntar

No círculo encantado os casais entrelaçados!.."

Às vezes ele pronunciava esses gritos surdos com uma voz arrastada:

"Colombina, você ouve a queixa deste pobre coração

E a triste canção que ele cantarola incessantemente?"

Após estes versos o autor indica: *Pierrô perdido no seu sonho se anima*. Víamos então Meierhold agitar de maneira absurda uma manga em seguida da outra e, por meio deste movimento clownesco, ele conseguiu fazer compreender toda a alegria que esta louca esperança provocava nele. Quantas coisas ele exprimia através destes simples gestos!... Estes movimentos falavam, porque surgiam em relação ao ritmo interno da personagem. Os gestos vinham sempre depois das palavras, eles as completavam, pareciam acompanhar alguma canção sem palavras que ele sozinho parecia ouvir. Quando ele cessava de falar, captava ainda mais a atenção do público, a tal ponto de a música interna impor o seu ritmo. Pierrô dava a impressão de um homem que ouve a canção resultante de seu coração. Ele tinha um olhar estranho, um olhar fixo, interior[45].

Havia em Meierhold, como sabemos através das suas cartas, uma sensibilidade excessivamente viva que estava em sintonia com o lirismo amargo de Blok e que encontrava desafogo nesse papel do Pierrô ao mesmo tempo fantoche e poeta. Ainda era necessário poder tornar perceptíveis, para o público, essas camadas profundas da consciência.

> No final, a cortina caía atrás do Pierrô e ele ficava sozinho diante do público. Ele o fixava com o olhar, como se olhasse cada um dos espectadores diretamente nos olhos. Havia algo de inexprimível neste olhar.
> "Estou aqui diante de vocês, o rosto completamente pálido. O que, vocês riem de mim! Parem com este vil papel!
> O que resta a fazer? Ela caiu por si só...
> Minha alma está cansada e triste. E vocês, vocês acham isso engraçado?
> Então ele desviava o seu olhar, tirou do seu bolso uma flauta, e começou a tocar a canção de um coração rejeitado, incompreendido. Era o momento mais intenso do papel. Acreditávamos perceber atrás de suas pálpebras fechadas um olhar austero, pesado de culpa[46].

A cortina da boca de cena, o "Bakst", baixava-se sobre esse último quadro. Na noite da estreia os espectadores permaneceram por um momento desconcertados. Tudo tinha sido tão inesperado. "Depois de um momento foi um caos onde misturavam-se aplausos intensos e gritos de protesto, é verdade que foi menos protestado que os primeiros", conclui Vereguina, de quem o testemunho é confirmado por outros espectadores:

> A sala se levantava como para uma verdadeira batalha, víamos pessoas muito dignas, com ar sério, quase prontas a se engalfinhar; os assobios e os urros hostis eram entrecortados por gritos de triunfo... E na frente da sala amotinado,

---

45 V. Verigina, *Vospominanija*, p. 102.
46 Idem, p. 106.

de pé como um bonito monumento resplandecente de luz, apertado no seu severo terno preto, lírios brancos nos seus braços, estava Aleksandr Blok, o hóspede de um país desconhecido, o guardião da porta misteriosa e, nos seus olhos azuis, a tristeza o disputava com a ironia[47].

Pede-se que venham o cenógrafo, o músico, o encenador para que sejam aplaudidos. Para Meierhold é o triunfo: a ação está agora na sala, a emoção chega até o público. Como ele escreverá em breve: "Por mais que uma parte do público vaie Blok e os seus atores, este teatro era teatro. Que a sala ousasse assobiar, assim, freneticamente é sem dúvida a prova mais autêntica da relação verdadeiramente teatral que se estabelece entre o público e a peça"[48].

Barraca de Feira faz então uma entrada estrondosa nos arcanos do futuro. Ela se inscreve nesse movimento de ruptura tranquila, que será marcado três meses mais tarde pela exposição da "Rosa Azul", pontapé inicial da extraordinária revolução pictórica através da qual a Rússia dará os artesões os mais audaciosos.

O Milagre de Santo Antônio

A segunda peça em cartaz, apesar de não ter tido um sucesso escandaloso, não obstante, é rica em descobertas cênicas e abre caminho a esse gênero *grotesco* tão amado por Meierhold que consiste em dar um espetáculo de aparência realista minado em seu interior.

Sob o pretexto de uma "farsa" sem pretensão, Maeterlinck denuncia os valores consagrados da sociedade de saciados. Embora o autor não se ponha, ele mesmo, em causa como o fizera Blok, a sua peça não é menos corrosiva, tanto no plano social quanto no domínio espiritual. Só a alma simples do povo, encarnada em Virginie (a Criada), é capaz de ressentir uma verdadeira espiritualidade. Por outro lado, as classes médias, os "burgueses", detentores de riquezas materiais e de poder (o Comissário de polícia, o Doutor), são cegos e obedecem ao culto de falsos valores.

---

47 S. Auslender, Moi portrety, Mejerhol'd, *Teatr i muzyka*, n. 1-2, p. 428.
48 V. Meyerhold, Le Théâtre de foire, *Du théâtre*, em *Écrits...*, v. 1, p. 183.

Duas realidades coexistem sem se encontrar: o mendigo que se apresenta, a fim de ressuscitar a rica mademoiselle Hortense não é outro, aos olhos da Criada, que o bom Santo Antônio de Pádua, que se apresta a fazer um milagre. Para as outras personagens, incluindo a defunta, só pode se tratar de um impostor, mais precisamente um doente mental que escapou do hospício vizinho. Ao sair da sala, enxotado pela horda de bem-pensantes, tudo parece voltar à ordem: a defunta, que ele ressuscitou, reencontra o sono da morte; os herdeiros poderão ter a sua parte da herança, a Criada continuará a servir por um salário pequeno. Cada um sai dessa aventura confortado nas suas convicções. Virginie foi testemunha de um milagre ao qual tudo a levou a crer; para os outros, pelo contrário, o mundo é racional e as categorias são bem ordenadas: existem os rico e os pobres, os vivos e os mortos, os que têm boa saúde e os doentes.

Esse ataque burlesco contra o racionalismo egoísta encontra-se na linha da violenta crítica da "burguesia", que a Bélgica dá, exemplo nesse fim de século. Mas o encontro entre a denúncia virulenta de Maeterlinck e o anarquismo místico de Meierhold se produz sobre um plano mais profundo, o da exigência de verdade. Denunciando a hipocrisia dos ricos, celebra-se por contraste a simplicidade do coração dos humildes.

Esse espetáculo original marca de maneira intensa um jovem encenador, Evguêni Vakhtângov, aluno de Stanislávski, que dirige um estúdio teatral (o futuro Terceiro Estúdio do Teatro Artístico). Aí ele vai montar, em 15 de setembro de 1918, no início da revolução, *O Milagre de Santo Antônio* como um eco polêmico da versão de Meierhold. Totalmente fundado sobre a sinceridade e a psicologia, o jogo dos atores resultará em uma interpretação de primeiro grau da peça. No entanto, três anos depois Vakhtângov retornará sobre essa mesma peça com uma visão áspera e de acordo com um estilo "grotesco", que convergirá na interpretação proposta por Meierhold.

Assim a experiência tentada em 1906 por Meierhold com base numa "farsa" e na "arlequinada", para se reconciliar com as origens profundas da teatralidade, projeta sobre o futuro um grande feixe de intuições fecundantes, que fazem da máquina teatral um instrumento essencial de transformação da vida em nome de um projeto universal de liberação do homem. Com essas duas peças ele inicia de fato uma evolução que o leva a se interessar pelas tradições teatrais mais experimentadas, para fecundar a sua ação modernista e sair do quadro estreito do simbolismo.

Na noite dessa memorável estreia, a trupe celebra alegremente em companhia de Blok que se deixa levar pela paixão pela bela Natalia Volokhova. Ele logo dedicará à atriz os poemas do ciclo intitulado *Faina*, no qual seu personagem encarna toda a fascinação do mistério cigano.

Quanto a Meierhold, ele dá a impressão de permanecer prisioneiro da sua máscara de Pierrô. O crítico S. Auslender, que o encontra pela primeira vez, o observa, estupefato:

> Ele mergulha nos seus pensamentos, em seguida se fecha nele mesmo, como se quisesse se abstrair, distante de todos nós, da música que vem da sala, do jovial gorjeio das atrizes, das conversações que se fazem rapidamente. Os traços angulosos do seu rosto delicado se acusam, tomam uma tonalidade cinza, quase cadavérica, como se a sua alma estivesse capturada pela angústia e exposta, sujeita a sonhos desconhecidos. Um instante depois podemos vê-lo gesticular, apaixonadamente, ele ri, dá viravoltas, imita uns e outros, faz o palhaço, mostra-se borbulhante de espírito e de juventude. Ele sobe de repente sobre uma escada, chega até o teto e de lá se deixa cair de barriga no chão, como morte. Que terror entre as atrizes! Mas tudo foi simplesmente uma habilidade de acrobacia![49]

Assim, esse fim de ano saúda o triunfo da aliança Meierhold-Komissarjévskaia. O paradoxo é que as obras puramente simbolistas não foram numerosas e nem sempre apreciadas. A evolução não impõe assim ultrapassar o simbolismo para colocar mais amplamente o problema do teatro moderno?

Tradução: Yedda C. Chaves

---

49 Op. cit., p. 428.

4. Uma Nova Sensibilidade, os Anos 1907 e 1908

Não existem regras que não devam ser destruídas em nome de algo ainda mais bonito.

Romain Rolland

O Teatro em Evidência.
A Segunda Salva
(Janeiro-Fevereiro de 1907)

O ano de 1907 é atravessado por um sopro de liberdade. O amor, a família, o papel da mulher nas relações conjugais passam a ser temas de conversas de salão, de reflexões de escritores, e que refletem o desenvolvimento de uma sociedade em efervescência. O Teatro Dramático não pode ficar separado deste movimento e começa a mostrar as obras de autores contemporâneos que abordam esses processos sociais. No dia 8 de janeiro surge a *Tragédia do Amor*, peça de Gunnar Heiberg, autor norueguês, que é equiparada à peça A *Comédia do Amor*, de Henrik Ibsen, apresentada pouco depois. A oposição dos títulos não é fortuita e traduz a evolução do teatro nórdico, que vai da leve ironia ao drama sem saída. Essas duas obras permanecem, quanto à forma, ancoradas no realismo e constituem mais peças de tese do que fontes de inspiração estética.

Alguns dias mais tarde será a criação de uma outra obra contemporânea, a do jovem austríaco Hugo von Hofmannsthal saudado como a encarnação do artista decadente, *O Casamento de Zobeida*.

A Tragédia do Amor

Nascido em 1857, Heiberg é trinta anos mais jovem que Ibsen do qual ele pretende ser o sucessor. Declaradamente rebelde à moral convencional, ele aborda os tabus do sexo com um espírito de liberdade próxima ao de D. H. Lawrence ou Frank Wedekind, além de um toque nietzschiano niilista e egocêntrico. A revolução freudiana se faz ouvir por toda a Europa.

Escrita em 1904, *A Tragédia do Amor* apresenta o drama de uma mulher que após ter conhecido a plenitude do amor físico com o seu noivo, não pode se resignar à vida terna que o casamento promete.

Podemos reencontrar nesta problemática o eco da frase de Viastcheslav Ivánov – que lhe foi violentamente criticada – sobre a "não aceitação do mundo". Meierhold se esforça por manter a peça com um alto nível de interrogação existencial. Ele busca realizar uma fábula "fora do tempo e do espaço". O primeiro ato é situado em um pavilhão de caça, com uma grande lareira de ferro junto à qual a heroína se aquece e que simboliza o ardor dos sentidos. O cenário ficou a cargo do pintor Sureniantz; ele havia criado para o Teatro Artístico de Moscou a cenografia de três peças de Maeterlinck que deram muitas preocupações a Stanislávski.

Meierhold se esforça em assegurar a adesão do conselho artístico do teatro, fazendo com que seus membros participem das sessões de concentração, que antecipa de certa maneira a "dinâmica de grupo". Aqui está o testemunho de Viktor Kolenda, cenógrafo titular do Teatro Dramático, cuja amargura transparece nestas linhas:

Eu me lembro de uma dessas reuniões em que Meierhold declarou que precisávamos nos "concentrar", fazer funcionar a nossa "imaginação"... Sobre a mesa diante de nós, papel e lápis. No que me diz respeito, eu explico de maneira muito simples como podemos realizar uma cena "fora do tempo e do espaço". Mas a partir daí é a sessão de "invenção" que começa. Piotr Iartsev repete obstinadamente: "Eu vejo negro, eu vejo negro". "Eu, " diz Meierhold, "eu vejo tecidos". Quanto a mim eu me calava, esperando o desenrolar dos fatos. E de repente Vera Komissarjévskaia, com o seu sorriso celeste e sua voz encantadora, exclama: "E o que você diria, Vsévolod Emílievitch, de um traço como este daqui?" E ela traça sobre a folha de papel uma linha em diagonal[1].

Kolenda traduz, assim, o sentimento de hostilidade que os fiéis de Komissarjévskaia demonstravam para com o intruso que se arroga todos os direitos.

Meierhold faz questão de relembrar mais uma vez que ele também é ator e que assume com autoridade o papel de Halden, a personagem principal, mistura de força e de vulnerabilidade que corresponde bem ao seu *emploi*.

Indignado com a atitude do público, a noite da estreia foi particularmente tumultuosa, Tchulkóv reconhece que, no lugar da atmosfera de tragédia sugerida pelo título da peça, o que reinou no teatro foi simplesmente tédio, sem que saibamos se foi por conta do autor ou da representação.

A Comédia do Amor

Em correspondência com a *Tragédia do Amor*, *A Comédia* que vem em seguida traz Vera Komissarjévskaia no papel principal, o de Svanhilde, a jovem moça que hesita entre o amor por um poeta criativo e o casamento com um homem ilustre, de idade madura. Apesar das características convencionais, esta é uma peça que Meierhold aprecia bastante. Utilizando uma fórmula que não é tão esclarecedora, ele afirma que ela lhe permitiu realizar

[1] *Moja rabota v teatre V. F. Komissarževskoj*, Moscou, 1940, p. 8, ms.

"a crítica do teatro de Tipo, a fim de abrir perspectivas na direção do teatro de Síntese"[2]. Para cada peça, simbolista ou realista que seja, trata-se de encontrar o ângulo segundo o qual ela será compreendida pelo público de seu tempo de maneira plena. Para isso é necessário, após a fase analítica obrigatória, passar à abordagem sintética que deverá esclarecer a obra segundo uma visão que a convém. Toda peça esconde nela uma carga simbólica que o encenador deve revelar. Meierhold pressente que, em função dos limites do repertório simbolista, é necessário expandir a sua gama de cores.

A peça de Ibsen é um drama lírico tratado como comédia "burguesa", gênero cuja futilidade ele denuncia. O perigo para a encenação seria ficar na superfície, de ver somente a comédia de costumes, o que Meierhold chama de "teatro de Tipos". Uma análise mais rigorosa mostra que as personagens de Ibsen são primas das de Maeterlinck, forças abstratas submissas a um destino, do qual eles são prisioneiros, seres complexos que saem do *status* de suas personagens, e o essencial é tudo aquilo que lhes ultrapassa, a própria cena, lugar de um "teatro de Síntese".

Com uma mistura de humor e de melancolia, Ibsen opõe, de maneira romântica, a poesia do amor e a prosa do casamento. Sua originalidade está na maneira cautelosa com a qual ele explora esses dois estados de vida. Ele submete à erosão da comédia tanto os laços impetuosos do amor quanto a placidez obtusa do casamento.

Para permanecer fiel ao estímulo do amor que a impele na direção de Felix, poeta polêmico, Svanhilde renuncia a ele no exato momento em que Felix, depois de ter longamente zombado do casamento, propõe casar-se com ela. Os dois enamorados se separam para permitir à luz do amor que foi acesa neles, de continuar vivaz e pura. Trata-se assim de uma constatação de fracasso, que é ao mesmo tempo uma defesa indireta para a autonomia da mulher em uma sociedade que não lhe reconhece algum papel para além da sua função matrimonial. Ibsen constata com melancolia que a liberdade no amor não é necessariamente a via da liberação para as mulheres.

---

2   V. Meyerhold, Histoire et technique du théâtre, *Du théâtre, Écrits sur le théâtre*, p. 75-76.

O Casamento de Zobeida

Encontraremos no *Casamento de Zobeida*, inicialmente denominada *A Jovem Moça*, uma variação sobre o mesmo tema, mas ornado por elegantes grinaldas bordadas pelo poeta austríaco. Datando de 1899, esta obra em verso é bem cedo representada em Viena e em Berlim, antes de transpor a barreira da língua e ganhar São Petersburgo. Situada no esplendor de um Oriente dos contos, ela é envolvida por uma atmosfera de volúpia e de morte muito característica do "fim do século".

Tendo como fundo o conto oriental, Hofmannsthal coloca a misteriosa questão da mulher num mundo dominado pelo homem. Nesse sentido, esse drama está em sintonia com a sensibilidade de Ibsen ou de Maeterlinck. Obra curta – ela é constituída por três atos – traduz sob forma lírica a passagem da inocência à maturidade, a apreensão, que representa simbolicamente a perda da virgindade, e as consequências que são aqui trágicas.

Estamos na Pérsia. Na noite de seu casamento, Zobeida confessa ao seu marido, homem de idade e rico, que ela se casou com ele unicamente para assegurar aos seus pais uma velhice ao abrigo das necessidades, pois o seu coração pertence a Ganem, filho de um pobre comerciante de tapetes. Pleno de compaixão, seu marido lhe declara que a deixará livre para agir segundo a sua própria vontade. Imediatamente ela parte para ir até a casa de Ganem, onde ela passa de uma desilusão à outra: Shalnassar, o pai de Ganem, não é o pobre homem que lhe haviam descrito, mas um velho cruel e rico, avaro e lúbrico. Ganem rejeita brutalmente Zobeida que se oferecia a ele: "Que expulsem está mulher que grita e me implora. Eu não a conheço". Humilhada, ferida profundamente, Zobeida retorna a sua casa, de onde se joga do alto de uma torre. Ela morre nos braços de seu marido, com a consciência de ter sacrificado um verdadeiro bem por uma ilusão enganadora.

O que constitui o interesse dessa personagem, é que ela tenta conciliar harmoniosamente o sonho e a realidade por meio da arte, e mais precisamente desta arte que coloca em jogo o ritmo corporal: a dança. É dançando que ela seduz aquele que se tornou seu marido, através da dança ela criou um mundo mítico em que a verdade e a ilusão se confundem: "Eu criei um palácio líquido feito de clarões de tochas e de noite profunda, e eu emergirei dele como uma rainha do conto emergindo do fogo e do oceano"[3], proclama Zobeida.

Como a heroína de *Dama do Mar*, outra peça de Ibsen que fascina Meierhold, Zobeida descobre que ela vivia em um mundo de ilusões, enquanto a felicidade estava ao alcance de suas mãos, e como para Sélysette, na peça de Maeterlinck, o choque da descoberta é tão violento que a vida se torna impossível, fato esse que a leva à morte. Mas pelo seu brilho, maravilhosamente capturado pela tradução que faz dela o poeta Balmont, a língua de Hofmannsthal mascara a seriedade do seu propósito. Meierhold se deixa levar pela via estetizante que confere todo o seu pudor ao drama da heroína. Ele confia a um jovem aluno da Escola de Belas-Artes, Anisfeld, a realização da cenografia que deve se inspirar das miniaturas persas. Ao mesmo tempo, numa reviravolta repentina, ele pede que se retorne ao pavilhão construído sobre a cena, o pavilhão que ele tinha banido durante a sua experiência no Estúdio. Trata-se de integrá-lo em uma visão renovada do volume teatral. No lugar de ser uma reprodução fiel de interior burguês, ele se torna aqui a figuração de um espaço significante: o quarto do primeiro ato é pintado de azul uniforme, com o rolo e não com o pincel, sem a menor nuance, prefigurando assim os ensaios cromáticos da pintura moderna. No segundo ato há um mesmo fundo uniforme, vermelho dessa vez, sem tapetes nem acessórios de estilo oriental. Kolenda não esconde sua reprovação diante dessas fantasias: "As admiráveis palavras [de Komissarjévskaia] eram pronunciadas sobre um fundo desprovido do pitoresco, que cansavam os olhos pela sua cor uniforme, violenta e artificial"[4].

Criada em 12 de fevereiro, a peça conhecia um grande sucesso devido, por um lado, ao jogo refinado da atriz e por outro à audácia modernista da cenografia. Mas, pela primeira vez, a imprensa deplora a idade de Komissarjévskaia que continua a interpretar

---

3 H. von Hofmannsthal, *Werken. Dramen*, t. 1, p. 143.
4 Op. cit., p. 15.

as jovens moças embora ela tenha quarenta anos. Será que o desnudamento da cenografia desejado por Meierhold acentuava a discordância entre a atriz e sua personagem? É fato que, a partir desse momento, as alusões à sua idade são cada vez mais frequentes, e começam a lhe pesar. Seu irmão repara que a estilização introduzida por Meierhold tem por efeito não somente frear os seus impulsos líricos, mas também revelam, pela sua recusa ao artifício, os sinais da idade. A dupla Meierhold-Komissarjévskaia, que provou sua força quando estava unida, irá em breve se separar. Essa campanha de descrédito é reforçada de maneira potente pelos familiares de Komissarjévskaia.

A Vida de Homem

O amor-próprio da atriz será novamente colocado a duras provas. A última apresentação da temporada, que foi realizada sem ela, consagra o triunfo de seu encenador. *A Vida de Homem*, de Leonid Andrêiev, criada em 22 de fevereiro, atinge de fato um sucesso inesperado.

Escrita pelo autor quando este tinha acabado de perder a sua jovem mulher, a peça se apresenta como um "mistério" da Idade Média, onde Andrêiev entoa "as brutais trombetas da cólera" para se interrogar sobre o sentido de nossa existência, que não passa de uma repetição absurda do ciclo imutável entre o nascimento e a morte. Um "desconhecido vestido de cinza", figura do destino, apresenta em cinco quadros a vida do homem: nascimento, casamento, maturidade, velhice e morte, em uma sucessão que desemboca no vazio. As personagens colocadas em cena são entidades alegóricas, o Homem, a Mulher, os Pais, os Vizinhos, os Amigos, os Inimigos etc. A sociedade é uma enorme massa indiferente, como resume a Velha Criada que pontua o seu monólogo resignado com o refrão: "Para mim tudo é igual, para mim tudo é igual". O Homem tenta uma ou duas vezes se revoltar contra o Destino hostil, mas sua tentativa é inútil e ele se resigna convencido da sua impotência.

A representação dessa obra será um grande evento que marcará a cultura russa da época; Andrêiev aparece como aquele que sabe exprimir da melhor maneira a perturbação e a desordem de uma sociedade em busca de pontos de apoio. Como lembra Óssip Mandelstam, "não existiu casa onde não se tocava ao piano a polca estúpida de *A Vida de Homem*, tornada a expressão de um simbolismo vulgar e de baixo nível"[5]. Essa música deliberadamente fácil e popular, tinha sido encomendada por Meierhold a Kuzmin para a cena do baile, apoteose que coroava a trajetória do Homem ao apogeu de sua carreira de arquiteto rico e reconhecido.

No momento em que ele começa a ser secretamente colocado em causa pelos seus próprios adeptos, o simbolismo se desenvolve entre o grande público que sofre as consequências. A peça de Leonid Andrêiev é recebida como sendo a quintessência desse movimento literário, cultural e social que responde às aspirações do momento. O que o público busca e encontra nessa obra, é a face niilista do simbolismo, próxima da sensibilidade expressionista que a Alemanha experimenta no mesmo momento.

A curiosidade que suscita a peça é acrescida pela competição que ela provoca entre o Teatro Dramático e o Teatro Artístico. Amigo do Teatro de Moscou que o tinha em alta estima, o autor lhes havia conferido a exclusividade. Mas quando ele pediu para reaver a liberação para São Petersburgo, ele se chocou com a recusa dos animadores do teatro moscovita. Meierhold os censurará a demora da resposta, "perto das três semanas do fim da temporada, pensando que nós renunciaríamos ou então que, no caso contrário, nós iríamos na direção de um insucesso". Estimulado pela dificuldade, ele mobiliza sua trupe e realiza uma encenação que surpreenderá as imaginações, enquanto o Teatro Artístico, vítima do peso de seus mecanismos de decisão, não conseguirá levar a peça de Andrêiev em cena antes de dezembro do mesmo ano.

O autor simbolista se manifesta aqui através de indicações destinadas a criar uma atmosfera de mistério. Assim ele especifica, a propósito do Desconhecido vestido de cinza que este deve estar presente ao longo de toda a ação, que sua silhueta deve estar "imersa em uma obscuridade espessa", e que o seu rosto deve

---

5   *Le Bruit du temps*, p. 75-76.

ser iluminado somente nos momentos que ele toma a palavra. A iluminação é aqui um elemento essencial da cenografia. Contrariamente a Stanislávski, Meierhold pode descartar os serviços do pintor e desenha ele mesmo o esboço do cenário, deixando os figurinos sob a responsabilidade de Fiódor Komissarjévski.

As personagens são esquematizadas de maneira detalhada, como aquelas marionetes as quais acusamos Meierhold de preferi-las aos atores. O Homem interpretado por Arkadiev e a Mulher interpretada por Ekaterina Munt têm um rosto idealizado, uma espécie de máscara. Todas as outras personagens se reduzem a traços caricaturais. Brávitch, no papel chave do Desconhecido vestido de cinza, tem dificuldades em se submeter ao jogo esquematizado que lhe é pedido. Como relata uma testemunha:

> Não podíamos mais que sentir compadecimento pelo pobre Brávitch, obrigado a ficar de pé durante toda a peça, próximo às coxias, e pronunciar com uma voz monocórdia os monólogos do Desconhecido vestido de cinza, que fazia pensar a um salmódia recitada sobre o leito de um defunto[6].

A medida que nos distanciamos da órbita das personagens centrais caímos no grotesco. Tomamos o trio de músicos que anima a grande cena do baile. O autor dá uma descrição minuciosa e muito "literária".

> A orquestra é composta por três músicos os quais apresentam uma semelhança perfeita com os seus instrumentos. O violinista parece um violino: um pescoço curto, uma pequena cabeça e acima um topete, inclinado para o lado, o corpo levemente oblíquo; sobre o ombro é colocado o violino, um lenço é cuidadosamente desdobrado. O flautista parece uma flauta: extremamente longo, muito magro, suas pernas filiformes são bem esticadas. O contrabaixista parece com um contrabaixo, ele é baixo, e tem ombros caídos, a parte inferior do corpo enorme, as calças demasiadamente largas[7].

---

6 A. Brustejn, *Stranicy prošlogo*, p. 154.
7 L. Andreev, *P'esy*, p. 121.

Nenhum espaço sendo deixado à imaginação do encenador, Meierhold não dá atenção aos três músicos e os instala fora do campo de visão. Ao contrário, Stanislávski se esforçará por seguir o autor ao pé da letra. Uma descrição deleitável de seu trabalho nos é dada pelo ator Mguebrov, que encarna o papel do violinista:

> Simbolizando eu mesmo um violino, eu devia ser flexível e longo, deixar-me levar para as alturas como se eu me esforçasse para me agarrar à terra... Nos meus olhos imensos devia luzir o terror, um terror silencioso... Meu figurino foi concebido nesta ótica: uma espécie de fraque apertado, cuja longa cauda parecia decolar, um colo inverossimilmente estreito amarrado por uma gravata... Eu devia estar de pé enquanto o músico que encarnava o contrabaixo devia ficar sentado; tratava-se de um homem baixo e atarracado; seu rosto foi transformado em uma máscara quase cega, da qual se destacava as orelhas enormes que pendiam como os dois bojos do contrabaixo. O flautista era um jovem magro como uma vara, perfeitamente longo e reto[8].

Vemos, então, que enquanto Meierhold vai em busca do essencial, livre para sacrificar os detalhes que considera de pouca importância, Stanislávski procede por acumulação. Em compensação, Meierhold se afasta do autor em proveito da música, não aceitando a tonalidade vulgar indicada pelo autor. Meierhold pede para Iliá Satz compor uma ária melodiosa e melancólica que, por outro lado, não será do agrado de Andrêiev, encantado pela música "vulgar" de Kuzmin.

Meierhold recobre inteiramente a caixa cênica de tecidos. A divisão entre a cena e o palco, gambiarras, projetores, tudo é suprimido. Ele quer um espaço que seja "cinza, cor fumê, monocroma", e aqui ele se faz intérprete fiel do autor: "Uma única fonte de luz projeta sobre uma parte do muro uma mancha luminosa suficiente para iluminar o móvel em proximidade ao ator"[9].

---

8 *Žizn'v teatre*, v. I, p. 238.
9 Commentaires à la liste des travaux de mise en scène, *Du théâtre, Écrits...*, v. I, p. 209.

A luz provém unicamente de certos pontos da cena, não percebemos nunca a presença dos muros. Tudo é submetido a uma iluminação local motivada pela presença de uma fonte luminosa funcional (lâmpada, lustre etc.), mas sem nunca recorrer aos projetores. Trata-se de uma novidade sobre a qual não se perderá uma ocasião para sublinhar a audácia, e que se torna uma nova variação sobre o emprego da obscuridade em cena que Stanislávski lhe havia censurado no Estúdio.

Stanislávski adota uma solução próxima, mas continua desconfiado no que diz respeito à obscuridade. No Teatro Artístico a caixa cênica é revestida por um tecido de veludo negro, sobre o qual ele pede para que seja desenhado o contorno das janelas, das colunas para a cena do baile etc. No começo do espetáculo a cena é imersa no escuro total, se ilumina lentamente, e é somente no fim do prólogo (pronunciado pelo Desconhecido vestido de cinza) que o volume do ambiente, a mesa redonda, as duas cadeiras saem progressivamente da sombra sob o efeito dos projetores. "As personagens aparecem como manchas fluidas; não se entra e nem se sai pelas portas: a luz faz bruscamente sair as personagens da sombra ou as reenvia para ela". Impossível renunciar à motivação psicológica. Assim, no momento culminante da peça, quando o Homem, repentinamente revoltado, dialoga com o Desconhecido de cinza, Stanislávski pede ao ator para exteriorizar a sua cólera "precipitando-se, com golpes de punho contra o Desconhecido, que se esquiva do ataque eclipsando-se no escuro completo"[10].

Poeta exigente em seus julgamentos, e cujos ouvidos detectavam a mínima nota falsa, Aleksandr Blok gostou da peça de Andrêiev que viu na encenação de Meierhold. Ele acha que o encenador e os atores souberam traduzir a atmosfera sugerida pelo autor:

> esse ar que os cercava e que eles souberam transpor para a cena, efeito que o Teatro Artístico foi incapaz de reproduzir mais tarde. Foi encontrado, em certos atores e no encenador da trupe de Vera Komissarjévskaia, algo que os aparenta a Andrêiev; mesmo os atores os mais medíocres tinham

---

10 *Ma vie dans l'art*, p. 398.

conseguido despertar neles mesmos o caos que surgia infalivelmente de seus rastros[11].

Quanto a Andrêiev, ele não gostou da interpretação do Teatro Artístico pois, como indica na *Revista de Teatros*, a personagem do Desconhecido vestido de cinza, que é para ele o pivô da peça, foi escamoteado. Ele queria Goya, deram para ele uma estilização a la Beardsley. Além disso, a música do baile tem muita "alegria na sua vulgaridade". Reconhecendo de algum modo que Stanislávski fez proezas sobre certos pontos, ele prefere, em todo caso, o trabalho de Meierhold.

Ao fazer um balanço de suas atividades teatrais, muitos anos mais tarde, Stanislávski será invadido pelo sentimento de insucesso. Ao mesmo tempo que também sonhava exprimir o simbolismo em cena, ele percebe que trabalhou no seio de uma forma expressionista julga ter se conduzido a um impasse, na medida em que a ação e a vida interior são sacrificadas igualmente. Quanto a Nemiróvitch-Dantchênko, ele está duplamente insatisfeito: de um lado, não ama a peça de Andrêiev, de outro lado considera que Stanislávski se obstina injustamente na direção do vanguardismo, cujo caso infeliz do Estúdio demonstrou a sua ineficácia.

Essa peça constitui uma reviravolta no que diz respeito à escritura teatral. Até o momento, com obras muito diferenciadas, como *A Gaivota* (1898), *A Morte de Tintagiles* (1905) ou *Barraca de Feira* (1906), os criadores teatrais fizeram tudo que estava ao seu alcance para buscar um caminho, a fim de traduzir em termos cênicos uma escritura nova, com novos meios expressivos (jogo do ator, cenografia, iluminação). A arte teatral alcançava a literatura. Como Meierhold ama repetir, "o *Novo Teatro* nasce da *literatura*"[12]. Mas com um autor como Andrêiev, essa tentativa é invertida, é a literatura que se coloca ao reboque do teatro. Escrevendo suas indicações de cena, ele pensa expressamente nos novos recursos dos quais o teatro contemporâneo se enriqueceu, quer se trate do Teatro Dramático de Komissarjévskaia ou do Teatro Artístico de Stanislávski e Nemiróvitch-Dantchênko. Assim

---

11 *Sobranie sočinenij v 8 tt.*, v. VI, p. 132.
12 *Du théâtre, Écrits...*, v. I, p. 105.

se delineia o movimento do teatro: atores visionários, poetas do verbo, obrigam-no a se transformar para os servir, depois sobrevivem os epígonos que utilizam esse novo quadro para utilizar nele obras geralmente desprovidas de originalidade.

A literatura e o teatro, então, se encontraram. Andrêiev escreve para o teatro e para o público de seu tempo. Essa adequação entre o projeto do autor e a realização teatral foi avaliada como uma imensa vitória da modernidade, cujo brilho refletiu sobre a própria obra.

O Adeus ao Simbolismo. A Terceira e Última Salva[13] (Setembro-Novembro 1907)

A temporada passada foi ao mesmo tempo rica e variada e Komissarjévskaia pode saborear seu triunfo como atriz, como mulher e como diretora de teatro, um teatro com uma linha estética bem definida, o teatro dos simbolistas. Desde *Hedda Gabler* até *A Vida de Homem*, esta linha se caracterizou por desafiar as regras estabelecidas e por seu feminismo. A revolta individual e a afirmação da identidade pessoal buscam se exprimir através de uma forma plástica adequada. Os cenógrafos são encarregados de metamorfosear a musicalidade interna da obra em visões plásticas e coloridas. Sem ser redundante em relação ao texto, eles ampliam a ressonância pelo caráter não figurativo das suas criações, jogando com a abstração e os contrastes. Quanto aos atores, pede-se a eles que coloquem os seus jogos em uníssono com esta tensão, entre um estímulo dinâmico potente e uma contenção hierática.

Desde o mês de março se prepara a próxima temporada. Meierhold e Fiódor Komissarjévskaia vão juntos para a Alemanha, um dos locais memoráveis da modernidade. Eles trazem uma peça de tonalidade nova, *O Despertar da Primavera*, de Frank Wedekind.

---

13 *O Despertar da Primavera*, de F. Wedekind, *Pelléas e Mélisande*, de M. Maeterlinck e *A Vitória da Morte*, de F. Sologub.

Fiódor é particularmente seduzido pelo papel de Wendla que, pensa, poderia interessar à sua irmã; além disso ele é sensível à reivindicação libertária do dramaturgo.

Além dessa peça alemã, inédita na Rússia, é previsto a criação de uma obra de Fiódor Sologub, *A Vitória da Morte*, e, sobretudo, um dos pilares do simbolismo europeu, *Pelléas e Mélisande*. No momento em que foi criada por Lugné-Poe, no Bouffes-Parisiens em 1893, a peça de Maeterlinck suscitou um desses escândalos dos quais o teatro é ávido. Como reagirá o público russo?

O programa que começa já é denso, sobretudo se considerarmos que a trupe continua a apresentar, em alternância, as obras que fizeram mais sucesso na temporada anterior. Por certo, somente a elite frequenta o teatro de vanguarda, cuja estrutura financeira é precária. Com uma trupe que conta com cerca de trinta atores e atrizes, o ano foi saldado com perdas da ordem de trinta mil rublos. Para voltar a ter dinheiro em caixa, Komissarjévskaia irá mais uma vez se expor: ela consagrará o verão a uma turnê, na qual apresentará seus sucessos anteriores, Nora, Larissa, Nejina... É o que explica Brávitch, o chefe da trupe, para Meierhold, que não aprova o que ele estima ser uma espécie de comprometimento[14], todavia ele obtém o poder de recrutar o barão Ungern para trabalhar ao seu lado, depois de este ter terminado o seu contrato na direção da Companhia do Novo Drama em Tbilisi. Na luta pelo poder que opõe o clã de Komissarjévskaia ao de Meierhold, este último parece marcar um ponto.

O encenador reconhece, por outro lado, que poderia ter prolongado a temporada do Teatro Dramático para além das datas previstas, uma vez que *A Vida de Homem* estava indo bem financeiramente. Mas ele observa, se referindo a Komissarjévskaia, que Tchulkóv qualificou o Teatro Dramático de "teatro sem chefe". A essas observações Fiódor Komissarjévski responde com lucidez que não discorda, mas que Meierhold deve atribuir a culpa de seus próprios insucessos para ele mesmo.

---

14 Ele escreve em 30 de abril a Fiódor: "Que terrível falta da parte de Vera Fiodorovna, de partir com o seu repertório antigo em turnê pela Rússia!, ele escreve em 30 abril à Fiódor. Para ela que se colocou na direção do Novo Teatro, é uma abdicação". Cf. *Perepiska*, p. 87.

> Nós colocamos "certas" marcas sobre um "certo" caminho novo, caminho este que nós descobrimos às cegas, avançando como em um nevoeiro. Nós não somos guiados por nenhum princípio, nem pelo repertório, nem pela encenação... Com exceção de Maeterlinck, de Blok e de Andrêiev, para os quais nós nos aproximamos do estilo que convinha, não encontramos o estilo adequado para cada autor, nós não temos uma linha que nos guie...[15]

Esperava-se dele uma visão firme do Novo Teatro, ao passo que ele age como um impulsivo que improvisa a cada nova peça. Cada criação é um parto doloroso e incerto. Como se poderia traçar um caminho? Ele vai de intuição em intuição, oscilando, para falar do teatro do futuro, entre uma linguagem metafórica e considerações de ordem puramente técnica. Como todo artista plástico, Meierhold se exprime modelando o material e tem dificuldades para elaborar a teoria que daria conta de sua prática.

A tensão aumenta em meio à direção "bicéfala". Os percursos criativos de Komissarjévskaia e Meierhold se tornam cada vez mais divergentes. A ruptura se aproxima.

Todavia o trabalho é retomado em 1º de agosto. Têm início os ensaios da peça de Wedekind, autorizada pela censura com alguns cortes. Ao mesmo tempo o Teatro Dramático, imitando ponto por ponto o seu rival de Moscou, se organiza para partir em turnê a fim de se comparar a ele em seu terreno. Na primeira quinzena de setembro, ele se reencontra na sala do teatro do Ermitage onde o Teatro Artístico havia iniciado.

A Turnê do Teatro Dramático em Moscou

Os diretores do Teatro Artístico se opõem à representação de *A Vida de Homem* em Moscou, que está em fase de ensaio no seu próprio teatro. Assim fazendo, eles privam a companhia de Komissarjévskaia de seu maior trunfo. O repertório se concentra, então, sobre quatro obras características: *Irmã Beatriz* e o *Conto*

---

[15] Carta de F. Komissarjévskaia a V. Meierhold (5.5.1907), citado em N. Volkov, *Mejerhol'd*, v. I, p. 309-310.

Eterno, que são fundados no jogo da atriz; *Barraca de Feira* e *O Milagre de Santo Antonio*, que testemunham a arte do encenador.

A reação da crítica moscovita é unânime. Ela se manifesta violentamente contra o Teatro Dramático, colocando em causa a sua razão de ser: o simbolismo no teatro. Curiosamente, o mais veemente dos detratores é Andréi Biely, ele mesmo um dos corifeus do simbolismo, mas que não perdoa Aleksandr Blok por ter ridicularizado o sonho deles na *Barraca de Feira*. Para Biely, essa peça é uma *pochade*. Ele consagra dois artigos inteiros analisando o fenômeno, para concluir que o simbolismo é um movimento poético que não tem lugar no teatro:

> O que é o drama simbolista? Não está na sua natureza nos conduzir a um impasse desde que ele é representado em cena? Se o simbolismo lírico (individual, estático, contemplativo) consegue ainda trilhar um caminho nas formas da vida moderna, em compensação o simbolismo dramático (coletivo, dinâmico, ativo) não pode absolutamente encontrar o seu lugar[16].

Diferentemente do teatro, a poesia não pode esperar mudar a vida. O simbolismo dramático, armado de uma energia potente, é capaz de estremecer os fundamentos da nossa vida e de invertê-los. Mas para poder ser benéfica e transfigurar o mundo, uma tal energia deve ser canalizada em uma forma litúrgica. Ora, o público contemporâneo não comunga na mesma fé, não tem ritual comum.

> Eis porque o drama simbolista não pode existir atualmente. Se ele existisse, o teatro se desmoronaria como a imagem de nossa vida... A função do Teatro de Komissarjévskaia é de construir o quadro que corresponde aos dramas simbolistas de hoje... Nós nos perguntamos, então, com inquietude se os animadores deste teatro sabem bem por qual caminho eles devem seguir, que vasta carreira de profanação, de aniquilação e de blasfêmia os aguarda...[17]

---

16 A. Belyj, Simvolističeskij teatr, *Teatr: kniga o novom teatre*, p. 301.
17 Idem, p. 303.

A visão que Andréi Biely tem do teatro levará um longo tempo para produzir alguma ressonância. Será necessário a contestação dos anos pós-1968 para chegar às forma teatrais ao mesmo tempo anarquistas e litúrgicas, da qual o mais belo exemplo será o do Living Theatre. Mas sabemos agora que o teatro é feito de formas inconstantes, que nascem e desaparecem sem recolocar em causa a própria essência desse potente modo de expressão, todavia, também, sem ser de forma alguma capaz de mudar a vida.

O crítico censura o Teatro Dramático de ser um teatro enquanto ele deveria ter se tornado um templo. O ator, como todo ator, procura seduzir, enquanto, no templo sonhado por Biely, ele deveria ser um sacerdote. "A própria Komissarjévskaia está em contradição com o método de encenação adotado. Existe uma contradição fundamental entre a sua pessoa e o teatro"[18].

Sem precisar suas razões de queixa a propósito desse tema, o poeta simbolista toca exatamente no ponto fraco da ligação entre a vedete e o encenador. Em 15 de setembro, ao fim desta turnê penosa, o Teatro Dramático se reencontra em casa e diante do seu público.

O Despertar da Primavera

Com essa peça, é na vida real e não sobre o mundo utópico que a trupe faz prova da sua audácia: certamente, a evolução dos costumes tende a autorizar as interrogações sobre o papel das pulsões sexuais na sociedade. Na Alemanha, desde a sua publicação em 1891, essa peça tinha sido interditada pela sua "obscenidade inaudita". Ela foi finalmente levada a cena por Max Reinhardt no Kammerspielhaus, no outono de 1906, em uma versão um pouco modificada, mas que gerou um grande reconhecimento ao seu autor.

Não obstante seus estilos sejam muito próximos, Meierhold faz questão de se afastar de Max Reinhardt:

> Esse encenador não tem o sentido do desenho... ele não sabe utilizar o movimento. Não é suficiente uma cenografia "não

18 Idem, p. 305.

figurativa" para fazer um teatro "não figurativo". O que deve ser a preocupação principal do encenador é a organização das personagens em quadros sucessivos. Na verdade, é aos atores que convém ajudar o encenador a alcançar o seu objetivo, pois o ritmo plástico é uma qualidade que exigimos cada vez mais dos atores[19].

Em suma, Meierhold precisa de seu homólogo alemão tanto para testemunhar que pertence à mesma corrente europeia como para afirmar sua própria superioridade sobre ele. Ele revela uma ideia essencial a propósito do seu trabalho com o ator: ele precisa de um ator que lhe traga um material que já seja teatral; sua inspiração precisa dele como de um trampolim para a fase ulterior de modelagem. Suas futuras atividades pedagógicas visarão exatamente desenvolver no ator essa capacidade em suscitar o "ritmo plástico", aliança misteriosa entre o domínio do espaço (o gesto) e o sentido do tempo (a música interna).

Definida pelo seu autor como uma "tragédia da infância", a peça de Wedekind é uma violenta denúncia da hipocrisia de famílias "burguesas", no que diz respeito à sensualidade dos adolescentes. Melchior, que provém de uma família liberal e equilibrada, inicia seu camarada de classe, Moritz, jovem complexado, na realidade da vida. Um professor obtuso descobre um papel comprometedor que Melchior passa para seu camarada. Este fica com medo e denuncia o seu amigo; ele acabará se suicidando, enquanto Melchior será expulso do liceu e colocado, contra a vontade de seus pais, em uma casa de correção. Quanto à Wendla, jovem de quatorze anos, mistura de inocência e de libertinagem, ela seduz Melchior e eles se tornam amantes. Ela morre em decorrência de um aborto imposto por sua mãe.

A última cena representa o enterro de Wendla. Melchior conseguiu escapar do estabelecimento para assistir à cerimônia. Sentindo-se responsável pela morte da jovem, ele também pensa em suicídio: de repente surge o fantasma de Moritz "a cabeça sob o braço". Este incita seu condiscípulo a segui-lo na morte, descrevendo o quadro sombrio da vida sobre a terra. No momento em

---

19 Max Reinhardt (Berliner Kammerspiele) – (1907), *Du théâtre, Écrits...*, v. I, p. 146.

que ele está para dar a "mão para a Morte", um "homem mascarado" se interpõe entre eles. Figura misteriosa que encarna a força indestrutível da vida, ele arranca o jovem da tentação da Morte, gesto de desafio endereçado à inevitabilidade da desgraça que serve de desfecho para a "tragédia".

A sociedade russa é menos pudica que a sociedade alemã. Os simbolistas, e sobretudo Vassíli Rozanov, fizeram muito para combater a hipocrisia e celebrar a libido. A imprensa, assim, não fica escandalizada com o tema; ela descobre por outro lado um gênero literário que encontraria ecos na *Barraca de Feira*, caracterizada por uma sucessão de cenas em que, ao realismo tradicional, se alternam o didatismo, a poesia e a fantasmagoria. Ao lado das visões poéticas dos três jovens se movem figuras caricaturais secundárias, as dos pais e, sobretudo, dos professores, qualificados com apelidos ridículos, tais como Mata-mosca ou Insolação.

Pevtsov, um dos primeiros membros da Companhia do Novo Drama, coloca em cena a mesma peça na província, em Kostroma. Compartilhando as suas preocupações com o seu amigo: "Tenho dificuldades em representar Moritz em carne e osso com sua cabeça sob o braço"[20], ele propõe uma ideia de encenação:

> Existem aqui muitos quadros, parece-me que poderíamos fazer uma montagem um pouco como o cinematógrafo, com cenas breves sucedendo-se sobre um telão. Eu até vejo isso assim (imaginação, com certeza): algumas vozes invisíveis dizem o texto com a entonação desejada, enquanto se desenrolam diante dos espectadores as cenas que correspondem a elas[21].

Na linguagem atual falar-se-ia em *off* comentando a ação mimada pelos atores. É um procedimento ao qual o próprio Meierhold recorrerá mais tarde, em particular quando ele montar a ópera de Stravínski *O Rouxinol*, em 1918.

Se Meierhold e, sobretudo, Fiódor Komissarjévski são atraídos pela peça de Wedekind, da qual eles aceitam até mesmo a estética,

---

20 Carta de I. Pevtsov a V. Meierhold (21.8.1907), *Perepiska*, p. 105.
21 Idem, p. 104-105.

o que acontece com Vera Komissarjévskaia? Tudo nela, o estilo do jogo, a maneira de viver, a silhueta, denota uma oposição visceral ao expressionismo. O que não a impede de considerar a possibilidade de desempenhar o papel de Wendla. Se ela renuncia, enfim, é unicamente pelo medo das flechas da crítica, que a escarneceria por pretender representar uma jovem de quatorze anos, e ela, com pesar, cede finalmente o papel a Ekaterina Munt.

Emprestando a ideia de Pevtsov, Meierhold se concentra na iluminação. A unidade de percepção do espectador diante de uma realidade estilhaçada e dissonante vai ser restituída através de um feixe de luz, proveniente de um único projetor iluminando sucessivamente cada um dos dezoito lugares cênicos construídos sobre o palco. A cenografia é fixada e a luz, deslocando-se, faz surgir a cena desejada, no momento desejado. Em parte já utilizado na encenação de *A Vida de Homem*, esse procedimento é aqui sistematizado e multiplicado muitas vezes. Para torná-lo suportável é necessário, no entanto, adotar um ritmo rápido, reduzindo ao máximo a duração dos *black-outs* entre as cenas.

Eis como tal resultado é percebido por um dos críticos:

> No meio da escuridão, vemos de repente se iluminar um angulo de onde surge uma cama, uma cadeira. Um breve diálogo, em seguida a obscuridade, e, de repente, no alto da cena vemos uma sala de aula. E assim por diante, nos dezoito quadros que tem efeito de silhuetas luminosas sobre um muro sombrio[22].

Admirador de Wedekind de quem celebra "o misticismo, o mistério, a sensibilidade exigente", Kugel estima que Meierhold caiu em uma tonalidade naturalista quando deveria ter pesquisado um "erotismo sutil".

Em contrapartida, os adeptos do simbolismo estão profundamente chocados por uma obra que eles percebem como um corpo estranho. Blok geme sobre "os dias tristes, pesados, fastidiosos em que Wedekind se torna moda na Rússia"[23], enquanto, para Tchulkóv,

---

22 S. Auslender, Teatry Sankt-Peterburga, *Zolotoe runo*, n. 10, p. 77.
23 A. Blok, op. cit., v. V, p. 194.

nada é mais estranho, para a jovem Rússia, que esse "sadismo" que parece refinado, mas que, no fim das contas é "bem simplista". Sem dizer abertamente, desconfia-se do peso da cultura alemã e vangloria-se publicamente a superioridade da alma russa.

Podemos observar aqui que Meierhold se atribuiu o papel de "personagem mascarada", alegoria das forças de vida que triunfam. Mais uma vez ele se coloca em um papel mudo em que conta somente a plástica e o apelo ao jogo de máscara.

Pelléas e Mélisande

Após aquilo que deve ser considerado como um semi-insucesso, Meierhold quer reatar com o simbolismo que lhe valeu as suas maiores conquistas. Mas a trupe não é capaz de seguir suas peripécias de imaginação. *Pelléas e Mélisande* é muito próximo, em sua feitura, às peças de Maeterlinck já abordadas, e sobretudo de *A Morte de Tintagiles*; reencontramos a mesma visão trágica da existência em combate com as forças cegas e destrutivas. Contrariamente à *Irmã Beatriz*, que justificava uma interpretação de ordem visual, essa nova peça se funda inteiramente sobre a musicalidade, logo sobre o ritmo interno dos atores.

Meierhold exprime o seu desapontamento a Briússov, autor do texto russo da peça:

> Desde o dia seguinte da abertura da temporada com o *Despertar*, eu me pus a trabalhar com *Pelléas*. E meu coração sangra dia após dia, hora após hora. Meu Deus! Quais atores seriam necessários para essa peça! Com exceção de V. F. Komissarjévskaia, ninguém pode atuar, ninguém ousa atuar! Eu interpreto Arkel, mas se pode ser ao mesmo tempo ator e encenador? Eu me bato com todas as minhas forças para salvar a vossa tradução, mas os atores a mutilam, é um verdadeiro sacrilégio. Somente V. F. e também Volokhova (Geneviève) têm uma atitude de respeito religioso em relação de vosso texto[24]. Pelléas é interpretado por Zakuschniak, não

---
[24] Volokhova se tornou o objeto de amor de Aleksandr Blok, à qual ele dedica sua antologia de versos *A Máscara de Neve*.

é necessário dizer mais nada. Mas o que fazer se não existe ninguém que seja capaz de desempenhar esse papel, um dos mais difíceis do teatro contemporâneo![25]

Acrescentamos que ele dispõe somente de dez dias para montar uma obra particularmente complexa. Na noite da estreia a plateia é tumultuada. Kugel redobra seus ataques contra um encenador que acusa de vampirizar seus atores: "A senhorita Komissarjévskaia é evidentemente uma atriz de talento, não tão jovem para interpretar as jovens... Sua dicção é falsa, ela imita um pardal, uma toutinegra, enfim um pássaro, e engole o fim das palavras. Ela parece achatada, passada no rolo, o que lhe confere, devemos reconhecer, uma elegância assaz particular, mas o que seria mais enfadonho que a elegância de uma boneca?"[26]

Essa maneira indireta de censurar o encenador, de tratar a grande atriz como marionete, é uma constante em Kugel. Uma caricatura, inclusive, a representa sob o rolo compressor conduzido por um Meierhold enfurecido, e do qual ela sai completamente aplanada...

Ligado pela amizade amorosa à atriz, Briússov estima que ela soube dar "a verdadeira personagem, refinada e encantadora, de Mélisande", mas ele critica o encenador e o cenógrafo de ter, por um efeito de estilização levado ao extremo, desfigurado a peça do autor belga. Uma cortina de tule coberta de flores serve de telão de fundo para alguns elementos da cenografia de papelão, árvores, rochedos, silhuetas do castelo coloridas de tintas cruas, sem sombras, como se tratasse de brinquedos. Os figurinos refinados, de estilo pré-rafaelita, passam desapercebidos nesses cenários, que chocam pela sua simplicidade ingênua. O rei Arkel traz uma grande barba recortada em cartão. Não é ir contra o efeito buscado? Poderíamos pensar que se trata de um espetáculo ruim de amadores, situação humilhante para a atriz principal, que sonhava em renovar o milagre de *Irmã Beatriz*.

A ideia de Meierhold era obter uma cenografia inteiramente alusiva, mas a estilização excessiva produz o resultado contrário:

---

25 Carta de V. Meirhold a V. Briússov (1.10.1907), *Perepiska*, p. 106.
26 A. Kugel, O čem govorjat i pišut, *Teatr*, 14-15.10.1907, p. 22-23.

ao invés de ser levado ao reino dos contos, o espectador vê somente uma cortina pobre de tule, salpicada de flores ingênuas. Para lutar contra o dogmatismo psicológico do teatro realista, Meierhold submete o teatro simbolista ao dogmatismo da estilização, mas o espectador recusa essa convenção.

A peça é levada à cena em 10 de outubro, e Komissarjévskaia se pergunta, pela primeira vez, se o caminho que ela segue em companhia de Meierhold é o correto.

> No nosso teatro, o aspeto decorativo domina o jogo do ator, pesa sobre ele, limita o seu estímulo. Os movimentos são bloqueados, não são sentidos como necessários, um ritmo severo até à monotonia, levado ao ponto de se tornar mecânico, leva-nos até o teatro de marionetes, ou seja, na direção da morte do teatro[27].

Diante do seu "conselho artístico", reunido dois dias mais tarde, Komissarjévskaia instrui, desde o início, o processo do encenador e coloca como condição para a continuação da colaboração entre eles a renúncia às experiências recentes. Meierhold não reage bem a esse ataque ao qual não esperava. À acusação de procurar às cegas, ele responde que tem um objetivo em vista e que este se revela à medida que se aproxima dele. Sua primeira preocupação foi estabelecer um repertório concentrado sobre o trágico do homem de hoje, e daí a escolha de Blok, Maeterlinck, Ibsen, Przybyszewski ou Sologub. Sobre o plano da expressão, ele procurou as técnicas aptas para traduzir esse trágico cotidiano, inspirando-se essencialmente na música tanto para a dicção quanto para o gestual. Tratando-se de um trabalho experimental, alguns insucessos são inevitáveis. Além disso, é feito um questionamento pois o acusam de querer reduzir o ator ao papel de uma marionete. "[Eu] necessito, ao contrário, de atores com forte individualidade, capazes de captar no voo [minhas] indicações. O teatro de marionetes deve ser relegado ao *status* de curiosidade estética"[28].

---

27 D. Tal'nikov, *Komissarževskaja*, p. 336.
28 Notas de V. Meierhold em vista da reunião do conselho artístico do teatro em outubro de 1907, em N. Volkov, op. cit., v. I, p. 337-340.

Meierhold explica, enfim, que *Pelléas* é o resultado de pesquisas que ele empreendeu dois anos antes no Estúdio, visando reencontrar o estilo primitivo e recolocar em questão toda a maquinaria teatral, pesquisas análogas àquelas efetuadas por pintores contemporâneos. Sua intenção agora é passar a um novo estado, o tratamento de um novo material, o volume, o espaço entorno do corpo do ator. Ele espera prosseguir essa experiência de ampliação montando *O Espírito da Terra*, segundo uma abordagem tridimensional.

A discussão inicia. Fiódor Komissarjévski, que se sente capaz de sucedê-lo, atribui a culpa à poética de Meierhold, à qual ele opõe a sua própria ideia, um "realismo místico" que ele desenvolverá em seguida. Komissarjévskaia e Brávitch, estremecidos pelos argumentos de Kugel, criticam a ditadura do encenador. Atacado ao vivo, ele replica que "continuará certamente por longo tempo a impor a sua vontade aos atores, até que esses compreendam a sua visão das coisas, a fim de concretizar de maneira precisa essa visão"[29].

Na sua exaltação ele diz que, se não confiam mais nele, está pronto para deixar o teatro. Palavras infelizes que se voltarão contra ele. Essa longa explicação revela a gravidade da situação que se deu após o verão e que se acentuou com o insucesso da turnê em Moscou.

O sonho de um teatro devotado ao culto etéreo do simbolismo está se dissipando e Vera Komissarjévskaia, que colocou sua vida nesse projeto, se reencontra desamparada e plena de amargura. Sem acreditar muito, ela dá, no entanto, uma última chance a Meierhold. Considerando que o *Espírito da Terra* prossegue no caminho expressionista que comprometeu Meierhold, ela coloca todas as suas esperanças na montagem de *A Vitória da Morte*, sem perceber que essa obra apresentada como simbolista está, ela também, nas fronteiras com o expressionismo. Enquanto os ensaios da peça de Wedekind avançam, a obra do poeta russo, um dos fiéis do Teatro Dramático, é rapidamente montada e a sua criação arrebata a adesão do público.

---

29 Idem, p. 340.

A Vitória da Morte

Como em muitas obras relacionadas ao simbolismo, as contradições do mundo moderno se encontram levadas ao seu paroxismo. Pessimista absoluto, bufonaria grotesca e sensualidade mórbida se entrelaçam e fazem apelo à transcendência do simbolismo.

Tornado de repente célebre em 1905 na ocasião da publicação de seu romance, *Um Demônio de Pequena Envergadura*, Sologub é um poeta obcecado pela morte. A beleza é a única força no mundo capaz de preservar da roedura contínua da vida cotidiana que é uma morte "de pequena envergadura".

O motor de *A Vitória da Morte* é uma personagem que rói nos bastidores, Malgista, "mulher de olhos de serpente", símbolo da beleza e encarnação da vida. Um prólogo de estilo amaneirado nos ensina que,

> se o autor dessa tragédia não utilizou uma máscara completa mas uma simples meia-máscara, seu rosto resta todavia escondido. Ele quer que o reconheçamos pelo sorriso que se insinua no ângulo de seus lábios... Ele passa sorrindo, envolvido pelo seu casaco sombrio... Ela está ao seu lado, Ela, a mulher de olhos de serpente..."[30].

Essa peça em três atos se inspira em uma lenda que diz respeito ao nascimento de Carlos Magno. Em consequência de um erro, o rei Clodovico, ao invés de se casar com Berta, a filha do rei Colomano, tomou por esposa sua bela criada Algista que usurpou com astúcia o leito da princesa. Aqui aparecem os temas da usurpação e da ilegitimidade, alegoria da criação. Quando, dez anos mais tarde, a trapaça é descoberta, tudo será suspenso aguardando a decisão do rei Clodovico. Será que ele irá aceitar o fato consumado e também legitimá-lo, ele que permitiu a intrusão da beleza, da ternura e do amor no reino, ou restabelecerá a regra transgredida, rendendo a Berta – apesar da sua feiúra, seu pé torto, sua rudeza de caráter – o lugar que lhe seria de direito?

---

30 F. Sologub, *Pobeda smerti*, p. 15.

Assumindo os riscos de sua decisão, o rei decide pela morte de Algista e Chilperico, o filho que ele teve com ela.

No terceiro e último ato nós somos conduzidos aos limites da vida e da morte. O corpo suplicado de Algista se anima sobre uma cena iluminada pela lua. Ela brada: "Levantai-vos, vós que dormis! Nessa hora funesta, somente os mortos são vivos!" Aparece então o rei acompanhado pela sua corte. Um diálogo intenso inicia-se entre eles: "Tu me amaste, " diz ela, "pegue-me de volta, morta ou viva". Ao que o rei responde: "Tu eras bela e sábia, e eu te amei... Mas o passado é o passado. Desapareça agora..."[31]. A cena é imersa na penumbra e uma voz impessoal conclui:

> Vejam, Algista está morta, Chilperico seu filho está morto. A mãe dela ajoelha-se diante dos corpos, eternamente inconsolável. Vejam, Clodovico e os seus foram transformados em estátuas. Vejam este espetáculo de uma vida petrificada, que se transforma em natureza morta. A lua é pálida, a luz foge desses lugares, o palácio altivo desaparece pouco a pouco na nuvem negra da morte. Saibam que graças à morte o amor triunfa, amor e morte são uma mesma coisa[32].

Assim termina esta fábula cujo pessimismo abre o caminho a um niilismo que fará carreira uma década mais tarde. O triunfo da morte é realmente aquele do amor e da beleza, como pretende paradoxalmente o seu autor? Sua força de convicção e seu talento de escritor lhe valeram uma recepção favorável por parte do público e da crítica.

Para testemunhar a sua lealdade em relação a Komissarjévskaia, Meierhold renuncia ao seu estilo primitivista. A ação ocupa toda a profundidade do palco e ao mesmo tempo penetra na plateia, tomando emprestado do teatro japonês seu "caminho das flores" descrito por Guéorgui Tchulkóv.

> De uma simplicidade lacônica, a cenografia é muito agradável. A cena se prolonga através de uma vasta escada estendida sobre toda sua largura, em grossas colunas; a totalidade

---

[31] Idem, p. 68.
[32] Idem, p. 60.

sombria e doce do fundo coloca em harmonia as impressões visuais e aquelas que sobressaem através do estilo grave e preciso da tragédia [...] Aparentemente o autor teria querido neste momento ultrapassar a linha mágica, "destruir a divisão entre o palco e a plateia", o que teríamos podido realizar prolongando os degraus até o nível do público e colocando a ação trágica no meio dos espectadores. Mas é evidente que, levando em consideração os nossos hábitos, é uma coisa impossível de se realizar[33].

Apesar de tudo, Vera Komissarjévskaia não está convencida da transformação do encenador. Ela fica impassível diante do sucesso obtido pela peça e escreve a Briússov:

Meierhold montou *A Vitória da Morte* como se fosse um homem completamente desconcertado. Tudo estava ali, tentativa falida para fazer com que os atores adotassem as atitudes plásticas da tragédia antiga, a multidão tratada "a la Meiningen", risos à maneira do Teatro Artístico, dicção ritmada a la Fiódor Kusmitch [Sologub] e, finalmente, a afetação inevitável de todos os atores, tanto na mímica quanto nos movimentos. Isso, em certa medida, agradou o público, e sobretudo a crítica petersburguesa, quase unânime em considerar que Meierhold "retomou seu próprio domínio", porque ele retornou enfim às formas antigas. Após ter visto o ensaio geral, eu declarei que tudo isso estava ruim, do começo ao fim. Impossível assistir à estreia, a tal ponto eu estava com o coração apertado[34].

A Ruptura

Três dias após esse sucesso, Komissarjévskaia enviou para Meierhold uma carta de ruptura, imediatamente seguida pelo anúncio oficial à trupe dessa decisão irrevocável. As velhas ofensas são retomadas para justificar um gesto de uma brutalidade sem precedentes:

33 Apud V. Meyerhold, *Du théâtre, Écrits...*, v. I, p. 252.
34 Carta de V. Komissarjévskaia a V. Briússov (1.10.1907), em V. F. Komissarzévskaja, *Pis'ma aktrisy ; vospominanija o nej; materialy*, p. 117.

Vsévolod Emílievitch, esses últimos dias eu refleti muito e cheguei a uma firme convicção que os nossos pontos de vista sobre o teatro não são convergentes, o que vós procurais não corresponde ao que eu procuro. O caminho no qual vós vos comprometestes é aquele que conduz ao teatro de marionetes, exceto quando vós combinais os princípios do teatro tradicional com os do teatro de marionetes (por exemplo, na *Comédia do Amor* ou na *Vitória da Morte*). Eu infelizmente compreendi isso somente esses últimos dias, após longas reflexões.

Eu olho o futuro direto nos olhos e afirmo que não podemos percorrer juntos esse caminho, que é o seu e não o meu, e respondendo a uma de suas observações, feita na última reunião de nosso comitê artístico, onde se pergunta se não valeria mais a pena deixar esse teatro, eu vos digo agora: sim, vossa partida é necessária. É por isso que eu não posso mais vos considerar como meu colaborador; eu pedi a Brávitch para anunciar à trupe e lhes expor claramente toda a situação, pois não quero que trabalhem comigo com os olhos fechados.

V. Komissarjévskaia[35].

Essa carta é um choque ainda mais violento para o seu destinatário, que não considerava a intensidade da hostilidade demonstrada por ela. Seu sucesso recente não faz mais que exacerbar a susceptibilidade de uma mulher que se considera traída. Ele solicita e obtém a constituição de um júri de honra, diante do qual ele espera se justificar. Mas é uma tentativa vã, pois como condenar uma atriz assim grande?

Mais uma vez Meierhold se reencontra subitamente privado de trabalho e de teatro. E a temporada teatral está apenas iniciando, o que exclui toda a possibilidade de encontrar uma solução de substituição.

Uma relação de amor-ódio tinha se estabelecido entre os dois seres que pareciam encarnar as visões premonitórias de Tchékhov na *Gaivota* – Arkadina, a atriz adulada pelo público, a diva, e seu filho Treplev, que a admira e a repudia ao mesmo tempo, ávido de afirmar a sua identidade, proclamando a vinda de novas formas.

---

35 Carta de V. Komissarjévskaia a V. Meierhold (9.11.1907), *Perepiska*, p. 108.

A aliança entre a diva e o iconoclasta revoltado repousava sobre um mal entendido trágico, que tinha levado um ano para se dissipar. Quando a *Gaivota* foi criada em São Petersburgo, em 1896, Komissarjévskaia tinha sido a deslumbrante Nina Zaretchanaia, transbordante de vida e cúmplice de um Treplev em busca de um teatro novo. Onze anos mais tarde, esses ardores juvenis se chocam com a dura realidade e, como Arkadina, ela não pode aceitar por longo tempo recolocar em questão seu estatuto de vedete.

O Fim do Teatro Dramático de Vera Komissarjévskaia

No dia seguinte à dispensa de Meierhold, a atriz retoma o seu papel fetiche de Nora, em *Casa de Bonecas*, e o público lhe manifesta a sua simpatia através de ovações. Mas em 13 de novembro, uma representação de *Hedda Gabler* divide o público entre os que gritam: "Meierhold! Meierhold!", e os que pedem com uma insistência tumultuosa a atriz preferida deles.

No dia seguinte, é a vez de *A Vitória da Morte*, que suscita algumas agitações e acaba em gritos, exigindo a volta do encenador despedido. O mesmo acontece com *A Vida de Homem* apresentado no dia seguinte. Nessas ocasiões a cortina era abaixada precipitadamente para abafar o ardor dos defensores de Meierhold.

Fiódor Komissarjévski pode, enfim, dar início ao seu papel como encenador. Ele aplica a mesma política que o seu predecessor em matéria de repertório: no começo uma peça de Ibsen, *Solness, o Construtor*, depois uma obra inédita de Alexei Rêmizov. Buscando reencontrar o estilo primitivo da Idade Média, ele acaba de escrever *O Jogo do Diabo à Espreita de um Homem Íntegro e a Moralidade da Vida e da Morte*, em uma língua cheia de arcaísmos. Os cenários foram criados por Mstislav Dobujínski, um pintor do Mundo da Arte (criado em 4 de dezembro de 1907). Sua amizade com Meierhold não impede Rêmizov de confiar sua peça ao Teatro Dramático, que o emprega como conselheiro literário.

No entanto, consciente das dificuldades que a aguardam depois dessa grande crise, Vera Komissarjévskaia decide organizar uma turnê com seus fiéis (cerca de vinte atores e atrizes). Em 9 de janeiro de 1908 a trupe parte para Varsóvia, Vilno, Lodz e Bialystok, antes de embarcar para os Estados Unidos, onde ela se apresenta em Nova York e Filadélfia. (Além do seu repertório favorito, *Sem Dote* e *Casa de Bonecas*, ela leva nas suas bagagens três espetáculos criados por Meierhold: *A Vida de Homem*, *Irmã Beatriz* e *O Milagre de Santo Antônio*.) Ao seu retorno, em 2 de maio, ela é obrigada a constatar que seus esforços não fizeram mais que retardar a catástrofe; o teatro sobreviverá uma última temporada (1908-1909), temporada brilhante pelas suas criações, mas cuja audácia será duramente sancionada pela censura.

Fenômeno frequente, o público, cujo gosto evolui, se afasta do que ele adorava como uma espécie de apuramento da sensibilidade. Na Rússia, o simbolismo deixa espaço às novas correntes: ao acmeismo, ao polido parnasiano, cujo porta-voz é o poeta Gumiliov. Ao mesmo tempo alguns jovens artistas e poetas, como Burliuk e Maiakóvski, se reúnem em uma confraria de pintores cubo-futuristas que darão vida à corrente futurista, com espírito violentamente contestatório.

A sucessão de Meierhold é confiada a Nicolai Evrêinov, dramaturgo e encenador, que é alguns anos mais novo (ele nasceu em 1879). Licenciado em direito e antigo aluno do Conservatório, ele pertence à elite intelectual e artística. Foi o seu desempenho como animador e encenador no Teatro Antigo, organizado pelo barão Drizen durante o inverno de 1907-1908, que chamou a atenção sobre ele. Ligado ao Mundo da Arte, e em particular ao pintor Bilibin, ele ressuscitou mistérios medievais franceses num estilo ao mesmo tempo ingênuo e refinado. O entusiasmo pelas reconstituições históricas ilustradas se apodera da Rússia cultivada, como se ela quisesse buscar uma legitimidade enxertando-se no tronco histórico da Europa.

A temporada de 1908 se abre com *Francesca de Rimini*, de Gabriele D'Annunzio, que testemunha o gosto pela literatura decadente e que não deixa de fora Komissarjévskaia, uma vez que o papel de Francesca lhe convém perfeitamente. No momento em que

Evrêinov prepara a encenação de *Salomé*, a obra sulforosa de Oscar Wilde, com o pintor e cenógrafo Kalmakov; Fiódor Komissarjévski e Zonov montam uma peça do escritor norueguês Knut Hamsun, *Às Portas do Reino* (12 setembro), obra da qual se apoderam igualmente o Teatro Alekandrínski e o Teatro Artístico: seu herói Kareno é uma figura nietzschiana de super-homem que, visivelmente, apaixona o público. Em parceria com sua irmã, Fiódor Komissarjévski escolhe peças estetizantes como *Elektra*, de Hugo von Hofmannsthal (14 de outubro), *As Máscaras Negras*, de Leonid Andrêiev (2 de dezembro) e *Antepassados*, de Grillparzer, cuja tradução foi encomendada a Aleksandr Blok (26 de janeiro de 1909).

Por outro lado, Nicolai Evrêinov coloca em cena uma *sotie** de Sologub que enfatiza o entusiasmo pela Idade Média: *O Intendente Ivan e o Pajem Jehan*. Recusando o mito, segundo o qual a Rússia não é senão uma província da Europa ocidental, ele opõe, em um paralelo cômico, o refinamento do amor cortês na civilização romana à grosseria de costumes amorosos na Rússia da Idade Média.

O ensaio geral de *Salomé*, rebatizado com o título *A Princesa* para contornar as interdições da censura eclesiástica, foi realizado em 2 de outubro. Em princípio, após o manifesto de 1905, não existe mais censura; no entanto, as autoridades eclesiásticas podem se opor a tudo aquilo que possa ofender os sentimentos religiosos de seus fiéis. O ensaio geral é realizado diante de um público entusiasta e que admira a riqueza de uma cenografia de efeitos. O estilo primitivista introduzido por Evrêinov no Teatro Dramático, anuncia a revolução estética que em breve Diaghilev realizará com seus Balés Russos. Infelizmente a censura se abate como um machado sobre essa obra que "pode turvar a ordem pública". As finanças do teatro não se restabelecerão desse golpe dado ao projeto concebido faustosamente.

Apesar de uma nova turnê pelas províncias que a atriz conduz às longínquas regiões da Sibéria (Irkoutsc, Kharbine, Vladivostok

---

* Peça cômica medieval (séculos XIV e XV), a *sotie* é a peça dos *sots* (dos loucos) que, debaixo da máscara da loucura, atacam os poderosos e os costumes. Cf. verbete "Sotie" em Patrice Pavis, *Dicionário de Teatro*, 3. ed. São Paulo: Perspectiva, 2008 (N. da E.).

e Omsk, de fevereiro a junho de 1909), as dificuldades materiais e morais às quais Komissarjévskaia se choca vão esgotar a energia da grande atriz. Em 15 de novembro de 1909, ela dá adeus a sua trupe, reconhecendo o valor da contribuição de Meierhold:

> Eu continuo, ainda agora, a pensar que Meierhold é um iminente inovador pleno de talento, que perseguia suas pesquisas com uma autêntica sinceridade. Espetáculos como a *Barraca de Feira*, *A Vida de Homem* e *Irmã Beatriz* são, segundo o meu ponto de vista, *obras-primas* da encenação[36].

Triste fim o de Komissarjévskaia. Ela retorna em turnê sem a sua trupe, para despedir-se de seu público, que continua a lhe fazer festa em todos os lugares por onde ela passa. Teria ela projetos para o futuro? Nós não o saberemos nunca pois, em 10 de fevereiro de 1910, ela sucumbe devido a uma epidemia de varíola que a atingiu em Tachkent.

A morte da atriz é ressentida como um evento trágico pela *intelligentsia*, que lhe reserva um funeral grandioso em São Petersburgo.

Aleksandr Blok exprime nestes termos as aflições de sua geração face a esse destino, que testemunha de maneira eloquente o mal de viver no início do século:

> Vindo ao conhecimento da morte de Vera Komissarjévskaia pela imprensa, eu logo compreendi o que esse ser representava para todos nós, o que nós perdemos perdendo-a, e que evento misterioso e significativo simboliza para nós a sua morte pungente, mas plena de juventude e rica em promessas primaveris[37].

A qual primavera o poeta faz alusão? Ele pensa que novos rebentos surgirão do túmulo da atriz?

Os caminhos da atriz solitária e do encenador rebelde se separaram após um percurso comum que tinha sido grandioso. Tudo isso é mérito dessa grande vedete de um teatro fundado sobre a

---

36 Apud M. Bagorskij, O trajedii Verij Komissarževskaj, *Sbornik v pamjat'V F. Komissarževskoj*, p. 42.
37 "Vera Fedorovna Komissarževskaja", *Reč*, 12.2.1910; cf. *Oeuvres en prose*, p. 227.

emoção imediata, que tentou se inserir no movimento modernista, o qual se apropriava da cena, mas, continha nele mesmo a morte do vedetismo. Uma nova noção inicia seu caminho, aquela da unidade do espetáculo concebido como uma construção coletiva que encarna a visão do encenador, esse arquiteto da representação dramática. Ao novo teatro, um novo ator.

Últimos Fogos da Companhia do Novo Drama

Meierhold se reencontra, há dois anos de distância, na mesma situação humilhante e desesperadora. Outubro de 1905, Stanislávski coloca um fim brusco às tentativas de realização de um teatro simbolista. Novembro de 1907 é Komissarjévskaia que o despede, sem respeito por aquele que fez brilhar um clarão sem precedente com as obras-primas do simbolismo. Com certeza o homem de teatro sai enriquecido dessa experiência. Ele descobre um modo de apreensão da realidade estética, uma chave de criação artística que o permite descobrir em todas obras, qualquer que seja, o mistério e a espiritualidade que ela encerra. A arte tem sua própria esfera e não quer ser julgada senão pelos seus próprios critérios. Ainda é necessário persuadir o público, e isso se fará com meios artísticos específicos, ou seja, longe da retórica ou da prescrição moral; a arte reside num mundo à parte e é o seu próprio fim, sem que se possa esgotar suas significações.

Os passatempos aos quais é condenado Meierhold o levam a realizar um trabalho de reflexão sobre o caminho percorrido. E dessas reflexões ele extrairá um longo artigo "O Teatro (Contribuição à sua História e à sua Técnica)", que será publicado pouco depois na reunião de textos escolhidos intitulada *Do Teatro*. O trabalho de luto será inevitavelmente longo para se cumprir, e começa por uma análise aprofundada de sua experiência no Estúdio da rua Povarskaia e do projeto do teatro "da convenção consciente".

No momento é necessário viver e, novamente, a sorte vem em seu auxílio. Uma semana depois ter sido despedido, Meierhold recebe um convite da parte de Vladímir Teliakóvski, diretor dos Teatros Imperiais, para encontrá-lo. O diretor escreve nas suas *Memórias*: "Quando Meierhold deixou Komissarjévskaia, eu tomei coragem e, sem consultar ninguém..., eu o convidei para vir me ver"[38].

Ornado pela aureola de sua reputação de iconoclasta, Meierhold é sulfuroso, o que explica a prudência de Teliakóvski que deve responder por seus atos diante do próprio tsar. Ele pede ao pintor Golóvin, cenógrafo titular dos Teatros Imperiais, para servir de intermediário com a expressa recomendação da maior discrição. De imediato ele propõe a Meierhold tornar-se o encenador dos Teatros Imperiais, a partir da abertura da temporada de 1908. Meierhold aceita essa proposta, aparentemente sem preconceitos.

Aleksandr Blok confia em seu *Diário* uma apreciação sem indulgência dessas personagens que têm um papel capital na carreira de Meierhold. "O diretor [Teliakóvski] é um homem cordial, desprovido de cultura, ingênuo e fraco"[39]. E ele acrescenta que "Golóvin se agita em volta dele como uma raposa plena de beleza e de inteligência"[40]. Os comprometimentos desse mundo, o envolvimento com dirigentes como Trépov (ministro do Interior conhecido pela sua brutalidade), a relação com democratas como Chaliápin ou Górki, irritam Blok, e ele censura Meierhold por se ligar a essa corja.

Este deveria ter recusado essa proposição providencial? É com o coração leve que Meierhold reencontra seus amigos e cúmplices, com os quais vai compartilhar uma última vez os jogos e os riscos da juventude. O inverno se passa em uma atmosfera de frágil indolência, de leves aventuras amorosas, de mascaradas e de disfarces. O núcleo de amigos formado em torno de Blok e da atriz Natalia Volokhova, de quem ele é apaixonadamente enamorado, compreende Liubov Blok, a mulher do poeta, que cultiva sentimentos para com Guéorgui Tchulkóv, Meierhold que é acompanhado de seu fiel amigo Boris Pronin, Mikhail Kuzmin, poeta e músico, apreciador de jovens, o ator Golubev, as atrizes Vera Ivá-

---

38 V. Teljakovskij, *Vospominanija*, p. 167.
39 *Dnevniki, Sobranie sočinenij*, v. VII, p. 201 (nota de 1.1.1913).
40 Idem, p. 202.

nova, Ekaterina Munt e enfim Valentina Vereguina que nos deixará lembranças preciosas. Ela relata as caminhadas maravilhosas pelas ruas cobertas de neve de São Petersburgo, as noites em que se reencontram para jogar as charadas, montar espetáculos improvisados e geralmente se inebriar do néctar da juventude.

> Todo enfeitiçado e cercado por máscaras [como Blok], Meierhold vibrava aos acordes do "coro dançado" do poeta; como nós, ele vivia no vislumbre argentado das tempestades de neve cantadas pelo poeta. Nada de real nisso tudo, nem de esforço, nem de angústia, nem de ciúmes, nem de medo, nada além da ronda indolente das máscaras sobre a neve branca e sob o sombrio céu estrelado[41].

Ekaterina Munt convida seus amigos para festejar Santa-Catarina na casa dos Meierhold, onde ela também habita. Decidem montar um pequeno espetáculo para o qual Aleksandr Blok escreveu o roteiro.

A lista burlesca/irônica das personagens é sinal da liberdade de tom dessa mascarada:

O desconhecido de preto	Aleksandr Blok
O marido ciumento (sempre escorado no batente das portas)	Golubev[42]
A esposa inocente (tricotando as meias e caminhando sobre as pontas)	Munt
A mulher fatal de vermelho	Vereguina
O enamorado mudo com a máscara negra	Meierhold
Natascha (personagem perdida proveniente de uma outra peça)	Volokhova
A didascália	Vera Vereguina[43]

A intriga não brilha pela sua complexidade: a mulher fatal de vermelho, querendo arrebatar o marido ciumento à esposa inocente,

---

41 V. Verigna, *Vospominanija*, p. 109.
42 Golubev se casará em breve com Ekaterina Munt, o que não facilitará as relações entre ele e Meierhold.
43 Trata-se da irmã mais jovem de Valentina Vereguina.

faz com que esta última beba um copo de leite envenenado. Blok é o primeiro a entrar em cena, uma vela na mão, imitando o prólogo da peça de Andrêiev: "Vocês irão ver passar, diante de vocês, o marido ciumento constantemente apoiado no batente das portas, a esposa absolutamente inocente tricotando as meias, a mulher fatal de vermelho, Natascha, personagem proveniente de uma outra peça, e o amoroso mudo"[44].

Volokhova usa a mesma roupa medieval que a Mulher de vermelho da *Barraca de Feira*; dirigindo-se às estrelas num voo poético, é ela quem bebe, por erro, o copo de leite envenenado. Quanto ao enamorado mudo, ele tem a função de perturbar as outras personagens, precipitando-se sobre elas para cobri-las de beijos. Esse papel cabe a Meierhold, do qual conhecemos a predileção pelos papéis mudos. Nós o veremos novamente em 1914, no papel do criado mudo da obra bufa de Wolf-Ferrari *O Segredo de Suzana*.

É no curso de uma dessas noites que o ator Mguebrov conheceu Meierhold. Ele vê um Blok coroado de louros, um Kuzmin recoberto somente por uma pele de animal, enquanto Meierhold está ocupado em mascarar os outros convidados, em personagens da comédia italiana. Liubov Blok tira-o de lado e murmura com uma voz quente: "Sabeis quem somos nós? Flores atiradas pelo vento, que rodopiam sem saber onde elas serão levadas..." Ela continua lentamente, com uma grande tristeza, a falar da revolução; impossível para eles se deixarem levar por ela: a revolução é uma força caótica, uma força gigantesca, mas *eles* não têm raízes, *eles* são folhas arrancadas pela tempestade. Para *eles*, é necessário ouvir Blok, Kuzmin, Meierhold e outros ainda...[45]

A melancolia invade essa pequena sociedade de amigos que será levada dez anos mais tarde pela tempestade.

Será o fim de uma civilização ou simplesmente o fim do simbolismo, que coincide para esse grupo de artistas, de poetas e de atores, com o fim da juventude e a entrada no mundo da maturidade, da seriedade e do sofrimento?

---

44 V. Verigina, op. cit., p. 135.
45 A. Mgebrov, op. cit., v. I, p. 154.

Como observa sutilmente Vereguina falando de Blok, o grande inspirador da juventude russa, "ele é ainda bem jovem, no entanto sua juventude parece terminar com o fim da temporada de 1908", e ela cita, para sublinhar esta idéia, esses versos do poeta:

> Abolido os sonhos de ternura e de glória,
> Tudo acabou, a juventude voou[46].

"Terminada a cativante e fantástica festa da juventude... Nós saímos do turbilhão das festas para nos chocar com a mediocridade e com o tédio"[47].

Incapaz de ficar no mesmo lugar, Meierhold retoma mais uma vez o bastão de ator ambulante. No fim da temporada, ele reúne os remanescentes da Companhia do Novo Drama e do Teatro Dramático. Apoiado pelo barão Ungern, ele se submete a esse rito purificador, que é a turnê em província cercado pelos fiéis. "Do mesmo modo que fui regenerado por Poltava, após o fracasso do Estúdio, desta vez é Minsk que me ressuscitou"[48], escreve ele para a sua mulher em uma confissão significativa.

Para todos os participantes, a turnê da primavera de 1908 restará como uma lembrança luminosa, em particular para Liubov Blok que terá uma experiência como atriz sem precedentes.

A trupe percorre muitas cidades, Vitebsk, Minsk, Poltava, Kharkov, Kiev, Kherson e Ekatérinoslav. Meierhold retoma as peças que ele tinha acabado de montar modificando-as: *A Vida de Homem*, *A Vitória da Morte*, *Barraca de Feira*, e prepara as obras que ele pensa em propor a Teliakóvski: *Elektra*, de Hofmannsthal, *Às Portas do Reino*, de Knut Hamsun, e outras peças de tom simbolista ou simplesmente modernistas, como *A Favorita de Carlos Magno*, de Hauptmann, *Solness, o Construtor*, de Ibsen, e *O Espírito da Terra*, de Wedekind, que tinha sido esboçada.

Infatigável em suas pesquisas, o encenador faz um relatório detalhado para a sua mulher sobre as suas atividades:

---

46 A. Blok, *Sobranie sočinenij*, v8tt, v. III, p. 65.
47 V. Verigina, op. cit., p. 143.
48 Carta de V. Meierhold a O. Meierhold [Munt] (7.3.1908), *Perepiska*, p. 111.

Eu fiz três tentativas: 1 – *O Vampiro* [*O Espírito da Terra*], sem cenografia; método japonês para comunicar ao público a música dos estados de alma, a música com brilhantes toques de cores. Eliminamos os cenários e os acessórios. É uma sinfonia de cores a la Maliavine. Esse método foi completamente adaptado para Wedekind.

2 – *Barraca de Feira*. Toda a ação se desenvolve no nível da plateia. A sala permanece iluminada. Sem cenografia mas com biombos a moda japonesa. Antes do início da representação o Autor vem diante de uma pequena cortina vermelha repleta de estrelas, e senta-se na borda do proscênio de onde ele olha a peça se desenrolar como um simples espectador...
Quando Pierrô fica sozinho prostrado em cena (diante da cortina de cena), tudo desaparece de uma só vez: vemos somente o palco vazio, cujo proscênio penetra na sala, e Pierrô sozinho. O momento que produz mais efeito é aquele em que o Bufão, a cavalo sobre a rampa, deixa balançar seus braços, no espaço situado entre o proscênio e o primeira fila da plateia, enquanto grita que está sangrando suco de groselha [Para realizar essa visão cênica Meierhold tinha feito recobrir inteiramente a fossa da orquestra por uma prancha, a fim de ampliar a área de jogo.]

3 – Terceira tentativa. *Elektra* e *A Vitória da Morte*. Aqui nada mais além das linhas, sem cores. Telão e jogo de iluminação[49].

Para reforçar a união entre o ator e o espectador, o encenador pede a Sologub um prólogo para esta última peça. Um poeta e uma Dama velada, supostos espectadores do espetáculo, chegam para assistir à representação da *Vitória da Morte*. Meierhold, no papel de poeta, entra pelos fundos com sua companheira e, continuando a conversação mundana, os dois atravessam a sala. O público pergunta-se se são espectadores que chegaram atrasados. Esse procedimento, que é emprestado do teatro japonês (o "caminho das flores"), encontra-se inscrito no corpo do texto. Teatro e dramaturgia se dão a mão, em um processo dialético de fusão entre a sala e os atores que leva a um distanciamento ainda mais

49 Idem, ibidem.

radical, pois não há nada mais desconcertante do que se encontrar na proximidade de um ator enfeitiçado pelo seu papel.

Quando a alegre trupe de Meierhold e Ungern terminam a sua turnê na primavera de 1908, é o fim de uma bela época. Procedendo em 1922 a um rápido balanço de seus trabalhos realizados entre 1905 e 1907, ele constatará que suas treze primeiras obras, do *opus* 1 ao *opus* 13, como ele chama as suas criações teatrais, contêm em germe tudo o que ele fez em seguida e tecem os fios invisíveis, com suas realizações revolucionárias que cantam "a alegria de uma nova existência"[50]. Desde 1908 Meierhold é consciente de ter completado uma etapa importante de sua vida. Ele lança então um olhar comovido sobre o Teatro Artístico que está festejando seus dez anos de existência. Não seria um sinal de maturidade, o de superar seus rancores? Em 12 de outubro, ele envia à sua antiga casa/instituição um telegrama onde a ternura se mistura à malícia:

> Oh! Teatro Artístico, tu que foste capaz de avançar durante dez anos sobre um caminho coberto de rosas e espinhos, sem cansaço, nem repouso, tu que beberas o suco da terra, tu extraíste teu sangue dos raios do sol, e portanto tu tens, oh teatro, dez anos de um trabalho gigantesco!
>
> Plante teu primeiro marco e continua o teu caminho, confiante em teus animadores, um Konstantin Serguêievitch [Stanislávski] sempre jovem com sua genial imaginação e um Vladímir Ivanovitch [Nemiróvitch-Dantchênko], homem sensível à estética que merece estima.
>
> Calorosas saudações à minha pátria, aos meus mestres, aos meus amigos, aos meus inimigos, meus votos de felicidade para esse novo início![51]

A reserva que ele usa para falar de Nemiróvitch testemunha um pouco a amargura diminuída pela perspectiva de fazer parte de uma instituição bem mais prestigiosa. Ele está a caminho em direção aos Teatros Imperiais.

---

50 Critique du livre de A. S. Tairov: "Carnets d'un metteur en scène", *Écrits* ..., v. II, p.75-77.
51 Telegrama de V. Meierhold ao Teatro Artístico de Moscou (12.10.1908), *Perepiska*, p. 119.

A história do modernismo teatral será concluída aqui? Desde o início do século, a ruptura com a tradição é consumada (particularmente graças às inovações do Teatro Artístico), mas os mais ardentes artesões dessa ruptura não têm consciência de ter entrado em um percurso sem retorno. Komissarjévskaia acreditou que o simbolismo lhe permitiria se religar com a inocência perdida do teatro, que ele pretendia ser o destruidor de toda a tradição. O modernismo tem olhos somente para o presente, ele ignora o passado. Mas, corre o risco, ao mesmo tempo, de não se abrir para o futuro pois se esgota no imediatismo de suas manifestações. O que explica que Meierhold, uma vez lançado, tenha sido incapaz de se deter para dizer que havia enfim encontrado sua linguagem, seu estilo, o caminho para o futuro. Servir o modernismo é se condenar à fuga para a frente.

Modernismo desenfreado entrando no templo da tradição, não seria uma astúcia do destino? Teliakóvski deve rir às escondidas pensando nesse casamento forçado do qual ele é a causa. Quanto a Meierhold, ele deverá definir sua posição em relação às tradições sem negar seu modernismo, aplicando, sem o saber, a injunção de Heidegger: "Uma escuta da tradição que não seja um reboque do passado mas que medite sobre o presente"[52].

Tradução: Matteo Bonfitto

---

52 M. Heidegger, La Théorie de Kant sur l'être, *Questions II*, p. 75.

5. O Desabrochar

*Fancioulle era um admirável bufão,
e quase um dos amigos do Príncipe*

Baudelaire

Os Teatros Imperiais

Um ano após *Les Demoiselles d'Avignon*, a arte moderna adquire em toda parte direito de cidadania. Ela penetra os palcos dos teatros oficiais russos, é reconhecida em Berlim, Paris ou Londres. Em maio uma companhia de cantores do Teatro Mariínski apresenta sete espetáculos de *Boris Godunov* na ópera de Paris, e o público francês descobre de uma só vez as sonoridades rutilantes de Mussórgski, a voz profunda de um baixo chamado Chaliápin, a riqueza dos cenários de Golóvin e Benois, os figurinos resplandecentes do próprio Golóvin e de Bilibin. É o triunfo de o Mundo da Arte, movimento nascido com o século e que provocou uma mudança profunda no gosto da elite cultivada. Enquanto o Mundo da Arte organiza sua quinta exposição de pintura, forma-se um grupo dissidente de nome

A Rosa Azul, patrocinado pela luxuosa revista de arte *O Velocino de Ouro*, fundada pelo pintor Nicolai Riabuschínski, soando os dobres pelo fim do simbolismo. Sudéikin e Sapúnov, os pintores amigos de Meierhold, expõem em A Rosa Azul.

Os teatros imperiais dependem do Ministério da Corte, portanto, diretamente da Coroa. O tsar mantém ao menos cinco teatros de ópera e balé, três em São Petersburgo e dois em Moscou. O diretor dos teatros é pois escolhido com um cuidado especial. Ao ser nomeado para o posto em 1899, o príncipe Serguêi Volkonski teve como seu representante em Moscou o coronel da guarda Vladímir Teliakóvski, um dos florões da aristocracia militar, aliás musicista e amante de pintura. Era um homem de alta estatura, de aspecto militar imponente, com uma cabeça maciça e um rosto fatigado ornado com um grande bigode. Se o Máli lhe fez oposição com sua inércia, Teliakóvski conseguiu insuflar novos ares ao Bolshoi, principalmente ao contratar Chaliápin, descoberto por Mamôntov, para sua ópera particular. Em junho de 1901, o príncipe Volkonski foi obrigado a demitir-se por ter-se permitido fazer um reparo à bailarina Kseschínskaia, protegida pelo grão-duque Serguêi Mikhailovitch, primo do tsar. De um dia para o outro Teliakóvski é nomeado diretor em seu lugar.

À sua chegada a São Petersburgo ele descobre que o Teatro Alexandrínski é uma fortaleza, dirigida por um grupo de atores experientes que entraram para a companhia nos anos de 1870. A atriz Maria Savina, que estreou em 1875, no reinado de Alexandre II, torna-se a protagonista. Ela associa um talento incontestado à qualidade de esposa de Moltchánov, vice-presidente da Associação Teatral Imperial, amigo da corte. Como relata Teliakóvski, "desde que lhe deixassem o melhor papel, ela não seria sistematicamente hostil a mudanças". Habituada a ser tratada como grande dama, e a que os atores resolvessem eles mesmos os problemas da encenação, ela demonstrava ostensivamente seu desdém pelos encenadores que lhe haviam sido impostos recentemente no "templo" do Alexandrínski. "Quem são esses jovenzinhos que aparecem agora em nosso palco? Quando os encontramos, eles vos dizem 'bom dia' estendendo-vos a mão!" dizia ela zombando do lado plebeu deles. Logo de início ela vetou a primeira peça proposta por Meierhold, *Às Portas do Reino*, e foi preciso toda a diplomacia de Teliakóvski para vencer sua resistência.

Os homens são dominados por duas personalidades fortes: Konstantin Varlámov e Vladímir Davídov. O primeiro, que também estreou em 1875, representava habitualmente os papéis cômicos do repertório de Ostróvski. É a ele que Meierhold confiará o papel de Sganarelo em *Dom Juan*. Quanto a Davídov, tão corpulento quanto Varlámov, ingressou no Alexandrínski em 1880. Ele representava papéis de homens idosos e importantes e Teliakóvski diz que "ele é bastante tolerante em relação a reformas, desde que não o obriguem a representar conforme os esquemas dos inovadores", formulação prudente que subestima sua hostilidade sistemática a Meierhold. Outro ator da mesma geração, Vassíli Dalmátov, é ao contrário mais aberto a mudanças. Quando de sua morte, em 1912, Meierhold dirá que se tratava de "um velho ator pertencente à tradição antiga, mas capaz de fazer a ligação entre o antigo e o novo". Ele compreende melhor e mais rapidamente as inovações dos encenadores do que seus jovens colegas. Finalmente, um de seus adversários mais determinados é Roman Apollonski, que, embora tenha entrado em 1881 no Alexandrínski, continuou a representar protagonistas jovens.

Os atores provêm em geral da Escola Imperial de Arte Dramática e são chamados por seus pares como ocorre na Comédie Française. O diretor dos teatros imperiais não intervém, pois, em sua escolha. Do mesmo modo estes decidem o repertório em conjunto com o comitê de leitura. A única liberdade permitida ao diretor é nomear os encenadores e os cenógrafos. Em 1908, o "diretor da trupe" e também o encenador principal, é Piotr Gneditch, homem de vasta cultura, escritor, dramaturgo e tradutor de Shakespeare, e autor da peça *Os Servos*, uma reconstituição histórica, que obtém grande sucesso desde sua criação em 1907. Ele é auxiliado por muitos encenadores que são encarregados deste ou daquele espetáculo.

A função de encenador ainda não está verdadeiramente estabelecida, e os espetáculos podem ser realizados, seja pelos autores dramáticos favoritos do Alexandrínski, seja pelos atores que adquiriram uma certa ascendência sobre seus pares ou, enfim, por certos cenógrafos (sobretudo no caso da ópera e do balé). A política de Teliakóvski consiste em reforçar a autoridade dos "encenadores", e ele atrai ao Alexandrínski os trânsfugas do Teatro Artístico como Mikhail Darski e, sobretudo, Aleksandr Sánin. Este demitiu-se em 1907 para seguir Diaghilev a Paris, deixando seu cargo para Meierhold, cuja nomeação é seguida pela de Zagárov, seu antigo associado do Novo Drama. Assim, a escolha de Teliakóvski resulta de um plano deliberado para insuflar uma vida nova no corpo da velha instituição: "Eu pensara que nada de prejudicial adviria da chegada de Meierhold e que, ao contrário, assistiríamos a coisas interessantes e novas, e que em todo caso não nos aborreceríamos"[1].

Este último termo define todo o seu programa estético, que almeja, sobretudo, combater o tédio ao criar a todo momento choques emocionais. Meierhold é o homem da situação: em cada uma de suas criações teatrais sacode o torpor dos espectadores propondo-lhes matéria para discussão. Espicaçada pelos sucessos de Diaghilev fora da Rússia, a instituição imperial conhecerá um rejuvenescimento incontestável. Quanto a Meierhold, ele poderá enfim trabalhar com atores de talento, cultivados e experientes. Ele vai abordar com eles o repertório clássico e obter ensinamentos para o presente, perseguindo nisso seu itinerário modernista.

Sua situação no plano material permanece precária: seu salário de cinco mil rublos anuais não é muito maior do que o que ele recebia no Komissarjévskaia. Essa soma não se compara aos 24 mil rublos de Savina ou mesmo aos dezoito mil de Davídov, o que o coloca em uma situação de inferioridade manifesta.

Mas, diferentemente do Teatro Dramático, onde não tinha um momento de descanso, aqui ele precisaria montar só uma ou duas peças por ano. Quase todos os seus espetáculos serão fruto de longos estudos preparatórios em estreita colaboração com Aleksandr Golóvin. Durante dez anos de trabalho em comum, as realizações da dupla Meierhold-Golóvin vão conquistar pouco a pouco os favores do público e lançar as bases de uma nova cultura teatral.

---

1 V. Teljakovskij, *Vospominanija*, p. 168.

Às Portas do Reino

Meierhold propõe de imediato uma obra contemporânea: o romancista norueguês Knut Hamsun, autor de uma trilogia de enorme sucesso na Rússia, é um adepto do nietzschianismo e do seu culto ao super-homem. Seu porta-voz é Ivar Kareno, homem inflexível, avesso a qualquer compromisso, mas que se curvará finalmente diante das realidades da vida. Na primeira obra, *Às Portas do Reino*, ele é ainda um jovem estudante que prepara uma tese. Obcecado pelo problema das relações sociais, ele se opõe violentamente a seu orientador de tese, adepto de teorias conservadoras. Nada o afasta de suas convicções, nem as tentativas desajeitadas de sua mulher Elena, que logo se consola com o jornalista Bondesen, nem a extrema pobreza de sua residência, que acaba por ser penhorada pelo oficial de justiça.

Nós o reencontramos, dez anos mais tarde, em *O Jogo da Vida*, quando ele prepara, na solidão, uma obra magistral. Constrói para si uma torre que domina os campos, imensa alegoria da torre de marfim. "Nosso olho vê os objetos em relevo, eu gostaria muito de vê-los planos", declara ele. No entanto, afasta-se de suas pesquisas por causa da tentação feminina encarnada por Teresita, criatura do desejo. Querendo salvar a filha das garras de Kareno, o pai de Teresita ateia fogo à torre, provocando a destruição dos manuscritos do pensador mas também a morte da filha.

Um novo intervalo de dez anos nos separa de *Crepúsculo*, quando o herói retomou a vida em comum com Elena, que ele tinha desposado. Ele resiste fracamente às incitações da esposa e de Bondesen, pedindo-lhe que renuncie publicamente às suas convicções para poder, enfim, conseguir o posto de professor, ao qual pode legitimamente pretender. A peça termina com o início de um conto que Kareno conta a sua filha: "Era uma vez um homem inflexível... mas ele, também ele, curvou a espinha...". Com a idade, afirma o autor, a bela energia do indivíduo se desfaz e a fraqueza humana prevalece.

A mais "social" das três peças, *Às Portas do Reino*, goza de um prestígio particular. Os teatros a disputam: o Teatro Dramático (estreia em 1º de outubro numa encenação de Fiódor Komissarjésvki e Zonov), o Alexandrínski (estreia em 30 de novembro) e, por fim, o Teatro Artístico (estreia em 9 de março de 1909, numa encenação de Nemiróvitch-Dantchênko e Lujski).

Ivar Kareno elabora uma teoria do homem superior que prefigura o totalitarismo que se imporá ao longo do século XX. Sabe-se que o autor, Knut Hamsun, se tornará nos anos de 1930 um fervoroso adepto do nacional-socialismo na Noruega.

> Nesse ponto, diz Kareno a sua mulher, eu trato do despotismo da maioria... uma doutrina para os ingleses, um evangelho popular, propagado em todas as docas de Londres, elevado em seguida, pelos medíocres, à justiça e ao poder... Nessa outra passagem, eu falo da paz perpétua. Todo mundo acha isso bom, a paz perpétua, e eu, eu a insulto, a paz perpétua, por sua ignóbil falta de orgulho. Viva a guerra! Não se trata de salvar vidas. Pois a fonte da vida é inesgotável. Trata-se de manter em nós o homem de pé[2].

Bondesen, o jornalista pragmático, afirma por seu lado: "Eu passei por essa crise, eu era extremista, emancipado, corajoso, que era uma alegria! Então chegou o momento em que comecei a refletir um pouco... Na ocasião oportuna mudei de lado"[3].

Elena responde que teria feito a mesma coisa para chegar afinal a uma certa tranquilidade. Os fermentos deletérios desse gênero de obra não escaparam a Plekhanov que, em artigo intitulado "O Filho do Doutor Stockman" (o herói da peça de Ibsen *Um Inimigo do Povo*), fala da degradação da sociedade capitalista. Kareno é um novo elemento na geração dos heróis solitários, angustiados pelo curso de uma história que lhes escapa.

É sob esse ângulo que Meierhold mostra essa personagem que o fascina por seu orgulho e isolamento, e que entra na sequência de seus papéis precedentes: o tsar Fiódor, Treplev, Johannes Vokerat, Tuzenbach, Pierrô. Kareno é um homem atormentado que se parece com ele.

Vereguina nos lembra o esboço dessa peça realizada durante a temporada de primavera:

---

2 *Aux portes du royaume*, p. 20.
3 Idem, p. 6.

Ele era a verdadeira personagem. Ambos, o ator e o herói, eram seres dominados por uma ideia, mesmo que não a mesma. Nenhum dos dois dava a mínima atenção à vida cotidiana. É verdade, Kareno é idealizado, não há nele o menor defeito, enquanto Meierhold, como qualquer pessoa, tinha muitos. Mas bastaria ao artista dentro dele apaixonar-se por uma personagem, ver nela o reflexo de seu próprio eu purificado, para escapar de seus defeitos[4].

Para Meierhold não se trata de um drama social, mas de uma vez mais da luta do Belo contra o Feio, da revolta da Verdade contra a Mentira. O procedimento de distanciamento ao qual ele recorre (a "convenção consciente") deve destruir as rotinas e os preconceitos do espectador e abrir sua alma à percepção do drama interior, de um Kareno ferido pela fealdade da vida.

No Komissarjévskaia, onde a peça estava sendo encenada desde o início do mês de outubro, a interpretação, ao contrário, polemizava com a discussão de Kareno sobre os ideais democráticos e a emancipação feminina. O humanismo e o feminismo da diretora do Teatro Dramático a levavam a inverter os signos propostos pelo autor. É o que aparece na comparação que Liubov Gurevitch faz entre Brávitch e Meierhold:

> Brávitch [...] representava o papel de um homem honesto e não de um fanático: suas ideias, tomadas da moral aristocrática de Nietzsche, contrastavam totalmente com sua aparência de benevolência, indecisão e bonomia... A interpretação de Meierhold, que tratava mais do problema ideológico, era mais cuidadosa ao exprimir a ideia geral de Hamsun, revelando ao mesmo tempo seus próprios estados de alma...
> Em comparação com Brávitch, o Kareno de Meierhold, que me parecera bastante pálido, revelou-se de repente com o vigor de uma inteligência nervosa e generosa[5].

Mas o protagonismo pertence a Elena, interpretada por Komissarjévskaia. A atriz faz dela um ser que aos poucos toma consciência da própria identidade, uma mulher que ama muito o marido,

---

4 V. Verigina, *Vospominanija*, p. 147.
5 Teatr Komissarževskoj, *Slovo* (3.10.1908).

mas se revela incapaz de segui-lo pelo caminho da revolta. A peça é assim desviada para a luta pela emancipação feminina – precisamente o tipo de desvio que Meierhold se recusara a encorajar em sua passagem pelo Teatro Dramático.

O Teatro Artístico, por sua vez, apresenta sua versão no fim da temporada, com cenários realistas criados por Viktor Simov, com Katchálov no papel principal. Segundo Efros, ele conferia a sua personagem uma força moral digna de respeito: "Sem erguer-se a alturas românticas, sua interpretação era prosaica, mas por trás da aparência de homem prático, transpareciam e até brilhavam a força de suas convicções, a ousadia de seus pensamentos e o fogo de sua paixão, a de um herói do espírito"[6].

Assaz curiosamente, Katchálov considera essa peça, que parece querer justificar o injustificável, como pertencente ao universo tchekoviano, a ponto de tomar a iniciativa de reapresentá-la em 1927, em plena discussão sobre o teatro revolucionário.

Em São Petersburgo, essa primeira experiência serve sobretudo para verificar se a transposição de um corpo estranho para o Teatro Alexandrínski foi bem sucedida. Teliakóvski reconhece a manifestação contrária da imprensa à encenação. Ele cita o crítico da *Gazeta de São Petersburgo*, que ironiza a atuação de Meierhold: "Um verdadeiro animal empalhado ocupava o palco e atrapalhava tudo, texto e espetáculo"[7]. (Alusão à águia empalhada que Elena dá de presente ao marido). Apollonski, que interpretava o papel de Bondesen, teria declarado após o ensaio geral: "Como é possível! Meierhold conseguiu nos 'estilizar' a nossa revelia! As coisas não vão acontecer assim!"

E no dia da estreia ele representa seu papel com humor bobinho, provocando a cada instante risos do público. A atriz Pototskaia, no papel da mulher de Kareno, também não liga a mínima para as indicações de Meierhold. Pressionado por essa sabotagem, ele possui força unicamente para interpretar seu papel. Não está pois em questão a marca da criação artística. "Os jornais dedicaram-se com grande entusiasmo a criticar severamente tanto a encenação quanto a interpretação do papel de

---

6   Citado em N. Volkov, *Mejerhol'd*, v. II, p. 28.
7   V. Teljakovskij, op. cit., p. 169.

Kareno"[8]. Com o cancelamento da segunda apresentação após uma indisposição de Pototskaia, a situação se restabeleceu apesar de tudo, e a peça teve oito representações, uma média honrosa. Apesar das aparências, a batalha está a ponto de ser vencida.

Eis como o ator Khodótov resume a situação:

> Depois de tal derrota, poder-se-ia pensar que ele deixaria o Teatro Alexandrínski, mas o novo "Kareno", fiel às suas convicções, obstinado, conseguiu fazer-se admitir ali, onde tudo estava contra ele. Suas realizações posteriores: *Tantris, o Bobo* de Hardt, *Dom Juan* de Molière, *Os Reféns da Vida* de Sologub e, por fim, *Baile de Máscaras*, de Lérmontov dissiparam a má impressão deixada por *Às Portas do Reino*[9].

Depois de sua identificação com Treplev, Meierhold, pesquisando formas novas, tira da personagem Kareno a coragem necessária para enfrentar a multidão de medíocres e invejosos que o cercam. Na noite da estreia ele recebe do conselheiro artístico do teatro essa fala de encorajamento:

> O senhor realizou uma espécie de milagre e, como bem disse Golóvin, hoje não se respira mais no palco o odor rançoso do velho Alexandrínski... Sejam quais forem as relações desse teatro com o senhor, agora e num futuro próximo, temos certeza de que a vitória o espera...[10]

Aceitar trabalhar nos teatros imperiais era considerado pelos companheiros de Meierhold como uma traição ao ideal comum. Valentina Vereguina, que permanece ternamente ligada a ele, acaba de ser contratada pelo Teatro Korsch em Moscou. Sua carta de 14 de outubro resume o sentimento de seus amigos: admiração pelo artista, mas decepção com o comportamento do homem. Em filigrana esta dicotomia está presente em toda a vida de Meierhold.

> Sei [que sou sua amiga] pela alegria que sinto diante do mínimo elogio que lhe é dirigido. Agora, apesar de não estar mais

---

8 V. Vereguina, op. cit., p. 148.
9 N. Hodotov, *Blizkoe i dalekoe*, p. 324.
10 Carta de K. Tchitchagov a V. Meierhold (28.9.1908), *Perespiska*, p. 117.

perto do senhor, eu me regozijo com seu sucesso e acredito em seu futuro. À distância, eu vejo o amigo que o senhor é como um pintor ou compositor e não um homem de teatro. Simplesmente eu amo no senhor o artista, aquele que conhece momentos difíceis, que ousa, se inflama, supera os obstáculos, cai e se levanta. Eu o amo porque o senhor carrega a cruz da arte, porque não é nem mesquinho nem burguês [...].

Agora, eu esqueço o homem Meierhold, que me é tão estranho em tantos aspectos, e só me lembro do artista, maravilhoso e tão distante[...] Ainda que na vida nós nos chocamos, o senhor nem sempre esteve à altura de vossa amizade (a causa são os traços mesquinhos do homem). Tudo se apaga com a distância. O homem está longe, o artista está perto[11].

Eclosão da Arte Teatral

São Petersburgo assiste à eclosão de uma geração de encenadores que darão o que falar. Fiódor Komissarjévski e Nicolai Evrêinov estreiam no Teatro Dramático na mesma época. Por sua vez Taírov, que estreou nesse teatro, assina sua primeira encenação de *Tio Vânia* no teatro da condessa Panina, a Casa do Povo.

Cada um desses homens é, a seu modo, uma encarnação do recém-chegado que soube se fazer indispensável, o encenador. Alguns traços já começam a se revelar: primeiro, a importância atribuída ao cenário, confiado a um pintor; a seguir a relativização do texto, que deixa de ser rei e deve dar espaço a todo elemento extratextual – iluminação, cenário, gestos, silêncios etc.; enfim, o novo papel atribuído ao ator, que ganha em expressividade o que perde em afirmação de seu eu: ele deve se apagar em prol da coerência do espetáculo. Segue-se uma disputa sobre o lugar do ator, a respeito do qual os tradicionalistas afirmam ser relegado pelo encenador a uma posição secundária, ao passo que os modernistas sustentam que ele é o material insuperável

---

11 Carta de V. Vereguina a V. Meierhold (14.10.1908), p. 120. Meierhold lhe enviou sua fotografia dedicada com essas palavras: "À minha amiga!"

da representação cênica. Essas discussões culminarão, em 1913, com a publicação de uma obra do crítico Eichenwald, *A Crise do Teatro*. Somente os eventos extrateatrais, como a guerra e depois a revolução, colocarão um fim a essa polêmica que ressurgirá em outro contexto no decorrer dos anos 30.

Em fevereiro de 1909, Serguêi Makóvski, amante das artes e futuro criador da revista *Apolo*, organiza debates públicos sobre o futuro do teatro, dos quais participam Meierhold, Nicolai Popov, Ozarovski ou Nicolai Evrêinov. O ator Iuriev expõe aí as diversas concepções recentes de representação teatral e já preconiza uma síntese entre o método Stanislávski e os procedimentos de Meierhold. Evrêinov desenvolve sua tese da "teatralização da vida", que ele continuará a sustentar ao longo de sua carreira: todo ser humano desempenha a cada instante um papel, e o teatro profissional é apenas a formatação desse caráter inato.

Outra evolução interessante da vida teatral é a criação de cafés-teatros, de cabarés artísticos, de tudo o que na Rússia se denomina teatro "miniatura". Em Moscou, Nikita Balíev, ator do Teatro Artístico, organiza esquetes cômicos, revistas e paródias para outros atores. Devido ao horário tardio dos espetáculos, o grupo teatral escolhe o nome de Morcego; em pouco tempo ele abre suas portas para um público refinado, que paga caro para assistir aos números animados por Balíev. O grupo se manterá até 1918, antes de prosseguir sua carreira em Paris.

Ainda no outono de 1908, o crítico Kugel e sua mulher, a atriz Zinaida Kholmskaia, decidem fundar, em São Petersburgo, seu próprio teatro. Alojado na sala do palácio do príncipe Iussupov, o Espelho Curvo recorre a criações originais de autores contemporâneos como Leonid Andrêiev ou Fiódor Sologub. O sucesso será tão grande que em 1910 o teatro se instalará numa sala de 750 lugares e terá como encenador titular Nicolai Evrêinov, que aí permanecerá como animador cultural até 1917.

Não querendo ser superado, Meierhold tenta organizar o seu próprio teatro "miniatura". Chamado Na Caverna da Enseada, inspirado em uma expressão de Púschkin[12], é mais um teatro de

---

12 Cf. A. Pouchkine, Prologue, de *Rouslan et Lioudmila*, *Oeuvres poétiques*, v. I, p. 327.

câmara do que um cabaré. Mas a tentativa dará pouco resultado: o primeiro espetáculo, em 6 de dezembro, será também o último. Trata-se de um recital de trabalhos de alunos do curso de arte dramática, no qual Meierhold leciona: *O Prólogo* do humorista Avertchenko; uma pantomima sobre o tema de *Petrúschka*, com cenários de Dobujínski; depois uma adaptação de *A Queda da Casa de Usher*, de Edgar Allan Poe, com cenários também de Dobujínski. Depois de um entreato musical, a sessão termina com *Honra e Vingança*, drama romântico do conde Sologub, com cenários de Bilibin. A primeira obra revela um interesse crescente pela comédia italiana. Essa experiência, notável principalmente pelo espaço que dá aos pintores de O Mundo da Arte, não terá futuro. Dois anos se passarão antes de Meierhold aventurar-se novamente à criação de um teatro "miniatura".

Entre suas múltiplas atividades, há uma que é consequência direta da afirmação da autonomia do encenador. Para ser eficaz, ele precisa apoiar-se em um grupo coeso de atores, unidos por uma mesma concepção de atuação. O grupo pressupõe a escola, assim como a escola prefigura o grupo.

Em 1918 Meierhold inicia atividade pedagógica numa escola particular. Ao mesmo tempo, reúne em seu apartamento um grupo de jovens atores entusiastas. Seu ensino consiste em colocar os atores de imediato em situação profissional. Como notou Gripitch:

> Meierhold buscava constantemente pôr em prática suas concepções, aproveitando a característica individual do ator. Aí ele encontrava a matéria-prima que correspondia à sua visão do papel; atendo-se a essa característica individual, desenvolvia seu projeto de montagem. Quanto mais interessante e original fosse o projeto, tanto mais Meierhold conseguia descobrir possibilidades inesperadas no ator.

Ao contrário de Stanislávski, cuja filosofia tem como ponto de partida o problema do ator em geral e que tende a desenvolver nos alunos os meios de reencontrar em cada representação a emoção original, Meierhold parte da obra e pede ao ator que se situe em relação à personagem. Portanto, para ele não há propriamente alunos, mas atores mais ou menos avançados, mais ou menos capazes de reagir de maneira criativa diante da situação. O resultado, desse modo, jamais é antecipadamente garantido.

Nesse momento a vida teatral russa, em geral, e o trabalho de Meierhold, em particular, enfrentam um fluxo poderoso proveniente do drama lírico. As relações entre música e texto e entre música e atuação são questionadas, e sonha-se com uma síntese das artes. O resultado mais notável desta interrogação será uma oscilação que levará Meierhold a tratar o mesmo tema em seus dois aspectos, o lírico e o dramático, e a enriquecer cada um dos dois gêneros com aportes do outro. Desse modo, ele explora os mitos fundamentais da civilização ocidental, realizando uma série de trabalhos alternados: à ópera de Wagner, *Tristão e Isolda* (1909), sucede uma paródia teatral, *Tantris, o Bobo*, de Ernst Hardt (1910); da comédia de Molière, *Dom Juan* (1910), ele passa para sua versão lírica *O Convidado de Pedra*, de Dargomiski (1917). Em 1913 ele apresenta a ópera *Elektra*, de Richard Strauss, adaptação da peça de Hofmannsthal representada em 1908 pela Companhia do Novo Drama. Além desses pares bem nítidos, figuram séries incompletas ou polêmicas. Assim, apesar de ter tido ocasião de apresentar, em 1911, a ópera *Boris Godunov* de Mussórgski, Meierhold se esforçará durante toda a vida para montar a peça de Púschkin, da qual a ópera foi extraída, sem conseguir. Por outro lado, pode-se considerar a ópera de Gluck, *Orfeu e Eurídice*, encenada em 1911, como uma resposta a Aleksandr Benois que, depois de ter criado *O Pavilhão de Armida*, em 1906, tinha a pretensão de ser o único intérprete do século XVIII. Poder-se-ia acrescentar a essa lista *A Dama das Camélias*, montada por Meierhold em 1934, como eco a *La Traviata*, que Nemiróvitch-Dantchênko acabava de realizar em seu Teatro Musical.

Em 1908, Meierhold repensa inteiramente os caminhos do teatro. Depois da precipitação febril que o levou a explorar diversas possibilidades no Teatro Dramático, ele sente necessidade de se definir. Ele bem sabe que o Teatro Alexandrínski, verdadeiro bastião do teatro tradicional, não pode ser considerado um trampolim para o triunfo da arte moderna. Em contrapartida, sabe a que ponto o teatro é uma arte eterna e ao mesmo tempo efêmera.

Apoiando-se nas grandes obras clássicas e fazendo-as falar a linguagem da atualidade, ele teria condições de rejuvenescer o Alexandrínski e fazer avançar a arte teatral. Ele pode ter-se lembrado da reflexão de Voltaire que, no prefácio de *Semíramis*, se pergunta se a ópera não seria para o mundo moderno o que o teatro foi para a Antiguidade. A proliferação da ópera, o sucesso extraordinário da ópera russa em Paris, o trabalho pioneiro de Meierhold para a cena lírica testemunham o aprofundamento excepcional da arte cênica, ao qual a Rússia consagrou tamanha energia.

Tristão e Isolda

Em *A Obra de Arte do Futuro*, Wagner expõe como profeta sua visão do teatro moderno:

> Quem então será o artista do futuro?
> Sem nenhuma dúvida o poeta (o musical e o verbal).
> Mas quem será o poeta?
> Incontestavelmente o ator.
> Quem, por outro lado, será o ator?
> Necessariamente a associação de todos os artistas[13].

Nessa obra, que ele lê atentamente na frase de preparação de *Tristão e Isolda*, Meierhold encontra definido o programa que seguirá fielmente durante toda a vida: a associação de todos os artistas, do pintor ao ator, passando pelo figurinista e pelo aderecista, porém sob a direção do "autor do espetáculo" – esse "artista do futuro" cuja tarefa é inflamar o público para fazê-lo um construtor entusiasta da sociedade futura. O artista do futuro é, pois, um poeta, um poeta musical. O simbolismo já colocara a música no primeiro lugar que é o seu. A música está em toda parte: na poesia que canta, de Paul Verlaine a Aleksandr Blok, mas também na pintura, no misterioso cromatismo de um Vrubel ou de um Čiurlionis, ou ainda na arquitetura moderna na

---

13 *Oeuvre d'art de l'avenir*, *Oeuvres en prose*, v. III, p. 59.

qual ritmam os arabescos e os motivos florais. Somente a própria arte lírica anuncia novas ambições; no auge de sua glória Rímski-Kórsakov forma um leque de jovens compositores que atribuem um novo papel à música: Tcherepnin, Scríabin, Prokófiev, Stravínski, Rachmáninov.

A música reencontra na cidade o papel que a Renascença reconhecia nela. O mito de Orfeu, que, com sua lira, acalma os animais selvagens e constrói uma cidade, ordenando às pedras que se posicionem harmoniosamente, é ressuscitado. Apolo, o tocador de cítara, deus da ordem, da clareza, da racionalidade é celebrado. Meierhold visitará a fonte de Kastalia, cara ao deus, no verão de 1911 e aí se consagrará ao rito antigo: "Quem bebe sete goles dessa água sagrada da fonte de Apolo adquire o dom da infalibilidade", escreve ele, ávido de possuir o dom que chama a si o artista criador. Contemplando o busto de Antínoo ali exposto, ele medita sobre o mistério da morte:

> Adeus Antínoo! Tanto amaste a Adriano que, assim que descobriste o quanto ele temia a morte, decidiste tirar-te a vida, pois, segundo uma crença antiga, de dois amantes, aquele que se suicida prolonga a vida do outro... Ele nos foi preservado em mármore. A cabeça do que se sacrificou está tristemente inclinada. Seu corpo magnífico parece reter seu alento[14].

Banhando-se na atmosfera andrógina do simbolismo, Meierhold expande seu desejo às dimensões do universo, no qual a diferença entre os sexos foi abolida.

Naquele momento, o diretor se confronta, pela primeira vez na vida, com a realização de uma ópera, e não das menores. A importância que ele atribui a seu trabalho é atestada pelo artigo detalhado que publica no *Anuário dos Teatros Imperiais* sob o título, "A Propósito da Encenação de *Tristão e Isolda* no Teatro Mariínski, em 20 de Outubro de 1909"[15]. Em apoio a sua reflexão ele enumera as dezoito obras que consultara! Constam evidentemente as obras

---

14 V. Mejerhol'd, *Dnevnik*, citado em N. Volkov, op. cit., v. II, p. 110.
15 V. Meyerhold, La Mise em scène de *Tristan et Isolde* au théâtre Mariinski – 30 octobre 1909, *Écrits sur le théâtre*, v. I, p. 125-142.

de Wagner, que Meierhold lê no original, e que completa com indicações devidas aos alucinados da encenação moderna Appia, Fuchs ou Craig.

O wagnerismo teve dificuldade de se estabelecer em São Petersburgo, cidade cujo público é um fervoroso admirador da ópera italiana. A *Tetralogia* foi apresentada pela primeira vez pelos cantores russos na virada do século, por estímulo do príncipe Volkonski: depois de *A Valquíria* em 1900, Teliakóvski prosseguiu com *Siegfried*, em 1902, *O Crepúsculo dos Deuses*, com figurinos de Aleksandr Benois, em 1903, e por fim, *O Ouro do Reno*, em 1905. Quanto a *Tristão e Isolda*, representada pela primeira vez em 1900, ela demandou uma recriação completa.

Procedendo pelo método dedutivo, Meierhold se interroga primeiramente sobre o gênero lírico. Trata-se de executar a síntese entre a linha temporal, que pertence à música, e a dimensão espacial do espetáculo. Qual deveria ser a atitude cênica do cantor ou, mais exatamente, do ator que canta? Essa questão, capital para Wagner, é destacada por Meierhold em seu artigo. O intérprete de uma ópera é um ator que se exprime pelo canto. Ora, a questão fundamental é evitar que "o público questione o fato dos atores cantarem em vez de falar". Esse artifício, a "convenção", própria ao drama lírico, se integra perfeitamente às concepções de teatralidade que Meierhold elabora desde 1905. Pela duplicidade de sua natureza, teatral e lírica, a ópera é duplamente "convencional".

Na ópera o espetáculo deve, pois, fundamentar-se não na fábula que, apesar de seu tratamento poético, tende sempre a levar a ação para o concreto e o real, mas na música, cujo ritmo deve comandar a plástica do ator. "Se no decorrer do espetáculo se suprimissem as palavras da ópera, ter-se-ia, de fato, uma espécie de pantomima". Ora, a pantomima, regrada por uma música expressiva, se assemelha mais à dança que ao teatro. "Ali onde a palavra perde sua força expressiva, começa a linguagem da dança"[16].

Ele se interroga então sobre a relação entre os cantores e os espectadores, e lamenta que num palco italiano seja impossível construir uma cena em relevo que amplifique a estatura do ator.

---

16 Idem, p. 130.

Ele preconiza um expediente que deveria, em parte, remediar esse inconveniente:

> Se, no proscênio, à frente da cortina, instalarmos um tapete cuja cor se harmonize com a dos bastidores, se fizermos da parte imediatamente posterior ao proscênio uma espécie de pedestal para as cenas de conjunto, ali colocando praticáveis, se finalmente conferirmos ao segundo plano, no fundo do palco, uma função unicamente decorativa, a de um fundo destinado a valorizar a silhueta humana e seu gestual, teremos eliminado parcialmente os defeitos do palco renascentista[17].

Meierhold retoma os procedimentos sugeridos por Georg Fuchs em sua obra sobre o palco do futuro. Ele se insurge, por outro lado, contra o historicismo exagerado de Bayreuth. Usando a música como referência, ele se recusa a seguir as indicações cênicas de um autor no qual confia somente como compositor e faz uma "estilização" do passado.

A estilização é, aliás, saudada como uma vitória pelo crítico da revista *Apolo*, Evgueni Braudo, que toma o próprio Wagner como testemunha:

> In den Gesammtwerk der Zukunft wird immer neu zu schaffen sein[18].
> A máxima wagneriana adotada pelo sr. Meierhold na encenação de *Tristão*, se justifica pela oposição a toda a rotina, a toda a tradição sobre o assunto, e até mesmo ao autor do drama... Ele valorizou muito bem a força interior do gesto wagneriano, e a cena em que os heróis bebem o filtro de amor; o momento em que Tristão cobre Isolda com seu manto, para protegê-la das "quimeras do dia"; o grupo de soldados conduzidos por Mélot, no fim do segundo ato, endurecidos num silêncio pesado de ameaças, prontos a se lançar sobre os culpados do crime de amor; tudo isso é muito belo e muito impressionante[19].

O crítico é todavia derrotado pelo modo como Meierhold apaga elementos importantes do cenário, como o mar no terceiro ato, que

---
17 Idem, p. 136.
18 Na obra de arte do futuro será preciso sempre criar o novo.
19 *Tristan i Izolda, Apollon*, n. 4, p. 53.

para ele tem uma função fundamental no plano dramático e como símbolo do obstáculo superado. A isso o encenador responde:

> No terceiro ato enquanto Wagner satura o palco colocando um castelo fortificado com uma torre de sentinela no centro, um portal no fundo e uma imensa tília, o pintor transmite o sentido da cena com uma simples linha sombria, o horizonte, e tristes rochedos nus, os rochedos da Bretanha[20].

Dobrando-se à vontade de Meierhold, o príncipe Schervaschidze, seu cenógrafo, cria um cenário ao mesmo tempo simples e sugestivo. Teliakóvski, cuja opinião é a do espectador comum, fica chocado com essa simplicidade exagerada: "Todas as cenas importantes do segundo e terceiro atos transcorrem em volta de um rochedo, o que é aborrecido. Tristão e Isolda se contorcem como vermes em torno desse rochedo e frequentemente suas atitudes não têm a menor naturalidade"[21].

Meierhold acha que a contenção dos dois heróis no primeiro ato, antes da absorção do filtro, se justifica no plano interior. Eles refreiam a paixão, escondendo-a de si mesmos, para em seguida exteriorizá-la com tanto mais violência quanto a que tinha sido reprimida. É o que compreendeu um outro crítico. "A cena na qual, depois de ter bebido sem saber o filtro do amor, os amantes ficam paralisados, os olhos invadidos por uma loucura súbita, e se atiram um nos braços do outro como empurrados por uma força desconhecida, é de uma beleza inesquecível"[22].

Ele sublinha também a beleza expressiva das atitudes no célebre dueto do segundo ato:

> Esse dueto, repleto de uma angústia apaixonada, quase inumana, marcada pelo pressentimento da morte, impõe por si mesmo a imobilidade. A atitude de Tristão em seu rochedo é plena de beleza, de grandeza, de ternura, assim como a de Isolda inclinada a seus pés. Logo que isso se justifica, os movimentos tornam-se rápidos: todo o arrebatamento da paixão se resume num só gesto, aquele no qual Tristão envolve

---

20 V. Meyerhold, *Écrits...*, v. I, p. 142.
21 Citado em K. Rudnickij, *Režisser Mejerhol'd*, p. 126.
22 S. Auslender, Petersburgskie teatry, *Apollon*, n. 2, p. 30.

> Isolda nas pregas de seu manto: à sua púrpura trágica se mistura a cor suave mas triste da túnica[23].

A direção musical da orquestra do Teatro Mariínski, confiada a Mottl, suscita o entusiasmo de um público que censura, em Naprávnik, o diretor-titular da orquestra, um estilo frio e seco.

> Quanto mais a ópera avança, mais a vida se fortalece. No terceiro ato, a ópera atingiu uma tal intensidade, a orquestra foi invadida de um alento tão pujante que a respiração fica suspensa. Nas passagens dramáticas o tempo acelera, contrariamente às partes líricas onde a paixão é toda contida. Será que Mottl não quis expressar desse modo que *Tristão* é menos o triunfo do amor do que o drama do amor?[24]

O tema já havia sido abordado por Meierhold em *A Vitória da Morte*. O mito do amor, vítima expiatória pela qual o sagrado se apodera do mundo, obceca o encenador, que prosseguirá explorando o tema em seus espetáculos seguintes.

Devido ao longo trabalho que sucedeu à ópera de Wagner, pode-se afirmar que Meierhold abre caminho para as reformas, que serão introduzidas meio século mais tarde em Bayreuth por Wieland Wagner sob inspiração das visões de Adolphe Appia. Familiarizado com as audácias de Mamôntov e fecundado pela obstinação de Meierhold, o espírito moderno penetra, pois, a cena lírica de São Petersburgo com um vigor espantoso e se propagará rapidamente pelo resto da Europa.

Tantris, o Bobo

A peça de Ernst Hardt inspira-se em uma variante da lenda de Tristão. Ele transforma seu nome em Tantris (por inversão das sílabas) e se apresenta como mendigo na corte do rei Marcos. Sob influência de boatos mentirosos, Isolda crê que Tristão a enganara

---

23 Idem, ibidem.
24 A. Koptjaev, *Birževye vedomosti*, 16.1.1910.

e se recusa a reconhecê-lo sob os andrajos. Somente seu cão, o terrível Husdent, lhe faz festa. Quando Isolda, enfim, vê claramente, é muito tarde. Tristão parte sem um olhar para aquela que ama, acompanhado de seu cão. Ele parte a vagar pelo mundo, como um vagabundo iluminado por um velho sonho desaparecido.

Para tratar essa versão mais barroca do mito, Meierhold explora a semelhança com o drama wagneriano notadamente confiando os cenários novamente ao príncipe Schervaschidze, e pedindo a Mikhail Kuzmin uma trilha sonora onipresente que constitua uma espécie de oratório. Teliakóvski vai considerar "a encenação interessante e fora do comum". Os críticos vão apreciar particularmente as cenas de multidão, notadamente aquela em que Isolda foi dada por Marcos em repasto aos mendigos e estropiados: "Seus movimentos concentrados, seus gestos repetitivos, a tensão ritmada crescente traduzindo o desejo da posse, tudo isso é oferecido com uma grandeza incrível"[25].

Assim o segundo contato com o elenco do Teatro Alexandrínski (março de 1910) se passa satisfatoriamente. A coerência de sua visão estética impressiona os detratores de Meierhold seduzidos pelo lirismo que ele revela no âmbito dessa obra dramática.

Aprofundamento dos Grandes Mitos, *Elektra*

O trabalho fundamental sobre um mito antigo acontece três anos mais tarde. Na obra, o destino do mito Tristão permanecia de fato ambíguo; seria um avatar da leitura cristã do amor que vence a morte? O aprofundamento do tema vai passar por uma obra derivada das lendas antigas. O tema de Elektra, almejando vingar um pai assassinado pela mãe Clitemnestra, foi alçado a uma posição de honra pelas análises de Freud. O apego da filha ao pai, o ódio pela mãe que rejeitou as ligações familiares para satisfazer a seus desejos, e na qual Elektra vê sua própria imagem

---

25 E. Znosko-Borovskij, *Russkij teatr načala XX-go veka*, p. 304-305.

invertida, eis um dos arquétipos do comportamento ocultos nas profundezas do inconsciente.

O amor e a arte parecem dar-se as mãos para garantir o triunfo da morte. Esse mistério que assombra Meierhold é objeto de seu novo trabalho, que versa sobre a ópera de Richard Strauss, *Elektra*.

A escolha desta obra é significativa, como também é significativa a sua retirada de cartaz depois de três apresentações. A obra choca um público pouco familiarizado com as ousadias de uma orquestração expressionista. Choca também pela violência que desencadeia. Choca a imprensa bem-pensante, que se levanta indignada contra a representação em cena do assassinato de cabeças coroadas (Clitemnestra e Egisto) neste 1913, quando se celebra com fausto o tricentenário da dinastia dos Romanov. Essa foi a razão oficial da interdição do espetáculo.

A partitura era, em uníssono com a tragédia, de uma violência tingida de histeria. A orquestra, de 111 membros, precisou de 150 ensaios para superar as dificuldades de uma escrita complexa, prenunciando a música atonal.

O único comentário disponível de Meierhold aparece numa entrevista concedida a um jornalista: "Como em toda ópera moderna, a música de *Elektra* comporta muitas dissonâncias; ela pertence à linhagem de Wagner, mas sua orquestração é ainda mais rica"[26]. A seguir ele explica o aspecto visual da encenação, partindo da ideia de que "Hofmannsthal modernizou o tema arcaizando-o". Trata-se de uma ideia que seduz cada vez mais Meierhold: é preciso retornar ao passado para reencontrar as raízes da modernidade, ocultadas pelo positivismo estéril do século XIX. Ele explicita: "Baseando-nos na música de Strauss, nós [Golóvin e Meierhold] arcaizamos ainda mais o tema, nós o recuamos no tempo, inspirando-nos nas cores e no grafismo da cultura minoica do século XVI ao XIV antes da nossa era"[27].

Porém um crítico recrimina a discordância entre a música e o aspecto visual:

---

26 Entrevista de V. Meierhold, *Peterburgskij listok*, n. 41.
27 Idem, ibidem.

As atitudes e os movimentos apelam claramente à estilização e ao arcaismo, a plástica e a dinâmica são esquematizadas e compõem linhas elementares. Tudo isso é muito interessante, mas se situa em um plano distinto da música de Strauss. A orquestra troa, se agita, é tomada por convulsões selvagens e no palco veem-se gestos calmos, harmoniosos, fluidos. A música é a de uma lenda antiga, tratada em tons paroxísticos ultramodernos e com grande refinamento dos recursos expressivos. No palco, vê-se a restauração de uma época que dista da nossa em mais de três milênios! A *Elektra* de Strauss é histérica (ela tem como *leitmotiv* a histeria). A *Elektra* de Golóvin e Meierhold é histórica[28].

Sem dúvida, essa contradição remonta aos princípios expostos por Meierhold a propósito do teatro de Maeterlinck na época do Estúdio. Mas o que era válido para o teatro o é para a ópera? Com seu bom senso prosaico, Teliakóvski expressa um sentimento suavizado:

> O cenário de Golóvin, muito bem executado e muito interessante, foi realizado a partir das últimas pesquisas realizadas em Creta. A encenação de Meierhold é interessante, mas o estilo moderno transparece em certos locais, foi o que eu lhe disse no final da representação: certos movimentos são mesmo particularmente cômicos... Os movimentos dos braços, sobretudo os de Elektra, são terrivelmente aborrecidos e às vezes, o que é pior, são ridículos[29].

Bem mais tarde o encenador confessará: "Com *Elektra*, Golóvin e eu nos perdemos. Muito apaixonados pela cenografia, negligenciamos a música. Ficamos tributários da arqueologia que se tornou para nós um fim em si mesmo"[30].

Confissão ou arrependimento? É possível que Meierhold tenha sido influenciado pelo próprio tratamento do drama de Hofmannsthal, *Elektra*, de onde foi tirada a ópera. Encenado durante a rica turnê da primavera de 1908, o espetáculo inspirava-se nos procedimentos utilizados em *A Vitória da Morte*. O único testemunho que

---

28 V. Karatygin, *Izbrannye stat'i*, p. 77.
29 Citado em Rudnickij, *Režisser Mejerhol'd*, p. 162, ms.
30 A. Gladkov, *Teatr, vospominanija i razmyšlenija*, p. 325.

deles temos é o das estreias nos palcos de Liubov Blok, que, encorajada pelo marido, acreditava ter encontrado sua vocação no teatro. Ali ela criava uma Clitemnestra extraordinária que representava sem dúvida um aspecto oculto de sua personalidade. Se o projeto foi abandonado (quando Liubov Blok desistiu de fazer teatro), a reflexão a respeito da peça pesou, sem dúvida, sobre o trabalho efetuado posteriormente no Teatro Mariínski, onde, contrariamente ao que ele mesmo preconizava, Meierhold fez pender a balança para o aspecto dramático, em detrimento da componente musical.

Os Reféns da Vida

Quatro meses antes de *Elektra*, Meierhold apresenta no Teatro Alexandrínski a obra mais recente de Sologub, por quem conserva intacta a admiração. O autor se inspirou no mito cabalístico de Lilit, a mulher que precedeu Eva e foi criada não a partir da costela de Adão, mas diretamente da terra como ele. *Os Reféns da Vida* é uma variação de espírito simbolista e de feitura expressionista, sobre esse mito transposto para a vida moderna.

Dois jovens apaixonados e ambiciosos, Mikhail e Ekaterina, decidem retardar seu casamento em razão da sua pobreza. Eles farão casamentos de conveniência, para se juntarem quando tiverem adquirido o desafogo necessário. Ekaterina desposa o administrador Sukhov, de futuro promissor, conservando ao mesmo tempo preciosamente o amor de Mikhail:

> Hoje, diz ela, nos separaremos. Faremos tudo o que exigem de nós as pessoas, essas pessoas tão doces e assustadoras de hoje, esses que o destino nos dá como senhores. Nós lhes daremos esses dias que nos pertencem como se concede uma renda, uma oferenda, nós que somos fracos, ainda prisioneiros, mas amanhã, amanhã nós venceremos, nós seremos fortes, nós seremos por nossa vez os senhores da vida. E então me será fácil, tão fácil, romper as cadeias estúpidas, e eu virei a ti meu amado, a ti a quem admiro[31].

31 F. Sologub, *Založniki žizni*, ato II, cena 12..

Quanto a Mikhail, que sonha tornar-se um "construtor de estradas", ele se deixa guiar por Lilit Lunogorskaia, mulher enigmática como seu nome que evoca a lua, mulher rica que parece viver em um sonho. Ela tem consciência da precariedade dessa união:

> Eu te amo hoje e te amarei sempre, por quanto tempo tu quiseres, ao passo que Ekaterina te ama ao longe, na vitória sobre a vida. Eu, não quero nada, nem mesmo a vida. Tenho também minha pequena vida, a da tarde, a da noite. Amo a lua e a luz dos lampiões nas ruas, e os cabarés com sua música. Amo desenhar, e amo a ti, porque amas uma outra... Eu não amo o Sol, mas a Lua. Eu sou Lilit, a lunar, como aquela que foi criada antes de Eva, e que foi a primeira a amar Adão[32].

Quando os amantes se reencontram no fim de dez anos, Sukhov reage violentamente como marido enganado, enquanto Lilit evoca, nas últimas palavras da peça, as dificuldades espirituais dessa aventura: "Dulcineia ainda não foi coroada e longo é o caminho que resta ainda a percorrer até seu triunfo".

Mas o público não é sensível à referência ao mito e não vê senão uma intriga escabrosa e o elogio cínico ao arrivismo moderno. Indignado, Mereikóvski escreve: "A boa velha moral ordinária favorece bem menos o espírito pequeno-burguês e se opõe bem mais à tibieza do que esse 'sonho' que, para se realizar, deve passar pela prostituição e aquisição de um bom pequeno capital"[33].

Para Sologub, o centro da peça é Mikhail que está dividido entre Ekaterina e Lilit e que escolhe a primeira porque ela é a afirmação da vida real. Não se pode ver aí uma transição entre a nostalgia onírica de um Aleksander Blok e a gesticulação verbal dos poetas futuristas, celebrando a aparição de um mundo inteiramente novo. A peça *Os Reféns da Vida* se situa a igual distância de *A Barraca de Feira* e *Mistério Bufo*, recusando um mundo novo de onde a parte do sonho será excluída. O amor de Lilit por Mikhail é a garantia de que a hipocrisia da sociedade atual não desembocará no cinismo da sociedade futura.

---

32 Idem, ato II, cena 13.
33 D. Merežkovskij, Osel i rozy, *Reč*", 10.11.1912.

Meierhold superestima o valor do mito veiculado pela peça. Ele se explica:

> Conservando um tom e um cenário realista, eu gostaria de levar o espectador a sentir que a peça é inteiramente "simbólica", que o ponto de partida realista (os pais de Ekaterina e Mikhail) é tão bem trabalhado pelo autor que a vida ordinária se metamorfoseia para tornar-se uma realidade surreal, isto é, simbólica[34].

No plano cênico, a confrontação entre o sonho vivido e o sonho sonhado, isto é, entre Ekaterina e Lilit, cede lugar a um diálogo decisivo que conduz à derrota de Lilit. Mas ele é precedido de uma cena acrescentada por Meierhold que faz aparecerem os sofrimentos mudos de Lilit sob a forma de uma dança. Esse interlúdio concebido no estilo de Isadora Duncan, acrescenta um toque de escândalo: "Quando a dança à luz da lua", precisa Meierhold,

> cede lugar à luminosidade alaranjada proveniente do quarto vizinho, iluminado por uma magnificência de brilhos e aquecido por um fogo de chaminé, sabe-se que a pessoa que vai entrar é Ekaterina, transbordante de vida, vestida de vermelho; é aí que vai acontecer, iluminado pelos raios de luz alaranjada, o diálogo entre os dois elementos em conflito perpétuo, o Sonho e a Realidade[35].

Como bom conhecedor do público, Teliakóvski afirma que "esse espetáculo certamente fará bastante barulho"[36]. A obra vem na hora certa. Com sua segunda peça contemporânea em um teatro imperial, Meierhold conhece enfim o sucesso. Criada em 6 de novembro de 1912, ela será representada 24 vezes no decorrer da temporada, um triunfo. Como atesta um cronista mundano:

> Hoje, foi um dia de batalha no Alexandrínski. Nosso conservatório do teatro clássico, que falhou a seu tempo com *A Gaivota*, de Tchékhov, encenou uma peça de Sologub, este

---

34 Beseda s režisserem V. E. Mejerhol'dom, *Peterburgskaja gazeta*, 6.11.1912.
35 Idem, ibidem.
36 Citado em Rudnickij, op. cit., p. 159, ms.

autor russo tão original, tão à parte, mas tão dotado e tão grande. O ar estava carregado de eletricidade"[37].

A batalha terminaria com a vitória do autor, do encenador e do cenógrafo. "Tudo era belo!", afirma Iuri Bieliaev[38], crítico do *Novo Tempo*. Ao fim de quatro anos Meierhold é finalmente aceito pelo público – e pelos atores – do Teatro Alexandrínski.

Resta um adversário obstinado, Aleksandr Benois, que avalia que Meierhold nada compreendera da peça de Sologub. Ele se atém particularmente à interpretação do papel de Lilit que não é senão, segundo ele, uma espécie de menina selvagem, uma filha da natureza, e não essa "histérica modernista, essa decadente de toucador, privada do charme que lhe teria dado seu lado selvagem, o perfume dos campos e das florestas"[39]. Acusar Meierhold não é processar o próprio autor, que coloca, com efeito, na boca de sua heroína essas palavras sem ambiguidade: "Eu me vou. Eu sou uma lenda lunar. Eu parto para o retiro seguro de meu deserto". É para ela a continuação de uma velha história de amor sem fim:

> No paraíso, diante do primeiro homem criado por Deus, eu vim, nascida dos sonhos noturnos, eu, a bela, a doce Lilit. As horas da primeira mulher, da Lilit lunar, passam rápidas e é a vez da segunda, de Eva, da mulher legítima, eterna, é a sua vez de vir para meu Adão[40].

A crítica de Benois não recai afinal de contas, assim como a de Biely, sobre a legitimidade mesma do teatro simbolista? Em presença de uma personagem como essa de Lilit, sente-se "o ar gelado da alegoria, sim, da alegoria e não do símbolo".

Para Meierhold há inegavelmente uma coerência nessa sequência de interrogações sobre os grandes momentos fundadores de nossa cultura. A exaltação de Tristão, a raiva de Elektra, o amor traído de Lilit, tantas evidências dos limites da existência

---

37 K. Arabažin, *Založniki zizni*. Aleksandrinskij teatr, *Večernee vremja*, 7.11.1912.
38 Ju. Beljaev, Krasivyj večer, *Novoe vremja*, 7.11.1912.
39 A. Benua, O postanovke *Založnikov žizni*, *Reč'*, 6.12.1912.
40 F. Sologub, *Založniki zizni*, ato V, cena 1.

e do triunfo final da morte. Somente a criação artística permite escapadas das garras do tempo e momentos efêmeros de vitória sobre a morte, sempre escondida na vida cotidiana.

Pequenas Formas e Grandes Artistas. Isadora Duncan, Sarah Bernhardt, la Duse

No outono de 1908 várias visitas importantes testemunham o lugar da Rússia no espaço teatral europeu.

Isadora Duncan vem pela segunda vez a São Petersburgo, cidadela do balé clássico, para mostrar sua arte liberada, da qual nascerá a dança moderna, testemunho da musicalidade triunfante. Suas composições coreográficas são interpretações aéreas de peças de Beethoven, Tchaikóvski ou Chopin. Na visão de Meierhold, ele sai fortalecido em sua convicção de que na arte do espetáculo não são o rosto, os olhos ou a voz do executante que contam, mas o corpo todo, livre, leve e expressivo.

Sarah Bernhardt está em sua terceira turnê em São Petersburgo. Ela conhece sempre o mesmo triunfo e louva-se sua arte contida, que se considera oposta da arte espontânea, "vulcânica" e apaixonada de Eleonora Duse, que está em sua segunda estada na capital. Apesar da aparência descontrolada de sua interpretação, ela é, de fato, inteiramente senhora de seus efeitos. Seus dois papéis fetiches, Nora, em *Casa de Bonecas* e Marguerite Gautier, em *A Dama das Camélias* dão um testemunho notável a esse respeito.

Przybyszewski é um grande admirador da interpretação da Duse, que ele afirma ter influenciado seus escritos: "A essência do drama se revela a mim pela atuação da Duse. Cada vez que eu escrevia uma obra dramática eu a tinha diante de meus olhos. Oh, foi um acontecimento de uma riqueza de consequências infinitas: é a chave da técnica dos meus dramas"[41].

O autor polonês faz uma análise sutil da atuação dela em *Casa de Bonecas*:

---

41 *Moi Wspołcześni*, p. 200.

A Nora, de Ibsen, após seu conflito definitivo com seu marido, pronunciava algumas frases banais. Eleonora Duse, mais concentrada, se calava, presa de uma angústia surda, em um silêncio glacial. Nem uma palavra. Seus olhos gritavam sua angústia rasgada misturada com espanto: "O que, esse homem, como pude eu amá-lo?" A mão estendida, os dedos separados, imóvel como em um sonho, um muro impenetrável separava a majestade de sua alma, da alma vulgar daquele que ela chamava até então seu marido. A cada passo que ela dava para trás, ela rompia, de algum modo os liames misteriosos que ligavam sua alma de mulher àquele homem; no segundo passo rompia-se o fio que unira um homem e uma mulher por meio do filho; ainda um passo e ela rompia com todos os entraves sociais. Ela parava então, observando, com estupefação abobalhada, a desgraça que se havia abatido sobre seu paraíso perdido e o destruíra; ela tinha um sorriso tímido e doloroso, ela tinha o coração destroçado, pois esse paraíso não era senão uma casa de boneca. Sua mão trêmula buscava agora a maçaneta da porta que cedia muito docemente, e Nora parava um momento, presa de um sentimento de terror: esse momento durava nela toda uma eternidade. E, de repente, houve um grito: todo o seu ser uivava tomado de um terror inexprimível, medo do que a esperava por trás desta porta. O ar em seu entorno começava também a uivar, malgrado o silêncio. Então Nora atravessava a porta[42].

Abrindo essa porta, ela abre o caminho para o teatro moderno. O texto do autor é pulverizado para dar lugar a esse jogo de silêncio e imobilidade, do qual a atriz possui o segredo, e que se revela infinitamente melhor do que a linguagem articulada das pulsões imaginadas pelo dramaturgo. Meierhold, que não cessa de repetir que "as palavras no teatro não são senão os bordados sobre a tela dos gestos", está maravilhado por essa arte em condensado.

Seu assistente Bebútov nos relata suas reações a respeito da personagem Marguerite Gautier. Contrariamente aos atores do teatro "realista", ela "representa quase sem maquiagem, ela cora e empalidece diante de nossos olhos". Longe de esconder-se atrás de uma máscara, ela se revela aos olhos do espectador. Ele é fascinado pelo seu poder de sedução. "Ela nos tem prisioneiros de

---

42 Idem, p. 199.

sua magia", dirá ele, perguntando-se se se trata de um dom ou de uma ciência transmissível.

> A Duse está estendida num divã, uma pele branca a seus pés. Solidão de agonizante. Ela contempla suas mãos com um misto de suave piedade e sabedoria. "Olhem seus dedos", cochicha ele a Bebútov, "eles se tornaram totalmente descarnados". Este começa a acreditar e a vê-los assim.
> "O que é importante aqui", explica Meierhold no fim do espetáculo, "não é o objeto como tal, mas a relação do ator com ele, é isso que hipnotiza o espectador"[43].

Ele deriva assim uma lei do teatro, o efeito sobre o espectador da relação que o ator estabelece entre si e um objeto qualquer presente na cena (uma parte de seu corpo, um acessório, um parceiro).

Ele está atento à menor variação trazida ao texto e, sobretudo, ao sistema de equivalências, constituído pela combinatória de silêncios, gestos ou da repetição hiperbólica de palavras iguais. Não é preciso saber italiano para acompanhar perfeitamente a representação da atriz. "Eu compreendo tudo o que ela diz, ou eu o adivinho, e quando não compreendo, continuo em todo caso fascinado pelo seu alogismo genial".

Ele sente o maior dos prazeres em ser hipnotizado pela atriz. O ator deve enfeitiçar o espectador, evitando ao mesmo tempo manipulá-lo.

Bebútov recorda a cena crucial na qual Armand, crendo-se ignominiosamente traído por Marguerite, lhe lança no rosto as notas de banco que acaba de ganhar no jogo. Ele escreve:

> Em um artigo consagrado a Duse, Bernard Shaw escreve que nessa cena "ela urra como um animal encurralado"; pois bem, não é totalmente verdade, se bem que todos nós tenhamos ouvido esse grito terrível e trágico. No início, crer-se-ia que ela se protege contra os golpes, suas mãos se erguem num gesto de defesa, seu corpo é sacudido por convulsões. Ela então grita: "Armando!" Repetindo esse nome ao infinito, ela estende seus braços para dele, cobre o rosto com as mãos,

---

43 V. Bebutov, Neutomimyj novator, em L. D. Vendrovskaja (org.), *Vstreči s Mejerhol'dom*, p. 70.

> depois de novo implora, os braços estendidos, pousa em seguida a mão nos lábios, sufocando o grito que saía e que iria revelar o segredo de seu sacrifício. Os braços tombam sem força. Seu rosto carrega uma máscara trágica. E ei-la que retoma vida. "Armando!", ouve-se num suspiro; seus lábios tremem; lágrimas banham seu rosto lívido e resignado. Ela seca suas lágrimas levando as mãos à face, "Armando!", ouve-se cochichar desta vez. Ela vacila e cai por terra[44].

Meierhold fica de tal forma comovido com essa cena que "grita sufocado" e se põe a tremer. Desde o entreato ele interroga seu companheiro para saber se este notara o número exato de vezes que a atriz pronunciara o nome de Armand (Armando). Um e outro são incapazes de dizê-lo, dando-se conta de que aí está o segredo da cena.

No dia seguinte, Bebútov retorna ao teatro e, fazendo conscienciosamente a conta, chega ao número inacreditável de quinze! "Isso é possível?", exclama Meierhold. "Um tão grande número de vezes!...Ah! que grande....como dizer? Existe em francês, ao lado do termo 'atriz', o termo 'atriz trágica'", diz ele para concluir[45].

Meierhold está no coração do problema. O teatro moderno conhece só um gênero, o drama, que é reputado ser melhor adaptado aos problemas da vida cotidiana. Mas para ser crível, o drama deve ser sempre interpretado como se fosse uma tragédia.

A lição que Meierhold tira da atuação da Duse aclara retrospectivamente e justifica seu trabalho de encenador no Teatro Dramático e depois suas tentativas no Teatro Alexandrínski. O teatro moderno redescobre as funções essenciais do trágico e do cômico, ocultas no século XIX em proveito do drama, gênero neutro e em consequência antiteatral.

O Teatro de Outrora

A viagem teatral não se faz unicamente no espaço mas também no tempo. O barão Driesen, espírito esclarecido que exerce

---

44 Idem, p. 69.
45 Idem, p. 70-71.

as funções de censor, financia um empreendimento que, sob o nome de Teatro de Outrora, tem por finalidade permitir ao espectador petersburguense aproveitar ao vivo as grandes tradições teatrais do mundo ocidental. A primeira temporada, a do inverno de 1907-1908, é consagrada ao teatro medieval francês. A segunda, que terá lugar em 1911, versará sobre o Século de Ouro espanhol; por fim, a terceira, prevista para 1914, deveria fazer renascer nos palcos as graçolas da comédia italiana, mas será cancelada após a declaração de guerra. Esses acontecimentos marcam a vida teatral russa e Meierhold observa-os com muita atenção.

Instalado num pequeno teatro sobre o canal do Moika, o Teatro de Outrora tem por ambição, desde sua primeira temporada, dar a impressão concreta do teatro francês na Idade Média. O empreendimento é ousado, pois trata-se de uma realidade totalmente estranha à cultura russa, forjada na religião ortodoxa. Mas nesse início do século XX o público petersburguense está ávido de choques culturais e a iniciativa do barão Driesen responde a sua expectativa.

Encarregado da organização desses espetáculos, Nicolai Evrêinov apela também aos pintores de *O Mundo da Arte*. A pastorela *Robin e Marion* é confiada ao pincel de Dobujínski; o *Jogo de Teófilo*, traduzido para o russo por Aleksandr Blok, a Bilibin; a moralidade *Os Irmãos de Hoje*, a Chouko, e, por fim, o mistério *Os Três Magos* é ilustrado por Roerich. Trata-se aí de uma composição de Nicolai Evrêinov no espírito dos textos franceses da Idade Média. Atores sentados de costas para o público na periferia da área do palco arremedam os espectadores da época: eles exprimem ruidosamente e com a ingenuidade infantil, que se atribui aos primitivos, suas reações diante da ação representada.

Ao louvar Evrêinov, por ter encontrado um meio de "revitalizar o teatro" a partir das grandes tradições, Meierhold detecta uma contradição fundamental. Evrêinov utilizou o princípio da "composição livre" para a cenografia, e, por tabela, os atores parecem representar uma paródia do teatro primitivo. "Os atores de hoje sublinham, muito particularmente, os aspectos bizarros e *naifs* do passado e, ao utilizá-los a torto e a direito, aumentando-os, eles provocam frequentemente um riso inconveniente". A tentativa pecava de duas formas: os atores não eram formados para atuar segundo as técnicas de interpretação da época; a cenografia e os figurinos eram deixados à imaginação dos pintores, talentosos decerto, mas que não sabiam o que se esperava deles.

> Nas técnicas de teatros tradicionais, nem um gesto, nem um movimento deviam parecer deslocados aos olhos do público da época. Basta então criar um meio adequado pelo qual cada movimento, cada gesto do teatro tradicional será convincente, mesmo num teatro de hoje"[46].

Se Meierhold se interessa tanto por essa tentativa, é porque depois de ter empregado sua energia difundindo o teatro contemporâneo e mais especialmente o teatro simbolista, ele compreende que não pode avançar sem frequentar os clássicos. É preciso fazer ver o passado com os olhos dos contemporâneos, sem mascarar a distância que os separa de nós. Em suma, como interpretar as obras clássicas sem traí-las, ao mesmo tempo tornando-as acessíveis ao espectador de hoje?

A Devoção à Cruz

O ano de 1909 foi consagrado quase exclusivamente à realização de alto risco de *Tristão e Isolda*. Pouco depois, Meierhold é encarregado de montar, no Teatro Alexandrínski, *Dom Juan*, de Molière, obra que oferece um desafio duplo, pois diz respeito a uma realidade estrangeira, mesmo o público erudito sendo moldado pela cultura francesa, e além disso tendo sido escrita cerca de três séculos antes, o que suscita precisamente o problema da reconstituição do teatro do passado.

Para se preparar para esse trabalho, Meierhold multiplica as experiências periféricas. A primeira será um espetáculo de câmara, montado na famosa Torre de Viatchesláv Ivánov, a segunda um espetáculo de cabaré.

---

46 V. Meyerhold, Le Théâtre ancien de Saint-Pétersbourg ; première période-1908, *Du théâtre, Écrits...*, v. I, p. 167-168.

Em abril de 1910, os frequentadores da Torre, estimulados por Meierhold, montam em dezoito horas de trabalho obstinado (das seis horas da noite ao meio-dia do dia seguinte) uma obra do século XVII que, para além de seu aspecto de puro divertimento, se quererá emblemática. Trata-se de *A Devoção à Cruz*, de Calderón: "Esta representação teatral demonstrou que todos os traços habituais e, ao que parecia, indispensáveis do teatro moderno, todos os mecanismos desta máquina muito pesada são perfeitamente inúteis. Resultados e efeitos não menores e, quem sabe mesmo, mais significativos podem ser atingidos com um gasto mínimo"[47].

O palco é delimitado pela parte do salão que dá para a entrada, tendo esta sido transformada em bastidores para as trocas de figurinos. Os espectadores sentam-se livremente no resto deste vasto cômodo. O palco é recoberto por um grosso tapete dobrado em dois, em forma de estrado. Remexendo nas malas da casa, Sudéikin tira xales, peças de veludo, lenços de seda com os quais decora habilmente o ambiente da cena, e dois biombos que coloca nas extremidades do palco. Duas peças de tecido dourado fixadas nos biombos servirão de cortinas. Elas serão puxadas e depois recolhidas pelos filhos do porteiro caracterizados como negrinhos: vestidos com trajes brancos de calças bufantes, com turbantes e o rosto pintado com cera preta, são os precursores dos "contrarregras", que Meierhold utilizará de maneira excelente. Os negrinhos ficam parados perto da cortina durante toda a apresentação, o que confere ao espetáculo uma impressão de teatralidade, como nas telas monumentais de Veronese. A sensação de mistério e de magia é reforçada pela iluminação, que se faz unicamente pela luz bruxuleante das velas.

Os atores fazem sua apresentação na mesma noite, depois de uma série de ensaios. Traduzida por Balmont, a peça foi condensada e simplificada: o bando de salteadores liderado por Eusébio é reduzido a uma única personagem, interpretada pelo poeta Vladímir Piast. Os poetas Mikhail Kuzmin e Vladímir Kniájnin, frequentadores habituais, conseguem também um papel sob medida.

---

47 E. Znosko-Borovskij, Bašennyj teatr, *Apollon*, n. 10, p.31-36.

Quanto à personagem principal, Eusébio, Meierhold a transforma em um travesti, confiando a interpretação do papel a Vera Schvarsalon, a filha da falecida Lidia Zinovieva-Annibal.

A ação, alimentada de sobrenatural, só pode ser considerada como de segunda linha, como um *divertissement*, um romance de aventuras no qual as peripécias se sucedem, provocando o delicioso terror dos contos de fadas. Eusébio e Júlia se amam sem saber que são irmãos. Júlia, no auge da paixão, exclama: "Meus atos de mulher desesperada surpreenderão o céu, assombrarão o mundo, maravilharão os tempos, horrorizarão o pecado e aterrorizarão o próprio inferno!" Os dois heróis morrem tragicamente, mas Eusébio ressuscita por um momento para se confessar e a própria Júlia desmaia diante da cruz que os salvou da danação.

Sendo as forças religiosas da peça de Calderón totalmente estranhas à consciência moderna, a aposta consistia em tornar aceitável o excesso de paixões, creditando-as ao temperamento espanhol e ao peso da história. O autor, que escreve no século XVII, situa a ação no século XVIII, criando uma defasagem em relação ao espectador de seu tempo. Meierhold opera uma defasagem equivalente, recolocando seu espetáculo em uma Espanha fictícia do século XVII, o século de Calderón. Um dos participantes da festividade afirma:

> Conhecem-se os obstáculos que toda reconstituição do passado no teatro deve evitar. Seja realizando uma cópia documental, meticulosa, mas sem vida, ou cuja vida não é percebida pelo público, seja se aproximando do passado, a ponto de fazer desaparecer dele a alma, a autenticidade... Pois bem, nós vimos um autêntico teatro espanhol, digamos um teatro de feira, onde os atores chegavam pela sala, sem verdadeiros cenários, unicamente com tapeçarias... A harmonia do colorido espanhol, amarelo e vermelho, sobre um fundo verde escuro e negro, sem nenhuma reminiscência do passado, era muito estética. Tínhamos um exemplo admirável, com os trajes vermelho-amarelo-cinza-azul, claros ou escuros e os atores, arranjados com esplêndidos penteados, pareciam fundir-se completamente nesse conjunto[48].

---

48 Idem, p. 32.

No Teatro da Torre, Meierhold descobre a arte da metamorfose. Tudo se torna possível nessa intimidade que liga o público aos atores, tudo torna-se verossímil. O ator pode passar pelo público com a escada que lhe vai permitir franquear o muro da fortaleza, ninguém vai colocar em dúvida sua realidade; a heroína que foge, esconde seu rosto numa prega da cortina e todos compreenderam que ela escapou dos seus agressores.

> Nesse espetáculo vimos essas convenções cênicas viverem e ao mesmo tempo víamos reviverem as ingenuidades mesmas do teatro espanhol. O sabre de madeira tornou-se lâmina de aço, não por imitação material, mas pela intensidade toda interior da ação cênica. A supressão da rampa não era devida ao fato de as luminárias terem sido colocadas, por engano, atrás da cena (um ponto no qual não havíamos prestado atenção no princípio), mas ao encontro interior produzido entre a cena e os espectadores, porque a cena doou-se ao público[49].

A Echarpe de Colombina

Instigado por esse sucesso e pelas descobertas dele tiradas, Meierhold vai tentar realizar pesquisas mais sistemáticas com seus amigos atores, pintores e poetas. Como estava proibido por contrato de exercer outras atividades teatrais fora dos palcos imperiais, ele cria um pseudônimo transparente para contornar a dificuldade, o de Doutor Dapertutto, a personagem inquietante dos *Contos* de Hoffmann.

Seu amigo Boris Pronin acaba de abrir um cabaré num palacete da rua Galernaia, a *Casa dos Entreatos*. O Doutor Dapertutto é imediatamente convidado a montar um espetáculo de sua lavra. Será uma pantomima.

Em Dresden ele assistiu a uma versão reduzida da tragédia em versos de Arthur Schnitzler, *O Véu de Beatriz*, realizada pelo próprio autor. A Alemanha é apaixonada pela pantomima, gênero considerado menor, mas que permite aos atores mostrar seu

---

[49] Idem, p. 35.

talento corporal com fundo musical. A atitude do autor vienense é significativa desse entusiasmo. Ele parte de uma tragédia de amor e de morte que se passa na Itália da Renascença entre três personagens, Leonardo Bentivoglio – duque de Bolonha – e dois amantes, o poeta Filippo Loschi e Beatriz Nardi, jovem burguesa de dezesseis anos. Pressionada pelos pais, ela desposa o duque, sem deixar de amar Filippo. Este lhe propõe morrerem juntos tomando um frasco de veneno, mas ela foge assustada, esquecendo seu véu de casamento na casa dele. Apunhalada pelo irmão, que vinga assim a honra da família, ela será solenemente enterrada ao lado de Filippo no jazigo ducal.

Depois desta obra ambiciosa, de 1901, Schnitzler foi assaltado pela dúvida sobre a função do teatro e, em 1908, ele a retoma em forma de paródia, transformada em pantomima à italiana, *O Véu de Pierrette*. Ele molda o drama na matriz da comédia italiana; o duque torna-se Arlequim e os dois amantes Pierrô e Pierrette. Além disso, ele pede ao compositor Erno Dohnányi que escreva uma música arrebatadora, beirando o sarcasmo.

Intuitivamente, Meierhold percebe que a conquista do teatro moderno passa pela síntese da tradição e da derrisão da comédia italiana interpretada pelos dramaturgos do século XX. Schnitzler toma o caminho que havia sido aberto por Aleksandr Blok com sua *Barraca de Feira*.

Meierhold retoma a sinopse da pantomima, muda a música, faz cortes e concentra os efeitos. A modificação do texto de um autor, mais ou menos aceita dependendo da época, era de algum modo justificada pela primeira transgressão realizada pelo próprio Schnitzler. Vê-se aqui emergir um Meierhold "autor" do espetáculo, que se reserva o direito de agir com a mesma liberdade que o autor original. Ele adapta a pantomima, acentuando o aspecto "comum" (o véu se torna uma simples echarpe) e a fidelidade à comédia italiana (Pierrete se torna Colombina), com uma vista de olhos à obra de Blok.

A pantomima ocupava três palcos; ela é decupada em onze episódios. Cada um dos palcos é centrado nas relações que enredam os três protagonistas: o primeiro palco é o de Pierrô e Colombina, o segundo nos mostra Colombina e Arlequim, enquanto o terceiro reúne o trio Colombina, Pierrô e Arlequim. Nada de insípido nesse espetáculo perpassado por uma raiva trágica.

Os cenários e os figurinos são confiados à paleta de Nicolai Sapúnov que compartilha a visão de Meierhold, amplificando-a, de modo que a obra seja levada a um grau extremo de tensão.

"Graças a Meierhold, a carga emotiva dessa pantomima totalmente simples foi tão intensa quanto a das melhores obras dramáticas", observa Znosko-Boróvski[50]. De uma obra menor, em estilo um tanto pueril e insípido, o encenador extrai uma criação forte que ele qualifica como "grotesca". No primeiro palco, Colombina, volúvel e amando a vida, vem visitar Pierrô em traje de casamento. Ela assegura ao jovem poeta que apesar de tudo o ama. Ele lhe propõe morrerem juntos e toma um gole de veneno antes de lhe estender o copo para que ela beba também. Assustada, ela o deixa precipitadamente, esquecendo sua echarpe. No segundo palco acontece um baile desenfreado: Arlequim abre com dificuldade um caminho entre os dançarinos à procura de Colombina. O maestro dirige os músicos com uma batuta endiabrada. O ritmo ora acelera, ora torna-se lento, criando uma impressão de irrealidade entre os dançarinos de máscaras estranhas que parecem saídas de Hoffmann. Colombina aparece finalmente e não responde às queixas de Arlequim. Um negrinho traz bebidas e quando Colombina estende o braço para pegar um copo, ela percebe de repente que é Pierrô quem segura a bebida envenenada; sua imagem fantasmagórica a persegue de janela em janela. No terceiro palco, o terror atinge seu clímax. Colombina foge e vai reencontrar Pierrô, mas Arlequim a persegue. Diante do cadáver de Pierrô, Colombina desfalece.

Arlequim consegue sua vingança. Ele coloca Colombina inconsciente ao lado do amante e os deixa juntos, depois se eclipsa, fechando cuidadosamente a porta à chave. Colombina volta a si, tenta em vão escapar, e ao constatar sua impotência, se lança numa dança frenética até a loucura; ela toma o resto do veneno e senta-se ao lado de Pierrô. Nesse momento os dançarinos chegam e forçam a porta. À vista dos dois amantes abraçados, executam uma

---

50 *Russkij teatr načala xx-go veka*, p. 311-312.

farândola alegre, aos sons do piano. A música torna-se cada vez mais diabólica, até que um dos dançarinos tropeça no casal, que se separa e cai, revelando dois cadáveres. Todos ficam petrificados de horror. Somente o maestro, que tudo compreendera, se precipita para a saída, derrubando cadeiras e mesas à sua passagem.

Como se trata de um espetáculo de cabaré, não há separação entre atores e público. No decorrer do baile, os dançarinos cheios de vivacidade descem à sala e convidam os espectadores a se juntarem a eles. Essa proximidade aumenta a sensação de mal-estar. O contraste entre o descuido da comédia de máscaras e o trágico da situação é levado ao extremo.

> O paradoxo consistia em que, ao se aproximar do aspecto mais primitivo e rude da encenação antiga, o encenador tangenciava ao mesmo tempo a realidade russa da época, a perigosa realidade. E ele compreendia bem tudo o que esta situação ambígua tinha de excitante[51].

A observação de Rudnítski ilumina bem as duas faces de uma Rússia que se quer na vanguarda da civilização ocidental, mas ao mesmo tempo sente-se atrasada pelo peso de tradições feitas de grosseria, insensibilidade e crueza. A pantomima revela essa contradição fundamental, amplificando o caráter grotesco das personagens.

> Os papéis secundários, os do maestro, dos domésticos, dos pais da noiva e do animador da festa eram hipertrofiados. De caráter "grotesco", essas personagens eram concebidas para reforçar a impressão trágica do traçado linear das silhuetas de Pierrô, Colombina e Arlequim; um Arlequim ágil, fingido, insolente e cruel em sua cólera. Sobre esse fundo cintilante de comédia de máscaras de uma violência artificial, através do véu de gestos forçados e de costumes fantásticos, se revelava em filigranas, com espantosa clareza, a tragédia essencial: sobre o fundo cômico, o horror assumia a feição de um fato inelutável. E quando me lembro da polca assustadora tocada em instrumentos mambembes, por músicos ridículos, com seu regente monstruoso, infeliz e demoníaco, quando me lembro

---

51 K. Rudnickij, *Russkoe režisserskoe iskusstvo* - 1908-1917, p. 33.

da visão de pesadelo do turbilhão de corpos multicoloridos e deselegantes, que volteavam em torno do animador da festa, com seu topete que lhe dava um aspecto de galo, sinto ainda, três anos depois, o arrepio gelado que percorria a sala[52].

O paroxismo de uma ação enervante pretende aclimatar, à força, em terras russas o encanto aparentemente inofensivo das máscaras da comédia italiana. Nesse sentido, Meierhold foi admiravelmente servido pelo pintor Sapúnov: "Ele concebera o *tableau* do baile, com os pais de Colombina, o maestro, o animador da festa, os convidados, não no estilo adocicado e romântico, habitualmente associado aos Pierrôs e Arlequins, mas como máscaras, às quais ele havia dado uma expressão tipicamente russa"[53].

As "carantonhas obtusas", segundo a expressão do crítico, mostram o contraste entre a brancura imaculada de Colombina e o meio de onde vem. Longe de acabar com o romantismo, o procedimento do "grotesco" lhe confere nova credibilidade ao despi-lo de um sentimentalismo debilitante. Ao mesmo tempo que os fovistas na França, e posteriormente os cubo-futuristas na Rússia, utilizam a justaposição pura e simples de cores opostas; na cena teatral as oposições entre personagens de gêneros diferentes são marcadas pela hipertrofia caricatural. A antinomia entre o mundo dos bufões ridículos, o da vida corrente, e a pureza de sentimentos existenciais se traduz por uma oposição visual violentamente colorida.

No outono de 1911, o grupo da Casa dos Entreatos vai a Moscou onde se apresenta especialmente para o grupo do Teatro Artístico. Embora muito ocupado com a preparação de *Hamlet*, em colaboração com Gordon Craig, Stanislávski assiste a esse espetáculo que considera "notável". O espetáculo também impressiona imensamente Vakhtângov, que por sua vez retomará essa obra alguns anos mais tarde.

Pode-se afirmar que o encenador acertou a mão com as obras experimentais *A Devoção à Cruz* e *A Echarpe de Colombina*. Ligeireza do teatro e violência contida num quadro esteticamente

---

[52] M. Bonč-Tomaševskij, Pantomima Artura Šniclera v svobodnom teatre, *Maski*, n. 2, p. 56.
[53] V. Solov'ev, "N. Sapunov", *Apollon*, n. 4.

sereno, eis as lições que ele aproveita, visando à primeira obra clássica que vai montar no Teatro Alexandrínski. Trata-se de levar o público de São Petersburgo a vencer, com o *Dom Juan*, de Molière, a distância que o separa de uma civilização estrangeira e de uma época finda.

Dom Juan

Em 9 de novembro de 1910, quando o público entra na sala do Teatro Alexandrínski constata com surpresa a ausência de cortina. O palco, mergulhado na penumbra, está inteiramente recoberto por um grande tapete azul-pastel, que desce até a primeira fila da plateia: recoberto por um soalho, o fosso da orquestra está transformado em proscênio e a rampa foi suprimida. Percebem-se dois grandes candelabros, de um lado e do outro do palco. Dos arcos pendem três enormes lustres e o fundo está cercado por uma tapeçaria de tons dourados.

Logo que a ação começa, nova surpresa, a sala permanece iluminada como para um concerto. Dois "negrinhos" de redingote vermelho aparecem à esquerda e à direita da cena, e, armados de uma longa vara, acendem o cordão que transmite a chama ao grande número de velas colocadas nos lustres e candelabros. A peça se desenvolverá à luz quente das velas. Os "negrinhos", ágeis como gatos, agitam sua pequena sineta de som rachado para anunciar o início da ação ou o entreato. Eles estão em toda parte: acendem os defumadores, estendem a Dom Juan seu lenço rendado, afivelam seus sapatos, trazem lanternas para as cenas noturnas; estendem aos atores as espadas para o duelo, depois as levam embora, escondem-se debaixo da mesa, tão assustados quanto Sganarelo, logo que aparece o Comandante. Em breve, esses indispensáveis serviçais da cena conferem, por sua onipresença, uma unidade ao conjunto dessas cenas e, ao mesmo tempo, revelam seu lado festivo e teatral.

Meierhold informa que quer representar "o *Dom Juan*, de Molière", isto é, quer recriar as circunstâncias e a atmosfera que levaram o dramaturgo francês a escrever e a representar essa obra. Retomando os princípios obtidos graças à peça de Calderón, o trabalho apoia-se em primeiro lugar na cenografia, e em segundo lugar na atuação dos atores. O encanto dos cenários, a riqueza dos trajes, o charme da festa, toda a magia do teatro é mobilizada para atingir a verdade do "donjuanismo", por entre os meandros do espetáculo. Destacando que a peça tinha sido escrita após "a tempestade de furor que o *Tartufo* causara nos meios clericais e na nobreza", Meierhold considera a comédia como um campo fechado, onde ocorre o duelo trágico e fantasmático entre o artista, a serviço da verdade, e uma sociedade dominada pelo poder despótico de uma ideologia mascarada pela hipocrisia. O cenário deverá então exacerbar a contradição entre o luxo "régio" da representação e a violência acusadora do discurso da cena. A montagem de *Dom Juan* é essencialmente a encenação da relação que Molière, o artista, mantém com o príncipe, que é ao mesmo tempo o rei e o público.

Para dar a ideia de fausto principesco, o cenógrafo cometeu um anacronismo voluntário. Como afirma Golóvin: "A cena representava um palácio do século XVIII, de decoração e mobiliário refinados". No imaginário russo, o reino de Luís XIV é muito refinado para o século XVII, época em que a Rússia ainda se encontra próxima da barbárie, época de Boris Godunov e do Tempo de Dificuldades, contrariamente ao Século das Luzes e ao reino simbolizado pelo palácio faustoso de Catarina II na aldeia do tsar. Aleksandr Benois fez de Versalhes o tema preferido para suas aquarelas melancólicas. A diferença de um século inscreve-se na pedra e ressurge na música de cena, emprestada a Rameau.

A personagem principal é confiada a Iuriev, jovem galã de atuação cerebral e temperamento frio; e a de Sganarelo, ao velho ator Varlámov. As escolhas surpreendem. No entanto, é desse contraste entre um ser jovem, cheio de graça e leveza, e um velho enorme, pesado e quase impotente, que vai nascer o encantamento da peça. Tudo é construído sobre a oposição entre um Sganarelo maciço, espaventoso, suscitando o riso e servindo o patrão enquanto zomba dele, e um Dom Juan elegante, de ritmo rápido, que depende completamente de seu criado, enquanto crê reinar sobre ele.

Para atender às exigências do velho ator, Meierhold redobra a engenhosidade: dada a dificuldade que ele tem para se movimentar, instala nas extremidades do palco dois tamboretes que permitem ao ator sentar-se. Assim as outras personagens movem-se em torno dele, dando a impressão de um Sganarelo onipresente.

> Às vezes, entretanto, ele precisava levantar-se de seu tamborete. Na cena do cemitério, ele avançava sobre a beirada do palco, iluminando com sua lanterna os rostos dos espectadores importantes sentados na primeira fila. Era bastante arriscado, mas Varlámov agia com tamanha sinceridade que ninguém se incomodava e os aplausos saudavam essa passagem, sem dúvida a única onde o artista caminhava efetivamente pelo palco[54].

Outra dificuldade. De formação teatral antiga, Varlámov não aprende as falas e precisa de ajuda durante o espetáculo. Ora, o tapete de cena concebido por Golóvin recobre o poço do ponto. Para superar essa dificuldade será utilizado um procedimento na linha do teatro da convenção consciente: logo no início da ação, antes mesmo da entrada em cena dos atores, aparecem dois pontos em trajes de época, segurando o texto da peça. Cada um instala-se ao lado de um dos tamboretes, atrás de uma liteira que serve de biombo: eles lançam ostensivamente a Sganarelo pela lucarna o início de suas réplicas.

Meierhold quase considera, como o senhor de Rochemont em 1665, que Dom Juan é o diabo encarnado. Uma das modificações que ele efetua no texto do autor é significativa da vontade de denegrir a personagem. Horrorizado pela duplicidade de seu patrão que se vangloria de ter simulado sua "conversão", Sganarelo exclama no texto de Molière: "Como! Vós não credes em nada, e quereis agora vos erigir em homem de bem?" Para dar mais peso a essa réplica, Meierhold a transforma em uma confidência que Sganarelo faz ao público, tomando-o por testemunha. Ele fala de seu patrão na terceira pessoa: "Como! Ele não crê em nada, e quer agora se erigir em

---

54 E. I. Time, *Dorogi iskusstva*, p. 163.

homem de bem!" Graças a essa modificação do destinatário, Meierhold cria um distanciamento do "fidalgo homem mau".

Será que esse *Dom Juan* não seria também a própria imagem do teatro que se busca, se afasta, se revela e se destrói, pelo jogo do sedutor (Dom Juan), do palhaço (Sganarelo) e da simbólica social (o poder e seus representantes)? A teatralidade aparece como um leve tremor, uma vertigem provocada pelo jogo infinito das aparências, de onde a realidade fugaz da representação se desgarra. Desse modo, a frivolidade absoluta do teatro se fundamenta em necessidade e é ainda acentuada na comédia, o reino do riso, isto é, da subversão em todos os níveis.

Sobre esse *Dom Juan* se destaca, como uma sombra projetada, a silhueta angulosa de Meierhold, o encenador da modernidade, da teatralidade e da subversão, revestido da máscara inquietante do Doutor Dapertutto, o elegante homem do mundo trajando fraque e cujo duplo é um selvagem em túnica vermelha segurando um arco, como no retrato pintado em 1916 por Grigoriev. A partir dessa experiência fundamental ele aprofunda sucessivamente todos os níveis do ato teatral, do qual ele descobre pouco a pouco os múltiplos segredos. Como escreverá no prefácio à antologia *Do Teatro*, publicada em 1913, é graças a algumas peças fetiches, e notadamente a *Dom Juan*, que "as portas secretas que conduzem ao país do maravilhoso são entreabertas". É no desvio do maravilhoso que a vida irrompe em sua verdade.

O público fez da peça de Molière um triunfo, enquanto a crítica, desconcertada pelo luxo de invenções, recrimina o encenador por ter sacrificado tudo pela aparência. A estreia, prevista para 9 de novembro de 1910, é anuviada pela notícia da morte de Lev Tolstói em uma pequena estação de província.

Tradução: Anita Guimarães

6. Tempestades Públicas e Privadas

*Agora andas em Paris inteiramente só entre a
    multidão
Rebanhos de ônibus mugindo perto de ti rodam
A angústia do amor te cerra a garganta
Como se tu não devesses mais ser amado.*

Apollinaire

Sonhos e Realidade

Ao mesmo tempo em que consolida sua posição nos palcos imperiais, ao custo de certos acomodamentos, Meierhold acalenta sempre o sonho de dar prosseguimento a uma aventura teatral sem peias. Com o jovem músico Mikhail Gnessin, procura recuperar certos segredos do teatro em suas origens. Os dois experimentam unir a dicção melódica, a música e a dança em uma reconstituição da *Antígone*, de Sófocles no qual eles, em vão, se esforçam em ressuscitar o ritmo musical da tragédia antiga. A tentativa é considerada interessante, porém pouco convincente.

Ao incensar agora o que havia queimado em sua juventude, Meierhold remonta no tempo, procurando compreender o que constitui o "encanto" das obras do passado.

Blok será uma testemunha atenta, porém céptica, da evolução interior de um homem que parece buscar suas referências fora de si mesmo. Ele constata também o início de uma falha nas relações entre Meierhold e sua mulher, Olga. No outono de 1908, esta pôs fim à coabitação com Ekaterina, sua irmã. Meierhold ficou profundamente sentido com tal decisão, que afastava dele uma criatura com a qual partilhava seus sonhos de teatro e suas fantasias de ator. Ele declara à sua cunhada, em uma carta meio séria e meio irônica:

> O que se passa em casa, eu não sei... Sei apenas que as crianças vão bem [...] Se tudo está acabado é unicamente por mim. Pois bem, isso quer dizer que o canto do cisne antes de sua morte será deslumbrante. Se eu tivesse pedido que lessem a minha sorte nas cartas, sei que teriam visto nelas que diante de mim se abre uma estrada longa e talvez sem retorno. Ouvi hoje alguém tocar cravo e compreendi que eu era capaz de ir embora sem casaco nem chapéu, e caminhar, caminhar por longo tempo, por um tempo muito longo rumo ao desconhecido. Enviar-me-iam para lá uma mala contendo roupa de baixo para trocar, uma escova de dentes, uma faixa para manter a barriga quente e um limpa-unhas. As pessoas novas não me achariam encantador, mas uma coisa é certa, eu nunca mais retornaria à minha pátria[1].

Alguns anos mais tarde, em fevereiro de 1913, o poeta reúne em sua casa amigos e pessoas próximas, a fim de lhes ler *A Rosa e a Cruz*, sua última peça. Muitos escritores simbolistas se encontram lá, assim como Meierhold. Finda a leitura, este toma a palavra para expor as dificuldades da realização dessa peça poética. Blok anota então isto:

> Sua mulher o olha fazendo carranca, lhe faz admoestações, aperta-lhe as rédeas e ele se submete. Ao passo que, há quatro anos antes disso (Liuba me lembrou), ele viera me ver para me perguntar se não seria melhor se divorciar. Todo mundo a detesta, ela é, no entanto, inteligente e consciente de sua situação tão delicada; e ela a suporta com dignidade,

---

1 Carta de V. Meierhold a Ekaterina Munt (?) (27.11.1908), *Perepiska*, p. 122.

se ao menos, em tais circunstâncias e com tal "conservantismo", a dignidade tem um sentido[2].

Enquanto Blok e sua esposa concediam-se mutuamente grande liberdade, eles constatam, com surpresa, o conservantismo moral de Olga Meierhold. Se Blok compreende a situação difícil de Meierhold, sente em compensação forte irritação diante de suas posições estéticas. A confiança que ele lhe concedera por ocasião da encenação da *Barraca de Feira* cessou de fato de existir. Embora acompanhando com simpatia o trabalho de Meierhold no teatro da Komissarjévskaia, Blok começou pouco a pouco a afastar-se dele, sobretudo após as representações de *Pelléas e Mélisande*, em outubro de 1907. Ele declarou então que "tenta com todas as suas forças fazer Meierhold sair do pântano do modernismo"[3].

Após muitos anos de relações frias, os dois artistas reataram por volta de 1912, especialmente graças a Liubov Blok, que se tornara mecenas do teatro, depois de ter recebido a herança de seu pai, o cientista Mendeleev.

Nessa época, o poeta tem uma longa conversa com o encenador, uma dessas conversas em cujo transcurso o homem se põe a nu:

> *Meierhold.* Ele falou muito, disse muita coisa importante, mas a gente sente sempre nele esse oportunismo que Alexei Rêmizov havia reparado. Ele me declarou que eu passei a amar a "vida comum", mas a minha abordagem é diferente da de Stanislávski; estou mais perto dele do que durante minha passagem pelo teatro da Komissarjévskaia (pouco antes eu havia chegado a me entender com ele)[4].

O que mais irrita Blok é a capacidade de Meierhold de mudar de objetivo em seu trabalho artístico, sem que se saiba se ele é movido pela moda, pelo capricho, pelo desejo de pasmar ou por uma convicção profunda:

---

2 *Sobranie sočinenij v 8 tt.*, v. VII, p. 214.
3 Idem, v. V, p. 202.
4 Idem, v. VII (nota de 1.12.1912), p. 187.

Meierhold desenvolveu longamente toda uma teoria segundo a qual teriam confundido sua concepção do mundo (constituída de elementos proveniente de Hoffmann, da *Barraca de Feira* e de Maeterlinck) com seus procedimentos técnicos de *mise-en-scène* (a marionete). Ele se esforçou em me provar que estava mais próximo de Púschkin, isto do humano, do que muitos pensavam, eu inclusive. Esta confusão provém do fato de que, durante sua passagem pelo teatro de Komissarjévskaia, ele fora levado a montar várias peças em que esse lado "marionete" predominava. O teatro, segundo Meierhold, é um jogo de máscaras. O "jogo de rostos" que eu lhe opusera, e que ele chama o "jogo das emoções", seria para ele a mesma coisa, uma simples questão de vocabulário[5].

Na realidade os dois homens têm duas concepções opostas do teatro: de um lado, um espetáculo baseado no jogo, na farsa, no virtuosismo do ator, encarregado de maravilhar o público por suas proezas, por seu profissionalismo; de outro, um espetáculo em que, como em Stanislávski, o ator é o porta-voz ou, mais exatamente, o auxiliar do espectador, cujas emoções contidas ele exterioriza. Aqui, o teatro tem uma função quase terapêutica: se ele não pode tratar, ao menos pode causar ilusão por meio de um procedimento próximo da hipnose. Ao teatro revigorante, dirigindo-se a um público adulto e são, opõe-se um teatro interiorizado, que mergulha o espectador no arrebatamento da ilusão reparadora.

Mas, para Blok, não é o destino do teatro que é o essencial, porém a atitude para com a vida, as escolhas éticas. O teatro não é para ele senão uma vestimenta. Ele prossegue:

> Declarando isso, Meierhold confirmou mais uma vez que as palavras não têm importância para ele. Isto eu compreendo, em larga medida ele tem razão. *Mas* eu, eu penso que atrás das palavras, há ideias, atrás das ideias, os impulsos do espírito, atrás dos impulsos do espírito (que Meierhold, aliás, recusa no teatro), os impulsos do coração, e o coração, este é o homem. Nessas condições, *para mim fica* sem resposta a questão das duas verdades, a de Stanislávski e a de Meierhold[6].

5 *Izbrannie proizvenija v 6 tt.*, v. VI, p. 237.
6 Idem, ibidem.

Para Meierhold, a arte deve fazer economia do elemento racional (o espírito). Na arte nada de mediação intelectual, a gente passa diretamente do sentimento (o coração) para a expressão sensorial (o corpo). Assim se desenha uma concepção expressionista da arte do teatro em um encenador que, no entanto, nunca invocará a caução desta escola estética. Ele empregará, em compensação e abundantemente, o termo "grotesco" que é uma espécie de variante dela.

O diálogo prossegue, entretanto, e, na primavera de 1914, Blok anotará:

> Mal eu havia escrito tudo isso [a propósito de Meierhold] quando ele veio me encontrar e, após uma discussão difícil, chegou de repente a exprimir-se tão bem sobre si mesmo, sobre o que faz, que, pela primeira vez em minha vida, senti nele um homem vital, sensível, apaixonado... Pela primeira vez em minha vida, compreendi (ele mo explicou) seu ser em profundidade...[7]

Infelizmente, o poeta não confiou ao papel essas confidências. Terá ele percebido a paixão que ritmava a vida de seu interlocutor e cujo transbordamento baralhava necessariamente a imagem?

Quanto a Meierhold, sua amizade por Blok não está isenta de certa reserva. Quinze anos após a morte do poeta, ele expressará um julgamento mais sereno:

> O que lhes dizer de minhas relações com Blok? Muito complexas, mudando constantemente, sobretudo da parte dele. Após a *Barraca de Feira*, um frio estabeleceu-se entre nós, depois de várias retomadas, nós nos reaproximamos, até nos tornarmos íntimos, para nos afastarmos de novo um do outro, não tanto por questões de ordem pessoal, como por questões de fundo... Lendo a correspondência e os diários íntimos de Blok, fico surpreso com a gama das nuanças que traduz sua atitude a meu respeito: estima e juízos cáusticos, simpatia e frieza. Creio que isso se explica pelo fato de que, em me criticando, ele lutava contra si mesmo. Nós tínhamos muitos pontos em comum. Ora, jamais os nossos próprios defeitos não nos parecem tão repelentes do que quando os reencontramos em outrem. Tudo

---

[7] *Zapisnie knitžki*, Hudozestvennaja literatura. Moscou, 1965, p. 213-214 (nota de 6.3.1914).

o que Blok condenava às vezes em mim se achava igualmente nele, mas ele desejava desembaraçar-se deles. Aliás, isto eu não compreendia na época, e eu sentia por isso amargura porque tinha afeto por ele. Nós raramente discutíamos um com outro. Ele não sabia discutir. Ele dizia o que tinha a dizer depois de havê-lo carregado por longo tempo dentro de si e em seguida calava-se. Mas sabia escutar maravilhosamente, e isto é uma coisa rara[8].

Para o Doutor Daperttuto em eterno movimento, essas poucas paradas espirituais em casa de um poeta de consciência exigente constituíam pontos de ancoragem necessários.

Meierhold é cada vez mais solicitado: após o sucesso inesperado de *Dom Juan*, ele termina a temporada teatral com uma comédia de *boulevard*, *A Estalagem Vermelha*, do autor contemporâneo Iuri Bieliaev, enquanto se vê obrigado a retomar no Teatro Mariínski a encenação de *Boris Godunov*.

A temporada seguinte, 1911-1912, é mais carregada: Meierhold entrega-se a obras que exigem uma preparação minuciosa: *O Cadáver Vivo*, peça de Lev Tolstói encontrada entre seus papéis após sua morte, e *Orfeu e Eurídice*, de Gluck, que coloca na cena da ópera o mesmo problema de reconstituição histórica que a peça de Molière. No mesmo momento, o Doutor Daperttuto monta uma pantomima e organiza durante o verão atividades teatrais livres. Ele dá também a última demão no trabalho teórico em que consigna suas ideias sobre sua arte e que aparecerá em 1913 sob o seguinte título lacônico: *Do Teatro*.

As Obras Líricas: *Boris Godunov*

Meierhold e Golóvin foram encarregados de retomar a encenação de *Boris Godunov*, que havia conquistado, três anos antes, o público do teatro do Châtelet. Fica previsto que Golóvin introduzirá retoques de detalhe nos cenários que realizou para as

---

8 A. Gladkov, *Mejerhol'd*, v. II, p. 320.

representações parisienses. Quanto ao protagonista, Chaliápin, ele declara ao seu amigo Teliakóvski que aquele é para si mesmo o seu próprio encenador. Meierhold deverá contentar-se em regular as cenas de multidão que abundam na ópera de Mussórgski.

Para marcar com nitidez a distância que separa o tsar coroado de seu povo, Meierhold tem a ideia de instalar barreiras de um lado e do outro do tapete vermelho, estendido à saída da catedral da Assunção. Por ocasião do ensaio geral, o cantor, furioso, recusa esta inovação que, diz ele, lhe oculta as pernas e impedirá o público de admirar sua estatura.

Se Meierhold admira em Chaliápin o artista incomparável que constitui a síntese natural do gestual, da plástica e da expressão lírica, este último, por sua vez, sente apenas desdém por essas personagens supérfluas que são os encenadores, e considera que toda tentativa no sentido de reforçar a unidade do espetáculo por uma visão global é um ataque à sua personalidade. Na carreira de Meierhold como encenador, *Boris Godunov* ocupa, portanto, um lugar restrito.

Assinalemos simplesmente um acontecimento de caráter anedótico que testemunha a fermentação dos espíritos. Em 6 de janeiro de 1911, o tsar vem assistir à *première* da ópera. No fim da cena da alucinação, o público faz uma ovação ao cantor. Este volta ao palco para saudar e se vê subitamente cercado de todos os coristas que se lançam de joelhos, em direção do camarote imperial, e entoam o hino nacional: "Que Deus proteja o tsar…" Embaraçado e ignorando do que se trata, Chaliápin dobra os joelhos e se junta aos coristas. Tratava-se, na realidade, de uma manifestação concertada em apoio a uma reivindicação salarial. A opinião pública russa é, na época, demasiado crítica para dobrar-se a um monarca que decepciona seus partidários mais incontestes, daí por que o gesto de Chaliápin ser unanimemente condenado. Esta condenação marcará toda a sua vida de cantor, e ele procurará justificar repetidas vezes sua atitude, especialmente diante de seu amigo Górki. Assim, o sucesso de escândalo sobrepõe-se aos méritos próprios desta obra, que não será mais representada, pois Chaliápin deixa precipitadamente a Rússia, indo para a França onde sua glória não é submetida a tais eventualidades políticas.

Orfeu e Eurídice e Elektra

O preparo dos cenários se faz em segredo e ocupa toda a atenção de Meierhold e de seu amigo Golóvin, o qual trabalha à noite no grande ateliê organizado sob o teto do Teatro Mariínski. Auxiliado por Zandin e Almedingen, o cenógrafo dá a última mão na enorme tela de fundo para o ato do Eliseu. É uma maravilha de rendado tingido de um cinza azulado, amarelo limão e rosa antigo. Do alto de um estrado, Meierhold contempla com deleite a tela estendida no chão a seus pés.

Cada quadro é definido por um cenário diferente que ocupa todo o fundo, enquanto, no primeiro plano, cortinas fixas precedidas de duas grandes cortinas móveis em tule permitem concentrar os olhares em uma parte do palco.

Meierhold quer que a "lenda" de Orfeu seja sentida como se podia percebê-la no tempo de Gluck, em Paris do fim do século XVIII. A tonalidade geral cinza pérola deve traduzir a tristeza elegíaca do mito, obedecendo ao mesmo tempo a um ritmo rápido, de modo a salientar melhor os motivos primaveris e os acentos trágicos. Meierhold encomenda a Fokin um balé que associa os coristas aos bailarinos.

O espetáculo estreia em 21 de dezembro de 1911 e recebe uma acolhida entusiástica, como testemunha a crítica em *A Rampa e a Vida*. "A encenação da ópera de Gluck, *Orfeu e Eurídice*, no palco do Teatro Mariínski, causou sensação. Sentia-se uma unidade perfeita entre os objetivos do pintor […] e os do encenador […] e dos intérpretes […] Golóvin, Meierhold e Fokin merecem uma ovação"[9].

Quanto a Teliakóvski, ele nota:

> A sala toda estava repleta do elegante público das *premières*. No camarote imperial encontrava-se a tsarina Maria Fiodorovna e quase toda a família imperial. Todo mundo se mostrou muito satisfeito com a ópera, com a encenação e com a interpretação. A grã-princesa Maria Pavlovna desmanchava-se em cumprimentos. Após o décimo quadro, reclamou-se a

---

9 V. Basilevskij, Peterburgskie etjudy, *Rampa i žizn'*, n. 1, p. 13.

presença de Golóvin, Fokin e Meierhold que foram ovacionados. É o espetáculo mais bem-sucedido da temporada[10].

Esta obra constitui, para o encenador, um elo essencial entre o passado e o futuro. A versão apresentada em Paris, em 1774, pelo compositor, acentuava a tensão dramática da obra lírica, dando toda sua importância ao texto, desencadeando, assim, o movimento que conduziu à obra de arte sintética pregada por Wagner.

Com *Orfeu e Eurídice*, Meierhold empreende a síntese da herança clássica e da obra de arte do futuro. Esta obra se liga com toda certeza à corrente apolínea que considera que a arte é capaz de modificar a vida, impondo ao mundo o equilíbrio e a harmonia. O mito de Orfeu não será o da vitória da arte sobre as forças da morte, mesmo se, no fim de contas, o artista é privado do fruto de sua criação, pois lhe é vedado virar-se para contemplar o semblante daquele que ele arrancou das garras da morte?

Certo, a ópera de Gluck se limita a celebrar o triunfo do amor e não desenvolve o tema da separação final, terminando a obra por uma apoteose inteiramente teatral. Entretanto, o mito permanece subjacente e justifica o subtítulo de "tragédia-ópera" que Meierhold salienta. O segundo ato, com sua descrição dos sofrimentos das almas condenadas e o aparecimento das Fúrias, mergulha nas profundezas da condição humana. Por este viés Gluck abre o caminho para a concepção moderna da arte e seduz Meierhold pela audácia de sua ruptura. Reencontraremos neste último, em 1936, uma formulação mais acabada da natureza trágica da arte:

> Estimo que lá onde haja poesia, há obrigatoriamente o trágico; no trágico, a poesia está no seu paroxismo, porque o trágico é o conflito, a luta, a força monumental, a magnificência do homem, porque, se a gente suprimisse a palavra "sofrimento" desta terra, a vida seria tão enfadonha que nós iríamos todos imediatamente nos enforcar[11].

O combate entre as forças obscuras e o arauto da arte é ilustrado pela cena do segundo ato em que Orfeu se esforça para descer,

---
10 *Dnevnik*, ms., citado em K. Rudnickij, *Režisser Mejerhol'd*, p. 179.
11 V. Meyerhold, Meyerhold contre le meyerholdisme, *Écrits sur le théâtre*, v. IV, p. 39.

enquanto as Fúrias, agrupadas diante dele, tentam aterrorizá-lo. Com a ajuda de Fokin, Meierhold sintetiza esses dois movimentos em um só quadro grandioso:

> Quando a cortina se ergue o palco todo está recoberto de corpos imóveis. Os grupos, fixados nas poses mais estranhas, parecem tomados de convulsões provocadas pelos tormentos do inferno: eles se agarram aos rochedos que dominam os abismos (representados por alçapões abertos no palco). Enquanto isso o coro canta:
>
> Que alma vem errar nesses lugares
> Insensível ao medo...
>
> Todos esses corpos executam um só movimento lento, um terrível gesto coletivo, como à vista de um espetáculo pavoroso. Um único gesto acompanha a longa frase pronunciada pelo coro. Depois toda essa massa se divide em grupos distintos e se paralisa por alguns instantes, antes de se agachar lentamente e começar a rastejar. Todos aqueles que representavam as Sombras, a trupe de balé, o coro masculino e feminino, todos os alunos da escola de arte dramática e centenas de figurantes, tudo isto rastejava, movia-se, saía dos alçapões, escalava por sobre os rochedos ou, ao contrário, descia para se abismar nos alçapões[12].

Para não remanescer nesta visão de terror, a ópera termina em uma apoteose na mais pura tradição teatral. O trio final é cantado por Orfeu, Eurídice e o Amor que ocupam juntos a frente do palco sobre o fundo da cortina cinza, incrustada de pérolas e bordada de festões malvas. A um gesto do Amor, a cortina levanta-se e o esplêndido cenário da apoteose, em plano de fundo, aparece aos olhos dos espectadores.

É uma mesma fascinação pela tragédia que impele Meierhold e Golóvin a criar na Rússia a nova obra de Richard Strauss, *Elektra*, sobre a qual ele falou mais acima e que, de algum modo, a reforma de Glucz conduz a seu acabamento.

---

12 M. Fokin, *Protiv tečenija. Vospominanija baletmejstera. Stat'i pis'ma*, p. 500.

Do Teatro, Defesa *pro domo sua*

Não basta impor ao teatro a vontade unificadora do encenador. Cumpre ainda que este possa contar com atores capazes de apreendê-la a meia-voz, para interpretar obras exigentes e inéditas. O Doutor Dapertuttto reuniu ao seu redor atores que partilham de suas convicções para realizar experiências teatrais; ele abre, enfim, um curso de formação para o "teatro de amanhã".

O novo teatro está no centro da obra publicada no fim do ano de 1912, que Meierhold carrega dentro de si desde 1907. *Do Teatro* é uma série de reflexões em que o autor traça sua evolução desde a experiência capital do Estúdio; ela termina por um artigo programático intitulado "Barraca de Feira", em homenagem à peça de Aleksandr Blok que lhe "abriu os segredos da arte teatral", texto provavelmente escrito em Terioki, durante o verão de 1912, período particularmente rico em criações teatrais.

Esse texto, com ar de manifesto, desenvolve uma série de argumentos que Meierhold opõe aos do pintor e encenador Aleksandr Benois, convertido em pilar do Teatro Artístico. Ao mesmo tempo em que invoca a caução do teatro-templo, Meierhold declara-se adepto do jogo puro, da pantomima; ao ator "sacerdote", ele prefere a sua antítese, o ator "cabotino". Ele procura na verdade realizar a união dos contrários, fazendo do teatro um ato sagrado, como o preconizam Rêmizov ou Scríabin, mas introduzindo nele, concomitantemente, elementos de bufonaria, de jogo gratuito, sob o signo da comédia de máscaras. Esta oposição irá encontrar seu aprofundamento na segunda parte do artigo em que trata mais especificamente do jogo do ator. A este ele propõe como modelo o estilo da marionete e como conceito estético a categoria do "grotesco".

No que concerne à marionete, ele opera um duplo encaminhamento: longe de ser uma simples imitação do ser humano, a marionete pode tornar-se, para o homem, um modelo. Ela reivindica, com efeito, a autônima enquanto mecanismo perfeito que rivaliza com o vivente. Meierhold explica que a verdadeira marionete "não quer identificar-se completamente com o homem, porque o mundo que ela representa é o mundo maravilhoso da ficção, o homem que ela representa é um homem fictício, o tablado sobre o qual ela evolui é a tábua da harmonia em que estão dispostas as cordas de sua arte"[13].

Em seu trabalho de imitação, o ator há de ter a mesma abordagem descolada: o mimo não deve procurar imitar a vida, porém "arrebatar o espectador, para conduzi-lo ao país do maravilhoso, distraindo-o, durante o caminho, com sua técnica ofuscante"[14]. Jamais Meierhold se opôs tão ferozmente à técnica do "reviver", que é a base do sistema de Stanislávski. O ator dever ser duplo, ao mesmo tempo marionete e ser vivo: "Esta arte do camaleão, oculta sob a máscara imutável do comediante, traz ao teatro o encantamento de seu jogo de sombras e luzes"[15].

A essência do jogo teatral é nessa passagem parte constante de um plano em contrário, ao qual Meierhold dá o nome de "grotesco", termo mal definido cuja ambiguidade lhe será frequentemente censurada. Quando se analisa o conteúdo desse conceito, de que Meierhold fará doravante um uso desmesurado, constata-se que ele visa descrever uma visão do mundo que se escalona em três níveis diferentes.

Primeiramente, o "grotesco" é o único método válido para traduzir a feiúra da realidade cotidiana, da vida terra a terra. Para compreender nosso tempo, a cópia realista não basta porque se contenta em permanecer na superfície das coisas. O "grotesco" proporciona uma visão sintética da realidade e de seus movimentos profundos. "As grandes descobertas e todas as mutações possíveis da técnica e do espírito contemporâneos aceleraram de novo o ritmo do pulso mundial. O tempo nos falta, eis por que exigimos em toda parte brevidade e precisão"[16]. Em termos teatrais, dir-se-á que o "grotesco" é assegurado pela rápida passagem do trágico ao cômico e reciprocamente, da "cançoneta sentimental à sátira poderosa".

Em segundo lugar, o "grotesco" é uma escola estética que deu nascimento a obras específicas. Meierhold tenta levantar a lista

---

13 V. Meyerhold, Le théâtre de foire, *Du théâtre, Écrits....*, v. I, p. 190.
14 Idem, ibidem.
15 Idem, p. 172.
16 Idem, p. 197.

que se revela muito curta: o primeiro e o terceiro atos de *A Desconhecida*, de Blok nos quais se mesclam sonho e realidade; *O Intendente Ivan e o Pajem Jehan*, de Sologub, díptico doce-amargo de visada satírica; enfim as peças de Wedekind. "Nas peças que acabamos de citar, os atores fazem intervir um tipo de realismo que obriga o espectador a desdobrar-se, se ele quiser acompanhar o que se passa em cena". Essas obras, que ele qualifica de "grotescas", isto é, adequadas à realidade contemporânea, devem ser representadas com o emprego de uma técnica de jogo apropriada, que será precisamente a do "grotesco".

Em terceiro lugar: nós atingimos um nível no qual Meierhold se mostra avaro em precisões. Respigamos algumas indicações: o ambiente cênico deve ter um aspecto estético, o jogo dos atores deve submeter-se ao ritmo da música exterior ou interior. Na falta de indicações teóricas, Meierhold refere-se à sua prática: "Utilizei essa técnica quando montei *A Barraca de Feira*, de Blok, mas sem levá-la a seu termo. Com a *Echarpe de Colombina* e *Dom Juan*, eu me esforcei para fazer disso um uso mais sistemático"[17]. Seu esforço para definir uma estética geral não vai além desta definição: "A essência do 'grotesco' é levar constantemente o espectador a sair do plano de compreensão ao qual acaba de chegar, para fazê-lo penetrar em um plano insuspeito até então"[18]. Entrevê-se aí uma definição da arte moderna, que se propõe como objetivo assombrar o público e impedi-lo de satisfazer-se de um modo barato com seu próprio prazer.

As explicações teóricas do homem de teatro são sempre aproximativas e tornam-se confusas logo que ele tenta lançar-se na abstração, como ilustra a conclusão do artigo "Barraca de Feira":

> A alma do grotesco tornar-se-á a alma da cena: o fantástico se afirmará no jogo [teatral] com sua originalidade própria; ele terá aí a alegria de viver existente no cômico, assim como no trágico, [aí a alegria] do demoníaco na ironia mais profunda, do tragicômico no ramerrão da vida cotidiana; assistir-se-á ao desejo de denunciar a inverossimilhança das convenções, de proceder a alusões misteriosas, a substituições

---

17 Novye puti; beseda s Vs. Meyerhol'dom, *Rampa i žizn'*, 21.8.1911.
18 V. Meyerhold, *Écrits...*, v. I, p. 202.

e a transformações; torcer-se-á o pescoço ao sentimentalismo lacrimoso do romantismo. A dissonância se imporá como beleza e harmonia, e a realidade vulgar será sublimada em sua existência mesma[19].

A definição de "grotesco" está na origem de uma polêmica que opôs, em 1911 Meierhold e Valeri Bebútov, que o deixou para unir-se ao Teatro Artístico. Respondendo a um jornalista, Meierhold fala de seu antigo aluno que "se esforça em montar, com base em suas indicações cênicas, a peça de Púschkin *Cenas da Época da Cavalaria* em estilo grotesco"[20]. Isto aí sem levar em conta a suscetibilidade do jovem (com 26 anos na época). Usando de seu direito de resposta, ele especifica para a revista *A Rampa e a Vida*:

> Eu montei a peça de Púschkin não no "estilo grotesco", porém à "maneira grotesca". O estilo grotesco, no meu entender não existe. Há de fato o estilo Império, rococó, Pompadour, clássico, moderno etc., mas de modo algum o estilo grotesco... Coisa totalmente diversa é a "maneira grotesca"... O "grotesco", na sua dupla realidade trágica e cômica, foi criado por pintores e escritores como Goya, Callot, Hoffmann, Immermann, e não por homens de teatro. O grotesco não é um estilo, mas uma concepção do mundo em que a caricatura é transformada pelo solipsismo [sic] do autor, sua recusa do mundo. Este reparo é essencial. Daí deflui a autenticidade desta "maneira", sua recusa do falso e do amaneirado, que se constata no "grotesco teatral" de encenadores como Reinhardt ou Meierhold, por outro lado tão importantes e tão originais[21].

Para além da querela semântica, Bebútov une-se a Meierhold, vendo no grotesco uma filosofia estética. Talvez lhe censure somente o fato de escravizar-se aos ditames da moda, dando ao público o que este reclama, isto é, o artificial e a maneira?

---

19 Idem, ibidem. (Os colchetes inseridos referem-se à tradução brasileira. N. da T.).
20 Idem, ibidem.
21 V. Bebutov, Ešče o novyh putjah, *Rampa i žizn'*, 28.8.1911, p. 10.

Os Jogos de Terioki
(verão de 1912)

Meierhold aluga uma grande vila rodeada de um parque à beira do golfo da Finlândia, para passar aí o verão. Sua família se instala no rés-do-chão, diante de um belo terraço em que todos os convidados se reúnem para as refeições O primeiro andar é reservado aos atores convidados por Meierhold, membros da associação cultural Sociedade de Atores, Escritores, Pintores e Músicos. As representações previstas terão lugar na sala do cassino local para a alegria dos veranistas.

Os convidados vêm de Moscou (Valentina Vereguina e seu marido Nicolai Bitchkov) e de São Petersburgo (Liubov Blok, Andréi Golubev, companheiro de Ekaterina Munt, e outros antigos integrantes da Companhia do Novo Drama). Entre os escritores, Aleksandr Blok aparece repetidas vezes, Vladímir Piast e Mikhail Kuzmin são *habituées*. Os pintores são Nicolai Sapúnov, o jovem Iuri Bondi, acompanhado de seus irmãos e irmãs, e um personagem pitoresco e jovial, o médico militar Nicolai Kulbin, animador de um movimento de contestação radical, o cubo-futurismo. Inseparável de Meierhold, seu discípulo do momento, Vladímir Soloviov, jovem erudito treze anos mais moço do que ele, que conhece tudo sobre *Commedia del'Arte*.

Meierhold decide montar a pantomima *Arlequim Casamenteiro*, escrita por Soloviov (sob o pseudônimo de Wolmar Luscinius). A vivacidade dos *lazzi*, os reflexos dos atores submetidos à liberdade da improvisação constituem uma formação incomparável para libertá-los do teatro da palavra e da verossimilhança. A temporada começa, portanto, com essa pantomima em um cenário de Kulbin, que utiliza os emblemas da comédia de máscaras, o leque, a meia máscara de cetim, o tamborim, com uma lua amarela no fundo. Já representada com entusiasmo em São Petersburgo em novembro de 1911, e depois no apartamento de Sologub no começo de 1912, a obra de Soloviov parece ter esgotado seus encantos. O Arlequim desenhado por Sapúnov sobre a bandeira que flutua no frontão do teatro parece inteiramente triste.

Infelizmente, a desgraça atinge a jovem companhia: em 14 de junho, Sapúnov se afoga durante um passeio de barco, semeando a consternação nessa trupe despreocupada. Meierhold, que compartilhara tantas alegrias e dificuldades com o pintor, fica particularmente transtornado: se Golóvin responde por seu lado luminoso, Sapúnov compreendera seu outro lado, atormentado, revoltado.

Outra reprise, *A Devoção à Cruz*, em um ritmo muito mais rápido do que na Torre de Ivánov. O cenário de Iuri Bondi é simples, com uma dominante de azul e de branco. Mas o interesse de todos é desperto por uma outra comemoração. Em homenagem a Strindberg, que acaba de morrer, Meierhold decide montar *Crimes e Crimes*. Em sinal de luto, o quadro da cena ficará envolto em uma fita negra. A peça trata do problema do artista (o pintor Maurice) dividido entre a sua companheira, a doce Jeanne, e sua amante, a impetuosa Henriette. O triângulo clássico aparece aqui como a resultante de forças obscuras, o destino ou o inconsciente a dirigir os seres humanos à sua revelia. Blok encontra aí os "traços de uma tragédia de Sófocles". Ele aprecia grandemente a representação que julga "autêntica", pois "a vida da alma é aí transmutada na linguagem das fórmulas matemáticas..." e teve a impressão de "ver relâmpagos ziguezagueando sobre o fundo de nuvens muito negras"[22].

Os cenários se devem a Iuri Bondi: o fundo é constituído de transparências sobre as quais se destacam, em sombras chinesas, as silhuetas do cenário; árvores para o jardim e consumidores sentados em mesinhas de café. As personagens atuam no fundo da cena, na proximidade dessas transparências, e elas se adiantam na direção do público quando devem exprimir seus pensamentos íntimos, suas reflexões sobre os acontecimentos a que assistem impotentes. Se até então Meierhold utilizou o proscênio como meio de aproximar o ator do público, aqui o procedimento desemboca no efeito oposto: colocado perto da rampa coberta de negro, envolvida pela obscuridade, o ator parece abandonar a ação para fechar-se em si mesmo, ignorando inteira e notadamente a plateia a seus pés.

---

22 A. Blok, *Sobranie sočinenij, v. 8tt*, v. VIII, p. 399.

Mas é a pantomima que continua sendo o gênero preferido de Meierhold, na medida em que ela permite conservar o espírito festivo que deve presidir o jogo teatral. Ele próprio escreve o cenário, *Os Amantes*, ideia que lhe veio ao contemplar na revista *Apollon* a reprodução de uma obra do pintor espanhol Anglada Camarasa. Essa imagem se associa em seu espírito à música dos dois *Prelúdios*, de Debussy, vizinhos pelo tema e contemporâneos na escritura. A partir daí cria um espetáculo encantador que faz reviver as lembranças de Vereguina:

> Havia seis personagens: Mgeubrob, o rabequista, Donskoy e Bitchkov, cavaleiros-pajens, Vereguina e Vissotskaia, as damas. Dir-se-ia que, pela música, o rabequista fazia brotar os pares de apaixonados. Estes se formavam simetricamente à esquerda e à direita da cena. Os cavaleiros-pajens tinham nas mãos uma guitarra na qual fingiam tocar; encetava-se então um diálogo mudo. Assim como no caso dos amantes, as palavras mais banais encerram uma multiplicidade de significações, ternura, dúvida, ciúme, simples alegria de se rever etc.; do mesmo modo a pantomima traduzia em movimentos todas as nuances de um diálogo sentimental. É dessa corrente subterrânea que nascia, em grande medida, o encantamento que se sentia e que os imitadores de Meierhold não conseguem criar... A corrente subterrânea passava pela música tanto quanto pelo desenho totalmente exterior de nossos movimentos. No centro, permanecia – solitária – a mulher abandonada, que não havia encontrado um amante apaixonado. O fluxo dos movimentos partia do centro, dessa personagem solitária, e se comunicava aos pares situados nos lados e cujos gestos ganhavam então em densidade, em complexidade. O diálogo mudo tornava-se mais intenso para transformar-se às vezes em um esboço de dança imediatamente interrompida, que dava lugar mais uma vez ao diálogo[23].

Todos os elementos da visão de mundo de Meierhold acham-se aí condensados: oposição entre o amor partilhado e as angústias da solidão, técnica de jogo físico em que o movimento é ritmado pela música e confina, com a dança, a interioridade que se manifesta apenas pela expressividade dos gestos e das mímicas.

---

23 V. Vereguina, *Vospominanija*, p. 178.

Escola de Arte Dramática

As lições de Terioki serão aproveitadas para esse ensinamento sobre os mistérios do teatro com o qual Meierhold sonha há muito. No outono de 1913 ele realiza enfim o seu projeto de abrir uma escola teatral. Sua ambição de criar por esse meio os servidores do novo teatro é sustentada por Liubov Blok.

Meierhold aluga para tal fim a sala Pavlova, no número 13 da rua da Trindade, para aí instalar a mui oficial Escola de Arte Musical e Dramática de Vs. E. Meierhold, que será apelidada simplesmente de Estúdio Meierhold. Os cursos aí são dados três vezes por semana, no fim da tarde. A revista *O Amor de Três Laranjas* (título de uma peça de Carlo Gozzi) é o órgão do Estúdio do qual participarão todos os animadores e professores. Desses frágeis pequenos cadernos, ornados de uma elegante capa de Golóvin, emana um encanto indizível. Meierhold cerca-se de colaboradores que são seus discípulos: Iuri Bondi, o pintor, que deu provas de sua qualificação em Terioki, e seu irmão Serguêi Bondi, músico, que se tornará um célebre professor de letras da universidade de Moscou; Mikhail Gnessin, músico e compositor; Vladímir Soloviov, o especialista do teatro de máscaras; e Konstantin Vogak, escritor.

Mikhail Gnessin retoma, em colaboração com Serguêi Bondi, as experiências de melodeclamação empreendidas de 1908 a 1910, mas seu ensinamento exige conhecimentos musicais que faltam à maioria dos alunos. Seu curso se interrompe ao fim de um ano (1913-1914).

O curso de Vogak intitula-se Técnica da Declamação em Verso e em Prosa. Trata-se de um curso tradicional de dicção, mas concebido segundo a óptica meierholdiana. A ideia subjacente é que se não se pode ensinar a um ator o jogo da atuação, pelo menos é possível fazê-lo tomar consciência dos meios técnicos de sua arte.

Iuri Bondi aparece como o porta-voz ideal de Meierhold, capaz de exprimir com clareza e elegância as ideias essenciais do Mestre. Ver-se-á, assim, aparecer sob a assinatura de ambos um artigo intitulado "Barraca de Feira"[24], publicado em 1914 na revista

---

24 Retomada do título do artigo que figura na coletânea *Do Teatro*.

do Estúdio. O curso de Bondi intitula-se: Estudo dos Acessórios Utilizados nas Representações Teatrais, Construção, Decoração e Iluminação do Espaço Cênico, Costumes, Maquilagem e Manejo dos Objetos, fato que poderia ser resumido em quatro termos: cenografia, maquilagem, figurinos e acessórios. Embora se trate de um curso de formação de encenadores, Meierhold julga que o ator deve ter também noções de encenação.

Quanto a ele, ministra o curso principal denominado O Movimento Cênico, que se propõe a desenvolver no ator uma tomada de consciência da realidade de seu corpo situado no espaço cênico, manejando acessórios em combinação com o corpo dos outros atores.

Este ensinamento é completado pelo de Vladímir Soloviov, consagrado às "técnicas de jogo da *Commedia dell'Arte*", gênero que não tem segredos para ele:

> Era um caráter fantástico que dava ao Estúdio uma atmosfera inigualável e seus cursos eram apaixonantes. Ele próprio executava grande parte dos movimentos, inventava cenas... Nós aprendíamos com ele elementos de encenação, de jogo do ator, de técnica teatral. Nós aprendíamos os fundamentos das personagens da *Commedia*, a dança de Bérgamo, a marcha dos "Cruzados", as paradas, os intermédios, a configuração geométrica do lugar cênico, a maneira de exprimir a recusa, a combinação do par e do impar, os jogos de teatro etc. Não se tratava, pelo estudo da *Commedia*, de uma restauração, era um meio, e o meio mais rico de toda a tradição teatral, graças ao qual se pode aprender as leis do teatro e a prática da técnica teatral[25].

No outono de 1914, o Estúdio muda de endereço e se instala na rua Borodin (Borodinskaia), a despeito da guerra: os homens são mobilizados, segundo a classe convocada, e as mulheres (com elas, Liubov Blok) se engajam como enfermeiras. Em 12 de fevereiro de 1915 ocorre a primeira audição pública do Estúdio, que apresenta entre outras a peça de Cervantes, *A Gruta de Salamanca*, em uma tradução que se devia ao dramaturgo Aleksandr Ostróvski.

---

25 A. Gripič, Učitel' sceny, em L. D. Vendrovskaja (org.), *Vstreči's Mejerhol'dom*, p. 122-123.

Os anos 1915-1916 é de crise. Num de seus acessos de cólera, que lhe são familiares, Meierhold se desavém com a família Bondi. Os dois irmãos, desde o outono, cessam de participar das atividades do Estúdio, logo seguidos por sua irmã Natália. Depois é a vez de Soloviov romper com o diretor do Estúdio. Vogak é mobilizado. Em 1916, aparecem os últimos números de *O Amor de Três Laranjas*. O Estúdio vacila em suas bases, refletindo os sobressaltos de uma época trágica para o país.

Os anos de 1916-1917 vê Meierhold esforçar-se ao extremo a fim de manter o empreendimento, enquanto seus alunos se queixam da falta de professores. O mestre se reconcilia com os irmãos Bondi que aceitam retomar seus lugares no Estúdio. Quanto a Soloviov, ele é substituído por Serguêi Radlov, que fará a seguir uma carreira na encenação. Os cursos prosseguem mais ou menos até o fim da temporada (março de 1917), que coincide com advento de uma nova Rússia e a abdicação do tsar, com a formação de um governo provisório e a concretização tímida da esperança longamente acalentada de uma república democrática e social.

Conquanto não fosse formalmente dissolvido senão em 1918, o Estúdio cessa sua atividade desde a primavera de 1917, pois Meierhold dedica então toda a sua energia à reforma da cultura. Dando fim à existência do governo provisório, o golpe de 1917 suprimirá as manifestações de liberdade, da qual aquele fora o garante. Persuadido de que o novo poder saberá canalizar as aspirações do povo à cultura, Meierhold se oferece para pôr de pé a implantação de teatros populares em todo o país. Para tanto é preciso formar um exército de animadores competentes. Não é ele, Meierhold, o mais indicado, dada a sua experiência e o seu entusiasmo revolucionário, para assegurar essa formação? Ele abre, no verão de 1918, um Curso Profissional de Encenação, que é de fato a continuação do defunto Estúdio.

Mas, à ligeireza, à liberdade do Estúdio, organismo privado com base na solidariedade cultural e que não hesitava em inovar, sucede uma estrutura financiada e, portanto, controlada pelo poder político, destinado a formar esquadrões de encenadores recrutados em função de suas convicções mais do que de suas capacidades. Na sala da rua do Milhão onde ele doravante professa, Meierhold se entrega, em 1918-1919, a um novo ensinamento para ele, mas para o qual toda a sua experiência anterior o preparou: a formação acelerada de encenadores.

Em maio de 1919 ele deixará Petrogrado, onde reina a fome, para recobrar as forças na Crimeia. Por ocasião da partida do mestre, os alunos do curso organizam um baile à fantasia nas dependências da seção teatral local. O fantasma da *Commedia* renasce em uma cidade esfaimada, angustiada e como que alienada de si mesma: Meierhold comparece a esse baile fantasiado de Pierrô...

Ele confia provisoriamente a direção do curso a Serguêi Radlov, persuadido de que iria retomar a tarefa no outono. Na realidade, Meierhold termina aí uma etapa de vida iniciada em 1906. Vindo a São Petersburgo para criar obras simbolistas no Teatro Dramático de Vera Komissarjévskaia, ele ficou, durante dez anos, ligado à sorte dos teatros imperiais. As subversões que a Rússia testemunha agora não deixarão de ter consequências sobre a evolução da cultura e da criação teatral, assim como sobre o destino pessoal de Meierhold.

O Programa do Estúdio

Nós estamos pouco informados sobre a maneira como Meierhold concebia seu ensinamento. Pode-se falar, por oposição a Stanislávski, de uma ausência de sistema. Cumpre, portanto, reconstituir de modo pragmático o desenvolvimento dos trabalhos do Estúdio, graças ao testemunho de alguns de seus alunos.

O artigo "Barraca de Feira", publicado em 1914, no segundo número da revista do Estúdio, é um hino ao ator, este ser dotado de um fluxo vital e de uma energia interior que só demandam exteriorizar-se, competindo ao encenador canalizá-los e coordená-los de maneira a extrair daí uma obra artística. É à descrição desse ator, senhor de seus meios e tomado pela alegria da existência, que é consagrado o artigo em questão, sem que, no entanto, o texto entregue nenhum segredo sobre a sua formação. A pessoa nasce ator, não se faz ator.

O texto banha-se em uma atmosfera de melancolia poética própria de Aleksandr Blok, e dois versos seus abrem o artigo: "*Minha* barraca de feira. *Meu* costume de ouropéis multicores./ *Meus* rocins fúnebres. *Meus* cantos de além-mar"[26].

Os maravilhosos ouropéis cênicos voltaram a ser os miseráveis farrapos da realidade. A estrada é lamacenta, a cerração espessa, o "rosto de Arlequim está ainda mais pálido do que o de Pierrô". No entanto, os histriões, transportados por sua carroça de trupe errante, estão prontos a entrar em ação, logo eles serão de novo criadores de metamorfoses e exprimem nesses versos a exaltação que é a deles e que os torna senhores de um reino imaginário. São personagens de Callot, mestre desse estilo "grotesco" que é para Meierhold sinônimo de modernidade. A gravura intitulada *Os Boêmios*, conservada no Ermitage, caracteriza os histriões tão caros a Aleksandr Blok, com a seguinte legenda: "Esses pobres indigentes repletos de boas-venturanças/ Não trazem nada consigo senão coisas futuras".

O artigo tenta imaginar o que será o novo ator, personificação do novo homem: ele desempenha o papel do "perfeito maquinista" de Hoffmann e desnuda a maquinaria teatral, cujo interior ele faz ver "como o de um piano despojado de suas tampas por um afinador meticuloso". Não é por um fútil desejo de derrisão, é para tornar-se senhor do material cênico, recusar a frustração criada pelos cenários em perspectiva e adotar a visão metafísica dos desenhos de Jacques Callot. A personagem que importa está lá, diante da cena, os outros se encontram, no momento, no fundo do palco; são os "anões fantasmas", seres que são "para nós algo de familiar e de estranho ao mesmo tempo". São personagens "grotescas", "o Doutor com seu clister debaixo do braço, Esmeraldina com seu tamborim ou Odoardo que executa molinetes com seu sabre". Eles constituem uma espécie de pano de fundo; com sua imaginação, o espectador reduz sua silhueta a

---

26 V. Meyerhold, *Du théâtre, Écrits...*, v. I, p. 246.

uma espécie de cabeça de alfinete cuja única função é valorizar o ator principal que está no primeiro plano, sempre em movimento, assumindo as poses que lhe são encomendadas, alternadamente as máscaras de Célio (o jovem galã) ou de Trufaldino (o criado jeitoso); ele se empeteca com um falso nariz, faz ressoar seus guizos e corre para enrolar-se nas pregas do "casaco de Arlequim", o bem nomeado.

Os autores dão livre curso à sua imaginação para descrever o teatro futuro ao qual eles tendem, e esse novo ator que não é outro senão o homem por excelência.

O novo teatro é um pavilhão em forma de capitel no qual reinam o clarão das velas e o encantamento da música. Os espectadores entram aí livremente, o palco está decorado com biombos como no teatro japonês. Os atores que aí se apresentam têm movimentos estilizados e uma dicção melodiosa como no teatro Nô.

O novo ator não depende mais de ninguém, nem sequer do encenador que é simplesmente um guia, um preceptor que conhece as tradições do teatro e suas leis e assegura sua transmissão àquele que deve recuperar sua estatura real. Ele não depende tampouco do autor, pois este não é para ele o poeta que a humanidade espera, este é o ator. Saltemos um passo: por uma reviravolta inesperada, esse poeta, ele pertence a todo homem do devir: "Aqui os atores estão em toda parte, no palco assim como na sala". Não por um nivelamento funesto, mas, ao contrário, porque cada um será fiel à sua vocação de homem. É que "ninguém pode entrar nesse lugar, o teatro, sem ter deixado primeiro no vestuário seu traje social e envergado sua vestimenta de ator". Assim se efetua a diferenciação entre a vida cotidiana e o mundo sagrado no qual penetra o criador.

O ensino de teatro é ao mesmo tempo um ensino do sentido da vida. A cidade não tem necessidade de homens de Estado, mas de atores inspirados. Para chegar a essa sociedade ideal, Meierhold efetua obra pedagógica, dando aos atores e ao público de seu tempo os meios para sua libertação. Como o "perfeito maquinista" de Hoffmann, ele se empenha em fazer descarrilar o curso das coisas, a ação esperada, para deixar entrever, com o tempo de um raio, a verdade oculta atrás da personagem, da máscara, da aparência. Ora, não há verdade sem a conquista da liberdade.

Enquanto Stanislávski se inspira na psicologia de Théodule Ribot para compreender os mecanismos psíquicos do ator, Meierhold confia à imaginação o cuidado de cultivar a teatralidade e se coloca sob o patrocínio malicioso de Ernst Theodor Hoffmann.

O "Perfeito Maquinista" de Hoffmann

Esse "perfeito maquinista", ao qual se identifica o ator do novo teatro, quem é ele? Encontramos suas descrição no relato do mesmo nome que Hoffmann atribui ao diretor de orquestra Johannes Kreisler. A gente fica sabendo que o verdadeiro "maquinista" de teatro não deve apagar-se diante do autor cujo "maldoso desígnio é enlaçar o espectador em enganosas ilusões e distanciá-lo do mundo real"[27]. Sua divisa deve ser "Guerra ao poeta e ao músico". Segue-se uma mistura heteróclita de preceitos com vistas à destruição da ilusão teatral e que decorrem da filosofia da desordem.

O maquinista deverá constantemente denunciar ao espectador a ilusão teatral, multiplicando o recurso ao artifício. Em vez dos sons reais dos "ruídos", ele preferirá a "sonoplastia"; assim, o trovão será expresso por um rufar de tambores. Ele cultivará o alogismo até o absurdo:

> O pano de fundo deve ser desprovido de portas e formar o mais vivo contraste com os cenários fixados: no meio de uma solitude coberta de rochedos, uma perspectiva de ruas, ou no meio de um templo, uma floresta sombria prestarão assim excelentes serviços[28].

Meierhold desestabiliza o ator, prevendo riscos de desmoronamento durante os monólogos ou as cenas de efeito,

---

27 E. T. A. Hoffmann, *Fantaisies dans la manière de Callot*, p. 90.
28 Idem, ibidem.

pois, além do fato de que a atenção do espectador é absolutamente desviada da situação poética, a *prima donna* ou o *primo uomo*, que se encontravam precisamente nesse momento em cena e que correram o perigo de serem gravemente feridos, podem ainda suscitar no público uma simpatia maior e mais sensível, e quando, depois disso, os dois cantam – em falso evidentemente – grita-se: "A pobre mulher, ou o pobre homem! É efeito da angústia que ele sentiu!" e o aplaudem firmemente[29].

Essa manobra de desvelamento do avesso do cenário introduz a perturbação, suscita o lapso e o ato falho no ator. Admirar-se-á nele menos sua técnica do que sua personalidade, isto é, sua capacidade de reagir em uma situação improvisada. Libertado por um instante das máquinas e da identificação com seu papel, o ator livra, por seu turno, o espectador da adesão à falsa aparência. O objetivo do "perfeito maquinista" não é tornar o ator ridículo, porém denunciar a falsa autenticidade de seus sentimentos de empréstimo, a fim de entregá-lo a si mesmo. Em uma palavra, o maquinista deve "distrair o espectador das personagens da ficção a fim de dirigir sua atenção sobre a pessoa dos atores". A encenação é crítica da encenação, desvelamento do homem que se esconde sob o ator. Durante um instante, a ficção se revela em sua realidade, julga-se ver um ator e percebe-se um homem.
Tal é a lição que Meierhold saca de Hoffmann. Tal é, em filigrana, o programa da escola de teatro, do Estúdio de Meierhold.
Diferentemente dos professores habituais de arte dramática, Meierhold não ensina, pois, o jogo do ator para interpretar a comédia. Ele procura despertar e desenvolver a capacidade de improvisação.

Certo número de alunos do Estúdio ficava indignado com sua afirmação de que não deviam sentir, porém atuar, somente atuar. Isso foi entendido como uma incitação a dar ao papel uma interpretação fria e mecânica. Mas não era isso de modo algum o que ele pretendia. Meierhold não parava de falar da alegria que o ator deve experimentar enquanto está

---

29 Idem, p. 92.

atuando, embora recusando ao mesmo tempo todo estado de histeria[30].

Em outros termos, o ator não deve ser possuído por seu corpo, suas emoções, sua personagem, ele deve ser constantemente senhor de seus meios e aí encontrar seu prazer supremo, mesmo quando toda a máquina teatral vacila ao seu redor...

A Formação do Ator

O trabalho do Estúdio é essencialmente prático: os alunos interpretam estudos para começar, depois extratos de pantomimas e no fim do ano realizam espetáculos completos. Num total de uma centena, eles formam um grupo de uns cinquenta novatos, não muito assíduos, aos quais se junta o "núcleo", alunos avançados distinguidos pelo Mestre e os "confirmados", que são atores profissionais.

O curso de Meierhold se realiza com base em exercícios físicos, devendo o ator adquirir o domínio de seus movimentos e de seus deslocamentos. Trata-se, em primeiro lugar, de uma tarefa individual, que implica o conhecimento dos recursos espaciais da área de jogo: "O preceito de Guglielmo: *partire del terreno*, saber adaptar-se ao lugar atribuído ao ator. Movimento em um círculo, em um quadrado, em um triângulo. Movimento em interior e ao ar livre".

Mas o movimento não se realiza apenas no espaço, ele põe em jogo a dimensão temporal, pois deve desenrolar-se em um tempo dado, com um ritmo dado. Para serem feitos, esses exercícios se desenvolvem, como em um curso de dança, com acompanhamento de piano. De repente, Meierhold atrai a atenção de seus alunos para o fato de que o ritmo dos movimentos não deva seguir o da música, mas, ao contrário, opor-se-lhe.

Movimentos e fundo musical. Diferença de função desse fundo musical em Loie Fuller, em Isadora Duncan, em suas

---

30 V. Vereguina, op. cit., p. 197-198.

continuadoras (interpretação psicológica das obras musicais), no melodrama, no circo e nas variedades, no teatro chinês e japonês. O ritmo como suporte do movimento. A música constitui sempre o esboço do movimento, esteja ela efetivamente presente no teatro, ou se trate de uma música imaginária, trauteada interiormente pelo ator em cena[31].

Para concluir a respeito dessa escola do movimento, que é preliminar a todo ensinamento, Meierhold resume o seu propósito:

> O ator, de um lado, familiariza-se com o fundo musical onipresente e, de outro, adquire o domínio de seu corpo no espaço, situando-o com precisão, conforme a lei de Guglielmo; ele possui então a magia do ritmo teatral, ao mesmo tempo em que aspira brincar (*jouer*) como uma criança. A alegria torna-se o elemento sem o qual ele não pode viver, mesmo quando morre em cena[32].

A partir daí o ator deve aprender a partilhar o espaço e o tempo com seus parceiros. Aqui é que os procedimentos da *Commedia* se tornam insubstituíveis, e que o curso de Vladímir Soloviov assume toda a sua significação. O ator deve situar-se em relação a seus parceiros, em função de seu número e da importância de cada um. A oposição entre o par e o ímpar representa para Soloviov "uma das mais importantes leis teatrais, a supor que o teatro obedeça a leis".

Os *lazzis*, esses jogos de cena semi-improvisados, por cujo intermédio o ator se dirige diretamente ao público, têm aqui o seu inteiro lugar. Meierhold e Soloviov compõem "estudos", isto é, sainetes de temas variados.

> O tema vai se desenvolver sob os olhos dos espectadores, não em função da vontade de um autor, mas a partir:
> 1. da improvisação dos gestos e da mímica;
> 2. de diversas combinações de posições sempre renovadas;
> 3. de um acordo profundo dos atores entre si a partir das indicações do ator-encenador[33].

---

31 V. Meierhold, Programa dos Cursos, *O Amor de Três Laranjas*, n. 1, p. 62.
32 Idem, ibidem.
33 Idem, ibidem.

A gramática do jogo do ator consiste em ligar os paradigmas que são os *lazzis* por meio do sintagma que é o ritmo musical cuja melodia envolve as diferentes fases da ação. Para desenvolver a habilidade corporal necessária à boa execução dos *lazzis*, os alunos devem adquirir o domínio dos gestos elementares.

O estudo é, por sua vez, integrado em uma pantomima, pequeno espetáculo completo. Assim a "pantomima da caça", que servirá para treinar todas as "gerações" do Estúdio e que compreende em especial um estudo denominado "A Caça", ele mesmo composto de gestos elementares, dentre os quais o mais conhecido é "o tiro de arco". Gripich especifica: "Muitos desses exercícios e estudos se tornaram 'clássicos' e foram incorporados em seguida ao ensino da biomecânica"[34].

Citemos o "Cenário mudo de duas cenas de *A Tragédia de Hamlet*, príncipe da Dinamarca: a. cena da feiticeira e b. a loucura de Ofélia".

Esse tema de estudos é típico do procedimento de Meierhold que não hesita em transformar em pantomima uma obra canônica. Com, não obstante, uma tentativa de justificação: as obras-primas conservam sua "teatralidade", mesmo se elas são transformadas.

> Toda obra dramática, com a condição de conter verdadeiramente a aura mágica sem a qual não há teatralidade, pode ser reduzida a um esquema elementar, mesmo com supressão temporária das palavras, que não são mais do que uma ornamentação aplicada sobre a armadura do cenário; [...] a ação representada de maneira esquemática [...] é capaz de emocionar os espectadores por seu autêntico perfume de teatralidade. Por quê? Porque o cenário resulta das leis fundamentais do teatro em sua essência[35].

Devemos uma descrição detalhada desse estudo a Vereguina que sublinha a importância do jogo corporal dos atores:

---

34 A. Gripič, op. cit., p. 125.
35 Idem, n. 6-7, p. 110.

Sobre o palco superior encontravam-se Hamlet, Ofélia, Polônio, o rei Cláudio, a rainha Gertrudes e toda a corte. Os atores empregados no intermédio estavam situados no proscênio, para baixo. Grey (é o nome da atriz que interpretava o rei Cláudio) chegava pela porta de entrada da sala, avançava pela passagem situada no meio da plateia e imitava, exagerando-o, o andar de um criminoso a caminhar com passos sorrateiros. Ela vertia então seu veneno no ouvido do rei adormecido. Assim, a ação, começada no nível superior, desenvolvia-se no proscênio, depois saltava para trás com a entrada de Grey que abria caminho através da sala, o que criava um efeito de choque. O conjunto era dominado pela silhueta de Hamlet que, com seu livro na mão, dizia algumas palavras a sua mãe, a Ofélia e, sobretudo, aos atores. Tudo isso era da maior concisão, mas é possível às vezes, em cena, com um olhar ou um amplo sinal de cabeça, exprimir muito mais do que com toda uma tirada. Lembro-me ainda da curva harmoniosa e atormentada de seu pescoço, da maneira como ela segurava as mãos, a palma para baixo como alguém que abre caminho através de uma natureza hostil, os gestos inesperados, como que ditados por uma presença invisível[36].

A arte da improvisação é paradoxalmente desenvolvida na pantomima. A liberdade triunfante da primeira deve se derramar na disciplina implacável da segunda.
Arlequim Casamenteiro, de Soloviov é promovido ao grau de espetáculo de estudos, a meio caminho entre o exercício e a representação diante do público. Arlequim é um dançarino, que deve ter uma silhueta muito elegante. Ele entra em cena para explicar ao público que Pantaleão, seu amo, é um homem de uma avareza sórdida, que o condena a morrer de fome. Ele efetua então um *lazzi*, isto é, põe-se a apanhar moscas e as engolir com deleite, degustando uma pata após outra. É então que Esmeraldina faz sua entrada, trazendo-lhe um bolo como prova de amor. Arlequim exprime sua alegria com novos *lazzis*. O diálogo é muito sucinto, o que dá livre curso à pantomima.
No interior do quadro rítmico delimitado pela música, os atores estão livres para improvisar e dar prova de virtuosismo.

---

36 V. Vereguina, op. cit., p. 212.

Eles deviam estar em condições de mobilizar instantaneamente suas faculdades psíquicas e físicas. Nesse sentido correspondiam às propostas dos adeptos do futurismo italiano. Quando Marinetti, criador desse movimento, veio visitar os futuristas russos de São Petersburgo, Meierhold o acolheu em seu Estúdio (janeiro de 1914), e procedeu diante dele a uma demonstração do virtuosismo de seus alunos, mostrando-lhe a pantomima sobre o tema de Hamlet. Encantado por reencontrar Meierhold, que ele conhecera em Paris no ano anterior, Marinetti ficou muito impressionado com o talento dos alunos do Estúdio, com seu jogo preciso e rápido.

Intermédio Parisiense
(Verão de 1913)

Enquanto o Estúdio se encontrava ainda em gestação, Meierhold foi sondado, com recomendação de Leon Bakst, por Ida Rubinstein, belíssima atriz russa instalada em Paris. Após uma passagem pelo Teatro Artístico de Moscou, ela dera prosseguimento ao seu aprendizado na França, Alemanha e Itália. Dispondo de considerável fortuna pessoal, pensara criar seu próprio teatro às margens do Neva, ligara-se por uma amizade apaixonada com Isadora Duncan, fizera dança, depois se indispusera com ela. Serov, para quem posara nua, valorizara seu corpo anguloso coroado por uma cabeça expressiva. Ela encomendara a Gabriele D'Annunzio uma peça de encanto decadente, cujo papel principal ela interpretará: *A Pisanela ou a Morte Perfumada*. Pediu a Fokin para dirigir as danças da peça, cuja música de cena é confiada a Ildebrando di Parma.

Meierhold aquiesce à honra de montar essa peça no célebre teatro do Châtelet, na mesma ocasião em que Diaghilev inaugura o teatro inteiramente novo do Champs-Élysées. *A Sagração da Primavera* acaba de alcançar aí um êxito sulfuroso. Meierhold sentirá muito orgulho em comunicar à sua mulher que, no dia da *première*, as receitas de bilheteria de *A Pisanella* foram mais elevadas do que as da *Khovantchina*, levada na mesma noite em outro teatro.

Em suas lembranças, que contribuíram tanto para restaurar a memória mortal da cultura russa, Ehrenburg resume de um modo lapidar, porém tendencioso, toda esta aventura:

> [Meierhold] veio a Paris a convite de Ida Rubinstein para montar *A Pisanela*, de D'Annunzio em companhia de Fokin. Nessa época eu conhecia mal as realizações cênicas de Meierhold, mas sabia que D'Annunzio era um frasista e Ida Rubinstein uma rica senhora, sequiosa de sucessos teatrais. Em Paris, Vsévolod Emílievitch travou amizade com Apollinaire, que aparentemente compreendeu, de imediato, que o importante não era nem D'Annunzio, nem Ida Rubinstein, nem os cenários de Bakst, mas a confusão espiritual do jovem encenador petersburguense[37].

Encontrava-se Meierhold efetivamente em plena desordem espiritual na época de sua estada em Paris? Nada permite afirmá-lo. Em todo caso, o trabalho é para ele um remédio contra a melancolia. Um crítico o descreve em ação:

> No palco ensaia-se; obstinados, pacientes, os atores recomeçam. No meio deles, brandindo um manuscrito, a cabeleira revolta, o olho em flama, uma personagem se agita, aprova ou reprova, interpreta todos os papéis seja na voz, seja no gesto, encoraja, anima, indica, explica, encena: é M. Vsévolod Meierhold... É preciso ter visto esses artistas empenhados em adivinhá-lo, em compreendê-lo, maravilhados com sua faculdade de entusiasmo e com a novidade de seu ensinamento. M. Meierhold é um milagre da vontade[38].

Aos trinta e nove anos, está em plena posse de seus meios e impressiona todo mundo por seu ar de juventude: "Quando os atores viram aparecer esse homem jovem, delgado, um pouco desengonçado, mas de cabeleira loira, flamejante como uma mancha clara, ele lhes foi simpático pela luz que iluminava sua fronte e pela expressão sutil de sua fisionomia"[39].

---

37 I. Erenburg, Staršij drug, em L. Vendrosvkaja (org.), *Vstreči...*, p. 352.
38 É. Henriot, *Comoedia*, 8 de junho de 1913.
39 M. George-Michel, *Comoedia*, 19 de maio de 1913.

Apesar da dificuldade que ele tem para dirigir uma peça passando pela mediação dos intérpretes, Meierhold consegue insuflar sua energia nos artistas e nos figurantes. Ele prevê uma estrutura em três níveis: o proscênio recoberto de um tecido branco e ouro; o meio do palco limitado por cortinas cênicas de Bakst; e, enfim, a parte posterior da cena fechada pela cortina de fundo. Mas as dimensões do palco do Châtelet são tão grandes que as palavras pronunciadas a partir do fundo são inaudíveis. Meierhold modifica, portanto, sua encenação e renuncia a tirar proveito de toda essa profundidade no jogo da interpretação. Se o êxito é manifesto no tocante a todo o aspecto visual, a parte sonora deixa a desejar, especialmente devido às faltas na dicção cometidas por Ida Rubinstein e ao caráter convencional da música. A distribuição compreende os melhores atores da época, como De Max no papel do príncipe e Suzanne Munte, no da rainha.

A Pisanela ou a Morte Perfumada, que rendeu a seu autor um cachê de 75 mil francos, é uma variação sobre a lenda da Vênus da Ilha, escrita em uma língua que pasticha o velho francês. A bela escrava maléfica, que o rei de Chipre quer tornar sua amante, atravessa a cena de cores muito vivas para acabar sufocada sob montes de rosas vertidas sobre ela pelos escravos núbios no curso de uma dança extática.

A estreia deu-se em 10 de junho; foi um acontecimento mundano assistido por personalidades como Maurice Barrès, Serguêi Diaghilev, Deutsch de la Meurthe, Mme Colette Willy, Paul Ginesty, Maurice Rostand, Paul Fort, Mme Georgette Leblanc ou Léon Blum. A crítica foi favorável a este espetáculo, que será apresentado dez vezes no total.

Meierhold aproveitou para estabelecer contatos. Tendo chegado em 21 de abril, parte de volta em 2 de julho, o que lhe dá tempo de se impregnar da vida da capital francesa. Ele não é um desconhecido nos meios teatrais, pois Jacques Rouché lhe consagrara um capítulo em sua obra, *L'Art théâtral moderne* (A Arte Teatral Moderna), publicada em 1910, em que apresentava um panorama dos inovadores da cena: Stanislávski, Meierhold, Fuchs, Appia e Craig. No reencontro, Meierhold dedica-lhe um exemplar da coletânea *Do Teatro* e encontra nele um ouvinte atento. escreve Meierhold à sua mulher:

Ele me interrogou sobre *A Casa dos Intermédios*, bem como sobre *A Echarpe de Colombina*, e se queixou da falta de encenadores. Ele me mandou dizer que ouvira muitas coisas interessantes a respeito do meu trabalho de encenação divulgado por atores que haviam trabalhado comigo e no seu teatro[40].

Infelizmente Meierhold chegou a Paris em mau momento: o Teatro das Artes que Rouché dirigia acaba de fechar as portas, ao passo que o do Vieux-Colombier, que o substituirá na cena de arte na França, abrirá suas portas somente no outono. Em compensação, trava conhecimento com Apollinaire. Eles vão juntos ao circo Medrano que deixa Meierhold deslumbrado. Ele escreve, mais uma vez à sua mulher: "[Trata-se] do verdadeiro circo, com todas as tradições do passado (caráter italiano). Foi muito divertido... Como eram engraçados os palhaços, com aquelas cabeleiras, com aqueles burricos... havia muito tempo que eu não ria tanto![41]"

Não lhe foi possível, lamentavelmente, encontrar Picasso, que partira para o campo. Marinetti, entretanto, publica, em 29 de junho, no *Figaro*, seu panfleto "A Antitradição Futurista". E Meierhold assiste a uma de suas conferências. Ele estabelece laços com o poeta italiano, laços que se reforçarão alguns meses mais tarde, quando da visita de Marinetti ao Estúdio Teatral.

Meierhold visita o ateliê de Boccioni, completando seus conhecimentos sobre a arte futurista italiana, e lembra-se de sua estada na cidade dos doges, três anos antes, onde todo mundo falava do famoso lançamento de folhetos do alto da torre do Relógio em que Marinetti, Boccioni e Russolo reclamavam a destruição da Veneza dos mercadores e dos turistas e saudavam o próximo reino da eletricidade que "livraria Veneza de seu luar de fancaria".

Não obstante, a impressão mais forte é a que lhe deixa Anglada. Meierhold sente-se feliz por ter encontrado o pintor espanhol cujos quadros lhe inspiraram a pantomima *Os Amantes*. Ele se sente também à vontade em um cabaré espanhol de Mont-

---

40 Carta de V. Meierhold a Olga Munt (22.5.1913), citada em N. Volkov, *Mejerhol'd*, v. II, p. 285.
41 Idem, ibidem.

martre, La Fiera. Argentinos celebram aí, justamente, sua festa nacional e manifestam essa alegria espontânea que parece ter abandonado os outros cabarés: "O tango é uma dança notável, mas é preciso vê-lo dançado por argentinos. Havia lá um casal que bailava tão bem que se podia permanecer horas olhando-o. Uma mulher cantou duas canções espanholas acompanhando-se com a guitarra. Meu Deus, como era maravilhoso![42]"

Ele vai à Comédie-Française e constata aí os mesmos defeitos que nos teatros imperiais. "Comédia tagarela. Os atores excelentes, mas por que representar isso?", tal é a reação que lhe suscita *Vouloir*, de Gustave Guichês.

O Artista e a Sociedade

A estada de Meierhold em Paris terá sido, apesar de tudo, frutuosa e rica em impressões artísticas. O que o interessa, acima de tudo, são as manifestações periféricas da teatralidade, do circo, do cabaré, da pintura, todos aqueles elementos em que sua imaginação se alimenta em seguida para elaborar o teatro do nosso tempo.

Na Rússia também, onde foge dos meios mundanos, Meierhold se mantém à parte de tudo o que não segue no sentido de sua pesquisa. Ele sofre certamente de um sentimento de inferioridade devido à sua condição de pequeno-burguês (*mechtchanin*). No mundo extremamente hierarquizado de seu país, ele está embaixo na escala, ainda que sua arte seja apreciada pelos grandes. Cúmulo de humilhação, os atores dos teatros imperiais têm, eles, o privilégio de serem nobilitados.

Ele não podia, entretanto, ignorar a vulnerabilidade desses "saltimbancos" de cujo rol fazia parte. Nijinski fora despedido em 24 horas dos teatros imperiais porque a imperatriz viúva Maria Fiodorovna achara inconveniente sua vestimenta de cena. Alguns dias depois, o deputado nacionalista da Duma, Purischkevitch,

---

[42] Idem, ibidem.

denunciava violentamente o monopólio dos judeus no teatro e debulhava uma longa lista de nomes em que se pode respigar os nomes de Lunatchárski, Sologub, Andréi Biely ou Iuschkévitch, mas não o de Meierhold.

Será somente graças à revolução democrática de fevereiro de 1917 que as barreiras sociais e étnicas serão suprimidas. Meierhold pertencerá então à aristocracia dos "homens de teatro". Não obstante, no momento da criação de *Dom Juan* um crítico se indigna de ver "um grande de Espanha posto a ridículo por um judeu". Mais do que a imputação de ser judeu, o que Meierhold teme é a acusação de ser alemão. No momento em que as tormentas da guerra se acumularem, ele multiplicará as manifestações de patriotismo, considerando, como muitos intelectuais, que a guerra contra a Alemanha é um episódio da luta eterna contra a barbárie e a traição. A viagem à França reforçou sua convicção da existência, através das fronteiras, de uma solidariedade entre os homens de cultura ligados aos valores fundamentais do humanismo. A guerra será a ocasião de pôr à prova a função do artista na sociedade.

Tradução: J. Guinsburg

7. A Guerra dos Sete Anos I: Com Frescor e Alegria (1914-1916)

A cidade trepidante ouviu como em sonho
A voz de baixo titubeante do canhão
E do oeste vem uma neve vermelha
Pedaços de carne humana desprovida de nome.

Maiakóvski

A Guerra Contra os Impérios Centrais

O ano de 1913, tão rico em acontecimentos artísticos, zunia de telegramas nas chancelarias. A Europa roçava os conflitos, persuadida de que se sairia deles graças a uma conferência internacional. Era não ter em conta a vontade de alguns de levá-los à luta e negligenciar o acaso da faísca, que poria fogo na pólvora dos paióis. Esta chispa seria acesa por um sérvio; provinha de um país do qual a Rússia se sentia próxima pelas origens, pela língua e pela religião e cuja proteção ela assegurava.

A vida artística das capitais está no auge. Meierhold se propõe montar, no Teatro Alexandrínski, *A Rosa e a Cruz*, drama místico em versos, situado por Aleksandr Blok na França da Idade Média, mas as primeiras reações dos censores eclesiásticos são negativas. Sentindo a necessidade imperiosa de montar obras de Blok, ele opta então por retomar a *Barraca de Feira* e juntar-lhe *A Desconhecida*. O espetáculo será apresentado nos locais do Instituto Tenischev, célebre escola particular. Começando por *A Desconhecida*, a sessão prossegue com um intermédio jocoso e depois com essa nova versão de *A Barraca de Feira*.

A primeira peça é tratada no espírito da comédia italiana, com uma mistura de bufonaria e de ternura. As três personagens principais contrastam, por sua elegância e sua sinceridade, com as figuras secundárias, cujos narizes postiços deixam um sentimento de mal-estar e criam uma impressão de irrealidade bufona.

Ao fim da peça, a dona da casa, interpretada por Liubov Blok, volta ao salão à procura da visitante desconhecida e exclama à vista do Poeta e do Astrólogo, que ficaram a sós na penumbra: "Ah, esses jovens! Vocês a esconderam de mim em alguma parte, minha pequena Mary!", ao mesmo tempo em que os ameaça com o dedo à guisa de brincadeira. Nesse momento vê-se brilhar, de súbito, uma estrela na janela, é a Desconhecida que retomou sua forma primeira... As velas, que os ajudantes de cena seguram na mão à altura da rampa, extinguem-se todas de uma vez, enquanto se ergue, presa a varas de bambu, uma cortina azul que mascara pouco a pouco o salão inteiro. Descobre-se então que essa cortina é um tecido pontilhado de palhetas faiscantes, realização visual da indicação do autor: "a capa azul do Homem está semeada de estrelas de neve". Este simples detalhe cênico basta para tornar perceptível ao público a metamorfose poética que a peça tem por base.

Enquanto os espectadores continuam mergulhados no encantamento ao qual esta fantasia os arrastou, Meierhold os reconduz bruscamente à realidade, mas à realidade do teatro. A pessoa é transportada como por encantamento a uma praça pública, na Veneza de Carlo Gozzi. Sobre a pista da arena teatral precipitam-se prestidigitadores chineses, fazendo mil cambalhotas, efetuando malabarismos com facas, sabres e punhais. Vestem indumentárias negras bordadas de ouro, desenhadas por Iuri Bondi. O público fica fascinado com sua destreza. A enternecida emoção sentida durante a representação de *A Desconhecida* desaparece instantaneamente e se deposita nas camadas mais profundas da consciência.

Mal os prestidigitadores desaparecem sob os aplausos do público, aparecem os ajudantes de cena, trazendo toalhas cheias de laranjas, laranjas de verdade. Tirando-as do monte, lançam as frutas sobre os espectadores meio amedrontados, meio maravilhados com esta agressão. Um bruaá e um rebuliço incríveis seguem-se, destinados a tirar o público de seu estado de letargia. Gritos e gestos de defesa constituem um antídoto alegre para a tentação da contemplação passiva. Após esse intermédio, que desempenha o papel de entreato, a cortina se levanta sobre a cena dos Místicos, pela qual se abre a *Barraca de Feira*.

Sete anos após a sua primeira encenação no Teatro Dramático, a visão desta *pochade* surge inteiramente renovada; ela empresta do cabaré e do circo. O anfiteatro foi esvaziado de suas cadeiras, os espectadores encontram-se unicamente no balcão. A área livre foi transformada em arena, recoberta por um tapete azul com um simples estrado, no fundo, como em um teatro de feira. O jogo da atuação se desenvolve em dois níveis: no chão, como no circo e sobre o tablado, como no cabaré. Recorreu-se sistematicamente aos ajudantes de cena: vestidos de quimonos azuis claro, a face oculta por meia máscara, eles se movem agilmente por entre os atores para deslocar os acessórios ou ainda iluminá-los, erguendo varas de bambu ornadas com uma lanterna.

Alguns consideram esta versão superior à primeira:

> *Barraca de Feira*, cuja terna ironia chama o estilo grotesco, é representada com muita elegância e talento. Cabe assinalar o cortejo de máscaras (desenhadas por Bondi) com a encantadora música de Kuzmin, que chega sufocada não se sabe de onde... E depois, no fim, os *souris grises* da cena [os funcionários] deslizam sem ruído pela sala, para arrumar os elementos do cenário; seguem-se aplausos nutridos, vigorosos, e o autor e Meierhold são chamados à cena [...] Claro, há ainda muitos pontos pouco satisfatórios, inacabados, que a imprensa mal intencionada vai apontar amanhã...[1]

---

[1] A. Čebotarevskaja, *Dnevnik pisatelej*, n. 2, p. 37, 1914, citado em N. Volkov, *Mejerhol'd*, v. II, p. 207.

Para Mguebrov, as máscaras da cena do baile lembram estranhamente aquelas que impressionaram tanto os espíritos em *A Echarpe de Colombina*:

> Lembro-me de nossa entrada em cortejo no proscênio, turbilhão de máscaras de papelão, as mais variadas, estranhamente escolhidas, estranhamente desenhadas e realizadas em papelão-massa ao qual Meierhold havia dado vida. *Barraca de Feira*, de Meierhold, é papelão transfigurado, uma cascata de papelão-massa de inspiração ao mesmo tempo bufona e feérica[2].

Tudo é reabsorvido em um imenso grito de desespero apenas temperado por uma ironia decapante.

Como Gripitch observará mais tarde, o futuro diretor do teatro da Revolução, "na nova versão... Meierhold pôs a nu, abertamente, brutalmente, a mediocridade da vida toda, denunciando a mistificação romântica que lhe serve de para-vento[3]".

Ele ficará impressionado pela continuidade manifestada entre esse espetáculo e aqueles que Meierhold montará após a revolução: áreas de jogo situadas em níveis diferentes, emprego de máscaras, predominância do grotesco, participação do público. "Antes de pôr um ponto final em seu período pré-revolucionário, pela brilhante criação de *Baile de Máscaras*, Meierhold experimenta em seu espetáculo da peça de Blok novos caminhos que o conduzem a novas pesquisas: as que deviam desabrochar após a grande revolução socialista de outubro, a partir de materiais dramáticos de outra ordem[4]".

Um dos principais argumentos utilizados pela propaganda do novo regime consistirá em fazer crer que nada existia na Rússia antes de 7 de novembro de 1917. A carreira de Meierhold traz um desmentido a esta afirmação, tanto mais quanto ela abordará a época revolucionária com uma prática de vinte anos de teatro.

Ao mesmo tempo em que monta o espetáculo da peça de Blok, para aferir suas intuições mais recentes, prossegue o trabalho de preparação da grande obra empreendida em 1911, esse *Baile de*

---

2   A. Mgebrov, *Žizn' v teatre*, v. II, p. 268.
3   A. Gripič, *Učitel' sceny*, em L. D. Vendrovskaja (org.), *Vstreči s Mejerhol'dom*, p. 135.
4   Idem, p. 137.

Máscaras que, de simples reprise de um texto clássico do repertório russo, converter-se-á pouco a pouco em um trabalho de construção e desconstrução de toda máquina teatral. Meierhold o transformará igualmente em uma oportunidade de submeter à crítica a ordem social. Apresentando na cena um retrato da Rússia do tempo de Nicolau I, ele denuncia a ilusão de uma idade de ouro, a do romantismo, e põe em guarda contra a tentação utópica de um passado ideal.

Quando em 18 de julho de 1914 (a.s., ano secular) a Alemanha lança um ultimato à Rússia, muitos estão ainda persuadidos de que se trata de novo episódio da guerra diplomática, que opõe a Entente aos impérios centrais. Grande número de russos encontra-se em vilegiatura no exterior, inclusive na Alemanha, e eles ficarão retidos no lugar com o anúncio da declaração de guerra que ocorrerá no dia seguinte.

Uma vaga de sentimentos antigermânicos percorre a Rússia, espantada por se ver em conflito com um povo que ela sempre admirou profundamente, por sua cultura e por seu senso de organização. Os russos apressam-se a dar à sua capital o nome de Petrogrado, de consonância eslava.

São Petersburgo manifesta, nesse período que antecede a sua queda, um gosto exacerbado pelas festas, pelos cabarés, pelos bailes de máscara, pelas fantasias, pelas reconstituições históricas. É justamente seu embevecimento com o teatro italiano que participa desse mesmo frenesi pelo jogo de sombra e luz. O parentesco da capital russa com Veneza não escapou à percepção dos contemporâneos, como testemunha o estranho mito relatado por Vereguina:

> Segundo uma profecia de Carlo Gozzi, o teatro fantástico que se desvaneceu no mar deve um dia abordar as margens setentrionais... e é em São Petersburgo que este evento se produzirá. Esse teatro de outrora será aí irreconhecível, ao luar das noites brancas, inteiramente outro será aí o som de seu guizo, inteiramente outro o brilho das peças multicores de que é feito o seu mantô, as próprias máscaras assumirão outra significação. Com sua sabedoria profunda e seu humor, o Norte conferirá ao teatro de outrora um novo conteúdo[5].

5 V. Vereguina, *Vospominanija*, p. 202.

Testemunha privilegiada desta época, a poeta Anna Akhmatova evoca, em seu *Poema sem Herói*, seus fantasmas do ano de 1913:

> Vocês se enganam: a Veneza dos doges,
> É ali... Mas as máscaras,
> Os mantôs, os cetros e as coroas,
> Vocês precisam hoje deixá-los na entrada...[6]

Na peça *Baile de Máscaras*, de Lérmontov, passa o sopro do destino. Ao mesmo tempo em que aí se exibem todos os encantos de uma vida de prazeres frívolos. Esse contraste fascina Meierhold: "No mundo demoníaco de seus dramas, Lérmontov desenvolve, em cenas em rápida sucessão, a tragédia de personagens desesperadamente ocupadas em vingar sua honra ultrajada ou convulsivamente tomadas pela loucura do amor, no ambiente do círculo fatídico de jogadores, dos assassinatos cometidos em meio de lágrimas e risos a ressoar após o homicídio"[7].

A partir de 1911, Meierhold e seu cenógrafo Golóvin dedicarão, todos os anos, vários meses à elaboração desta peça cuja realização definitiva terá lugar seis anos mais tarde, em 1917!

A Rússia em Guerra. *Mademoiselle Fifi*

A história conhece uma aceleração sem precedente neste império russo que parecia tão sólido e que se desmoronará em alguns dias. É verdade que bastava a amplitude das derrotas militares para condenar um regime que não era capaz de preservar o país dos golpes do inimigo.

No início das hostilidades a Rússia é arrebatada por uma onda de entusiasmo patriótico. A boa sociedade organiza espetáculos de gala, cujos lucros são destinados aos combatentes nos front. A seguir os russos se acomodam na guerra e, de 1915 a 1917, o país se interroga sobre seu destino e mergulha em seu passado. Sobrevêm,

---

6 *Poème sans héros*, p. 50.
7 *Les Auteurs dramatiques russes* (1911), *Du théâtre, Écrits sur le théâtre*, v. I, p. 161.

então, perturbações e discórdias internas, marcadas pelas revoluções de 1917 e pela guerra intestina que dilacera a Rússia. Uma modificação tão radical das perspectivas conduz notadamente a uma reflexão sobre a função e o estatuto da arte e da cultura, em uma sociedade que se desagrega e que tateia em busca de um novo equilíbrio.

O primeiro a realizar um espetáculo patriótico é o teatro Suvorin. Esta sala particular, fundada no fim do século XIX por Alexei Suvorin, diretor do jornal *A Palavra Russa*, dramaturgo e grande amigo de Tchékhov, foi reaberta por sua viúva, a atriz Anastássia Suvorina. Ela recorre a Sudéikin para os cenários de uma adaptação de *Mademoiselle Fifi*, novela em que Maupassant relata um ato de resistência contra os alemães durante a guerra de 1870. Meierhold dirige o espetáculo que obtém um franco sucesso. Alguns dias mais tarde, ele apresenta outro espetáculo de gala em cujo transcurso os hinos nacionais dos Aliados são tocados em várias reprises. Assiste-se, então, a uma ruidosa ovação em honra dos embaixadores da Grã-Bretanha e do Japão e do ministro da Bélgica. Este último é particularmente aclamado pelo público, que obriga quatro vezes à repetição de a *Brabançonne*: a violação da neutralidade da Bélgica pelas tropas do Kaiser era considerada pela opinião pública russa como um ato especialmente odioso.

O teatro Suvorin prepara em seguida *A Pátria*, de Victorien Sardou, seguida de um *divertissement* confiado a Meierhold: *A Apoteose do General Branco*. Esse espetáculo, que faz eco aos sentimentos pan-eslavistas largamente difundidos na Rússia, celebra o apelo lançado em 1882 pelo general Skobelev. Ele é ilustrado por projeção de filmes de atualidades. Meierhold inaugura aí uma técnica da qual fará largo uso nos anos de 1920.

Em 6 de setembro é a vez de a Casa do Povo organizar um espetáculo patriótico sob a direção do ator Khodótov, do Alexandrínski. Kuprin e Sologub leem aí obras escritas para a circunstância. O título escolhido, *Nesses Dias*, é o do relato de Kuprin. Sologub intitula o seu *O Belga*. No decorrer da mesma *soirée*, são reapresentadas em sucessão *Mademoiselle Fifi* e *A Apoteose do General Branco*, o que presta testemunho do embevecimento que estas representações suscitam.

Os teatros imperiais não podem permanecer à parte de tais manifestações. No sábado, 20 de setembro, a cantora Lipkovskaia organiza no Teatro Mariínski um espetáculo de beneficência para "as vítimas de guerra, os soldados e suas famílias". Esse espetáculo de gala (o preço dos lugares é de cem rublos, o equivalente então a um salário mensal), compõe-se de várias obras, que não têm nada de patriótico: um balé, *Flautas Noturnas*; uma peça em um ato de Ryjkov, *Desejado, Mas Não Esperado*; uma ópera em um ato, *O Segredo de Suzana*, de Wolf-Ferrari; e um balé, *Divertissement*.

Meierhold foi encarregado, com a ajuda de Sudéikin, de montar a ópera de Wolf-Ferrari. Uma vez que os compositores dos impérios centrais foram postos no índex, a escolha incide naturalmente em um compositor de estilo alemão, mas de nacionalidade italiana.

O pretexto que serve de trama a esta obra é ralo: a condessa Suzana se pôs a fumar sob a influência de seu criado negro. Descobrindo um cheiro de cigarro no budoar de sua esposa, o conde lhe faz uma cena de ciúme. Mas Suzana não tem dificuldade de se justificar, selando assim a reconciliação dos esposos.

A crítica censura ao compositor certo excesso de peso da textura musical e um modernismo exagerado em algumas passagens, tais como o emprego de acordes de terça aumentada para pontuar o ciúme do conde. O papel de Suzana está a cargo de Lipkovskaia, que une às suas qualidades de cantora as de atriz. O mais singular é que o papel do negro mudo, desempenhado por Meierhold, merece elogio por "seu estilo 'grotesco', cômico e expressivo"[8].

A predileção de Meierhold pelas composições mudas, em que se desenvolve a arte da plástica, encontra de novo matéria para manifestar-se. O fato de se tratar de um papel mudo em uma obra lírica ajunta algo de picante a esse desempenho. Uma vez mais fica colocado o problema da tradução do ritmo musical na plástica corporal.

8 Karatygin, *Reč'*, 22.9.1914.

O Triunfo das Grandes Potências

Não querendo ficar devendo no caso, Suvorina obtém a sala do Teatro Mariínski para nele montar um novo espetáculo patriótico, cuja receita é destinada ao equipamento de um hospital militar. A peça de resistência se deve à pena de Bobrichtchev-Púschkin, o diretor administrativo do teatro Suvorin. Esta obra em dois atos e cinco quadros, intitulada *O Triunfo das Potências*, requer a presença de duzentos figurantes. De novo recorre-se ao *tandem* Meierhold-Sudéikin.

Através de uma série de cenas de ocupação e de combates, os alemães, apresentados de maneira caricatural, são finalmente vencidos pelos Aliados. Para celebrar esta vitória, uma grandiosa apoteose serve de final; por sua amplitude e seu estilo, ela prefigura as revistas de propaganda que florescerão a partir de 1918.

> Na primeira cena (o quartel-general alemão), a declamação grandiloquente do ator não combina com sua indumentária e sua maquilagem, que visam criar um efeito de exagero cômico. Achado interessante: um panorama móvel feito de silhuetas recortadas representa a população civil perseguida pelos alemães; do mesmo modo com respeito ao ataque dos cossacos sobre o fundo do sol levante... Mas a apoteose é a parte mais bem-sucedida do espetáculo. O cenário de Sudéikin, cheio de cor e alegria, conseguiu combinar motivos de ícones e do simbolismo ingênuo das *images d'Épinal* russas (os *lubki*). O encenador construiu uma pirâmide humana, constituída de diversas nações e cheia de expressividade, apesar de seu caráter simétrico.
>
> Curtas tiradas alternam com o canto dos hinos nacionais. Aplausos particularmente entusiásticos saúdam a loira Rússia (Sra. Sorokina) e a patética Bélgica (Sra. Roschtchina-Insarova). É impossível ouvir daí por diante a *Brabançonne* sem emocionar-se[9].

Essa representação alcança tamanho êxito que ela é reapresentada regularmente no Circo Moderno, onde permanecerá em cartaz até 4 de janeiro.

9 A. Levinson, *Reč'*, 13.10.1914.

Meierhold participa tanto mais intensamente dessas atividades quanto deseja fazer esquecer suas origens. Com efeito, a pretexto do patriotismo, os alemães mesmo russificados começam a ser perseguidos. Além do mais, Meierhold quer estar do lado daqueles que fazem a história e participa, portanto, mui naturalmente do esforço de guerra. Sua arte quer estar ao compasso das subversões que sacodem esses milhões de habitantes, arrastados por um destino cujos ardis eles ainda não percebem.

O entusiasmo com a expectativa da vitória cede bem depressa o lugar à amargura e ao medo. Logo ocorre o desastre de Tannenberg, durante o qual exércitos inteiros são aniquilados ou aprisionados, levando o acuado general Samsonov ao suicídio.

Nesse conflito, em que a Rússia quer arrebatar à Alemanha a tocha da civilização, não é possível deixar de perguntar-se por que o destino é tão contrário às suas armas. Os apóstolos da negação dos valores, da luta de classes, da renúncia começam a atuar na sombra. Um ano mais tarde, em agosto de 1915, no momento em que as tropas russas recuam nas frentes de luta na Polônia e na Galícia, Lênin e Zinoviev, participando da conferência socialista de Zimmerwald, lançam a palavra de ordem da transformação da guerra "imperialista" na "guerra civil revolucionária".

Um Cenário Patriótico: *O Fogo*

Impelido por este elã, Meierhold deseja tornar-se dramaturgo. Em colaboração com Vladímir Soloviov e Iuri Bondi, ele passa à escritura e elabora *O Fogo*, que é mais um cenário do que uma peça. A obra foi em vão inscrita, já em 5 de dezembro, no repertório do Teatro Alexandrínski; ela permanecerá nas gavetas. O ano de 1915 não é levado ao entusiasmo e a Rússia duvida de seu destino.

Contando oito quadros e uma apoteose, *O Fogo* situa-se em um Estado europeu mítico (a Bélgica), vítima de invasores cruéis e cínicos. Trata-se do combate da civilização contra a barbárie. O general, que é o comandante-chefe do exército inimigo, dá provas de seu cinismo e de seu desprezo por seus adversários:

> Vocês não passam de carneiros e nós lhes provaremos que somos a nação mais forte, os mais civilizados e os mais humanos. Ah!, Richard Wagner, eis um gênio! Enquanto vocês, o que vocês têm?... E Berlim! Que cidade extraordinária! É tempo desta cidade incomparável tornar-se a capital do mundo![10]

O caráter dramático da ação é acentuado pela presença de uma personagem enigmática que, tal como o Desconhecido do *Baile de Máscaras*, aparece em quase todos os quadros, a cada vez revestida de uma máscara diferente, e cuja intervenção permite alcançar o triunfo depois que ela desaparece. Vestida de um simples "costume de viagem", ou disfarçada de oficial inimigo, Marie Delarme é essa personagem misteriosa que assegurará, por sua coragem, o triunfo. A apoteose com a qual termina a peça remete à estética barroca, recondicionada ao gosto do dia e que se adapta inteiramente à retórica guerreira:

> No primeiro plano... um amontoamento de objetos, canhões, estandartes, fuzis, sabres, capacetes e couraças. No centro, sobre um montículo, repousa o corpo de Marie Delarme, gravemente ferida. Ela perdeu a consciência. Envolta na bruma, que sobe do solo ainda fumegante, esta cena fica mergulhada em uma penumbra ainda mais acentuada pela luz brilhante que jorra do segundo plano[11].

É, com efeito, esse segundo plano o lugar em que se dá a apoteose propriamente dita, com suas vinhetas de Callot, suas colinas dominadas por um arco do triunfo. O general aliado entra em cena à frente das tropas vitoriosas. E tudo acaba em uma exibição de movimentos e cores. Em um quadro voluntariamente anacrônico:

> Saindo dos bastidores, uma floresta de lanças e uma multidão de estandartes flutuando ao vento.

---

10 V. Mejerhol'd, V. Solov'ev i Ju. Bondi, "Ogon", *Ljubov' k trem apel'sinam*, n. 6-7, p. 48.
11 Idem, p. 44.

E eis o fogo de artifício! Os foguetes estouram no céu, formando um leque deslumbrante de gotas nacaradas.
Do alto descem, acionadas por máquinas, nuvens em que duas figuras alegóricas anunciam ao mundo, com suas trombetas de ouro, a grande nova, a vitória[12].

À maneira barroca, a cena reconstitui o macrocosmo: embaixo a terra mortífera e fumegante, no meio o júbilo de uma vitória idealizada, no alto a participação das divindades neste triunfo que se transforma em um acontecimento em escala cósmica.

Em uma entrevista dada em setembro de 1914 ao jornal *As Novidades da Bolsa*, sob o título "A Guerra e o Teatro", Meierhold declarava:

> Nós atores [...] somos doravante capazes de prestar ouvido aos batimentos de pulso do público, desse público com o qual eles vivem em comunhão, persuadidos que a hora da vitória está próxima. Não será esta uma ocasião ideal para instituir um verdadeiro teatro popular no espírito do teatro de improvisação, esse teatro em que o ator era tomado de um arrebatamento total e onde ele devia sempre atuar em plena luz?[13]

O conflito trágico no qual a Rússia está engajada é uma oportunidade para o teatro, que se vê, com isso, purificado, reduzido ao essencial. Ele volta a ser totalmente criador e deve rejeitar todas as preocupações subalternas, a psicologia, as pequenas paixões domésticas:

> Quem se interessa agora com as futilidades da vida quotidiana, pelas sutilezas psicológicas, pelo pan-psiquismo [o teatro de Leonid Andrêiev] e pela lassidão de viver? Quem irá servir-se de uma máquina fotográfica para fixar o que se passa nesse momento? O que é preciso mostrar às criaturas transtornadas pela barbárie, pela destruição de obras de arte, pelo bombardeio da catedral de Reims?

Parece ter soado a hora do teatro comunhão com o qual Meierhold sonha desde seus primeiros passos de encenador. "O laço

---
12 Idem, ibidem.
13 V. Mejerhol'd, Vojna i teatr, *Birževye vedomosti*, 11.9.1914.

entre a sala e a cena é tanto mais intensa quanto o povo está profundamente perturbado", afirma ele em conclusão.

Não é senão em 1917 que ele poderá pôr, concretamente, em execução seu projeto com o aparecimento de um público plebeu. Por ora, suas aspirações ao renascimento de um teatro heroico, ligado às emoções profundas de todo um povo, se mostram prematuras. O público se cansa desses espetáculos patrióticos, com os quais ele foi abeberado durante os primeiros meses da guerra. Ele se volta com avidez para obras de entretenimento a fim de fugir de uma realidade cada vez mais catastrófica.

O Círculo Verde

O retorno ao passado se traduz por uma súbita atração pelo drama romântico. Mas, como demonstra uma reprise de *Hernani*, que é um fiasco, os comediantes russos perderam o sentido da tradição e carecem de convicção na expressão das paixões. Meierhold se choca com a mesma dificuldade quando encena o drama de Lérmontov, *Os Dois Irmãos*; ele prossegue com o *Círculo Verde*, obra contemporânea da poetisa Zinaida Hippius (18 de fevereiro), continuando, ao mesmo tempo, suas incursões na época barroca com o *Príncipe Constante*, de Calderón (23 de abril). Enfim, no quadro de um espetáculo de gala, monta, ainda no mês de abril, *Pigmalião*, de Bernard Shaw, no teatro Michel.

Os Dois Irmãos são representados no quadro desusado do Teatro Mariínski (reservado às óperas e aos balés), para a celebração do centenário do nascimento do poeta. Trata-se de uma criação, pois a peça jamais fora encenada anteriormente.

Pouco conhecido, o drama de Lérmontov alia fortes paixões a uma visão desabusada da sociedade. Aleksandr Radin seduz a princesa Ligovskaia fazendo-se passar por seu irmão Iuri. Com efeito, o amor que ela dedica a este último só se iguala à animosidade que sente em relação a Aleksandr. Abandonada por seu sedutor, não ousa voltar para junto daquele que ela traiu e acaba por efetuar um casamento de conveniência com um príncipe afortunado.

A cenografia esforça-se por compensar as fraquezas de interpretação dos atores que carecem de temperamento:

> Os maravilhosos cenários e costumes de Golóvin, sobretudo o salão em meia-lua da família Ligovski e a peça sombria, isolada, iluminada por uma lua romântica, que se desenhava ao fundo da cena através de um vestíbulo fantasmagórico, encimado por uma galeria suspensa com sua escada em caracol, conferiram ao conjunto da peça um selo de elegância e de beleza, o que seguramente contribui a derramar bálsamo no coração daqueles que, no seio do público, lamentaram não encontrar suficientemente, no jogo dos artistas, a alma da peça de Lérmontov[14].

Pouco tempo depois, Meierhold reata com o repertório contemporâneo, com uma obra que, apesar de tudo, está impregnada de uma aura romântica. Terminada no começo do ano de 1914, a peça, *O Círculo Verde*, trata de um problema de sociedade. Jovens adolescentes se reúnem em uma associação de ajuda e estímulo mútuo, com ares de franco-maçonaria colegial, que eles denominam O Círculo Verde. Abre-se a cena para a geração nascida na virada do século XIX, para quem as conquistas da revolução de 1905 constituem uma realidade vivida e que serão logo mais atirados no desconhecido pelo abalo da derrota e da revolução.

A autora é um recém-chegada ao teatro, a poetiza Zinaida Hippius, que mantém com seu marido, Dmítri Mereikóvski, um salão literário em moda.

Ela se explica sobre seu projeto:

> O dramaturgo deve criar personagens e situações. Quanto à carne da obra (as palavras também são um elemento desta carne), é de um esforço *comum* que ela deve surgir... Durante todo o tempo em que a carne da palavra continuar a ser concebida independentemente dos atores, sem que haja uma espécie de igualdade entre o autor e os intérpretes, sem *casamento* entre eles, não poderá haver aí verdadeiramente teatro literário ou artístico[15].

---

14 L. Gurevič, *Reč*, 12.1.1915.
15 Z. Gippius, Zelenoe-Beloe-Aloe, *Zelenoe kol'co*, p. 135.

Escrita após a criação da peça, esta afirmação parece ir de encontro às convicções de Meierhold, para quem o texto não é senão uma espécie de canevás proposto à imaginação criadora dos atores. Apesar das reticências da comissão do repertório, que julga a obra imoral, Meierhold prevalece na decisão. Habilmente, confia o projeto a Maria Savina, a decana do Teatro Alexandrínski, que, no correr do tempo, acabara por aceitar a presença de Meierhold. Ela desempenhará o papel da mãe da heroína, que será a última criação cênica desta celebridade que morreu em novembro do mesmo ano de 1915.

A heroína, Finotchka, é uma jovem de dezesseis anos perturbada pela separação de seus pais. Ela pensa em suicídio, mas é salva pelos adolescentes do Círculo Verde que inventam uma solução engenhosa: ela fará com o Senhor Nic, um adulto que partilha das convicções dos rapazes, um casamento de fachada que lhe conferirá o estatuto social que a tornará livre.

O público da estreia efetuou, ao fim do terceiro ato, uma ovação aos atores e ao autor, mas ficou decepcionado com o desenlace e julgou pouco convincente o jogo dos adolescentes. Como escreveu Aleksandr Blok à sua mulher: "É uma obra mal enfeixada, que formiga de defeitos e, no entanto, que *riqueza*, que *maturidade*, e isto mesmo depois de ter sido destilada pelo zelo dos atores!"[16]

Todos são seduzidos pelo espírito coletivo que é o motor da ação. É esta veia que o encenador tenta desenvolver em seus intérpretes:

> Vocês devem compreender, diz ele aos jovens comediantes com um ardor comunicativo, vocês devem compreender que a ideia central desta cena é a noção de grupo, de conjunto. Cada um deve sentir-se um elemento vivo no seio de um conjunto por sua vez vivente e uno. Não fiquem [parados] no mesmo lugar, vão e voltem, cortem a palavra [um do outro], e permanecei sempre à escuta, não de vocês mesmos, mas de todos os outros. Não receiem dar uma impressão de confusão, contanto que vocês guardem em mente esta noção de grupo, de conjunto, o espírito de uma *comunidade* viva, sempre em ação em vocês e ao redor de vocês...[17]

---

16 Carta de A. Blok a Liubov Blok (19.2.1915), *Sobranie sočinenij v 8tt.*, v. VIII, p. 441.
17 Z. Gippius, op. cit.

Há alguma coisa nesta obra muito banal que responde a uma espera. É no ponto em que a personagem de Finotchka se torna um símbolo da juventude moderna ameaçada pela barbárie. Daí esse curioso testemunho:

> Sob as ordens de Koltschak e Denikin havia oficiais formados às pressas, estudantes, todos apaixonados pela Finotchka do *Círculo Verde*, que tinham partido para o front na primavera de 1917. Nas trincheiras, eles se reaqueciam à ideia de que estavam lá para salvar dos bolchevistas Finotchka com seu vestido xadrez[18].

Malgrado a maré montante do ceticismo, os espetáculos patrióticos prosseguiram em 1915. Leonid Andrêiev escreveu às pressas uma obra consagrada à sorte infeliz da Bélgica, sob o título de *O Rei, a Lei e a Liberdade*, em que figuram personagens célebres, como o rei Alberto ou Maurice Maeterlinck. Quanto ao príncipe Serguêi Volkonski, antigo diretor dos teatros imperiais, sempre apaixonado pelo teatro e pela expressão corporal, ele faz representar uma composição sua, a revista intitulada *1914*, que reúne 150 executantes. As grandes potências aliadas – Rússia, França, Inglaterra, Bélgica e Japão – são encarnadas por bailarinas rodeadas pelo coro das mães e das irmãs, enquanto os homens mimetizam os guerreiros.

Mas à medida que a nação se instala na guerra, o descontentamento cresce. O governo mostra-se impotente diante do inimigo; suspeita-se que a tsarina, de origem alemã, conspira com ele. A influência oculta de Rasputin suscita, igualmente, cada vez mais hostilidade. O monge mundano utiliza sua influência para fazer e desfazer os sucessivos governos. Ele será assassinado em dezembro de 1916, no palácio do príncipe Iussupov, por um grupo de patriotas, persuadidos de estarem agindo pelo bem do país. Será um choque profundo para o tsar, tanto mais quanto seu favorito o havia prevenido do que se seguiria de perto após sua morte. Menos de dois anos separam o assassinato de São Petersburgo e o massacre de Ekatarinenburg.

18 I. Solov'eva, *Nemirovič-Dančenko*, p. 350.

A Rússia se interroga sobre sua especificidade e sonda seu destino. De 1915 a 1917 Meierhold segue o movimento montante que, das obras nacionais, num crescendo que se acelerará no início do ano de 1917, desembocando em uma concentração espantosa de criações nas quais ele dá o melhor de si.

A Tempestade

Há na Rússia um sinal de nacionalismo que não engana, é quando se recorre a Ostróvski. Será assim em 1923, o ano do centenário de seu nascimento, em que o ministro bolchevique Lunatchárski convidará o teatro revolucionário a "voltar a Ostróvski", autor que fora rejeitado como reacionário. Já, neste ano de 1915, a Sociedade de Amigos de Ostróvski recomenda que este autor tão impregnado de valores nacionais seja encenado.

O Teatro Alexandrínski resolve incluir no repertório cinco de suas peças, entre as quais *A Tempestade*, cuja encenação é confiada a Meierhold. Este se entrega ao jogo e vai repensar inteiramente a interpretação de uma obra já coberta pela pátina do tempo.

O drama da jovem Catarina, mal casada, mal amada por um marido apagado e beberrão, submetida ao despotismo da sogra, a rica viúva Kabanova[19], é tanto mais poderoso quanto se desenrola em uma atmosfera de forte religiosidade. Julgando-se culpada de ter procurado a ternura e a compreensão de Boris, moço sensível, porém fraco, ela se joga no Volga.

Um encenador como Gaideburov, no Teatro Ambulante, centrara-se no caráter religioso do drama. Era em 1909. No ano seguinte, Sinelnikov apresentava, ao contrário, uma visão simbolista da peça, que atenuava o colorido etnográfico. É esta linha que Meierhold irá seguir, inspirando-se nas análises do crítico Apollon Grigoriev para quem o teatro de Ostróvski é um teatro poético.

Encarnação da poesia em um mundo dominado pela prosa da vida, Catarina faz esta confidência, toda vibrante, pela música de

---

[19] "Kaban" significa javali.

sua vida interior: "Você sabe no que estou pensando? Eu me pergunto por que o homem não voa... como os pássaros. Sabe, às vezes tenho a impressão de ser eu mesma um pássaro!"[20] Meierhold entrega o papel da jovem mulher a uma atriz brilhante, nervosa, de um jogo interpretativo que roça a histeria, Ekatarina Rochtchina-Insarova, que ele já havia dirigido nos papéis de Eliza Doolittle, em *Pigmalião*, de Finotchka, no *Círculo Verde*, e que irá criar a personagem Nina no *Baile de Máscaras*.

Desde o momento em que aparece em cena, ela cativa o público:

> Ela sai docemente da igreja, toda voltada para os seus pensamentos, concentrados nas preces e, ao lado de Varvara toda embonecada, escarlate, terrena, dá a impressão de ser uma imagem piedosa, um ícone flutuante... Sobre um vestido de seda luxuoso, que assinala sua condição social, traz vários xales; na cabeça, usa uma coifa bordada de ouro, em forma de diadema, e um véu de aspecto monacal que enquadra severamente o oval de seu rosto e encerra ciosamente esta cabeça de boneca, essas têmporas sacudidas por pulsações, essas faces animadas por um ligeiro tremor. Rochtchina sabe como ninguém abrir e fechar os olhos, olhar, depois baixar as pálpebras. Ela as baixa totalmente, dando a impressão de que continua a ver. Foi assim que ela deu a volta pela cena, que representa o passeio no jardim público[21].

A *mise-en-scène* acentua, pois, o contraste entre Catarina e os outros protagonistas. Isto não se passa sem suscitar contradições:

> Ela era tão fascinante, tão atraente, tão ligeira, um pássaro místico, que ela seria realmente seguida de perto... se não tivesse, logo depois, mudado de tonalidade, ficando diante de sua personagem como uma aviadora desamparada, atemorizada, contemplando perplexa os destroços de seu avião destruído por um acidente[22].

Tudo contribui para colocar Catarina no primeiro plano, a música colorida, encomendada a Karatyguin, e o cenário claro, cintilante,

---

20 A. Ostrovskij, *L'Orage*, Théâtre, v. I, p. 36.
21 Ju. Beljaev, "*Groza*", Novoe vremja, 12.1.1916.
22 Idem, ibidem.

de Golóvin. A encenação é concebida como a de um drama musical, permitindo uma estilização do jogo interpretativo. Daí resulta um efeito de distanciação que causa espanto ao público: "Nada me emocionou, nem as cores claras dos costumes, nem as danças populares... nem toda esta 'meierholdia' sonora e teatral"[23].

O crítico Benois se converte mais uma vez no detrator do trabalho do encenador: "Em um espetáculo como *A Tempestade*, nossos conhecimentos positivos são substituídos por uma mentira imbecil, nosso gosto é pervertido, e os últimos pontos que nos ligam aos restos de nossa pátria são destruídos"[24].

Duas concepções do destino da Rússia se defrontam: um país voltado para si próprio e suas tradições particularistas, na previsão de um cataclismo cuja irrupção se pressente, ou, ao contrário, uma civilização que avança no mesmo nível no campo cultural europeu, não obstante o choque de uma guerra fratricida que, segundo se estima, deveria ser de curta duração. Aleksandr Benois curiosamente parece optar por um nacionalismo exagerado, enquanto Meierhold permanece fiel a uma perspectiva universalista da cultura.

O público de São Petersburgo dispensa uma acolhida entusiástica a esta nova interpretação de *A Tempestade*. O diretor dos teatros imperiais sente grande satisfação ante essa ação de rejuvenescimento:

> Vendo-se *A Tempestade*, de Ostróvski, constata-se que muitas coisas mudaram apenas superficialmente desde aquela época e compreende-se, então, por que muitas dentre elas continuam a produzir-se em nossos dias. Há muitos lados sombrios, maldades, abominação, que têm raízes profundas na vida russa... São esses costumes que estão na origem dos ladrões, dos falsários e dos prevaricadores desavergonhados que pululam em nossa Rússia atual[25].

A personagem de Catarina corresponde a uma visão expressionista da especificidade russa. A confissão de sua falta não é motivada

---

23 Idem, ibidem.
24 A. Benua, *Groza* v Aleksandrinke, *Reč*, 30.9.1916.
25 Aleksandr Teljakovskij, *Dnevnik*, ms., citado em K. Rudnickij, *Režisser Mejerhol'd*, p. 191.

por considerações de ordem moral ou religiosa, mas por uma necessidade fisiológica, orgânica, climática mesmo. O único meio que ela tem de afirmar sua personalidade, sua autonomia, consiste em lançar um grito que é uma autoacusação, mas ao mesmo tempo um desafio contra uma ordem de coisas estratificada e desumana. A mesma necessidade que leva a tempestade a eclodir sob o efeito da tensão atmosférica conduz a jovem mulher a uma explosão que nem ela própria esperava de si: seu suicídio está contido em sua confissão, mas esta é a emersão de seu ser profundo, em súbito acordo com as forças cósmicas que regem a existência.

Afirmar a verdade do expressionismo como fenômeno europeu que transcende as fronteiras, de revolta contra o horror de um mundo dominado pelas forças cegas que trituram o indivíduo, é querer arrancar a Rússia das forças obscurantistas e fazer uma aposta em sua modernidade, reivindicando sua pertinência a um espaço europeu comum. A função da arte é soltar um grito de alarme, bradar sua recusa da barbárie e despertar a consciência do homem em face do sofrimento.

Os Românticos, uma Defesa da Anarquia

No começo da temporada seguinte, Meierhold concede a palavra, uma vez mais, a um dramaturgo contemporâneo, Mereikóvski. Este propusera antes o seu texto a Nemiróvitch-Dantchênko, que o recusou com irritação. Para Meierhold, ao contrário, uma peça como *Os Românticos* lhe parece traduzir perfeitamente a evolução dos espíritos. Com efeito, ela responde a duas preocupações do momento: a primeira é o romantismo russo; a segunda é o problema do poder.

A ação dessa peça em quatro atos desenrola-se em 1838 na propriedade dos Kubanin (pseudônimo transparente de Bakunin). Ela relata o episódio crucial em que o jovem nobre rompe com sua família – e sobretudo com seu pai, defensor das tradições –, retirando-se da Rússia, em companhia de sua irmã Vária (que abandona ao mesmo tempo seu marido) antes de encetar sua vida aventurosa de teórico da anarquia.

Mereikóvski expõe à luz o nascimento de um anarquismo absoluto que seduz muitos de seus compatriotas. Mikhail Kubanin rejeita, uns após outros, todos os laços que a sociedade considera como sagrados e que são, para ele, somente obstáculos no caminho da liberdade: religião, respeito à autoridade paterna, casamento, honra. Nesta ausência de regras, uma só prevalece: a da verdade das relações entre os seres.

Quanto ao romantismo, Merejkóvski mostra ao mesmo tempo o seu encanto e os seus limites. Ele faz a personagem principal dizer: "Nós somos Dons Quixotes, loucos, românticos. Nós somos os seres mais ridículos do mundo. Pois bem, seja! Que os adultos, as pessoas graves e inteligentes, zombem de nós! Não tenham medo de nada, os amigos! Não são eles que vencerão, porém nós, nós que somos ridículos, nós seremos vencedores daqueles que zombam de nós!"[26]

Por uma espécie de deleitamento melancólico, a alta sociedade da capital se apraz em contemplar a imagem desses homens da sombra, que aguardam apenas uma ocasião para destruir a ordem existente. Teliakóvski é o primeiro a achar que a peça é boa e corretamente interpretada. Na noite da estreia, 21 de outubro de 1916, ele confia a seu diário: "Certo, esta peça não tem muito sentido e é difícil compreender o que o autor quis dizer: em todo caso ela é divertida".

Não haverá aí uma vontade de velar a face, no momento em que o anarquismo se encontra já às portas da cidade? A maioria dos críticos privilegia o aspecto pitoresco da reconstituição histórica:

> O herói da peça, com seu nome que fala ao espírito e à imaginação, o perfume ligeiro desta época cara à *inteligentsia* russa... a beleza e a doçura das personagens femininas, exalando em seus vestidos e em seus penteados a poesia dos anos de 1830, os versos dos poetas românticos, os sons da harpa que acompanham os cantos, o clarão da lua azul, claro que penetra

---

26 D. Merežkovskij, *Romantiki*, p. 118.

através do vão [das janelas] da grande sala da vasta mansão senhoril, todo o lado "espetacular" da peça, que foi valorizada pelos cenários luminosos de Golóvin, tudo isso, sem contar a celebridade do autor, basta para explica o sucesso que beneficia esta peça[27].

O essencial, no entanto, é que se vê expressa, no palco do teatro imperial, a contestação radical de todos os valores e o debate crítico sobre um poder cada vez mais cambaleante. Sob a máscara de uma *bluette** romântica é, posto em cena o problema fundamental do poder com que a Rússia de então se defronta.

O Convidado de Pedra e a Transgressão Final

No movimento de retorno ao romantismo, Meierhold monta uma ópera pouco conhecida, mas que desperta nele um eco particular. Trata-se da ópera composta por Dargomiski sobre o texto da tragédia de Púschkin. À França de Luís XIV, cujo classicismo dera à luz ao *Dom Juan*, sucede a Rússia de Nicolau I, impregnada da cultura romântica. Ao triunfo da comédia sucede o da melodia russa, sensual e nostálgica, ancorada no torrão pátrio.

Com uma audácia muito moderna, Dargomiski compôs esta ópera quase inteiramente em estilo recitativo dramático, desposando o texto original. Pode-se dizer que esta obra é a "pedra de toque da nova ópera russa". Inacabada à morte do compositor (em 1869), ela é dotada de uma abertura por César Cui e orquestrada pelo infatigável Rímski-Kórsakov. É essa versão que foi apresentada à criação, em fevereiro de 1872, no Teatro Mariínski, e reprisada por Meierhold, em 27 de janeiro de 1917, no palco desse mesmo teatro.

A concisão do plano da "pequena tragédia" de Púschkin, a nitidez dos caracteres, a beleza das cenas, bem como outras tantas

---

27 L. Gurevič, *Reč*, 23.10.1916.
* Pequena obra literária, despretensiosa, mas agradável e cheia de espírito (N. da T.).

qualidades que, por certo, seduziram o compositor na sua ambição de realizar um drama musical. Este é fortemente marcado pela visão do mito romântico de Dom Juan, elaborado por Byron e retomado por Hoffmann; em sua ópera, Dargomiski, por sua vez, põe o acento na dimensão trágica do homem, vítima inocente dada em pasto ao destino. Dom Juan é um herói trágico, pois, ao contrário da personagem de Molière ou de Mozart, ele não é em nada culpado em relação ao Comendador, que veio "se espetar em sua espada" no curso do duelo que os opôs. É unicamente à sua sombra e à sua lembrança que ele se prende. Doña Ana, em Púschkin, não é uma jovem inocente que o sedutor tenta raptar pela força, mas uma viúva (desolada?) que o gentil-homem dobra, pela exclusiva força de sua eloquência a serviço de uma paixão, cujo grau de sinceridade não se pode decifrar.

Ele descobre, tarde demais, que jamais amou outra mulher senão ela e morre com seu nome nos lábios: "Oh! Doña Ana!"

A ópera acentua as tintas sombrias desta tragédia e sublinha o tema do destino. Ele dá ao Comendador uma presença que era, ao contrário, atenuada em Púschkin. Sua mola é a luta de morte entre o herói da luz e as forças da noite. São estas últimas que triunfam no fim de contas e a estátua do Comendador representa a violência de uma sociedade estratificada, que se vinga impiedosamente daquele que se atreve a denunciar sua hipocrisia. Esta impressão é ilustrada pela partitura musical, da qual César Cui fornece uma análise penetrante:

> O Comendador é caracterizado por uma frase de cinco notas (*dó*, *ré*, *mi*, *fá* sustenido, *sol* sustenido) ascendentes, depois descendentes diatonicamente por tons inteiros, escoradas por uma harmonia sombria e grandiosa... A partir do aparecimento da estátua até o fim da ópera, a música é invariavelmente de grande beleza. Com a estátua retorna a frase de tons inteiros. E Dargomiski desenvolve e parafraseia este dado com notável riqueza de ideias. O desenvolvimento desemboca em uma marcha (a entrada da estátua), acompanhada desta gama fatal em tons inteiros: essas sonoridades rolam como nuvens tempestuosas e enchem o ar com seus fragores poderosos. Lá, o horrível torna-se realmente belo. Mais ainda, a persistência de duas notas sobre as quais são

estabelecidas algumas palavras que o Comendador pronuncia contribui para tornar mais intenso o efeito sepulcral e terrificante desta cena tão altamente inspirada[28].

Meierhold é, portanto, levado a conceder à estátua um lugar que ela não possuía na peça de Molière. "É importante que, desde o início da cena, que se situa diante do cenotáfio, Dom Juan e Dona Ana troquem suas réplicas em presença de um terceiro tão 'petrificado', também, quanto o Comendador o era em vida"[29].

Ele traduz esta reflexão na linguagem teatral: o Comendador será representado por um ator, e isto desde sua primeira aparição. "A imobilidade do corpo vivo imitando o mármore, deve produzir no espectador o horror totalmente teatral que Púschkin buscava a partir do caráter fantástico desse drama[30]".

A cena final pretende traduzir em imagem esta impressão de horror crescente provocada pela marcha implacável do destino. O ator que desempenha o papel do robô sem alma não é o símbolo da mecanização de uma sociedade cada vez mais opressiva?

Para exprimir visualmente este alargamento da concepção da estátua que anda, Meierhold rompe com todas as tradições da encenação da ópera. Cumpre representar os primeiros atos em um espaço cênico estreito, segundo os princípios aplicados em *Hedda Gabler*, no teatro da Komissarjévskaia, e a ação assume então o aspecto intimista de uma ópera de câmara. Por contraste, o palco se desvela em toda a sua profundidade no último ato, representando "um longo corredor que se projeta na perspectiva de uma série em forma de degraus perdendo-se no horizonte". Do fundo desse corredor sem fim aparece, primeiro, Dom Juan, "desenhando ziguezagues nervosos, ofegantes"; ele se precipita sobre o proscênio seguido pela estátua que avança hirta, pesada, sem pressa, com seu passo implacável. "É assim que se traduz a montante da angústia", afirma Meierhold[31].

Depois de ter estreitado como em um torniquete a mão de Dom Juan, o Comendador desaparece com ele em um alçapão situado no fundo do palco. As duas personagens são arrastadas juntas em

---

28 *La Musique en Russie*.
29 V. Mejerhol'd, Benua režisser, *Ljubov' k trem apel'sinam*, v. I-II-III, 1915, p, 119.
30 Idem, ibidem.
31 V. Mejerhol'd, *Birževye vedomosti*, 25.1.1917.

uma queda que sela o destino compartilhado da vítima e de seu carrasco. A cena fica vazia e a última palavra fica com a música.

Meierhold julga, com efeito, que "é preciso ser músico para compreender toda a força expressa pela rapidez com que se escoa o tempo em Púschkin, em sua pequena tragédia *O Convidado de Pedra*[32]". O encenador sorveu no grande poeta russo os elementos da arte poética de que se nutriu. Com efeito, em seu artigo "Do Drama", Púschkin afirma que "o riso, a piedade e o pavor são as três cordas de nossa imaginação tocadas pela magia do drama", o que se vê em obra no ritmo rápido impresso às ações de Dom Juan, que suscitam ao mesmo tempo riso e pavor.

Meierhold esforça-se para manter a ópera em uma atmosfera de ligeireza inteiramente puschkiana, mudando o registro no momento da aparição da estátua. A partitura musical colore com uma tonalidade trágica essa reviravolta final. A comédia é tomada de medo, como se o mundo imaginário se congelasse de repente em uma realidade inexorável. Não se desperta impunemente as sombras dos mortos, e a comédia é despedida brutalmente com a seriedade da palavra. O riso não é, pois, inocente. Se o artista é um despertador de homens, ele deve saber que incorre na vingança dos poderes cuja quietude ele tiver perturbado. Pode-se ver, no alçapão que engole Dom Juan, como uma premonição daquele em que Meierhold cairá em 1939.

Se ele é o homem por excelência, o comediante não escapa ao trágico do nada e da morte. Tal é a lição que Meierhold oferece ao término de sua exploração do mito de Dom Juan.

A personagem principal do *Baile de Máscaras*, Arbenin, é uma espécie de Dom Juan envelhecido que se teria emendado tarde na vida: ele se casa e renuncia aos jogos de azar. O herói de Lérmontov traz consigo o Comendador sob a forma de um Desconhecido, que o segue passo a passo e lhe revela ao fim o engano trágico que o leva a crer que Nina, sua mulher-criança, o havia enganado com o jovem príncipe. Arbenin envenenou friamente sua esposa sem manifestar o menor remorso. Posto em face da terrível verdade, ele não tem outra escapatória senão soçobrar na loucura.

---

32 V. Mejerhol'd, Benua režisser, op. cit.

Esta obra será finalmente dada quase na catástrofe, depois de ter estado em preparo cerca de seis anos! O papel de Nina foi atribuído sucessivamente a três atrizes, antes de caber a Rochtchina-Insarova. A música de cena, encomendada de início a Mikhail Kuzmin, foi inteiramente reescrita em 1914 por Glazunov. Estima-se em trezentos mil rublos, soma colossal em termos da época, o que foi despendido na preparação do espetáculo.

Representado no momento em que estourava a revolução de fevereiro, a peça afigurou-se como altamente simbólica. De fato, o público encontrava aí uma visão da sociedade que podia parecer profética, naquele momento em que o tsarismo se desagregava sob os golpes de uma força implacável e, com ele, todas as balizas de uma sociedade completamente desorientada. Ademais, o espetáculo parecia recapitular o conjunto das escolhas estéticas do encenador.

O *Baile de Máscaras* e a Queda do Império

A peça de Lérmontov foi considerada desde o começo como uma obra de fatura difícil. Voronov, o gerente encarregado de sua criação em 1864, fora categórico:

> Esta peça não é absolutamente cênica. Ela é longa, seca, enfadonha, uma das obras mais fracas de Lérmontov. A sua construção é extremamente inepta: seus quatro atos comportam seis mudanças de cenários, passam de apartamentos ricamente decorados a outros igualmente luxuosos, depois a salões de baile, a *boudoirs* etc., tudo isso requer um mobiliário abundante, que não possibilita rápidas mudanças de cenário; será necessário baixar a cortina, o que alongará a duração desta obra e a fragmentará[33].

Veremos as soluções dadas a essas dificuldades técnicas por Meierhold e Golóvin.

---

33 Carta de Voronov a Fiodorov (29.11.1863), citado em M. D. Beljaev, *Maskarad* i rabota nad ego postanovkoj A. Ja. Golovina, Maskarad, em E. Lansere (org.), *Lermontova v eskizah Golovina*, p. 15.

Poder-se-ia crer que *Baile de Máscaras* não resistiria à guerra e às restrições que ela começava a impor aos orçamentos. Não obstante, os ensaios prosseguiram sem pressa. De repente o ritmo se acelera e a peça é montada em alguns dias. Em 1916, em um momento em que os prazos de vencimento se aproximam, Teliakóvski decide curiosamente dar apoio aos conservadores, voltando atrás em suas próprias escolhas. Manda chamar, como encenador principal, Evstaki Karpov, que retorna ao Teatro Alexandrínski após um eclipse de vinte anos, devido à oposição dos artistas do Mundo da Arte. Dramaturgo ligado à corrente populista, Karpov havia manifestado notadamente sua incompreensão da nova arte em face de *A Gaivota*, que ele montara em 1896 sem medir a envergadura desta peça.

Homem da escola antiga, ele permaneceu até o fim alérgico a toda inovação. Como ele dirá a uma atriz: "No [Teatro Artístico] são os grilos e os rouxinóis que representam e não os atores. Os cães ladram, as galinhas cacarejam, é uma falta de confiança e de respeito para com os atores"[34].

É significativo que em 1917 Karpov tenha sido o primeiro a opor-se ao sequestro do Alexandrínski pelas autoridades bolchevistas, enquanto Meierhold alinhar-se-á ao novo regime. Em seguida, elas demitirão os dois do referido teatro em 1918, mas por razões diametralmente opostas: o primeiro por hostilidade em relação ao novo poder político, o segundo por impaciência em face do passadismo do ex-teatro imperial. Entretanto, já em 1919, Karpov fará sua reentrada nesse lugar convertido em teatro de Estado. O novo poder cultural, lançando mão de bom grado dos serviços das antigas elites, confiará a Karpov o cuidado de encenar peças do repertório tradicional russo e, em particular, o teatro de Ostróvski. Ele morreu nesta empreitada em 1926.

A escolha feita por Teliakóvski no fim do ano de 1916 marca, portanto, uma volta ao passado, fato que parece ser consequência de uma vaga proveniente do fundo cujos efeitos se farão sentir para além da mudança de regime. A despeito da obstinada resistência de homens como Meierhold, a Rússia vai optar por uma

---

[34] B. Verbinina, *V škole russkoj dramy*, p. 186.

arte nacional recolhida em si mesma, embotando toda contestação e rompendo pouco a pouco os laços que vinculam a Rússia à Europa. Após um breve período de ilusão, o modernismo será paulatinamente eliminado, para dar lugar à corrente populista, mais afinada com as aspirações de uma Rússia das profundezas, encorajada na chefia por suas manifestações de intolerância.

Desde sua nomeação, Karpov, que não sente nenhuma simpatia por Meierhold, endereça-lhe um ultimato: ou a peça de Lérmontov é levada imediatamente, ao mais tardar em 23 de fevereiro, ou será definitivamente retirada do repertório.

Estimulado por este aguilhão, Meierhold dá a última demão em seu trabalho e, dezoito dias mais tarde, está em condições de apresentar à direção do teatro o que considera como a sua obra-prima. Como ele disse a seu assistente Nicolai Petrov: "Penso que iremos oferecer um espetáculo que fará época na história do teatro russo"[35]. A abundância da literatura que lhe foi consagrado testemunha eloquentemente a justeza de sua previsão.

Quinta-feira, 23 de fevereiro, *O Convidado de Pedra* é representado no Teatro Mariínski em substituição a *A Noite de Maio*, retirada precipitadamente do cartaz por causa de uma nova greve dos coristas (que obtêm finalmente que seus salários sejam aumentados em cem rublos por mês).

No sábado, 25 de fevereiro, ocorre a *première* oficial de *Baile de Máscaras*, que põe em destaque o ator Iuri Iuriev. Este recebe, na ocasião, uma cigarreira em ouro da parte de Nicolau II, que é praticamente o derradeiro ato oficial do tsar.

Ao sair do teatro por volta de uma hora da manhã, o público ouve tiros na perspectiva Nevski que está interditada por cordões da polícia. Por ocasião do dia internacional da mulher, as mulheres manifestaram-se nas ruas de Petrogrado, a fim de protestar contra a carestia, desfechando sem saber o golpe fatal que fará desmoronar o regime imperial.

No domingo, 26 de fevereiro, *Baile de Máscaras* é dado em matinê no Alexandrínski e *O Convidado de Pedra* no Mariínski, enquanto, na rua, é o começo da rebelião.

---

35 N. Petrov, 50 i 500, p. 134.

Na manhã seguinte, a cidade está completamente desorganizada. Os teatros são fechados e só reabrirão uma dezena de dias mais tarde. Enquanto a Rússia descobre a república, a temporada teatral chega ao fim: os teatros antes imperiais, agora convertidos em "teatros de Estado", entram em férias.

O ministro da Corte, conde Frederix, de quem dependiam os teatros imperiais, é substituído por um "comissário encarregado do antigo ministério da Corte", Golóvin, membro do partido constitucional-democrata, deputado da IVª Duma. Com sua nomeação, Teliakóvski lhe remete sua demissão, que será aceita em 6 de maio, quando o novo comissário encontra para ele um sucessor na pessoa de um universitário, Batiuchkov, professor honorário de Literatura Comparada na universidade de São Petersburgo (nenhum dos homens de teatro sondados, Serguêi Volkonski, Nemiróvitch--Dantchênko ou Diaghilev haviam aceitado o convite).

Na euforia da liberdade, os teatros dotam-se de estruturas autônomas. Sonha-se, no Alexandrínski, sem conhecê-lo muito bem, com um estatuto calcado no da Comédie-Française. Mas o processo eletivo termina por consolidar a posição dos elementos mais conservadores da trupe, sem chegar a favorecer, é verdade, extremistas como Apollonski, que aspirava tornar-se diretor do Alexandrínski. Sua hostilidade em relação ao modernismo, e a Meierhold em particular, permanece inteira. Para ele, a encenação de *Baile de Máscaras* é a imagem da decadência da dinastia e da degenerescência da arte. Meierhold responde com sua vivacidade habitual, a ponto de que os dois homens quase encaram a possibilidade de se bater em duelo.

Baile de Máscaras aparece como uma obra balanço, por seus temas, mas também pelas soluções teatrais que lhe são dadas. O essencial está contido na frase desabusada de Arbenin sobre a vanidade da vida. Assistindo sem pestanejar a agonia de sua mulher, que morre por sua mão, ele suspira:

> O que é a vida? Uma velha charada para crianças, em que minha primeira chave é o nascimento; minha segunda, uma onda de preocupações e de tormentos causados por feridas

secretas, sendo minha terceira a morte e meu todo o triunfo da falsa aparência"[36].

A peça é a condenação de uma sociedade à qual faltou virtude no sentido romano do termo: esmagada pelo inimigo externo, rejeitada por seu povo, esta sociedade, baseada na hipocrisia e cujo poder repousa apenas na miragem, é o tema mesmo da obra.

A cenografia foi ,em geral, considerada como bem-sucedida, isto é, ela contribuía em cada um de seus detalhes para a unidade da visão global. Para montar esse drama furiosamente romântico com os atores fleumáticos do Teatro Alexandrínski, Meierhold recorre a seu método comprovado, que consiste em criar o ambiente adequado destinado a condicionar os atores. Ele se empenhou com um zelo meticuloso a realizar um espaço cênico tão perfeito quanto possível.

A tentação do melodrama é combatida pelo recurso ao aristocratismo, cuja chancela será a iridescência das cores, a riqueza dos tecidos, o luxo do mobiliário, a musicalidade dos movimentos e das atitudes. É à arte do teatro que cabe denunciar a comédia universal, na qual se banham os homens desta geração perdida.

No proscênio estão instalados espelhos patinados nos quais se refletem as luzes da sala, o que constitui uma maneira de atenuar o corte fatídico da rampa. Em redor do espaço cênico uma moldura de madeira lhe dá o ar de uma gravura antiga. O jogo das cortinas permite realizar mudanças de cenários no transcurso da representação que é cortada apenas por dois entreatos. Cortinas intermediárias possibilitam passar rapidamente de um quadro a outro; eles são em número de cinco: "A cortina principal, vermelha e preta, com cartas de baralho como emblema, uma cortina rendilhada para o segundo quadro, rosa e branca para o baile, em renda para o quarto de dormir de Nina e fúnebre para o último quadro"[37].

Golóvin desenhou com um cuidado meticuloso os costumes e os acessórios. Cada uma das personagens principais, Arbenin, Nina e a baronesa Strahl, dispõe de três trajes, o Desconhecido tem dois, mas para o baile de máscaras o pintor cria todos os

---

36 M. Lermontov, *Maskarad, Sočinenija*, v. II, p. 218.
37 A. Golovin, *Vstreči i vpečatlenija*.

costumes, ou seja, oitenta! Esta cena é a peça de resistência de Meierhold que convoca para esta celebração todo o imaginário teatral, desde as personagens de ópera (Maria, Dolores, Amandina, Norma, uma Cigana, a Perichole, Inês, Alonso) até as da comédia italiana (Pierrô azul, Covielo, Polichinelo, Tiercelino, Giangurgolo, Esmeraldina, Arlequim, Simoneta), passando pelas dos contos fantásticos (a Noite do Oriente, o Persa, o príncipe de Bukhara, o Mago, a Tcherkassa, a Mouresca, a Mulata, Nuredin, a Tártara, o Mongol, Badril-Budur, uma dama da Cachemira, um Indiano, um Chinês, um Turco), pelas figuras dos jogos de cartas (a carta de baralho, a Dama de Espadas, a Dama de Paus), pelas personagens históricas (a Dama, Luís XVI, o *Incroyable* [Incrível], a *Merveilleuse* [Marivilha]), sem contar dezesseis pândegos revestidos cada um com um dólmã diferente, uma pequena orquestra de seis músicos com seu regente e oito dançarinos a caráter.

A cortina de cena é muito clara, com matizes de verde, de rosa e de azul. Além de sua função evocativa por suas ramagens e sua cor, esta cortina, constituída de vários panos de tecido contíguos, permite aos atores atravessá-la sem esforço. Grupos de máscaras ocupam o proscênio que nunca permanece deserto. Cria-se assim a impressão de uma multidão numerosa, de uma agitação em todos os sentidos, e os diferentes jogos de cena que pontuam a ação aparecem em plano de destaque, em vez de se perderem na massa.

Por ocasião do baile de máscaras, o príncipe Zvezditch e Arbenin conservam a roupa que envergavam no decorrer de seu jogo de cartas, pois teriam vindo diretamente do clube de jogo. Nina traja-se com simplicidade em um vestido preto com passamanes verdes e violetas, recoberto por um dólmã branco de forro vermelho. O vestido da baronesa é verde, seu curto dólmã rubro tem forro verde, de onde despontam flamas alternadamente vermelhas e verdes que lembram os ornamentos tradicionais da Folia. O Desconhecido veste uma indumentária solene e sombria: toga violeta, amplo dólmã preto com ornatos cor de prata, a cabeça e os ombros encerrados em uma espécie de cogula, em renda encimada pela máscara branca e pelo tricórnio das personagens do carnaval veneziano. Esse dólmã, que todas as máscaras usam, basta por si só para transformar a silhueta das personagens e cria um efeito plástico cheio de mistério.

Há, assim, 175 figurantes mascarados que percorrem a cena obedecendo a uma organização rigorosa que permite especialmente ao Pierrô azul arrancar o bracelete de Nina sem que ela se aperceba, pois está tomada de vertigem sob efeito desse movimento ininterrupto, acentuado pela música incessante da orquestra. Todas essas personagens estão, além do mais, ocupadas em representar cenas mudas: *tête-à-tête* de amor, cenas de desespero, de ciúme, intrigas diversas...

Para combinar esta multidão de movimentos, Meierhold utiliza uma técnica de decupagem cinematográfica. As réplicas são recopiadas e dispostas umas após as outras em folhas de papel branco com espaços entre as falas para inscrever aí os jogos de cena. Meierhold se põe então a interpretar, ele sozinho, cada uma das personagens, deslocando-se em seu escritório como em um palco de teatro e pronunciando as diversas réplicas. "Ele tinha como acessórios uma cartola, um chapéu de feltro mole, um boné, um par de luvas, um monóculo, um leque, um xale, lornhões, e isto lhe bastava para representar uma infinidade de personagens"[38].

Seu assistente dispõe, em seguida, as réplicas sobre a folha à esquerda ou à direita em função do lugar da personagem na cena; do mesmo modo, o espaço entre as falas é maior ou menor conforme a duração do jogo de cena imaginado por Meierhold. Este revê então a disposição das réplicas e a modifica eventualmente, invertendo, por exemplo, sua posição sobre o papel ou modificando o espaço intercalar.

Uma vez adotado definitivamente o esquema, as réplicas são coladas no seu lugar nas folhas de papel. Meierhold instala-se em sua poltrona, retomando as folhas na ordem estabelecida, e reinterpreta toda cena em silêncio, "fazendo passar a verdade da ação no espaço, pelo crivo do fluxo de sua vida interior", para retomar uma expressão de seu assistente Petrov.

Após esta última verificação, Meierhold espalha as folhas sobre a sua escrivaninha e, armado de um lápis azul e de uma caneta-tinteiro, desenha os jogos de cena nos intervalos preparados entre as réplicas, indicando os deslocamentos por meio de

---

38 N. Petrov, op. cit., p. 130.

flechas e anotando algumas indicações de atuação. Petrov tem a impressão de assistir à elaboração de um plano de batalha que se inscreve entre as linhas impressas do texto original. É a visualização da máxima de Meierhold segundo a qual o texto não é senão um "bordado sobre a trama do jogo".

Uma vez cumprido este trabalho, as folhas são pregadas com percevejos nas paredes do gabinete, e Meierhold as contempla em silêncio. Petrov acrescenta que o encenador chama então sua mulher para fazê-la admirar o resultado de seu trabalho. Esta olha sem nada dizer e convida silenciosamente os dois homens para jantar[39].

Esta maneira de proceder pode justificar a acusação de ditadura lançada contra o encenador. Mas, para ele, não se trata senão de um trabalho preparatório, que serve de trampolim para a sua imaginação. Com efeito, seu assistente especifica: "Quando no dia seguinte ele chegava para os ensaios, eu dispunha na ordem as folhas de papel sobre sua escrivaninha, mas lhe acontecia às vezes não lançar-lhes o menor olhar e fazer exatamente o contrário do que havia anotado".

De fato, ao defrontar-se com o jogo dos atores, Meierhold está sempre pronto a modificar o esquema proveniente de sua imaginação para dobrar-se à proposição do comediante. É o que confirma Iuriev que ensaiava o difícil papel de Arbenin:

> Às vezes, com uma só palavra, com um só reparo bem colocado, Meierhold sabia empenhar o ator no bom caminho, sem jamais lhe impor detalhes ou cometer violência contra sua personalidade. Ao elaborar o papel de Arbenin, ele me ajudou a encontrar a ideia central, quer se tratasse da personagem em seu conjunto ou de certas passagens específicas, mas sem jamais me impor a concepção que tinha de tal réplica, nem revelar o que ela podia implicar, método que conduz inevitavelmente o ator a se agarrar servilmente a pormenores[40].

O que é essencial, para Meierhold, é compreender em profundidade a significação da peça e somente em seguida tentar traduzir esta certeza no corpo do ator.

39 Idem, p. 131.
40 Ju. Jur'ev, *Zapiski*, v. II, p. 445.

> Condenado por Deus, Arbenin é lançado no turbilhão do *Baile de Máscaras* para que se prenda na rede das intrigas e dos quiproquós como a mosca na teia de aranha. Mas quando é que as personagens do baile trazem uma máscara e quando estão com o rosto a nu? Impossível sabê-lo. As fronteiras se esfumam entre o baile de máscaras, a vida, que é terrível, e o mundo! A máscara não tem nem alma nem realidade social, não lhe resta [a Arbenin] senão seu corpo[41].

Nesta peça, criada com um luxo extraordinário, Meierhold não receia levantar o véu que mascara o semblante amável do teatro para mostrar a sua outra face, diabólica, tão contraditória quanto a própria vida. A exaltação da teatralidade não se efetua nele com a ingênua inocência de um Evrêinov, para quem o teatro possui uma virtude terapêutica. O jogo teatral não é inocente, ele libera forças que não são necessariamente boas. O jogo, a festa, a teatralização abrem por certo um espaço de liberdade, mas também têm o seu avesso. Eles servem de álibi às forças da destruição, que utilizam em seu proveito a liberdade que o jogo proclama e em que a representação implica. Toda ambiguidade da máscara se vê, pois, posta a nu. Meierhold descobre nesta ocasião que o jogo não é em si mesmo uma garantia de libertação.

Após a sua montagem no Alexandrínski, a carreira de *Baile de Máscaras* é bruscamente interrompida ao cabo de três representações. A cena da história eclipsa a do lugar teatral. Será preciso esperar novembro de 1919 para haver uma tentativa de reprise, sustada por um corte geral de eletricidade. Em 1923, quando a posição de Meierhold estará bem firmada em Moscou e quando serão celebrados com estrondo os 25 anos de sua carreira teatral, a peça de Lérmontov reaparecerá no repertório do teatro de Estado (ex-Alexandrínski). Sem tocar na faustosa cenografia de Golóvin, Meierhold procederá então a revisão da encenação ("segunda versão cênica"). Ele a reapresentará em 1938, pouco antes de seu trágico fim ("terceira versão cênica"), sendo o papel de Arbenin sempre desempenhado por Iuriev. A peça não será retirada definitivamente do cartaz senão em 1941, sob os bombardeios.

---

41 V. Meyerhold, *Écrits sur le théâtre*, v. I, p. 267.

Até 1948, data de sua morte, Iuriev procederá ainda leituras da peça em companhia da atriz Time, que criou o papel da baronesa. Eles a interpretam sem cenários, conservando a complexidade do ritmo, o contraponto com a música, a precisão plástica inscrita pelo encenador no corpo e na consciência dos atores.

Cerca da quarenta anos separam, portanto, o momento em que começa o trabalho de encenação desta imensa obra e o de sua retirada definitiva do palco. Esta longevidade excepcional, malgrado as perturbações e mudanças intervenientes na sociedade russa, é em si mesma um testemunho da importância desse trabalho, que tem valor de referência na obra do Mestre e atesta a permanência de seu espírito criador, que transcende as mudanças de regime.

Esta obra, que desconcerta, encontra detratores à sua esquerda, assim como à sua direita. Em vez de aí se ver a contestação do mundo pelo teatro, considera-se abusivamente o luxo e o refinamento do espetáculo como uma marca de servilismo em relação ao regime que acaba de se desmoronar. É o caso do crítico Kugel, jamais terno para com Meierhold:

> Quando toda esta Babilônia de um luxo inútil e insensato se mostrou com todos seus caprichos de Semíramis, fui tomado de estupor. Eu sabia, todo mundo sabia, que a dois ou três quilômetros dali as multidões gritavam para ter pão e que os gendarmes estavam encarregados, por setenta rublos por dia, de regar de metralha a multidão esfaimada que reclamava pão... Fui tomado de indignação à vista das cores de que a *podridão do regime* se revestia para exprimir-se com a prodigalidade inepta desta encenação pretensamente artística[42].

Meierhold pedira a um célebre conjunto de música religiosa, o coro de Arckangelski, que cantasse um réquiem no momento da morte de Nina. Kugel tira daí a apreciação que restará ligada a esse espetáculo: "Havia alguma coisa de simbólico nesse réquiem pelo qual o teatro imperial findou seus dias"[43].

---

42 A. Kugel, Zametki, *Teatr i iskusstvo*, n. 10-11, p. 192, grifos do autor.
43 Idem, ibidem.

Se vários críticos julgam que, sobrecarregando a peça, Meierhold abafou os impulsos românticos do autor, alguns, como Maliutin, são sensíveis ao relevo dado ao tema do destino na pessoa do Desconhecido, que simboliza ao mesmo tempo a intervenção demoníaca à qual a Rússia sucumbe:

> Na concepção do encenador, do cenógrafo e do compositor, o Desconhecido tornou-se uma personagem inteiramente simbólica: inquietante por seu aspecto exterior, pelo tema musical que o acompanha, por sua voz, severa e profética, a de um juiz implacável e temível. Em seu manto negro, sua máscara horrenda usada para o baile, com seu chapéu tipo cartola e seu redingote fechado, o Desconhecido não era um homem, mas uma criatura diabólica... Com sua inflexível vontade vinculada ao mal, tinha entre suas mãos o fio dos acontecimentos e comandava o desenlace trágico do drama[44].

Pouco após a estreia, aparece um artigo violentíssimo contra um espetáculo qualificado de "beleza inútil", por analogia com um regime cujo naufrágio ninguém parecia lastimar. Não é notável, lê-se aí, "que esse espetáculo vazio e pesado seja o derradeiro fogo de artifício a ter sido lançado de maneira totalmente gratuita, destacando-se sobre o fundo de um passado que acaba de desaparecer?"[45]

Era de bom tom acusar o diretor e o cenógrafo de se terem convertido nos turiferários do tsarismo, esquecendo pura e simplesmente o seguinte: em 1835, o censor encarregado de julgar a admissibilidade dessa peça a considerava como atentatória à majestade do império: "Eu me pergunto, escreve ele, após um resumo da ação, se a peça pode passar, mesmo com mudanças; em particular, a cena em que Arbenin joga suas cartas na cabeça do príncipe deve ser completamente modificada".

Ele havia percebido a contestação radical de toda hierarquia que estava inscrita em uma obra que é um chamado à liberdade e à verdade.

---

44 Jurij Maljutin, *Aktery moego pokolenija*, p. 99-100.
45 Amadeo, Naprasnaja krasota, *Reč'*, 9.3.1917.

A Efervescência do Ano de 1917

O Teatro Alexandrínski fecha suas portas em 30 de abril para as férias de verão. Os atores dividem seu tempo entre suas casas de campo e as bem remuneradas turnês pela província. O verão de 1917 é um verão comum. Meierhold ocupa-o com uma filmagem, testemunho do interesse que dedica à arte do cinema que, de início, encarara com desconfiança.

Antes de partir para as férias, a capital está presa de extraordinária efervescência. Perpassa o sonho de que doravante tudo é possível. Neste clima de liberdade, Meierhold aspira desempenhar um papel de primeiro plano. Pressente que a revolução artística que ele preconiza corre o risco de chocar-se com a lógica dos partidários do novo poder quaisquer que sejam. A melhor solução não seria reunir em sua pessoa o poder renovante da arte e o poder ordenador da política?

Ele participa em 14 de abril de uma reunião cujo tema é "A Revolução, a Guerra e a Arte", organizada pela Sociedade de Arte para Todos. Com o seu pendor para afirmações terminantes, ele declara:

> Na época em que a revolução era esmagada na rua, o teatro continuava a desempenhar seu papel revolucionário. Agora os papéis parecem invertidos. Os atores se tornaram conservadores. Os atores esqueceram o repertório de Blok, de Sologub, de Maiakóvski e de Rêmizov. E de quem é a culpa? Do público da plateia, esse público mudo e impassível que busca apenas o divertimento [...] Acabemos com a plateia! Quanto à *intelligentsia*, que ela vá se refugiar lá onde florescem os epígonos de Ostróvski! As peças dos autores que nomeei acima, elas serão representadas para os camponeses, os soldados, os operários e a parte da intelectualidade que saberá dizer: chega de dormir! Então o teatro estará à altura do que se espera dele![46]

Em um novo teatro um novo público, ou um novo teatro para um novo público?

---

46 B. Vitvickaja, Revolucija iskusstvo, vojna, *Teatr i iskusstvo*, n. 18, p. 296.

Estranhos sonhos esses de Meierhold revolucionário! Esta declaração peremptória não poderia passar desapercebida no momento em que Lênin, que acabava de retornar do exílio, havia exposto, em suas *Teses de Abril,* (7 de abril de 1917), seus objetivos, totalmente opostos aos do governo provisório e que reclamava especialmente a constituição de conselhos de operários, de camponeses e de soldados. Acusado por um jornalista de ser um bajulador a serviço do "senhor o proletariado", Meierhold responde com altivez que sempre estivera convencido da necessidade de um novo público para poder representar novos autores.

Paradoxalmente, para o espetáculo de final de estudos em seu Estúdio, em 24 de abril, ele escolheu uma peça de Oscar Wilde, *Um Marido Ideal*, o que está longe de ser um texto revolucionário.

A partir do mês de maio, começam as atividades estivais. No mesmo momento, o governo russo assegura aos seus aliados, pela boca de Kerenski, que está pronto a continuar o esforço de guerra contra os impérios centrais.

O Cinematógrafo, Auxiliar ou Concorrente do Teatro?

Do mês de maio até a metade de agosto Meierhold encontra-se em Moscou, onde veste o boné de diretor de cinema. É o terceiro verão que ele passa nos estúdios da sociedade Tieman e Reinhardt. Esses produtores lançaram uma série de adaptações de romances sob o título de "A Série de Ouro Russa", e recorreram a partir de 1915 a Meierhold.

Apesar de certa resistência, Meierhold acabara aceitando naquele ano a oferta que lhe havia sido feita, a fim de adaptar para a tela o romance de Oscar Wilde, *O Retrato de Dorian Gray*. Pouco antes de sua primeira incursão nesse domínio desconhecido, faz um levantamento do estado deste campo:

> No cinema é a técnica que é o elemento dominante. Meu objetivo: pesquisar o que não é utilizado nesta técnica. Em

primeiro lugar, quero estudar e analisar este elemento cinematográfico que é o movimento.

São necessários atores especiais para a tela. Nós vemos com frequência excelentes atores de teatro ou dançarinos que são totalmente impossíveis no cinematógrafo. Seus movimentos são demasiado amplos ou, ao contrário, demasiado estreitos, seus gestos são excessivos [...].

A minha atitude em relação ao cinematógrafo, tal como ele existe atualmente, é totalmente negativa [...].

Na próxima semana começo a filmagem do *Retrato de Dorian Gray*. Escrevi, eu mesmo, um cenário especial que comporta, de um lado, o diálogo, para os atores, e de outro, as indicações respectivamente para o encenador, o cenógrafo e o iluminador [...].

O cinema é uma arte autônoma ou uma auxiliar do teatro? É muito cedo para dizê-lo[47].

Meierhold está tão interessado por este novo meio de expressão que resolve interpretar, ele próprio, a personagem de Lorde Henry, enquanto confia o papel do jovem dândi a uma jovem, a atriz Ianova. O operador das tomadas de cenas é um homem experimentado, Levitski. Mas os dois homens não se entendem e sua colaboração cessará após a filmagem. A fita é apresentada em Moscou no outono de 1915.

As críticas mostram-se divididas, mas se reconhece, em geral, que o trabalho do cenógrafo Égorov permitiu encontrar soluções harmoniosas para os problemas colocados. Não resta infelizmente traço deste filme, salvo algumas raras fotos. Pode-se, não obstante, citar o julgamento do cineasta Iutkevitch: "Certamente graças a uma intuição genial, Meierhold depreendeu, já nessa época (1915-1916), os princípios do jogo do artista que se tornaram, em seguida, regras absolutas para todo o cinema contemporâneo"[48].

No verão seguinte (1916), ele trabalha na adaptação de um romance de Przybyszewski. Publicada em 1912, esta obra tem por moldura a *intelligentsia* polonesa. *O Homem Poderoso* mostra um arrivista, Biletski, que não recua diante de nada para obter êxito. Esta

---

47 V. Mejerhol'd, o kinematografe, *Teatral'naja gazeta*, Moscou, 31.5.1915.
48 S. Jutkevič, V. E. Meyerhol'd i teorija kinematografičeskoj postanovki, *Iskusstvo kino* n. 8.

história cheia de peripécias adapta-se inteiramente a uma arte que, sendo então muda, se define exclusivamente pelo movimento.

O encenador fica encantado com o cenário. Recorre de novo a Égorov para a cenografia, mas escolhe um operador mais dócil (Benderski). Distribui os papéis principais a atores do Teatro Artístico e, em especial, a Maria Idánova. Recorre de novo a Ianova, confia o papel da personagem principal a Khoklov, enquanto toma para si o papel de Gurski, personagem do intelectual doentio.

Mas a filmagem começou com atraso, no fim do mês de julho. O filme não está, pois, terminado no fim do verão, época em que Meierhold deve retomar a sua atividade no Alexandrínski.

Preocupado com a questão do jogo do ator, Meierhold constata com satisfação que os procedimentos por ele adotados são mais adaptados ao trabalho no cinema do que os de Stanislávski. O exemplo de Idánova, formada na escola do Teatro Artístico, é característico:

> Para definir a diferença entre o silêncio deles e o nosso, cumpre referir-se ao cinematógrafo. Eu já disse [...] que a melhor prova comparativa do sistema de Stanislávski e o nosso foi realizada no curso de uma filmagem, a de *O Homem Poderoso*, com a atriz Idánova. Ela não acabava nunca de se preparar para atuar de modo a "reviver" o papel. Enquanto aguardava, como na vida, que a emoção procurada se apresentasse, o operador das tomadas de cenas já havia rodado toda a película prevista. Digamos que se dispunha de quinze metros. Ela se coloca diante da câmera, ele começa a filmar e, no décimo sexto metro, diz: "Terminou". E ela: "Mas eu não comecei ainda", ao que ele replica: "Desculpe-me, mas é preciso interpretar desde que eu começo a filmar"[49].

Em compensação, Ianova compreendeu perfeitamente as exigências do cinema, um jogo que supõe a rapidez das reações, um ritmo interior musical e uma ciência da plástica corporal.

Em *O Retrato de Dorian Gray*, o papel principal é desempenhado por Ianova, comediante que recebeu uma formação específica.

---

49 V. Meyerhold, *Le Professeur Boubous* et les problèmes poses par un spectacle sur une musique, *Écrits...*, v. II, p. 148.

Ela conhece a técnica da arte teatral, mas seu jogo interpretativo está cheio de defeitos, ele é amiúde exagerado, seu desenho tem falta de finura. Não foi senão quando a reencontrei em *O Homem Poderoso* de Przybyszewski que constatei que ela se desembaraçara dos defeitos da escola antiga e que havia compreendido o segredo da arte da câmera[50].

O verão de 1917 será dedicado, de um lado ao fim da filmagem de *O Homem Poderoso* e de outro, à adaptação cinematográfica de uma nova obra, um romance de Sologub. Este autor russo acaba de publicar uma trilogia que mescla o real e o fantástico sob o título de *Sortilégios dos Mortos*. É uma sucessão de cenas que se desenrolam em uma província russa por volta de 1905, depois em uma ilha encantada do Mediterrâneo, onde o herói funda um Estado ideal, do qual ele diz: "A vida que nós criamos agora é uma mistura de elementos da vida real e de elementos fantásticos e utópicos".

O advento da república na Rússia deixou Sologub muito feliz. Ele escreveu, em 11 de junho, um artigo intitulado "Uma Musa Revoltada", em que enuncia seu credo, que não é diferente do de Rimbaud: "A tarefa essencial de todo poeta, de todo pintor, de todo homem de teatro consiste em revolucionar a vida".

Seu romance fantástico deveria encontrar, portanto, uma acolhida favorável de parte do grande público popular que frequenta as salas escuras de que a Rússia está coberta. Durante um mês e meio, da metade de junho até o fim de julho, Meierhold filma os exteriores da aldeia de Gorenki, situada a uma vintena de quilômetros de Moscou, e assim chamada (a "aldeia da amargura") porque era o último ponto até onde os condenados a trabalhos forçados podiam ser acompanhados por suas famílias, antes de empreenderem a longa marcha até a Sibéria. O acaso quis que, no fim dos anos de 1920, Meierhold e sua família se instalassem em uma *datcha* situada neste mesmo povoado.

Para os cenários, Meierhold recorre a Vladímir Tatlin, mas os dois artistas logo se desentendem. Tatlin será substituído por outro escultor, Schadr, que acaba de voltar de Paris onde frequentou o ateliê de Rodin.

---

50 V. Meyerhold, Le *Portrait de Dorian Gray*, conferência de 27.1.1918, *Écrits...*, v. I, p. 277.

Meierhold toma como assistente, Inkijinof, que prosseguirá sua carreira cinematográfica na França nos anos de 1920.

O mês de agosto chega e Meierhold deve retomar seu trabalho no teatro. Ademais, a Sociedade Tieman e Reidnhardt passa por dificuldades financeiras ligadas às incertezas políticas. Embora uma tentativa de sublevação dos bolchevistas tenha sido esmagada em julho, e apesar da recomposição do governo de Kerenski, tudo está subordinado ao desfecho da guerra. A vida econômica acha-se desorganizada e espera-se a eleição da Constituinte para que a calma e a ordem retornem ao país.

Assim, esse terceiro filme remanescerá em estado de esboço. Se a isso se acrescentar que não se reencontrou traço dos dois outros, não nos sobra nenhum testemunho da arte de Meierhold como diretor de cinema. Ao contrário das críticas teatrais, que são de uma qualidade notável, as críticas cinematográficas são extremamente superficiais e não nos informam quase nada sobre o nível dos espetáculos.

Meierhold tomará de empréstimo ao cinema mudo três de suas características: os cartões, que dão o título e o sentido de cada sequência; a técnica da montagem, que será aplicada ao jogo teatral graças à rápida sucessão de episódios e, enfim, o acompanhamento musical (ao piano) que pontua a ação. Assim armado de uma rica bagagem de novos procedimentos técnicos é que Meierhold abordará esta nova fase de sua carreira em que ele poderá, enfim, dirigir-se a um público popular, mais próximo das realidades profundas da Rússia.

Tradução: J. Guinsburg

8. A Guerra dos Sete Anos II: Revoluções e Guerra Civil (1917-1920)

Os homens terão vivido um dia segundo seu coração.

André Salmon

A Embriaguez da Revolução

A queda brutal e inesperada do poder secular encarnado no tsar deixa o país estupefato. O poder está para ser tomado, mas as tradições de autogestão são vivazes e o país assiste à criação de cooperativas, artéis e sindicatos, prefigurando a desaparição da estrutura de Estado. Esta tentativa fará passar um breve sopro de liberdade no verão de 1917, mas a utopia libertária se prolongará ainda por migalhas nos interstícios deixados pelo novo poder centralizador, inexperiente, mas realmente decidido a ditar sua lei. No fim do mês de julho aparece na imprensa o seguinte apelo:

O grupo iniciador do projeto de criação de um sindicato profissional pan-russo de encenadores convoca para 10 de agosto sua assembleia constitutiva. Aqueles que, encenadores e cenógrafos, desejem aderir a esse sindicato são convidados a inscrever-se ou a informar-se no seguinte endereço: 10, rua Bolchaia-Gnezdikovskaia, em Moscou. O secretariado provisório compreende os encenadores: Nicolai Evrêinov, Fiódor Komissarjévski, Vsévolod Meierhold, Vassíli Sakhnovski e Aleksandr Taírov, assim como os cenógrafos: Iuri Annenkov e Aristarkh Lentulov[1].

Esta primeira reunião também será a última. Como é que artistas tão opostos em suas concepções podiam esperar trabalhar juntos? Apesar de sua vontade comum de renovar de cabo a rabo a máquina teatral, seus caminhos eram profundamente individuais e concorrentes. De sua parte, os bolcheviques estão em guarda. Lunatchárski, que é encarregado dos assuntos culturais na prefeitura de Petrogrado, estabeleceu um contragolpe criando uma comissão formada por simpatizantes de seu partido. Encontram-se aí Maria Andrêieva, Larissa Reisner, Maxim Górki e Pavel Gaideburov que se preparam para inserir-se nas redes do poder.

Desde a *reabertura*, Meierhold retoma suas atividades teatrais. Ele dá prosseguimento à realização de um grande projeto, que consiste na representação da trilogia de Sukhovó-Kobilin consagrada às torpezas da justiça e à arbitrariedade da polícia. *As Núpcias de Kretchínski* abriu a série em 15 de janeiro; sucede-lhe *O Caso*, em 30 de agosto, que abre a temporada. Enfim, está previsto para 23 de outubro a representação de *A Morte de Tarelkin*. Dois dias mais tarde os bolchevistas tomam o poder graças ao golpe de força fundador de seu regime.

O renome dessas obras e de seu autor quase não ultrapassou as fronteiras de seu país, no entanto elas se encontram no coração da problemática do poder na Rússia. Nascido em 1817, Sukhovó-Kobilin é um rico senhor de terras favorecido pelo destino. Homem culto, viaja abundantemente e estuda filosofia na Alemanha, como boa parte de seus compatriotas da mesma extração social. Vai em seguida à França, de onde traz uma encantadora amante que responde pelo nome de Louise Simon-Demanche. Um dia de novembro de 1850 descobre-se o cadáver da jovem

---

1 *Rampa i žizn'*, n. 29-30, 23.7.1917.

mulher, estendido na neve do cemitério de Vaganovo, com as costelas quebradas, a garganta cortada, trajada em um vestido luxuoso e com brincos de diamante nas orelhas.

As suspeitas voltam-se de pronto para seu amante, depois para seus criados domésticos que confessam e, a seguir, voltam atrás. Ao fim de uma instrução criminal interminável, que demora sete anos, o escritor é inocentado, não sem ter sido encarcerado duas vezes. É esta experiência de uma máquina judiciária cega e corrompida que o autor quis traduzir em sua obra teatral.

Ele escreve *As Núpcias de Kretchínski* durante sua primeira estada na prisão. Publicada em 1854, a obra o torna imediatamente célebre. A peça, viva em colorido, relata o embuste de um aventureiro que esfola pessoas honestas indefesas. Ela será encenada sem empecilhos no teatro Máli de Moscou já no ano seguinte.

Mas a experiência torturante das tramoias da polícia levam-no a escrever *O Caso*, peça extremamente corrosiva, publicada em 1862. A família honesta e inocente apresentada em *As Núpcias de Kretchínski* não é mais o alvo das manobras de um escroque vulgar, mas é a presa da arbitrariedade burocrática e da venalidade de altos funcionários intocáveis. Esta obra não conheceu as luzes da ribalta senão vinte anos mais tarde (em 1882), provida de numerosos cortes.

Sukhovó-Kobilin recidiva com uma terceira peça que, sob a aparência de uma farsa nos limites do absurdo, descreve por dentro esse mundo policial e burocrático com suas torpezas e seus acertos de conta. Trata-se de *A Morte de Tarelkin*, escrita em 1868, mas que será posta em cena apenas 34 anos mais tarde (em 1902) no teatro de Suvorin, onde o autor poderá vê-la antes de sua morte. Ainda assim a censura exige a modificação do título, que se converte em *Os Alegres Dias de Raspliuiev*, como se essa mudança de denominação bastasse para engomar sua violência.

Sem compor, a bem dizer, um todo orgânico, essas três obras constituem os elementos de um afresco, que faz aparecer o tecido de uma sociedade baseada na arbitrariedade, em que os poderosos sem escrúpulos impõem o reinado do terror sobre seus administrados. Como tubarões, os funcionários se dilaceram entre si para dividir o butim arrancado aos pleiteantes ingênuos.

Em *O Caso*, raramente representado no Teatro Alexandrínski, Meierhold não procura realizar uma obra de inovador. Como diz o crítico da revista *O Teatro e a Arte*:

> Será por causa da presença acalmante de Lavrentiev [o encenador adjunto] ou por outras razões? Não se encontra aí nenhuma das invenções habituais do "mestre em *mises-en-scènes*", sr. Meierhold. Nada de cenários, nem costumes berrantes, a esmagar a peça ou a opor-se às concepções do autor ou ao espírito da época. Os cenários e os costumes esforçam-se simplesmente em aclarar os espectadores[2].

Esta impressão de uma encenação que se apaga diante da obra é confirmada por outro crítico que descreve "um *décor* graficamente calmo que, no segundo ato de *O Caso*, representa em série os corredores de um prédio administrativo". Ele acrescenta que "os encenadores impuseram um estilo feito de silêncios, lentidões tímidas que atenuam um pouco o caráter melodramático da peça"[3].

Terá Meierhold julgado que esta peça falava de si mesma e não tinha necessidade de ser comentada pela encenação? Ele parece haver reservado toda a sua energia à terceira dessas obras que, por sua aliança de horror e de grotesco, melhor lhe convinha.

Em *A Morte de Tarelkin*, o herói é o subordinado e a alma danada de um alto funcionário, Varravin; ele ajudou o velho Muromski a se despojar de seus bens, que morreu por isso. Entretanto, ele é intrujado por seu chefe, que se recusa dar-lhe sua parte das rapinas. Ele quer vingar-se a todo custo, mas o chefe se mostra bem mais matreiro do que seu adjunto. Raspliuiev, escroque arrependido, foi promovido ao posto de comissário de polícia e trata do melhor modo seus interesses. O período perturbado em que a Rússia entra em 1917 é fértil em escroques, muitos dos quais aproveitam a situação para inserir-se no aparelho do Estado. A visão do autor tem qualquer coisa de profética, notadamente quando Varravin, para se desembaraçar de seu adversário, confia a instrução criminal a um magistrado que é um notório vigarista.

2 B. Vivitskaja, *Teatr i iskusstvo*, n. 36, 1917.
3 V. Solov'ev, Petrogradskie teatry, *Apollon*, out.-dez. 1917.

Ele impõe o terror policial à sua volta, arrancando pela violência as confissões que lhe incumbe obter.

A ação seria insustentável se fosse tratada em um estilo exagerado que embotasse nela a realidade. Um crítico fala "de hiperbolização do grotesco, de bufonaria trágica e de farsa cruel"[4]. Evitando a paleta por demais colorida de Golóvin, o encenador recorre a Almedingen. Este executou um cenário realista para os dois primeiros painéis do tríptico, ao passo que, para o terceiro, utiliza procedimentos da pintura expressionista. Tudo se desenrola diante de dois cenários "de linhas voluntariamente deformadas e quebradas, que devem sugerir, o primeiro, o quarto de Tarelkin e, o segundo, o comissariado de polícia onde serão extorquidas as confissões"[5]. Desse cenário fracamente iluminado por uma lâmpada baça, enquanto o resto fica mergulhado em trevas inquietantes, emerge um mundo sombrio e de pesadelos. A isso se acrescenta um elemento de bufonaria, destinado a descarregar a tensão criada pela angústia. Certas cenas estão no limite do burlesco.

Um outro crítico fala, a propósito desta peça, de "romantismo estilizado"[6], outro nome para o expressionismo, que se traduz por uma aguda lucidez em face do horror da existência. O riso traz, por contraste, um sentimento de vitória totalmente simbólico. Tal é o ingrediente das obras de vanguarda da época, nascidas de um sobressalto do desgosto em face da guerra, sentida como um grande revés da humanidade com o seu sonho de progresso contínuo.

A mistura de horror e de burlesco está no diapasão da Rússia neste outono de 1917. Quando retomar a peça em 1932, em um contexto político completamente diferente, Meierhold modificará completamente o seu alcance. Dar-lhe-á um fim moral, condenando a personagem de Varravin que será espancada em lugar de Tarelkin, enquanto este conseguirá escapar a seus perseguidores. O público dos anos de 1930 tinha necessidade, como em um espetáculo de teatro de fantoches, de ver o vilão punido.

A insurreição bolchevique produziu-se exatamente dois dias mais tarde, em 25 de outubro (a.e.). Quais foram os sentimentos

---

4 E. Kuznecov, *Smert Tarelkina, Rabočij i teatr*, n. 2, p. 18.
5 V. Solov'ev, op. cit., p. 96.
6 A. Piotravskij, Tragikomedija o den'gah, *Večernaja krasnaja gazeta*, 16.4.1933.

do homem Meierhold em face deste acontecimento? Evidentemente é impossível saber. Quando lançar o *slogan* do Outubro Teatral, a fim de celebrar a origem do teatro revolucionário tal como ele o concebe, Meierhold ratificará a significação fundadora de Outubro.

Nós dispomos, no entanto, de um documento de rara sinceridade, uma carta autógrafa de Meierhold escrita nos primeiros dias da revolução. A censura brezhnevniana eliminou a passagem abaixo, que se ajusta mal à imagem do criador do Outubro Teatral. Evocando o projeto de uma realização em conjunto de *A Troca*, de Claudel, Meierhold se desculpa com Taírov por não lhe ter escrito desde que voltara a Petrogrado:

> 3 de dezembro de 1917
>
> Caro Aleksandr Iakovlevitch [...]
>
> Eu não respondi suas cinco últimas cartas.
> Eis a razão.
> Em setembro, fiquei sobrecarregado de encomendas (teatros Mariínski e Alexandrínski) e açambarcado por um bom número de pessoas desejosas de criar sindicatos e associações.
> Em outubro, estive incapacitado de trabalhar, devido à atmosfera em que me achava mergulhado: tudo estava impregnado desse veneno que culminou no dia 25 com a sublevação dos arruaceiros.
> Em novembro, não pude trabalhar por causa de uma doença que me prendeu três semanas na cama. Quase sucumbi de uma septicemia. Fui operado na perna. Incisaram-me um furúnculo [...][7].

A agitação bolchevista criara, portanto, uma atmosfera deletéria que impossibilitava qualquer atividade. Em seguida, ele ficou doente e teve de guardar o leito. Trata-se de uma doença psicossomática ou pura e simplesmente diplomática? Ele mencionará

---

7 Carta de V. Meierhold a A. Taírov (3.12.1917), *Perepiska*, p. 192. O parágrafo que revela a aversão de Meierhold às agitações dos "amotinadores" de outubro foi omitido na edição da *Correspondência* publicada em Moscou, em 1976. Ver seu texto autógrafo no Anexo IV, infra, p. 648.

repetidas vezes a existência desse furúnculo que está ligado à tuberculose de que sofria.

Uma vez passada a crise, reinicia-se o trabalho, como se nada houvesse ocorrido, tendo sido a insurreição bolchevique apenas um episódio lamentável. O que importa, acima de tudo, é o teatro. A revolução política é fruto do acaso, enquanto a revolução teatral mergulha em raízes profundas em toda uma história que remonta ao começo do século. Ela irá levantar voo graças ao novo público, que se precipita para os teatros e que lhe imprimirá uma nova juventude.

Neste outono de 1917, Meierhold transborda de atividades e multiplica os projetos: Após haver levado a termo a trilogia de Sukhovó-Kobilin, prepara uma peça de Ibsen envolta em mistério e nostalgia, *A Dama do Mar*; ele é encarregado ao mesmo tempo de montar três obras líricas, *A Donzela da Neve*, de Rímski-Kórsakov, *Fenella* (*A Muda de Portici*), de Auber e, enfim, *Rouxinol*, de Stravínski. Ao mesmo tempo encena com Taírov, em Moscou, *A Troca*, cujo tema parece de atualidade por seu exame crítico do reino do dinheiro.

Mas como levar a bom termo todos esses projetos no clima de agitação e luta pelo poder, que invade toda a vida social e cultural? Após uma primeira reação de recusa, toma o seu partido na nova situação. Constatando a determinação mostrada pelo novo poder político e tranquilizado pela nomeação de Lunatchárski para o posto de comissário do povo para a Educação e a Cultura, decide aceitar o convite deste homem que ele conhece bem. Segundo um testemunho amiúde solicitado, Lunatchárski teria convidado em dezembro de 1917 cento e vinte intelectuais de Petrogrado para uma tomada de contato. Deste número, somente meia dúzia teria aceitado ir até lá.

> Lembro-me que lá se encontravam Aleksandr Blok, Larissa Reisner, Nathan Altman, Vladímir Maiakóvski, Sterenberg e Vsévolod Meierhold. Este fez em tom apaixonado toda sorte de propostas construtivas para quebrar a sabotagem e o boicote aos quais se entregava a esmagadora maioria da *intelligentsia*[8].

---

8 B. Malkin, Vstreča v Smol'nom. V. Mejerhol'd v pervye gody revoljucii, *Sovietskoe isskustvo*, 12.2.1934.

Pela primeira vez depois de muitos anos, o Teatro Mariínski não inaugura a temporada com *A Vida pelo Tsar*, mas apresenta o *Príncipe Igor*, tendo como abertura a *Marselhesa* na orquestração de Glazunov. Os sentimentos republicanos da ópera de Estado são assim bem afirmados. Para sacrificar à modernidade, está prevista a montagem do que era então a última obra de Stravínski, *O Rouxinol*, estreada na ópera de Paris no começo da guerra. Meierhold, que é incumbido de dirigi-la, deve encenar igualmente uma grande ópera romântica, *A Muda de Portici* de Auber.

A autonomia reivindicada pela trupe do Teatro Mariínski conduz a uma fogueira corporativista. Os solistas da ópera defendem seu estatuto e esforçam-se por empalmar o conjunto dos teatros de Estado. Eleito secretário do "sindicato dos solistas", Ekskusovitch, marido da atriz Kovalenko, intriga para ser nomeado administrador. Ele alcançará seus objetivos em 18 de fevereiro de 1918 (n.e.), quando consegue que Lunatchárski lhe confie a direção dos teatros de Estado de Petrogrado.

Os Teatros Imperiais e os Acontecimentos de Outubro de 1917

Logo após o golpe de força, o congresso dos Soviets aprova, na noite de 26 ou 27 de outubro (a.s), a formação de um novo governo, inteiramente composto de bolchevistas. Não se fala mais de ministros, porém de "comissários do povo". Lênin preside o Conselho, com Trótski nos Negócios Estrangeiros, Stálin nas Nacionalidades e Ríkov no Interior. Os decretos sobre a paz e sobre a terra, redigidos por Lênin, são imediatamente adotados. Exige-se neles a suspensão das hostilidades "sem anexações nem indenizações". Em 20 de novembro (n.e.) abrem-se em Brest-Litovsk as negociações de armistício entre a Rússia e as potências centrais. Um armistício de 28 dias é concluído no início do mês de dezembro. Assim a Rússia pode alimentar a esperança de sair bem depressa do pesadelo da guerra. As negociações recomeçam e, apesar das agitações provocadas pelas condições draconianas impostas pelo Estado-maior alemão, a paz será assinada a 3 de março de 1918 (n.e.). A Rússia deve resignar-se a perder suas províncias na fronteira ocidental, a Polônia, a Finlândia, os países bálticos, a Ucrânia e uma parte da Rússia Branca. As tropas alemãs movimentam-se para ocupar a Ucrânia e a Crimeia. O novo poder aproveita este período de trégua para consolidar suas bases.

Como foi que o meio teatral vivenciou as jornadas decisivas da tomada do poder? No dia 25 de outubro à noite, os espetáculos têm lugar como de costume; há uma *soirée* de balés de Tchaikóvski no Mariínski, no Teatro Alexandrínski uma peça contemporânea (*Flávia Tessini*, de Schtschepkina-Kupernik) e no teatro Mikhail *O Copo d'Água*, de Scribe. Por volta das 22 horas ouvem-se tiros de metralha. No Mariínski interrompe-se precipitadamente a representação. O público manifesta sua inquietude e logo os espetáculos são suspensos em toda parte.

A "Comissão Teatral da Prefeitura de Petrogrado" estava sediada no instituto Smolni. Ela é obrigada a evacuar os locais onde os amotinados estabelecem seu quartel-general, e instala-se no Teatro Suvorin. Apenas nomeado comissário do povo, Anatoli Lunatchárski coloca à testa da referida comissão Muraviov, um antigo encenador do teatro Suvorin, que recebe o título de "comissário dos teatros públicos e privados". Este último expede uma circular desastrada, intimando seus administrados "a permanecer em seus postos a fim de não prejudicar a atividade dos teatros". Acrescenta que "toda falta às obrigações que lhes incumbe será considerada como um ato hostil para com o novo poder e acarretará um castigo merecido"[9].

Espicaçados ao vivo, os atores dos teatros de Estado decidem entrar em greve, apoiados por Batiuchkov, que se aferra a seu cargo de diretor dos teatros, por Zilotti, diretor da ópera, e Karpov, "chefe da trupe" do Teatro Alexandrínski. Os atores manifestam assim sua reprovação ao golpe de Estado.

Em 5 de novembro (a.e.), Batiuchkov convoca no Mariínski uma assembleia geral dos atores e de todo o pessoal dos três teatros

[9] *Teatr i iskusstvo*, 12.11.1917.

de Estado. Meierhold reaparece pela primeira vez em público depois de sua operação na perna. Os atores do Alexandrínski são partidários do prosseguimento da greve, enquanto o sindicato dos solistas e o pessoal operário são mais favoráveis à retomada das atividades. Entretanto, ante a notícia dos excessos cometidos em Moscou pelos guardas vermelhos, que notadamente requisitaram o teatro Máli, a indignação chega ao cúmulo. Decide-se prolongar o fechamento dos teatros por três dias seguidos em sinal de reprovação. Ademais, os atores resolvem não reconhecer nenhum outro poder salvo o da prefeitura de Petrogrado. Incapaz de firmar sua autoridade, Muraviov é obrigado a pedir demissão.

Durante três dias, os de 12, 13 e 14 de novembro (a.s), desenvolvem-se em Petrogrado as eleições para a Constituinte. Os autores do golpe de Estado não se opõem às operações eleitorais, que visam eleger democraticamente uma assembleia que concentre as aspirações de toda a Rússia democrática. Cada um dos cidadãos está persuadido de que a salvação virá da Constituinte, eleita em escrutínio universal. Espera-se da constituição um regime autenticamente democrático e o fim do reino dos bolchevistas. Basta, portanto, ter paciência até o fim do escrutínio. (As eleições darão 58% dos votos aos sociais-revolucionários, 25% aos bolcheviques e 13% aos constitucionais-democratas). Manifestando seu zelo cívico, os atores oferecem uma sessão de gala no Teatro Mariínski: uma representação do *Príncipe Igor*, precedida da *Marselhesa* e seguida de discursos políticos.

Batiuchkov é confirmado pelos atores em suas funções de "diretor dos teatros de Estado", diante do que Lunatchárski lembra secamente aos três teatros que eles dependem diretamente de seus serviços. Propõem-lhe, além disso, entabular conversações "para determinar a forma de sua colaboração". Tendo sido Batiuchkov demitido de suas funções, uma nova assembleia geral das três trupes decide constituir-se em conselho autônomo autogerido e o nomeia secretário geral.

Ante essa resistência, Lunatchárski reage brutalmente. O sindicato dos solistas e os fundos dos artistas propõem então a seus membros convidar o comissário a explicar-se diante deles. Somente oito membros (entre os quais Meierhold) se declaram favoráveis a esta proposição. Rapidamente se realiza a reunião prevista e Lunatchárski habilmente se declara pronto a garantir a autonomia dos teatros: "Julgo indispensável introduzir uma autoridade colegiada em todos os organismos que se acham sob minha jurisdição. Toda seção do mecanismo de Estado deve ser dirigida por um conselho competente"[10].

Ao contrário dos cantores que voltam à ordem, os comediantes do Teatro Alexandrínski mantêm-se em suas posições. Para manifestar sua independência, decidem, no fim de dezembro, abandonar provisoriamente sua prestigiosa sala, na perspectiva Nevski, para atuarem na sala do Aquário, na ilha de Kamennoostrovski. A Assembleia Constituinte, à qual o governo dos insurgentes se comprometera entregar seus poderes, deve reunir-se a 5 de janeiro. É suficiente, portanto, resistir uma semana.

Em 27 de dezembro, as representações começam nesta nova sala, o que é tomado como uma provocação pelas autoridades políticas. Lunatchárski riposta nomeando em lugar de Batiuchkov um anarquista exaltado, Bakrylov, que irrompe, em 2 de janeiro, com alguns soldados, nos locais da direção dos teatros de Estado. Ele expulsa, sem maiores deferências, os poucos funcionários ainda presentes e, na confusão geral, um incêndio se deflagra, destruindo uma parte dos arquivos. Apesar do aparente sucesso desta manifestação de autoridade, Bakrylov não permanecerá um mês nesse posto. Ekskusovitch, que aguardava a sua hora, toma enfim posse da poltrona por tanto tempo ocupada por Teliakóvski. Quanto a Bakrylov, descobrindo em si, de súbito, uma vocação teatral, seguirá, no outono de 1918, cursos de encenação organizados por Meierhold, mas acabará por suicidar-se em 1922.

Em 6 de janeiro, toma-se conhecimento do inusitado golpe de força desfechado contra a Assembleia Constituinte no ensejo de sua primeira sessão. Ela foi pura e simplesmente dispersa pelo exército. Em sinal de protesto, o coro da ópera entra em greve. Zilotti, responsável pela trupe, é detido e só é solto depois de efetuar uma retratação pública.

---

10 A. Lunačarskij, Zadači gosudarstvennyh teatrov, *Izvestija*, 13.12.1917.

Os protestos espoucam por toda parte, unindo teatros públicos e privados. Mas o que podem fazer simples atores contra um poder destituído de escrúpulos? Decepcionado pela rendição dos atores do Teatro Alexandrínski, Karpov remete sua demissão de "chefe da trupe". Uma delegação de atores vai, a 17 de janeiro, ao Palácio de Inverno, onde é recebida por Lunatchárski, que se mostra muito tranquilizador, declarando-se pronto a satisfazer todas as demandas legítimas da trupe. Já em 3 de fevereiro, esta se reintegra em sua sala.

Serão necessários quatro meses para domar a rebelião e impor uma nova tutela aos atores destes teatros de status privilegiado.

As Incertezas do Ano I da Revolução

Qual foi a atitude de Meierhold durante este período crucial em que a guerra civil substitui a guerra contra o inimigo externo? Por ocasião da assembleia geral dos artistas dos teatros de Estado, da qual falamos mais acima, ele efetuou uma declaração imprudente que o faz parecer um perigoso extremista, pronto a romper a solidariedade com seus confrades. Ele é partidário de uma arte universal e contra todo recuo friorento para uma arte nacional.

Segundo um de seus adversários ideológicos, ele teria "exortado a assembleia ao internacionalismo, à arte do planeta inteiro, à rejeição da Rússia"[11]. Julgando que suas palavras foram deturpadas, Meierhold responde por meio da imprensa:

> Eu falei da separação entre a arte e o Estado (é o interesse pela arte em toda a parte do mundo, é o interesse pela Rússia inteira). Esta observação foi transformada pelo cronista do *Rietch*, que concluiu dela a "rejeição da Rússia". Meu propósito era o de afirmar a independência da arte em relação à política, de incitar à criação de uma Comuna mundial dos

---

11 P. Jarčev, *Naša reč'*, 31.12.1917.

artistas, única instituição capaz, em minha opinião, de salvar o patrimônio artístico da destruição e de assegurar aos criadores uma autêntica liberdade. Este pensamento foi interpretado como um "apelo ao internacionalismo"[12].

Meierhold espera que o novo governo vá prosseguir na política de não intervenção no domínio artístico, que era a do governo provisório. Os grandes artistas da vanguarda, de Blok a Maiakóvski, nutrem, como ele, a utopia de uma arte liberada, que poderá dirigir-se diretamente ao povo e garantir seu desenvolvimento espiritual.

Mas, para Iartsev, é preciso não se iludir com as denegações de Meierhold, que é demasiado inteligente para ter ilusões acerca dos intuitos do novo poder. Ele responde à carta do encenador com um artigo sem concessão:

> Excepcionalmente dotado na arte das formas plásticas, Meierhold é um ser absolutamente desprovido de paixão. O que nele tem seu lugar é a irascibilidade, o desejo de fazer de outro modo o que os outros fazem, a ilusão de que ele realiza aí uma "revolução". É o apego a uma ideologia, à ruptura com as raízes, à sede de poder e uma suscetibilidade doentia desprovida de fundamento que o conduzem a crer que não se aprecia o seu trabalho em seu justo valor. Meierhold não tem piedade da Rússia, pois, sem se aperceber disso, perdeu o hábito de compreendê-la e de amá-la à medida que se deixava levar pela sua irascibilidade e se fechava em seu desejo de criação *ex nihilo*[13].

O crítico, que conhece bem Meierhold de quem foi durante algum tempo colaborador, pretende que este quer acertar suas contas com uma *intelligentsia* que nem sempre o seguiu em suas palinódias. Pode Meierhold crer seriamente que são os soldados, os camponeses e os operários que vão apreciar seus dons e compartilhar de seus gostos? E ele conclui com esta observação cujo pessimismo é partilhado por numerosos leitores: "Os comissários

---

12 Pis'mo V. Mejerhol'da, *Petrogradskaja večernjaja počta*, 5.12.1917.
13 P. Jarčev, "Tušino", *Naša reč*, 6.12.1917. (Para Iartsev, o artista de gênio está condenado à insensibilidade.)

do povo podem crer seriamente que eles vão instaurar uma vida feliz para os camponeses e os operários?"

Quando Meierhold fala da "Comuna Internacional dos Criadores", Iartsev retruca que não existe, infelizmente, "Comuna" capaz de salvar o patrimônio artístico da Rússia contra os "conspiradores de Tuschino[14] [os bolchevistas], contra aqueles mesmos que aí pregam o internacionalismo".

O mundo artístico divide-se doravante em dois campos. Há, de uma parte, os vanguardistas que, "com dotes incontestavelmente menores, às vezes sem nenhum talento e desprovidos da generosidade moral e das reais qualidades de um Meierhold, se nutrem do mesmo mau fermento que ele" e, de outra parte, homens como Karpov, que sabem que "não se pode separar a arte e o povo, sua psicologia, seu passado, seu caráter nacional". Persuadido de que são os vanguardistas que preparam a cama para os bolchevistas, Iartsev não pode saber que o novo regime acabará por apoiar-se em Karpov contra Meierhold, nos populistas contra os vanguardistas.

Esta polêmica sobrevém no momento em que a imprensa vive seus derradeiros instantes de liberdade (atingido pela interdição, o jornal *Rietch* [A Palavra] reaparece sob um novo título, *Nacha Rietch* [Nossa Palavra], que será interditado, por sua vez, algumas semanas mais tarde). A expressão já se faz por meio de floretes embotados. Todavia, ainda assim encontram-se expressos, sob a pena de Iartsev e em nome do antibolchevismo, as acusações que esses mesmos bolcheviques, no pináculo de seu poder, desferirão contra Meierhold vinte anos mais tarde: internacionalismo, esteticismo, rejeição das tradições nacionais. Isso que não é, no fim de contas, senão uma simples divergência artística e política, será erigido em crime de lesa-majestade e o levará à morte. O sonho utópico da separação da arte e do Estado irá bem depressa dissipar-se.

Uma das respostas a estas subversões parece estar contida na mensagem universalista de um Lev Tolstói, que proclama a não violência e o igualitarismo. À obsessão da guerra no front sucede a confusão de uma população cuja segurança não mais está

---

14 Tuschino é o nome de uma cidadezinha situada a oeste de Moscou onde, durante o chamado Tempo dos Distúrbios (início do século xvii), reuniam-se os aventureiros de todos os lados que se vendiam, segundo o caso, aos russos ou aos poloneses.

garantida e que, além disso, começa a sofrer fome. Para responder a tais preocupações e manifestar seu apego aos valores da compaixão, o Teatro Alexandrínski retoma desde 7 de novembro (a.e.) – uma dezena de dias após o golpe de força político – a peça do grande escritor que havia sido encenada por Meierhold em 1911, *O Cadáver Vivo*. A obra é um arrazoado em favor da verdade das relações humanas e um requisitório contra as instituições sociais que sejam vistas como contrárias à moral natural.

Nesta ocasião, um fato característico é relatado pela imprensa: os espectadores aplaudem freneticamente a personagem do gendarme, que aparece de maneira episódica no fim da peça, o que é interpretado da seguinte maneira:

> O público de Petrogrado tem nostalgia de um poder forte, "próximo da população"... O público de Petrogrado tem nostalgia do gendarme, em uniforme, com sua chapa no peito e seu sabre! Durante longo tempo, segurou essa nostalgia em silêncio, quase inconscientemente. E de repente apresentam-lhe um gendarme em carne e osso, com um relevo extraordinário! A nostalgia exprimiu-se por uma ovação estrepitosa e aplausos cômicos[15].

É preciso saber que, quando era primeiro ministro, Kerenski havia decido enviar para o front os gendarmes, o que contribuiu para criar a insegurança nas cidades.

Cinco meses mais tarde, instalou-se um poder muito forte. Serenados, os atores do Alexandrínski recobram seu teatro e, a pedido deles, Meierhold cria, em abril de 1918, a moralidade, *Pedro, o Padeiro*, ilustração do tolstoísmo em forma de quadros vivos. A personagem principal é um rico mercador que, defrontando-se com a morte, converte-se e, despojando-se de todos os seus bens, abandona sua família. Tendo se tornado escravo, passa por ser um santo homem. O encenador se interessa mais pelo aspecto colorido de uma peça com ares de história em quadrinhos do que pelo programa social preconizado pelo autor da obra que parece aos bem-pensantes um antídoto aos excessos do bolchevismo.

15 Nekto, Toska pó dvorovomu, *Obozrenie teatrov*, 21-22.11.1917.

Meierhold é infatigável. Ele é encarregado de substituir, de improviso, o confrade que devia montar *A Donzela da Neve* no Teatro Mariínski. Os cenários rutilantes de Korovin são maravilhosos, mas não haverá alguma coisa de indecente na representação desta ópera em uma época tão sombria?

O trabalho prossegue com uma obra que tem o mérito de falar à sensibilidade moderna. Proposta a Meierhold pelo compositor já em 1915, a ópera de câmera *O Rouxinol* é enfim montada três anos mais tarde. Estreada no fim da temporada, em 30 de maio de 1918, é a última manifestação de uma colaboração de dez anos entre Meierhold e Golóvin. Nessas horas dramáticas, a paleta luminosa do pintor responde pela última vez à demanda do encenador.

Sob a aparência de um *divertissement* feérico, esta obra constitui na realidade um cometimento de subversão dos estereótipos da ópera. Meierhold a transforma em um oratório: os cantores ficam sentados diante da estante em que se encontra sua partitura e eles se levantam no momento em que devem cantar sua parte, enquanto um recitante situado no proscênio comenta a ação: "Os cortesãos, tomados de espanto, caem de bruços em círculo em torno do imperador, com as pernas erguidas no ar, criando uma ruptura grotesca"[16].

Por trás desta aparência bufona, é mais uma vez de arte que se trata. O rouxinol dos bosques da simplicidade rústica parece cedê-la à perfeição gelada do pássaro mecânico, mas ele conseguirá, com seu canto maravilhoso, fazer recuar a morte que ameaça o imperador. Afirmação fervorosa e maliciosa ao mesmo tempo dos poderes transcendentes da arte, a mensagem não vem a propósito?

No curso dos primeiros meses do ano de 1918, Meierhold vai a Moscou a fim de participar com seu amigo e rival, Taírov, da encenação de *A Troca*. Estreada em 20 de fevereiro, a peça seduz mais pelo brilho de seus cenários, devidos a Iakulov, do que por seu tema que parece anacrônico em uma Rússia exangue.

É a época dos pequenos cafés em que os poetas recitam mutuamente seus versos, por não poder imprimi-los, pois o papel se

---

16 N. Malkov, *Solovej* Igorja Stravinskogo, *Teatr i iskusstvo*, n. 20-21.

torna muito escasso. A *intelligentsia* da vanguarda encontra-se no Café Pitoresco, situado no centro de Moscou, na ponte dos Marechais, que foi decorado pelo mesmo Iakulov. Inaugurado em 30 de janeiro em presença de Maiakóvski, Burliuk e Kamenski, é um lugar onde as ideias borbulham. Meierhold é convidado a falar aí sobre o teatro.

Em uma exposição em forma de manifesto sobre os caminhos do teatro contemporâneo, ele se faz defensor do "teatro dos rejeitados", no qual engloba de cambulhada "Dostoiévski-o-vagabundo", Púschkin e Gógol-o-vagabundo, ligando a eles "a fuga de Tolstói" para passar a Sukhovó-Kobilin e depois aos contemporâneos, como Rêmizov, Khlébnikov, Maiakóvski e Kamenski. Abandonando o simbolismo, Meierhold lança-se no futurismo, uma espécie de retorno ao "anarquismo místico" de sua juventude. Partilha com Maiakóvski da ilusão de que a revolta anárquica e a revolução das formas que eles operam estão em fase com a revolução política e social em curso.

Dois campos reivindicam simultaneamente o apoio das autoridades. Opondo-se às pretensões iconoclastas de Meierhold, o crítico marxista Fritche faz a recensão, no *Pravda* de 5 de julho, das peças "progressistas" do teatro ocidental, cuja montagem preconiza até a criação de um repertório específico. Para ele, o teatro é um auxiliar da política. Meierhold compreende que será marginalizado se ele mesmo não se integrar no aparelho decisório que ora se instala. Nesta fase de subversão, mais vale participar do poder do que ter de sofrer passivamente seus caprichos.

Temendo que os alemães, que ocupam Narva, sintam-se tentados a marchar sobre Petrogrado, o governo decide, em março de 1918, transferir a capital para Moscou. Este retorno às fontes nacionais é compensado por uma medida que faz a Rússia entrar no mundo ocidental: a adoção do calendário gregoriano. A defasagem de treze dias que existia até então é suprimida. Enquanto Lunatchárski acompanha os outros comissários do povo, a Direção dos Teatros, sob o cajado de Olga Kameneva, esposa de Kamenev e irmã de Lev Trótski, permanece em Petrogrado até setembro. É nesta instituição todo-poderosa que Meierhold vai tentar abrir um caminho para si.

O Artista e o Poder.
A Adesão ao Partido Comunista

   Depois que a Direção dos Teatros partiu para Moscou, resta em Petrogrado uma seção local dirigida por Golubev. Meierhold, que o conhece bem e não o aprecia muito, logrou não obstante tornar-se seu adjunto. Ele consegue ser nomeado redator-chefe do *Boletim do Teatro*, em que escreve praticamente todos os artigos e cujo primeiro número aparece em novembro. Com a concordância da Direção dos Teatros, ele abre, em companhia de Vivien, ator do Alexandrínski que aderiu ao partido bolchevique, um curso de arte dramática, intitulado Escola do Ofício de Ator. Ele retoma aí com pouca diferença seu ensinamento do Estúdio.
   Mas um novo projeto se especifica. Durante o verão de 1918, de 21 de junho a 23 de agosto, ele organizou por sua própria iniciativa um Curso de Encenação Profissional, destinado à formação de encenadores. Com a colaboração de antigos animadores do Estúdio, como os irmãos Bondi, Gripitch, Radlov, ou artistas do Teatro Alexandrínski, Golóvin, Tchitchagov ou Petrov, ele se propõe a ampliar esta experiência. Como Meierhold explica no *Boletim do Teatro*, o desenvolvimento dos espetáculos de amadores nas fábricas, nas aldeias e nas casernas exige a rápida formação de encenadores competentes e animados de sentimentos revolucionários. Ele desejaria que a Direção dos Teatros apoiasse seu projeto.
   Como não se pode duvidar, sua situação de subordinado desagrada fortemente a Meierhold. Ele escreve a 3 de novembro a Olga Kameneva pedindo-lhe para ser promovido à mesma posição que Golubev, ou melhor, para ser nomeado "comissário adjunto do diretor dos teatros". Ele cita como exemplo Sterenberg e Punin que são "comissários para as belas-artes", ou Lurié, que é "comissário para a música".
   Politicamente, a situação não é ambígua. Se ele pretende estar em condições de propagar as ideias em que acredita, não há outro meio senão unir-se àqueles que detêm o poder. Daí resulta

a *démarche* que empreende, desde o verão de 1918, para ingressar no partido comunista. Uma vez admitido, anuncia a nova a Lunatchárski com uma ponta de malícia: "Sinto-me feliz de estar no partido ou quase (tenho minha carteira de 'candidato'), a despeito do fato de que o senhor não fez chegar a mim a recomendação prometida"[17].

Graças a Vivien, Meierhold foi admitido na célula da gente de teatro. Não era uma empresa fácil, pois, desde a tomada do poder pelos bolcheviques, numerosos eram os candidatos à adesão. Por isso eram necessários avalistas sólidos para ser acolhido como "candidato" ao partido. Eis, portanto, Meierhold no clube fechado dos detentores do poder. Durante muitos anos ele saberá fazer um bom escudo de sua escolha política, até o dia em que, como para milhares de outros, sua carteira de partidário será inútil para resistir à máquina do Estado.

Sua posição vê-se agora reforçada em relação aos "marxistas" que, em Petrogrado, se agrupam em torno de Górki. A seção local da Direção dos Teatros tem a seu cargo o controle dos teatros de Estado, mas os teatros privados de Petrogrado e das adjacências estão sob a tutela da seção de teatros e espetáculos para a União das Comunas da região do Norte, cuja responsável é Maria Andrêieva, a companheira de Górki. Seu gosto é o dos marxistas ortodoxos, que julgam que o povo não precisa fazer inovações vanguardistas. O programa que ela põe em execução é o dos grandes autores do teatro universal "progressista".

Passou-se um ano desde o golpe de Estado e as autoridades, que têm o senso da comunicação, decidem celebrar o evento com fausto, associando a isso os teatros do país. O teatro é considerado de pronto um meio essencial a serviço da propaganda, mais do que o cinema, cujo alcance ainda se mede. Assim, cria-se uma tradição que se perpetuará até o fim do regime.

Como se quisesse manter dois ferros em fogo, Meierhold apresenta em 7 de novembro de 1918 duas obras, das quais uma é fiel à tradição, embora aureolada com uma reputação de progressismo, enquanto a outra abre, pela radicalidade de sua linguagem, o

---

17 Carta de V. Meierhold a A. Lunatchárski (19.10.1918), *Perepiska*, p. 194.

caminho da revolução teatral. Se, no Teatro Mariínski, *A Muda de Portici* reata com a ópera romântica francesa, a dois passos de lá, na sala menor do Teatro do Drama Musical vem à luz uma obra provocadora, *Mistério Bufo*, do poeta futurista Maiakóvski.

Desde o começo do século XIX, a obra de Auber fora saudada como inovadora, pois dava as costas à "grande ópera" e lançava as bases do drama musical. Abandonando os intermédios dançados, o compositor concedia preponderância à ação em face das árias líricas. Ele teve mais um atrevimento, o de confiar o papel principal de sua ópera a uma personagem muda, denúncia vazia da convenção lírica. Segue-se daí que o papel de Fenella, a muda, deve ser confiado não a uma cantora, porém a uma comediante capaz de exprimir seus sentimentos pela mímica. Compreende-se quão interessado estava Meierhold pela perspectiva desta proeza técnica.

Acrescenta-se a isso uma circunstância fortuita, graças à qual a ópera de Auber granjeou a reputação de obra revolucionária. Relato da revolta dos napolitanos, conduzida em 1628 por Masaniello, contra um príncipe tirânico, ele se tornou sob a Restauração o ponto de reunião dos adversários da monarquia. Mais ao norte, os bruxelenses lançavam, em 1830, sua insurreição pela independência, ao sair precisamente de uma representação da *Muda*, cujos refrãos eles retomam em coro.

Escolher esta ópera para o primeiro aniversário da revolução bolchevista, era decerto uma maneira de celebrar uma rebelião popular, mas ao mesmo tempo de afirmar seu apego aos aliados da *Entente* e, em particular, à Bélgica mártir, traída pelos bolcheviques. É verdade que nesta data a Alemanha já estava derrotada: o armistício na frente oeste será concluído quatro dias mais tarde, em 11 de novembro de 1918.

Como é de se esperar no caso, Meierhold não dedica grandes esforços à realização desta obra. Ele deixa para sua assistente, Maslovskaia, uma cantora do Teatro Mariínski, o cuidado de acertar a encenação. Os teatros de Estado padecem então de uma desorganização geral. As autoridades perguntam-se com embaraço o que fazer desses vestígios do antigo regime, cuja liquidação os militantes mais extremistas do novo regime pregam. De seu lado, os artistas não são mais pagos e o superintendente da ópera traça, para Lunatchárski, um quadro impressionante da miséria das pessoas que, neste inverno de 1918, "gelam em silêncio" e, às vezes, "não têm a menor acha de lenha há dois ou três meses..." A situação catastrófica de Petrogrado, a partir do outono de 1918, explica em grande parte a fuga da *intelligentsia* em direção ao sul ou ao exterior. Quanto a Meierhold, ele acabará por apresentar sua demissão e deixará definitivamente os teatros de Estado, após haver exercido neles durante dez anos suas funções, contribuindo para a renovação que neles ocorreu.

Mistério Bufo (Primeira Versão)

A segunda criação apresentada por Meierhold para o primeiro aniversário da revolução bolchevique contém em si todas as alegrias e todas as dificuldades que ele conhecerá nos anos vindouros.

Meierhold e Maiakóvski encontraram-se pela primeira vez em 1913, quando o poeta interpretava o seu próprio papel no poema dramático intitulado *Tragédia*, em que uivava sua angústia em face da multidão que o agredia por toda parte. Os dois homens voltaram a encontrar-se, em seguida, na associação dos artistas, criada após a revolução democrática de fevereiro. Ei-los agora sob o governo bolchevique, unidos pela mesma aspiração de transformar o mundo. O poeta mostra ao encenador sua nova peça que conta, com uma insolência jubilosa, a história da revolução popular em um estilo de história em quadrinhos. Seduzido pela inventividade que aí se manifesta, Meierhold se apressa a propor a peça ao Teatro Alexandrínski. Eis em quais termos ele apresenta o autor: "Camaradas, vocês conhecem Goethe, vocês conhecem Púschkin, pois bem me permitam que eu lhes apresente o maior poeta dos tempos modernos, Vladímir Vladimirovitch Maiakóvski!"[18]

18 V. Katanjan, *Majakovskij. Literaturnaja hronika*, p. 102.

Tomando de empréstimo aos futuristas seu terrorismo verbal, Meierhold se torna cúmplice deste autor, cuja obra, iconoclasta e blasfematória, choca os atores de uma companhia para a qual o futurismo é o sequaz do bolchevismo.

> A leitura desta peça provoca uma reação de recusa violenta de parte da maioria da trupe não somente por sua fatura "futurista", mas, sobretudo, porque ela parecia simbolizar a entrada do bolchevismo mais cru no seio do Teatro Alexandrínski, sem contar os atentados aos sentimentos religiosos que chocaram particularmente o conjunto dos atores. Vários deles se persignaram muitas vezes no transcurso desta leitura, para conjurar as blasfêmias que aí se expunham[19].

O *Mistério Bufo* não tinha, evidentemente, lugar no Teatro Alexandrínski, nem de fato em nenhum teatro estabelecido. Meierhold, Maiakóvski e Malevitch (o cenógrafo) decidem então agir por conta própria. Pedem a Maria Andrêieva que lhes ceda o toldo do Circo Moderno, o que ela recusa. Com a intervenção expressa de Lunatchárski, ela acaba concedendo por três dias (7, 8 e 9 de novembro) a sala do teatro do Drama Musical, perto do Conservatório de Música.

Na falta do ator profissional pretendido, é Maiakóvski mesmo que desempenha o papel central do Homem. O poeta apresenta a revolução como um fenômeno cósmico, um dilúvio de onde emerge o arco da salvação e que conduzirá os rejeitados à terra prometida, lugar de reconciliação do homem consigo próprio e com a natureza.

Oriundos da arraia miúda, os artífices da revolução são impelidos à revolta não pelos preceitos da luta de classes, porém pelos horrores da guerra à qual pagaram um pesado tributo:

> Aqui estamos nós
> Arrancados das entranhas da terra
> Pela cesariana da guerra

---

19 K. Deržavin, Teatr v fevrale I v oktjabre, *Sto let Aleksandrinskogo/Gosudarstvennogo teatra*, p. 428.

Em uma enorme metáfora, Maiakóvski descreve a revolução como um novo dilúvio que se abate sobre a terra. Os que lhe escapam sãos e salvos, sete casais de Puros e sete casais de Impuros, são reembarcados na arca, figura do destino da Rússia. Uma vez que os Impuros (os proletários) conseguiram jogar seus adversários pela amurada, começa a epopeia que deve conduzi-los à vitória final, isto é, à conquista da terra prometida.

O autor efetua aí uma inversão iconoclasta e perversa da problemática religiosa com que joga. Inteiramente surpreso com sua própria audácia, os Impuros assistem embasbacados o aparecimento da personagem misteriosa, o Homem, que avança na direção deles, caminhando sobre a superfície das águas. Esse Cristo anarquista profere então um sermão da montanha com acentos surrealistas:

> Meu paraíso é para todos
> Salvo para os pobres de espírito
> De rosto lunar à força de jejuar!
> É mais fácil o camelo passar pelo buraco de uma agulha,
> Do que um desses ratos vir a mim.
> Vem a mim,
> Tu que plantaste tranquilamente teu punhal
> No corpo de teu inimigo
> E foste embora cantando!
> Vem a mim, tu que não perdoas.
> O primeiro lugar é para ti
> Em meu reino celeste.

Todavia, a esta paródia do Sermão da Montanha juntam-se palavras que incitam à lucidez e à rejeição de toda autoridade estabelecida. Esta mesma personagem inspirada profere:

> Vocês esperam algum Ararat?
> Não esperem,
> Não há Ararat!
> Parem de hipnotizar-se nos profetas!
> Destruam tudo o que as pessoas reverenciam
> [ou reverenciaram![20]

---

20 V. Majakovskij, *Sobranie sočinenij v 4-h tomah*, v. I, p. 296.

Abandonando a procura do Ararat, os Impuros saem então em busca da terra prometida. Mas esse termo está, ele também, carregado de significações contraditórias: é o país de Canaã, mas é também a parte superior da cena, lá no alto, para além das nuvens; os Impuros escalam para lá chegar, símbolo do trabalho de ascese que eles devem impor-se para tornar-se a classe "ascendente". Por uma pirueta previsível, a terra prometida, à qual conseguem chegar finalmente, é pura e simplesmente nossa terra habitual, mas transformada graças às novas relações que o homem mantém com ela.

Meierhold sente-se encantado. Ele encontra o teatro ao qual aspira, um teatro inesperado, que educa seu público divertindo-o ao mesmo tempo: em vez de lhe fornecer um alimento pré-digerido, ele o inicia em uma concepção sempre viva da arte teatral e da arte *tout court* e o convida a participar do trabalho de criação dos artistas (autor, atores, cenógrafo, músico, encenador), de maneira a realizar uma obra conjunta. Pela primeira vez Meierhold partilha suas concepções com um autor, que é também um ator e assistente da encenação. Ele deixa, ademais, para Maiakóvski o cuidado de iniciar os atores noviços na dicção tão particular de seus versos cadenciados, que rompem resolutamente com o ron-rom do verso musical russo.

Quanto à personagem Homem, a possante voz de Maiakóvski lhe dá um relevo assombroso. Além disso, a posição totalmente acrobática que adotou para pronunciar seu "sermão da montanha" deve mergulhar os espectadores nas delícias da admiração e do temor, de conformidade com os preceitos do "perfeito maquinista", de Hoffmann. Empoleirado em uma escada oculta nos bastidores, ele se mantém com a mão direita em um montante, ao mesmo tempo inclinando-se para dar a impressão de estar planando no ar; e é nessa posição desconfortável que lança seus chamados à revolta. O novo teatro ao qual Meierhold aspira com perseverança desde seus inícios como encenador toma finalmente forma. Ao encerramento da peça, as personagens cantam um hino à beleza da terra e convidam os espectadores e se associarem ao regozijo geral, subindo ao palco ou prolongando sua farândola na sala. Palco e plateia veem-se assim reunidos em uma mesma celebração ao mesmo tempo concreta e simbólica, a comunhão dos gestos a traduzir as convicções compartilhadas.

Mas se o teatro tem a ambição de transformar a vida ou, ao menos, a imagem que o público faz da vida, não correrá ele o risco de tomar a feição de rival do poder político? Desde que a visada estética explora a verdade das relações sociais, assiste-se a uma rivalidade entre duas instâncias de poder. O movimento do Proletkult será o primeiro a medir as consequências de um combate tão desigual.

Por enquanto Lunatchárski pode ainda fazer triunfar o espírito de tolerância:

> O comissariado do povo para a Educação e a Cultura deve ser imparcial em sua atitude em relação aos fatos artísticos. No concernente à forma, nem os gostos pessoais do comissário nem os dos representantes do poder devem entrar em linha de conta. Que se desenvolvam livremente todos os grupos e todas as individualidades artísticas[21].

Ele se propõe realmente a servir-se do discurso de um Maiakóvski em favor da revolução, com a condição de que este não pretenda substituir-se ao discurso político ou, com maior razão, que não pretenda fazer-se de contrapoder.

A vitória alcançada por Maiakóvski e Meierhold nesse dia 7 de novembro de 1918 é simplesmente a de ter podido representar esse "mistério" em que se exprimia, ao modo bufão, a expectativa religiosa de um mundo novo. Eles viverão durante mais de dez anos com essa lembrança de um trabalho em comum e manterão o mal-entendido de uma aliança da liberdade com um poder cujo caráter totalitário lhes escapava.

Com o fim da Primeira Guerra Mundial, o devir da Rússia se coloca em novos termos. Um Exército dos Voluntários constituiu-se na região do Don e na planície de Kuban e dedicou-se à reconquista do país e à defesa dos valores tradicionais. O Exército Vermelho, criado a toda pressa sob a direção de Trótski, é incumbido de defender o novo poder. Desde a assinatura do armistício,

---

21 A. Lunačarskij, Ložka protivojada, *Iskusstvo kommuny*, 29.12.1918.

em Rethondes, o governo soviético denuncia o tratado de Brest--Litovsk, ocasionando a retirada escalonada das tropas alemãs que abandonam os territórios ocupados. Em 18 de novembro, o almirante Koltschak proclama-se em Omsk, na Sibéria, "regente supremo da Rússia". Alguns dias mais tarde, uma intervenção franco-inglesa no mar Negro visa sustentar a oposição refugiada em massa no Sul. Anteriormente mobilizadas pela guerra contra o inimigo comum, as forças russas atravessadas por correntes antagônicas são liberadas pelo armistício e mergulham na odiosa barafunda da guerra civil.

Um teatro como o que Meierhold concebe não pode permanecer alheio a essas comoções da vida nacional e à sua tradução no psiquismo da população. A composição do público modifica-se e cumpre, ao mesmo tempo, educar e homogeneizar esta nova multidão que é atraída pelo teatro, pelo qual Meierhold sente-se eminentemente responsável.

O Ano II da Revolução.
Os Cárceres da Crimeia

O inverno de 1918-1919 é particularmente duro para os habitantes de Petrogrado, que passam pelas piores provações. Privados de calefação, alimentam-se de repolho gelado e o pão é racionado à razão de duzentos gramas por pessoa.

O poder soviético encontra-se encurralado. O Exército de Voluntários, apoiado pelas forças da Entente, está prestes a vencer. Todos os homens válidos de Petrogrado são mobilizados para defender a cidade. Meierhold, por seu lado, trabalha encarniçadamente para formar destacamentos de atores e encenadores que deverão insuflar uma vida nova nos teatros do país.

Enquanto Petrogrado apresenta um semblante de desolação, as zonas meridionais da Rússia constituem uma enseada de abundância. Maria, a filha mais velha de Meierhold, vive em Novorossiisk, porto situado no mar Negro, ao este da Crimeia, com seu marido, o engenheiro agrônomo Bialetski. Ela insta a família a vir ter com ela nesta região que não sofre restrições. Tatiana e Irina Meierhold deixam Petrogrado, indo para Novorossiisk, onde seus pais pensam se lhes juntar no fim da temporada. Esse refúgio, porém, tornar-se-á um bastião do Exército de Voluntários, que irá entrincheirar-se aí durante dois anos, de 26 de maio de 1918 a 15 de março de 1920, sob as ordens do general Denikin.

Nessas condições, Meierhold decide dirigir-se à Crimeia, onde os ingleses sucederam aos alemães, dando finalmente lugar à "República Soviética da Crimeia". Meierhold parte com sua mulher para refazer as forças em Ialta. Estamos em maio de 1919, os trens não funcionam mais. É em um comboio reservado aos funcionários em missão que eles efetuam o trajeto Petrogrado-Moscou. Em Moscou, Meierhold se detém uma quinzena de dias, em que se ocupa, sem resultado, de um projeto de criação de um palácio da revolução de Outubro.

Ele toma finalmente o trem para Semfiropol e de lá se dirige a Ialta, onde se instala em um hospital da Cruz Vermelha. Mas o descanso não é de longa duração, pois, já no mês de junho, a Crimeia é conquistada pelo Exército de Voluntários, que varre em menos de um mês as tropas que permaneceram fiéis ao governo de Moscou. Desde que montou o *Mistério Bufo*, Meierhold é considerado um turiferário do bolchevismo. Por isso empenha-se em não atrair a atenção sobre si. O casal embarca clandestinamente em um falucho turco que leva dezoito dias para chegar a Novorossiisk! Uma vez chegado ao seu destino, em vez de instalar-se na casa de sua filha Maria, cuja residência fica um pouco afastada, aceita a hospitalidade de um velho amigo, o crítico Boris Alpers[22]. Sua casa situa-se em pleno centro de Novorossiisk e Meierhold comete a imprudência de mostrar-se em público. Encontra então Bobrichtchev-Púschkin, o autor do *Triunfo das Potências* que ele encenara no começo da guerra. A colaboração havida entre eles não absolve Meierhold aos olhos de Bobrichtchev, que o denuncia pela imprensa: "Ele montou o *Mistério Bufo*, de Maiakóvski, uma peça blasfematória, que pisoteia os valores mais sagrados aos olhos de um russo, os valores terrenos tanto quanto os celestes"[23].

22 Cf. B. Alpers, Skvoz' dymku, *Teatral'naja žizn'*, n. 3, p. 29-30.
28 A. Bobryščev-Puškin, Priezd Mejerhol'da, *Černomorskij majak*, (verão de 1919).

Meierhold foi detido e encarcerado pela segurança militar. A prisão é uma vasta cela que encerra uns cinquenta detentos. O encenador ocupa seu tempo em ler e montar *Boris Godunov* com seus companheiros de cela. Seus amigos, entretanto, sentem-se inquietos e empenham-se em salvá-lo. Eles obtêm sua libertação sob palavra do general Trailin, que é um admirador de Meierhold. Vinte anos mais tarde, um oficial "vermelho" não hesitará em enviar à morte o mesmo homem, tão inocente quanto antes, e ninguém poderá fazer algo por ele.

Não se fez ainda toda luz sobre as razões da partida de Meierhold para o Sul. Tratar-se-ia simplesmente de reencontrar condições de vida mais suportáveis do que em Petrogrado? Seu médico ter-se-ia impressionado com sua tez descorada, o que se explicava tanto pelas privações quanto por uma recaída da tuberculose, e lhe teria ordenado que fosse descansar em um clima mais clemente. Não se saberá jamais qual foi a origem de uma decisão que pode parecer uma tentativa de fuga sem futuro.

Com a retomada de Rostov-sobre-o-Don pelo Exército Vermelho, reina a confusão em Novorossiisk e Meierhold se mantém prudentemente escondido até 26 de março, data da entrada das forças bolcheviques na cidade.

Curiosamente, em vez de retornar imediatamente para Petrogrado, que havia deixado um ano antes, ele prolonga sua estada em Novorossiisk até o meio do verão. Nomeado diretor da seção teatral do departamento local de educação e cultura, retoma sua atividade de encenador. Decide montar no teatro municipal uma peça que não é revolucionária, mas que ele conhece bem, *Casa de Bonecas*, de Ibsen. Meierhold a guarda, por assim dizer, em reserva e a retira de suas pastas todas as vezes que precisa montar rapidamente um espetáculo com atores inexperientes: ele abre um curso de arte dramática para formar, às pressas, jovens comediantes aos quais se juntam atores profissionais refugiados em Novorossiisk.

Para ensaiar a *Casa de Bonecas*, o diretor dispõe apenas de um exemplar do texto da peça. Ele contorna a dificuldade tirando o melhor partido possível da situação. Instala no palco uma mesa e duas cadeiras, uma para o ponto, outra para ele mesmo, e explica:

"O ponto lerá toda a peça em voz alta, os atores desempenharão seu papel e eu explicarei a cada um deles o que ele deve fazer a cada instante"[24]. Esta maneira de trabalhar, comumente utilizada no cinema, é inteiramente insólita no teatro. Combinando didatismo e improvisação, ela ilustra perfeitamente o método de trabalho de Meierhold.

Este entretém toda uma correspondência com seus amigos da capital. Ao fim do mês de abril, as negociações concernentes ao seu futuro já se encontram bem avançadas, como testemunha esta nota de jornal: "V. E. Meierhold irá voltar logo a Moscou e aí trabalhará em um dos teatros como encenador principal". Lunatchárski pensa nele para lhe confiar uma importante função, mas qual? Em carta de 22 de maio, Meierhold lhe escreve que deseja primeiro acabar o trabalho encetado em Novorossiisk, mas que sua mulher e a filha caçula, Irina, irão para Moscou onde elas lhe farão um relato de seus dissabores. Tudo leva, portanto, a crer que ele não quer voltar para Moscou sem estar seguro de estar com a ficha limpa de toda colaboração com os Brancos. Ele pede a Lunatchárski uma recomendação para Irina, que pretende empreender estudos artísticos. Tatiana, quanto a ela, tornou-se jornalista de *O Mar Negro Vermelho* [sic], de modo que ela permanecerá em Novorossiisk com sua irmã mais velha.

O Outubro Teatral

A nomeação de Meierhold como diretor dos teatros (sob a autoridade de Lunatchárski) torna-se efetiva em 16 de setembro. Ele substitui, nessas funções Menjinskaia – a irmã do presidente da Comissão Extraordinária (Tcheka) –, cargo em que ela havia sucedido a Olga Kameneva. Será o teatro apenas um mordedor para esposas ou irmãs de dirigentes? A nomeação de Meierhold para o posto mostra que não é este o caso de modo algum. Cabe esperar, com ele, a promoção de uma política de envergadura neste campo.

24 B. Alpers, op. cit.

Com o impulso daquilo que havia empreendido em Petrogrado, ele poderá difundir largamente no país a concepção da arte teatral revolucionária que forjara pouco a pouco. Para afirmar seu papel de renovador, Meierhold proclama o Outubro Teatral, isto é, o advento, na cena, de uma revolução artística da mesma amplitude que a revolução política ocorrida três anos antes. Esta vontade de igualar-se aos dirigentes políticos não deixa de provocar certa irritação condescendente, que se transmutará bem cedo em franca hostilidade.

Lunatchárski é partidário de algum equilíbrio: ele também partilha das ambições de seu adjunto, pois deseja igualmente a criação de um teatro revolucionário que esteja à altura das novas realidades sociais, todavia sem abolir as aquisições da tradição. Os meios conservadores consideram, quanto a eles, o novo responsável pelos teatros como um perigoso extremista, empenhado encarniçadamente em tudo destruir e em submeter o mundo teatral a seu ucasse. Os "marxistas" esperam, de seu lado, que Meierhold converta o teatro em um instrumento nas mãos do proletariado.

A Direção dos Teatros deve, portanto, agir em duas frentes de combate. Cumpre-lhe, em primeiro lugar, tomar posição com respeito às atividades dos teatros proletários. O Proletkult (abreviatura de *Proletarskaia kultura*, cultura proletária) desenvolve, desde sua criação, toda uma rede de atividades destinadas a suscitar e a enquadrar a iniciativa popular. Inspirado pela filosofia da cultura de Bogdanov, companheiro de Lênin, esse organismo impele o marxismo a suas consequências extremas. Tendo o proletariado conquistado o poder, compete a ele, e somente a ele, criar a cultura nova. Para tanto, dota-se de estruturas profundamente democráticas. Em todas as empresas, em todas as unidades militares nascem atividades culturais e constituem-se grupos de amadores de teatro. O repertório comporta tanto peças clássicas como esquetes de atualidades. Em 1920, o Proletkult conta com quinhentos mil membros, distribuídos por toda a extensão da Rússia. Meierhold não está longe de partilhar da filosofia do Proletkult, do qual ele se distingue simplesmente pelo fato de estar persuadido da necessidade de uma sólida formação profissional. Quanto aos dirigentes do partido comunista, com Lênin à testa, eles veem com maus olhos, e muito, esta manifestação de autonomia que atenta às suas ambições hegemônicas.

Em segundo lugar, a Direção dos Teatros se interroga sobre o papel, na nova sociedade, das grandes instituições nacionais herdadas do passado. É preciso manter em condições esses conservatórios da memória russa, que são os antigos teatros imperiais e o Teatro Artístico de Moscou? É preciso impor-lhes uma transformação radical ou pura e simplesmente suprimi-los?

Por seu temperamento, por suas opções ideológicas, Meierhold é tentado pela pura e simples supressão desses teatros ditos "acadêmicos", ao passo que o teatro do Proletkult corresponde exatamente à ideia que ele faz de um teatro de massa. Ele está pronto a sustentar seus esforços, com a condição, no entanto, de lhe ser dado um papel preponderante em sua organização.

Não obstante o fato de estar ocupando uma posição oficial, Meierhold tenta manter-se em uma posição mediana e repele vivamente as acusações de sectarismo que lhe são endereçadas por seus pares:

> Pretende-se que meu intuito, em minhas novas funções, é antes de tudo conduzir a luta contra os teatros profissionais e contra os "especialistas"[25]. Seria por isso que eu teria a intenção de reforçar a posição do teatro proletário.
>
> Eu afirmo: não tenho a menor intenção de conduzir a guerra contra os teatros profissionais. Quanto a reforçar as posições do teatro proletário, basta notar que elas são suficientemente fortes sem que tenham necessidade de minha ajuda: o Proletkult é uma organização poderosa. Suas forças artísticas, tanto em Moscou quanto em Petersburgo, manifestaram-se bastante amiúde com o brilho de seus talentos.
>
> Nós nos esforçaremos para que lhes seja atribuído, para começar, ao menos um dos teatros de Moscou para instalar aí um teatro proletário modelo [...].

---

25 O termo "especialista" ou *spets* é dado a partir de 1920 a engenheiros, técnicos, juristas, oficiais etc., capazes de promover o funcionamento de empresas industriais, agrícolas, culturais e militares do país, devidamente enquadrados por "organizadores" comunistas encarregados de utilizar suas competências e, ao mesmo tempo, de vigiá-los estreitamente. O processo de Chakhty virá mostrar a fragilidade do equilíbrio proposto pelo partido dominante. No tocante aos *spets* do teatro, trata-se de todos aqueles que podem exercer a função de professor, instrutor, mestre nos domínios do jogo de ator e da encenação.

No que concerne aos "especialistas", partilhamos do ponto de vista de nosso comissário do povo para a Educação e a Cultura: é preciso que os "especialistas" do teatro transmitam cuidadosamente todo o seu cabedal técnico aos atores provenientes do proletariado[26].

A nova sociedade deve desenvolver espetáculos à sua medida, que serão grandes manifestações de ginastas. O dinamismo corporal é um elemento essencial do novo mundo, que tem necessidade de desabrochar em um homem livre, fisicamente harmonioso. Meierhold intensifica a parte da educação física na formação dos atores.

Entretanto, as respostas não dependem unicamente dele, mesmo se, no momento em que assume suas funções, as autoridades se atêm aparentemente a uma política de não ingerência:

> O Comitê Central não somente não quer enfrear a iniciativa da *intelligentsia* operária em matéria de atividades artísticas, como procura, ao contrário, criar, para seu proveito, uma situação mais sadia e mais normal, e quer lhe conceder a possibilidade de exprimir-se de uma maneira fecunda em todos os domínios da atividade artística[27].

De uma forma inesperada, o primeiro ataque frontal dos organismos do Partido se desencadeia pouco depois, em dezembro de 1920, precisamente contra a arte proletária. O Comitê Central do Partido acomete violentamente o Proletkult. Bogdanov é obrigado a demitir-se e é substituído por seu adjunto Pletniov, o qual é incumbido de acertar o passo do movimento que perde sua autonomia.

As simplificações excessivas, que são o lugar-comum da retórica soviética, florescem na carta de denúncia publicada pelo Comitê Central do Partido Comunista que se engenha em desconsiderar o Proletkult intelectual e moralmente. Quando em 1937 Kerientsev, um dos principais ideólogos do teatro proletário, utilizar os mesmos procedimentos, desta vez contra Meierhold,

---

26 V. Meyerhold, Les Buts de la section théâtrale du Narkompros, *Écrits sur le théâtre*, v. II, p. 40.
27 Pis'mo central'nogo komiteta rossijkoj kommunističeskoj partii (bol'ševikov) "O Proletkul'tah", *Pravda*, 1.10.1920.

ele nada mais fará senão retomar uma técnica comprovada. Eis o tom deste requisitório:

> Futuristas, decadentes, partidários de uma filosofia idealista hostil ao marxismo e, enfim, pura e simplesmente fracassados provenientes do jornalismo ou da filosofia burguesa conseguiram aqui ou ali tomar a direção do Proletkult [...].
> Em vez de ajudar a juventude proletária a instruir-se seriamente e a aprofundar sua abordagem comunista da vida e da arte, artistas e filósofos, distanciados do comunismo e hostis a seu ensinamento, entronizaram-se como "autenticamente proletários" e impediram os operários, vítimas dos organismos do Proletkult, de marchar sobre a larga via da arte livre e realmente proletária. A pretexto de cultura proletária, grupos e grupelhos oriundos da *intelligentsia* impuseram aos operários da vanguarda seus próprios sistemas e elucubrações filosóficas semiburguesas, em outros termos as opiniões antimarxistas, que floresceram com tanto vigor após o malogro da revolução de 1905 e açambarcaram durante muitos anos (de 1907 a 1912) os espíritos da *intelligentsia* "social-democrata" que, no curso deste período de reação, aferraram-se à filosofia dos construtores de Deus e de diversos aspectos da filosofia idealista[28].

Não é difícil reconhecer a mão de Lênin neste ataque incidente contra a doutrina dos "construtores de Deus", visão religiosa do marxismo professada na escola do partido organizada por Górki em Capri. A maioria dos dirigentes do Proletkult era composta de marxistas que, como Bogdanov e Pletniov, haviam estado na origem desta pesquisa filosófica com um Lunatchárski ou um Górki. Nutrido de filosofia positivista, Lênin julgava essas pesquisas ociosas e perigosas. Ele não compreendia o papel que poderia caber à cultura no desenvolvimento espiritual da sociedade. Mais tarde os dirigentes do partido comunista saberão utilizar cinicamente o impacto da cultura como relé político. Empenhar-se-ão então em convertê-lo em instrumento dócil para seus desígnios.

Depois da retomada do controle da arte proletária pela administração comunista, os "marxistas" se interrogam sobre o repertório que deve ser proposto ao novo público. Assiste-se ao

---

28 Idem, ibidem.

aparecimento de paladinos da "dramaturgia comunista" a qual se propõe a reescrever as peças clássicas, os libretos de ópera ou os espetáculos para crianças, transformando-os a fim de se conformarem aos cânones da luta de classes. Outra tendência é, ao contrário, a fidelidade à tradição, tendo por base a ideia de que é preciso dar a conhecer ao povo as obras-primas do passado. Quanto aos teatros tradicionais, eles se esforçam canhestramente para se adaptar às novas condições: a fim de celebrar a revolução, o Teatro Artístico de Moscou monta *Caim*, de Byron, reflexão abstrata sobre o eterno conflito entre o Bem e o Mal; os outros teatros de arte de Moscou tampouco são mais audaciosos. No Teatro de Câmara, Taírov defronta-se com *O Anúncio Feito a Maria*, de Claudel, procurando responder às necessidades espirituais de um público desorientado. Enfim, o Primeiro Estúdio do Teatro Artístico encena, na primavera de 1921, uma peça de Strindberg, *Érico XIV*, que deve o seu êxito ao talento de um ator extraordinário, Mikhail Tchékhov (sobrinho do escritor).

A via preconizada por Meierhold é ainda diferente. Ela passa pela invenção de novos modos de representação, adaptados às aspirações de um público novo que se pretende, ao mesmo tempo, formar e educar.

Na esteira da revolução política, assiste-se a uma vasta redistribuição do parque imobiliário. A questão dos locais coloca-se com acuidade para todos os teatros nascidos após a Revolução de Outubro, cada um dos quais aspira a encontrar um espaço de jogo cênico. Por seu lado, as autoridades centrais (os comissariados do povo) requisitam e distribuem os edifícios ou os apartamentos confiscados ou requisitados. A partir de 1920, a autoridade da municipalidade de Moscou torna-se preponderante. Ela é a fonte de numerosos conflitos.

Desde que assumiu sua função, Meierhold procura conciliar sua vida familial e sua atividade profissional, o que ele faz com a desenvoltura característica da época. Em setembro de 1920, o famoso mestre de balé Goleizovski dirigiu-se a ele, na qualidade de diretor dos teatros, para solicitar uma ajuda do Estado. De fato, seu estúdio de dança situa-se em um imóvel requisitado que necessita de reformas. Meierhold promete imediatamente ajudá-lo, desde que ele ceda uma parte do local. O mestre de balé, que é, aliás, um fervoroso admirador de Meierhold, aceita de bom grado, persuadido de que a presença do diretor dos teatros no imóvel só poderá ser benéfica. Meierhold instala-se, pois, no palacete particular que havia pertencido a Plevako. Ele se beneficia de um apartamento para ele, sua mulher e sua filha Irina. No andar inferior instalaram uma sala de ensaios, ao passo que uma ala do edifício poderá servir de *foyer* para estudantes.

É a época em que, desempenhando a fundo o seu papel de dirigente, ele adota o traje de comissário, uniforme militar e jaqueta de couro, apenas humanizada por uma echarpe atada ao modo de artista. Ehrenburg conta como, tendo-se recusado a colaborar em um de seus projetos, provocou a cólera de Meierhold que o tratou como inimigo do povo, o ameaçou com seu revólver e chamou um guarda para mandar prendê-lo. O que não o impediu de telefonar-lhe no dia seguinte como se nada tivesse se passado.

Ao fim de algumas semanas, Meierhold percebe os limites das funções administrativas. Se ele quer demonstrar, por exemplo, o que deve ser o novo teatro, é preciso que volte a descer à arena. Esse retorno à criação teatral está na natureza profunda de um homem, que não é ele mesmo senão em contato com os palcos. Muito cedo após sua posse nas referidas funções, ele procura pôr em pé as bases necessárias ao seu trabalho preferido: sala, trupe, escola. Mas aí também o peso da burocracia far-se-á sentir a cada passo.

Entre a Direção dos Teatros totalmente nova e onipotente que conheceu em 1918 e o organismo enfraquecido que ele dirige, inscreve-se toda a história do desenvolvimento da burocracia soviética. As verdadeiras decisões são doravante tomadas por um organismo criado em 1º de março de 1920, a Direção Geral da Política Cultural (Glavpolitprosvet), cuja seção teatral é dirigida por Pletniov. Incumbido de velar pela pureza ideológica do texto na representação, este organismo se erige em autêntico órgão de censura. Confiam-lhe, além do mais, a direção dos teatros "acadêmicos", sob a autoridade de Maslovskaia, que Meierhold conhecera muito bem no Teatro Mariínski.

Após certa hesitação, Meierhold aceita uma proposta que lhe é feita por seu antigo aluno Bebútov. Eles se instalam em uma sala vetusta, impossível de ser aquecida, com canalizações eventradas que inundam os porões. Quando chega o inverno os atores caem doentes uns após outros. Na metade do mês de janeiro é a vez de Meierhold ser hospitalizado por uma recaída de sua tuberculose. Ele é substituído na redação do *Boletim do Teatro* por seu adjunto, Alexei Gan, futurista obreirista com linguagem sectária que amedronta o mundo teatral pela virulência de suas palavras. Lunatchárski aproveita esse pretexto para dar fim, em 26 de fevereiro de 1921, às funções de Meierhold que terá, pois, ocupado apenas durante seis meses o posto de diretor dos teatros, criador do Outubro Teatral.

Um tanto embaraçado, o comissário do povo explica sua decisão nos seguintes termos:

> Ele não se entregou imediatamente às ideias revolucionárias, mas quando isso foi o caso, seu entusiasmo fogoso o converteu em uma figura destacada de nosso mundo teatral. Eu não falarei aqui da atividade administrativa de Meierhold, isso não constituiu um sucesso. Ele se cercou de gritalhões e de doentes de esquerdismo a ponto de perderem o senso das coisas, de modo que foi necessário pôr tão rapidamente quanto possível um termo a este "Outubro" um pouco caricatural[29].

O organograma da administração cultural é modificado uma vez mais: perdendo o que lhe restava de autonomia, a Direção dos Teatros funde-se na Direção Geral da Política Cultural. Meierhold é rebaixado à posição de diretor adjunto de seu sucessor, Kozirev. Ele abandonará esse posto dois meses mais tarde para conservar somente a responsabilidade pelo setor da "cultura física teatralizada", o que testemunha uma vez mais a importância excepcional que atribuía aos espetáculos de ginastas.

---

29 A. Lunačarskij, *Pečat i revoljucija*, n. 7, 1922, citado em I. Aksenov, Pjat'let Teatra imeni V. Mejerhol'da, *Teatr*, n. 1, p. 157b.

Retorno ao Teatro

Meierhold tateia: para seu retorno ao teatro, pensa primeiro retomar o projeto do teatro da Revolução, que ele acariciara em 1919 e que implicava uma colaboração com a Arena do Proletkult, o teatro instalado no jardim do Ermitage. Entretanto, os dirigentes do Proletkult viam com desagrado aquele que eles julgavam ter conquistado para sua causa deixar-se atrair por outras sereias. Ignatov, membro do conselho artístico desse teatro, lhe escreve: "Ouvi dizer pelo camarada Mguebrov que ao seu redor vê-se formigar o diabo e que se ouve o sibilar de escorpiões [...] Detesto Bebútov e Maiakóvski como futuristas e Gan também como indivíduo [...] O caminho que leva ao *Mistério Bufo* não é o nosso"[30]

Entre o teatro proletário e o futurismo, Meierhold fez sua escolha. De um lado, um espontaneísmo simpático, mas que rejeita o profissionalismo; de outro, uma doutrina estética sintética servida por artistas de talento. Se ele quer colaborar com Maiakóvski, precisa de uma trupe à sua devoção.

É aqui que aparece Bebútov, um velho conhecido, que se tornou assistente de Fiódor Komissarjévski. Ora, este encenador engajado partiu inopinadamente para a França. Bebútov não se sente capaz de dirigir sua trupe por si só. Mas desejaria mantê-la em atividade, pois ela possui dois trunfos: a sala do Teatro ex-Sohn, no centro de Moscou, e jovens atores de futuro, tais como Babanova, Ilínski ou Zaitchikov.

Construído em 1909, esse teatro situado no n. 20 do bulevar Sadovo-Triunfalny desempenhará um papel capital na vida de Meierhold. É em seu terreno que se encontra atualmente a sala de concertos Tchaikóvski, pálido reflexo do teatro modelo sonhado nos anos de 1930. O Sohn era um teatro privado; sua sala fora confiscada e atribuída a um teatro surgido na revolução, o teatro dirigido por Fiódor Komissarjévski. Esqueceram-se, entretanto, de prever créditos para a conservação do edifício. No curso do inverno de 1919-1920 tornou-se impossível atuar aí, pois reinava

---

30 Citado em I. Aksenov, op. cit., p. 152b.

no palco uma temperatura inferior a zero, apesar dos ésteres de lenha que eram lá queimados.

Diante das ameaças da municipalidade de Moscou que deseja retomar a sala, Bebútov procura desesperadamente aliados. Ele propõe fundir sua trupe com a do Teatro Livre, também em herança vacante, pede a Olga Kameneva, encarregada da área cultural na prefeitura de Moscou, que presida seu conselho artístico. Mas essas medidas são insuficientes. Os candidatos à retomada da sala multiplicam as pressões. Bebútov persuade, enfim, Meierhold de pôr-se à frente desse novo teatro, convencido de que sua autoridade lhe permitirá varrer os objetivos dos outros pretendentes. Sem maior entusiasmo, Meierhold aceita a proposta.

As Auroras

Sem se embaraçar muito com as opiniões dos outros participantes desta empreitada teatral, Meierhold decide mandar inscrever, para o terceiro aniversário da Revolução de Outubro (8 de novembro de 1920) uma adaptação revolucionária da peça de Verhaeren, *As Auroras*. Ele tem também em suas fichas obras tão diversas como *Casa de Bonecas*, *Mistério Bufo* e *Hamlet*. Toda obra admitida oficialmente a participar das comemorações das festas revolucionárias beneficia-se de subvenções especiais.

Nos meios cultos é conhecida e apreciada a poesia de Verhaeren, que fora recebido solenemente pela *intelligentsia* de São Petersburgo pouco antes da guerra. Sabe-se que ele pertencia à "seção de arte" do Partido Operário belga, o que garante a pureza ideológica da peça. *As Auroras* fazem parte das obras emblemáticas da revolução e não causa descontentamento a Meierhold a possibilidade de dar uma lição aos "dramaturgos comunistas", mostrando-lhes como transfigurar uma peça existente sem, no entanto, deformá-la.

Que nome dar a essa nova trupe constituída de elementos díspares? Fiel à sua ideia de criar uma rede de teatros revolucionários, ele dá à sua sala um nome grandioso: Primeiro Teatro da República Socialista Federativa Soviética da Rússia. Por que "primeiro"? Porque ele já considera o segundo que será dirigido por Evrêinov, enquanto o antigo Teatro Korsch será o terceiro e o teatro dirigido de Nijni-Novgorod, o quarto. É inútil dizer que Evrêinov, que conhece bem Meierhold, recusa esse presente envenenado. Dessa rede, subsistirá somente o Primeiro Teatro da República, que não dobrará o cabo da temporada teatral.

Traduzido em russo por Guéorgui Tchulkóv, o adepto do anarquismo místico, a peça *As Auroras* havia sido escrita em 1898 por um poeta "simbolista", rotulado de socialista romântico. A ação se passa na cidade mítica de Oppidomagne em guerra contra um inimigo vindo do Norte; ela é sede de um movimento revolucionário desfechado contra o poder encarnado por regentes e cônsules. A moldura fornecida pelo poeta belga permite tratar a atualidade sob uma forma alusiva ao mesmo tempo em que oferece uma visão alegórica da revolução.

Esta será, para Meierhold, a primeira etapa de uma série de obras monumentais, nas quais se esforçará em proporcionar uma visão sintética da epopeia revolucionária. Haverá aí a adaptação de *A Noite*, de Martinet, depois as variações sobre o tema do *Segundo Comandante do Exército* de Selvínski. Essas obras de grande poder sugestivo colocarão com acuidade o problema do poder e atrairão sobre si os raios das autoridades do partido.

Jamais como em *As Auroras* a ambição de Meierhold de celebrar o triunfo da revolução foi expressa com tal força e, cumpre dizê-lo, com tal sinceridade. Ele propõe aí uma visão utópica de um mundo inteiramente novo, desembaraçado da injustiça e da guerra. Como diz uma das personagens: "Queremos a união de todas as misérias contra todos os poderes", enquanto uma outra lhe faz eco: "Nós, os inferiores e os humildes, nós somos os senhores". Quando o povo tomou o poder: "Escuta: é a universal festa humana que delira e que canta", e também: "Atingimos no coração a organização do mal".

A peça é também uma profissão de fé em matéria de internacionalismo, pois a revolução que liberta a cidade de Oppidomagne da opressão põe fim, ao mesmo tempo, a uma guerra fratricida. A paz vai ser restaurada, sem vencedores nem vencidos, de conformidade com as célebres propostas do governo bolchevique. Uma fórmula que os ideólogos comunistas não teriam desdenhado é pronunciada: "Se as pátrias são belas, doces ao coração, vivas na memória, as nações armadas de fronteiras são trágicas e funestas; e o mundo inteiro permanece ainda eriçado de nações".

Jacques Hérénien, o guia incontestado, é ao mesmo tempo tanto um pensador como um homem de ação, uma espécie de imagem de Épinal de Lênin. Eis o que diz dele o Operário:

> Não é ele o mestre do povo?
> É algum admirável e sagrado.
> Que vive, através das sombras desta hora,
> Para o porvir que seus gestos roçam;
> Ninguém melhor do que ele mediu
> O que será preciso de loucura e de prudência
> Para conquistar os novos dias.
> Seus livros claros iluminam todos os nossos cérebros.
> Aprende-se aí de maneira evidente
> Qual é a rota para o melhor
> E o que faz com que um homem, em tal momento, se torne
> [Deus[31].

No seu entusiasmo, Meierhold convida Lênin para assistir ao espetáculo, mas este se recusará polidamente, para não afiançar, com sua presença, uma realização de vanguarda que poderia não lhe agradar.

Em matéria de inovação, Meierhold aproveita alegremente ao máximo a oportunidade: são revolucionários os procedimentos cênicos e, sobretudo, a cenografia. Não há mais rampa, o palco liga-se à sala por meio de degraus e os atores ocupam toda a sua superfície, inclusive o fosso de orquestra onde se agrupam aqueles que desempenham o papel do coro. Como no teatro antigo, eles exprimem as opiniões do público. Mas é acima de tudo o dispositivo cênico que é surpreendente, pois vai bem mais longe do que a estilização introduzida por Taírov em seu Teatro de Câmara. O cenógrafo Vladímir Dmitriev conserva o platô da cena, mas constrói, em altura, contrarrelevos inspirados em Tatlin. São formas geométricas, semicírculos, cubos, cones recortados na chapa e que vogam

---

[31] E. Verhaeren, *Les Aubes*.

no ar. Desprovidos de todo papel funcional, esses elementos servem para criar uma atmosfera de severa estranheza. As cores são cruas ou brutas como as do triângulo de lata que plana no alto do palco qual uma grande asa desdobrada. Há uma vontade polêmica levada ao exagero nesse cenário que inventa o móvel e o estável, um dispositivo que se torna construção, *avant la lettre*.

Inovador, Meierhold o é no âmbito de toda uma corrente que se desenvolve em toda a Europa. Há um estranho parentesco entre essas formas e as que se veem em um desenho realizado em 1917 por Fernand Khnopff. O corpo de Hérénien (assassinado pelos inimigos da revolução) é exposto sobre um catafalco. Por sua morte, ele reconcilia todos os seus partidários e sela o advento da nova sociedade. Ora, o pintor belga coloca acima do corpo horizontal um lençol preto que recai verticalmente em um vasto triângulo, seguro pelo braço de uma personagem no bastidor. Os dois triângulos travam um diálogo imaginativo através do espaço e dos turbilhões sociais.

A última réplica, que dá o sentido ao título da peça, resume toda a carga utópica do espetáculo: "E agora que as Auroras se levantem!"

Meierhold e Bebútov têm total consciência da abertura que realizam no domínio da criação artística. Eles elaboram a linguagem capaz de exprimir o elã que sacode a sociedade. É o que expressam em um texto exaltado:

> A palavra "decoração" não tem mais sentido para nós, ela é boa para a "Secessão"[32] e para os restaurantes de Viena ou Munique; nós não queremos saber do "Mundo da Arte", nem do "rococó", nem das bugigangas dos museus.
> Se nós nos voltamos para os mais recentes êmulos de Picasso e de Tatlin, é que nós sabemos que fazemos parte da mesma família [...].
> Nós somos construtores e eles também [...].
> Para nós a fatura é mais importante que os ornamentos, os floreios, as nuanças [...].

---

32 A Secessão: movimento artístico modernista surgido em Viena no começo do século XX, quintessência do modernismo pictórico.

> Em suma, nós queremos fugir da caixa cênica para penetrar em palcos fragmentados e abertos, e os pintores do nosso lado, felizes de jogar fora seus pincéis, hão de se apoderar do machado, da picareta e do martelo para talhar nos materiais fornecidos pela natureza os *décors* da cena[33].

Pela amurada são jogados o impressionismo de Golóvin, mas também o modernismo funcional de Iakulov (cenógrafo fetiche de Taírov). Meierhold inaugura uma terceira via que desembocará, ele ainda não o sabe, no construtivismo. Esta revolução estética encontra sua justificativa no estado da sociedade: "A humanidade está entrando em uma nova fase na qual todas as relações e todas as concepções estão subvertidas..."

Revolucionário também é o modo como esse teatro oferece a palavra ao público. Comparsas sentados nos bancos dos espectadores lançam os gritos de aprovação ou as graçolas que a ação exige. Os espectadores se envolvem no jogo e manifestam ruidosamente seus sentimentos.

A peça é construída à maneira de um comício político cuja estrutura ela adota. Do palco, um ou dois oradores se dirigem diretamente à plateia e exigem sua reação. O teatro remanesce iluminado permanentemente, os atores não se apresentam maquilados, tudo deve dar a ilusão de um debate público. Uma delegação de operários ou de soldados sobe ao palco para fazer aí uma declaração. O palco é uma tribuna à disposição do público.

Meierhold nada mais faz senão dar vida à indicação de Verhaeren: "Os grupos agem como uma só personagem com múltiplas faces antinômicas".

As condições materiais em que se encontram os atores e os espectadores contribuem para eliminar as barreiras invisíveis que normalmente os separam. Cabe lembrar o estado em que se achava o Teatro ex-Sohn:

> Ninguém reclamava bilhetes de entrada nas portas desse teatro; elas permaneciam escancaradas. No inverno a neve penetrava, às vezes até o *hall* e os corredores do teatro, e as

---

[33] V. Mejerhol'da; V. Bebutov, K postanovke *Zor'* v 1-om teatre RSFSR, *Vestnik teatra*, n. 72-73, p. 10.

pessoas eram obrigadas a levantar a gola de seus casacos [...] As balaustradas dos camarotes haviam sido arrancadas. Os bancos e as cadeiras estavam mal fixados no chão, daí certa fantasia no seu alinhamento... Nos corredores trincava-se semente de girassol e fumava-se tabaco de soldado [...] Era um teatro onde todo mundo se sentia em sua casa[34].

"Na *première* das *Auroras*, a rua penetrou no teatro". Era a primeira tentativa de criação de um teatro popular.

O êxito absoluto desta interpenetração entre teatro e política, isto é, desta teatralização do acontecimento, produziu-se em 18 de novembro, dez dias após a estreia. O Exército Vermelho acaba de apoderar-se de Perekop, no istmo que separa a península da Crimeia do continente. Esta vitória tão aguardada significa o fim da guerra civil. A notícia é anunciada solenemente durante a representação teatral e saudada com entusiasmo pelo público do Primeiro Teatro da RSFSR (República Socialista Federativa Soviética da Rússia).

No momento em que a personagem do Vidente (interpretada por Mguebrov) vai proferir seu hino de vitória, Meierhold manda entregar-lhe em cena o telegrama que acaba de chegar. Mguebrov lê o texto em um tom solene, desencadeando uma tempestade de aplausos. Somente em seguida é que, voltando-se para Le Breux a fim de solicitar seu consentimento, conclui a tirada interrompida. Como observa com toda justiça o crítico Kusnetzov: "Esse espetáculo no espetáculo foi para Meierhold um verdadeiro regalo".

Ele resume assim sua impressão:

> Meierhold modernizou a peça. Em sua encenação, em vez da intemporalidade do poeta, falava-se do poder dos sovietes e da unidade de ação. O exército não era um exército em geral, como na abstração de Verhaeren, mas o exército dos imperialistas de hoje. O hino a Oppidomagne era substituído pela *Internacional*. A atualidade servia de matéria-prima para a peça[35].

Levando ainda mais longe seu método baseado no diálogo, Meierhold organiza as sessões de debates sob a forma de *meetings*

---

34 B. Alpers, *Teatr social'noj maski*, p. 23.
35 E. Kuznecov, Čemy smeetes'?, *Arena*, p. 88.

que prolongam o acontecimento. Na segunda-feira, dia de folga, realizam-se na sala do teatro discussões sobre o espetáculo. A iniciativa não é inteiramente ao gosto das autoridades, contrárias a toda manifestação espontânea da opinião. Somente Lunatchárski responde às solicitações de Meierhold, mas é para interrogar-se sobre a oportunidade política de um espetáculo assim. É preciso continuar, em 1920, a provocar o dinamismo revolucionário ou é preciso, ao invés, considerar que se entrou agora em uma nova fase da vida social e política? Os proletários já estão fartos de obras de propaganda e gostariam realmente de assistir a espetáculos de divertimento:

> Sem dúvida há na Rússia poucas pessoas que participam tanto quanto eu de *meetings*; eu me considero um conhecedor e um especialista desse gênero de passatempo... Pois bem, eu lhes direi que já se está farto dos comícios e que não se tem nenhuma vontade de ver outros na cena[36]!

Taírov não fica devendo a sua parte: "Não é cedo demais para dizer que o teatro de propaganda, agora que a revolução acabou, é como se servissem a mostarda no fim da refeição!"

Naquele dia, os debates terminaram em grande barulho e confusão, os partidários dos espetáculos de propaganda e os dos espetáculos de diversão quase chegaram às vias de fato.

A própria função do teatro revolucionário não está sozinha em causa. Nadejda Krupskaia, responsável pela educação junto a Lunatchárski, publica no *Pravda* um artigo virulento, cujo conteúdo traduz sem dúvida os sentimentos de Lênin, seu marido. Ela atribui a culpa à concepção mesma do espetáculo.

> O que vemos? Um grande círculo de papel dourado, um quadro que se balança no ar, que parece um aeroplano ou um andaime de pintor de edifício, cubos, cilindros, superfícies plantadas da maneira a mais artificial, a mais contrária às leis da natureza. Pessoas trajadas de vestimentas cilíndricas, deliberadamente grosseiras e feias, lançando com um ar indiferente os versos de Verhaeren, suas faces estão congeladas [...].

[36] A. Lunačarskij, Beseda o *Zorjah* v Teatre RSFSR, *Vestnik teatra*, n. 75, p. 13.

Alguém teve a lamentável ideia de adaptar *As Auroras* à realidade russa, substituindo "os pobres" ou "os miseráveis" pelo "proletariado", "o governo" pela "burguesia", "o exército inimigo" pelas "forças imperialistas", vemos aparecer "o poder dos sovietes", "a revolução social" etc. E um conto maravilhoso foi transformado em uma farsa de baixa categoria... É ofensivo ver que o proletariado russo é representado como uma dessas turbas shakespearianas, que um imbecil vaidoso leva para onde ele quer. Impossível ouvir essa tagarelice nutrida de frases vazias[37].

A tentativa visando encontrar uma linguagem moderna para exprimir a revolução é rejeitada de pronto, marca de um conservantismo largamente partilhado pelos quadros do partido.

O que pensam os espectadores desse espetáculo? Meierhold, que também aí age como inovador, lança o que parece ser a primeira pesquisa de opinião efetuada em um teatro no século XX. Na primavera de 1921, são distribuídos à saída do espetáculo os formulários, cuja apuração traz alguma luz sobre o novo público.

Sociologia do Público

Em uma amostragem de 132 pessoas[38], a esmagadora maioria pertence ao sexo masculino (cento e doze homens, quatorze mulheres, dois casais e dois sem especificação). Os jovens estão fortemente representados: menos de 26 anos, 76; de 26 a 40, 61; mais de 40, 5; sem resposta, 8.

Um empregado do telégrafo com a idade de 18 anos, de escolaridade elementar, e que foi pela primeira vez ao teatro, declara que a peça lhe agradou, "pois ela tem um sentido para o proletariado". Ele felicita os atores que distraem este último após três anos de guerra civil. Outro moço de dezoito anos, camponês, do mesmo nível de

---

37 N. Krupskaja, Postanovka *Zor'* Verharena (v teatre b. Zona), *Pravda*, 10.11.1920.
38 Em 150 fichas, 130 concernem às *Auroras* e 20 a *Guilherme Tell* (peças representadas em alternância). A pesquisa foi realizada em março e abril de 1921. Ver Anexo I, infra, p. 637.

estudos, declara que vai com frequência ao teatro. Ele gosta da peça, mas não da encenação, ele está satisfeito com a trupe. Um terceiro, com dezesseis anos de idade, diz vir do campo e ter um nível secundário de estudos. Vai frequentemente ao teatro. "Na cena, não há vida, a vida que se deveria mostrar". Na outra ponta, temos um homem de quarenta anos, empregado, membro do PC, que frequentou apenas por dois anos a escola elementar e vai ao menos uma vez por mês ao teatro (na província, onde reside). Ele gosta da peça por seu "grande conteúdo revolucionário". Esperava assistir a *O Casamento de Fígaro* e topou com *As Auroras*. Está satisfeito e pretende voltar por ocasião de sua próxima estada em Moscou.

A divisão por profissões não é bastante detalhada. Ela apresenta 42 "operários", 26 "empregados" (inclusive um agente da Tcheka), 18 "camponeses", 10 "militares" e 28 "intelectuais" (entre eles, 6 atores e um funcionário da Direção Geral da Política Cultural). É esta proporção representativa do público que frequentava o Primeiro Teatro da RSFSR? Cabe perguntar, com efeito, o que significa ser camponês em Moscou. Trata-se evidentemente da origem social e não da profissão. O número relativamente elevado de militares deve-se aos estreitos laços que o teatro estabeleceu com as principais casernas da cidade, nas quais distribuiu entradas gratuitas. Esse tipo de enquete é de tal modo inesperado que as recusas a responder são predominantes.

Os que respondem são em geral *habitués* de teatro, apenas 41 espectadores declaram ir raramente às representações teatrais, ou ser aquela a primeira vez que o fazem.

Enfim, no tocante à apreciação do espetáculo, conta-se uma frágil maioria de satisfeitos (65) em relação aos insatisfeitos (57). Um gostou de tudo desse espetáculo "salvo a encenação", outro declara não gostar do "estruturismo [sic]". Mais elaborado é o seguinte julgamento:

> A peça não é famosa porque pertence à corrente futurista. A encenação e os cenários são inteiramente ruins. Esse espetáculo não é para as massas que vão ao teatro. Antes de dar esse gênero de espetáculo, seria preciso explicar às massas o que significa o futurismo". Alguém não hesita falar de uma abominação. Uma estudante escreve: "Nunca vi uma abomi-

nação assim. Vocês desperdiçam papel[39], enquanto nós, que fazemos estudos, devemos fazer economias.

Uma outra jovem, que se qualifica de "trabalhadora", pede que suas observações sejam entregues ao próprio Meierhold. Ela maneja uma ironia temível: é a primeira vez que vem a um teatro como aquele; suas impressões são "extraordinárias; a realização é grandiosa: os atores são de madeira ou de terracota?" Ela está contente por não ter sido obrigada a deixar o mantô na chapelaria[40]. Ela conclui: "Vocês são loucos para querer transformar uma peça em *meeting* e querer imitar Shakespeare!" Uma outra jovem mulher declara que ela vai amiúde ao Teatro Artístico e ao Teatro Korsch: "Penso que o teatro da RSFSR deve ser melhor do que os outros", afirma sem especificar se é de sua parte uma constatação ou um voto. Em compensação, um "técnico" se queixa do caráter político do espetáculo: "O operário já está farto de propaganda na fábrica ou na cidade. O teatro não deve misturar-se com a propaganda", e um operário constata: "É um *meeting* pago!" (O preço dos lugares, para os pagantes, é de 75 rublos).

Um diz que não gostou da peça, mas foi porque estava com fome. Outro se queixa que havia muitos escolares na sala com suas professoras, e eles faziam barulho, o que era incômodo. Enfim, um "operário" adolescente efetua um julgamento político significativo: "Se bem que a peça seja muito antiga, ela é boa para outros Estados em que não há liberdade. Mas eu estou muito satisfeito".

Esta variedade de pontos de vista, que não exclui a crítica, a mais violenta, é inteiramente do gosto de Meierhold, para quem a indiferença é o pior dos veredictos. Em todo caso, o tom geral das respostas dá testemunho da maturidade do público e, mesmo, de seu caráter contestador, característico da população de uma capital como Moscou. Somente uma pequena minoria aprecia a

---

39 As folhas dos formulários eram grandes (formato A4), o que era considerado um desperdício nesta época de crise de papel.
40 Normalmente a etiqueta aplicada aos teatros obriga a deixar o casaco e o chapéu (gorro de pele) na chapelaria. O Primeiro Teatro da RSFSR suprimiu esta imposição, quer por razões ideológicas (atrair o público popular), quer por razões objetivas: como vimos, a temperatura aí reinante está próxima de zero.

natureza inovadora do espetáculo. A maioria estima que o papel do teatro não é o de fazer política.

Apesar de suas manifestas imperfeições, *As Auroras* permanece em cartaz durante três meses, o que comprova o sucesso que esta criação revolucionária por sua forma e por sua mensagem alcança junto a um público ávido de novas sensações.

Mistério Bufo (Segunda Versão)

Em seguimento à destituição de Meierhold (em fevereiro) e à reorganização dos negócios teatrais, o Primeiro Teatro da RSFSR passa à tutela da seção dos negócios artísticos da cidade de Moscou, isto é, do nível nacional é rebaixado ao escalão municipal. Daí resulta imediatamente uma tentativa de afastar Meierhold de seu teatro.

Desde o começo do ano de 1921 três acontecimentos pejados de consequências sucederam-se. A guerra na frente externa termina pelo tratado de Riga, assinado com a Polônia em março: a fronteira ocidental da Rússia é estabelecida na linha Curzon. A revolução, que pretendia ser mundial, não logrou impor-se pelas armas. O proletariado da Polônia foi mais sensível à solidariedade nacional do que à confraternização com os libertadores vindos do Leste. O ímpeto revolucionário não conseguiu tampouco desenvolver-se por contágio, como testemunha o malogro da tomada do poder por Bela Kun, na Hungria.

O segundo acontecimento sobreveio na frente interna. A guerra civil mudou de cara. Quando o Exército Operário e Camponês conquistou, no istmo da Crimeia, a vitória sobre o Exército de Voluntários, a contestação nasce em suas fileiras. Os marinheiros de Cronstadt focalizam o descontentamento de militantes hostis à onipotência de um Estado ditatorial. O esmagamento desse movimento por Tukhatchévski, sob as ordens do comissário do povo para a Guerra, Lev Trótski, ratifica tragicamente o fim da utopia democrática. A sublevação dos agricultores da região de Tombov, exasperados com as repetidas requisições de que são objeto, é esmagada com a mesma ferocidade.

Reagindo a esta revolta, proveniente daqueles que ele considera como seus sustentáculos naturais, o partido dirigente cria o terceiro acontecimento. No curso de seu X-Congresso, de 8 a 16 de março, aprova a Nova Política Econômica (NEP) proposta por Lênin. O objetivo é o de dar novamente consistência ao setor comercial na produção e na distribuição. Mas o que é concedido no plano econômico é retomado no plano político. O partido, que proíbe doravante em seu seio a existência de correntes divergentes, reforça seu controle sobre a sociedade. O monolitismo no interior do partido é a imagem daquele que será imposto a um país reticente.

Com o fim da guerra, o poder do exército é posto de novo em questão. Muitos jovens são desmobilizados e estão à procura de emprego. A mensagem de *As Auroras*, de Verhaeren fez seu caminho, o dia irá raiar e o povo se atrelar à construção de uma sociedade nova.

Consciente da fase gloriosa em que a Rússia está entrando, Maiakóvski retoma sua peça *Mistério Bufo*, adaptando-a às novas aspirações da sociedade. Como numerosos militantes, ele rejeita o NEP, que lhe parece uma deplorável concessão aos imperativos econômicos. E decide dizer isso à sua maneira. Mantendo-se ao mesmo tempo fiel à linha política do momento, reforça sua sátira sobre o "pequeno-burguês" e aprofunda a imagem de pureza revolucionária dos operários. Entusiasmado, Meierhold decide que este será seu próximo espetáculo.

Que sentido tomarão as modificações introduzidas nesse espetáculo em relação à obra montada em Petrogrado? Trata-se, como diz Maiakóvski, de uma simples "carcaça" do "movimento que se enriquece todos os dias de acontecimentos e que atravessa todos os dias novos fatos". O autor acentua o caráter antirreligioso da obra, apagando ao mesmo tempo a reivindicação anarquista que se tornou odiosa para as autoridades comunistas desde a revolta de Cronstadt.

A nova versão está ligada à realidade e aos debates políticos da nova Rússia. Entre as duas forças antagônicas (os Puros e os Impuros) interpõem-se três novas personagens: o Conciliador (um menchevique), a Dama com as caixas de chapéus e o Intelectual. Suas declarações de fidelidade ao "poder soviético" não lhes dá o direito de entrar na terra prometida. As personagens estrangeiras, que eram figuras abstratas, o Francês, o Americano, o Australiano, são agora personalizadas sob as aparências de um Clemenceau ou de um Lloyd George, infamados porque se opõem ao reconhecimento por seus países do novo Estado Soviético.

A peça toma amplitude; as cenas do paraíso e do inferno, que eram apenas simples quadros, tornam-se atos inteiros à parte. Se a primeira versão compõe-se de 1500 versos, a segunda, mais estufada, ultrapassa os 2500. A transformação da personagem do Homem é particularmente reveladora. Aquilo que era o Homem pura e simplesmente, isto é, um homem comum, converte-se em um herói utópico: é o Homem do futuro.

Este, nas duas versões, pronuncia o mesmo "novo sermão da montanha" que assume o contrapé do discurso messiânico. Enquanto a primeira recorria a ele, homem culpado de adultério, "indo de amor em amor", o texto da segunda é expurgado dessa passagem que desafia a moral. A pudicícia ficou de novo por cima no país dos sovietes.

Mais profundamente, enquanto a primeira versão celebrava o espírito de revolta, ao incitar os Impuros a não prestarem ouvidos a ninguém mais senão a si próprios, na segunda versão o acento é colocado, não sobre o espírito de independência, porém sobre o valor do trabalho e da disciplina.

Inteiramente reescrito, o prólogo perde seu aguilhão político e transfere sua verve polêmica ao domínio estético. Ele faz pouco do Teatro Artístico:

> Alhures, vocês olham pelo buraco da fechadura, e vocês veem aí as tias Mania e os tios Vania
>
> [fofocando...
> Enquanto nós
> Faremos vocês verem a verdadeira vida
> Pelo prisma do teatro,
> transfigurada,
> transmutada
> transformada[41].

---

41 V. Maiakovski, *Théâtre*, p. 88.

Assim, a aliança entre o encenador e o poeta dramaturgo encontra-se de novo selada em um mesmo combate, voltado quer para o texto, quer para sua enformação teatral.

Os ataques não faltaram, oriundos essencialmente de escritores "marxistas" que denunciam ao Comitê Central do Partido uma peça que é a um só tempo "incompreensível para os proletários e moldada de pensamento anarquista". Maiakóvski reage postando-se diante dos operários de Moscou e de Petrogrado, aos quais lê sua peça, e organizando aí debates em presença de seus detratores, como em 30 de janeiro, na sala do Teatro ex-Sohn, sob o título: "Deve-se montar o *Mistério Bufo*?"

Contrariamente ao que se passara com *As Auroras*, em que servia para criar uma atmosfera específica, o dispositivo cênico é aqui em grande parte funcional e deve facilitar os deslocamentos dos atores, sobretudo na dimensão vertical. Um passo a mais é dado em direção do construtivismo. Os atores ensaiam com ardor, pois Meierhold gostaria de apresentar o espetáculo a partir do mês de março, e mostrá-lo a Lênin. Porém ele se atrasa e a peça é finalmente prevista para a comemoração do 1º de maio.

Alguns dias antes da data reservada, o comitê moscovita do partido ordena que tudo seja sustado, argumentando com razões contraditórias: de um lado, tratar-se-ia de uma palhaçada, que não honraria a celebração da festa do Trabalho; de outro, é inadmissível que se apresentasse uma peça com um registro tão antirreligioso neste dia que coincide com o domingo de Páscoa! Uma vez mais, Maiakóvski pega seu cajado de peregrino e, com ajuda de Meierhold, chega a convencer as autoridades. Finalmente, a peça será autorizada, sendo representada no dia 1º de maio de 1921.

Por seu bom humor e sua alegria, que não exaurem os problemas da sociedade, a obra de Maiakóvski seduz o público a ponto de ser mantida em cartaz sem interrupção até o dia 7 de julho, data do fim da temporada, ou seja, perfazendo quarenta representações de enfiada.

Na ocasião, Moscou era uma pequena cidade, sulcada por uma rede de bondes barulhentos e pouco confortáveis. Os teatros achavam-se concentrados no centro e o afluxo do público era garantido.

O que era possível assistir na festa do dia do Trabalho? Afora o *Mistério Bufo*, só há espetáculos revolucionários nas outras duas salas: na Arena central do Proletkult, onde Ignatov montou *As Auroras do Proletkult*, de título fortemente alusivo, enquanto no Teatro da Sátira Revolucionária[42] está em cena um espetáculo de propaganda política, *O Novo Front*, e um balé, *A Balança*. Alhures, continua-se imperturbavelmente a representar o repertório tradicional: no Bolshoi, *O Galo de Ouro* (Rímski-Kórsakov); no Máli, *O Revizor* (Gógol); no Teatro Artístico, *No Fundo* (Górki); no Primeiro Estúdio do Teatro Artístico, *Érico XIV* (Strindberg); no Segundo Estúdio do mesmo Teatro Artístico, *Infância* (Leonid Andrêiev); no Teatro de Câmara, *O Rei Arlequim* (Lothar); no Teatro Ex-Nezlobine, a mesma obra sob o título de *O Bufão no Trono* e, enfim, no Teatro ex-Korsch, *Intriga e Amor* (Schiller). Assim, após quase quatro anos da instauração de uma sociedade que pretende ter saído da revolução a mais radical do mundo, o teatro permanece, no seu conjunto, muito afastado das preocupações do momento. É preciso a energia e as convicções resolutas de um Meierhold para empenhar-se em sacudir esse torpor, fazendo vibrar seu público com os problemas do momento.

Enquanto o *Mistério Bufo* obtinha o sucesso que se conhece, Meierhold já pensa em criar novos espetáculos. O III Congresso da Internacional Comunista (Komintern) deve ter lugar de 22 de junho a 12 de julho, em Moscou, e uma subvenção substancial está prevista para a montagem de um espetáculo recreativo para a noite de gala em honra das delegações estrangeiras.

Meierhold propõe imediatamente a encenação de *A Conspiração de Rienzi*, de Wagner. A escolha pode surpreender, mas esta ópera faz parte das obras progressistas da humanidade. Além disso, diz-se que uma obra lírica é o que mais se adapta a um público de espectadores ignorantes do russo. A proposta é rejeitada, por ser demasiado custosa.

É nesse momento que um rude golpe é desfechado contra o teatro de Meierhold. Apavorada com suas atividades "esquerdistas", a direção da política cultural da região de Moscou decide brutalmente pôr fim à existência do Primeiro Teatro da RSFSR,

---

42 Teatro conhecido sob o seu acrônimo de Terevsat, ou seja, T̲e̲atro-R̲e̲volução-S̲á̲tira.

que seria, segundo o referido órgão, um sorvedouro financeiro. Após uma série de *démarches* torturantes, descobre-se que se trata de um mal-entendido. A administração confundiu o *Mistério Bufo*, montado por Meierhold, com o espetáculo homônimo finalmente contratado para divertir o Komintern. Granóvski, o diretor do Teatro Judeu de Estado obteve a aprovação para encenar a peça de Maiakóvski traduzida em alemão, a fim de levá-la na arena do circo de Moscou. Dizia-se que a realização faustosa fora extremamente dispendiosa, da ordem de um bilhão de rublos.

Esta nova crise é superada graças à enérgica intervenção de Lunatchárski: arrancando o Primeiro Teatro da RSFSR das garras do soviete de Moscou, ele o coloca de novo sob sua autoridade, mais precisamente da Direção dos Teatros (do Comitê Geral da Propaganda Cultural). Em caso de necessidade, Lunatchárski poderá intervir.

As dissensões no aparelho de Estado aparecem cruamente na troca de cartas a que se assiste a este propósito. Repreendendo vivamente Lander, responsável pelo departamento de propaganda cultural da região de Moscou, por sua atitude hostil para com o espetáculo de Maiakóvski, Lunatchárski recebe a seguinte resposta:

> Não estou absolutamente de acordo com você, caro camarada, que uma atitude crítica em relação ao *Mistério Bufo*, às *Auroras*, de Verhaeren, ou a outras encenações de Meierhold (um homem seguramente de grande talento), signifique o boicote por comunistas da arte comunista. Não se trata de arte comunista, mas de uma lamentável profanação da arte comunista e da total falsificação dos ideais do comunismo. Se uma parte dos camaradas adota outro ponto de vista, concernente à obra de Maiakóvski, Meierhold e outros profetas da arte dita comunista da laia deles, não resulta daí que tal ponto de vista seja obrigatório para todos os membros do partido[43].

Nesse debate de fundo sobre a natureza da arte comunista, supondo-se que semelhante quimera exista, o camarada Lander apela para a liberdade de julgamento no seio do partido, a fim de

---

43 K. Lander, Arquivos Centrais da Federação da Rússia, fundos 230b, inventário 2, documento 795, 1972, p. 205-207.

contestar a autoridade de Lunatchárski. A liberdade das tendências no domínio artístico serve de álibi para uma política de combate que desembocará finalmente na supressão dessas tendências.

O Primeiro Teatro da RSFSR fecha normalmente suas portas para um breve período de férias de verão. Antes de partir para um descanso na Crimeia, Meierhold prepara um último espetáculo para o verão, de modo a manter sua trupe com boa disposição. Elege uma obra de Ibsen, *A União dos Jovens*, que adapta sob o título de *Uma Aventura de Stensgaard*, nome do advogado que é a personagem principal da peça. O subtítulo é o seguinte: "Composição do texto, direção cênica e montagem de Valeri Bebútov, O. P. Idánova e V. E. Meierhold".

Trata-se, no caso, de uma peça escrita em 1868 e, como em *A Comédia do Amor*, de um texto da juventude em que Ibsen aproveita uma arte da intriga inspirada em Scribe para criar uma de suas primeiras obras realistas. Esta amável sátira dos costumes capitalistas põe em cena um aventureiro caçador de dote em uma pequena cidade da Noruega. Este se vangloria de sua amizade para com o povo, da qual seu partido "A União dos Jovens" é o garante, para atender seus interesses pessoais a serviço de uma ambição feroz. Stensgaard, jovem lobo de longos dentes, lembra, ao público russo, Kretchinski, este outro aventureiro herói da peça de Sukhovó-Kobilin. Aqui se distingue de modo cauteloso, a linha que será desenvolvida por Meierhold com uma urgência crescente, a sátira do aventureiro sem escrúpulos, que explora a cumplicidade de uma sociedade corrompida para extorquir seus semelhantes, personagem que a NEP repôs em voga.

O interesse desse espetáculo, estreado em 7 de agosto, é, além disso, de ordem pedagógica. Trata-se de familiarizar seus atores com um jogo polifônico sustentado por um acompanhamento musical extraído de Grieg, Liszt e Chopin. Após o jogo hierático imposto pela peça de Verhaeren e o dinamismo desenfreado da de Maiakóvski, esta obra oferece um momento refrescante de lirismo.

Neste fim de temporada de 1920-1921, a ruptura do regime com o passado se faz sentir abruptamente. O mês de agosto assiste ao desaparecimento de dois faróis da cultura russa: Aleksandr Blok morre privado de cuidados e profundamente abalado em suas convicções; ele é enterrado com grande pompa em Petrogrado; Lev Gumiliov, o poeta conquistador*, candidato a substituir o simbolismo, é fuzilado para servir de exemplo, como conspirador monarquista. Meierhold não pôde permanecer indiferente ante a notícia desses dois desaparecimentos. Quantas lembranças o ligavam a esses dois grandes poetas!

No início da nova temporada, a posição de Meierhold continua incerta. Seu projeto, que visava cobrir a Rússia com uma rede cerrada de teatros da RSFSR, do qual o seu teatro seria o modelo e o guia, não estava visivelmente em vias de se realizar. As autoridades favorecem atividades ideologicamente próximas de suas posições, ao passo que Meierhold os inquieta pelo caráter imprevisto de suas escolhas e, em suma, por seu "esquerdismo". Esta temporada apresenta, pois, um balanço mitigado. A tentativa de dirigir de cima o conjunto da máquina teatral da Rússia teve como saldo um fracasso. A escolha do repertório devia efetuar-se de uma maneira centralizada, e a formação dos atores e dos encenadores responder a métodos unificados. Mas havia alguma ingenuidade em crer que o poder político permitiria realizar um projeto desta envergadura sob a responsabilidade de um único homem, por mais talentoso que fosse.

Este fracasso, porém, teve também um aspecto positivo. Impeliu Meierhold a voltar às fontes de sua vocação: a encenação teatral. Seu espírito de invenção manifestou-se em sua capacidade de transformar a matéria de *As Auroras*, atualizando-a. A obra romântica do poeta belga tornou-se um hino à glória do povo russo, que tem consciência de trabalhar na construção de um mundo melhor para a humanidade inteira. Desta comunhão com as aspirações de seu povo, Meierhold tira seu orgulho e sua legitimidade.

Tradução: J. Guinsburg

---

* Termo atribuído a Joachim du Bellay (1522?-1560), devido ao renome que obteve com os sonetos renovadores dos *Regrets*, e que passou a significar um poeta que se impõe ou é reconhecido em contraposição a um estilo anterior (N. da T.).

Fachada do Teatro Komissarjévskaia, na rua Ofitserskaia, em São Petersburgo (1907).

Fachada do teatro Mariínski, São Petersburgo (1914).

Fachada do teatro ex-Sohn e planta da reforma interna concebida em 1932 por Meierhold, Barkhin e S. Vakhtângov.

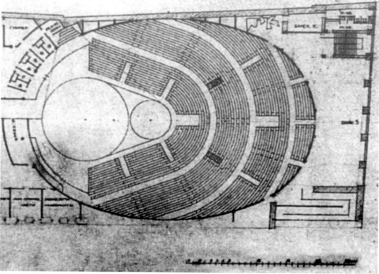

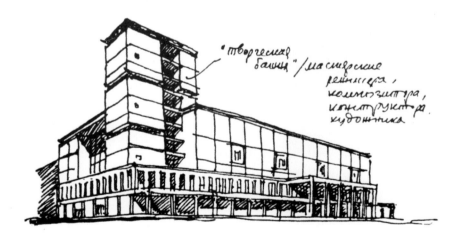

No alto, fachada do ex-Teatro da Passagem, rua Tverskaia, em Moscou (atualmente teatro Ermelova).

Em baixo, projeto da fachada do novo Teatro Nacional Meierhold por Barkhin e S. Vakhtângov (1933).

Acima, Meierhold como soldado
do Exército Vermelho, a título honorífico (1922).
Ao lado, retrato de Meierhold por Golóvin (1917).

Biomecânica e teatro (*O Corno Magnífico*, de Fernand Crommelynck) no Teatro do Ator em Moscou (1922).

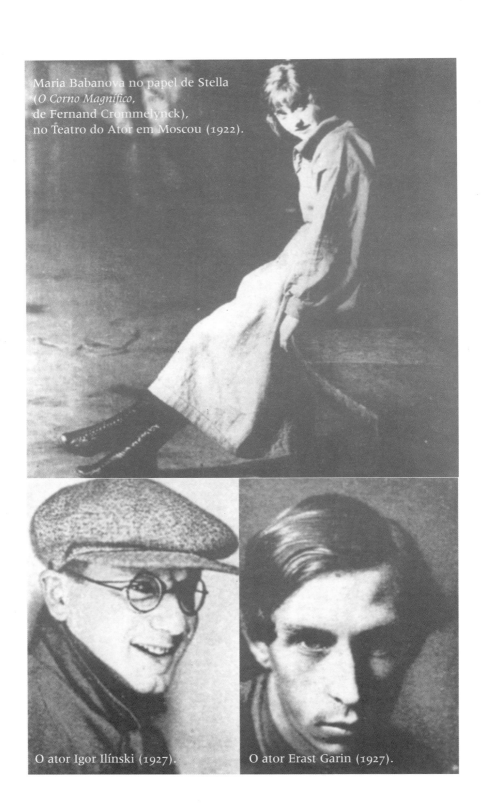

Maria Babanova no papel de Stella (*O Corno Magnífico*, de Fernand Crommelynck), no Teatro do Ator em Moscou (1922).

O ator Igor Ilínski (1927).

O ator Erast Garin (1927).

9. # Da Conquista do Público à Criação do Teatro Meierhold

De onde vem o fato de que se ri tão livremente no teatro, e que se tem aí vergonha de chorar?

La Bruyère

Divórcio e Novo Casamento

Vítima de um novo acesso de tuberculose, Meierhold é hospitalizado em fevereiro de 1921, o que, como vimos, serve de pretexto ao seu afastamento do posto administrativo, mas tem igualmente uma consequência feliz: o estreitamento dos laços de amizade amorosa que o uniam a uma jovem e bonita mulher que irá pouco a pouco entrar em sua vida, Zinaida Reich, a bela e infeliz esposa de poeta Iessiênin.

Que estranho destino reuniu esse par tão belo que agora se rompia tão dolorosamente? Tudo opunha o efebo loiro de olhos azuis, oriundo da Rússia camponesa, e a citadina de pele cor de mate e olhos cinzentos, que tinha por pai um alemão. Os jovens se conheceram naquele período de euforia que abrasara o país após a abdicação de seu tsar e o advento, pensava-se, da liberdade. No verão de 1917 eles haviam empreendido uma louca viagem pelo norte da Rússia.

Fazem um casamento religioso, em Vologda, a 4 de agosto de 1917, ele com 22 anos, ela com 23. Ele lhe dá sua fotografia com esta estranha dedicatória:

> A ti, mocinha desajeitada,
> Surgida em minha estrada.
> Serguêi[1]

Em 11 de junho de 1918, nasce sua filha Tatiana, seguida do filho Konstantin, em 2 de abril de 1920. Vivem em Moscou. Iessiênin tira alguns rendimentos de suas atividades na livraria dos Artistas da Palavra e passa o tempo no cabaré literário A Manjedoura de Pégaso, bebendo com seus amigos, os poetas Cherchenevitch, Gani, Klitchkov ou Oriechin. Quando está embriagado, esse sedutor impenitente transforma-se em bruto. Zinaida é com frequência vítima de suas pancadas, que ela suporta bravamente; em compensação não admite as vexações que lhe reservam seus amigos e, em especial, Marienhof, que despeja continuamente, a seu respeito, observações antissemitas. Como um poeta tão russo como Iessiênin pôde desposar uma judia? Eles traduzem com isso sentimentos profundamente arraigados na população. Em 1920, as relações entre os dois esposos são execráveis. Zinaida reconquista sua independência trabalhando como secretária no comissariado do povo para a Educação e da Cultura, enquanto Iessiênin leva uma vida boêmia, em companhia de seus amigos.

Ele escreveu uma peça em versos consagrada a Pugatchov. Meierhold considera a possibilidade de montá-la. É nessa ocasião que ele encontrou Zinaida? Iessiênin passa o verão de 1920 no Cáucaso, de onde traz uma nova recolha de versos. Ele abandona definitivamente seu lar. O casal se separa. Zinaida obtém a guarda dos filhos, que ela confia provisoriamente a seus pais instalados em Orel.

A jovem encontra um interlocutor atento neste homem aureolado de glória e vinte anos mais velho que é Meierhold. Zinaida lhe confia seus sofrimentos: ela conserva as sequelas de um

---

[1] Cf. N. Gusev et al (orgs.), *S. A. Esenin, Materialy k biografii*, p. 360.

tifo contraído no terrível período de fome que a Rússia acaba de passar; restam-lhe disso perturbações nervosas que a levaram a um hospital psiquiátrico. É um ser ao mesmo tempo frágil e rico, de uma grande energia interior.

Ela sente uma admiração ilimitada por este artista excepcional; tem pena, ao mesmo tempo, do homem tão desarmado para a vida. Um dia, no hospital, ele engole sem pestanejar a horrenda papa que lhe servem. Para a sua grande estupefação, ela o vê endireitar a cabeça e murmurar com um ar tranquilo: "Excelente!" Zinaida relata isso a Lunatchárski. Meierhold se beneficiará doravante de um tratamento de favor.

Ela se inscreve nos cursos de arte dramática organizados pelo encenador em seu domicílio. No apartamento do número 32, do bulevar Novinski, as duas filhas menores, Tatiana e Irina, voltaram a morar com os pais. Maria vem, de tempos em tempos, de Novorossiisk, com seus dois filhos, Igor e Nina Bialetski. Nesse gineceu em que todo mundo já o considera um avô, um homem do passado, Meierhold só pode estiolar-se e perder suas faculdades criativas. Sob este ponto de vista, Zinaida julga-se autorizada a arrancar de seu meio o homem que ela ama e cujo talento admira.

Assistindo um dia uma sessão de exercícios de biomecânica sob a direção de Meierhold, sua esposa Olga observa uma jovem mulher desajeitada e bastante pesada; ela observa: "Eis uma aluna que não é feita para a cena". O Mestre reage violentamente a estas palavras, como que picado na carne. Ei-lo uma vez mais apaixonado por uma de suas alunas, constata sua mulher, divertindo-se com o fato: mas Zinaida não será um simples capricho passageiro[2].

O divórcio dos Iessiênin é pronunciado em 19 de fevereiro de 1921, em Orel, seguido de perto do dos Meierhold. Vsévolod e Zinaida casam-se em 1922, unindo seu nome e seu destino. Com respeito ao estado civil, o encenador chama-se doravante Meierhold-Reich.

Olga Meierhold, que volta a ser Munt, deixa o apartamento de seu ex-marido e instala-se provisoriamente em casa de sua filha Maria, onde se dedica a seus netos.

2   B. Alpers, Skvoz' dymku, *Teatral'naja žizn'*, Moscou, n. 3, p. 30.

Nicolai Vólkov, que conheceu bem o casal, emite sobre esses acontecimentos um juízo equilibrado:

> [Olga] era uma criatura de espírito luminoso e falava com muita delicadeza de sua separação de Meierhold... Eu diria que não havia aí nada de inexplicável ou de fortuito. Reich era uma mulher da época revolucionária; Munt, por todas as fibras de seu ser, era uma mulher que pertencia à *intelligentsia* da antiga Rússia. As novas ideias de Meierhold, seu "Outubro Teatral", tudo isso lhe era estranho. Ela estava mais próxima do Teatro Artístico, do Teatro da Komissarjévskaia, do Alexandrínski ou do Mariínski, ou ainda do Estúdio da rua Borodin[3].

Meierhold encontra em sua nova companheira a cumplicidade de que todo criador necessita e que Olga não podia lhe conceder.

Abandonando seu posto de secretária, Zinaida Reich se consagra inteiramente a Meierhold e aos dois filhos que teve de Iessiênin. Mais por curiosidade do que por vocação teatral, segue os cursos de encenação do Ateliê de Meierhold, aonde ela chega penteada *à la garçonne*, jaqueta de couro, modelo da nova mulher. Inteligente, bela, ambiciosa, ela se tornará pouco a pouco a colaboradora de toda obra de seu marido, excluindo habilmente aqueles ou, sobretudo, aquelas que podiam lhe fazer sombra.

O Ano de 1921-1922.
O Teatro do Ator

Quando assumiu suas funções de diretor dos teatros, Meierhold estava tomado por um furor iconoclasta. Ele instituiu uma comissão incumbida de "transformar os textos cênicos existentes em espetáculos revolucionários". Esta comissão era composta de escritores, atores (os "expertos executantes") e encenadores (os "organizadores de espetáculos"). Luxuosamente instalados em um palácio particular, todos esses expertos deram

---

3 N. Volkov, *Teatral'nye večera*, p. 283.

origem ao Ateliê da Dramaturgia Comunista. Os meios teatrais tradicionais se insurgem contra esta loucura "bolchevique".

Entretanto, uma empresa assim só pode levar ao fracasso. O ateliê se transforma em toca de escritores azedos, cuja única preocupação é a de pôr em cena suas obras. Quando Meierhold abre seu teatro, recusa-lhes categoricamente a hospitalidade. Em seu despeito, voltam-se para Pletniov, a quem logram convencer de sua pureza revolucionária. Exigem que lhes seja atribuída com exclusividade a tão cobiçada sala do Teatro ex-Sohn. Para dar mais peso à sua reivindicação, estabelecem uma aliança com atores provenientes do ex-Teatro Nezlobin. Pletniov presta de bom grado apoio a este ataque dirigido contra Meierhold. Por decisão de 2 de setembro de 1921, o Primeiro Teatro da RSFSR é intimado a transferir seus poderes e seus bens ao Teatro Nacional da Dramaturgia Comunista recentemente criado.

Uma vez mais, Meierhold e seus amigos precisam travar batalha para assegurar a sobrevivência de seu projeto. Surdo à intervenção do sindicato dos artistas, Pletniov manda lacrar o edifício. O Primeiro Teatro da RSFSR continuou com vida e, com ele, o projeto da rede de teatros revolucionários e modernistas. Não será o fim de toda tentativa de levar o teatro a pulsar ao ritmo das aspirações populares?

Diante de nova situação, novas medidas. Usando de paciência e tenacidade, Meierhold irá vencer magistralmente a corrente hostil. Não obstante, necessitará dois anos de esforços para alcançar os seus fins: ver a sala do ex-Sohn ser-lhe destinada sem nenhuma possibilidade de contestação, bem como obter a exclusiva direção de um teatro que levará o seu nome.

Entrementes, a temporada 1921-1922 está irremediavelmente comprometida; Meierhold e seus fiéis recolhem-se à sala de ensaios do imóvel do bulevar Novinski. Ele funda neste local um estabelecimento de ensino teatral superior composto de duas seções, sob o nome de Ateliês Superiores de Encenação. Neste período, em que o movimento cooperativista conhece um grande progresso na Rússia, os ateliês constituem estruturas sociais de tipo igualitário. O estabelecimento mudará muitas vezes de denominação daí para frente, tornando-se finalmente, por sugestão do poeta Briússov, membro de seu conselho administrativo, o Instituto Nacional de Arte Teatral (na sigla russa, "GITIS", que se conservará até os nossos dias, para designar o Conservatório Nacional de Arte Dramática de Moscou). Na verdade, Meierhold reconstituiu uma escola teatral em prolongamento ao Estúdio da rua Borodin.

Ele organiza seus ensinamentos como se fossem bonecas formadas de partes encaixantes, acolhendo todos os partidários de um teatro de arte engajado e aberto para fora, de estreantes a profissionais. O primeiro nível compõe-se de dois ateliês básicos, arte dramática e encenação. Encontra-se aí, por exemplo, Erast Garin, que começou fazendo teatro amador no exército e que acabava de ser desmobilizado. Ele sente-se atraído por um estilo de teatro moderno e próximo das aspirações populares. A base do ensino é constituída pela biomecânica, cujo conceito Meierhold acaba de lançar.

O segundo nível, que traz o nome de Ateliê Livre, reúne os jovens atores formados no local, que participaram da aventura do Primeiro Teatro do RSFSR. Ao contrário dos primeiros, já haviam tido uma experiência de trabalho com Meierhold. No meio deles, encontra-se o embrião de uma trupe profissional e ele decide pô-los a trabalhar em uma peça inédita. O diretor administrativo, Ivan Axionov, homem de uma cultura refinada, acaba de descobrir com entusiasmo *O Corno Magnífico*, de Crommelynck, obra que fora recentemente representada na França[4]. Axionov começa logo a traduzir essa peça que propõe a Meierhold. Este, por sua vez, seduzido pelo texto pouco banal, passa a ensaiá-lo à noite após os cursos.

Durante os seis primeiros meses da temporada 1921-1922, a situação de Meierhold era insustentável. Ele, que tinha tantas coisas a dizer, não tem lugar para dizê-las. Quando muito, podia felicitar-se por ter podido obter bolsas de estudos para os atores que seguem seus cursos.

O terceiro nível é o Teatro do Ator, que reagrupa os atores profissionais egressos do ex-Primeiro Teatro da RSFSR e do Teatro Nezlobin, que continuam a atuar na sala do Teatro ex-Sohn (tirado de Meierhold), misturados ao elenco da Dramaturgia Comunista e que retomam antigos sucessos como *Os Dois Órfãos* ou *Psique*.

---

4 Em dezembro de 1920, no Théâtre de l'Oeuvre.

A Dramaturgia Comunista apresenta, por fim, nos dias 24 e 25 de dezembro de 1921, o primeiro espetáculo que deve servir de "modelo" para a transformação revolucionária das peças. Trata-se do *"Camarada" Khlestakov*, de subtítulo "Modesta Imitação do Grande Mestre, em quatro atos, por Dmítri Smolin". Esta reescritura do *Revizor*, de Gógol, em que Khlestakov aparece como comissário e em que a personagem central é um operário surgido não se sabe de onde, é unanimemente condenada. A tentativa de criar um teatro "revolucionário" sem ideias revolucionárias acaba em fiasco. Abandonada pelo público, a peça não fica em cartaz mais do que uma semana. A trupe da Dramaturgia Comunista é dissolvida e uma parte de seus atores vai se inscrever nos cursos de Meierhold.

A Direção dos Teatros manda, uma vez mais, lacrar o edifício antes de se resignar a cedê-lo ao Teatro do Ator.

Casa de Bonecas

Após a longa incerteza do outono e do inverno, o Teatro do Ator nasce no mês de fevereiro de 1922. Seu diretor propõe às autoridades que o tutelam um programa compósito, misturando obras em geral consideradas progressistas com outras de puro divertimento[5].

Associando atores profissionais e estreantes, cuja maioria participou da aventura do Primeiro Teatro da RSFSR, o Teatro do Ator abre suas portas em 18 de fevereiro de 1922. Preocupado em não chocar ninguém, Meierhold apresenta uma reprise de *Os Frutos da Instrução*, de Tolstói, na encenação de Nicolai Popov. Outras

---

5 Carta de Meierhold ao comissariado do povo para a Educação e para a Cultura (14.1.1922), com cópias à Direção da Política Cultural e ao Conselho da Cidade de Moscou para o Teatro. Cf. *Teatr*, n. 1, p. 163b, 1994. A escolha proposta é extremamente eclética. Obras "revolucionárias": *A Conspiração de Rienzi* (ópera de Richard Wagner), *As Cabeças de Cão* (ópera de Alois Jirasek), *Pugatchov* (Serguêi Iessiênin), *La Jacquerie* (Prosper Mérimée) e *Lisístrata* (Aristófanes); obras "lúdicas": *O Corno Magnífico* (Fernand Crommelynck), *O Gato de Botas* (Ludwig Tieck) e *O Rei Cervo* (Carlo Gozzi); enfim, *A Trilogia dos Coûfontaine* (Paul Claudel) e *Hamlet*.

seis peças do repertório do Teatro de Nezlobin serão montadas antes que Meierhold se manifeste com sua encenação de *Casa de Boneca*s.

A nova política econômica restabeleceu o critério de rentabilidade financeira. Ora, os espetáculos muito antigos não produzem mais receita. É preciso atrair o público e, para fazê-lo, Meierhold prepara, em maior segredo, *Casa de Boneca*s, primeira manifestação na cena da reivindicação dos direitos da mulher à igualdade. Sem ser uma peça de temática revolucionária, trata-se de fato de uma obra engajada.

Para que ninguém ignore a significação ideológica do espetáculo, Meierhold introduz um subtítulo explicativo: "A História de Nora Helmer ou como uma Mulher Preferiu a Independência e o Trabalho ao Veneno da Família Burguesa"[6]. O objetivo é mostrar toda a carga explosiva contida na obra de Ibsen, sem, no entanto, cair nas bobagens do Teatro da Dramaturgia Comunista.

Devemos a Eisenstein um testemunho precioso acerca da preparação desta peça. A despeito de seu caráter eminentemente subjetivo, ele permite apreender algo da personalidade daquele que começavam a chamar de Mestre.

> Feliz aquele que podia aprender simplesmente vendo-o trabalhar.
> Infeliz daquele que vinha lhe apresentar uma pergunta todo confiante [...]
> E depois, em três ensaios, ele pôs em cena *Casa de Boneca*s. Eu me digo às vezes que Meierhold era talvez simplesmente incapaz de explicar e de analisar.
> Incapaz de ver ele próprio e de formular as coisas.
> Como quer que seja, o que ele planejou durante o outono e o inverno como um mistério indecifrável, se revela de súbito na primavera:
> No trabalho, é impossível não se revelar de cabo a rabo.

---

6 O cartaz do espetáculo é significativo: Sob o cabeçalho "Comitê Geral de Ação Política e Cultural da RSFSR", aparecem em letras grandes, "Teatro do Ator" e, na linha seguinte, em caracteres menores, "O Teatro Nezlobin e o Primeiro Teatro da RSFSR Associados". Vem em seguida o título: *A Tragédia de Nora Helmer*, acompanhado do comentário: "Três Atos Segundo Henrik Ibsen, interpretados por V. Meierhold (tradução do mesmo)". Segue-se a lista dos atores que termina pela indicação "encenação de V. Meierhold". É especificado que "o espetáculo começa às 8 horas". Cf. *Teatr*, n. 1, p. 126, 1994.

No trabalho, é impossível trapacear.
No trabalho, é impossível tecer a invisível teia de aranha dourada pelo relato imaginário que extravia a gente no devaneio. No trabalho é preciso agir.
E aquilo que ficou escondido com o máximo cuidado durante dois trimestres, é revelado solenemente em três dias de ensaios.
[...]
Nada poderá jamais apagar de minha memória as impressões que me deixaram esses três dias de ensaios...
Recordo-me de um tremor contínuo.
Não de frio, mas de paixão.
Os nervos em ponto de bala[7].

Eisenstein é incapaz de descrever o espetáculo. Tudo o que sabemos é que cinco estagiários que fazem parte do ateliê de cenografia e encenação, Zinaida Reich, Alexei Kelberer, Vladímir Lutze, Vassíli Fiodorov e Serguêi Eisenstein, são convocados por Meierhold a fim de discutir o projeto deles para o fim de ano: sua tarefa será instalar no palco, no dia da *première*, o dispositivo cênico cubista imaginado pelo Mestre, mas "sem gastar um centavo". É, portanto, em alegre improvisação que serão realizados os cenários: eles amontoam elementos de pavilhões cênicos, montantes inutilizados, restos de cenários de outras peças. O conjunto dá a impressão de um mundo visto de pernas para o ar e que caminha para a sua perda. O dispositivo será terminado e aprovado oito horas da noite, exatamente antes do início da representação.

Em tal cenário é certo que a réplica de Helmer, que se gaba diante de Nora do aspecto confortável de sua lareira, só pode suscitar a hilaridade do público. Um dos críticos pergunta se se trata de uma paródia ou de uma brincadeira. O importante para Meierhold é ocupar o palco e mantê-lo disponível para o novo espetáculo revolucionário, que deverá estourar como uma bomba na paisagem cultural moscovita.

---

7 S. Ejenstejn, *Sobranie sočinenij*, v. I, p. 306.

O Corno Magnífico

A peça que Meierhold prepara em segredo com seus alunos deve ser revolucionária por sua visão de mundo, mas também por uma concepção renovada do jogo do ator fundada na biomecânica.

Este termo de biomecânica fez correr muita tinta. Para sacrificar à moda "industrialista", que se apodera do mundo inteiro nos anos de 1920, Meierhold impõe uma palavra de aparência científica. Trata-se de analisar e de dominar este instrumento que é o corpo, à maneira de Isadora Duncan, que liberou o bailarino das coerções artificiais do balé clássico. Alguns julgavam ver aí uma tentativa de transformar o ator em robô. Atrás desse *slogan* redutor há espaço para toda a liberdade do comediante. De fato, o próprio Meierhold atribuirá apenas uma importância relativa ao lado sistemático desses exercícios.

Ele permanece fiel, assim procedendo, às grandes tradições teatrais, especialmente ao ensinamento de um velho mestre cuja ciência ele admira: Coquelin, o primogênito, é um dos primeiros a ter chamado a atenção para o lugar essencial do corpo no teatro.

> Há sempre uma distância considerável entre o tipo sonhado e o tipo vivente; é que não basta criar uma alma, cumpre alojá-la em um corpo, e não basta alojá-la em um corpo, é preciso que esse corpo seja sua expressão rematada e viva... e esta pele que o sujeito necessita é o comediante que lha dá[8].

A biomecânica deve ser recolocada em seu modesto lugar: uma ferramenta de formação que visa conferir ritmo e flexibilidade nos gestos e nos movimentos do corpo e proporcionar ao ator o domínio do espaço cênico. Como observa com muita perspicácia um especialista do construtivismo no teatro:

> a explicação [do] hiato entre o discurso e a prática prende-se [...], em minha opinião, ao desejo do próprio encenador de permanecer fiel a uma concepção muito pragmática do

---

8   C. Coquelin aîné, *L'Art et le comédien*, p. 15.

trabalho teatral, aderindo, ao mesmo tempo, estreitamente aos *slogans* da esquerda artística[9].

Ela não é, no ensino do teatro, senão um elemento de um conjunto que inclui atividades das mais variadas: boxe, florete, acrobacia, dança clássica, dança folclórica e *de caractère**, ginástica rítmica.

Para o comediante, há um outro instrumento essencial: a voz, que é a expressão da alma. O ensino dos cursos de arte dramática de Meierhold lhe atribui grande importância (colocação da voz, canto, leitura de prosa e verso), com uma formação especial em matéria de pronúncia dos textos em versos.

Quer se trate da voz ou do corpo, não é a performance física que é procurada. Jamais é esquecido que esses procedimentos estão a serviço da obra. Em outros termos, Meierhold rejeita todo método que se proponha a instalar automatismos. O processo de criação deve ser uma atividade de construção contínua, a tal ponto que tudo é feito para cassar a tentação de transformar o jogo do ator em ato de hipnose ou de profetismo. O ator é ao mesmo tempo um homem como outro qualquer e um atleta da vida quotidiana. A esse título, ele deve levar à perfeição suas capacidades físicas.

Ele deve ser também um homem culto. Meierhold convida, pois, seus alunos a embeberem-se de visões estéticas que vão alimentar sua imaginação e solicitar seu olho interior. Ele lhes aconselha particularmente os desenhos em filigrana de Callot, as figuras semigrotescas e semiterrificantes dos *Caprichos* de Goya, as gravuras caricaturais de Daumier. Assim, o esqueleto animado pelos exercícios da biomecânica poderá revestir-se de carne, tomando de empréstimo o estilo nervoso da ponta seca. É isso que Meierhold vai demonstrar, elevando um exercício de escola ao grau de obra-prima.

Coisa bastante curiosa, se a gente considera a época, o texto escolhido para esse trabalho de laboratório é, uma vez mais, uma peça não russa, *O Corno Magnífico*, de Fernand Crommelynck.

---

9   C. Hamon-Cirejóls, *Le Construtivisme au théâtre*, p. 144-154.
*   *Danse de caractère*: dança que representa uma pequena ação (N. da T.).

Poderá esta obra interessar realmente a um público compósito que acaba de sair da guerra civil? Como se pode esperar atrair os espectadores russos com esta peça de um autor belga de humor sarcástico, muito distante de todo espírito político e, com tanto mais razão, revolucionário? O gênio artístico de Meierhold consiste em perceber, com uma precisão infinita, as variações do ar do tempo e oferecer ao público aquilo a que aspira, sem que ele próprio o saiba.

Meierhold concebe o seu espetáculo de tal modo que os dois ingredientes empregados pelo autor se cruzem mui visivelmente na percepção do espectador. A primeira linha é sombria, é o encerramento trágico de Bruno no círculo vicioso em que está encerrado; a segunda linha está, em oposição, centrada no bom humor dos comediantes que interpretam esta fábula, zombando dele. O espectador é convidado a ser um partícipe ativo de um espetáculo ambivalente.

É conhecido o tema desta sátira na qual Bruno, o moleiro, se convence de que sua mulher Stella o engana. No auge da loucura, ele a força a receber em seu leito todos os homens da região ("Eu não ficarei satisfeito enquanto todos os homens da cidade, de quinze a sessenta anos, não tiverem passado pelo espaço entre a tua cama e a parede"[10]). Finalmente, sob a cobertura de um disfarce, ele seduz sua própria esposa, resultado que o torna ainda mais furioso. Ela é salva, *in extremis*, de seu furor pelo vaqueiro, um homem viril que a ama com um amor muito simples e que tira Stella de seu marido.

Que sentido pode ter esta peça para a Rússia de 1922? Trata-se de uma simples reflexão sobre o ciúme de um homem perdidamente apaixonado pela mulher que acaba de esposar e que atrai os olhares por sua beleza? Ou então de uma parábola sobre a paranoia que se apodera da sociedade russa? Pretendendo agir em nome da democracia e da liberdade, esses valores são prostituídos no altar de um poder irrestrito. Nesta hipótese, a escolha desta obra surge como de uma audácia extraordinária. O novo homem, cuja existência é invocada pela ideologia revolucionária, implica

---

10 F. Crommelynck, *Le Cocu magnifique*, ato I, *Théâtre I*, p. 29.

um controle totalitário sobre o corpo, pois é o homem por inteiro que é chamado a se pôr ao serviço da sociedade. Do mesmo modo, Bruno quer ser o dono da sexualidade de sua mulher, a ponto de desencaminhá-la para fixar seu poder sobre ela. Quanto a Stella, é apenas pela fuga que poderá assegurar sua liberdade e firmar sua personalidade. Seu amor infantil por Bruno revela-se como um profundo erro. Vê-se que metáfora da utopia e que encorajamento, daí destacáveis, emergem dessa fábula saltitante e atordoante, reabilitação do corpo martirizado pela coerção.

Houve necessidade de praticamente um semestre de trabalho para realizar esse espetáculo. Cinco dias apenas depois de ter montado *A Tragédia de Nora Helmer*, Meierhold, como um mágico, tira de sua bolsa *O Corno Magnífico*. Ele reata assim com a alternância de tragédia e de comédia, que é uma das leis do teatro. Como anunciou no momento da inauguração do Primeiro Teatro da RSFSR, "a tragédia revolucionária e a bufonaria revolucionária" são as duas formas de espetáculo que ele almeja desenvolver. Ainda que seu teatro se denomine mais modestamente como o Teatro do Ator, a inspiração permanece a mesma, e todo o seu mérito é atribuído ao ator.

A originalidade da farsa do dramaturgo belga é que ela é concebida como uma demonstração de santidade, de alegria de viver, de dinamismo comunicativo de parte dos atores, às voltas com uma máquina de representar construtivista. Nada de discurso. E a ideologia é o otimismo do ator mestre de seu corpo, proposto como modelo ao cidadão da República Soviética.

Tudo reside na construção cênica que determina o jogo dos atores. Pela primeira vez na história do teatro, o encenador manda construir, de alto a baixo, uma área de jogo que se aparenta com os cavaletes dos ginastas de circo: trata-se de um moinho d'água com elementos fortemente estilizados. Concebida por um aluno de Meierhold, o pintor Lutze, a construção é instalada na sala de ensaios. Todos os seus elementos são desnudados, dir-se-ia uma sucessão de caixas empilhadas para um jogo de criança. Uma passarela de dois metros de altura chega a um patamar de onde desce em declive um tobogã, ao mesmo tempo elemento lúdico e estrutura funcional pela qual o moleiro faz deslizar os sacos de farinha. Únicos toques de realidade, portas recobertas de compensado, mas que possuem a particularidade de se abrir de viés para uma, ou de funcionar em torniquete, para a segunda: pode-se imaginar as palhaçadas a que elas darão lugar. Diante desta construção de cerca de seis metros de comprimento e dois metros de largura, um só acessório: um banco encurvado.

Liubov Popova – pintora construtivista e mulher de Axionov – dá o último toque a este conjunto quando é feita a sua instalação no palco do teatro. Para lembrar que a ação se passa em um moinho, ela desenha duas grandes rodas, uma fixada no tablado, a outra, monumental, chapada contra a parede traseira da cena, na qual se leem, em caracteres latinos de cor branca sobre fundo preto, as consoantes do nome do autor (CRMLNCK), ilustração gráfica de um espetáculo nervoso como consoantes, desembaraçado do apoio sentimental das vogais.

Os costumes desenhados por Popova estão à altura: são roupas do tipo *training* em tecido bege. Todas as personagens da peça são indiferenciadas, como os ginastas circenses, mas estão longe de serem uniformes e intercambiáveis. Conquanto desprovidos de máscaras e acessórios que definem seu *emploi**, os atores colorem seu papel com sua forte individualidade. O conceito de *emploi*, ligado de modo tão estreito ao funcionamento do teatro tradicional, interessa fortemente a Meierhold, embora o tenha rejeitado outrora. Ele procura codificar sua estrutura numa brochura intitulada *O Emploi do Ator*, que Meierhold coassina com Bebútov e Axionov. O teatro moderno reata a relação com este elemento fundamental de toda arte teatral. Assim, em *O Corno Magnífico*, é possível reencontrar as personagens da comédia italiana: Stella é a Amorosa, seu marido Bruno, o Ingênuo, Strugo é um Clown e o Boiadeiro, que salvará Stella, é o Criado Fanfarrão[11].

Os jogos de cena sucedem-se sem interrupção em ritmo endiabrado, graças a atores jovens, enérgicos, animados por um ardor comunicativo, que não poupam suas performances físicas. É uma festa ininterrupta, que chama o público à alegria e ao otimismo.

---

* Gênero de papéis representados pelo mesmo ator ou atriz (N. da T.).
14 Cf. B. Picon-Vallin, *Meyerhold*, p. 135, 1990. (Les emplois du *Cocu magnifique*, Arquivos Literários e Artísticos da Rússia, fundos 963, inventário 1, documento 312.)

A ideologia aparentemente nada tem a fazer aqui. O povo celebra em regozijo sua libertação dos entraves do passado.

Os principais atores estrearam na trupe de Fiódor Komissarjévski. Ilínski, o cômico, desempenha o papel de Bruno, Babanova, a ingênua, é Stella, e Zaitichikov encarna Strugo. O trio é tão notável que a opinião pública adota o grito de reunião inventado pelo crítico Gvozdiev: "Il-ba-zai!", composto pela primeira sílaba de seu nome, evoca divertidamente o grito de guerra japonês "banzai!":

> *Il-bazai*, [é] a fórmula do novo teatro do século XX, que modifica totalmente a ideia que se tinha até então de um jogo coletivo. Ao mesmo tempo em que conserva sua individualidade, cada um dos atores testemunha um sentimento sutil de parceiros e sabe acordar seus movimentos com o jogo interpretativo deles: a impetuosidade e a flexibilidade de Ilínski encontram seu prolongamento na extraordinária musicalidade e "ritmicidade" de Babanova, e Zaitchikov lhe serve perfeitamente de acompanhamento, cimentando todo o gestual com uma precisão absoluta. Como o coro da tragédia grega, ele acompanha e elucida, pela pantomima, tudo o que arrebata seus parceiros em uma sucessão fogosa de paixões[12].

O espetáculo é o lugar de um espantoso número de atores. Desde o começo o ritmo é dado. De regresso de uma viagem, Bruno está impaciente por rever Stella, sua jovem esposa. Enquanto se encontra ainda nos bastidores, solta um longo grito mais estranho em russo do que em francês: "Stel-l-um!", antes de aparecer, enfim, todo alegre, como anunciado por sua exclamação, para saltar até a plataforma onde se acha Stella e tomá-la em seus braços. Nada de beijos que fecham os parceiros em seu mundo interior, porém um gesto triunfante: o homem toma em seus braços sua mulher, que se precipita ao encontro do abraço. O mesmo gesto de posse conclui a peça quando o Boiadeiro leva Stella, que se joga de maneira semelhante em seus braços.

---

12 A. Gvozdev, Ilbazai, *Žizn' iskusstva*, n. 27, 1924, citado em B. Picon-Vallin, op. cit., p. 137.

A cena do primeiro ato, em cujo transcurso a suspeita se apodera de Bruno, ilustra a riqueza da encenação. Ela é representada sobre o banco situado no primeiro plano.

Strugo tenta sair do "moinho", empurrando com precaução a porta de torniquete, que ele consegue franquear, antes que esta o leve de novo para trás. Ele vê Bruno sentado no banco e imerso em seus pensamentos. Aproxima-se e se debruça sobre seu ombro direito a fim de ver o que está prendendo sua atenção. Não vê nada, sobe no banco e olha sempre na mesma direção, sempre sem resultado. Desce do banco, gira em torno de Bruno e continua a não ver nada. Finalmente, este último levanta os olhos e percebe o "escriba": eles se encaram.

Bruno bate no banco com a mão e faz sinal para Strugo, convidando-o a sentar-se. Este, inquieto, hesita e põe as duas mãos sobre o banco sem sentar-se realmente. Bruno pede-lhe que se aproxime e se afasta ligeiramente. O jogo de cena se repete três vezes, permanecendo Strugo sempre meio sentado na ponta do banco. Bruno salta em pé e mostra os punhos a Strugo que, tomado de medo, se estende de barriga para baixo sobre o banco e protege a cabeça dos golpes que ameaçam chover. Silêncio. Strugo ergue timidamente a cabeça. "Quieto! Cale-se!" Ele enterra de novo a cabeça entre as mãos, depois torna a levantá-la. "Você vai se calar!". Mesmo jogo de cena. Depois Bruno se apodera das duas mãos sobre a cabeça de Strugo, suspendendo-a para apostrofá-lo: "Diga-me, você crê que Stella me é fiel? Ah, ah, a questão! Responde simplesmente: fiel ou infiel, sim ou não?"[13]

Strugo se apresta a balbuciar uma resposta, mas Bruno aperta-lhe a cabeça contra o banco e, sobre suas espáduas, traça com o dedo: "A questão está colocada!" Após um instante, acrescenta, martelando-lhe as costas: "Ela é fiel, como o céu é azul. Hoje! Como a terra gira. Sim!" E martela o dorso de sua mão. A estas palavras, Strugo levanta a cabeça e é interrompido por Bruno que afirma: "Sem comparações, se te apraz! Fiel? Prove-o".

Incapaz de compreender do que se trata, Strugo apoia de novo a cabeça contra o banco. Bruno: "Ah! Eu te pego! Você não pode

---

13 F. Crommelynck, op. cit., ato I, p. 43. Jogo de cena descrito em E. Garin, *O Mandate i o drugom*, em L. D. Vedrovskaja (org.), *Vstreči s Mejerhol'dom*, p. 316-317.

prová-lo. Você mentiu". Strugo ergue a cabeça: "Você jura? Jure". Strugo se esforça para emitir um som: "Você não ousa?" Uma ideia domina de repente Bruno: ele fecha a boca de Strugo, embora este não tenha conseguido ainda proferir um único som: "Ele confessa, ele confessa, o desgraçado! Se você não confessa, você reconhece, ao menos, que se pode duvidar dela"[14].

Na sua raiva, Bruno segura a cabeça de Strugo e de novo a pressiona contra o banco. Strugo protesta agitando os braços. Bruno agarra-os. Strugo continua a agitar as mãos. Bruno breca esta forma de protesto. Ele mergulha novamente em sua meditação. Agora está convencido de que Stella lhe é infiel, e sua loucura se inscreve no corpo de seu interlocutor.

A atitude do algoz, convencido de ter razão custe o que custar, e da vítima, reduzida ao silêncio pela violência, são realidades vividas quotidianamente por numerosos habitantes desta Rússia que procura, com dificuldade, retomar pé após os abalos da guerra e das revoluções. Poder-se-ia pensar que se trata de um episódio fortuito, se não tornássemos a encontrar doravante, em todas as peças escolhidas por Meierhold, esta dialética insensata da violência convencida de seu justo direito e da impotência das vítimas inocentes.

O crítico "marxista" Vladímir Blum admira sem qualquer restrição esta obra e a julga exemplar: "Esse espetáculo foi um verdadeiro festival de alta técnica do ator, que prendeu o público e o dominou de modo inteiramente espontâneo como uma espécie de mágico. Eis o autêntico academismo sem a menor reserva"[15].

Por meio desta obra atípica, Meierhold volta a colocar os problemas que não lhe saem da cabeça: o equilíbrio entre a tradição do teatro forâneo e as exigências do teatro atual, a oposição entre o estilo "grotesco" e o estilo realista, entre o empolamento cômico e a verdade psicológica da personagem e, enfim, e acima de tudo, entre disciplina corporal e improvisação verbal.

Os alunos do curso de Meierhold são, por fim, assegurados da justeza de sua escolha, pois seu mestre revela efetivamente ser o criador extraordinário que eles esperam. Quanto ao público,

---

14 Idem, ibidem.
15 Sadko (V. I. Blum), Akademik Mejerhol'd, *Izvestija*, 5.5.1922.

ele dispensa um triunfo a esta obra que traduz tão bem o entusiasmo da juventude que espera tudo do futuro.

Um testemunho interessante nos foi deixado por Valentina Tchistiakova, do Teatro Berezil, de Kharkov. De passagem por Moscou, assiste a uma representação desse espetáculo:

> A primeira peça que vimos foi *O Corno Magnífico* no teatro de Meierhold. Fiquei particularmente impressionada com esse espetáculo, pois lembrava enormemente a peça *A Usina a Gás*, montada por nós no Berezil! O mesmo fundo de cena desnudo mostrando sua parede de tijolos, os mesmos cartazes sobre as paredes. No meio do palco, a mesma construção que serve de área de atuação. Em Meierhold, como em nosso caso, esta construção fazia pensar em elementos de tipo industrial. Sem dúvida, tudo isso não era senão uma coincidência exterior, visto que, por seu conteúdo, a peça *Gás* era completamente diferente...[16]

Depois de algumas reflexões sobre as semelhanças inevitáveis entre artistas inovadores, Valentina Tchistiakova aborda o jogo dos atores e presta testemunho da adulação que Maria Babanova foi objeto na época:

> Evidentemente, eu que sou uma comediante, o que me interessava mais eram os atores. Pois bem, dei meu coração de um só impulso à Babanova, e isto pela vida inteira!
> Tudo nela era maravilhoso! Ela tinha um domínio perfeito de seu corpo, quase o de um acrobata. Sua voz era encantadora, um timbre de prata. E uma feminilidade inimitável, sedutora nos olhos, na silhueta, na longa cabeleira dourada... Uma musicalidade e uma plástica excepcionais. E todas essas qualidades não faziam desaparecer o essencial, a vida emocional da personagem. Ela vivia da vida de sua personagem, a jovem pequena Stella. Ela amava, ela sofria, ela perdia a esperança, ela se indignava, e tudo isto, todas suas emoções, suas ações, seus gestos, eram sentidos pelos espectadores, eles ficavam emocionados com isso, eles o manifestavam com suas ovações[17].

---

16 V. Čistjakova, Glavy iz vospominanij, *Teatr*, n. 4, p. 85.
17 Idem, ibidem.

No entanto, quando de sua audição no Teatro do Ator, Babanova deveu sua admissão tão-somente à insistência de Axionov. Meierhold não acreditava em seus dons. Com 22 anos de idade, de beleza deslumbrante e uma das discípulas mais dóceis do Mestre, Babanova revelar-se-á uma das grandes comediantes de sua geração.

Meierhold dedicou mais tempo a fazer trabalhar os dois comediantes do que a jovem mulher. Esta se melindrou evidentemente com isso, sem desconfiar que o encenador tinha, talvez, a seu respeito, uma reação de defesa precisamente porque era sensível ao seu encanto.

A admiração que sente pela Babanova não impede Tchistiakova de ser equitativa para com os dois outros astros:

> Seus parceiros, Bruno (Ilínski) e Strugo (Zaitchikov), me impressionaram igualmente por sua técnica brilhante e pela força de seu impacto emocional sobre os espectadores. O domínio de seus corpos conferia aos atores um sentimento de liberdade total na cena. Isto permitia efetuar brincadeiras de mau gosto e sentir-se, ao mesmo tempo à vontade para sobrepujar inclusive maiores dificuldades físicas. Esta liberdade artística foi realmente sentida pelos espectadores, que lhes manifestaram ruidosamente sua aprovação. Em Moscou, chamavam-nos "Il-ba-zai". Quando alguém encontra moscovitas, eles lhe perguntam: "Você já viu Il-ba-zai?"[18]

Apesar desse imenso sucesso, a situação do encenador e de seu teatro continua precária. Novas tentativas são feitas para desalojá-lo da sala. Tentam bajulá-lo propondo-lhe a direção do Teatro da Revolução, que abre suas portas no outono de 1922, na sala do antigo Teatro Paraíso (atualmente Teatro Maiakóvski). Sem recusar completamente, Meierhold aceita exercer aí um papel de consultor e envia para lá comediantes de seu elenco. Tal é o caso de Babanova. Além do mais, ele quer continuar sendo mestre de seu próprio teatro, forjado segundo suas concepções e para cuja sobrevivência ele continua a realizar *démarches*.

18 Idem, ibidem.

O Teatro de Meierhold.
A Morte de Tarelkin e *A Terra Revoltada*

No outono de 1922, o Teatro do Ator dirigido por Meierhold se reencontra em uma situação familiar: está sob a tutela da prefeitura de Moscou que é agora dirigida por Lev Kamenev. Uma subvenção é enfim concedida para os reparos mais urgentes do Teatro Sohn. As secretarias se empenham em complicar as coisas: sob o pretexto de rentabilidade, impõem ao encenador uma nova coabitação, desta vez com o Teatro Heroico Experimental de Ferdinandov e de Vadim Cherchenevitch, o poeta imagista. Esta trupe vegetava em uma sala situada na praça Taganka que, nesta época, tinha a aparência de um subúrbio mal afamado.

Ao contrário da trupe sem alma do Teatro Nezlobin, este teatro, dirigido por amigos de Iessiênin, dá provas de um espírito inovador. Mas a coabitação de duas trupes diferentes no mesmo edifício mostrou desde logo seus limites e sua nocividade.

O contrato de locação do Teatro ex-Sohn é por fim assinado conjuntamente por Ferdinandov para o Teatro Heroico e por Meierhold para o seu Instituto Nacional de Arte Teatral. Abandonando a denominação de Teatro do Ator, Meierhold, que quer manter uma posição de preeminência, consegue englobar os dois elencos em um só conjunto, o Teatro do Instituto Nacional de Arte Teatral. Fiel a seu gosto pelo secreto, Meierhold continua a trabalhar na sala de ensaios instalada em seu domicílio.

Quanto a Ferdinandov, ele também procura criar um teatro de arte, e oferece alternativamente ao público obras trágicas e obras cômicas. Ele monta de início *Édipo Rei*, em uma tradução de Cherchenevitch, "sob a forma de um oratório trágico". A peça seguinte é *La Cagnotte* (A Caixinha do Barato), de Labiche, que assinala a estreia de um homem que dará o que falar: Nicolai Erdman traduz a peça em russo, por sugestão de seu irmão Boris Erdman, cenógrafo do teatro. O dispositivo cênico, concebido por Ferdinandov, adota também os princípios do construtivismo.

Meierhold ensaia uma nova peça que, desta vez, faz parte do repertório clássico russo, consistindo a audácia em utilizar as técnicas que foram tão bem-sucedidas em *O Corno Magnífico*. Trata-se de *A Morte de Tarelkin*, obra premonitória montada em outubro de 1917, mas em um estilo totalmente diverso. A *première* desta versão renovada ocorreu em 24 de novembro de 1922. Ao mesmo tempo, Meierhold conseguiu seu propósito: Ferdinandov aceita deixar o local. No começo do ano de 1923, assiste-se, enfim, ao nascimento do "Teatro de V. Meierhold". A prefeitura de Moscou lhe concederá logo o nome de "Teatro Meierhold" (e não mais *de* Meierhold), reconhecimento oficial de sua existência e de sua especificidade. Enfim, em 1926, ele será promovido e passará a figurar entre as grandes instituições mantidas pelo Estado, visto que se tornará "Teatro Nacional Meierhold", nome que conservará até seu fechamento em 1938.

Curiosamente, é este, na Rússia, o único que traz o nome de seu criador e responsável artístico. O Teatro Artístico de Moscou, que mereceria levar o nome de seus criadores, tornar-se-á, em 1936, o Teatro Górki. É, em compensação, o Teatro Musical, no qual eles se refugiarão para evitar as maçadas das autoridades, que levará finalmente o nome de Teatro de Stanislávski e de Nemiróvitch-Dantchênko, nome que conserva até nossos dias. A temível honra que coube a Meierhold o converte também em alvo designado por todos aqueles a quem sua audácia perturba.

A Morte de Tarelkin

Basta comparar as fotos do espetáculo de 1917, nos cenários expressionistas de Almedingen, e as do espetáculo de 1922 com o mobiliário de cores claras de Stepanova, para medir a distância que separa a visão do passado do olhar para o futuro, de um Meierhold transformado pelos acontecimentos.

Para retomar os termos de Béatrice Picon-Vallin:

> ele transforma todo o teatro em *balagan*[19]. A denúncia do tsarismo e da polícia como única força do Estado, juntamente com as especificidades da escritura de Sukhovó-Kobilin, confere à

---

19 Isto é, em *guignol*, no teatro forâneo.

Morte de Tarelkin em um material privilegiado para a agitação revolucionária e para o trabalho teatral. Meierhold procura a farsa, um jogo em ritmo endiabrado, inteiramente distanciado, em que o ator que desempenha Tarelkin, torturado pela sede, pede aos berros, em um tom de voz superagudo, "água" e tira de seu bolso uma garrafa de vinho, que bebe com uma piscadela para o público. Porém, por trás da palhaçada, em última análise, horror e dor: não se trata mais de balançar o público de um plano a outro, mas de inverter a percepção das cenas cômicas que tecem o espetáculo[20].

A trupe de Meierhold enriqueceu-se com novos atores, que posteriormente se tornaram, na maioria, encenadores famosos: Dmítri Orlov, que desempenhou o papel de Raspliuiev; Max Terechkovitch, de Tarelkin; Nicolai Okhlopkov, de Katchala; e Erast Garin (aluno do curso de arte dramática), que estreia como comediante e de quem voltaremos a falar.

Meierhold leva ainda mais longe do que em *O Corno Magnífico* o ascetismo da cenografia. Não há mais aí sequer a máquina construtivista para orientar o jogo dos atores. A cena não possui mais centro, é um espaço indiferenciado onde só se encontram mesas, tamboretes e uma espécie de enorme cutela para cortar carne em lâminas, uma máquina para descerebrar os infelizes que são aí precipitados. Estes acessórios são feitos com ripas de madeira pintadas de branco, como se encontram no comércio. Mas toda a astúcia provém do fato de se tratar de acessórios trucados como para um número de clowns. Uma personagem apoia-se na mesa, ao mesmo tempo em que os pés se afastam provocando sua queda. Ela senta sobre um tamborete e solta flatulências.

Para manter certa coerência, as indumentárias devem ser igualmente neutras, sem que seja possível reutilizar as vestes de *training*, tão bem concebidas para o mundo indiferenciado de *O Corno Magnífico*. Apesar de tudo, há aqui a cor local da velha Rússia que cumpre sugerir. Stepanova inspira-se nos *Caprichos* de Goya para desenhar, sobre uma tela grosseira, roupas ornadas por desenhos esquematizados em azul que caracterizam a profissão de cada um, permanecendo ao mesmo tempo próximos da abstração.

20 Op. cit., p. 141.

Por que essa reaproximação com os espetáculos circenses? A revolução está agora consumada e é preciso se desembaraçar, rindo dos traços abomináveis do passado que continuam a subsistir na prática quotidiana. A nova política econômica dá as costas à concepção ascética e militar do comunismo. Esta nova política, apresentada como definitiva, parece significar que a fase destrutiva da Revolução e o terror que a acompanhavam, terminara. Todos os russos, qualquer que fosse sua pertinência social, podem se reencontrar na nova República Soviética. Numerosos russos emigrados decidem então retornar à sua pátria. Mostrar sob uma luz cômica as abominações da polícia do antigo regime é, pois, uma maneira de conjurar esse passado e abrir um caminho para um porvir apaziguado.

As coisas, porém, não são talvez tão simples: pensemos que estamos em 1922 e que se desenrola durante o verão o primeiro dos grandes processos políticos que, durante três meses, faz comparecer membros de um partido de esquerda, o Partido Social-Revolucionário. Sem ser tão sinistro como serão os dos anos de 1930, esse processo contém já todos os ingredientes de seus sucessores: falsos testemunhos, pressões intoleráveis sobre os inculpados e demonstração brutal da violação da lei por uma justiça às ordens. Os abusos denunciados em *A Morte de Tarelkin* seriam eles sempre de atualidade? Um outro acontecimento ocorreu pouco antes, ainda que tenha passado despercebido do grande público: em 3 de abril, Stálin foi eleito secretário geral do Comitê Central do Partido Comunista.

A peça não obteve o sucesso esperado. Nas suas *Memórias*, Garin atribui este erro de cálculo às detestáveis condições materiais em que o teatro sempre se debate. Neste inverno de 1922-1923 o edifício não está sempre aquecido, os atores e o público tiritam e os ratos são visto em disparada ao longo da rampa!

Ele resume excelentemente o sentido da encenação:

> Vejam como o homem pode ser grosseiro, que abominações ele é capaz de inventar para tornar a vida insuportável a seus congêneres. Mas vejam também como nós outros, os atores, somos flexíveis, sadios e alegres. Nós damos boladas e espadeiradas uns nos outros, isto faz barulho, mas não faz mal"[21].

21 E. Garin, *S Mejerhol'dom*, p. 61. Após sua estreia em *A Morte de Tarelkin*, Erast Garin, que acaba de seguir durante dois anos os cursos do Ateliê Teatral de Meierhold, alcançará seus

O encenador transforma esta tragicomédia em um espetáculo excêntrico, com disfarces de fantasia, episódios festivos e soltura de balões; no entreato, são lançados sobre os espectadores maçãs de papel machê e são distribuídos folhetos que estampam a seguinte palavra de ordem: "Morte a Tarelkin, viva os meierholdianos!" Esses recursos favoritos do teatro de Gozzi encantam o público e o próprio Kamenev, que declara ter-se divertido muito. Infelizmente, a realização material não acompanha, pois a técnica é deficiente: o projetor, instalado em um camarote, crepita, estoura e se apaga, mergulhando o palco na obscuridade. O mobiliário é mal concebido e a trucagem não está no ponto. Stepanova transfere a culpa aos atores que, segundo ela, são incapazes de atuar com os objetos, reduzindo-os à condição de figuras decorativas. Furioso, Meierhold promete a si mesmo nunca mais recorrer a ela, tanto mais quanto os costumes são pouco satisfatórios: a cor amarelada, que Stepanova escolheu, não assenta bem e o pano grosseiro incomoda os atores em seus saltos acrobáticos.

Mesmo Alexei Gan, o apóstolo do construtivismo, ficou decepcionado:

> Por que tudo isso foi realizado em um plano horizontal? Será unicamente para que Tarelkin possa: 1. passar através de uma cortina; 2. fechar-se em uma mala; 3. sentar-se em uma cadeira trucada; 4. subir em uma cadeira de assento bamboleante; 5. estirar-se sobre uma poltrona? Para tudo isso, poder-se-ia muito bem recorrer a um mobiliário comum[22].

A questão do construtivismo no teatro está claramente colocada. Em um ensaio apaixonado, intitulado *Cinco Anos do Teatro Meierhold*, Ivan Axionov sublinha a revolução promovida por este último na remodelagem da máquina cênica.

> No teatro de Meierhold, a madeira como material de construção e a carcaça como ideia técnica não eram fins em si. Tinham um papel auxiliar. O teatro de corte e depois o teatro capitalista, que o substituiu pouco a pouco, habituaram o público a

---

melhores sucessos em *O Mandato*, *O Revizor* e *Desgraça do Espírito*. Ele abandonará então esse teatro para fazer cinema e consagrar-se à arte radiofônica. Garin esposará Lokschina, a assistente de Meierhold.
22 Smertel'noe javlenie v dome umeršego Tarelkina, *Zreliša*, n. 16.

certo tipo de espetáculos, a certa interpretação dos acontecimentos mostrados na cena e ao estabelecimento de conclusões bem definidas. Essas conclusões estavam necessariamente em estreita associação com toda a ideologia de uma época finda. Todo o sistema do espetáculo e toda a sua construção constituem um organismo coerente, a ponto de o ator, que é uma de suas células de base, ver-se obrigado a adaptar sua técnica à interpretação dos papéis que deverá desempenhar...

Para os espetáculos de propaganda, é preciso tomar distância em relação a todas as camadas sedimentares que invadiram o teatro há séculos, com a herança de épocas ultrapassadas, conservando delas apenas o essencial, o esqueleto, o esquema, a carcaça da obra; é somente sob esta condição que se pode montar esse gênero de espetáculo[23].

Será que o encenador partilha das posições ideológicas de seu amigo Axionov? Seguramente, ele subscreve a afirmativa segundo a qual a máquina de atuar não é um fim em si, mas representa uma maneira de tomar posse do espaço cênico em todas as suas dimensões. Acentuando o lado farsa de *A Morte de Tarelkin*, ele aumenta a sua força trágica.

Esse lado burlesco mal mascara o sentimento de mal-estar que emana da peça em que, segundo o dizer de um crítico: "O público é tomado pelo medo. Os truques não lhe causam nenhum efeito. Ele sente o essencial: a zombaria da morte que brinca com o homem"[24].

Apesar das falhas da técnica, o espectador fica fascinado pelo conteúdo da peça e pelo jogo dos atores. A impressão sentida é próxima do espanto.

A Terra Revoltada

Por um fenômeno de alternância que será cada vez mais marcado, após ter encenado uma obra do repertório clássico russo, Meierhold volta a temas da atualidade. Para a sua inauguração,

---

23 Pjat'let Teatra imeni V. Mejerhol'da, *Teatr*, n. 1, p. 131-132.
24 B. Romašov, "Veselye popriščinskie dni, *Teatr i myzika*, n. 11, p. 234.

em 29 de outubro de 1922, o Teatro da Revolução, do qual ele é conselheiro artístico, montou sem convicção a peça do socialista francês Marcel Martinet, *A Noite*, em alternância com outra peça revolucionária, *Os Destruidores de Máquinas*, de Ernst Toller. Alfred Rosmer relata que viu a peça de Martinet, a qual teria, segundo ele, alcançado grande êxito[25]. Pouco familiarizado com o russo, o militante francês confundiu talvez o espetáculo do Teatro da Revolução, que seguia fielmente o texto do autor, com o seu irmão gêmeo do Teatro Meierhold, em que a peça de Martinet havia sofrido uma completa transformação.

O Teatro da Revolução se propõe a adotar um repertório revolucionário. Ora, nenhuma peça desse gênero existe ainda em russo. Cumpre, portanto, recorrer a obras francesas ou alemãs que tratam da realidade contemporânea, segundo uma óptica socialista ou "marxista".

Enquanto espera a peça revolucionária que seus votos reclamam, Meierhold vê todo o partido que pode tirar do trabalho de Marcel Martinet. Vindo da Escola Normal Superior de Paris, este jovem intransigente fez parte, durante a Guerra de 1914, do grupo de pacifistas internacionalistas, tal como outro que também foi da Escola Normal Superior de Paris, mais velho que ele, Romain Rolland ou como Lênin. Sua peça, *A Noite*, escrita em 1919, presta testemunho de sua desilusão em face das posições dos socialistas franceses. Trótski, que o encontrara durante seu exílio parisiense, julga a peça interessante; ele propõe uma análise política da obra:

> Hoje Ledrux [um jovem soldado revolucionário] sente que a crise fatal se aproxima: as massas não se dão conta que as principais dificuldades ainda estão para ser vencidas; o inimigo apodera-se sem combate de todas as posições não defendidas... Amanhã, o milico Burbuze, com sua falsa bonomia, tomará de novo a chefia das forças armadas da reação e esmagará a fina flor do povo insurgido... O levante é esmagado. Vãos sacrifícios! Burbuze está de novo à testa dos exércitos. O belo sonho de fraternidade com aqueles que

---

25 Nicole Racine, prefácio a M. Martinet, *Les Temps maudits*, seguidos de *La Nuit*, p. 39.

derrubaram seu imperador dissipou-se como fumaça [...] Não há partido revolucionário[26].

A trama é próxima daquela de *As Auroras* e apresenta igualmente um episódio de fraternização com o inimigo, enquanto explode a revolução entre o povo sitiado. Mas ao otimismo de Verhaeren sucede um profundo pessimismo. A peça termina com a morte do filho de Mariette, a velha camponesa que encarna a vontade e a fé do povo. O título – *A Noite* – traduz perfeitamente o desencanto de Martinet. Este, entretanto, é *persona grata* na Rússia, pois é membro do Partido Comunista Francês e escreve para *L'Humanité*. O que é verdade em 1922 deixará de ser dois anos mais tarde. Martinet se retirará discretamente de um partido que o decepciona. Ele entrará no movimento da Revolução Proletária e, com Pierre Monatte e Alfred Rosmer, lutará pelo retorno às fontes do comunismo, se empenhará na defesa de Trótski e na denúncia do stalinismo, com base no anticolonialismo e no pacifismo. Concebe-se que as futuras acusações de traição pronunciadas contra Meierhold poderão beber aqui ampla matéria...

Meierhold remaneja inteiramente a peça de Martinet para lhe dar um fim triunfante. Recorre, para esse trabalho, a um poeta que lhe é próximo intelectual e politicamente, Serguêi Tretiakov, membro do movimento Frente de Esquerda da Arte (LEF). Animado por Maiakóvski, esse grupo literário e artístico edita uma revista com o mesmo nome, que publica críticos da escola formal, como Óssip Brik ou Schklóvski, e praticantes da arte, como Eisenstein ou Rodtchenko e, evidentemente, Meierhold. O estilo de Tretiakov aparenta-se ao de Maiakóvski, são versos que estalam como tiros de fuzil.

Tretiakov dá à sua adaptação um título que soa como um clarim: *A Terra Revoltada* (metáfora do cavalo que se ergue em um sobressalto heroico). Rivalizando com o cinema ou com os espetáculos de variedades, ele transforma os cinco atos de Martinet em oito episódios, concentrando-se a ação em eventos significativos, resumidos por seus títulos: "Abaixo a Guerra!", "Em Guarda!", "A Verdade das Trincheiras", "A Internacional Negra",

---

26 Lev Trotski, Le Drame du prolétariat français, idem, p. 195-196.

"Todo o Poder aos Sovietes!", "Um Punhal Cravado nas Costas da Revolução", "Tosquiam os Carneiros" e "A Noite".

No episódio denominado "Um Punhal Cravado nas Costas da Revolução", assiste-se ao assassinato de Ledrux, o revolucionário autêntico, no momento em que ele pronuncia um discurso inflamado; sua morte é seguida de uma pungente marcha fúnebre, enquanto é alçado, para um caminhão militar sujo e que anda aos trancos, o caixão coberto de uma bandeira vermelha.

O dispositivo cênico é de novo confiado a Liubov Popova. Desta vez, não mais se trata de realizar uma construção, porém de utilizar objetos reais: armas, caminhões, motocicletas que são introduzidos no corpo da peça, como colagens de uma realidade esteticizada por sua função cênica. Os atores revestidos de uniformes negros manejam abundante material militar. Projetores antiaéreos esquadrinham a caixa cênica, de onde surge a parede de tijolos do fundo. Do teto desce uma tela sobre a qual são projetados *slogans* dinâmicos ou filmes de atualidade. Há aí um ensaio, em tamanho natural, de colaboração entre o teatro e o cinema.

Para realizar esse espetáculo concebido como uma homenagem ao exército revolucionário, Meierhold tem uma ideia que parece luminosa na época: dirige-se a Trótski, Comissário do Povo para a Guerra, a fim de obter o empréstimo do material necessário. Ele mesmo, envergando um uniforme militar, jaqueta de couro e calça cáqui de montaria, manda inscrever em cabeçalho uma homenagem ao "mecenas", que permitiu o bom desenvolvimento do espetáculo: "Este trabalho é dedicado ao Exército Vermelho e a Lev Trótski, soldado vermelho da elite da República da Rússia. Vsévolod Meierhold".

Uma vez mais, embora reconhecendo a superioridade do poder político, Meierhold quer dialogar de igual para igual com os grandes. Essa mistura de humildade e de orgulho nutrirá doravante as acusações, as mais venenosas, a seu respeito. Ninguém repara no outro cabeçalho: "Dos combatentes da arte aos combatentes da Revolução", mediante o qual coloca no mesmo plano de igualdade o trabalho revolucionário dos artistas e o sobressalto revolucionário da sociedade russa.

O caráter dramático do espetáculo não exclui episódios cômicos. O Imperador, desempenhado por Zaitschikov (o Strugo, de *O Corno Magnífico*), é ladeado por um cozinheiro de ares clownescos, personagem inventada por Tretiakov e encarnada por Garin. O relato do qual é o ator involuntário mostra o quanto Meierhold permanece fiel, uma vez mais, ao espírito do "perfeito maquinista" de Hoffmann:

> De blusa branca e chapéu de cozinheiro, armado de uma enorme faca, eu seguro uma galinha viva que devo transformar em galinha de panela. Eu tropeço, a galinha cai de minhas mãos e eu inicio então uma improvisação cômica que consiste na recaptura da galinha. O pé da galinha estava preso a um longo fio negro, pois ninguém pode prever os humores do animal.
>
> A sala estava cheia a ponto de estourar. Até o espaço entre a primeira fila e o proscênio fora preenchido com cadeiras. O rosto dos espectadores era iluminado pelos projetores da cena. De um lance oblíquo de olhos, percebo o perfil de "Savonarola" de Meierhold. Está sentado à direita em relação à cena, em uma das cadeiras suplementares.
>
> O público está encantado com o número da galinha. Esta se detém, cegada pelos projetores. Salto para agarrá-la, mas ela me escapa das mãos, bate as asas, enlouquecida, e aterrissa impudentemente na obscuridade da plateia: o fio acabava de se partir! Que vergonha, que desgraça! – digo eu para mim mesmo, privado de meu acessório vivo.
>
> E eu sou então testemunha de um fato espantoso: com semblante decidido, Meierhold salta da cadeira, como uma mola, e agarra a pata da galinha que voejava, ele a aperta sob o braço e, abrindo com dificuldade caminho entre as cadeiras, com o rosto impávido, que é próprio aos servidores da cena, sobe ao palco e me estende a galinha. Eu a pego, aperto-a igualmente sob meu braço e saio de cena. Os espectadores me fazem uma ovação. É o entreato. Eu estou no céu[27].

Por seu lado monumental, é um dos raros espetáculos de Meierhold que enfrentam a prova do ar livre. Tanto quanto sonha com conjuntos grandiosos de ginastas, do mesmo modo ele julga que

---

27 E. Garin, op. cit., p. 102.

o espetáculo teatral necessita de um espaço fechado. Se ele põe em relevo a gestualidade, o ar livre torna muito mais difícil o controle da acústica e dos efeitos sonoros.

A pedido das autoridades militares, Meierhold apresenta no Monte dos Monges (montes Lênin) em Moscou, no anfiteatro natural formado pela curva do Moskova, a peça de Martinet em honra ao V° Congresso do Komintern. Ela se presta perfeitamente a este cenário natural, devido à multiplicação dos acessórios reais que ampliam as dimensões do espetáculo. As cenas de *meeting*, as manobras militares, os discursos inflamados se alternam com sainetes bufões. Em 15 de junho, há 1500 figurantes, desfiles de cavalaria, de infantaria e de veículos militares. O espetáculo termina com um discurso de Ernst Thaelmann, no fim do qual espectadores, atores e figurantes retomam a *Internacional*, em um coro grandioso.

Espetáculo de propaganda política, *A Terra Revoltada* é, por certo, um apelo à luta revolucionária, mas é também uma mensagem de humanismo que proclama a vitória da fraternidade e da paz. Meierhold sente-se feliz, pois obteve a ajuda do homem forte da época, esse Comissário do Povo para a Guerra, que alia as qualidades do homem de ação às do intelectual e que muita gente acha que deverá tornar-se o sucessor de Lênin.

Após vários anos de combates incessantes, Meierhold vê, enfim, o coroamento de seus esforços. Em 2 de abril de 1923, uma cerimônia memorável é organizada em sua honra. Nesse dia são celebrados seus 25 anos de atividade teatral (desde 1898) e seus vinte anos de encenação (desde 1902). O destaque de honra é dado, pois, não só ao seu militantismo político, como, portanto, ao ator tanto quanto ao encenador. A sociedade reconhece nele um artista excepcional.

Vinte Cinco Anos de Teatro

Uma cerimônia solene realiza-se na prestigiosa sala do Bolshoi que serve com frequência tanto para reuniões políticas, como para espetáculos de ópera ou de balé. Meierhold encontra-se no centro do estrado erguido no palco, rodeado de seus amigos e discípulos. Olga Kameneva abre a noite na qualidade de representante da prefeitura de Moscou e confere oficialmente a Meierhold o título de Artista do Povo da República da Rússia, a consagração de seu talento. Entre as numerosas declarações que o saúdam, há uma que lhe vai direto ao coração. O camarada Malakov vem, em nome da direção política do Conselho Militar Revolucionário, apresentar a seguinte mensagem: "Trótski envia sua saudação. O Exército Vermelho [...] em nome de suas quatro armas (infantaria, cavalaria, artilharia e aviação) outorga a Meierhold a ordem da Bandeira Vermelha da Vitória"[28].

Ele remete solenemente a Meierhold esta distinção militar e acrescenta: "Peço ao camarada que entregará essa mensagem em nome do Conselho Militar Revolucionário e do Exército Vermelho transmitir igualmente a Meierhold minhas calorosas felicitações. Trótski".

Esperando jogar os poderes uns contra os outros, Meierhold tem necessidade do apoio do exército em sua luta permanente contra os responsáveis culturais. Muitas unidades da guarnição de Moscou participam desta cerimônia. Todos esses militares, em uniforme, em armas e com suas bandeiras, vêm em procissão felicitar o herói do dia. Que desforra para o encenador que vê, assim, o seu papel de animador do Outubro Teatral amplamente reconhecido. Pela primeira vez, ele irá partir em turnê com a sua trupe sem temer algum novo golpe traiçoeiro. Fiel a seu projeto de teatro popular, Meierhold quer, com efeito, dar a conhecer as suas realizações ao maior público possível. De 25 de maio a 19 de junho, o elenco mostra suas três últimas montagens, *O Corno Magnífico*, *A Morte de Tarelkin* e *A Terra Revoltada*, em quatro grandes cidades, Kharkov, Kiev, Ekatarinoslav (no Ural) e Rostov-sobre-o-Don. Assim a província descobre os espetáculos revolucionários da capital.

---

28 Cf. A. Mackin, Vremja uhoda. Hronika tragicheskih let, *Teatr*, n. 1, p. 32.

O Teatro da Revolução.
Um Emprego Lucrativo e *O Lago Lul*

O prosseguimento da nova política econômica acarreta a melhora do nível de vida: as atividades culturais se fazem mais intensas. Mas a distensão das restrições econômicas é acompanhada de um endurecimento das condições políticas. As autoridades decidem acabar com o esquerdismo, o futurismo e o vanguardismo que, se correspondiam à fase heroica da Revolução, prejudicam a imagem de respeitabilidade que a nova Rússia quer oferecer ao mundo. É tempo de reatar com as tradições nacionais e de pôr em surdina a afirmação declarada da luta de classes. Daí um movimento de "retorno às fontes". O teatro é convidado a voltar a Ostróvski, a música a Tchaikóvski e a pintura a Makovski, espantoso retorno por força da arte tradicional.

Irá Meierhold ceder a tais incitações? Com certa intrepidez, ele toma ao pé da letra Lunatchárski, que lança a palavra de ordem "Volta a Ostróvski", e vai demonstrar que a verdade não está nos clichês, porém no diálogo entre a obra do passado e o realizador de hoje. Meierhold permanece fiel à sua concepção da revolução teatral: pouco importa a "fábula", o que conta é seu desenvolvimento, seu tratamento, que supõem revisão, remanejamento e transformação. A obra torna-se objeto de uma leitura inteiramente nova para desembocar em uma composição revolucionária.

Meierhold e Velijev, o encenador titular do Teatro da Revolução, escolhem uma peça atípica de Ostróvski. Trata-se de *Um Emprego Lucrativo*, comédia que se passa no mundo da burocracia, embora o quadro geralmente descrito por este autor fosse o dos comerciantes ou o dos proprietários de terras. Ele denuncia aí a corrupção de um meio que só pensa em enriquecer de todas as formas e ilustra com amargura a impotência daqueles que se recusam a uivar com os lobos. Esse desencantamento constatado pode ser transportado *mutatis mutandis* à situação de uma Rússia soviética, em que a burocracia estende seus tentáculos em todos os domínios. A nova classe dos funcionários soviéticos não se encontra ao abrigo da corrupção. Os tráficos de influência, os privilégios, os "envelopes", tudo isto é justificado pela ideia de uma desforra que os recém-vindos, que conheceram amiúde a miséria, têm o direito de tomar sobre a sociedade. Fiel à sua tradição libertária, o teatro se propõe a apontar o dedo para os novos senhores, que unem a arrogância à desonestidade. O Teatro Meierhold não hesitará em malhar muitas vezes os burocratas com o chicote de sua sátira, desde *Um Emprego Lucrativo* até *Os Banhos*, passando por *O Mandato* e *O Tiro*.

Dois campos se opõem na peça: de um lado, Iussov, secretário geral do ministério, e Bielussov, seu jovem protegido proveniente da velha escola; do outro, Jadov, um jovem funcionário que, ao contrário dos dois primeiros, tem diploma universitário. Ele esposou Paulina, uma mulher-criança, a quem sua família censura por ter-se unido a um incapaz. Com efeito, este homem recusa as propinas; reduzido a viver de seu ordenado, ele priva sua mulher de todas as pequenas achegas que fazem o encanto da existência. Felizmente, a natureza amorosa de Paulina torna a prevalecer e ela aceitará finalmente partilhar da vida do homem que ela ama, mesmo se o que a espera é uma vida apertada.

A personagem de Iussov, desempenhada por Dmítri Orlov, faz pensar em Raspliuiev, de *A Morte de Tarelkin*. É um animal social perfeito cujo talhe se modifica conforme esteja em presença de um superior ou de um inferior. Convocado à casa de seu chefe, ele segue o traçado de uma longa parábola desenhada sobre o palco, dobrando os joelhos e curvando a cabeça à medida que se aproxima da porta do ministro; imagem frisante de servilidade.

A cena mais extraordinária é a do triunfo dos canalhas, que festejam no restaurante a entrada em sua confraria de um novo membro, Bielussov. Assiste-se a um episódio espantoso em que Iussov, bêbado, esboça passos de dança russa, signo de sua supremacia e de sua boa consciência. Orlov exprime por sua mímica a profunda satisfação de sua personagem:

> Não tenho necessidade de nada, sou o homem mais feliz do mundo: consegui tudo com o que eu sonhava. Meu bem-estar acha-se assegurado, os "envelopes" chegam por si mesmos, os chefes me estimam, meus subordinados me adoram, eu sou um bom pai de família. Tenho uma regra

imutável, "viver e deixar viver". Daí por que o mundo no qual reinam os homens como eu, onde a sorte das pessoas é decidida pelos burocratas e pelos policiais, é um mundo admirável. Eu, Iussov, não quero outro[29].

No Teatro da Revolução, a cena se desenrola à luz inquietante de tocos de vela. Iussov adianta-se titubeando no meio do palco e, com um lenço branco na mão, começa a marcar suavemente o compasso, com os braços separados, os pés movendo-se ao ritmo da dança russa. Não é senão um esboço de dança, mas cheio de dignidade, de uma potência contida. Seus subordinados estão em pé ao redor da mesa, e batem palmas no ritmo da dança, cercados pelos garçons em avental branco e de olhar *blasé*. A cena termina com uma execução de morte simbólica, Iussov mandando lhe trazer sobre uma bandeja o jornal do dia ao qual ateia fogo solenemente com uma vela. A palavra livre, eis o inimigo. Um projetor azul intensifica o caráter lúgubre da cena, provocando um calafrio de medo nas costas dos espectadores. Graças à NEP, esse tipo de excessos volta a ser frequente nos restaurantes de Moscou onde se rejeita o mundo. Os Iussovs não estão mortos.

A outra personagem que emociona o público por sua presença e seu frescor e que aparece como a antítese de Iussov é a de Paulina, interpretada por Babanova. Moça ingênua e educada em internato, Paulina sente-se fascinada por Jadov, por sua arte da conversação. Tornando-se seu noivo, ele aspira a completar sua educação, levando com ela, ao mesmo tempo, uma vida modesta, porém nutrida de satisfações intelectuais. Ela se apresenta em um vestido romântico e seus cabelos loiros estão enrolados à inglesa.

A edificação da encenação tem por base o contraste entre os costumes de época, que datam da metade do século XIX, e o cenário audaciosamente construtivista de Schestakov. Ele construiu, segundo as indicações do encenador, elementos funcionais desprovidos de cor local. A estrutura metálica é enriquecida com escadas em caracol e peças em plano elevado. Meierhold joga com essas diferenças de níveis a partir do palco cênico até as plataformas no alto, passando por uma escada central que permite

---

29 Ju. Kalašnikov, Ob iskusstve Orlova, *Dimitrij Nikolaevič Orlov, Kniga o tvorčestve*, p. 12-13.

numerosos jogos de cena. Os acessórios, por sua vez, são fiéis ao estilo da época – castiçais, baixela, cachimbos em argila...

No quarto ato, a ação concentra-se nas relações entre Jadov e Paulina. O quarto deles é uma mansarda instalada sobre uma plataforma elevada à qual conduz uma escadaria rígida como uma escada de mão. É nesse ninho de amor e sobre esta escadaria que será desenvolvido o jogo das relações entre esses seres. Como observa um crítico: "A teima da moça caprichosa, a vontade de impor o seu ponto de vista e, ao mesmo tempo, o sentimento de sua culpabilidade e seu desejo de reconciliar-se com seu marido, tudo isso é dado neste deslizamento indeciso sobre os degraus e ao longo da balaustrada da escadaria"[30].

O encanto da comediante lhe atrai todos os sufrágios:

> Vejam sua Paulina em *Um Emprego Lucrativo*. É um pássaro, uma boneca com sua sombrinha e seu chapéu azul toucado... Há no interior dela mesma como que um pequeno mecanismo metálico à guisa de alma. Ele comanda seu saltitar sobre os degraus da escadaria, a batida dos saltos caprichosos e ameaçadores de seus sapatos, a voz desafinada com entonações mecânicas... Mas esta idiota da Paulina é transformada pela luz de seu humor crepitante, e o humor de Babanova é tão preciso e tão fino que penetra facilmente na alma do espectador, que ele acaricia e do qual se apodera a cada uma de suas frases.
>
> O público elegeu imediatamente Babanova como se fosse ela que ele esperava. É assim que ele a desejava: viva, mas sem falsa alegria, charmosa mas sem afetação, marota mas sem vulgaridade, coquete mas sem frivolidade[31].

Babanova é tanto quanto Orlov (Iussov) o elemento determinante do sucesso desse espetáculo que permanecerá em cartaz até 1936! A qualidade do desempenho dos atores e a conjunção do estilo construtivista e dos costumes e acessórios de época fazem desse espetáculo um regalo que encanta o público. Sim, Ostróvski talvez seja um autor moderno e até revolucionário, Meierhold o demonstrou.

30 B. Alpers, *Teatr Revoljucii*, p. 54.
31 V. Juren'eva, "Aktrisy", *Ogoniok*, p. 49-50.

O Lago Lul

No lance desse sucesso, Meierhold tomou gosto por sua colaboração com o Teatro da Revolução. Decide montar aí *O Lago Lul*, obra de um jovem autor, Alexei Faiko. Peça de atualidade consagrada ao amadurecimento de uma situação revolucionária, em um país europeu imaginário, ela é rica em ricochetes inesperados. Viktor Schestakov constrói desta vez uma estrutura com elevadores a subir e a descer, uma ofuscação para o público que vive em imóveis deteriorados. Os anúncios luminosos piscam sobre uma cena em que a vida mundana brilha com todo o seu fulgor. As comediantes vestem modelos parisienses de última moda, os atores, casacos de corte raglã e cartolas. Anton Prim, o herói, é um antigo revolucionário que só pensa em aproveitar a vida, situação bem conhecida na Rússia, onde os sobreviventes da guerra civil julgam ter direito ao repouso e perderam sua chama revolucionária.

A segunda parte da peça irá desenvolver-se em um ritmo endiabrado. Às margens do misterioso lago Lul vive um velho que escreve proclamações para seus partidários e promete a morte aos traidores; os emissários penetram todas as camadas da sociedade. Como nos romances policiais, pululam agentes duplos e Anton Prim entre eles. Finalmente, é a sublevação vitoriosa: sobre o palco imerso na obscuridade e iluminado apenas pelo nome luminoso de "Babilônia", os conjurados avançam escandindo a senha "O Lago Lul! O Lago Lul! O Lago Lul!" e eles tomam o poder. Essa vitória da revolução possui, entretanto, um aspecto tão derrisório, que se pode supor haver aí uma intenção paródica.

Independentemente deste aspecto burlesco, o público é atraído, sobretudo, pela pintura idílica da vida no Oeste. Babanova herda um papel secundário, o de Georgette Bem-Amada, uma cantora de cabaré que entretém um jornalista e provoca ciúme na leoa Ida Ormond. Esta (a atriz Rutkovskaia), por ocasião de um ensaio, no qual deve passear entre seus convidados marcando o ritmo da dança, se atrapalha nos seus movimentos e é descomposta a tal ponto por Meierhold que ela vai embora soluçando.

Por contraste, Babanova é uma profissional irrepreensível. Meierhold explica-lhe o papel durante esta cena de sarau mundano.

A partitura dos movimentos acompanhados pelo texto e pela pantomima fora cuidadosamente elaborada: ela devia dançar sozinha, depois com o seu parceiro; ela devia brincar com seu chicote, beber um gole de champanha às escondidas, correr para o proscênio, depois atirar-se escada acima e, por fim, deixar-se cair sobre um divã, e tudo isso sem tirar o olho, por um minuto sequer, de sua detestada rival[32].

Babanova encarna à perfeição a sensualidade de uma sociedade sem rumo que se joga de corpo e alma nos prazeres. Testemunhando a voga do *foxtrote* que se apossa da Europa inteira, e cujo ritmo diabólico parece exorcismar as desgraças da guerra e do imediato pós-guerra. Sabemos que Andréi Biely tornou-se, durante sua estada em Berlim, um fanático do *foxtrote*. Tsvetaeva vê aí a expressão de um arrebatamento erótico-místico. Meierhold acentua o erotismo subjacente que constitui o interesse de *O Lago Lul* e que se encarna em Babanova.

Faiko é tomado pelo encanto da comediante, e se interroga sobre a cumplicidade que a une ao encenador. Segundo seu hábito, Meierhold promove no curso dos ensaios a demonstração do papel estudado e o dramaturgo não esconde sua admiração:

> Um homem de elevada estatura, um pouco curvado, porém ainda muito jovem, seco, de paletó cinza, pescoço nodoso e cabelos passavelmente grisalhos, transformou-se de súbito em um ser borboleteante, com graça, de grande ligeireza, cheio de ironia e de coqueteria. Nós o olhávamos, boquiabertos; quanto à Babanova, é preciso fazer-lhe justiça, ela reproduzia com tanta sensibilidade artística, espontaneidade e talento a demonstração do Mestre que, ele próprio, descendo a passarela que ligava o palco à plateia, grita de repente, em alta voz:
> – Está bem! Está muito bem![33]

Se bem que secundária, a personagem de Georgette Bem-amada assume um relevo extraordinário graças à Babanova e se impõe logo à opinião pública. Sua silhueta elegante, bailante, com ares

---

32 A. Faiko, Ozero Ljul', em L. D. Vendrovskaja (org.), *Vstreči s Mejerhol'dom*, p. 302.
33 Idem, ibidem.

de libélula, com sua capa, seus escarpins e seu chapeuzinho sobre a cabeça, ela é reproduzida em todas as revistas de grande tiragem. Babanova está prestes a tornar-se uma vedete, com toda a carga social que isto representa: ela encarna a mulher liberada, símbolo da nova Rússia.

A peça foi estreada em 8 de novembro de 1923, pelo sexto aniversário da revolução bolchevique. Faiko está embasbacado ante a arte de Meierhold, que confere à sua peça uma dimensão dramática que ele sequer supunha:

> No palco realizava-se um melodrama sincero, com incêndios criminosos, prisões em massa, liquidações fraudulentas, traições e assassinatos, enquanto na sala reinava uma atmosfera de festa e de alegria, confiante e de bom quilate, mesclada a um interesse vibrante. O contato se estabeleceu desde o início e se manteve durante todo o curso do espetáculo. Os atores, muito inquietos no começo, logo infundiram confiança, por seu turno, aos espectadores; cessaram de se interrogar com o olhar e se lançaram sem restrição no fluxo impetuoso da criação artística.
>
> Nessa noite, ali tudo era novo, jovem e não habitual: o Teatro da Revolução, a maior parte dos membros da trupe, toda a concepção do espetáculo e, por fim, seu criador, o quinquagenário Meierhold[34].

O Lago Lul foi levado em turnê durante o verão de 1924 (Kiev, Kharkov, Ekaterinoslav) e Babanova viu sua notoriedade alargar-se com as dimensões do país. Esta peça moderna, que rivaliza com o cinema por suas rápidas mudanças de planos e que é ritmada ao som do *foxtrote*, constitui uma explosão de alegria para homens e mulheres, cuja vida quotidiana é morna, difícil, pobre em distrações e constantemente submetida às tramoias burocráticas. Seu sonho de uma vida nova, rica e alegre, parece tomar corpo nesse espetáculo, que sabe habilmente misturar prazer sensual e ardor revolucionário.

Em suma, Meierhold faz a demonstração de que o Teatro da Revolução pode, sem se renegar, oferecer espetáculos divertidos,

---

34 Idem, p. 306.

tônicos, servidos por excelentes comediantes; de que é possível ser revolucionário sem ser maçante. Ademais, nesse teatro que não é o seu, ele assume talvez riscos calculados, como se pintasse com mão ligeira esboços preparatórios de suas grandes telas futuras. É significativo que ele vá, agora, montar, no seu teatro, obras de Ostróvski e de Faiko. Após *Um Emprego Lucrativo* será a vez da peça *A Floresta*, após *O Lago Lul* será a de *Bubus, o Preceptor*. A cada vez, e em um gênero diferente, assistir-se-á a um enriquecimento da reflexão sobre o texto e a um aprofundamento da interpretação cênica, dois domínios nos quais Meierhold proporcionará a plena medida de seu talento.

Tradução: J. Guinsburg

10. Do Teatro Meierhold ao Teatro Nacional Meierhold

Se eu intervenho entre as coisas, não é, decerto, para empobrecê-las ou exagerar sua parte de singularidade. Eu remonto simplesmente à sua noite e à sua nudez primeiras. Eu lhes dou desejo de luz, curiosidade de sombra, avidez de construção.

René Char

A Floresta

Estimulado pelos elogios, orgulhoso de seu título de Artista do Povo da República, satisfeito com suas realizações bem-sucedidas no Teatro da Revolução, Meierhold se atira, no outono de 1923, a uma nova batalha, que consiste em proporcionar uma leitura moderna a uma das peças mais características de Ostróvski, *A Floresta*. Ele se coloca como concorrente do Teatro Máli, que se considera o único depositário da tradição ostrovskiana; os críticos de esquerda, por seu lado, estão escandalizados ao ver o dirigente do Outubro Teatral escolher pela segunda vez este autor, que qualificam de burguês e de chantre de uma época marcada pelo obscurantismo. Como diz um deles:

Ostróvski, é o front acadêmico, o teatro acadêmico... Ostróvski, que o front acadêmico de direita queria utilizar para seus fins, este Ostróvski aí baralhou as cartas. Cumpria malhar, e bem forte, esta couraça. Não é de surpreender que, com a nova política econômica, Ostróvski floresça nos cartazes dos teatros. É perfeitamente normal. Mas, quando se vê aquele que, ainda recentemente, era o líder do Outubro Teatral, o porta-bandeira de todo o front da esquerda, lançar sua vista sobre Ostróvski, não podemos deixar de ficar estupefatos[1].

Seis anos após a revolução política e social, o regime oscila entre os demônios do nacionalismo e o chamado a uma abertura para o mundo. Atento a esta evolução que envolve as apostas fundamentais do novo Estado, Meierhold permanece fiel a uma visão aberta da história. Tendo de apresentar a vida na Rússia, em meados do século XIX, ele utiliza uma grade de leitura "marxista" baseada na luta de classes. Trata-se, com efeito, de uma estrutura universal que permite ampliar o debate e evita insistir na pintura etnográfica da vida camponesa russa.

A peça *A Floresta* descreve, com um misto de bonomia e violência, o meio tacanho dos notáveis da província. Meierhold vai forçar o traço e substituir ao relato linear de Ostróvski uma visão dinâmica, fundada na oposição entre grupos antagonistas. A proprietária de terras Gurmijskaia vende, após ásperos regateios, uma parte de sua floresta, a Vosmibratov, um desses campônios enriquecidos que, pouco a pouco, constituirão a classe dos mercadores. Apesar de sua idade, alimenta intenções a respeito de Bulanov, um jovem arrivista que ela tomou a seu serviço, e faz tudo para afastar Aksiuscha, sua pupila, da qual está enciumada. Ela não lhe permite tampouco desposar aquele a quem a jovem ama, Piotr, o filho de Vosmibratov, pois se recusa a dar-lhe o dote que ele exige. Surgem duas personagens vindas de um outro mundo, dois atores, o Cômico e o Trágico, que embaralham as cartas por seu desinteresse total, segundo os ideais da *intelligentsia*. A presença deles permite evitar a pira sacrificial (o suicídio de Aksiuscha) e a peça acaba com a partida dos dois noivos, que vão encetar uma vida nova.

1 E. Beskin, Teatral'nyj Lef, *Sovetskoe Iskusstvo*, n. 6, p. 57-58.

O que era uma comédia de costumes, em que o autor alfinetava de maneira cautelosa os defeitos de uma sociedade estribada no egoísmo e no lucro, torna-se um panfleto que, por sua violência contida, desconcerta os críticos e encanta o público.

> Nós engrossamos o traço político em Ostróvski. Ele próprio não estava em condições de fazê-lo, mas esperava transmitir bem sua mensagem do alto do palco. Na peça, assiste-se à oposição de dois campos. Nós sublinhamos esta oposição. Até agora, a Gurmijskaia, tal como a apresentavam no teatro, não soava de modo justo. Não deixavam aparecer a sua natureza de exploradora, consideravam-na simplesmente como uma proprietária fantasiosa que só fazia o que lhe vinha à cabeça. Ao passo que nós, nós reforçamos nela todas as cores que testemunham sua pertinência à classe que nós denunciamos. Em Vosmibratov, demos relevo aos traços do *kulak*, contra o qual combatemos. Ostróvski põe na boca de Milonov frases banais, que servem de biombo às ideias reacionárias. Crer-se-ia ouvir um pope. Até agora, não se mostrava claramente sua natureza eclesiástica. Conosco, ele se tornou o padre Evgueni... Graças à reavaliação do caráter de todas as personagens, a nota social desta comédia é melhor ouvida[2].

As personagens realistas são paramentadas de acessórios cômicos: Gurmijskaia têm um nariz postiço, Bulanov usa um fez de cor verde que fará correr muita tinta. (O rumor o transformará em uma peruca verde!) Em compensação, as personagens românticas têm um desempenho natural e suas roupas e acessórios são tirados da própria vida, como a capa negra do Trágico e as calças xadrez do Cômico.

Meierhold declara que Aksiuscha, a pupila perseguida, não é uma criatura resignada, porém uma jovem forte, pronta a lutar por seus direitos.

> Até agora, Aksiuscha era apresentada como um ser lírico e sentimental. Nós, nós mostramos uma personagem capaz de lutar. Ela poderá, não importa em qual momento, libertar-se da tutela de Gurmijskaia. O que ela vê em Piotr, são os traços

---

2 V. Meyerhold, Intervention avant le spectacle du dixième anniversaire de *La Forêt* (19.1.1934), *Écrits sur le théâtre*, v. II, p. 116.

sadios que poderão substituir, com sua ajuda, os traços negativos herdados do pai dele, Vosmibratov"[3].

No momento em que vai iniciar a distribuição de papéis, Meierhold constata que não há, no elenco de comediantes, alguém para a personagem de Aksiuscha. Maria Babanova teria sido perfeita, ela, porém, está comprometida em tempo integral com o Teatro da Revolução.

Ocorre-lhe então uma ideia ditada por seu inconsciente. Ele propõe o papel à sua esposa, que lhe parece corresponder inteiramente ao papel de Aksiuscha, tal qual ele o concebe. Tatiana Iessiênin, que mal tinha cinco anos na ocasião, lembra-se da revolução que esta decisão causou na vida de sua mãe. "Em minha presença, as alusões à estreia de Zinaida Reich no palco permaneciam misteriosas, pensem vocês, tamanha reviravolta na vida!"[4]

Eis a explicação que a interessada oferece: "Procuraram sem sucesso uma comediante para o papel de Aksiuscha, viraram a coisa em todos os sentidos e depois decidiram ver no que eu daria. Vsévolod conseguiu convencer-me"[5].

O recurso a atores não profissionais era, até então, impensável no teatro, mas era uma prática corrente no cinema, então por que não tentar? Zinaida Reich jamais atuara em uma peça, mas adquirira certa familiaridade com o mundo do teatro, graças ao fato de ter frequentado os cursos de encenação de seu marido. Sua jovem irmã, Aleksandra, depois de estrear no teatro de Orel, acabava de ser admitida na trupe de Meierhold (sob o nome de Kheraskova). Todo um feixe de razões impelem Zinaida a dar o passo. Não haveria aí também a vontade de dar uma lição a Iessiênin? Tornando-se atriz, Zinaida Reich rivaliza com a célebre Isadora Duncan, que o poeta havia seguido até os Estados Unidos.

Um dia do outono de 1923, quando Zinaida se encontrava em plena preparação de seu papel, Iessiênin vem visitar seus filhos; ela fica transtornada com sua presença. Quanto a ele, ele lhe dedicará *Carta a uma Mulher*:

---

3 Idem, ibidem.
4 T. Esenina, O V. E. Mejerhol'de i Z. N. Rajh. Pis'ma K. L. Rudnickomu, *Teatr*, n. 2, p. 97.
5 Idem, ibidem.

Você me disse:
"Chegou a hora de nos separarmos"
Pois você não aguenta mais
Minha vida de vagabundagem,
Que chegara a hora de você realizar uma obra
Enquanto eu, meu destino
Era voltar a sair mais longe e mais baixo.

...
Perdoa-me...
Sei que você não é mais a mesma:
Você vive
Com um marido sério e inteligente;
Você não precisa de nossa turbulência,
E eu, para você,
Não sou nada.

Viva, pois, a seu modo,
Lá aonde sua estrela a conduz
Sob o topo de uma nova folhagem,
E aceite as saudações
De seu amigo
Que se lembra sempre de você,
Serguêi Iessiênin.

 A crer em certos testemunhos, Iessiênin passa, às vezes, a noite sob as janelas da casa do bulevar Novinski e urra na sua ebriedade: "Judeu sujo, devolve-me minha mulher!"[6]
 A opinião difundida segundo a qual Meierhold impôs à sua trupe uma atriz desprovida de talento, cujo único mérito era o de ser sua mulher, deve ser examinada com cautela. Zinaida Reich faz parte desses atores que interpretam sempre sua própria personagem, incapazes que são de criar papéis de composição. Seus principais papéis mais bem-sucedidos, o de Aksiuscha primeiro, depois o de Ana Andrêievna (*Almas Mortas*), de Sofia (*Desgraça do Espírito*), de Gontcharova (*A Lista das Benesses*) e de Marguerite Gautier (*A Dama das Camélias*), correspondem, em sua diversidade, ao seu eu profundo, e para ela basta abordá-los conforme um eixo psicológico. Ao contrário do que se pode acreditar, este

---

[6] A. Elkana, *Mejerhol'd*, p. 53, nota.

método não está em oposição ao de Meierhold. A ação corporal não está excluso nele, ao invés, o levar em conta as molas psicológicas da personagem.

Zinaida Reich deverá, doravante, combinar sua vida de comediante com a de esposa de um encenador excepcional e de dona de casa:

> Em que se manifesta o espírito de independência de Zinaida Reich? Se ela discordava de Meierhold a respeito de um ponto essencial (suas posições, sua tendência a "explodir" e a perder o sentido das realidades), ficava ruminando isso por muito tempo, depois a irritação estourava de repente. Ela tinha sempre seu próprio julgamento sobre a peça que estavam em vias de montar. Mas uma vez realizado o espetáculo... Eles voltam para casa após um ensaio. Se deu muito certo, desde a entrada ela declara com entusiasmo: "Meierhold é um deus!", depois duas ou três vezes ainda, não mais, o que é uma forma de autodisciplina. Isto não a impede, cinco minutos mais tarde, de fazer censuras a seu "deus" a propósito de algum detalhe da vida cotidiana ("Vsévolod, eu já te disse mil vezes..."). Um instante depois, ela retomou sua calma. Eles entram cada um deles em seu quarto, Meierhold tem necessidade de descansar um pouco em seu divã. Mas eis que aparecem convidados. E se, ao vê-los, Meierhold volta a estar em plena forma, faz rir todo mundo ou participa apaixonadamente da conversação, sente-se que minha mãe se diz em seu íntimo: "Tudo vai bem", pois ele necessita desses momentos de distensão; e tudo é feito na casa para que assim seja. Em seguida, ele irá trabalhar em seu escritório, durante ou após a representação. Silêncio, ninguém o incomoda. Na realidade ele não gosta de ficar muito tempo sentado em seu gabinete, põe-se logo a andar de um lado para o outro e, se alguém vem perturbá-lo, fica encantado[7].

Para Meierhold, a floresta que dá o título à peça é o símbolo do obscurantismo, será a chave de sua interpretação. Não há "floresta" sem padres e se Ostróvski não os representou em cena é que a censura o teria proibido. A personagem de Milonov é, portanto, metamorfoseada em eclesiástica, mas de um modo bufão.

---

7 T. Esenina, op. cit., p. 96.

Meierhold redistribui os cinco atos da peça em 33 episódios que terminam em um final nostálgico. Aksiuscha e Piotr ficam felizes de partir e sair da floresta em busca de uma vida nova. Mas são acompanhados pelos sons dilacerantes de uma valsa lenta, tocada em acordeão, tão pungente que ela percorrerá a Rússia toda. Que contraste entre a alegria de jovens enamorados e a angústia ante um futuro desconhecido! A situação política faz eco a esta interrogação: por ocasião dos ensaios da peça, o estado de saúde de Lênin se deteriora irremediavelmente. Sua morte sobrevém dois dias após a *première* (19 de janeiro de 1924).

O dispositivo cênico inspira-se no construtivismo. No lado esquerdo do palco, uma escadaria em curva parte do chão para chegar a uma plataforma que dá para os bastidores. E depois, à direita, um poste impressionante com um torniquete, de onde pendem dois pares de corda formando um balanço com um assento composto de uma tira de couro de aproximadamente um metro de altura. Quando alguém se senta aí, mal toca o solo com a ponta dos pés. Trata-se do famoso "passo gigante", que incita os dois parceiros, meio sentados, meio com a ajuda de suas pernas, a se perseguir sem se pegar, saltando a passos largos em torno do poste. É essa manobra espetacular, com forte conotação simbólica, que Meierhold dá por base à cena lírica, na qual Piotr e Aksiuscha fazem um ao outro, em meia-tinta, a confissão de seu amor e compartilham a esperança de se libertarem da tutela de seus pais. Esses "passos gigante" criam uma impressão de voo e de ligeireza encantadora, que os convertem em momentos excepcionais. Quanto aos invejosos, eles pretendem que o único objetivo desta construção engenhosa era o de permitir que Zinaida Reich mascarasse sua falta de flexibilidade.

O espetáculo se abre com uma parada segundo a tradição da comédia italiana. A sala está iluminada. O palco apresenta-se aberto, sem cortina de cena. Depois é a obscuridade. Soa a batida do gongo habitual. A cena aclara-se frouxamente. O episódio não durará mais do que um minuto: é a procissão de todos os comediantes da peça, que atravessam em silêncio o palco e desaparecem de pronto. Eles estão exageradamente carregados de acessórios característicos; o mais notável é o pope (Mironov) que avança aos pulos e benze o público com a cruz que traz em uma de suas mãos, enquanto agita com a outra o incensório. Aksiuscha passa com seu vestido rosa antigo, com a cabeça e as espáduas recobertas por um fichu branco.

Um novo soar do gongo e a escadaria sai da sombra que envolve o resto do palco. Aparecem duas personagens, uma grande, sombria, vestindo uma capa, que desce a escadaria, enquanto a outra em calça xadrez, mais robusta, sobe. Eles avançam um em direção ao outro e sentam-se a meio-caminho para travar seu diálogo. A cena em que os dois atores travam conhecimento é tirada do segundo ato. Nesta empreitada de reconstrução da peça, Meierhold a situa desde o começo, a fim de acelerar o ritmo da ação.

O primeiro aparecimento de Aksiuscha é muito elaborado. De conformidade com as indicações do autor, vê-se um pombal. O serviçal da fazendola chama assobiando os pombos. Nesse momento, extraordinário jogo de cena, toda uma revoada de pombos se eleva e chega até o fundo da sala, onde se apresenta, para o grande prazer dos espectadores, antes de voltar para a caixa do pombal. À proeza física desse jogo de cena, ajunta-se, para os moscovitas, o assombro diante da vitória da cultura sobre a barbárie. Não faz tanto tempo que os pombos eram transformados em caça para uma população que a fome tornava raivosa. Todo entregue às suas ocupações, o serviçal canta uma alegre canção. Nesse momento chega Aksiuscha carregando dois cestos de roupa branca em equilíbrio sobre uma canga: subindo em um tamborete, ela começa a pendurar os lençóis, depois tira a roupa seca, enrolando-a em um bastão e batendo-o com uma espécie de tábua de lavar roupa, segundo um processo tradicional para amaciar o pano.

Sob o efeito de uma maquilagem de cobertura, a atriz de olhos castanhos e pele mate é transformada numa jovem tipicamente russa, de bochechas cor de rosa. Ela usa uma peruca loira com um rabo de cavalo e se juraria que ela tem olhos azuis!

Naquele preciso momento aparece Bulanov que, querendo roubar-lhe um beijo, recebe uma bofetada. Gurmijskaia, que não viu o gesto de Bulanov, admoesta Aksiuscha em voz baixa. Amedrontada, a moça bate a roupa em ritmo acelerado.

A resistência manifestada por Aksiuscha no seu primeiro diálogo com Gurmijskaia exprime-se pelo ruído crescente dos golpes de bastão desfechados contra a tábua de lavar. O bastão é uma espécie de dinamômetro do diálogo. A última batida desferida por Aksiuscha (que diz "O que quer dizer esta comédia?") acarreta a resposta instantânea de Gurmijskaia: Ela se apodera da tábua e do bastão e bate com toda força contra a tábua de lavar (os seus golpes são acompanhados de: "Como te atreves?"). Um último golpe duplo de Gurmijskaia resolve a tensão e constitui o fim da cena que traduz o triunfo da proprietária ("Tal é a minha vontade!")[8].

Uma cena propriamente homérica é aquela em que o Ator Trágico, parente afastado da proprietária, vem lhe prestar mão forte por ocasião da venda de uma parcela da floresta para Vosmibratov. O Ator chega envergando um uniforme de coronel (ele não confessou à parente seu ofício), com o peito recoberto de condecorações. Instala-se em uma poltrona e exige de Vosmibratov o saldo da soma devida a Gurmijskaia. O comprador recusa categoricamente. Então o Ator profere uma série de imprecações extraídas de diversas tragédias. O Ator Cômico, que se faz passar por sua ordenança, agita-se, vai e vem, faz palhaçada baixando a calça para liberar um rabo bifurcado de diabo. Piotr fica inteiramente apavorado, mas seu pai continua a recusar. No paroxismo da tensão, Vosmibratov decide, presa de um furor súbito, dar tudo que possui, não só a sua carteira contendo os mil rublos previstos, mas também o conteúdo de seus bolsos, e depois seu casaco, que ele tira e joga no chão, e depois suas botas, e o casaco de seu filho e as botas de seu filho, que ele lhe arranca dos pés literalmente, sendo cada um desses gestos pontuado de um vigoroso "Pegue isso aí!", réplica que figura de fato no texto do autor, mas que é aqui desenvolvida até a hipérbole.

O Ator Trágico torna-se então, subitamente, rico, pois Gurmijskaia lhe paga, não sem fazer-se de rogada, os mil rublos que lhe devia a título de uma herança. É um pactolo para esse ator sem um centavo. Ele já se vê à testa de seu próprio teatro, mas, tomado de piedade, acaba por dar a soma toda a Aksiuscha, que continua

---

[8] A. Slonimskij, *Les* (Opyt analiza spktaklja), *Sbornik "Teatral'nyj Oktjabr"*, p. 68-69.

não tendo dote. Os dois atores deixam então a propriedade, não em troica, como sonharam, mas a pé, e quase alegremente.

A escolha desta peça de Ostróvski surge como uma virada na evolução de Meierhold. Os críticos de esquerda censuram-lhe o súbito realismo, os críticos de direita acusam-no, a seu turno, de ter desfigurado um clássico.

O julgamento mais interessante é o de Pavel Markov, que analisa as grandezas e os limites do trabalho de Meierhold:

> Ele, que sentiu a veia popular de Ostróvski, soube dar-lhe impulso de voo, mas ao preço da demolição de outros elementos da visão de mundo e da arte do dramaturgo. Sua tentativa de fazer renascer Ostróvski ultrapassando-o não foi coroada de êxito. O romantismo do Ator Trágico, o obscurantismo dos habitantes de *A Floresta*, a dureza e a astuta teimosia de Vosmibratov e, sobretudo, a linguagem de Ostróvski, nada disso tudo passava a rampa. O que se ressaltava era outra coisa: a ausência de laços, os espaços sem limites, tudo aquilo cuja presença já se havia mais ou menos sentido no autor, mas que se revelava tão fortemente, pela primeira vez, na cena de Meierhold. O poderoso encanto desse espetáculo vivificante provinha de seu agudo senso do teatro forâneo, do autêntico melodrama popular, e não tinha nada a ver com procedimentos precisos. Em *A Floresta*, a finura e a engenhosidade de Meierhold apareceram claramente. Ele consegue combinar o aspecto propagandista do espetáculo com momentos de lirismo luminoso e corajoso[9].

O caráter muito aberto, o ritmo cinematográfico, a visualização dos conceitos fizeram desse espetáculo um dos mais populares do Teatro Meierhold: ele será apresentado, ao todo, 1 700 vezes! Ele será parte do repertório de obras mostradas em Berlim e Paris, por ocasião da turnê de 1930. Em toda parte, suscitará as mesmas acolhidas entusiásticas, as mesmas interrogações e as mesmas rejeições.

Enquanto Meierhold se despede de Ostróvski, Eisenstein leva mais longe seu trabalho de demolição. Ele monta, no teatro do Proletkult, uma versão completamente estilhaçada de uma outra

---

9 P. Markov, *Pravda teatra*, p. 348.

obra do mesmo autor, *Não é Sábio Quem Sucumbe*. Sob o título abreviado de *O Sábio*, inaugura uma técnica de fragmentação à qual dará o nome de "montagem de atrações", e que consistirá na pontuação do espetáculo com números circenses ou outros intermédios que deslocam o centro de interesse da peça. Dois anos mais tarde é Stanislávski que, em regresso de sua turnê ao exterior, reatará com Ostróvski montando, em seu teatro recuperado, *Coração Ardente*, uma encenação que marcará época, ela também. Quanto a Meierhold, este irá prosseguir no seu vaivém entre peças contemporâneas e peças clássicas. Seu retorno, apontado ao século XIX com *O Revizor*, não poderia ter lugar sem a passagem por Ostróvski, esse talento cujo aparecimento Gógol saudara.

A opinião continua, no entanto, perplexa diante do encaminhamento de Meierhold. Sakhnovski, membro do Proletkult, sentiu bem o quanto a criação teatral era para o mestre a expressão de sua personalidade:

> Ele mostra a cada vez uma realidade, atrás da qual se oculta alguma coisa completamente diferente e até, às vezes, oposta... Assistindo a seus espetáculos, a gente o ouve como quem coloca uma pergunta insistente: adivinha, adivinha quem eu sou, adivinha por que eu fiz isso precisamente assim, o que me impeliu e qual é o objetivo que busco..., o que eu mostro e o que eu escondo? Tenta adivinhar! Tu és feliz e ficas fascinado com esta cena de disfarces. Tu gostas de vir a um teatro para ver como eu transfigurei a realidade comum, como eu realizei aí algo de novo e de insólito, mas meu mistério é trágico, talvez valha mais não adivinhar e contentar-se em olhar... Eu mostro o avesso de meus passes de mágica, eu os ponho a nu, para que vocês adivinhem o que teria sido se eu tivesse mostrado as coisas tais como a gente as vê com um olhar superficial[10].

Para tranquilizar acerca de sua fidelidade à revolução mundial que está sempre na ordem do dia, Meierhold irá montar uma após outra quatro obras contemporâneas, duas das quais, *Tirem as Mãos da Europa* e *Grita, China!*, são montagens sobre temas de propaganda internacionalista, enquanto as outras duas, *Bubus, o Preceptor* e, sobretudo, *O Mandato*, são peças de visada satírica,

---

10 V. Sahnovskij, *Vremennik RTO*, p. 225.

que por isso mesmo têm alcance mais imediato. Novos combates aguardam o Teatro Meierhold.

Tirem as Mãos da Europa

Meierhold manda preparar a adaptação cênica de dois romances, *O Truste "Tirem as Mãos da Europa"*, de Ilia Ehrenburg, e *O Túnel*, de Boris Kellerman. A intriga é apenas um pretexto para mostrar o desenvolvimento da luta de classes em escala mundial. De um lado, os soviéticos e, de outro, os capitalistas. O truste, onipotente, dirigido pelo americano Ens Boot, reúne os três industriais mais poderosos dos Estados Unidos. Na sequência de diversas manobras, ele consegue apoderar-se de toda a Europa do Oeste, que fica reduzida a um estado de ruínas. Uma boa parte do proletariado, porém, logrou escapar da destruição e refugiou-se na URSS. Com a ajuda do Komintern, este grupo, sob a cobertura do "truste soviético do rádio", constitui uma organização secreta encarregada de construir um túnel sob o mar, ligando Leningrado a Nova York. Os operários da Europa do Oeste afluem ao canteiro de obras deste túnel. Incapaz de assegurar a vitória contra os exércitos da União Soviética, vindos em socorro da Europa Ocidental, o truste aceita reconhecer o jovem Estado Soviético[11]. Mas os acontecimentos se atropelam. O proletariado americano subleva-se apoiado pelo exército vermelho internacional, que desemboca inopinadamente em Nova York graças ao túnel de cuja existência ninguém suspeitava. A revolução internacional triunfa.

A ação abarca um vasto espaço, os Estados Unidos, a Alemanha, a França, a Inglaterra, a Polônia e a URSS. Passa-se da ponte de um transatlântico às entranhas de um túnel. Esta fantástica inovação deixará traços nas consciências, especialmente entre os magistrados instrutores da polícia política, obsedados pela escavação de túneis imaginários entre a União Soviética e os países vizinhos para fins contrarrevolucionários.

---

11 No ano de 1924, a maioria das grandes potências estabeleceu relações com a União Soviética (A Grã-Bretanha e a Itália em fevereiro, a China em maio e a França em outubro).

Desta vez, o procedimento teatral aí utilizado repousa sobre o emprego de painéis horizontais, denominados com um nome francês, *"tours mobiles"*, que permitem mudanças instantâneas. Lembrando os de Gordon Craig, são de manejo difícil, ainda que fixados em rolemãs. Tatlin promete estudar a possibilidade de movimentá-los eletricamente...

A peça comporta noventa personagens, ou seja, bem mais do que o efetivo da trupe. Meierhold faz, pois, com que os mesmos atores desempenhem vários papéis.

Assim, Garin, que tem uma agilidade prodigiosa, é incumbido de sete personagens diferentes, dos quais uma é mulher. Fiel a seu procedimento, que visa desalojar a ilusão, Meierhold manda recortar uma lucarna em um painel atrás do qual o ator muda de disfarces, de modo que o público seja colocado a par e possa admirar sua destreza de transformista.

A impressão buscada é a de um movimento perpétuo:

> Em *Tirem as Mãos da Europa*, chegou-se a efeitos extraordinários. Quando se vê aparecer de repente uma rua pelo simples alinhamento em diagonal de torres móveis às quais se acrescenta um lampadário que desce do urdimento, enquanto uma coluna Morris fixa-se em um lado do palco, fica-se impressionado com a manifestação de uma arte teatral incomparável (realizada com meios muito simples), fato que leva, imediatamente, a pensar na página admirável da história do teatro escrita pelo genial Torelli, que assombrou toda a Europa por suas mudanças de cenários à vista do público (estava-se no século XVII). Mas, ao mesmo tempo em que toca na arte teatral do passado, Meierhold cria um teatro novo, contemporâneo, o do século XX. As duas diligências de busca que ele pautou nesta peça, em que os atores são levados a moverem-se em meio a torres móveis, elas próprias em movimento, aproximando-se ou afastando-se, constituem o sinal de uma descoberta notável no domínio do dinamismo da cena. O teatro lança aí um desafio ao cinematógrafo e traduz, com uma força rara, a tensão e o ritmo trepidante de nossa modernidade[12].

12 A. Gvozdev, Postanovka *D. E.* v Teatre im. Mejerhol'da, *Žizn' iskusstva*, n. 26.

Como em *O Lago Lul*, as cenas cujo quadro é o mundo capitalista dão ensejo a números particularmente apreciados pelo público. Um dos episódios denomina-se "A Europa Dança Foxtrote" e, como em um filme mudo de Lubitsch, vemos a trupe inteira dançar, em um ritmo desenfreado, ao som de uma orquestra de jazz dirigida por Valentin Parnak, um músico do teatro de variedades recém-vindo de Paris, onde se encontrava como refugiado.

Mais significativo do caráter ambíguo desta revista é o número de dança confiado a Maria Babanova, que deixara o Teatro da Revolução. Na cena do "Café Riche", como é chamada, ela executa uma dança apache com o seu parceiro Lipman. Ela, que mal surgira no teatro (a *avant-première* ocorreu em Leningrado em 15 de junho), torna-se famosa graças a este número. Nos jornais, traçam seu retrato com charme ambíguo de garoto parisiense com o boné de operário e cigarro entre os lábios. Babanova torna-se uma figura emblemática da modernidade. De passagem por Moscou, no início do ano de 1927, Walter Benjamin rende testemunho do impacto desta dança sobre o espectador da época: "A revista era muito interessante... [Eis] a cena do 'Café Riche' com a música e as danças de apaches. 'Há quinze anos, eu disse a Assia, que esse romantismo dos apaches atravessa toda a Europa e, onde quer que vá, as pessoas são conquistadas'"[13].

Meierhold criou um outro número que parece desvelar suas pulsões inconscientes. Indo até o fim de seu desejo, ele manda pautar pelo mestre de balé Goleizovski uma dança intitulada "Lesbos", cuja execução é confiada a Zinaida Reich e a Maria Babanova. Seu caráter declaradamente erótico, aparentemente destinado a denunciar as perversões do mundo capitalista, joga ainda mais

---

13 W. Benjamin, *Voyage à Moscou*, p. 87. Convidado para ir a Moscou por Assia (Anna) Lacis (nasceu e morreu perto de Riga, 1894-1979), à qual estava ligado por uma amizade amorosa, Walter Benjamin familiariza-se, graças a ela e a seu marido Bernhard Reich (judeu da Moravia, 1894-1972), com a Rússia revolucionária, da qual eles eram adeptos entusiásticos. O casal Reich-Lacis, que se formara à sombra de Bertolt Brecht em Munique (1923), estabelece, como Tretiakov, o laço entre o dramaturgo alemão e o teatro russo. Nos inícios dos anos de 1930, Assia Lacis, que continua a corresponder-se com Walter Benjamin, servirá de intérprete a Piscator, que viera rodar na Rússia o filme *A Revolta dos Pescadores de Santa Bárbara* (do romance de Anna Seghers). Essa abertura para o estrangeiro valerá, tanto a um como a outro, uma condenação a "dez anos em campo de reeducação", do qual eles terão a sorte de voltar vivos, ela em 1948 e ele em 1953. O círculo dos brechtianos russos foi particularmente visado pela repressão.

pimenta nesse espetáculo, que tende mais para o estilo da "revista" do que para o da doutrinação política.

Cumpre, porém, acreditar que a autoridade de Meierhold é suficientemente grande para que não se coloque em dúvida a seriedade de suas intenções. Dedicada ao Komintern, a peça é levada no dia 3 de julho diante dos delegados do V° Congresso, encantados com este *divertissement* que serve de derivativo para seus trabalhos, já marcados por uma ofensiva contra os elementos "trotskistas".

As opções internacionalistas às quais Meierhold é fiel em seu teatro começam a ser objeto de um grande debate no seio do partido no poder e arriscam colocá-lo em palpos de aranha.

Bubus, o Preceptor

Meierhold está de bom humor. Renunciando definitivamente a ser conselheiro artístico do Teatro da Revolução, concentra-se no trabalho de direção do teatro que leva o seu nome. Apresenta aí duas peças de tonalidade ligeira, a primeira no limite da propaganda e do espetáculo de variedades, a segunda francamente cômica.

A primeira, que se situa na Europa Ocidental, é uma sátira aos falsos revolucionários que se embuçam em um vocabulário grandiloquente para mascarar sua impostura. Um preceptor alemão, Bubus, toma parte de uma manifestação de operários que é brutalmente dispersada pela polícia. Sob efeito de um medo pânico, ele abandona seus ideais e põe-se a serviço do magnata Van Kamperdarff. A revolução produziu-se, enfim, sem ele, apesar de sua intenção "de ir, em ligação com as massas, ao encontro da aurora histórica desta jornada histórica". Meierhold ridiculariza nele o conciliador, essa personagem que Maiakóvski já havia tomado por alvo.

Malgrado uma intriga de caráter político, a peça de Faiko é antes um *divertissement* de opereta. Suas personagens representam um *pot-pourri* de tipos europeus, com nomes holandeses, húngaros, alemães e poloneses. Ao lado do grande empresário Van

Kamperdarff, encontram-se um negocista, o barão Tesza Feuervary, uma alemã excêntrica, Gertruda Baase, provida de duas filhas não menos fantasiosas, Thea e Tichen, enquanto a única personagem simpática é a polonesa Stefka.

Meierhold decide imediatamente confiar o papel de Stefka a Zinaida Reich e o de Thea a Babanova. Faiko fica embaraçado, pois havia escrito o papel de Stefka precisamente para Babanova. Tão logo pronunciou o nome desta atriz diante do casal Meierhold surpreende uma troca de olhares irônicos. Zinaida vira-se para o marido, rindo: "Pois bem! Vsévolod, o que foi que eu te disse?" Este permanece calado por um momento, com as mãos entre os joelhos. Endireita-se então em sua cadeira e declara com uma polidez gelada, mirando Faiko diretamente nos olhos: "O senhor terá o prazer de ficar sabendo que Zinaida Reich aceitou o papel de Stefka"[14].

As relações entre Meierhold e Babanova são distantes. Mas desta vez ele a convocou e pediu-lhe expressamente que aceitasse o papel de Thea, solicitando-lhe que o fizesse por ele.

> O que me restava a fazer? Eu sabia que Faiko havia pedido que me dessem Stefka. Por certo, esse papel [Thea] não me agradava tanto, não era um papel para mim. Nada fiz senão soluçar durante vários dias, pois ao mesmo tempo eu queria atuar. Meierhold nunca me pedira nada. Aliás, ele não pedia. Ele falava e lhe obedeciam. Por uma vez, ele me pedia alguma coisa! Evidentemente dei o meu assentimento e aceitei o papel de Thea, ainda que eu já estivesse cansada desse gênero de papéis.
>
> Depois disso ele me deu ossos a roer; mais que de hábito ele compreendia que havia me ofendido, mas sabia que eu estava pronta a tudo por ele[15].

Faiko se vingará escrevendo o roteiro de um filme interpretado por Ilínski, *A Vendedora de Cigarros do Mosselprom*, cuja heroína é uma jovem um pouco simplória chamada "Zinaida Vassenina", alusão transparente a Zinaida, Iessienina por seu primeiro marido.

14 A. Faiko, *Zapiski starogo teatrala*, p. 199.
15 M. Turovskaja, *Babanova. Legenda i biografija*, p. 67.

Ulcerado, Meierhold atribui então a culpa a Ilínski, que é um astro muito disputado. Este, furioso, abandonará o elenco poucos dias antes do ensaio geral, obrigando o Mestre a recorrer a um ator substituto.

Para se remir aos olhos de Babanova, Meierhold cria para ela um número especial: Van Kamperdarff pede-lhe que dance para ele um número de balé clássico. A atriz irá executar *A Morte do Cisne*, em uma coreografia de Messerer, em tutu e sobre as pontas, com a melodia da canção de Marguerite do *Fausto*, de Gounod.

O espetáculo é inteiramente conduzido ao ritmo de um filme mudo. As personagens aparecem através de um anteparo de bambus que rodeiam a área de jogo circular, como se atravessassem a película. O encenador exige dos comediantes que mimem a ação antes de comentá-la pelo texto. Para explicar isso, forja um termo técnico, o "pré-jogo". A música dá o ritmo, a personagem desacelera seus movimentos, interpreta corporalmente a situação e somente então profere sua réplica ou réplicas. O negocista charlatão Feuervary abre, com gestos langorosos e envolventes, o cofre-forte de Van Kamperdarff ao ritmo de um *Noturno* de Chopin... Um nicho instalado na cúpula que constitui o fundo de cena contém um piano de cauda no qual Leo Arnstam[16], em fraque, toca melodias de compositores românticos.

O objetivo não é seduzir o público pela progressão de uma ação bem conduzida, porém o de criar o assombro como no circo. Mas o *ralentissement* imposto pelo "pré-jogo" torna a peça fastidiosa. Um dos críticos afirma maliciosamente que, em relação a esta, *As Três Irmãs* no Teatro Artístico parecem galopar a toda brida!

Essa determinação prévia de desaceleração, que deve transformar o jogo de cada ator em um passo de dança, revela-se de difícil assimilação pelos intérpretes, sobretudo se a gente considera que os dois atores mais "meierholdianos" estão um ausente (Ilínski) e o outro mal empregado (Babanova). Um crítico, Boris Alpers, descobre, não obstante, nesse espetáculo "o tema do

---

16 O futuro diretor de cinema foi condiscípulo de Schostakovitch no Conservatório. Na época, era genro de Meierhold, cuja filha Irina desposara. Esta tornará a casar-se mais tarde com o ator Merkuriev.

fim, da catástrofe inevitável que ameaça esse mundo elegante e frágil como se fosse de vidro"[17].

Mas o público, assim como a crítica, acha, no fim de contas, o espetáculo enfadonho, o que é o cúmulo para uma obra que procurava antes de tudo o divertimento. Que isto não seja impedimento, pois Meierhold retoma o texto, corta na carne ao vivo e reduz em uma hora e meia a duração da representação. A nova versão reduzida será apresentada no fim do mês de outubro de 1925, para a celebração do oitavo aniversário da Revolução e, isso, a despeito de uma carta aberta de protesto de Faiko, indignado com a desenvoltura do encenador.

De fato, mesmo se *Bubus, o Preceptor* não conquistou as graças do público, trata-se de uma tentativa curiosa visando concorrer com o cinema em seu próprio terreno. O que dá o seu caráter popular à sétima arte, é o acompanhamento musical ao piano. A tal ponto que eram publicados na época álbuns de "incidentais", coletâneas de música correspondentes aos diversos episódios de um filme, perseguições, cenas de noite dramáticas ou ternas, momentos de lirismo ou de tragédia, movimentos de multidão... É assim que em *Bubus* os atores são constantemente acompanhados por uma orquestra de jazz a executar incidentais, enquanto as obras de Liszt e Chopin, tocadas ao piano, têm uma função cênica, dêitica, acompanhando em tempo real os números musicais executados em cena. Como no cinema, o essencial reside na rápida sucessão dos episódios conduzidos pelo ritmo da música, sendo a palavra jogada, como a contragosto, para coroar o movimento. Nesse sentido, Meierhold permanece próximo das fontes populares da arte do século XX.

Meierhold tira a lição de *Bubus* para os trabalhos seguintes. Ainda que esteja longe de entrever a importância desta obra nas pesquisas do encenador, Lunatchárski constata as etapas de sua evolução:

> Ao assistir a representação de *Bubus* fiquei feliz de ver os progressos realizados por este teatro desde a biomecânica até a sociomecâmica. Sem dúvida, não se trata de abandonar a

---

[17] B. Alpers, *Teatr social'noj maski*, p. 48.

primeira, mas de tender para a segunda. Não concordo com certos elementos do espetáculo. Parece-me que, em relação ao trabalho de experimentação extremamente sério, levado a cabo por Meierhold, o trabalho de base era um pouco ligeiro. Mas, enfim, o teatro avança com talento sobre a via desse estilo monumental, sintético e polivalente do qual nós temos tanta necessidade. Aguardamos com esperança que a linha ascendente das pesquisas de Meierhold encontre em seu caminho uma obra-prima autêntica da nova dramaturgia[18].

Entrementes, as relações entre a política e a vida artística parecem ter chegado a um ponto de equilíbrio aceitável. O Comitê Central do Partido Comunista adota, em 18 de junho de 1925, uma resolução sobre a política do partido no domínio da literatura. Nesse tipo de documento, o que é decretado para a literatura vale, *mutatis mutandis*, para as outras formas artísticas. Os dezesseis pontos desse texto prestam testemunho de um relativo liberalismo, na medida em que o partido se proíbe de emitir juízos estéticos e insiste que todas as correntes artísticas devem ter a possibilidade de ser representadas (recusa do monopólio). "O partido deve defender a livre competição entre os diversos grupos e tendências".

O Mandato

Meierhold sempre sonhou em ter à sua volta um cenáculo de escritores e dramaturgos partilhando de suas escolhas estéticas. Por fim, ele consegue pôr em pé um "laboratório dramatúrgico", que compreende Ivan Aksionov e Vladímir Maiakóvski, os poetas Aleksandr Bezimenski e Vassíli Kazin e também os dramaturgos Mikhail Podgaievski, Serguêi Tretiakov e Nicolai Erdman. Ele espera contar com obras escritas especialmente para seu teatro. Alexei Faiko poderia ter sido talvez o dramaturgo procurado, porém Meierhold não lhe perdoa sua rebelião. Seu novo

18 A. Lunačarskij, "Iz knigi otzyvov početnyh posetitelej teatra", 24.3.1925. Arquivos Literários e Artísticos da Rússia, fundo 963, inventário 1, documento 288, p. 20.

favorito é Nicolai Erdman que acaba de escrever sua primeira peça. Trata-se de uma sátira virulenta aos costumes contemporâneos cujos lugares-comuns ela ridiculariza. As personagens desenhadas pelo dramaturgo são de migrantes do interior que acordam todos os dias com a esperança de que o poder soviético tenha desaparecido durante a noite. A peça é audaciosa no sentido de que nada distingue em seu comportamento esses saudosos do passado daqueles que aceitaram o novo regime. São criaturas medianas, igualmente apagadas e ridículas.

O herói é Pavel Gulatchkin (seu nome evoca o famoso *gulasch*) que, com sua mãe e sua irmã Varvara, "acaba de usar as calças do pai" e busca por todos os meios "arranjar" algum parente "proletário" para chegar ao poder e aos seus privilégios. Os antigos nobres, eclesiásticos ou burgueses, são objeto de interdições legais, recebem apenas reduzidas rações alimentares e a eles é vedado o acesso a todo emprego de responsabilidade, bem como os estudos superiores.

Uma noite, Pavel entra no apartamento da família metido em uma jaqueta de couro com uma bolsa correspondente, isto é, em uniforme de tchekista*. Ele traz na mão um "mandato oficial", um certificado, que ele agita bem alto, aterrorizando todos os seus interlocutores persuadidos de que estão tratando com um agente da GPU.

>   PAVEL: Vocês querem ver um papel? Um papel?
>   SUA MÃE: Mas Pavel, você não tem papéis!
>   PAVEL: Vocês não querem ver um mandato oficial? (*Ele abre a bolsa e tira um mandato de intimação.*)
>
>   *Todos os que se encontram na sala afastam-se respeitosamente de Pavel. Sua mãe se aproxima timidamente.*
>
>   SUA MÃE: Você tem de verdade um mandato?
>   PAVEL: Leia, mamãe, leia bem.
>   SUA MÃE (*ela lê*): "Dado a Pavel Gulatschkin como certificado de residência. O interessado mora no número 13 do

---

* Integrantes da Tcheka, a primeira das polícias secretas soviéticas. A Tcheka foi criada em 20 de dezembro de 1917 por Feliks Dzerzhinski, em substituição à polícia secreta tsarista (Okhrana), da qual copiou sua organização interna (N. da T.)

> beco Kirok, apartamento 6, do que fazem fé a assinatura e o carimbo aí aposto..."
>
> PAVEL: Leia, até o fim, mamãe!
> SUA MÃE: "Assinado: O Presidente do Sindicato dos Residentes, Pavel Gulatschkin".
> PAVEL: cópia foi enviada ao camarada Stálin.

Como se terá compreendido, Pavel simplesmente aplica sobre seu certificado de residência um carimbo que lhe dá um ar de documento oficial. Muito impressionado com o "mandato", arvorado pelos heróis, seu vizinho Smetanitch (o nome lembra creme de leite fresco) apressa-se a pedir a mão de Varvara, a filha de Gulatschkin, para seu filho, Valerian. Aliar-se a uma família de membros do partido é um penhor de bom sucesso social.

Uma antiga dama da corte imperial, por seu lado, confiou à mãe de Gulatschkin vestidos de cerimônia da princesa herdeira que ela havia escondido na mala de roupas, que trona no apartamento.

Isso confere ao diálogo seguinte, que concilia comicamente em termos amigáveis o antigo e o novo regime (ato I, cena 12):

> PAVEL: Mas a senhora esquece, mamãe, que o antigo regime pode me condenar a uma morte ignominiosa por ter sustentado o novo.
> SUA MÃE: Impossível porque você tem as vestimentas [da princesa].
> PAVEL: Sim, mas com estas vestimentas é o novo regime que pode me condenar a uma morte ignominiosa por ter sustentado o antigo.
> SUA MÃE: Impossível porque você é do partido.

Assim a peça joga com o duplo registro do terror e da trama que permite manter o medo à distância e mesmo rir. De fato, como em todas as obras marcantes, o autor desenvolve aí até o absurdo as consequências do "travestimento" de sua personagem que encarna os sonhos do russo médio. A despeito da engenhosidade de sua intriga e da arte do dramaturgo, ela não alcança um grande sucesso, quando de sua estreia no Teatro Acadêmico de Leningrado (apesar da presença de Ilínski). Será necessária a encenação de Meierhold para que essa obra conheça um destino excepcional.

Apresentada em Moscou, em 20 de abril de 1925, com os cenários de Schlepianov (o cenógrafo titular de Meierhold), é também acolhida com entusiasmo. Um crítico começa assim seu artigo: "Após ter acabado de dissecar o cadáver de *Bubus*, Meierhold reencontrou a via feliz traçada por *A Floresta*"[19].

Por um processo helicoidal, Meierhold avança assimilando e ultrapassando suas conquistas anteriores. Mesmo se abandona a visão cinematográfica escolhida para a leitura de *Bubus*, a fim de retornar à simplicidade do desenho de *A Floresta*, ele inventa, para esta obra contemporânea, uma nova linguagem. A evolução de sua pesquisa tem relação, antes de tudo, com o emprego que faz do espaço teatral. Após a máquina de atuação fixa (*O Corno Magnífico* e *Tirem as Mãos da Europa*), ele experimenta máquinas de atuação móveis (*A Morte de Tarelkin* e *A Terra Revoltada*); para voltar ao palco tradicional, flanqueado, desta vez, por uma escadaria erguida nos ares (*Um Emprego Lucrativo* e *A Floresta*); enfim, recorre a painéis móveis dispostos sobre um palco cênico imóvel (*O Lago Lul*). Indo mais longe nessa direção, utiliza, para *O Mandato*, painéis móveis cujos movimentos se confundem com os de uma plataforma giratória. Nesta evolução, uma única peça, *Bubus, o Preceptor*, oferece um palco desprovido de praticáveis, ainda que o renque de bambus que o envolve possa ser considerado como derivado dos painéis.

Lunatchárski não duvida um instante sequer do bom êxito de Meierhold, servido por uma peça ao diapasão da época: "A comédia ligeira *Bubus, o Preceptor* serviu de canevas (aliás, completamente escondido sob a bordadura) à primeira sátira teatral de grande qualidade artística e que atinge o objetivo visado. *O Mandato* é o coroamento deste edifício"[20].

A cenografia do teatro é tradicional, toda a ação se desenrola sobre o palco habitual. Os acessórios são extraídos da vida real, um gramofone de pavilhão, um aparelho de fotografia sobre um tripé, uma mala de roupas, uma mesa de sala de jantar guarnecida para a refeição, uma máquina de costura, algumas cadeiras

19 P. Markov, *Mandat* v Teatre im. Mejerhol'da, *Pravda*, 24.4.1925.
20 A. Lunačarskij, O Teatre im. Mejerhol'da, *Večernjaja Moskva*, 22.4.1925.

e isto é quase tudo. O fundo do palco permanece nu e, acima de tudo, as personagens aparecem e desaparecem lentamente, graças a duas plataformas giratórias concêntricas no centro do palco. Painéis imóveis de madeira envernizada armados atrás das plataformas giratórias desempenham o papel de bastidores, um pouco à maneira das cortinas de bambus do *Bubus*. Sem reiterar o procedimento do "pré-jogo", os atores estão imóveis quando aparecem sobre o palco giratório e só se animam quando ficam de frente para o público. Pavel Gulatschkin é interpretado por Erast Garin (que retornou ao Teatro Meierhold após tê-lo abandonado por algum tempo). Este ator, magro, de pescoço comprido, um rapaz que faz rir por sua simples presença, desempenha à maravilha este papel de trapaceiro em busca da menor oportunidade para ganhar dinheiro e poder. Como Khlestakov, que ele encarnará mais tarde, Garin representa o papel de um aproveitador que abusa da credulidade dos outros e se toma, durante um momento, por um ser todo-poderoso, esquecendo-se de que tudo repousa sobre o vento. O desfecho da peça é tão inesperado quanto a estupefação de Sganarela ao reclamar seu ordenado: "Como vamos viver, mamãe, se não querem nem mesmo nos prender? Como vamos viver?"

Confirmando sua vontade de converter Zinaida Reich em sua primeira atriz, Meierhold confia-lhe o papel de Varvara, a irmã de Pavel que, embora bancando a lambisgoia, quer se casar a todo custo. Os críticos não fazem comentários acerca de sua atuação que, pela primeira vez, versa sobre um papel de composição. Quanto à Babanova, é obrigada a contentar-se com um papel de terceira ordem, tão insignificante que não é sequer citada, tampouco nos artigos de crítica.

Segundo as fichas concebidas por Meierhold, em que os assistentes observam as reações do público, este último ri mais de trezentas vezes no curso das representações de *O Mandato*! Trata-se, por isso, de uma peça cômica? Sakhnovski, que só percebeu nela o fundo trágico, escreve no livro de ouro do teatro:

> *O Mandato* acaba de terminar. Será preciso escrever que eu não pude reter minhas lágrimas? Que coisa terrível e que potência de verdade!

Se o teatro é capaz disso, ele deve comover os corações, abrasá-los. Tudo isso se encontra nesse teatro, nesse espetáculo extraordinário. Meierhold logrou esta coisa inusitada, de fazer chorar e rir de tal modo na Rússia[21].

Um dirigente importante do partido no poder, Micoian, não poupa seus cumprimentos: "Sente-se um verdadeiro prazer na realização de *O Mandato* pelo coletivo de artistas revolucionários do Teatro Meierhold. De todas as realizações teatrais revolucionárias que eu conheço, esta é a melhor"[22].

Neste período, em que tudo parece sorrir a Meierhold, o importante para ele é criar um público fiel, do mesmo modo que aspira contar com um núcleo de atores ligados à sua pessoa e a seu teatro. Este último não busca tanto pintar a história da Rússia, seu passado ou seu presente, como constituir-se, ele próprio, em realidade histórica de referência. Aqueles que vão assistir a *O Mandato* rememoram *A Floresta* ou *O Corno Magnífico*.

O Mandato desenvolve toda uma rede de significações e alusões internas que o público, que se erige em microssociedade, compreende sem dificuldades. Segundo Elaguin, por ocasião da *première*, os *slogans* hostis a Stálin teriam espoucado na plateia. Era a época em que, no rasto da morte de Lênin, o secretário geral do partido comunista instala nos postos de comando os seus fiéis, fazendo ao mesmo tempo cara de respeitar os conselhos das grandes figuras fundadoras do novo Estado, os Trótski, Kamenev, Zinoviev, ou Frunze. É, pois, pouco verossímil que esta manifestação espantosa haja ocorrido. Não obstante, apesar de todos os seus protestos de fidelidade ao movimento revolucionário, Meierhold aparece aos olhos de todos como um não alinhado à procura de uma mitologia pessoal. Os heróis de seu teatro são figuras de revoltados que só escutam as injunções de sua consciência, e não estão enfeudados a nenhum movimento político, são o Hérénian de *As Auroras* ou o Ledroux de *A Terra Revoltada*. Mas esses serão, sobretudo, os heróis anônimos, cuja

---

21 V. Sahnovskij, Iz knigi otzyvov početnyh posetitelej teatra, 25.4.1925. Arquivos Literários e Artísticos da Rússia, fundo 963, inventário 1, documento 288, p. 22.
22 A. Mikojan, Iz knigi otzyvov početnyh posetitelej teatra, 18.5.1925. Arquivos Literários e Artísticos da Rússia, fundo 963, inventário 1, documento 288, p. 27.

revolta pode exprimir-se inclusive de maneira caricatural, como no caso de Gulatschkin.

A independência conquistada com esforço por Meierhold remanesce frágil. Ele tem a responsabilidade por uma equipe de mais de cem pessoas (atores, maquinistas, pessoal administrativo); é um empresário cuja sobrevivência depende tanto das receitas de bilheteria quanto das subvenções do Estado. A autonomia ele a conquista, portanto, em combate constante; de um lado para lotar a sala e, de outro, para convencer as autoridade de seu lealismo, de outro.

Mas esta busca de autonomia estriba-se no respeito à do público. Os *habitués* do Teatro Meierhold são atraídos pelo sopro de independência que emana de sua cena e que os convida a conquistar, por sua vez, sua própria liberdade. No momento, esse movimento para frente é não somente aceito, mas até encorajado. O ano de 1926 apresenta-se como o da consagração.

As duas peças seguintes testemunham perfeitamente esta busca constante de originalidade do criador a modelar uma realidade caótica. Molotov, com seu pequeno espírito de funcionário tacanho, virá para assistir a um desses espetáculos. À saída, dirá com um ar de caçoada a Meierhold: "Então, procurando sempre ser original?" Condenação em sua boca, elogio na do público que assegura a Meierhold sua fidelidade.

O Ano de 1925-1926

No verão de 1925 Meierhold atravessa pela primeira vez depois de doze anos as fronteiras de seu país. Zinaida Reich, que jamais saíra da Rússia, descobre com ele sucessivamente a Alemanha e a Itália. Já então, cumpre-lhes evitar Viena onde, como diz Meierhold, "os nazistas me matarão, eu que sou comunista". Ao que sua esposa replica: "Vsévolod, do que você tem medo, não é que te matem, *a ti*, é que matem Meierhold"[23].

23 A. Fevralskij, *Zapiski rovesnika veka*, p. 283.

Partindo de Moscou no início do mês de julho, o casal se reunirá à trupe no começo de setembro, como em todos os anos, ao término de sua excursão estival em Leningrado.

Na Itália, Meierhold esperava ver Gordon Craig, mas o encontro não ocorreu. Em compensação, ele reencontrou Viatchesláv Ivánov, o antigo cúmplice das reuniões da Torre, o qual, após ter-se retirado para Moscou e depois para a universidade de Baku, refugiou-se finalmente em Roma, onde ensina. A filha do filósofo e poeta lembra-se dos ímpetos de Meierhold, aproveitando-se do abrigo dos portões para carros a fim de beijar Zinaida: o regime fascista é puritano e não se pode cogitar de efusões em público.

Meierhold reata com outro velho conhecido, Platon Kerientsev, representante da URSS junto a Mussolini. Será que os dois homens trocam nesta ocasião reflexões sobre a natureza do fascismo? Sabe-se que certo número de bolcheviques considerava então com alguma simpatia esse movimento de raízes socialistas.

Os Meierhold dirigem-se em seguida para Sorrento, efetuando a peregrinação obrigatória a uma outra grande figura, Maxim Górki. Zinaida se desfaz em lágrimas ao vê-lo, pois encontra nele algo de Iessiênin, talvez seu lado camponês.

Da Alemanha, o casal traz um projetor Pathé e filmes de Chaplin e de Harold Loyd que permitirão organizar sessões de cinema em casa, para a grande alegria dos pequenos e dos grandes. A jovem esposa descobriu no Ocidente uma vida deslumbrante, em comparação com a miséria em que está mergulhada a Rússia. Ela traz de lá toaletes que vão lhe valer pontas de inveja por parte das mulheres, que usam saia e corpete como as professoras primárias e não ostentam, evidentemente, bijus.

Em seu regresso, Zinaida Reich é objeto de uma vexação. Por solidariedade a Meierhold, ela aderira, em 1920, ao partido comunista bolchevique (abandonando o partido social revolucionário ao qual havia se filiado com dezenove anos). A célula do Teatro Meierhold conta, nesta época, com quatorze membros. Ela é informada de que fora excluída durante sua ausência por não ter regularizado suas cotas mensais. Até então, o montante desta contribuição era descontada diretamente de seu salário, mas esta facilidade acabava de ser abandonada. Agastada, recusa a intervenção de seu marido e permanecerá fora desse partido que a trata com tanta desenvoltura e mesquinharia.

A viagem permitiu aos dois esposos esquecer temporariamente os combates incessantes que a vida moscovita impõe, mas o trabalho os convoca para novos ápices.

Iessiênin, que acaba de se casar, vai a Moscou em 18 de setembro, para apresentar aos amigos sua esposa Sofia Tolstaia, neta do escritor. Poucos dias mais tarde, entra em *delirium tremens* e é hospitalizado na ala psiquiátrica. Autorizado a sair do estabelecimento hospitalar, aproveita para ir visitar seus filhos. Estes veem aparecer diante deles um homem sombrio, envergando uma peliça, que os contempla sem nada dizer, com ar ausente. Ele parte de volta para Leningrado onde se instala no Hotel da Inglaterra. Vão encontrá-lo pendurado em seu aposento, no dia 28 de dezembro. Tão logo recebem a notícia, os Meierhold tomam o trem para Leningrado, onde passarão dois dias, o tempo necessário para assistir à cerimônia fúnebre. Zinaida Reich, transtornada, grita de dor.

A vida retoma seu curso. Neste fim de ano de 1925, Meierhold tem duas obras no canteiro. A principal é *O Revizor*, de Nicolai Gógol, na qual ele colocará tanto de si mesmo e cujos ensaios começarão em outubro. A outra, é uma destas peças de propaganda que estimulam seu virtuosismo. Trata-se de *Grita, China!*, texto consagrado à luta dos chineses contra os ocupantes estrangeiros.

Grita, China!

Serguêi Tretiakov havia passado um ano na China, naquela época conturbada que Malraux iria descrever de maneira tão dramática. Trouxera de lá a peça *Grita, China!*, reportagem sobre a sinistra vingança ordenada pelo comandante da canhoneira inglesa *Cockchafer*. Após a morte de um jornalista americano pretensamente assassinado por barqueiros chineses, este comandante exige da municipalidade de Van Sian, burgo situado no rio Yang-tse-kiang, a execução de dois barqueiros a título de represália.

O mesmo tema será retomado no filme de Robert Wise, *A Canhoneira do Yang-Tse*, realizado por ocasião da guerra do Vietnã.

Meierhold confia a seu assistente, Vassíli Fiodorov, o cuidado de preparar a encenação. A peça é dividida em nove episódios denominados "Nós". Aplicando as regras que havia aprendido, Fiodorov cerca-se de uma documentação consequente, lê tudo o que pode encontrar sobre a China, estuda ilustrações e elabora soluções cênicas engenhosas. Como diz Garin:

> Os atores trabalhavam com prazer e mesmo com alegria. Fiodorov, ele próprio, estava alegre e afável, eles lhe comunicavam seus achados de atuação. Os efeitos cênicos eram inteiramente convincentes e expressivos... Depois chegava o Mestre, Meierhold. E vimos, com nossos próprios olhos, esta coisa maravilhosa que é a grande arte. Tudo aquilo que era tocado pela mão de Meierhold criava uma realidade e uma beleza bem superiores ao que havia elaborado Fiodorov, que tinha alguma coisa de correto, sem mais[24].

Uma vez mais, Meierhold atribui a Babanova um papel secundário, o do *boy* a serviço do comandante. Mas deste pequeno papel, a imaginação cênica do encenador e a arte do comediante vão fazer uma peça de resistência unanimemente saudada. Humilhado por seus amos, aterrorizada pelo anúncio de que dois chineses deverão ser supliciados injustamente, o *boy* opera uma morte simbólica: celebrando ritos antigos, canta uma melodia fúnebre antes de se pendurar na porta da cabine do comandante, chamando sobre sua cabeça a vingança dos espíritos.

De acordo com sua assistente, Lokschina, bastou um único ensaio de quarenta minutos para deixar no ponto este episódio que se revela como um dos momentos cruciais do espetáculo[25]. Ao que Babanova acrescentará: "Eu estou pronta a pacientar cinco anos, dez anos, para reencontrar a felicidade de uma sessão de quarenta minutos como aquela".

Eis como Garin descreve a cena:

---

24 E. Garin, *S Mejerhol'dom* (*Vospominanija*), p. 116.
25 Quanto ao testemunho de Lokschina, ver M. Turovskaja, op. cit., p. 107.

Babanova subiu sem ruído à ponte superior da canhoneira. Lançou um olhar circular sobre o horizonte recoberto de uma bruma matinal e começou a cantar sua triste melodia chinesa. Trazia na mão os supensórios que acabava de tirar e se aproximou lentamente da porta. Mimetizou à perfeição a angústia que precede a morte. Depois o escuro se fez e a luz retornou; via-se o corpo do *boy* que pendia acima da porta do comandante...

Quando esta cena ficou acertada todos os atores presentes lhe fizeram uma ovação[26].

Lokschina adiciona um pormenor pérfido. Ao fim do ensaio, ouve-se de repente a voz de Zinaida Reich que, entrando na sala, faz ressoar um "Seva"[27] bem sustentado. Tudo está dito. Do homem ou do encenador, quem prevalecerá?

Cinquenta anos mais tarde, Babanova guarda a lembrança desta sessão excepcional. Apesar de seu amargor, ela permaneceu fiel à imagem daquele homem que ela admirou como comediante e adorou como mulher.

> Estamos no fim da peça: subo a ponto e costeio a cena cantando; devo cantar duas melodias, uma baixa, outra mais aguda. Não esqueçam que esse *boy* era uma criança. Meierhold está em alguma parte no fundo da sala, eu não posso vê-lo; ele se aproxima de súbito da rampa, seguindo de perto todos os meus movimentos, lançando breves observações: "Aqui se abaixe, apoie-se contra a balaustra, abaixe a cabeça, sem apressar-se, avance..." e durante todo esse tempo devo continuar a cantar à plena voz. No momento em que chego diante da porta da cabine do comandante, ele manda eu me agachar: "E agora desprende teus suspensórios com a mão... e canta... canta". Com a mão, desprendo meus suspensórios, chegando ao mesmo tempo à nota mais alta, que consigo manter a custo. Eu tenho uma voz de um registro elevado, chego até o *mi* mais agudo. Nesse momento aí se faz a obscuridade, eu salto para baixo, e quando a luz volta, eu me balanço já rígida como um cadáver... Esta canção me ressoa ainda hoje na minha cabeça...[28].

26 E. Garin, op. cit., p. 116.
27 Diminutivo afetuoso de Vsévolod.
28 M. Turovskaja, op. cit., p. 78.

Avaro em cumprimentos, Meierhold deixa escapar: "Que inteligência!" Este pequeno episódio contribuirá mais para o sucesso da peça que as invenções técnicas de que ela regurgita: a água que separa o palco da plateia, os movimentos de massa regulados à perfeição e o impressionante deslocamento da torre da canhoneira, que volve a goela negra de seu canhão para o público no fim da peça.

Tanto em Moscou como nas turnês pela província, o público não retém senão a personagem em travesti de Babanova, a imprensa transborda de elogios e multiplica seus retratos. Seu físico de jovem efebo tem algo de infinitamente perturbador.

Meierhold será tanto mais impiedoso com ela quanto sente em relação a ela uma atração ambígua em que é difícil discernir a parte do talento e a da sensualidade. Com seu corpo ágil e sua faculdade de improvisação, ela é a atriz meierholdiana por excelência. Mas ela chega tarde demais, quando ele encontrou em Zinaida Reich uma companheira que o compreende e uma comediante que ele pode moldar à sua vontade.

Como é de se prever, o meio teatral se torna palco de murmurações maledicentes, visando particularmente Zinaida Reich que é muito ciumenta. Atribuem-lhe, por certo sem razão, numerosas ligações amorosas. Segundo sua filha Tatiana, ela está longe, entretanto, de possuir o temperamento vulcânico que a plenitude de seu tipo meridional faz supor: "Minha mãe nunca amou ninguém. Ela era sensível, emotiva, podia embeiçar-se por alguém, mas ignorava o amor. Talvez porque era demasiado racional. E, sobretudo, ela punha antes de todas as coisas sua pessoa, seu bem-estar, seus interesses. Certo, ela gostava de virar a cabeça dos homens, mas seguramente jamais transpôs o limite da simples coqueteria em relação a seus inúmeros admiradores"[29].

Em se tratando da peça de Tretiakov, não é tanto sua mensagem que impressiona mas sim a maneira pela qual esta é transmitida ao público; a pesquisa formal centrada na expressão em termos estéticos dos temas mais repisados da propaganda. Longe de se

---

29 T. Esenina. Palavras relatadas em L. Kafanova, Mejerhol'd i Rajh, *Novyj žurnal*, n. 186, 1992.

apresentar como neutra, esta pesquisa deve permitir tomar partido e, portanto, servir a objetivos políticos sem os habituais lugares-comuns. É o que viu muito bem o crítico Pavel Markov:

> É apaixonante ver a vida dos chineses, tal como ela é mostrada no Teatro Meierhold, sem insípida boniteza ou ornamentalismo exótico, o quadro etnográfico que nos foi apresentado consiste em nos fazer ouvir melodias chinesas e assistir cenas de rua em porto chinês. Mas sobre este fundo é ainda mais apaixonante e verdadeiramente emocionante seguir algumas personagens em seu quadro. O garoto chinês, o *boy*, é representado por Babanova, e a cena lírica de seu suicídio, pautado à perfeição, é mais eloquente que todo estereótipo de propaganda. Através do destino de personagens individuais, às vezes episódicos, a tragédia da China aparece mais claramente do que por meio de construções alambicadas. Assistimos, enfim, a esta "abertura dos parênteses" que aguardávamos de há muito, à demolição do esquema de propagandista, à mutação da propaganda que, abandonando os estereótipos, desvela doravante o destino dos homens[30].

Meierhold é um homem de temperamento irritável. Na noite da estreia, 23 de janeiro de 1926, ele dá livre curso a seu mau humor e a seu ciúme de criador: Ao fim da representação, ele se precipita para a rampa e se dissocia brutalmente de seu assistente. O espetáculo, declara ele, "foi inteiramente realizado pelo camarada Fiodorov, [seu] aluno do curso de arte dramática, e o público deve manifestar sua indulgência para com sua falta de experiência". Ele acrescenta que numerosos espectadores assistiram certamente na véspera à apresentação de *Coração Ardente* (de Ostróvski) no Teatro Artístico. Ele pede que se abstenham de toda comparação entre a notável realização de Stanislávski e o trabalho de Fiodorov.

Após esta afronta pública, Fiodorov não tem outra solução exceto deixar o teatro. Ele arrasta atrás de si Schlepianov, o cenógrafo, assim como alguns atores. No cartaz a anunciar a peça é doravante especificado que se trata do "espetáculo de fim de curso do estudante Fiodorov, revisto e corrigido por V. Meierhold".

30 P. Markov, *Pravda teatra*, p. 404.

Se Meierhold fez alusão ao Teatro Artístico, é que este retornou à sua casa em Moscou, após uma longa ausência nos Estados Unidos, de onde voltou amputado seus de numerosos atores. Muitos se instalaram em Praga esperando tempos melhores. Eles fundaram na capital da Tchecoslováquia O Teatro Artístico de Praga. Em Moscou, os demais entregam-se de novo, pouco a pouco, ao trabalho, descobrindo os estranhos usos da vida soviética. Mais à vontade no teatro clássico do que nas obras de propaganda, Stanislávski aproveitou o *slogan* do "retorno a Ostróvski", que dera tão certo para Meierhold, a fim de montar *Coração Ardente*. O velho mestre não perdera sua garra e fala-se em obra-prima. Pouco depois, para responder à demanda das autoridades culturais, ele acometará uma obra contemporânea, uma obra ambígua, que se recusa a toda propaganda, *A Guarda Branca*, do jovem autor Mikhail Bulgakov. As dificuldades não faltarão e, malgrado um grande sucesso público, o Teatro Artístico de Moscou será intimado a montar uma obra politicamente irrepreensível.

Operando, se assim se pode dizer, o trâmite inverso, Meierhold investe sua arte, durante todo um ano, em um trabalho aprofundado de decapagem e de ressurreição de uma obra clássica: *O Revizor*. Esta peça emblemática era dada todos os anos no dia da abertura da temporada teatral no Teatro Alexandrínski. Tendo se tornado demasiado familiar, ela ficara empoeirada e insossa. Trata-se agora de lhe devolver todo o seu verdor e todo o seu ardor polêmico.

Uma Consagração: o Teatro Nacional Meierhold (1926-1938)

Antes de abordar a análise desse espetáculo, que ocupa um lugar central no percurso de Meierhold, cumpre relatar um acontecimento que testemunha a posição excepcional que o homem e seu teatro tinham na sociedade russa de seu tempo.

Em 25 de abril de 1926 é celebrado com solenidade o quinto aniversário da implantação do Teatro Meierhold na sala do Teatro ex-Sohn. A organização das festividades foi confiada a um comitê de honra presidido por Clara Zetkin, sob a vice-presidência de Anatoli Lunatchárski. O comitê compreende tanto dirigentes comunistas estrangeiros, que trabalham na administração do Komintern, como personalidades do mundo literário, teatral ou político: Bela Kun, Karl Radek, Rafail, Ernst Toller, Stanislávski, Mikhail Tchékhov, Budieni, o comandante da Cavalaria Vermelha, Voronski, o redator da revista *Terras Virgens Vermelhas*, ou Kniper-Tchékhova, a antiga condiscípula de Meierhold e viúva do escritor. Como pontua o programa:

> Durante cinco anos (1920-1925), esse teatro esforçou-se em descobrir novos caminhos em matéria de arte revolucionária e de adaptar suas realizações ao espírito da cultura socialista. Um trabalho estafante nos anos mais duros para esse teatro, um trabalho que visa criar um novo ator, formar o público e ajudar no labor dos clubes de operários e soldados, permite a este teatro considerar com certa satisfação o caminho percorrido.

A celebração que se desenvolve em três dias, de 25 a 27 de abril, é ilustrada por extratos de oito obras maiores criadas desde 1920. Em seu discurso liminar, Lunatchárski anuncia uma nova excepcional: o "colégio" do Comissariado do Povo para a Educação e a Cultura, por ele presidido, decidiu por unanimidade propor ao Conselho dos Comissários do Povo fazer do Teatro Meierhold um teatro nacional. Além do prestígio atribuído a esse título, isto significa que esta instituição será financiada pelo orçamento do Estado. A decisão oficial é notificada em 9 de julho: a temporada teatral de 1926-1927 será, portanto, a primeira do Teatro Nacional Meierhold.

Toda a evolução do teatro desfila nesses dias de celebração: o Primeiro Teatro da RSFSR, com *As Auroras* e o *Mistério Bufo*; depois o Teatro do Ator, com *A Morte de Tarelkin*; em seguida o Teatro Meierhold, com *A Terra Revoltada, Bubus, o Preceptor, A Floresta, Tirem as Mãos da Europa* e *O Mandato*.

Observa-se a ausência de um espetáculo que marcou presença: *O Corno Magnífico*. Mas em 1926, Ilínski, sem o qual o papel de Bruno é inconcebível, atua em outro teatro...

Estão associados a essas festividades diversos clubes animados por atores do Teatro Meierhold:

- O regimento de infantaria de Moscou: movimentos ligados à vida militar e às atividades esportivas;
- A Universidade Comunista dos Trabalhadores do Oriente: grupo de estudantes iranianos dirigidos por Nicolai Ekk (futuro cineasta);
- O clube da divisão de Unidades de Ações Especiais: extrato do "Julgamento do Soldado Vermelho Mitka Treplov" (com Nicolai Ekk);
- A Universidade dos Trabalhadores Chineses: episódios da revolução chinesa (com Nicolai Ekk);
- Pedido endereçado ao Teatro Meierhold pela União dos Comerciantes de Varejo;
- Homenagem ao Teatro Meierhold pela Seção Teatral do Instituto Usbeque Stálin (com a orquestra da Escola Superior dos Guardas-Fronteiras da Oguepeu).
- O terceiro e último dia é consagrado à representação completa de *Grita, China!*, espetáculo que ilustra bem as posições internacionalistas do Teatro Meierhold.

É, pois, com um sentimento de plena satisfação que a trupe efetua, no verão de 1926, sua tradicional excursão para o sul (Kiev e Odessa), antes de terminar em Leningrado. As peças apresentadas são aquelas que obtiveram mais êxito e garantem, portanto, uma boa receita: *A Floresta*, *O Mandato* e *A Terra Revoltada*.

Meierhold encontra-se no apogeu de sua celebridade e consegue, enfim, um apartamento no centro de Moscou, nas proximidades da prefeitura. O imóvel está ainda em construção e é somente no verão de 1928 que os Meierhold deixarão o bulevar Novinski para instalar-se na rua Briússov. Na mesma ocasião, os filhos de Iessiênin herdam de seu pai uma soma importante em direitos autorais. Os Meierhold compram, em nome deles, uma datcha em Gorenki, nas cercanias de Moscou. Para evitar qualquer acusação de apropriação de herança, uma placa indica: "Propriedade de Tatiana e Konstantin Iessiênin". Este será um lugar de descanso muito apreciado por toda família; Meierhold retirar-se-á amiúde para lá, a fim de preparar, na calma, seus trabalhos de encenação ou mesmo trabalhar cenas com seus atores.

O Revizor

Foi preciso um ano de trabalhos preparatórios e de ensaios para realizar esse espetáculo que constitui, ao mesmo tempo, um retrato de Gógol e um autorretrato de Meierhold. O texto do programa é a ilustração de uma estratégia de combate:

> *O Revizor*, comédia de N. V. Gógol, em quinze episódios e uma cena muda, texto cênico (recomposto com a ajuda das variantes) acertado por V. Meierhold e M. M. Koreniev.
> Autor do espetáculo: Vsévolod Meierhold (concepção da cenografia, *mise-en-scène*[31], biografia das personagens, invenção das novas personagens, dicção, pronunciação, ritmo, composição musical, luzes, concepção da cena muda).
> Assistente da *mise en scène*: M. M. Koreniev, P. V. Tsetnerovitch, Kh. A. Lokschina.
> Cenógrafo: V. P. Kisseliov (costumes, maquilagem, objetos, luz).

Em seguida são enumerados os técnicos, maquinistas, *costumiers*, costureiras, fabricantes de acessórios etc. e, em fim de lista, os atores, episódio por episódio[32].

A faina com a peça começa já no verão de 1925. Da Itália, Meierhold escreve a Koreniev pedindo-lhe que arranje todas as variantes do texto, tanto as que foram recusadas pela censura quanto as que o próprio Gógol abandonou por diversas razões. A "recomposição por meio das variantes" realizada pelos dois roteiristas consiste, de uma parte, em reintroduzir réplicas ou até personagens suprimidas por Gógol e, de outra, de realizar uma colagem com passagens extraídas de outras comédias, como *Himeneu*

---

31 Em francês no texto original russo.
32 Ver fac-símile do programa em M. Sitkoveckaja (org.), *Mejerhol'd repetiruet, Spektakli 20-h godov*, v. I, p. 33.

ou *Os Jogadores*. Efetuando a caça aos monólogos que produzem sempre um efeito "teatral", Meierhold os substitui por diálogos, recorrendo a interlocutores mudos que supostamente dão a réplica à personagem. Isto leva, no outono de 1925, à introdução, na peça, do Oficial de Passagem, que aborda Khlestakov em seu quarto de estalagem e não o larga mais, e do Hussardo Azul – apaixonado por Ana, a mulher do governador – que sai do armário da coquete dona da casa, para lhe cantar uma romança e estoura os miolos com uma pistola de brinquedo.

Contrariamente ao seu hábito, que consiste em lançar os atores sobre os tablados desde o fim da leitura coletiva da peça, Meierhold volta ao método caro ao Teatro Artístico. Sentados ao redor de uma mesa, os atores leem cada um o seu papel e, em seguida, o comentam longamente com o encenador. Toma-se o tempo que for necessário e segue-se rigorosamente a ordem das cenas.

Os ensaios no palco começam na primavera. Meierhold atribui uma importância primordial à cena muda, que aborda com prioridade. Ele manda confeccionar personagens em papel machê por moldagem dos atores paralisados na posição em que se encontram, no momento em que se anuncia a chegada inopinada do verdadeiro inspetor. Ficam todos petrificados de horror, daí a cena muda. Não se trata aqui de manequins anônimos como mostrados habitualmente, porém de comediantes, eles mesmos subitamente imobilizados como no juízo final. O realismo absoluto transforma-se em alucinação.

Béatrice Picon-Vallin discerne aí, inclusive, uma visão profética: "Como não ver nesta tragicomédia do poder e do medo, nesses manequins petrificados, no desígnio de Gógol realizado pela primeira vez em um palco russo, um anúncio quase profético da impostura maior do século que será o stalinismo?"[33]

Um outro episódio particularmente surpreendente é o das "propinas". Khlestakov está no meio do palco, cercado por quinze portas de cor acaju[34]. Estas se abrem para deixar passar os principais altos

---

33 *Meyerhold*, p. 339.
34 Quinze portas em madeira imitando acaju, de polimento brilhante, formam um semicírculo no fundo do palco. As três portas centrais podem abrir-se, para deixar passar um praticável que é uma cena reservada aos episódios importantes. Esta cena, em forma trapezoidal, com largura de 4,20 m na parte anterior, 3,20 m na parte traseira, com uma

funcionários em cargo na cidade, os quais se põem de acordo a fim de propor-lhe espessos maços de notas para comprar seu silêncio.

Uma cena capital é aquela dos "mexericos". Khlestakov, após uma refeição bem regada no asilo dos velhos, acha-se instalado em uma otomana no centro do palco. Os atores apertam-se em volta do convidado de prol. A mãe e a filha rivalizam em olhadelas a respeito do jovem petersburguês; este último, tomado de confiança, começa um relato ofegante, no qual ressalta que é um dos mais altos dignitários do país, talvez mesmo o chefe do Estado--Maior, e que tem livre acesso ao tsar. Bem no meio de seu voo, ele adormece e se põe a roncar. O governador e seus hóspedes observam com respeitoso temor seus roncos.

Esta cena, nos diz Garin, é por muito tempo negligenciada por um Meierhold que parece hesitar sobre o caminho a seguir. Depois, em certa noite, poucos dias antes do ensaio geral, ele faz o acerto, conferindo-lhe o ritmo desejado. É preciso que o relato de Khlestakov se apresente como verossímil apesar do seu caráter extravagante. Persuadidos de que se trata do Revizor, isto é, do inspetor geral incumbido pelo Estado de verificar a honestidade e a competência de seus altos funcionários, seus interlocutores transidos de medo estão como que hipnotizados.

O luxo das roupas e dos móveis de estilo Império (época de Alexandre I) assegura a promoção do pequeno burgo, pintado por Gógol, a uma importante capital de província. É uma alegoria do Estado russo antes da Revolução, mas ninguém impede de ver aí a denúncia de um mal mais geral, o da baixeza, da ignomínia, do abuso dos quais se fazem culpados todos os homens do poder, qualquer que seja o regime referido.

Neste outono de 1926, a atualidade política do país está agitada. Em 18 de outubro, o famoso "testamento" de Lênin, publicado pelo *New York Times*, circula nos meios políticos e intelectuais de Moscou. Apresentado sob uma luz negativa, nesse documento que parece dar vantagem a Trótski, Stálin reage com uma rapidez insuspeita. Manda excluir Trótski e Kamenev do Bureau Político e priva Zinoviev

---

profundidade de 3,80 m, constitui um plano inclinado de 60 cm atrás e de 15 cm na frente. Isto obriga os atores a um jogo de extrema finura. As cenas de multidão e a cena muda ocupam toda a superfície do palco.

da presidência da Internacional Comunista. Meierhold sente o choque: dois de seus principais protetores são atingidos.

O teatro reage como sismógrafo da vida política. Lunatchárski parece tê-lo compreendido quando escreve a propósito de *O Revizor*:

> Com um golpe de varinha mágica o encenador revela a terrível automatização, a inércia pavorosa do mundo descrito por Gógol e que continua a existir ao nosso lado... Dissecando esse mundo em uma parte morta e uma parte em movimento, Meierhold, com sua poderosa voz de profeta, declara: vós estais mortos, vosso próprio movimento está morto"[35].

A estreia, que ocorre em 9 de dezembro de 1926, provoca gritos de admiração e uivos de indignação. No primeiro campo encontram-se, além de Lunatchárski, escritores e críticos como Vladímir Maiakóvski, Andréi Biely, Aleksandr Kugel. Vladímir Soloviov, Pavel Markov ou Nicolai Petrov. Os opositores, como Demian Biedni, Vadim Cherchenevitch, Mikhail Levidov ou Leonid Grossman, acusam Meierhold de ter dado uma interpretação "mística" da peça e de haver expulso o riso. Os críticos "marxistas", até então fiéis sustentáculos de Meierhold, bradam traição. Quanto a Viktor Schklóvski, o crítico formalista, membro do Frente de Esquerda da Arte, dirigida por Maiakóvski, ele ataca a sra. Meierhold em um artigo intitulado: "Madame Governador em Quinze Porções" (alusão aos quinze episódios do espetáculo e à presença de Zinaida Reich em quase todos).

As críticas injustas que se referem à atuação de Zinaida Reich irritam particularmente Meierhold, que suspeita que a imprensa presta ouvidos às recriminações de Babanova contra a sua rival.

Apesar de sua ignorância da língua russa, Walter Benjamin nos descreve com espírito um dos numerosos debates consagrado ao *Revizor* (o de 3 de janeiro de 1927):

> Junto a uma longa mesa verde estavam sentados Lunatchárski, Pelsché, o diretor da seção artística da Direção da Política Cultural [Valerian Pletniov], presidente da sessão, Maiakóvski, Andréi Biely, Mikhail Levidov e muitos outros. Na primeira

---

35 A. Lunačarskij, *O teatre i dramaturgii*, v. I, p. 406.

fileira da plateia estava Meierhold em pessoa [...] Um orador contrário ao espetáculo falava com uma virulência demagógica. Embora constituíssem a maioria na plateia, os contraditores foram incapazes de conquistar o público. E quando, por fim, Meierhold, ele mesmo assomou [à tribuna], foi saudado por uma tempestade de aplausos [...] Mas, para a sua infelicidade, ele se rendeu em seguida inteiramente ao seu temperamento de orador. Nesta ocasião se manifestou um rancor que chocou todo mundo. Quando, finalmente, lançou a suspeita de que um dos críticos o teria atacado somente porque este último, havendo trabalhado antes com Meierhold, com ele havia se desentido, todo o contato com a massa foi perdido. A fuga para o seu dossiê e um grande número de justificações materiais sobre elementos contestados da representação tampouco o ajudou mais [...] Quando, enfim, concluiu, obteve apenas magérrimos aplausos[36].

Como observa Lunatchárski, os violentos ataques contra Meierhold, considerado culpado de "misticismo" e de abandono do teatro revolucionário "tiveram um efeito destruidor sobre os nervos de um artista sensível"[37]. Por "misticismo" deve-se entender, com efeito, tudo aquilo que não constitui uma representação literal da realidade e este termo tornou-se, pouco a pouco, sinônimo de obscurantismo e até de antissovietismo.

Além dos numerosos debates organizados para discutir a peça, esta deu lugar a publicações eruditas como *Gógol e Meierhold*[38], recolha de artigos de universitários ou de escritores de renome, que vão de Aleksandr Slonimski a Andréi Biely.

Pavel Markov explica esta agitação como sendo uma espécie de nostalgia pelas discussões da época da guerra civil: "Sobre o fundo assaz monótono de nossa vida teatral, [a peça] se impôs como um colosso sombrio e maravilhoso, e a antiga excitação dos combates no *front*, agora findos, reapareceu em torno da última obra teatral de Meierhold"[39].

36 Op. cit., p. 97.
37 A. Lunačarskij, O teatral'nyh trevogah, *Krasnaja gazeta*, 13.9.1928.
38 *Gogol' i Mejerhol'd*, Nikitinskie subbotniki, Moscou, 1927.
39 *O teatre*, Moscou, v. III, p. 383.

O escritor Kornei Tchukóvski prefere situar esta realização no plano da evolução dos trabalhos cênicos do diretor:

> O que me impressionou nas encenações de Meierhold é seu substrato psicológico. Os idiotas só veem nelas artifícios sem se aperceber que no fundo de cada um desses artifícios bate um coração, palpita uma alma, reside um conhecimento aprofundado da alma humana. Eu não supunha em Meierhold uma tal ciência do coração. Se ele não fosse um encenador, poderia ser um grande escritor do gênero de James Joyce. Seu capital reside em um conhecimento inusitado da unidade psicossomática do homem, o que lhe permite montar de uma maneira nova *A Floresta* e *O Revizor*. Há uma multidão de informações novas, originais, sobre Khlestakov, sobre o governador; e todos os seus artifícios são para ele meios de nos tornar parte dessas informações[40].

Se Meierhold escolheu, na hora, Babanova para o papel de Maria, a filha do governador, o papel da mãe, Ana, ficou por muito tempo sem titular. Ele tentou entregá-lo a várias atrizes de seu elenco, Remizova, depois Tiapkina ou ainda Serebriannikova. Nenhuma delas o satisfez. A cumplicidade mesclada de rivalidade amorosa entre a mãe e a filha era, para ele, uma mola essencial da peça. Como que contra a vontade, pediu a Zinaida Reich que ensaiasse o papel. Estavam no mês de setembro. Ela se revelará uma admirável esposa de governador.

É tendencioso afirmar, como o faz a biógrafa de Babanova, que Meierhold queria converter sua mulher no pivô do espetáculo. Mas é verdade que, uma vez assumido o papel, ela lhe deu uma presença espantosa. As pulsões da vida estão aqui escondidas e se manifestam tanto na comédia do poder como na do amor. A música de cena contribui para dar à peça a atmosfera de sensualidade introduzida pela esposa do governador. *Pot-pourri* de danças, depois, no último ato, uma música de casamento executada por uma orquestra judaica. Por contraste, Maria, a jovem filha, canta romanças de amor...

---

[40] Carta de K. Tchukóvski a Leo Arnstam (1.10.1926). Arquivos Literários e Artísticos da Rússia, fundo 963, inventário 1, documento 515.

O encenador, admiravelmente, tira partido da rivalidade das duas mulheres na vida para transpô-la na cena. Khlestakov irá declarar sucessivamente sua paixão pela mãe e, depois, pela filha, criando uma situação de tensão erótica. Esta cena, situada no quinto ato em Gógol, torna-se, na partitura de Meierhold, o episódio número dez, intitulado "Cobre-me de Beijos". O caráter hiperbólico do título e sua sensualidade afirmada definem bem o seu alcance.

Cinco personagens figuram neste episódio: Ana, a esposa do governador (Zinaida Reich), sua filha Maria (Maria Babanova) e três homens, Khlestakov (Garin) e as duas personagens mudas, o Oficial de Passagem e o Hussardo Azul, "pianista furioso". Uma melodia de Glinka serve de trama à intriga amorosa. Desejando, como ele diz com grosseria, "colher as flores do prazer", Khlestakov é sensível à cintilante sensualidade da mãe, cujas belas espáduas desnudas ele admira. Mas, uma vez que esta se encontra fora de alcance, ele não hesita em tentar a sorte com a filha, utilizando-se de uma desenvoltura plena de subentendidos inconvenientes e que frisa a grosseria, a ponto de o Hussardo Azul fingir que o provoca para um duelo, enquanto o Oficial de Passagem se contenta em sorrir cinicamente.

Mas eis que Ana se aproxima do piano e canta, acompanhada pelo Hussardo Azul, a melodia de Glinka que empresta seu nome a este episódio:

> Em meu coração arde o fogo do desejo,
> Minha alma morre por ti,
> Cobre-me de beijos, teus beijos
> São para mim mais doces que a mirra e o vinho.

Khlestakov vai e vem, dirige a palavra à jovem, ela o convida a dançar a quadrinha. Mãe e filha rivalizam em coqueteria, mostram-se igualmente provocantes para com seu cavalheiro (música arrebatadora e sincopada). Entregando-se ao jogo, Khlestakov declara sua paixão à filha, depois à mãe, à mercê das mudanças que impõe a quadrilha, na qual toma parte o Oficial de Passagem. Khlestakov faz trejeitos amorosos para Ana às costas de Maria e, quando chega junto à mãe, ocorre-lhe pedi-la em casamento. Esta lhe retruca a famosa réplica: "Mas eu sou de algum modo casada!" A música da quadrilha continua, enquanto a mãe, desnorteada, sai do aposento. Ficando só com Maria, Khlestakov pede-lhe permissão de "imprimir" um beijo em seus lábios, o que ele se apressa a fazer sem esperar a reposta. À vista desse gesto, a mãe, que acaba de voltar, brada severamente, "O que estou vendo!", e ordena à filha que se retire imediatamente.

Aqui se situa uma pequena joia de jogo mudo que resume toda a arte do encenador. Enquanto Ana o considera desastroso, Khlestakov se aproxima do Hussardo Azul sempre ao piano. Ele dá as costas a Ana (e ao público), no seu fraque de corte bem talhado. Para mascarar seu embaraço, finge olhar por um bom momento a partitura pousada na estante. Esta parada na ação proporciona ao espectador tempo para a reflexão: ele toma mais consciência do despeito da mulher do governador e do beco sem saída em que se meteu o pseudo-inspetor geral com muita dificuldade para se explicar. Pergunta-se com impaciência como poderá livrar-se desse passo em falso. De repente, vê-se Khlestakov inclinar-se sobre a partitura e observá-la com redobrada atenção, com suas costas curvadas traduzindo uma grande concentração. Como disse um crítico:

> A cada uma das quatro representações que assisti, esse movimento suscitou o riso do público, um riso que traduzia a resolução da tensão e à qual o movimento do ator constituía o acorde final [...] Tratava-se de um jogo mudo construído qual uma frase musical. O tema é dado, a seguir vêm as dissonâncias que criam um estado de tensão, finalmente resolvido no acorde final"[41].

Ele se vira de súbito e, tomando a mãe em seus braços, declara-lhe de novo sua paixão beijando-a ao mesmo tempo; Maria retorna neste momento e é ela quem grita, por sua vez: "O que estou vendo!" Após um momento de confusão, sempre acompanhado pela música do Hussardo Azul, Khlestakov pega, com ar decidido, Maria pelo braço e a conduz perante sua mãe. Qual não é a

---

41 A. Gvozdev, Muzykal'naja pantomima *Revizora*, *Žizn' iskusstva*, n. 3, p. 9.

estupefação desta ao ouvi-lo pedir a mão de sua filha! Incapaz de reagir, a mãe abençoa maquinalmente o jovem casal, enquanto se ouve, de novo, a melodia de Glinka que ela havia entoado um pouco antes. A cena termina com uma precisão eloquente:

> Khlestakov pega a mão de Maria e a coloca sobre a sua, a seguir apodera-se da mão de Ana, beija-lhe apaixonadamente as pontas dos dedos e, quando o trio se volta a fim de se encaminhar para o fundo da cena, constata-se que ele aperta com o braço esquerdo a cintura da mãe que, por seu turno, deita a cabeça sobre a espádua do jovem homem. Quanto a Maria, ela segue Khlestakov como uma boneca mecânica. Ouve-se os últimos acordes da melodia e as personagens deixam a cena[42].

Um Duelo Desigual

A relação entre as duas mulheres estava exatamente traçada por suas personagens. Se Maria era fraca e charmosa, parecia hipnotizada pelo aventureiro, ao passo que Ana, na sua beleza polposa, mostrava mais experiência no comércio com os homens e manifestava um temperamento pleno de sensualidade.

Babanova queixa-se dos maus modos que Zinaida Reich lhe teria infligido e que pareciam antes como infantilidades. Sua divulgação cinquenta anos depois não lhe faz honra. Uma cena em que as duas mulheres se acham em competição subjacente é aquela dos "mexericos". Na atmosfera confinada do salão do governador, o pequeno arrivista de São Petersburgo se entrega a um festival de fanfarronadas. Seus hospedeiros expuseram diante dele toda espécie de gulodices, bombons, chocolates, frutas e, especialmente, esta iguaria tão rara nas regiões do Norte, que é o melão. Arrebatado por seu impulso de falador, Khlestakov não se controla mais: ele é unha e carne com Púschkin e é, ele próprio, o autor de muitas obras de ficção, tais como "*O Casamento de Fígaro, Roberto o Diabo, A Norma* ou, ainda, *Iuri Miroslavski*".

---

[42] E. Garin, op. cit., p. 162.

Maria, que leu esta última obra, não pode impedir-se de assinalar seu espanto: "Mas, mamãe, ele escreveu um livro que é a obra de M. Zagoskin". Sua mãe a repreende no mesmo instante: "Aí está você, eu bem sabia que também aqui você gostaria de pôr um grão de sal!"[43] E em cima desta réplica ela dá um tapa em Maria que lança um grito penetrante.

Eis a cena recontada por Maria Babanova:

> Vocês acreditam que eu gritei assim porque isso fazia parte de meu papel? Na verdade, Reich me beliscou tão fortemente que fiquei coberta de hematomas que levaram muito tempo para desaparecer. E depois ela cortou o melão, um verdadeiro melão, e o ofereceu a Khlestakov, e a mim ela só me deu um pequeno pedaço [...] Imaginem meu despeito: um melão no inverno! Um melão da Geórgia! Eis o que era minha vida nesse teatro[44].

Um dos críticos foi tomado de uma estranha sensação de ausência nessa personagem:

> Babanova deu à personagem de Maria um retrato distanciado, à chinesa, apresentando uma adolescente às vezes muito picante e que lembra, no fim, de maneira tocante, a personagem de Ofélia. Depois, ela desaparece de súbito, parece afogar-se, com uma melodia na boca, na multidão densa de convidados convocados para o episódio "Que triunfo!", suscitando, por seu desaparecimento, um sentimento pungente nos espectadores[45].

Trata-se de uma vontade consciente de distanciamento, ou esse jogo no vazado testemunha uma vontade de apagar-se, de deixar por despeito, o primeiro lugar à protagonista, Zinaida Reich?

Esta começa a assimilar, com mais dificuldade talvez, mas não sem mérito, as indicações de seu marido encenador. Pela primeira vez desde que subiu ao tablado, sente-se atriz, pois se trata, para ela, de uma verdadeira criação. A mulher do governador foi à sua maneira uma obra-prima. Basta ater-se a um testemunho,

---

43 N. Gogol, *Le Révizor, Oeuvres complètes.*
44 M. Turovskaja, op. cit., p. 94.
45 P. Zajcev, *Revizor u Mejerhol'da, Gogol' i Mejerhol'd*, p. 167.

o do ator-encenador Mikhail Tchékhov. Ele mesmo havia interpretado o papel de Khlestakov, pouco tempo antes, no Primeiro Estúdio do Teatro Artístico, e seus juízos merecem fé de autoridade. Ele escreveu pessoalmente uma carta a Zinaida Reich a fim de felicitá-la:

> Estou ainda todo tomado pela impressão que recebi de *O Revizor*, ou mais exatamente de várias cenas de *O Revizor* e de dois intérpretes, vós e o maravilhoso Garin... O que me impressiona é vossa ligeireza na execução de tarefas difíceis. A ligeireza é o primeiro sinal da verdadeira criatividade. Destes prova de uma excepcional coerência durante toda a representação, e é uma qualidade à qual não se pode chegar a nenhum espetáculo de Meierhold sem ter o dom da audácia cênica[46].

Esta peça tão discutida é apreciada pelo público e permanecerá no repertório do Teatro Nacional Meierhold até o último dia de sua existência.

Já no fim do mês de abril a trupe parte em excursão e representa sucessivamente em Baku, Tbilisi, Rostov-sobre-o-Don, Krasnodar e Kharkov, com seu repertório: *O Revizor, Grita, China!, A Floresta, Tirem as Mãos da Europa* e *Bubus, o Preceptor*. Apesar do charme das marcas meridionais do império, o humor de Meierhold permanece sombrio. Uma paranoia semelhante à de Bruno, do *Corno Magnífico*, parece ter-se apossado dele e vai conduzi-lo à consecução de um gesto irreversível. Ah, se pudesse colher Babanova em flagrante delito de deslealdade com respeito a seus pares! Ele a privaria assim do favor do público!

Ela vai rapidamente dar ensejo às suspeitas do Mestre. Depois de tê-la visto em *Tirem as Mãos da Europa*, um crítico de Tbilisi escreve uma frase que Meierhold toma como um ataque pessoal: "Babanova deu de novo provas de seus dons artísticos em um número que põe em relevo suas qualidades plásticas. Por que é ela tão pouco utilizada no seio da trupe?"[47]

---

46 Carta de M. Tchékhov a Z. Reich, citada em K. Rudnickij, *Ljubimcy publiki*, p. 37.
47 V. Sutyrin, "*D. E.*", *Zarja vostoka*, 19.5.1927.

Por ocasião de uma dessas sessões de debates com o público que se tornaram habituais, Meierhold, em vez de se ater à ordem do dia, põe-se a atacar o jornal que publicou o artigo em questão e declara que Babanova é um fator de desordem e que ele a renega e que, aliás, ela não é sua aluna, porém a de Fiódor Komissarjévski. Ataque pérfido quando a gente se lembra que esse encenador emigrou para a França em 1919, abandonando sua trupe, o que basta para fazer pesar a suspeita de traição sobre todos aqueles que dele se aproximaram.

A resposta dos georgianos dá-se conforme ao seu caráter apaixonado. Quando Babanova se apresenta de novo nesse mesmo espetáculo, eles cobrem a comediante de flores. Desmontado por esta reação inesperada, Meierhold deixa precipitadamente Tbilisi. Em Rostov-sobre-o-Don, onde a companhia se lhe reuniu, ele convoca uma assembleia geral. Acusa publicamente a atriz de haver suscitado os artigos dos jornais que denigrem o teatro, de ter maquinado demonstrações de homenagem em seu favor e de contar a todo mundo que ela é objeto de vexações de parte do diretor do elenco e de sua mulher. Diante desses ataques, a atriz irrompe em soluços. Todo mundo se retira em silêncio. "Alguma coisa se quebrou em mim, de profundo, de caro e de sagrado"[48], afirmará ela.

Finalmente, é ao termo da turnê, em Kharkov, que Meierhold se decide. Escreve um bilhete lacônico a Babanova, no qual constata a impossibilidade em que se encontra o grupo de continuar com sua colaboração. Sentindo-se condenada antecipadamente, a comediante responde anunciando na imprensa que deixará a trupe do Teatro Nacional Meierhold no fim da excursão, ou seja, em 17 de junho. Apesar de ofertas lisonjeiras, especialmente a do Teatro Acadêmico de Leningrado, Babanova pedirá para ser reintegrada no Teatro da Revolução, esse teatro onde criara dois papéis notáveis sob a férula desse Mestre terrível que ela não consegue esquecer. Alguma coisa nela ficará irremediavelmente partida e a vedete que ela era não brilhará mais com o mesmo fulgor.

48 M. Turovskaja, op. cit., p. 105.

Nós não dispomos de nenhuma confidência de Meierhold, mas cabe pensar que não é com alegria de coração que ele se separou daquela que era com toda certeza sua melhor discípula. Sem dúvida, a situação havia chegado a um ponto em que cumpria efetuar uma escolha dilacerante.

Atendo-se ao aspecto puramente teatral da rivalidade entre as duas comediantes, um escritor georgiano estabeleceu o seguinte balanço:

> Evidentemente Babanova era mais dotada e mais profissional... Bastava-lhe entrar em cena para atrair a atenção. Menos profissional, Zinaida Reich, que era uma mulher magnífica e igualmente dotada, não podia suportar isso. Existe uma lei do teatro segundo a qual uma vedete que entra em cena, mesmo para um papel episódico, deixa uma impressão mais forte do que um ator que representa o papel principal, mas que é menos dotado...[49]

Cumpre, entretanto, perguntar se a rivalidade entre as duas atrizes não mascarava uma crise mais profunda que punha em causa o próprio primado de Meierhold. Tudo aproximava o encenador e sua atriz fetiche. Tudo os separava. Eles tinham ambos o mesmo senso do gesto, do ritmo, da plástica expressiva. A única fraqueza de Meierhold ator era sua voz, que era rouca e carecia de carisma, enquanto o timbre de Babanova, irrepreensível e musical, criava um autêntico enfeitiçamento. Ambos eram criaturas lúcidas e corajosas, entusiasmadas com a aurora da Revolução, mas se recusando aos compromissos exigidos na sequência em nome desta mesma Revolução. É conhecida a sorte de Meierhold. Quanto a Babanova, ela morrerá de velhice e sem sofrimento, mas pagará por sua retidão com longos períodos de eclipse em uma carreira teatral e cinematográfica que será menos brilhante do que a prevista. Jamais ela incensará os dirigentes do Estado e findará sua vida em solidão.

Sua admiração infinita por Meierhold, a necessidade que tinha dele, constituíam seu ponto fraco, em face de um homem que

---

[49] A. Vasadze, *Vospominanija i dumy* (em georgiano). Tbilisi, 1977, p. 246-254, citado em M. Turovskaja, op. cit., p. 104.

gostava que se lhe resistisse. No entanto, ele sentia-se fascinado por esta plasticidade, por esta capacidade de reproduzir exatamente o desígnio de seu pensamento. Em cena, Babanova era sua criatura; saindo de cena, voltava a ser uma pessoa reservada e pouco flexível. Mas, para o público, sua arte era tão brilhante que era ela quem determinava o sucesso dos espetáculos em que atuava, eclipsando o talento do encenador... Eles tinham necessidade um do outro, mas ao mesmo tempo se faziam sombra. O verdadeiro duelo era o de Meierhold e de Babanova.

O Mestre precisava finalmente decidir. Se ele queria continuar o único mestre a bordo, precisava separar-se de Babanova.

Meierhold necessitará de muito tempo, após esta famosa turnê pelo sul da Rússia, para recobrar o equilíbrio. A temporada de 1927-1928 se ressentirá desse grande abalo, que coincide com sérias perturbações políticas. Stálin afasta rapidamente seus rivais e, durante um ano, deixa planar a dúvida sobre suas intenções. É em 1929, com o começo do plano quinquenal e o aceleramento da coletivização das terras, que o novo senhor da Rússia empreenderá o que ele irá considerar como sua própria revolução.

Tradução: J. Guinsburg

11. Novos Tremores (1927-1932)

*Credes, por Deus, que eu não sou
mais complicado que uma flauta?*

Hamlet

A Temporada de 1927-1928.
Uma Janela para o Campo

No início da temporada de 1927, Meierhold é um homem fortemente abalado devido à saída de sua atriz fetiche. O equilíbrio da trupe não corre o risco de ressentir-se com isso? No mesmo momento, as revessas que agitam o Partido Comunista não deixam de ser inquietantes. Duas correntes, a da linha geral e a da oposição, defrontam-se cada vez mais abertamente, e dois homens se espreitam, Stálin e Trótski.

O Teatro Meierhold prepara-se para celebrar dignamente o décimo aniversário da Revolução de Outubro de 1917, criando uma obra de atualidade. Ele escolhe o tema da vida nos campos, pois a questão do destino da Rússia rural figura no centro dos debates. Justamente no outono de 1927 surgem inquietações acerca da legitimidade da política seguida até então. Em consequência de uma má colheita e de uma baixa no preço de entrega dos cereais, a penúria se desenha no horizonte.

Meierhold encomenda a um jovem escritor pouco conhecido, Rodion Akulchin, o argumento de um espetáculo de propaganda intitulado *Uma Janela para o Campo*. Ele pensa estar assim premunido contra as manifestações de amor-próprio de autores mais tarimbados. Além disso, leva às suas consequências mais extremas as prescrições construtivistas, tendentes à funcionalização dos agentes artísticos a serviço da obra coletiva. Assim, ele confia o trabalho de criação cênica a um coletivo de doze assistentes para a encenação[1]. Ele próprio se coloca portanto, parcialmente, em segundo plano, sem renegar com isso sua paternidade.

Qual é o alvo desse espetáculo? O olhar lançado sobre o campo é pleno de serenidade, celebra o casamento da tradição com a modernidade. Nos esquetes animados veem-se os camponeses devotados a suas atividades ancestrais e organizando suas festas tradicionais, em alternância com cenas dedicadas à glória da técnica moderna – máquinas agrícolas, fertilização das terras por adubo –, apresentadas por meio de projeções sobre tela de filmes documentários.

Essa visão irônica de um campo voltado para o porvir sem renegar o passado, participa de uma opção política que será bem depressa brutalmente rejeitada em proveito do programa de coletivização forçada.

O encenador defende audaciosamente seu projeto na imprensa:

> Para a celebração do décimo aniversário do Outubro, a cidade deve ouvir a voz do campo. O Teatro Meierhold quer que essa voz seja ouvida do alto da cena. Deve-se sentir que o que irrompe no palco é o campo, que ele utiliza a cena como faria de um ponto de partida para mostrar o que constitui sua vida, que utiliza esse espetáculo para convertê-lo em seu porta-voz e que se faça sentir aí o elã do qual o campo é tomado, assim como a cidade, nesse dia 7 de novembro de 1927. O espetáculo se dá com o objetivo de insuflar a energia, o júbilo no público pelo viés de um encadeamento mecânico de diversos

---

[1] O coletivo compõe-se de sua assistente Hassia Lokschina e de muitos atores tarimbados, entre os quais Zinaida Reich, Bogoliubov, Zaitchikov, Mologuin ou Tsetnerovitch.

> quadros, inspirados pela unidade do tema (o campo soviético) e pela atmosfera (a alegria de criar uma vida nova) [...] o espetáculo é concebido como uma revista, com um grande número de quadros, [mas] rejeita os procedimentos estereotipados do teatro de propaganda, o moralismo, o esquematismo, a abstração. O teatro quer obter o efeito político máximo por meio de métodos puramente teatrais[2].

Aparentemente, a realização não está à altura das esperanças e o espetáculo recebe uma acolhida glacial. Sobre declives verdejantes, assiste-se aos folguedos dos camponeses de teatro que trabalham, dançam, cantam e celebram os grandes eventos da vida, com "ritos vermelhos" a substituir os ritos religiosos tradicionais. Toda esta proposta está marcada pelo selo da ingenuidade e testemunha um desconhecimento total do meio.

Na realidade, esta peça não podia sobrevir em pior momento. No dia 7 de novembro, na véspera da estreia, ocorrem manifestações de rua, as últimas toleradas pelo regime. Ingenuamente, os opositores trotskistas creem poder mobilizar o povo contra os atentados à democracia. Como lembra com ironia Suvarin:

> A oposição afogada na multidão indiferente choca-se com bandos bem ensinados que a bombardeiam, diz um comunicado oficial, "com maçãs podres e galochas", prova de que os capangas estavam lá de propósito, pois ninguém tem o costume de se munir de maçãs podres para comemorar um golpe de Estado e galochas custam muito caro para que sejam jogadas, sobretudo com a aproximação do inverno. Cartazes rasgados, portadores molestados, confusões, rixas, murros e invectivas... Um tiro: a bala ricocheteou no carro de Trótski... Somente duas pequenas minorias ardentes entraram em luta, permanecendo o povo neutro e inerte[3].

Apenas alguns dias após o desenrolar desses incidentes terá lugar, de 12 a 14 de novembro, a reunião plenária do Comitê Central, em cujo decorrer Trótski e Zinoviev serão excluídos do Partido Comunista. O ponto final desse golpe de força será dado

---

2 Teatry prazdnujut desjatiletie Oktjabrja: *Okno v derevne, Pravda*, 25.10.1927.
3 B. Souvarine, *Staline*, p. 390.

pouco depois, pelo XV° Congresso, que votará a exclusão de 75 "trostskistas-zinovievistas", (entre os quais Lev Kamenev, Gueorgui Piatakov, Karl Radek e Christian Rakóvski).

O Teatro Meierhold, tomando partido em questões políticas candentes, mostrou-se um pouco imprudente. Aparece como um franco-atirador que recusa a dobrar-se à disciplina coletiva. Pretende ser revolucionário à sua maneira, negando-se a servir de porta-voz às teses oficiais. Por contraste, o Teatro Artístico dá prova de uma docilidade exemplar. Montando *O Trem Blindado 14-69* (ilustração de um episódio da guerra civil na Sibéria, em 1919), Stanislávski aborda, enfim, um tema heroico-patriótico. Assim, o teatro de Anton Tchékhov efetua a demonstração de sua capacidade de pôr-se a serviço da política cultural do poder.

Consciente de haver feito uma escolha errada com sua peça sobre o campo, Meierhold se justifica declarando a quem quiser ouvi-lo que tem procurado em vão uma peça contemporânea de valor. Tretiakov lhe propõe então *Eu Quero uma Criança*, que trata sem complacência da vida de uma brigada de jovens comunistas, trabalhando em um canteiro de construção. Milda, uma mulher de cabeça e militante, crê apaixonadamente em um futuro melhor. Luta contra os "narcóticos físicos", que são o álcool e a droga, assim como contra o que ela chama de "desperdício do fundo sexual" e, notadamente, contra os estupros, que constituem moeda corrente neste ambiente lúgubre. Para perpetuar a raça dos proletários, ela faz com que um operário, escolhido por suas qualidades físicas, lhe faça um filho, primeira etapa para a constituição do homem novo que a sociedade soviética espera.

A peça é incluída no repertório do Teatro Meierhold, enquanto seu autor explica sem rodeios seu propósito:

> A peça faz a divisão entre a perda global da energia sexual, desembocando na usura psíquica e nervosa, uma onda de abortos e uma maré de moléstias venéreas, e a perda de energia ligada ao nascimento de uma criança; ela coloca esta última sob o signo da salvaguarda ética. A questão não é a de fazer o máximo de crianças possíveis, mas de fazê-las as mais sadias possíveis... A peça apresenta uma trabalhadora soviética, uma agrônoma, que realiza sua sexualidade com

o nascimento de uma criança, levando em conta prescrições de eugenismo prático[4].

Com um tema assim, o Teatro Meierhold vai mais uma vez ao encontro de polêmicas apaixonadas. O trabalho de ensaios é logo empreendido e um dispositivo cênico original é encomendado a El Lissítski. Resta obter das autoridades de tutela as autorizações necessárias. As *démarches* encetadas durarão três anos para terminar finalmente em uma interdição categórica.

Uma outra pista é o projeto da *Comédia com Assassinato* proposto por Maiakóvski já em 1926. Meierhold lhe escreve na primavera uma carta entusiástica. Ele espera a peça com impaciência: "Remocei dez anos desde ontem, quando soube que poderei representar tua peça. Eu a montarei, eu mesmo, mas deves prometer que me ajudarás"[5]. Mas o poeta está ocupado, tem projetos de viagem e prepara uma reedição de seus versos, de modo que o tempo passa sem resultado. Em 1928, o encenador envia a seu amigo uma mensagem de desespero:

> Pela última vez apelo para a tua razão. Meu teatro periclita: não há peças. Obrigam-me a abandonar os clássicos e eu não quero baixar o nível do meu repertório. Peço-te seriamente de me dizer se nós podemos contar com tua peça para o corrente verão[6].

Na falta de novas peças, Meierhold resolve retomar *O Corno Magnífico*, espetáculo emblemático que precisou eliminar de seu repertório após a saída de Ilínski. Tendo este retornado, ele vai mostrar que Babanova não era insubstituível. Sem dúvida, Zinaida tem dificuldade em substituir uma comediante cuja ligeireza, agilidade e flexibilidade ela não possui, como bem sabe. Graças à sua inteligência, e à sua estreita colaboração com o marido, Zinaida Reich consegue verter-se na personagem de Stela, compensando certo peso física com o brilho de uma feminilidade cuja irradiação é universalmente reconhecida.

---

4 Entrevista do autor da peça, Serguêi Tretiakov, *Programme des théâtres académiques d'État*, n. 4, 1927, apud S. M. Tretiakov, *Hurle, Chine! et autres pièces*, présentation de C. Amiard-Chevrel, p. 149.
5 Carta de V. Meierhold a V. Maiakóvski (23.3.1926), *Perepiska*, p. 249.
6 Telegrama de V. Meierhold a V. Maiakóvski (4.5.1928), *Perepiska*, p. 283.

Desgraça do Espírito

Após esse trabalho de espanar a poeira de uma realização anterior, Meierhold se lança à releitura de uma obra clássica que ele vai, uma vez mais, puxar para o contemporâneo. Trata-se da primeira grande comédia do repertório russo, *A Desgraça de Ter Espírito*, escrita em 1824, por Griboeidov, oficial e diplomata que, enviado em missão a Teerã para negociar a paz entre a Rússia e a Pérsia, foi massacrado em 30 de janeiro de 1829 por uma turba fanatizada. O centenário de sua morte será, pois, celebrado dentro de pouco mais de um ano. A peça estreia em 12 de março de 1928, quatro meses após o fiasco de *Uma Janela para o Campo*. O título canônico *A Desgraça de Ter Espírito* é substituído pelo encenador por um título mais percuciente, que o autor havia considerado por um momento: *Desgraça do Espírito*.

A personagem principal, Tchatski (cujo nome conota em russo as névoas do sonho), é um desses jovens nobres românticos que conheceram a Europa durante as guerras napoleônicas. De volta para casa, entre os seus, em Moscou, descobre que sua prima Sofia tornou-se uma jovem desejável e, ao mesmo tempo, que ela tem uma aventura com [Moltchalin], o secretário do seu pai, Famussov. Este é um dignitário destacado, temeroso em relação a Tchatski, em quem ele vê um espírito forte, um "voltairiano" e procura, portanto, afastá-lo de sua filha. Depois de ter lançado flechas contra a hipocrisia e o conservantismo da boa sociedade moscovita, Tchatski cairá vítima de suas liberdades de linguagem.

A acusação de loucura que Sofia lança por brincadeira será divulgada com deleite por todos os membros da sociedade, muito felizes por se vingarem do jovem insolente. Desesperado, Tchatski abandona estrepitosamente a mansão de Famussov, entregue a "um milhão de tormentos". "Chamem o meu carro!" Tais são as últimas palavras do viajante condenado doravante à errância.

Como sempre quando aborda obras clássicas, Meierhold documenta-se com muita atenção, compara os diversos estados do texto, tenta depreender daí a ideia forte que servirá de alavanca para sua transposição ao espírito moderno. O público do teatro é extremamente diversificado e cumpre proporcionar-lhe os meios de compreender uma época e costumes que lhe são completamente estranhos.

Ele procede a uma decupagem destinada a rejuvenescer a peça, manda construir cenários funcionais, concede todo o seu lugar à música e, enfim, faz uma escolha inesperada para o intérprete de Tchatski.

Os quatro atos da peça são repartidos em quinze episódios cujos títulos evocam a vida do *grand monde* e a vasta mansão senhoril em que se passa a ação: 1. "O Cabaré"; 2. "A Antecâmara"; 3. "Sempre a Antecâmara"; 4. "A Aula de Dança"; 5. "A Galeria dos Retratos"; 6. "O Salão"; 7. "A Sala de Bilhar e a Biblioteca"; 8. "O Quarto Branco"; 9. "À Porta"; 10. "O Stand de Tiro"; 11. "O Vestíbulo"; 12. "A Biblioteca e a Sala de Dança"; 13. "A Sala de Jantar"; 14. "Diante da Lareira"; 15. "A Escadaria".

A construção de Schestakov, muito sedutora no estado de maquete, é deliberadamente neutra e sem alusão à época. Trata-se de uma estrutura em U com uma escadaria que conduz a um primeiro andar, o que permite atuar em dois níveis. Embora constituída de barras metálicas leves, esta estrutura reproduz fielmente o interior de uma mansão particular moscovita. Enquanto o primeiro andar é ocupado pelo gabinete do alto dignitário, o rés-do-chão pode ser transformado em sala de baile.

Sobretudo, Meierhold transforma a concepção habitual da personagem central: Tchatski torna-se um moço em quem seus pares dos anos de 1920 podem reconhecer-se. Meierhold optou, em primeiro lugar, por um ator conforme ao tipo habitual, um galã, uma espécie de Werther russo. Mas à medida que os ensaios, iniciados em dezembro de 1927, avançam, ele se interroga. Um dia, faz chegar às mãos de Lokschina, sua assistente, que é amiga de Garin, um bilhetinho assim redigido:

> Para Hassia. Segredo absoluto.
> Sei que vão censurar minha parcialidade, mas parece-me que Garin é o único capaz de ser o nosso Tchatski: é um rapaz malicioso, não um "orador". Em Iakontov eu temo o "tenor" no sentido musical do termo, e o "metido a bonitão",

que poderia concorrer com Zavadski. Ah, os tenores, que eles vão pro diabo![7]

Intuitivamente, Meierhold vê um Tchatski diferente, ele vê Garin, um Garin esguio e longilíneo, de cabelos desgrenhados, este ator cômico que fizera maravilhas no papel de Khlestakov.

Ele vê um homem muito jovem que volta a Moscou e se precipita para a casa de sua prima, com quem havia compartilhado os jogos de infância sob o olhar benevolente de uma governanta. Como todos os jovens, ele tem algo de pesado e desajeitado. Vendo a beleza desta Sofia que deixara ainda criança, experimenta um choque. Eis este homem inteligente, que sabe manejar a réplica, transformado em tímido apaixonado.

Garin deverá exprimir-se com grande simplicidade torcendo o pescoço na declamação de um texto em versos que os russos sabem todos de cor. É preciso quebrar o efeito da rima e representar o texto como se o descobrissem.

Isto vale para todos os atores e especialmente para Sofia, a jovem que é altiva com Tchatski, mas terna com o namorado que ela escolheu. A violência das paixões é acentuada por uma encenação que toma partido, abrindo a peça com um intermédio imaginado por Meierhold. A cena se passa no cabaré, espécie de lugar intemporal onde se apresenta uma cantora vulgar de café-concerto; os dois namorados, Sofia e Moltchalin, fazem parte do público. Esta cena muda serve para ilustrar as palavras de Sofia, que declara à sua camareira que ela passou a noite fazendo música com o secretário de seu pai... Esta cena permite revelar os desejos amorosos de uma jovem sensual e desagrada a um Tchatski muito tímido, muito nervoso, muito intelectual. Interpretada por Zinaida Reich, no esplendor de seus trinta anos, esse papel dá à personagem um relevo e uma personalidade que lhe eram em geral recusados por uma leitura convencional.

A outra originalidade da representação é a de haver transformado a peça de Griboiêdov em uma comédia musical. Para Meierhold, o romantismo de Tchatski se traduz pela musicalidade de sua alma. O tema principal é o da solidão, a solidão dos grandes românticos

---

[7] A. Gladkov, Gore umu i Čackij-Garin. em E. Garin, *S Mejerhol'dom* (*Vospominanija*), p. 198.

russos, Griboiêdov, Kiukhelbeker[8], Tchaadaiev, da qual o teatro moderno se faz eco com Treplev, Tuzenbach ou Johannes Vokerat, os papéis favoritos de Meierhold. O espetáculo é dedicado ao pianista Lev Oborin, por quem o encenador sente grande apego (como, aliás, por Schostakóvitch, que ele acaba de conhecer)[9].

Ele confia a Boris Assafiev o cuidado de escrever os arranjos tirados de Bach, Beethoven, John Field[10] e Mozart. Griboiêdov era um excelente pianista, Tchatski o será também e suas réplicas soarão entrecortadas de passagens executadas ao piano.

A primeira cena desempenha o papel de uma *ouverture*. Tchatski chega à antecâmara agasalhado em casaco de peles que os lacaios têm dificuldade de tirar e que revelam um moço esguio, em camisa russa e calças de oficial, com galão. Ele passa pelo salão, detém-se, espreguiça-se, reconhece o piano em que, quando criança, tomava aulas com Field, dedilha alguns acordes, como para verificar sua sonoridade. Servem-lhe chá e guloseimas; com a boca cheia, pronuncia algumas palavras inaudíveis e dirige-se de novo ao piano, com uma agilidade de garoto, toca alguns acordes, para se precipitar, enfim, para uma porta lateral materializada em um biombo. Sofia está se trocando. As primeiras réplicas dos dois terão lugar através desse tabique simbolizando a distância que os separa. Ela não se apressa. Ele senta-se ao piano, de novo alguns acordes, depois, como languescendo de amor e de música, começa a tocar uma passagem de um prelúdio de Bach. Tocando, ele se explica:

> Quarenta e cinco horas sem fechar o olho;
> Venci mais de setecentas verstas, o vento, a tempestade,
> Desabei várias vezes, e nem por isso me abalei,
> E eis a bela recompensa para o meu heroísmo.

[8] Neste ano de 1928 é publicado em Moscou o romance de Tinianov, *Kiukhlia*, biografia literária do poeta Kiukhelbeker, condiscípulo e amigo de Púschkin. Meierhold aconselha sua leitura a Garin.

[9] Durante os poucos meses que ele passa na casa dos Meierhold, onde dispõe de um quarto e de um piano, Schostakóvitch compõe a partitura do *Nariz*. O encenador sente tamanha admiração pelo jovem compositor que, quando um incêndio se deflagra na casa, seu primeiro pensamento é salvar as partituras de Schostakóvitch. Relato em A. Fevralskij, *Zapiski rovesnika veka*, p. 284.

[10] Esse compositor irlandês passa alguns anos em Moscou no início do século XIX, onde ganha a vida dando aulas de música.

A voz de Sofia: "Oh, Tchatski, estou tão feliz por vê-lo".
Ele olha com espanto na direção do biombo. Esperava que ela fosse tratá-lo com a intimidade do tuteio de infância. Após um silêncio, ele dedilha um novo acorde: "Você é feliz. Pois bem, tanto melhor!"
Ligeira ironia das palavras. Ele dedilha um novo acorde e, como para se descarregar da irritação que o invade, pronuncia: "Mas quem então pode ser feliz desta maneira?"
Silêncio. Ele atenta. Sofia não diz nada. Novo acorde que exprime uma indignação sufocada. Tchatski levanta-se e prossegue, desta vez em voz baixa:

> Tenho a impressão que quando com obstinação
> Apressei meu pessoal e meus cavalos
> Eu satisfazia somente a mim mesmo.

Ele recomeça a ir e vir. Nova troca de réplicas através do biombo. Ele profere palavras repletas de nostalgia: "Feliz o homem confiante, ele terá o coração quente".
Ele torna a sentar-se ao piano e toca um adágio de Bach, luminoso, pleno de otimismo e depois retoma o curso de sua conversa, o texto e a música se entrelaçam em um contraponto complexo de sentimentos em que se misturam o amor, a esperança, a inquietude e a dúvida.
De repente, Tachtski ergue-se de um salto, sua impetuosidade juvenil domina-o novamente: "Meu Deus! Dizer que eu estou de novo nesses lugares!"
Mas Sofia recusa-se a deixar-se enternecer pelas recordações de infância. Ela dispara duramente: "Criancices!"
Ele não consegue livrar-se de suas lembranças, eles brincavam juntos debaixo da mesa... Como naquela época, senta-se escarranchado em uma cadeira próxima do biombo e diverte-se bombardeando Sofia com perguntas, enquanto vai pincelando às pressas retratos em vitríolo de personagens conhecidas da sociedade moscovita.
Nova caçoada de Sofia: "Não é um homem, isso, uma verdadeira serpente".

Tchatski retorna ao piano. Sofia, enfim, acaba de vestir-se. Afastando o biombo, adianta-se ao seu encontro, propondo-lhe ao mesmo tempo uma questão sem amenidade:

> Eu gostaria de lhe perguntar
> Se você já chegou, por gracejo ou tristeza,
> Ou por erro, a falar bem de alguém?

Depois ela se encosta à janela. Tchatski sente-se desconcertado, aproxima-se dela, dá-lhe um beijo no ombro. Segue um monólogo inflamado, em que confessa seus ternos sentimentos pela moça. Após uma nova patada de Sofia, dá-se a entrada solene de Famussov, que é um segundo pai para Tchatski. Sofia aproveita para ir-se, não sem haver pronunciado uma frase ambígua: "Ah!, meu pai, meu sonho está ao alcance da mão..."

O dignitário enche Tchatski de mil perguntas, mas este, sem lhe responder, continua a fixar com um olhar sonhador a porta pela qual Sofia saiu. E de repente ele declara, fora de propósito: "Ah! Como sua filha Sofia ficou bonita!"

Pensativo, ele se dirige ao piano, junto ao qual se senta. Famussov tenta ver as coisas com clareza. Sua filha é um ótimo partido. Ele não a dará em casamento sem madura reflexão.

> Ela te disse alguma coisa sem pensar
> E eis tu enfeitiçado, tomado de esperanças...

Tchatski em voz baixa: "Eh!, isso não, as esperanças pouco me estragaram..."

E volta a tocar. Após as palavras de Famussov: "Não creia nela, são apenas futilidades..."

Tchatski se levanta com decisão e põe um ponto final no encontro. Sem responder às perguntas de Famussov, ele diz:

> Isso agora tem importância?
> Eu queria percorrer a terra inteira
> E não conheço dela a centésima parte,

e sai sem se despedir, ignorando as regras do decoro e rompendo com a tradição estabelecida. Com isso quer significar que, embora o tenham recebido de maneira tão estranha, está à vontade nesta casa e por isso não tem que se despedir[11].

A música onipresente tornou-se uma personagem inteiramente à parte, tal como essas personagens mudas que Meierhold introduzira algures. Mas a música, ela, é expressiva por natureza, e desenha o retrato emocional de Tchatski, cuja figura assume, por esse fato, um relevo espantoso.

Essa personagem é uma das primeiras encarnações da *intelligentsia*, esta realidade tão específica da cultura russa. O *intellingent* é um homem no qual se aliam uma vasta cultura, nutrida dos clássicos, mas ao mesmo tempo aberta à diversidade europeia, um profundo senso artístico, uma retidão sem falha e também uma propensão ao devaneio. A Rússia é tanto a pátria dos Tchatskis como de um mundo que os rejeita, a sociedade prosaica, grosseira e cruel pintada em *O Revizor*.

Os críticos sentem confusamente que Meierhold diz nesta peça coisas sobre o mundo contemporâneo, coisas que eles se recusam a ver. Acusam-no de "reduzir o aspecto reivindicativo do Tchatski tradicional", de "afastar-se do texto", de "cair no maneirismo", critica-se a cenografia e a composição musical do espetáculo. A imprensa mostra-se reservada. Lunatchárski lhe faz eco: "Este espetáculo, que possui muitas qualidades, e que mostra o quanto Meierhold é capaz de ir ao fim de suas escolhas, nem por isso é menos imperfeito e, enquanto fenômeno estético, não é superior a *O Revizor*, ao contrário"[12].

Alguns se sentem decepcionados por não reencontrar nesta nova obra clássica os procedimentos utilizados para *A Floresta* e *O Revizor*. Nem por isso é menos verdade que a peça tenha alcançado grande êxito junto ao público, a ponto de que ela será representada setenta vezes até 1929. Após a revisão efetuada em 1935, para apagar uma parte de suas audácias, ela continuará no repertório do teatro até o seu fechamento.

Pasternak tornou-se um amigo da casa e, conquanto muito mais atraído pela música do que pela arte dramática, assiste a vários espetáculos do Teatro Meierhold (*O Corno Magnífico*, *O Revizor*,

---

11 Cf.descrição em A. Gladkov, *Mejerhol'd*, v. I, p. 266-268.
12 O teatre Mejerhol'de, *Komsomolskaja Pravda*, 14.9.1928.

Desgraça do Espírito). Muito sensível à beleza de Zinaida Reich e ao talento de Meierhold, é um dos raros observadores a compreender até que ponto os dois artistas se completam e se proporcionam, mutuamente, o alimento espiritual necessário para produzir a obra de arte. Ele escreveu para o casal um poema de raro poder, que mostra toda a ambiguidade contida no ato de criação.

Aos Meierhold

[...]
Eu direi [...]

Que na terra não há limites ao sentimento,
Que eu tenho em minhas mãos o rumor dos aplausos,
Que essas homenagens que são as minhas
São para vocês dois e sobretudo para ela.

Amo sua displicência desengonçada,
Sua mecha inchada pela mordida de gris.
Mesmo se aquilo que você representa é um papel
Você tem razão, é preciso representar assim.

Assim representava face à terra juvenil
Um encenador muito dotado
Que passava, espírito, por sobre as águas
Com uma costela que ia acariciando.

E, deslizando no mundo entre os discos
Dos planetas, súbito em ordem perfeita,
Conduzia pela mão, toda trêmula,
A comediante que fazia sua estreia fatídica.

Respirando esta peça representada uma vez por todas
Como se vocês sorvessem o perfume de uma cor,
Vocês se esvaziam de tudo salvo da máscara,
Essa máscara que da alma é o outro nome[13].

Um poema assim apaga todas as feridas causadas pelas críticas acerbas que demolem *Desgraça do Espírito*. Pasternak, não obstante, emite certas reservas:

---

13 *Stihotvorenija*, p. 201-202.

O Revizor era um espetáculo extraordinário, e eu não quero efetuar aqui sua análise detalhada. Lá também havia passagens desiguais, mas é assim que respira todo organismo criador: de um lado o núcleo, do outro o protoplasma.

É possível que em *Desgraça do Espírito* as mesmas qualidades estejam menos regularmente distribuídas, que elas sejam menos abundantes, mas essas qualidades e as finuras desse espetáculo se revelam com *ainda mais profundidade* em comparação ao *Revizor*. Se a gente considera essas obras em perspectiva, é evidente que há aí uma curva ascendente e não há necessidade de perder tempo a fim de prová-lo[14].

Pasternak vê em Meierhold um poeta que precisa ser protegido:

O senhor compreendeu como pessoa que toda arte é uma tragédia, uma tragédia que deve ser preservada de toda tragédia e que deve ir até o fim do caminho, protegida de toda catástrofe... Seu trem toma impulso, ignorando os freios apertados pela rotina dos hábitos adquiridos[15].

Ele termina a carta com elogios em relação a Zinaida Reich e por esta nota pessoal que deve ter derramado bálsamo sobre o coração dos "Meierhold", que a opinião pública se compraz em querer desunir: "Eu o invejo por trabalhar com o ser que o senhor ama".

Igor Ilínski é um dos detratores mais determinados dos talentos da comediante. Ator dos mais dotados, sem dúvida um dos melhores comediantes de sua época, ele é ao mesmo tempo muito suscetível, o que o conduz periodicamente a brigas com Meierhold. Ele consegue sem dificuldades contratos em outros teatros e principalmente no cinema. Sua vaidade de ator o torna injusto para com a comediante que partilha da vida do Mestre:

[Meierhold] não mais concebia o seu teatro a não ser para uma só atriz, sua mulher Reich. Ele amava terna e profundamente Zinaida Reich e decidiu aparentemente consagra-lhe todo o seu talento e todas as suas capacidades [...] Corria

---

14 Carta de Boris Pasternak a V. Meierhold (26.3.1928), *Perepiska*, p. 277.
15 Idem, ibidem.

o rumor que ele ia montar *Hamlet*, com Reich no papel do príncipe. Encomendava peças e procurava papéis vantajosos para Reich. Tudo isso não deixava de me irritar, eu que era o ator principal do teatro[16].

Para ele, Zinaida Reich é incapaz de interpretar a comédia, sua única qualidade é sua beleza:

> Na época [1924], Meierhold aplicava toda a sua energia em lançar Zinaida Reich e isto suscitava minha indignação, pois, a meu ver, era uma diletante desprovida do menor talento e incapaz de ocupar qualquer função que seja no teatro e, em todo caso, nem a de comediante[17].

Ele voltará atrás em parte sobre seu juízo peremptório:

> Na sequência, eu vi que havia me enganado um pouco, pois certos papéis eram desempenhados de fato corretamente e até muito bem por Zinaida Reich. Ela aprendeu muito na escola de Meierhold e, de todo modo, tornou-se uma atriz não pior do que muitas outras[18].

Após dois anos no Teatro Acadêmico de Leningrado, ele retorna em 1927 ao Teatro Meierhold, participando do elenco de *Bubus, o Preceptor* (Bubus) e de *Desgraça do Espírito* (Famussov). No correr da temporada seguinte, Ilínski vai criar um papel de personagem cômica particularmente bem realizado, o de Prissípkin, em *O Percevejo*.

A Temporada de 1928-1929: uma Atmosfera de Crise

O que se passa no verão de 1928? A atmosfera política torna-se muito pesada. A vitória sobre Trótski marca uma virada decisiva tanto na prática política como na vida cultural.

16 I. Il'inskij, *Sam o sebe*, p. 251.
17 Idem, p. 200.
18 Idem, ibidem.

Ao fim desta temporada assinalada por duas criações, Meierhold não está satisfeito consigo mesmo. Para comprazer as autoridades, das quais depende seu teatro, e, ao mesmo tempo, para manter sua imagem de encenador revolucionário, sente-se absolutamente na obrigação de montar uma obra de combate. Além disso, a trupe precisa respirar. A título de recompensa aos atores e para refazer a caixa do teatro, Meierhold deseja efetuar uma turnê pelo exterior, a exemplo do Teatro de Câmara que vai quase todos os anos a Paris. Ele obtém de Sviderski, diretor dos assuntos artísticos do Comissariado do Povo para a Educação e a Cultura, as autorizações necessárias.

Assegurado por este acordo, parte para a França no mês de agosto, com o fito de descansar e, ao mesmo tempo, de negociar as condições de uma eventual excursão. Passa primeiro dois meses nas termas de Vichy, onde faz uma estação de cura, depois dois meses ainda em Nice, reatando com os hábitos da *intelligentsia* antes da Revolução. O casal retorna a Paris em novembro e estabelece os contatos necessários, enquanto Zinaida, fascinada pelas vitrines da capital, enriquece o seu guarda-roupa.

Nesse mesmo verão, o mundo teatral soviético é sacudido por duas defecções de destaque. Como se tivessem combinado, Mikhail Tchékhov, diretor do Segundo Teatro Artístico, e Aleksandr Granóvski, diretor do Teatro Judeu de Estado, pediram licença de ir para o exterior. Ambos fazem logo saber que não têm intenção de voltar à sua pátria, pois, como diz Mikhail Tchékhov, "eles não podem mais suportar as coações ideológicas e o fanatismo sectário que os impedem de trabalhar".

Não é preciso mais para que, já em setembro, comece a correr o rumor segundo o qual os Meierhold também se propõem a desertar. O boato é imediatamente ecoado pelo dramaturgo Bill-Bielotserkóvski que resolve dirigir-se diretamente a Stálin, passando por cima da Associação dos Escritores Proletários, com uma rabujice maldosa. "Este representante da *intelligentsia* pequeno-burguesa que é Meierhold, ao mesmo tempo histérico e cevado, tem apenas uma tábua de salvação, a fuga"[19].

---

19 V. Bill-Belocerkovskij, Toska po proslomu, *Novyj zritel'*, n. 39, p. 6.

Devido a esta iniciativa insólita que não é de lhe desagradar, Stálin se vê, pela primeira vez, colocado em posição de árbitro no domínio da cultura.

Sviderski ordenada a Meierhold que regresse imediatamente a Moscou e firma seu veto ao projeto da turnê. Uma troca de cartas entre os dois protagonistas deste caso nada mais faz senão envenenar a situação. Em 18 de setembro, Lunatchárski anuncia pela imprensa que, uma vez mais, o Teatro Meierhold é rebaixado: perde seu rótulo de Teatro Nacional e será considerado como um teatro privado (estamos ainda na vigência do NEP). Esta decisão equivale a uma sentença de morte, pois um teatro de criação não pode subsistir sem subvenções.

Os atores que permaneceram em Moscou ficam em guarda e mantêm Meierhold cuidadosamente informado sobre a evolução da situação. Ele dirige então um telegrama ao Comissário do Povo para a Educação e a Cultura: "Os rumores concernentes à minha fuga para o estrangeiro são absolutamente falsos. Estou persuadido de que o senhor tomará todas as medidas úteis não só para a preservação de meu teatro, mas para a melhoria da situação. Eu não abandono nunca a direção de meu teatro, mesmo quando estou retido por cuidados médicos"[20].

Os fiéis de Meierhold, entre os quais sua assistente Lokschina e Fevralski, seu secretário, alertam todos os amigos do Teatro Meierhold, pedem para ser recebidos pelo chefe de Estado, Kalinin, e organizam uma campanha de imprensa solicitando cartas dos leitores. Dois clãs se formam, os dos partidários do teatro apoiados pelo *Pravda* e pelo *Komsamolskaia Pravda*, enquanto os oponentes se exprimem no *Izvestia* e no periódico *O Novo Espectador*. Um apoio inesperado vem de Kerientsev, que ocupa importantes funções no secretariado do Comitê Central do Partido (chefe do serviço literário e artístico da Direção de Agitação e Propaganda). Ele publica no *Pravda* um apelo vibrante em favor de Meierhold.

> É muito fácil destruir uma trupe de teatro. Constituir uma trupe é, ao contrário, uma tarefa de longo alento e que requer grandes esforços... Fechar o teatro de Meierhold está

---

20 Telegrama de V. Meierhold a A. Lunártchski, publicado no *Pravda* em 20.9.1928.

fora de questão. Se alguns manifestam intuitos e proposições desse gênero, cumpre oferecer-lhes uma decidida oposição... Nós não temos o direito de desfechar um golpe em um teatro revolucionário, que exerce uma influência tão grande sobre todo nosso teatro contemporâneo...
O teatro de Meierhold deve viver![21]

O Partido Comunista não reivindicava ainda abertamente, nesta época, a tutela da vida artística, mas o apoio de uma personagem como esta é de grande importância. Dez anos mais tarde, será esse mesmo Kerientsev que desferirá o golpe de graça no Teatro Meierhold.

Desta vez a luta é coroada de sucesso e, em 19 de outubro de 1928, o Teatro Nacional Meierhold abre como previsto suas portas. Não só recebe sua dotação normal de funcionamento, mas também uma subvenção específica de noventa mil rublos para empreender, enfim, os trabalhos de consolidação do edifício que não para de rachar. Chega-se então à ideia de uma reabilitação completa do prédio que permitirá a reconstrução do interior do Teatro ex-Sohn conforme os planos armados por Meierhold.

Não obstante, o assobio da bala passara muito perto e, de Vichy, Vsévolod Meierhold e Zinaida Reich endereçam à trupe uma carta espantosa, espécie de ordem do dia militar, que mostra que eles permanecem em guarda. Crer-se-ia detectar aí um eco da paranoia dos dirigentes políticos:

> É inteiramente evidente que nós devemos nos organizar como um pequeno Estado. Pois nós vivemos de maneira "permanente" (oh, que palavra perigosa![22]) em estado de guerra ou, melhor, de autodefesa. Daí por que nos cumpre absolutamente ter o nosso próprio Comitê Central Executivo, nosso próprio Conselho Artístico, nossa própria representação diplomática, nosso próprio Gosplan, nossa própria seção de propaganda etc.; toda uma cadeia de organismos que, exatamente como uma brigada de bombeiros, deve estar sempre pronta a intervir, mobilizando-se entre cinco e

---

21 P. Keržencev, Teatr Mejerhol'da dolžen žit, *Pravda*, 21.9.1928.
22 Alusão evidente ao *slogan* de Trótski sobre a revolução permanente, que não é mais de bom tom pronunciar.

dez minutos. O círculo de inimigos vela, é preciso trabalhar, trabalhar, trabalhar. É terrivelmente gratificante que forças mobilizadas à toque de caixa tenham conseguido repelir o inimigo por certo tempo[23].

Não se trata, para Meierhold, de modificar no que quer que seja sua linha estética e ele prossegue, de pleno acordo com sua mulher, cosignatária da carta:

> É necessário desenvolver o trabalho de propaganda, mas nós não devemos abandonar nossas posições artísticas... Nós não cederemos a ninguém nosso direito e nosso desejo, enquanto artistas, de abordar os clássicos!... Nós devemos demonstrar a todos que temos razão em nossa maneira de abordar os clássicos. Nós temos o direito, deve-se crer em nós, nós conquistamos esse direito, de abordar, como soviéticos, todo material que corresponde a nossos gostos.

Eis o grito do coração, aquele que Meierhold não cessará de proferir, mesmo quando deverá disfarçar sua voz e seu propósito. Ele reivindica uma liberdade total de concepção e de criação no domínio artístico.

Esse episódio não deixará de ter consequências. A partir desse momento, Meierhold será suspeito e submetido a uma vigilância discreta. A polícia prepara a seu respeito um dossiê, persuadida de que este poderá sempre ser de utilidade.

Como vimos, Stálin aproveita as querelas internas nos meios literários e teatrais para impor sua marca pessoal em um domínio cuja importância descobre pouco a pouco. Por carta de 28 de fevereiro de 1929, ele responde aos "comunistas, membros da Associação Russa dos Escritores Proletários", para apresentar um ponto de vista que pretende ser equilibrado:

> Será que o camarada Bill-Bielotserkóvski cometeu um erro falando de Meierhold como ele o fez [...]? Sim, em certa medida, ele cometeu um erro. No que concerne a Meierhold,

---

23 Carta de V. Meierhold e Z. Reich à trupe do teatro (17.10.1928), citado em B. Picon-Vallin, *Meyerhold*, p. 385. (Arquivos Literários e Artísticos da Rússia, fundo 963, documento 97.)

ele não tem razão senão parcialmente, não devido ao fato de que Meierhold é comunista (não faltam "trapaceiros" entre os comunistas), mas porque Meierhold, enquanto homem de teatro, apesar de certos traços negativos (um lado careteiro, desarticulado, e de saltos imprevistos e subversivos fora da vida viva para cair no passado "clássico"), está ligado sem nenhuma dúvida à nossa sociedade soviética e, evidentemente, não pode ser colocado entre os "estrangeiros". Aliás, como mostram as peças anexas à vossa carta, o camarada Bill-Bielotserkóvski reconheceu, ele mesmo, haver-se enganado no tocante a Meierhold...

O chefe se dá a palma de julgar o homem de teatro com uma fingida objetividade, usando ao mesmo tempo, a seu respeito, qualificativos que não são quase nada elogiosos. O fato de que este seja membro do Partido Comunista não tem nenhum valor para ele e cabe reparar que ele não lhe concede o título de "camarada", que ele reserva, ao contrário, a seu caluniador. Quanto à noção de "estrangeiro", ela desempenha o papel de cutelo para um poder que vai, cada vez mais, transformar a Rússia em uma fortaleza sitiada. Em 1937, o tempo estará maduro e o qualificativo de "estrangeiro" aplicado ao Teatro Meierhold será o selo da infâmia que o condenará à desaparição. Nesse início de 1929, Meierhold beneficia-se ainda de certa indulgência de parte das autoridades.

Fevralski enviou a Meierhold a crítica elogiosa publicada no *Pravda* acerca do filme de Protazánov, *A Águia Branca*, exibido nas telas a partir do começo de outubro e no qual Meierhold desempenha o papel de um senador. Inspirada na novela de Leonid Andrêiev, *O Governador*, a película mostra como, impelido por um senador implacável, um governador de província é levado a mandar atirar em uma multidão de operários que reclamam pão. Malgrado a condecoração da Águia Branca que lhe é conferida para recompensar sua firmeza, o governador é roído por remorsos e perece de uma morte esperada e até desejada sob as balas vingadoras de um revolucionário.

Os críticos ficaram apaixonados pelo confronto de duas escolas de atuação: Katchalov, que encarna o governador, é um dos melhores atores do Teatro Artístico de Moscou, discípulo de Stanislávski.

Sua interpretação é sóbria e deixa transparecer notas humanas. Meierhold assenta, ao contrário, uma personagem inteiramente composta, mestra do menor franzir de sobrancelhas e cuja presença domina a tela. Ele representa um velho que não vive, senão no e pelo poder. Seus silêncios são ainda mais apavorantes que suas palavras.

> A maquilagem do velho administrador é extremamente interessante: ela permite modificar a expressão do rosto pelo exclusivo movimento dos supercílios. A silhueta alta, ajustada no uniforme da corte, faz pensar em um organismo que estaria prestes a desmoronar, se não fosse retido pelo uniforme. É ele que dá sentido àquilo que ele contém. O olhar maldoso e transparente fixado no espaço, os gestos e os movimentos são completamente estudados. Vendo-se essa personagem, a gente sente o frio dos palácios em que reina a morte[24].

Tranquilizado, Meierhold não se apressa a voltar. Diaghilev encara a possibilidade de apresentar três espetáculos[25] do Teatro Meierhold no quadro de sua temporada de 1929-1930. Não obstante, o criador dos Ballets Russes é prudente.

> Fica entendido que não haverá de sua parte nada que possa ter relação com a política. Parece-me que é muito interessante e muito importante para todo mundo. Estou persuadido de seu talento. Atualmente, tem-se necessidade dele, amanhã será talvez tarde demais[26].

Infelizmente, a turnê deverá ser adiada, pois Diaghilev morre em 29 de agosto de 1929, em Veneza, e a conjuntura terá mudado após o sequestro, em Paris, pelos serviços soviéticos especiais, do general Kutiepov, em 26 de janeiro de 1930. Perdeu-se assim uma ocasião que não será mais recuperada.

Realizando um desejo que não pudera satisfazer em 1913, Meierhold encontra, enfim, o pintor fetiche da modernidade, Picasso. Eles discutem longamente e Meierhold, que quer impressionar as

---

24 B. Mazing, Kačalov i Mejerhol'd v kino (Belyj orel), *Večernjaja krasnaja gazeta*, 25.10.1928.
25 *O Corno Magnífico*, *A Floresta* e *O Revizor*.
26 Carta de S. Diaghilev a S. Lifar (25.11.1928), citado em S. Lifar, *Chez Diaghilev*, p. 109.

imaginações, propõem-lhe a feitura dos cenários para um *Hamlet* que ele projeta montar na nova sala com a qual sonha[27].

O retorno dos Meierhold ocorre finalmente em 2 de dezembro. O encenador deu-se ao luxo de permanecer ausente durante cinco meses, observando de longe a batalha que se desencadeara em torno de seu teatro e de suas apostas. Ele saboreia em silêncio a vitória que por fim obtivera.

Suas objurgações a escritores e dramaturgos que lhe são próximos haviam dado seus frutos: ele poderá dispor de uma pasta de peças contemporâneas. Se Konstantin Fedin se recusa, Maiakóvski lhe traz *O Percevejo*; Erdman, *O Suicida*; Selvínski quase acabou sua tragédia, *O Segundo Comandante do Exército*; enfim, há a peça de Tretiakov, *Eu Quero uma Criança*, que continua em reserva. O teatro dispõe, assim, de materiais para várias temporadas; ele deveria estar em condições de apresentar ao público criações originais expressas em uma linguagem nova e dinâmica.

Um Restabelecimento Bem-sucedido, *O Percevejo*

Maiakóvski traz uma peça como Meierhold gosta. É uma peça política que suscita a reflexão sem impor respostas feitas. Seu propósito situa-se em dois níveis: ela denuncia em Prissípkin a frouxidão de um antigo comunista, que abandona sua companheira para contrair um casamento de interesse graças ao NEP. No curso de uma noite rabelaisiana de núpcias "vermelhas", irrompe um incendeio e toda esta sociedade de personagens ridículas e apagadas é varrida pelas chamas de um fogo purificador. Nesse estágio, trata-se em suma de uma sátira maliciosa a um fato banal da sociedade. O dramaturgo, porém, vai mais longe e

---

[27] Zinaida Reich escreve de Paris a A. Fevralski (?): "Ontem nós fomos à casa de Picasso e lá permanecemos por duas horas... Foi muito interessante... Falamos muito de *Hamlet*, lembramos a possibilidade de uma colaboração de Meierhold e Picasso, olhamos as últimas obras de Picasso. Ele afirmou que Meierhold é seu 'rival'..." Citado em Mejerhol'd, Iz lekcii na akterskom fakul'tete GEKTEMAS (10.1.1929), *Teatr*, n. 2, p. 34.

aborda o segundo nível. Único entre todos os convivas, Prissípkin retorna à vida. Seu corpo é transformado em um bloco de gelo. Cinquenta anos mais tarde (em 1979), o corpo é desenterrado e descongelado graças aos progressos da ciência. O herói encontra-se de súbito na sociedade do futuro, o "comunismo" consumado. Aqui, Maiakóvski inverte as perspectivas: o projeto revolucionário em que a sociedade soviética pretende estar engajada não tem sentido sem uma visada utópica. Mas, se for feita uma projeção no futuro das realidades da sociedade contemporânea, a utopia perde seu poder mágico e surge como um antimundo detestável, oferecendo a face de uma realidade asséptica, de uma vida fossilizada. Cúmulo do retrocesso, todas as palavras inúteis ou arcaicas são suprimidas, a saber, termos grosseiros como "a paixão", "o álcool" etc. Somente Prissípkin permaneceu semelhante a si próprio e, apesar de seus defeitos, seu pronunciado gosto pelo *farniente*, pelos prazeres impuros, pela cerveja e pela cançoneta, ele acaba por afigurar-se como sendo o único humano neste mundo lunar. Ele aceita com grande prazer ser encerrado no jardim zoológico, onde servirá de habitat a um percevejo, inseto que simbolizava todas as taras na Rússia antiga.

Ao final da peça, Prissípkin sai de sua jaula, volta-se para público e, como o governador na cena terminal de *O Revizor*, lança um grito patético:

> Cidadãos! Meus irmãos! Meus amigos! De onde vocês veem? Como vocês são numerosos! Quando é que vocês foram descongelados, vocês? Porque sou eu o único a me encontrar na jaula? Meus amigos, meus irmãos, venham ter comigo! Por que devo eu sofrer? Cidadãos!...[28]

Após a leitura do texto pela trupe em dezembro de 1928, a peça é montada em pouco menos de um mês e estreada em 13 de fevereiro de 1929. A oposição entre a triste realidade e a utopia realizada é salientada pela cenografia. Os Kukriniksi (nome coletivo de três pintores e caricaturistas) criam os cenários da primeira parte em estilo realista, que é o deles. A visão utópica é

---

[28] V. Maiakovski, *La Punaise*, 9º quadro, em *Théâtre*, 1957, p. 75.

confiada ao célebre artista construtivista Rodtchenko, que é conhecido por suas montagens fotográficas.

A música de cena tem igualmente uma função expressiva e sublinha o contraste entre esses dois mundos. Tendo Prokófiev se recusado, Meierhold faz vir de Leningrado o jovem Dmítri Schostakóvitch. Este dá satisfação a Maikóvski, que afirma gostar principalmente das fanfarras de bombeiros. O compositor escreve nesse estilo a "marcha triunfal", que acompanha a inauguração do jardim zoológico do futuro. Apesar de uma forte utilização de ritmos de jazz, seu talento é menos apreciado do que quando escreve acompanhamentos para o cinema, e ele não renovará sua experiência de músico de teatro.

O papel de Prissípkin é confiado a Ilínski cujo virtuosismo cômico e cujos dons de *clown* são conhecidos. Sua presença contribui em grande medida para o sucesso desta peça de feitio não habitual.

Segundo Gorodinski, um crítico de Leningrado, desde sua chegada a Moscou, mal lhe era feita a pergunta ritual sobre "o tempo às margens do Neva", indagavam-lhe se tinha visto *O Percevejo*. "É a peça que suscita grandes pugnas verbais; você é intimado a dizer se é favor ou contra *O Percevejo*".

Ele quer assegurar-se por si mesmo e não fica decepcionado:

> Jamais até agora a imagem do pequeno-burguês completamente desprovido de todos os atributos de um ser social atingiu um grau tão alto de pertinência e de realidade monstruosa... O Teatro Meierhold apresentou, em toda a sua acuidade, o problema da força de contágio do espírito pequeno-burguês e mostrou o seu perigo... Em conclusão, nós assumimos a ousadia de afirmar que *O Percevejo* é um dos espetáculos mais brilhantes do teatro de hoje[29].

A peça fica em cartaz quase sozinha até o fim da temporada e se manterá no repertório da trupe até 1931, data em que o teatro se estabelecerá em uma nova sala, cujo palco será demasiado exíguo para aí instalar os cenários.

---

29 V. Gorodinskij, *Klop* v teatre Mejerhol'de, *Rabočij i teatr*, n. 10. Esse mesmo Gorodinski será, em março de 1936, o escriba de Stálin, quando de seus célebres ataques contra o formalismo e, em particular, contra Schostakóvitch.

Na ocasião mesma da montagem de *O Percevejo*, surge a notícia de que Trótski é expulso da Rússia e se encontra momentaneamente nas cercanias de Istambul. O maquiavelismo desta medida aflora bem depressa: Trótski e os trotskistas conspiram no exterior e são, portanto, traidores. Não são mais adversários políticos, porém agentes estrangeiros. Começa-se a prender aqueles que são suspeitos de trotskismo, enquanto uma decisão capital é tomada: a nova política econômica é enterrada, a industrialização e a coletivização desabusadas serão conduzidas com uma lógica militar. É o ano da "grande virada", que traz as prisões, as deportações e as execuções em um nível excepcional.

A reflexão sobre a utopia fundadora do movimento comunista à qual Maiakóvski se entrega, e Meierhold com ele, é, pois, de particular atualidade, mas também terrivelmente arriscada. Seus ideais "revolucionários" são seriamente abalados pelas decisões dos dirigentes que lançam a Rússia, apenas refeita dos transtornos de uma guerra de sete anos, a uma nova arrancada revolucionária, imposta pela força.

Um Revolucionário Autêntico.
O Segundo Comandante do Exército

A pergunta sobre os fins da luta revolucionária prossegue. O poeta Selvínski escreveu uma tragédia em versos da qual se orgulha muito. Ele desenha o retrato de Okonny (o Homem na Janela), um chefe militar que é, ao mesmo tempo, um intelectual a duvidar de si próprio e a refletir sobre o sentido da Revolução. Esta problemática não pode ser aceita pela censura e Meierhold introduzirá aí modificações que o autor terá dificuldades de aceitar. A criação de uma primeira variante ocorrerá em Kharkov, em 24 de julho, durante a excursão estival do teatro, devendo a versão definitiva ser montada para os espectadores moscovitas somente na nova temporada em setembro. Entrementes, a tragédia pessoal de Okonny transformou-se em uma epopeia, a dos combates da guerra civil, fase fundante do regime soviético.

Em face de Okonny aparece um segundo chefe militar, Tchub. Se bem que situado durante a guerra civil, o conflito não é tanto aquele entre os Vermelhos e os Brancos, quanto o de duas concepções da luta revolucionária, no próprio seio do campo bolchevique. Trata-se da oposição de duas políticas, o combate de dois chefes antagonistas.

Okonny é um membro da *intelligentsia*, atento aos homens, ao passo que Tchub é o protótipo do militante nutrido pelas suas certezas e que afirma fiar-se apenas em seu instinto revolucionário. Um está prestes a dar a ordem de atacar o inimigo, que ele espera vencer graças a um assalto audacioso, o outro estima, pelo contrário, que é preciso contemporizar e deixar ao inimigo a iniciativa do ataque, a fim de melhor quebrá-lo. Os soldados, porém, estão impacientes por lutar. Quando partem para o assalto, Tchub ordena friamente que fuzilem aqueles que desobedecerem as suas ordens. Okonny fica revoltado com esta ordem desumana. Ele compreende os homens e sua legítima impaciência. Usando de um subterfúgio, usurpa a função de "comandante de exército" ("general"), manda prender Tchub e dá a ordem de atacar a cidade inimiga da qual se apodera, ainda que ao preço de pesadas baixas.

Por ocasião da estreia em Moscou (em 30 de setembro), o autor justifica certas mudanças de inflexão, às quais procedeu para satisfazer a censura, e que consistem em colocar os dois "chefes" em pé de igualdade, deixando ao espectador o cuidado de decidir entre duas visões de mundo:

> Em minha peça pode-se encontrar o problema do chefe e das massas, o problema do usurpador no plano ideológico..., o problema do gênio que se engana e o da mediocridade que conhece o seu ofício, o problema da transformação do socialismo em pragmatismo revolucionário etc. Eu gostaria que as simpatias do leitor ou do espectador fossem dirigidas a Okonny e a antipatia a Tchub, para se transformar em uma confiança total em relação a Tchub associada a uma forte decepção em relação a Okonny[30].

30 I. Sel'vinskij, *Komandarm 2. O pe'se*. *Literaturnaja gazeta*, 30.9.1929.

Meierhold adota, de início, o mesmo ponto de vista. O paralelo entre as duas personagens remete claramente à oposição entre Stálin e Trótski. O encenador se esforça por manter um equilíbrio entre eles, com uma ligeira vantagem para o primeiro:

> Nos traços do comandante Tchub aparecem mui claramente os de Stálin. Ele dá provas de uma enorme força de caráter, é enérgico e voluntarioso, defende a fundo seus princípios até o fanatismo, está pronto a tudo para vencer, é capaz de todos os sacrifícios [...]; [em Okonny] manifestam-se os traços característicos de um chefe do gênero de Trótski. Possui uma cultura refinada, ama filosofar, interessa-se pela poesia, falta-lhe um pouco de vontade, mas é um homem pleno de humanidade[31].

Como seria de esperar, o espetáculo enseja ataques virulentos. Não é mais o tempo de se enternecer com Trótski, inclusive por meio de personagem interposta. Meierhold toma então a iniciativa das operações e reescreve a peça várias vezes, reduzindo-a de cinco para três atos e, sobretudo, modificando completamente o fim, para chegar a dizer o contrário do que pretendia o autor. O ataque contra a cidade em poder do inimigo termina agora em uma pesada derrota da qual Okonny é responsável. Tchub é dotado de todas as virtudes do herói revolucionário, enquanto Okonny mostra sua verdadeira face de traidor comunicando-se com o inimigo. A única saída lógica será sua condenação à morte e a de Vera, sua secretária e companheira (interpretada por Zinaida Reich). O espetáculo acaba, pois, com a vitória de Tchub e o merecido castigo de Okonny. Meierhold, que não quer comprometer seu projeto de turnê pelo estrangeiro, vai adiante mesmo das exigências da censura e faz tudo para evitar que o acusem de ter efetuado indiretamente o elogio de Trótski.

O que resta da tragédia da qual o autor se orgulhava? Repartida em sete episódios, desviada de seu sentido, ela comporta, apesar de tudo, alguns momentos antológicos. Assim, o final que celebra o triunfo de Tchub, conclui por uma visão patética. De início, uma música arrebatadora, depois o rufar de tambor, a

31 A. Elkana, *Mejerhol'd*, p. 346.

seguir uma marcha fúnebre e, finalmente, de novo uma música arrebatadora, com o intuito de demonstrar que "a vontade inquebrantável da Revolução vive e viverá"[32]. O momento solene deste final é aquele em que um arauto lê com voz forte o nome dos soldados tombados nesta batalha inútil.

O episódio em que Tchub enfrenta a revolta dos soldados, irritados por sua política de contemporização, é igualmente de uma sóbria potência. Fiel à sua prática, Meierhold alimentou a imaginação de seus atores com a contemplação de obras de arte na qual vai inspirar-se. Há, primeiro, *A Rendição de Breda*, de Velásquez – quadro famoso pela maneira como as lanças dos beligerantes se organizam no espaço da tela. Depois, *O Circo*, de Picasso, que representa um cavalo branco em plena ação, e cuja visão nutre a cena que segue.

Antes de começar, Meierhold dispõem os soldados sobre o palco com seus longos fuzis que fazem pensar em lanças. O episódio é trabalhado durante uma boa dezena de dias até que chegue ao ponto. Tchub usa uma echarpe vermelha. Ele abre o *meeting*. Os soldados exigem lançar-se imediatamente ao ataque, a despeito da proibição expressa que lhes foi notificada. Eles se inflamam e censuram com veemência Tchub, por sua inflexibilidade e suas incompreensíveis hesitações.

Neste momento, sobre seu cavalo branco, chega Deverin, um anarquista que prega abertamente a revolta. Seu discurso inflamado contra Tchub lhe vale a adesão de seus camaradas. Tchub perdeu a partida. Ele desce passo a passo a escadaria de onde dominava a multidão, e chega à altura do cavaleiro:

> Eu, eu que fui o condutor dos exércitos de massa,
> Eu sou vosso caro ditador imortal,
> Um operário-camponês saído dos cárceres do tsar.
> Sim, eu! E agora vocês têm um substituto,
> E eu já sou inútil? Nesse caso eu lhe
> Confiarei, eu mesmo, as insígnias de comando.
> Apanhe! (Ele tira sua echarpe.)
> Olhe esta echarpe vermelha,

---

32 Brochura para os atores da versão em três atos. Arquivos Literários e Artísticos da Rússia, fundo 998, inventário 1, documento 219.

É uma verdadeira legenda.
E esta *browning* não vale menos que a echarpe.
Pegue-a e conduza as tropas por montes e por vales.
(Deverin se aproxima e estende a mão.)
Pois bem! É ele que vocês querem?
É ele que daqui por diante os comandará!
(Ele atira.)

O corpo de Deverin inclina-se sobre seu cavalo, o sangue corre em borbotões de sua boca sobre seu peito. Depois ele oscila e cai. No mesmo momento, ouve-se ao longe o canto das balalaicas, são outros soldados que se distraem sob as tendas, indiferentes ao que se passa em torno deles. Quanto a Tchub, com a pistola ainda fumegante em punho, ele sobe, poderoso e solitário, os degraus da escadaria. O efeito dramático dessa cena é acentuado pelo jubiloso contraponto musical que enche agora o silêncio no qual tudo oscilou desde a morte de Deverin.

Meierhold estava convencido de que a tragédia era enfadonha e que carecia, portanto, prender a atenção do espectador pelos efeitos especiais. A escadaria é deste número. A dimensão vertical que ela introduz constitui também uma forma de abertura, de sublimação das paixões que rastejam a seus pés. A despeito de seus temores, a peça logrou criar seu público e Meierhold pôde assim mostrar sua capacidade de proporcionar uma leitura original de uma obra em consonância política, evitando ao mesmo tempo os clichês.

No mesmo momento, assiste-se à criação de *Liubov Iarovaia*, primeira obra dramática escrita especialmente para fins de propaganda, em conformidade com a ideologia reinante. Estreada no Máli, em dezembro de 1926, esta peça de Treniov é uma pseudotragédia em que uma mulher se defronta com o problema de que, tendo aderido aos operários e camponeses revolucionários, reencontra seu marido entre os combatentes brancos. Ela consente, após certa hesitação, que o executem, pois ele não é mais, para ela, senão um inimigo. O fanatismo prevalece sobre os sentimentos mais elementares, como o amor e a fidelidade. Independentemente do fato de se tratar de um ato moralmente injustificável, ele peca igualmente no plano da verossimilhança. Por certo, a crítica não cessa de cobri-la de elogios.

Meierhold se recusa a celebrar uma ideologia. Defende uma ideia do homem, segundo a qual este só pode construir a sua identidade na luta. Ele se dirige a um público desamparado pelas reviravoltas da vida pós-revolucionária e que procura colocar seus referenciais.

A Temporada de 1929-1930.
O Combate contra a Burocracia. *O Tiro*

Quanto mais o Estado se torna onipresente, mais a administração se torna tentacular. Meierhold julga que é seu dever de cidadão, de comunista, de intelectual e de artista combater esse flagelo da vida soviética. Ele se sente confortado com essa ideia devido às diretivas do Partido Comunista, que condenam regularmente os "burocratas" designados por elas à vindita do público, como se houvesse uma diferença entre o responsável e o executante. Há, pois, aí um nicho no qual o teatro crítico deveria poder inserir-se. A diferença é que, enquanto para as autoridades os burocratas constituem apenas uma exceção, uma verruga sobre um corpo sadio, todas as obras montadas por Meierhold sobre este tema atacam a própria essência da burocracia, símbolo mesmo do regime.

Dois espetáculos são sucessivamente dedicados a esse fenômeno de sociedade: *O Tiro*, de Aleksandr Bezimenski, e *Os Banhos*, de Maiakóvski.

Bezimenski é um poeta achegado ao movimento Outubro, que toma Maiakóvski como modelo. Espetáculo de esquetes destinados a denunciar a burocracia, sua peça alcança tamanho êxito que é montada simultaneamente em Leningrado, Kiev, Minsk e Moscou. Encontram-se nela representantes típicos da sociedade soviética, operários, engenheiros de uma garagem de bondes, responsáveis do Partido, membros da Juventude Comunista... Mas o texto, um tanto verboso, não está à altura do projeto.

Como sempre, o Teatro Meierhold eleva, por seu estilo, o interesse desta obra bastante oca. Uma das cenas mais notadas é aquela em que o burocrata Prischletsov[33] pronuncia um monólogo, em cujo decurso caem do urdimento, como folhas mortas, nuvens de folhas de papel que formam uma camada, na qual ele se afunda pouco a pouco. Dito isto, essa personagem encarna esta verdade, já atestada no século XIX sob a pena de Sukhovó-Kobilin, em *A Morte de Tarelkin*: os burocratas são como a fênix, eles renascem sempre de suas cinzas para vir em perseguição do homem comum.

Prudente Meierhold adota uma posição retraída: deixa a responsabilidade desse trabalho a seus assistentes, entre os quais figura Zaitchikov, promovido a encenador. O espetáculo estreia em 19 de dezembro de 1929, mas não parece ultrapassar o nível das obras de circunstância.

Os Banhos

Os laços estabelecidos, em 1918, entre Meierhold e Maiakóvski reforçaram-se com o correr do tempo. Ambos colaboram com o movimento do Front de Esquerda da Arte e partilham de uma mesma sensibilidade política, que se resume na aspiração a um mundo liberto da opressão, e no qual cada cidadão deve ser criador de seu destino. Eles não podem deixar de ver que a realidade não mais corresponde aos ideais proclamados pelos bolcheviques antes de sua ascensão ao poder.

Encorajado pelo sucesso de *O Percevejo*, Maiakóvski põe-se de novo a trabalhar. Dessa vez, seu alvo será a burocracia tentacular e a arte adulterada da qual ela se compraz. O Teatro de Câmara já havia montado *A Ilha Púrpura* (em 11 de dezembro de 1928), em que Mikhail Bulgakov exercia sua verve contra o teatro enfeudado e, mais exatamente, contra a reescritura de obras clássicas, segundo os métodos da "dramaturgia comunista", denunciando na pessoa do censor um mal que não cessava de fazer estragos.

Maiakóvski introduziu em sua peça uma cena de teatro no teatro que ridiculariza, de maneira muito hábil as pretensões de seu

---

33 A. Bezymenskij, *Vystrel*, ato V, cena 2.

herói, o todo-poderoso Pobiedonossikov, de impor à arte seu *diktat*. "Não se trata de nos mostrar tal como somos, mas de dar de nós uma imagem agradável. O teatro deve ser um divertimento e não um agitador social". A classe dos burocratas usurpa a legitimidade do público em nome do qual ela pretende reger a vida cultural.

A mola principal da peça gira em torno da invenção de uma máquina para se deslocar no tempo, obsessão recorrente de Maiakóvski. Graças a esta máquina, e à energia de um jovem comunista chamado Velocipedkin, e apesar dos obstáculos erigidos à sua realização pelos burocratas, uma delegada do futuro efetuará sua irrupção em nosso mundo. De maneira profética, o autor vê nessa personagem uma mulher, a Mulher Fosforescente (Zinaida Reich). Tal como o inspetor geral [O *Revizor*], ela vem para passar no crivo os Soviéticos do ano de 1930, a fim de separar os puros dos impuros, como em *Mistério Bufo*. Retomando por sua conta os procedimentos cênicos de Meierhold, Maiakóvski concebe uma grande escadaria em cujo topo surgirá esta encarnação feérica do comunismo realizado, esse "delegado" do ano 2030 que é a Mulher Fosforescente. Em uma nova metáfora baseada nos elementos, ao fogo, que remeterá à sociedade pequeno-burguesa de *O Percevejo*, sucede a água dos banhos, esta instituição russa tradicional, que vai purificar a sociedade e desembaraçá-la de suas escórias (é significativo ver que os exploradores, que em o *Mistério Bufo* eram os "capitalistas", são agora comunistas de cor firme).

Pobiedonossikov aparece em toda a sua suficiência; detém uma autoridade absoluta que poderia ser trágica, caso não se descobrisse que ele não passa de um ridículo fantoche. Esse duplo registro é atestado pelo subtítulo da peça "Drama em Seis Atos com Circo e Fogos de Artifício". Para essa personagem, o comunismo está a serviço dos dirigentes e a máquina burocrática é um fim em si, estranho às necessidades dos cidadãos. O que importa é que "os papéis circulem, que os carimbos sejam apostos, que as assinaturas sejam dadas". Ele lembra, nisso, o secretário da célula Gladkich ao declarar, em *O Tiro*, que "um fato não é um fato senão quando inscrito em uma circular"[34]. Ele despede a secre-

---

34 Idem, ato I, cena 2.

tária sob um pretexto fútil a fim de substituí-la por sua amante; quanto à sua mulher, que compartilhou de seus combates durante a guerra civil, ele lhe censura infidelidades imaginárias e a impele cinicamente ao suicídio.

Ao mesmo tempo, Pobiedonossikov encomenda seu retrato em pé a um desses pintores pretensiosos, prontos a todos os compromissos. A audácia de Maiakóvski é grande, pois é difícil não pensar, a esse propósito, no burocrata supremo que ocupa a cadeira de secretário geral do Partido Comunista e que gosta de fazer-se representar, em poses vantajosas, pelos pintores oficiais do regime.

Stálin – como vimos – fizera sua *entrée* no domínio artístico. A Bill-Bielotserkóvski que se volta desta vez contra Bulgakov e sua peça *Os Dias dos Turbin*, peça que ele julga ideologicamente nociva, Stálin responde em fevereiro de 1929 com uma carta longamente citada como modelar: ele recomenda aí a tolerância em relação a esse dramaturgo. Ao contrário de seu interlocutor que vitupera contra os artistas de "direita", ele julga que a distinção, na Rússia, não é mais entre "direita" e "esquerda", mas entre literatura "soviética" e literatura "antissoviética". Por meio desta observação de aspecto anódino, introduz uma noção de outro modo devastadora, pois, em rápido deslizamento, o conceito de "antissoviético" será transformado no de traidor da pátria, passível da pena capital.

Abalado pelos virulentos ataques de que é alvo a arte de esquerda, por parte da Associação dos Escritores Proletários, Maiakóvski dissolve o Front Revolucionário de Arte (REF) e a revista do mesmo nome que ele fundou. O poeta realiza de algum modo uma retratação pública e pede, a 6 de fevereiro de 1930, para ser admitido no quadro da Associação dos Escritores Proletários. Mais do que felizes com esta rendição, estes o fazem pagar bem caro seu passado contestatório.

A nova peça de Maiakóvski torna-se objeto de uma preparação minuciosa. O autor lê *Os Banhos* na presença da trupe do Teatro Meierhold já em setembro de 1929 e recebe uma acolhida calorosa. Não é esta uma manifestação em favor da arte de esquerda particularmente rude? Desde sua publicação, a peça é objeto de ataques insidiosos, notadamente de parte de Ermilov, membro influente da Associação dos Escritores Proletários, que censura o autor de adotar, em face do fenômeno burocrático, uma atitude desprovida do senso da dialética. Em um artigo contra o esquerdismo, publicado no *Pravda*, ataca de passagem Maiakóvski. Em sua peça daria para se ouvir uma "falsa nota esquerdista": seu herói, Pobiedonossikov, apresentado como um dirigente típico, não é de fato senão um "renegado do Partido", o que muda tudo.

> A existência de Pobiedonossikov apresenta-se de tal modo amplificada, que a personagem cessa de exprimir o que quer que seja de concreto... Aliás, a personagem toda soa a tal ponto falsa que ela não é sustentável. Um burocrata tão asseado, tão polido, absolutamente "sem senão", que é ao mesmo tempo um verdadeiro grosso e um rematado patife, eis o que é incrivelmente esquemático e completamente inverossímil[35].

Seria preciso mostrar que só um "renegado", o que na linguagem cifrada da época queria dizer um trotskista, um inimigo do povo, era capaz de um comportamento tão abjeto. Nenhum alto funcionário soviético deveria poder ser identificável com Pobiedonossikov.

Alguns dias mais tarde, Meierhold voa em socorro de Maiakóvski tomando de empréstimo a linguagem dos chavões de seus adversários:

> Em *Os Banhos*, Maiakóvski submete os Pobiedonossikov à zombaria. De onde Ermilov tirou que ele queria fazer dessa personagem um renegado? Não, não é um renegado que Maiakóvski entrega ao chicote da sátira, como Ermilov quer sugerir. O que ele mostra com grande talento é a luta trágica de um operário-inventor contra a burocracia, o despotismo das repartições e a obsessão dos regulamentos. A outra linha da peça: graças a episódios sucessivos, Maiakóvski exprime seu entusiasmo ante o elã do proletariado, pronto a sobrepujar todos os obstáculos no caminho do socialismo,

---

35 V. Ermilov, O nastroenijah melkoburžuaznoj "levizny" v hudožestvennoj literature, *Pravda*, 9.3.1930.

a acelerar o ritmo que permitirá realizar a missão que lhe foi confiada pelo Partido, isto é, "alcançar e ultrapassar" e, apesar de uma conjuntura internacional desfavorável, chegar custe o que custar ao socialismo. O poeta lança a este respeito uma exortação pungente, [cumpre] projetar-se para o porvir, extravasar-se em inventividade e reforçar o sentido de urgência[36].

Do mesmo modo que em sua peça precedente, Maiakóvski propõe uma visão em dois níveis: em primeiro lugar, a realidade presente que merece apenas o motejo e o açoite satírico; em seguida, o porvir e a utopia fundadora do comunismo; mas, diferentemente de *O Percevejo*, a utopia abebera-se em suas raízes na atualidade. O comunismo está presente nas realizações concretas que testemunham a coragem e a honestidade dos cidadãos soviéticos. Essas criaturas cheias de abnegação esmagadas pelos burocratas, são as verdadeiras construtoras da utopia comunista: a estenodatilógrafa posta na rua pela impudência de Pobiedonossikov, Póla, sua esposa, que ele trata com uma grosseria insigne, o contador que vem em ajuda do inventor e, evidentemente, o próprio inventor e os operários que constroem a máquina para remontar no tempo.

Vinda do ano 2030, a Mulher Fosforescente expõe um programa de uma simplicidade luminosa: "O futuro acolherá todos aqueles que manifestarem ao menos uma qualidade, que os aparentará ao coletivo da comuna: a alegria do trabalho, a sede de autossacrifício, a perseverança na busca, a alegria de dar, o orgulho de ser um ente humano"[37].

Encontram-se aqui as virtudes morais celebradas pela *intelligentsia* e que contrastam com a perversão dos valores preconizada em uma sociedade na qual a delação se torna doravante a virtude principal.

A polêmica sobre a significação da peça renasce no momento de sua estreia, em 16 de março, quando a trupe está inteiramente ocupada com os preparativos de sua excursão ao estrangeiro. Menos de um mês mais tarde, em Berlim, em 14 de abril, o teatro fica sabendo então, com estupor, do suicídio de Maiakóvski.

36 V. Mejerhol'd, *O Bane* V. Majakovskogo, *Večernjaja Moskva*, 13.3.1930.
37 V. Maiakovski, *La Grande Lessive*, ato VI, *Théâtre*.

Meierhold manda observar um minuto de silêncio em memória do poeta desaparecido e envia à *Literaturnaia gazeta* um telegrama redigido nos seguintes termos: "Transtornado pela morte do poeta genial e do querido amigo, do companheiro de combate pela arte de esquerda"[38].

Meierhold disse tudo nestas poucas palavras. Uma forte amizade unia esses dois artistas, que tantas vezes haviam trabalhado juntos. A identidade de seus modos de ver não se limitava a suas concepções estéticas e políticas. Maiakóvski tornara-se de algum modo o dramaturgo do teatro que, por seu lado, veio a ser o teatro de Maiakóvski. Por fim, falando de "arte de esquerda", Meierhold mostra que não dá a mão à palmatória. Recusa categoricamente os estereótipos da arte "proletária" e reivindica o direito de adotar uma atitude crítica em relação à realidade social. Por fidelidade ao seu amigo desaparecido, o encenador reafirma, pois, em alto e bom som o direito à diferença.

Cumpriria ver uma coincidência no fato de que, no dia 18 de abril, isto é, quatro dias mais tarde, Bulgakov, outra vítima de uma campanha de difamação, recebe um chamado telefônico de Stálin? Temeriam o desencadeamento de uma onda de suicídios entre os intelectuais? Em troca de uma promessa de não tentar mais sair da Rússia, Stálin oferece a Bulgakov o trabalho de conselheiro literário do Teatro Artístico de Moscou, e manda levantar a interdição que pesava sobre *Os Dias dos Turbin*.

A Turnê Europeia do Teatro Nacional Meierhold (abril-junho de 1930)

O Teatro Artístico ficou quase dois anos no exterior (1922-1924), o Teatro de Câmara, de Taírov, se dirigia quase todos os anos a Paris, mas o Teatro de Meierhold teve de esperar até 1930 para se dar a conhecer na Europa Ocidental.

---

38 Telegrama de V. Meierhold à *Literaturnaja gazeta* (16.4.1930), *Perepiska*, p. 306.

Alicerçado em uma equipe de quarenta pessoas, transportando cenários volumosos, ele se apresentou primeiro em Berlim, de 1 a 16 de abril, e se dirigiu, a seguir, para oito outras cidades: Breslau, Colônia, Mannheim, Düsseldorf, Stuttgart, Heidelberg, Darmstadt e Frankfurt-sobre-o-Meno, antes de chegar à França. Meierhold precede a trupe na viagem a Paris, onde deve desbloquear as últimas resistências políticas face à visita de um teatro "bolchevista". Os vistos de entrada só serão liberados depois de repetidas intervenções de admiradores de Meierhold, como Serge Lifar, herdeiro espiritual de Diaghilev, Paul Boyer, administrador da École des Langues Orientales e a Associação dos Amigos do Teatro Meierhold, criada por Louis Jouvet, Charles Dullin e Gaston Baty.

Apenas removidos os últimos obstáculos, Meierhold recebe, da direção dos negócios artísticos do Comissariado do Povo para a Educação e a Cultura, um telegrama exigindo a interrupção da turnê e o regresso imediato a Moscou do Teatro Nacional Meierhold[39]. O encenador decide ignorar esta nova cabala e prossegue a excursão, como se nada tivesse acontecido.

A Alemanha oferece ao Teatro Meierhold uma face mais agradável do que a França, conforme a respectiva atitude dos dois países ante a Rússia Soviética. Uma brochura elegante e sóbria, de capa prateada, ilustrada com numerosas fotos e contendo extratos da imprensa, apresenta ao público alemão o "Staatstheater W. Meyerhold" e as cinco obras propostas: *O Corno Magnífico*, *A Floresta*, *Grita, China!*, *O Revizor* e *O Segundo Comandante do Exército*. Tendo Garin roído a corda no último minuto, é Serguêi Martinson que assume o papel de Khlestakov. Ilínski, quanto a ele, abandonará a trupe no fim da turnê na Alemanha, o que privará a França de *O Corno Magnífico*.

O repertório se vê reduzido a duas peças clássicas, *A Floresta* e *O Revizor*. Nenhuma peça de propaganda foi permitida pelas autoridades francesas que temem os excessos. As notícias da excursão pela Alemanha são, com efeito, pouco tranquilizadoras:

> Foi lá [em Mannheim], diante de um público de operários, que essas representações puderam igualmente revestir-se da

---

39 *Večernjaja Moskva*, 5.5.1930.

enorme significação política que é inseparável dos objetivos desta companhia teatral. As representações de *Grita, China!* ocorreram sempre sob a vigilância redobrada da polícia; ao fim de cada uma delas, as ovações se transformavam em demonstrações políticas, testemunhando a aliança entre os operários do Oeste e a Moscou soviética... As apresentações como as de Mannheim, grande centro industrial onde o desemprego aumenta a cada dia... e onde três mil operários saudaram o Teatro Meierhold... tudo isso diz mais do que todas as críticas, da grande importância não só do ponto de vista estético, mas também do ponto de vista político, do primeiro "*raid*" da trupe de Meierhold na Alemanha[40].

Tais manifestações de massa estão excluídas em Paris, onde dez representações serão proporcionadas a partir de 17 de junho, sete de *O Revizor* e três de *A Floresta*. O programa oferece um resumo das duas peças, episódio por episódio. Ele permite constatar que, seis anos após a sua criação, *O Revizor* passou de quinze para dez episódios, e *A Floresta*, de trinta e três para dezessete. Como Meierhold explicará muito bem esse fato, os atores, que dispõem de uma grande liberdade de improvisação, tendem a alongar a duração do espetáculo. Para chegar a uma duração normal, o encenador vê-se obrigado, de tempos em tempos, a efetuar cortes enérgicos no texto.

O público compreende evidentemente um grande número de russos emigrados. Eles manifestam ruidosamente sua reprovação diante daquilo que consideram uma deformação intolerável dos clássicos russos. Jornalistas franceses os seguem de perto:

> Esse senhor Meierhold que tivemos a ocasião de ver a outra noite, quando, após alguns quadros particularmente bem sucedidos, vinha inclinar-se rapidamente e saudar a chamado do público e de seus próprios comediantes que o aplaudiam, não possui o ar muito tranquilizador. Sob uma abundante cabeleira grisalha e encrespada, tem um rosto agudo e sulcado pelo fanatismo, um maxilar cujo sorriso é insólito...[41]

---

40 M. Mologin, Teatr Mejerhol'da za granicej, *Prožektor*, 22.8.1930.
41 P. Chauveau, Au théâtre, *Les Nouvelles littéraires*, 21.6.1930.

Convém reter, não obstante, uma análise penetrante do *Revizor* devida a Iulia Sazonova, crítica do jornal em língua russa, *As Últimas Notícias*. Ela vê aí uma terrível metáfora da URSS:

> O teatro é, em certa medida, obra não só dos atores, mas também do público. *O Revizor*, tal como é representado pelo Teatro Meierhold, corresponde à expectativa do novo público russo e às condições da realidade russa... A comédia transformou-se em um pesadelo trágico, os "insertos" da vida quotidiana liberam uma espessa angústia, que se converte em hebetude. Sua figuração simbólica é o homenzinho de uniforme azul, cuja simples aparição dá um sentimento de desespero, achatado, mesquinho, cinzento, o rosto espantosamente "vazio", sem pensamentos, sem expressão; ele está sempre no pé de cada um e sempre em um estado de semitorpor. É verdadeiramente pavoroso...[42]

É reconhecível aí o Oficial de Passagem, que não pode deixar de lembrar à autora do artigo a vigilância constante de que são objeto todos os soviéticos. O próprio cenário lhe parece significativo desta atmosfera de sufocação:

> Como é eloquente o fundo do cenário: essa parede composta de um grande número de portas de onde, a cada instante, podem sair caras patibulares atraídas pela curiosidade. Este fundo permite não só à imaginação do encenador pôr em ação inúmeras combinações (assim como os "biombos" de Gordon Craig), mas traduz igualmente esta atmosfera de vulnerabilidade total, de "portas abertas", de possibilidade constante de intrusão, que é a tortura moral fundamental da vida russa.

As barreiras linguísticas e culturais não impedem um Henri Lenormand de saudar como uma obra-prima *A Floresta* e seus achados cênicos:

> Se existe, como Gaston Baty sustentava um dia espirituosamente, um canto do paraíso em que as mais belas encenações escapam à sua condição que é a de ser efêmeras, ele imagina certamente haver algumas de Meierhold neste

---

[42] Ju. Sazonova, Sovetskaja skuka, *Poslednie novosti*, 25.6.1930.

recinto da imortalidade. Aquela, entre outras, da cena de amor de *A Floresta*. Em redor do mastro plantado no jardim, os enamorados giram, sentados cada uma sobre uma prancheta ligada por cordas à borla do mastro. E à medida que o diálogo alça voo, os corpos deixam o solo e giram no espaço. Admirável visão![43]

A despeito de certas revessas devidas à política, os espetáculos fascinam um público de *connaisseurs*, enquanto em Moscou as paixões parecem ter-se apaziguado. Os *Izvestia* anunciam que o Teatro Meierhold planeja prosseguir em sua excursão, indo a Londres e talvez aos Estados Unidos por iniciativa do empresário Sidney Ross. Será que a sorte sorrira, enfim, ao encenador rebelde?

Amigo de longa data de Meierhold, Iuri Annenkov, que continua em Paris uma carreira de pintor encetada em Petrogrado, traz a público, em suas *Memórias*, confidências interessantes, ainda que seja preciso recebê-las com precaução. Meierhold, segundo ele, não tem mais ilusões sobre a situação na União Soviética:

> Em Moscou, o teatro está agora condenado à morte. Na América, creio eu, que isso seria mais simples... Quem sabe? Talvez, após esta turnê, com um bom descanso no Midi e depois de haver refletido bem sobre a questão, Zinaida e eu rumaremos diretamente para Nova York[44].

Annenkov, porém, fica espantado com a atitude da esposa: "Zinaida Reich lança um olhar enfurecido a Meierhold e guarda silêncio"[45]. No seu retorno de Hendaye, dois meses mais tarde, os Meierhold tomaram sua decisão. "Quando perguntei por que não tinham ido diretamente para a América, Meierhold me respondeu: 'É Zinaida. Saudade da pátria. Eu a compreendo perfeitamente'. Reich, desta vez, esboçou um sorriso muito terno"[46].

---

[43] H. Lenormand, Meyerhold en prison, *Le Figaro*, 11.7.1939. Ao saber da detenção do grande encenador, ele não pôde conter sua indignação. A visão da bela cena vista em Paris nove anos antes permanece ainda totalmente fresca em sua memória. Zinaida Reich, a jovial intérprete de Aksiuscha, será assassinada alguns dias mais tarde.
[44] Ju Annenkov, *Dnevnik moih vstreč. Cykl tragedij*, v. II, p. 85.
[45] Idem, ibidem.
[46] Idem, p. 87.

Meierhold, diretor do Teatro Nacional Meierhold (1930).

A Floresta, de Aleksandr Ostróvski (cena final), no Teatro Meierhold (1924).

O Segundo Comandante do Exército, de Iliá Selvínski (cena final), no Teatro Nacional Meierhold (1929).

O Revizor (O Inspetor Geral) no Teatro Nacional Meierhold (1926). Zinaida Reich (a mulher do governador), Piotr Starkovski (o governador) e Maria Babanova (a filha do governador).

Escolha da partitura musical para *O Percevejo*,
de Vladímir Maiakóvski. Sentados: Schostakóvitch
e Meierhold; em pé: Maiakóvski e Rodtchenko (1929).

Em casa de Meierhold (1936):
Malraux, Meierhold e Pasternak.
Clichê Victor Ravikovitch.

No alto, maquete do cenário de Vladímir Stenberg para o episódio do "interrogatório de Pavel Kortchaguin" (*Uma Só Vida*, de Nicolai Ostróvski) no Teatro Nacional Meierhold.

Em baixo, maquete do cenário (*A Dama de Espadas*, de Piotr Tchaikóvski) no Pequeno Teatro de Ópera de Leningrado (1935).

Zinaida Reich no papel de Margarida Gautier
(*A Dama das Camélias,* de Alexandre Dumas Filho)
no Teatro Nacional Meierhold (1934).

Meierhold em seu escritório.
Na parede, o retrato de Zinaida Reich (1937?).

Retrato de Meierhold por Kontchalóvski (1938). D. r.

Na página ao lado, Meierhold na cela da prisão,
visto por Gabriel Glikman (1982). D.r.
No alto, o corredor da morte. Prisão da Butirka, em Moscou.

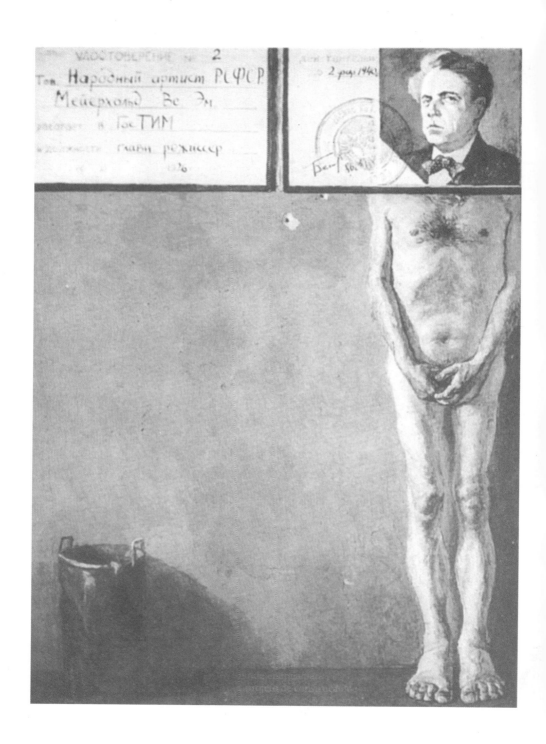

A nudez de Meierhold, composição de Piotr Belov (1986). D.r.

Meierhold e Zinaida Reich retornaram a Moscou a tempo para o início da nova temporada. Mais uma vez, combates os aguardavam.

A Temporada de 1930-1931.
Tirem as Mãos da Europa Soviética

Em Moscou a atmosfera é pesada. O XVIº Congresso do Partido Comunista ocorreu entre o fim do mês de junho e o começo do mês de julho. Ele decidiu, entre outras coisas, acelerar a transformação socialista da sociedade, segundo a fórmula "realização do plano quinquenal em quatro anos", e por uma intensificação da coletivização. Alexei Ríkov, que é presidente do Conselho dos Comissários do Povo, é nomeado membro do Bureau Político. É um dos raros políticos que possuíam uma visão de envergadura. Mas, em menos de seis meses (em 19 de dezembro), foi destituído de suas duas funções. Molotov o sucedeu à testa do Conselho de Comissários do Povo. O processo do partido industrial que sobreveio neste momento visa demonstrar que o inimigo se aninha no próprio seio da sociedade soviética.

Uma vez mais, Meierhold se esforça para ser irrepreensível. Ele apresenta, para o aniversário da Revolução (em 7 de novembro de 1930), um novo espetáculo ou, melhor, um espetáculo renovado, *Tirem as Mãos da Europa Soviética*, que é uma reprise da revista política de 1924 (*Tirem as Mãos da Europa*).

Visão utópica de uma Europa Central que se tornou soviética e da qual um homem de negócios americano tenta apoderar-se por todos os meios, esta versão é mais maniqueísta do que a precedente. Mologuin, jornalista e ator da trupe de Meierhold, foi encarregado de atualizar o roteiro. Entre os onze episódios, muitos são consagrados à URSS e a seus feitos, como, por exemplo, aquele que é denominado "Cinco em Quatro", ilustração do *slogan* sobre a realização do plano quinquenal em quatro anos. Além disso, os episódios dedicados aos costumes decadentes da Europa Ocidental, com muito foxtrote e outros ritmos americanos, foram suprimidos, para a grande decepção do público. Tornada insípida, a revista não se faz muito atraente para os espectadores.

Montar uma peça sobre um tema soviético tornou-se uma obsessão para o Teatro Meierhold, que sabe estar sendo vigiado. Resta sempre *Eu Quero uma Criança*, que veio, ao fim, a ser autorizada, com a condição de levar em conta as observações do Comitê do Repertório. No aguardo de que Tretiakov procede às modificações requeridas, Meierhold retoma, com El Lissítski, o projeto do dispositivo cênico. O escultor constrói uma maquete em forma elíptica, uma espécie de teatro de arena, de maneira a suscitar debates com o público e entre os espectadores e os atores. Esta grandiosa maquete constitui a prefiguração, para Meierhold, do lugar teatral com que ele sonha.

A questão da reforma do prédio que ele ocupa coloca-se, com efeito, de maneira gritante. Ao fim da temporada, o Teatro Meierhold deverá deixar a sala do Teatro ex-Sohn a fim de permitir os trabalhos previstos. Seus espetáculos terão de ser levados temporariamente em outro lugar cênico. A maquete de El Lissítski prefigura a arquitetura do novo teatro. Haverá necessidade, pois, de esperar o término do edifício para representar a peça de Tretiakov.

No intervalo, Meierhold pensa em outra obra de tema contemporâneo. Vsévolod Vischniévski propôs-lhe uma peça que se passa no âmbito da Marinha Soviética e que associa o cômico e o trágico. O autor é um autodidata, comandante de navio, que começou embaixo na escala e subiu de graduação graças à Revolução. Foi incumbido de diversas missões, converteu-se em propagandista e começou a escrever, prosseguindo ao mesmo tempo sua carreira militar. Em outubro de 1930, os dois homens se encontram. Meierhold quer absolutamente montar a peça do oficial e Vischniévski está encantado com seu interlocutor. A amizade irá ao ponto de o autor e sua mulher, que conservou o nome de Vischnievskaia, serem, durante um mês, hóspedes dos Meierhold, facilitando assim o trabalho em comum.

É a Luta Final!

Meierhold sente prazer em montar uma peça que é uma paródia jocosa do balé clássico, e comporta números de cabaré com apaches e mulheres de costumes frívolos. Por um contraste que não é de lhe desagradar, ela acaba em uma cena de guerra de acentos desconcertantes. A violência quotidiana é totalmente exteriorizada e estilizada, tanto nos episódios de comédia musical quanto naqueles em que há encontro com a morte.

É a Luta Final! é uma revista de esquetes cujo quadro se situa no porto de Odessa, antes de cair no patético de um espetáculo de propaganda. Um prólogo em duas partes constitui um espantoso festival de danças executado por marujos e outros frequentadores dos bares de uma grande cidade portuária. Um Apresentador, representado por Zaitchikov, introduz uma suíte de balés de nomes italianos, *danza erotica, danza alla russa, danza esotica, marcia eroica...* Martinson improvisa um solo de foxtrote sob o nome de *danza americana*, à qual sucedem uma *danza di marinaio* e uma *danza inglese*. Trata-se uma vez mais de ridicularizar os balés pseudorrevolucionários do Bolshoi. É o caso do balé *A Papoula Vermelha* que Diki, antigo encenador do Teatro da Revolução, acaba de realizar com base na música de Glier. A paródia do balé "soviético" faz parte do combate pela autenticidade na arte. Com uma audácia provocadora, Meierhold põe a dançar umas quarenta *girls*, levando-as a um show desenfreado que fala a linguagem da modernidade.

Seus inimigos da Associação dos Músicos Proletários da Rússia não se enganam a esse respeito. É sua doutrina que é visada nesse espetáculo. No dia da *première*, eles virão expressamente para vaiar esse prólogo, e manifestarão tamanha histeria que serão conduzidos ao posto de polícia. É reconhecível entre eles Lebedinski, um dos mais virulentos críticos da "arte de esquerda".

Meierhold não está só nesta luta. Taírov acaba de montar *A Ilha Púrpura*, de Bulgakov, que é também uma poderosa sátira contra os coveiros da arte. É o que observa Konstantin Rudnítski, o grande historiador do teatro russo moderno:

Basta cotejar as cenas paródicas de *É a Luta Final!*, a tirada do encenador em *Os Banhos* [...] e a atividade "ideológica" do encenador de *A Ilha Púrpura* ou, ainda, comparar Pobiedonossikov e Sava Lukitch, para compreender que Maiakóvski, Vischniévski e Bulgakov estavam tomados pela mesma raiva, a mesma aversão pelas saladas pseudopolíticas, pelas peças de propaganda vulgares e aviltantes, pelo despotismo imbecil e imprevisível dos tagarelas investidos de poder e pelos ignorantes convertidos em árbitros do gosto[47].

Esse prólogo, que é um longo intermédio musical, é seguido de um entreato ao qual sucedem seis episódios separados eles mesmos por dois entreatos. Os primeiros episódios se desenrolam em bares portuários em que reinam prostitutas como Carmem (Zinaida Reich) e sua amiga (Serebriannikova). Dois malandros com nomes franceses (Odessa sempre olhou de lado para Marselha...), Anatole-Édouard (Ilínski) e Jean Valjean (Garin), enriquecem este episódio de cabaré com seu talento de cômicos.

No quinto episódio tudo muda: após o carnaval, a tragédia. A ideia de Vischniévski é que, embora sejam piadistas e até um pouco vagabundos quando estão de licença, esses marinheiros não são menos combatentes seguros, prontos a dar sem hesitação sua vida em defesa da pátria. A guerra estoura. O inimigo ameaça a URSS. Os marinheiros são chamados em reforço a uma seção de guardas-fronteiras situada nos postos avançados.

Um filme patriótico precede a cena denominada "Em Reforço", depois vem o sexto e último episódio intitulado "O Posto de Fronteira n. 6". O quartel-mestre Buschuev (Bogoliubov) é transfigurado pelo sacrifício consentido.

Uma vez mais, Meierhold dá provas de realismo factual para descrever uma cena de guerra. Chega a um efeito de sublimação que deixa o espectador estupefato por sua potência. Os homens estão dispostos em semicírculo no fundo do palco, deitados sobre sacos de areia. A presença do inimigo é materializada na forma de uma metralhadora instalada no terceiro balcão; de lá atiram em direção do palco.

---

47 K. Rudnickij, "Mikhail Bulgakov", em K. Rudnickij (org.), *Voprosy teatra*, p. 137.

O público vê cair, um após outro, todos os soldados do destacamento, ouve-se o crepitar da fuzilaria, os chamados dos defensores, os gritos dos assaltantes. Nos intervalos de silêncio, escuta-se de repente a rádio dos beligerantes; a Radio Moscou transmite as últimas notícias seguidas de música clássica: a terceira sonata de Scríabin; a rádio inimiga difunde, quanto a ela, uma canção de Maurice Chevalier, que destoa nesse contexto dramático. Todos esses ruídos tão diferentes preparam o espírito do público. Os marinheiros tombam uns após os outros. Buschuev é o último deles com vida. Embora gravemente ferido, chega a erguer-se e, ao som da sonata de Scríabin, com um giz na mão, escreve, sobre um quadro negro, números grandes, visíveis de longe, formando uma subtração patética: 162 000 000 menos 27, igual a 161 999 973. Em outros termos, o que representa a perda de 27 homens para um país que conta com 162 milhões de habitantes?

Mal termina de escrever, o giz lhe cai das mãos. O quartel-mestre cai contra a parede, com um sorriso incrédulo nos lábios (não, eu não vou morrer!), enquanto fixa longamente seu olhar sobre os espectadores; depois, de repente, tomba no chão e morre. Os tiros cessaram. A plateia está tomada pelo silêncio, como que enfeitiçada, os espectadores permanecem hirtos, como que atingidos no imo deles próprios por esta parábola em ato: o sacrifício de alguns como penhor da salvação de todos. O patriotismo aparece aqui na sua essência, com a pureza de um elemento químico, sem propaganda vulgar.

Neste preciso momento o Apresentador, sempre em cena, dirige-se à plateia com um ar severo. Tendo ouvido o choro abafado do público, coloca a questão: "Quem, pois, entre vocês está chorando?" E os soluços redobram. Por estar certo de conseguir este efeito, Meierhold não hesita em suscitar a emoção por procedimentos puramente teatrais. Instala um comparsa na plateia, que deve fungar e se assoar no momento desejado, provocando assim o choro da sala. O efeito é tanto mais surpreendente quanto o público é tomado de emoção pelos combatentes anônimos, com os quais nenhum processo de identificação é possível, exceto com o quartel-mestre Buschuev.

Se, em geral, os críticos apreciaram em seu justo valor a engenhosa encenação do final, alguns, como o dramaturgo Kirschon, ligado ao movimento dos escritores proletários, recusaram a própria ideia de patriotismo:

> Este exercício matemático nada tem a ver com o bolchevismo, pois nesses 162 milhões há, ignorados por Vischniévski, os "kulaks", que farão tudo o que estiver em seu poder para nos dar uma punhalada nas costas desde o primeiro dia da guerra, sem contar todas as pessoas passivas"[48].

À ideia de uma união nacional ante o inimigo externo, que é a de Vischniévski e de Meierhold, opõe-se à histeria daqueles que esposam a doutrina stalinista: para estes, o inimigo está dentro, a luta de classes se agrava à medida que o Estado Soviético se desenvolve; uma nova revolução está em marcha, o que acarreta novos sacrifícios e exige uma disciplina férrea. No seio da *intelligentsia*, assim como da nação, é a luta entre essas duas concepções que traça a linha divisória entre o humanismo e o fanatismo. Será necessária a invasão alemã de junho de 1941, para que Stálin adote, *in extremis*, a ideia segundo a qual todos os habitantes da Rússia são de fato irmãos e irmãs, tese que ele, até então, havia rejeitado e combatido com irritação e crueza.

A Reconstrução do Teatro

Em 1929 Lunatchárski foi levado a demitir-se de suas funções de Comissário do Povo para a Educação e Cultura. Um dos últimos companheiros de Lênin, marxista convicto, político fino; era um homem culto, de uma tolerância que destoava cada vez mais entre seus companheiros. Stálin desembaraça-se dele e o envia, como embaixador, para Madrid. Seu sucessor, Andréi Búbnov, é um funcionário soviético típico, que começou sua carreira como comissário político no ExércitoVermelho, que o

---

[48] V. Kiršon, Metod, čuždyj proletarskoj literature, *Sovetskij teatr*, n. 4, p. 14.

tornava próximo de Trótski, a quem teve de renegar. Ele se vê propelido a esta função de responsabilidade cultural, que é considerada de pouco interesse para um homem político.

Apesar de tudo, o Comissário do Povo para a Educação e a Cultura encontra-se à testa de um enorme organismo, que não comporta menos do que oito direções, três para a educação e cinco para a cultura. Se se considera apenas a direção para questões "acadêmicas", ela própria abrange, por si, quatro divisões, uma das quais é a divisão artística, com cinco seções (teatro, música, artes plástica, artes gráficas, cinema). Assim, o serviço que se ocupa dos teatros é um simples elo desta administração piramidal. O Comitê Central do Partido Comunista, de seu lado, conta com uma direção encarregada das questões ideológicas e culturais, cujo papel é o de exercer um controle vigilante sobre as atividades do Comissariado do Povo correspondente.

Sua velha experiência de relações com o poder leva Meierhold a querer atrair as boas graças do novo comissário, que ele convida imediatamente a ver seus espetáculos. Búbnov tornar-se-á, assim, um dos frequentadores do apartamento da rua Briússov, onde Meierhold recebe toda a Moscou cultural.

Convencido por Meierhold, o Comissário do Povo examina com atenção o dossiê de reconstrução do teatro. Muitas vezes prevenida pelo serviço de segurança sobre a insalubridade do Teatro ex-Sohn, sua administração concede aprovação não só à consolidação do imóvel, que abriga dois mil lugares, mas à sua reconstrução completa. Uma soma de um milhão de rublos é reservada para este fim. Fica previsto que o Teatro Nacional Meierhold representará durante um ano ou dois em salas provisórias e integrará seus novos locais para a *rentrée* de 1932. Meierhold já se vê à testa do espaço cênico moderno com que sonha: um palco que incorpora todas as inovações técnicas e uma sala concebida para suscitar a participação do público. Ele mesmo desenha os planos com a ajuda de dois jovens arquitetos, Mikhail Barkhin e Serguêi Vakhtângov (o filho do encenador prematuramente desaparecido). Esse último conhece bem as especificidades do teatro, pois realizou o dispositivo cênico do *Segundo Comandante do Exército* e de *É a Luta Final!*, e deverá contribuir para *A Lista das Benesses*, que será montada no fim da temporada.

A concepção geral inspira-se no teatro construído em Berlim pelo arquiteto Gropius para Piscator: o palco penetra profundamente no interior da plateia, como um promontório cercado em três lados pelo público. Disposto em anfiteatro, as arquibancadas descem em declive íngreme desde o cimo do edifício; assim a ação é contemplada em todos os seus ângulos, lateral e verticalmente. O público é unificado: não há distinção entre cadeiras de plateia, balcões e galinheiro, não há tampouco camarote governamental.

Para aumentar a impressão de estreita ligação entre a cena e o público, é previsto que, no entreato, a cena, rapidamente desembaraçada de seus cenários por um sistema de alavancas a descer do urdimento, será aberta aos espectadores que poderão experimentar fisicamente sua identidade de natureza com os atores.

A inovação mais radical concerne aos comediantes e às comediantes. Para se impregnar da atmosfera da cena na qual vão aparecer, cumpre que permaneçam perto do palco; daí por que os camarins serão localizados justo atrás da cena, em semicírculo o ator ficará lá por certo tempo na obscuridade, antes de efetuar sua entrada sob a luz dos projetores. O fundo da cena é igualmente constituído de dois elementos em semicírculo, separados por um corredor que permite as saídas por trás (como em *O Revizor*). Além disso, entre os camarins dos atores e a própria cena há uma passagem vazia que pode servir para fazer entrar em cena engenhos, veículos ou cavalos (como em *A Terra Revoltada*). O palco giratório é dividido em partes concêntricas, uma das quais pode mover-se enquanto a outra permanece imóvel (como em *O Mandato*).

Meierhold teria desejado instalar um teto conversível para dar espetáculos ao ar livre. A técnica da época, não permitindo realizar esse projeto, contentou-se com um teto envidraçado, ao passo que a luz dos projetores deverá incidir verticalmente através de um vidro não polido, de modo a causar a impressão de luz do dia.

Essas inovações técnicas e arquiteturais inscrevem-se no quadro de uma reflexão mais ampla sobre o lugar teatral no socialismo. Meierhold publica uma brochura de cerca de quarenta páginas intitulada *A Reconstrução do Teatro*, na qual procede à análise da situação presente, para desembocar na proposição de um teatro monumental ao diapasão da nova Rússia. O teatro deve responder à expectativa de um público consciente do caráter grandioso de sua tarefa:

> A massa daqueles que estão ávidos de pão, por certo, mas também de espetáculos, quer ser totalmente saciada, quer ser tocada no cérebro, mas também no coração. Daí resulta para os diretores e encenadores de teatro a necessidade de criar espetáculos palpitantes e complexos; necessidade acrescida pelo fato de que os espectadores estão cheios de curiosidade e querem ser inteiramente tomados pelo espetáculo ao qual assistem. Os realizadores dos espetáculos procuram, portanto, antes de tudo a diversidade. Daí sua tendência a criar espetáculos que integram tanto quanto possível o conjunto das artes[49].

Meierhold parece voltar às paixões de sua juventude quando o simbolismo proclamava a síntese das artes. Seu teatro reencontra, assim, sua razão de ser, no momento em que está exposto a uma tentativa de demolição.

A este respeito, Meierhold faz sua *mea culpa*. Sob a influência da doutrina revolucionária e do construtivismo, ele se tornou o *chantre* do ascetismo na cena e rejeitou o belo a pretexto de tratar-se de esteticismo. Ele se dá conta de seu erro:

> Na situação atual é preciso eliminar a palavra de ordem que outrora proclamávamos e que foi levada tão a mal por certos críticos teatrais de cabeças-duras. Refiro-me à palavra de ordem "Abaixo a Boniteza!" Substituindo o cenário pelo dispositivo cênico, nós gritávamos: "Abaixo a boniteza!" [...] Agora que nossa tarefa consiste em realizar espetáculos mais complexos, espetáculos musicais, devido ao fato de que o gosto do público de massa se refinou consideravelmente, não é tempo de reconsiderar essa palavra de ordem? A construção de um dispositivo cênico sólido e funcional (um praticável a facilitar o jogo dos atores) não nos dispensa da necessidade de realizar um dispositivo impregnado de beleza.

---

49 V. Mejerhol'd, *Rekonstrukcija teatra*, p. 7. Cf. V. Meyerhold, *Écrits sur le théâtre*, v. III, p. 47.

A nova sala da rua Tverskaia que irá alojar temporariamente, julga-se, o Teatro Nacional Meierhold é muito menor do que a do Teatro ex-Sohn. É preciso abandonar os grandes volumes em que se inseriam as construções cênicas monumentais. Mais uma razão para reatar com um estilo mais próximo ao teatro de câmara e para voltar a uma concepção ponderada da estética.

Isto dito, esse retorno ao passado só pode ser provisório. O caminho do teatro moderno conduz naturalmente às formas monumentais, cuja eclosão somente a nova sala permitirá. O teatro deve agora rivalizar com dois concorrentes maiores, o cinema e a religião, os quais compreenderam que é por meio de uma utilização judiciosa do espaço que eles podem exercer seu domínio sobre a imaginação dos espectadores.

> Nós que construímos um teatro que deve resistir à concorrência do cinema, dizemos: deixem-nos concluir nosso empreendimento, para transformar o teatro sob a influência do cinema, para utilizar em cena todos os tipos de procedimentos tomados de empréstimo da tela, para beneficiar-se de um palco equipado de modernos meios técnicos [...] e então nós lhes ofereceremos espetáculos que não atrairão menos espectadores do que as salas de cinema.
>
> Se a revolução do teatro contemporâneo, em forma e conteúdo, for detida, será unicamente porque deixaram de lhe dar os meios necessários à reconstrução do palco e da plateia.

O cinema transporta o espectador instantaneamente para os espaços mais diversos e os mais inesperados, e lhe oferece cavalgadas e corridas de perseguição. O teatro é capaz de fazer o mesmo segundo seus próprios recursos, é preciso somente que disponha de meios técnicos de encenação dos mais modernos (cenários giratórios, palco móvel, iluminação sem falha etc.).

No tocante à religião, Meierhold permanece discreto sobre a situação no interior da Rússia onde a campanha antirreligiosa está no auge (a decisão de destruir a igreja do Salvador, em Moscou, é adotada em 18 de julho de 1931). Ele se volta para os fastos do Vaticano, que observara quando de sua estada em Roma. As procissões constituem um espetáculo de massa que galvaniza e atrai as multidões a um grau que o teatro não pode atingir:

> Este empresário, esse encenador-chefe que está no Vaticano, o Papa, organiza de tempo em tempo um espetáculo tão grandioso que mesmo os ateus, os mais inveterados, aí acorrem, pois é realizado com uma verdadeira ciência da encenação e com somas consideráveis a isto consagradas.

Incapazes de rivalizar com a Igreja, os diretores do teatro em Roma estão condenados à porção côngrua, isto é, ao mínimo para subsistir. Meierhold subentende que corre o risco de ter a mesma sorte na Rússia, caso sejam consagrados demasiados recursos aos desfiles de massa (nos dias de festa nacional) às expensas dos teatros.

Ou então, cumpre que essas duas espécies de espetáculos se unam, e Meierhold louva uma vez mais o espetáculo de ginastas, combinação de esporte e teatro, que seria necessário desenvolver nos estádios. "Vejam como se enchem até a borda os estádios, onde os jogadores de futebol, os de vôlei e as equipes de hóquei nos mostram sua arte e onde logo se desenrolarão os espetáculos de ginastas".

Não basta, porém, preocupar-se com o quadro no qual o teatro deve mover-se. É preciso também abordar a questão dos assuntos apresentados ao público. As autoridades reclamam insistentemente peças "revolucionárias", mas nenhum teatro do país consegue encontrar a chave desse gênero de espetáculos:

> Por que mostram tão raramente ou não mostram de todo, sobre o fundo de combates revolucionários, seres que tragam o sorriso nos lábios?! Nem o teatro nem o cinema parecem ter encontrado um revolucionário que vá à morte com um sorriso nos lábios.

O teatro é para ele uma arte que possui uma virtude roborativa. Longe de desencorajar, adormecer ou hipnotizar o público, ele deve acordá-lo, sacudi-lo, aguçar suas faculdades e nutrir de entusiasmo o homem e o cidadão. Esta função encontra sua realização na sátira, que é uma empreitada de decapagem prévia a toda vontade de coesão social:

> O Teatro de Maiakóvski ou de Erdman é, me parece, um teatro admirável, pois nele encontramos uma poesia e uma

veia satírica que, denunciando nossos costumes nos seus aspectos mais detestáveis, atua de tal modo que o público não soçobra no desânimo".

Sem ter a coerência de um verdadeiro tratado sobre o teatro, o opúsculo de Meierhold lhe permite situar-se no tabuleiro cultural. Sua ambição continua sendo a de ocupar um lugar de primeiro plano na definição de uma política teatral. Mas ele pensa, sobretudo, na sala de teatro moderna que lhe permitirá rivalizar com seus competidores. Meierhold não esquece de citar o camarada Stálin, que recomenda reforçar a "força viva" das massas e recorda, em conclusão, que uma sutil dialética se produz entre o teatro e seu público:

> A reconstrução do teatro se fará segundo um processo difícil e longo, em paralelo ao processo, igualmente difícil e longo, da erradicação da ideologia pequeno-burguesa. Daí por que, para nós, a questão da metamorfose do quotidiano está estreitamente ligada à da intrusão do teatro no coração desse quotidiano. [É preciso que] o ator se sinta um elemento ativo da sociedade, convocado a trabalhar sem descanso para a erradicação da ideologia pequeno-burguesa e para a sua substituição pela ideologia socialista.

A lenta transformação da sociedade soviética, chamada a transfigurar-se sob o efeito da arte e da cultura, inspira-se em uma experiência que marcou fortemente Meierhold. A França é um país onde o quotidiano é transfigurado pela arte e pela cultura, no qual se acha petrificado:

> Há um concorrente do teatro, e é a própria rua. Parece-me que os grandes artistas franceses adquiriram a importância que tiveram outrora na Itália os grandes pintores, os grandes escultores, os grandes arquitetos [...] A arte penetra com uma força notável no quotidiano e o gosto do pequeno-burguês é inconscientemente mais elevado do que o dos pequeno-burgueses dos outros países"[50].

Aquilo que é possível para os pequeno-burgueses não seria para o proletariado? Por certo, a sociedade soviética com seu

50 Idem, p. 20.

aspecto exterior sombrio e pouco atraente, parte com um forte *handicap*. A não ser que as autoridades deem crédito ao teatro para desempenhar esse papel de educador cultural que ele está pronto a assumir.

A Lista das Benesses

Entre os numerosos amigos que vieram saudar os Meierhold na gare da Bielorrússia, por ocasião da partida deles para Berlim, encontra o casal Iuri e Olga Olescha. De origem polonesa, partícipe desta escola de Odessa que proporcionou tantos grandes escritores à Rússia entre as duas guerras, Iuri Olescha se destaca por *A Inveja*, romance em que opõe um comunista desprovido de estados de alma e ocupado com tarefas utilitárias, a um intelectual sentimental, ligado a todo o "supérfluo" que por si só dá valor à vida. Ele extrai daí uma peça, *A Conspiração dos Sentimentos*, levada em março de 1929 no Teatro Vakhtângov.

Meierhold leva na viagem a nova peça de Olescha, *A Lista das Benesses*. Zinaida Reich descobre aí um papel feminino à sua medida. Eis, enfim, uma peça contemporânea que corresponde à expectativa de Meierhold. Como ele escreveu a Vsévolod Vischniévski:

> Estou muito feliz em saber que você começou a redigir, para nós, uma nova peça. Não se deve apressar os artistas, mas saiba que me é, e como, indispensável dispor tão depressa quanto possível de uma peça. Recebi promessas suas, de Olescha, de Bezimenski, de Vsévolod Ivánov e de Demian Biedni, mas ninguém me fixou o prazo exato para a entrega de seu manuscrito"[51].

Zochtchenko prometeu-lhe dar *Respeitado Camarada!* Meierhold, que pensava ter a exclusividade, fica indignado ao saber que o autor enviou igualmente sua peça a um teatro de Leningrado e ele

---

51 Carta de V. Meierhold a V. Vischniévski (1.7.1930), *Perepiska*, p. 318.

desiste de montá-la, apesar das dificuldades com que se debate. Ele confia a Olescha: "Há tão poucos verdadeiros dramaturgos. Maiakóvski nos deixou. Erdman está com depressão, Selvínski voltará para nós, mas quando, quem poderá sabê-lo?"[52]

A personagem principal de *A Lista das Benesses* é uma comediante, Elena Gontcharova, que se depara cada vez mais com obstáculos no exercício de sua profissão. Ela registra em seu diário íntimo sua confusão e estabelece duas listas paralelas: de um lado, as benesses trazidas pela Revolução e, de outro, seus malefícios. Elena traduz aí o descontentamento de uma *intelligentsia* que se sente roubada. Como Mikhail Tchékhov, decide deixar sua pátria indo para a França, onde descobre que o dilema permanece intacto. O dinheiro aí é rei: surdo às súplicas da comediante ávida por representar Shakespeare, o empresário Margeret lhe propõe apenas um número de nu em um espetáculo de variedades; o diretor de um jornal de russos emigrados tenta comprometê-la; Fedotov, um engenheiro comunista estagiando em Paris, lhe aconselha a retornar a Moscou o mais depressa possível. Todavia sua fibra revolucionária recupera-se e ela se junta a uma manifestação de desempregados perseguidos pela polícia. Ela morre acidentalmente, na mão de um jornalista emigrado, que se apossou fraudulentamente de um revólver. No momento da morte, pede que seu corpo seja envolto em uma bandeira vermelha. Ela escolheu, pois, seu campo, a despeito de suas vacilações contínuas.

A ousadia de um tema que permite supor que nem tudo é rosa no país dos sovietes obriga o autor a contorções que são reconhecíveis na construção da peça. Por razões evidentes, a heroína deve retornar ao lado "bom". As cenas mais interessantes são as do começo, críticas da vida na Rússia, ao passo que o quadro de uma França que deve servir de realce sacrifica aos estereótipos da propaganda.

A cena de abertura deixa escapar o pensamento profundo do autor: Gontcharova chega vestida de homem com capa negra e espada ao lado. Ela representa a cena em que Hamlet enfrenta dois espiões, Rosenkrantz e Guildenstern. Olescha põe na boca de sua heroína as réplicas que resumem o espírito de contestação da *intelligentsia*:

---

52 Carta de V. Meierhold a Iuri Olescha (6.8.1930), *Peripiska*, p. 309.

– Por que procurais sempre me manter sob o faro, como para me impelir a uma cilada?
Ela se dirige a Guildenstern em um tom imperioso:
– Quereis tocar nessa flauta?
Ela prossegue com um tom neutro e, ao mesmo tempo, benevolente:
– [Tocar] é tão fácil como mentir.
Depois, no tom de uma loba ferida, ela grita:
– Vede, pois, o desprezo em que me tendes! Vós desejaríeis fazer pouco de mim, vós desejaríeis dar a impressão de conhecer minhas claves, vós desejaríeis arrancar o próprio coração do meu segredo, vós desejaríeis fazer soar a mais grave e a mais aguda de minhas notas – mas este pequeno instrumento que contém muita música e cuja voz é tão bela, vós não sabeis fazê-lo falar. Pensais, vós, por Deus, que eu não seja mais complicado do que uma flauta?[53]

O propósito é transparente. Um perspicaz crítico interroga-se sobre a posição do autor:

> Será que Olescha se revolta sinceramente contra o antigo mundo? Sim, mas com um sentimento de tristeza. Estenderá ele sinceramente a mão ao mundo novo? Sim, mas também aí com um sentimento de tristeza incoercível ou, antes, com a resignação de um homem que sucumbe em um combate desigual"[54]

O fim peca, infelizmente, por seu caráter de todo artificial. Apesar de uma encenação muito eficaz, a morte de Gontcharova não comove. Que importância esta terá, uma vez que o veneno está no começo?

Estreada em 4 de junho de 1931, a peça provoca ásperos debates. Os habituais críticos "proletários" denunciam um tratamento "pequeno-burguês" das relações entre o indivíduo e o coletivo. Pouco depois, a trupe parte em excursão (Kharkov, Voronej, Kiev e Leningrado), o que permite medir a acolhida favorável de que a obra de Olescha se beneficia.

---

53 W. Shakespeare, *La Tragédie de Hamlet*, p. 406-407.
54 A. Gurvič, *Tri dramaturga: Pogodin, Oleša, Kiršon*, p. 163.

Meierhold confiou a Serguêi Vakhtângov o cuidado de realizar o dispositivo cênico da peça. Ele antecipa elementos do projeto do novo teatro, prolongando o tablado do palco para a esquerda em que recobre as primeiras cadeiras da orquestra. Na diagonal ergue-se uma escadaria em caracol voltada para a direita. Ao fundo do palco, painéis móveis delimitam espaços cênicos, um quarto, um escritório, um café. Para a cena de massa do final, os painéis recuados no fundo parecem uma colunata que fecha a perspectiva.

> A linha da colunata está em diagonal, paralela à linha da rampa. Essa torção da cena, que se perfila a três quartos em relação à sala da plateia, constitui um esforço heroico de parte de Meierhold para romper a caixa cênica, suprimir o quadro da cena, obrigar o ator a manter-se de viés em relação aos espectadores e modificar a sensação do espaço destes, ao destruir a visão frontal[55].

Com esta nova prova de seu virtuosismo, o Teatro Nacional Meierhold abandona uma sala conquistada com muita luta e que deu lugar a inúmeras batalhas estéticas e políticas. Este exílio, tido como provisório, revelar-se-á definitivo.

A Temporada de 1931-1932.
Um Projeto Abortado: *Alemanha*

A excursão pela província termina, como todos os anos, em Leningrado, onde o elenco permanece até o fim do mês de outubro à espera da sala prometida em Moscou. Embora descontente com as liberdades que Meierhold tomou ao montar *É a Luta Final!*, Vsévolod Vischniévski confia-lhe sua nova obra, *Alemanha*, na qual trata da ascensão do nazismo. Ainda no mês de agosto, lera a Meierhold um primeiro copião da peça, e Zinaida Reich via-se já no papel de Anna, uma jovem intelectual dividida entre um marido comunista e um amante nacional-socialista.

---

55 N. Tarabukin, Zritel'noe oformlenie v GOSTIMe, Arquivos Literários e Artísticos da Rússia, fundo 963, inventário 1, documento 139, ms.

O autor apresenta em Leningrado a versão definitiva de sua peça, fortemente modificada em relação ao esboço inicial. Fiel à política do Partido, engrandece aí o papel dos comunistas alemães, e denigre a posição dos social-democratas. Em 20 de outubro, Vischniévski faz a leitura do texto ao comitê literário da trupe. Ele se explica longamente a respeito do título escolhido e lança uma flecha inesperada contra Meierhold:

> Será que se trata da Europa em geral ou da Alemanha? Assevero firmemente que é da Alemanha que aqui se trata. Não se pode escapar da "Mitropa"[56]. Um marxista se pergunta sempre, com qual gênero de capitalista ele está às voltas. Não há nenhuma relação entre um capitalista francês e um capitalista alemão. Fiz pesquisas aprofundadas. Para escrever esta peça li 150 livros! É da Alemanha, da "Mitropa", da Áustria, da Boêmia que se trata. Apresentar uma Europa incolor seria efetuar uma nova versão de *Tirem as Mãos da Europa*[57].

Meierhold confia a Sofia Vischnievskaia, que é pintora, o encargo de realizar o dispositivo cênico cujos esboços ele elabora; ele forma um grupo de trabalho que será encarregado de toda parte técnica (organizar os ensaios, construir o cenário, providenciar a música e os acessórios) e programa a estreia da peça para janeiro de 1932.

O discurso de introdução feito por Meierhold deixa entrever o conflito latente que o opõe ao autor:

> Nosso trabalho consiste em conferir a todo material proposto pelo autor uma feição propriamente cênica sem modificar sensivelmente sua carcaça, pois, ao contrário do que se passou em *É a Luta Final!*, o autor nos deu aqui uma peça acabada. No primeiro caso, o que tínhamos era uma carcaça bruta, um rascunho[58].

No mesmo momento, os escritores proletários lançam a palavra de ordem do "homem vivo", isto é, da personagem vista em

---

56 Mitteleuropa, Europa Central.
57 Recensão conservada nos Arquivos Literários e Artísticos da Rússia, fundo 963, citada em L. D. Vendrovskaja; A.V. Fevralskij (orgs.), *Tvorčeskoe nasledie V. E. Mejerhol'da*, p. 119.
58 Idem, p. 78.

sua espessura psicológica e suas contradições, ficando entendido que a vitória deve pertencer ao novo homem; eles atacam, pois, Meierhold por suas realizações deliberadamente "caricaturais" e "esquemáticas", pelas máscaras que ele denuncia em suas criações satíricas. Este reage com certa prudência. Julga muito inoportuna a publicação, neste período difícil para ele, do estudo de seu antigo discípulo e amigo Boris Alpers: *O Teatro da Máscara Social*[59], no qual procede a uma análise penetrante das realizações de Meierhold no curso dos anos vinte. A unidade desses diversos espetáculos consiste, a seu ver, em um combate exigente pela verdade. Como já o fizera Lev Tolstói, mas com um estilo diferente, o encenador arranca as máscaras que revestem os hipócritas, os patifes e todos aqueles que não são outra coisa senão caricaturas de seres humanos. Somente as personagens autênticas têm por única máscara seu verdadeiro semblante. Mas há verdades que é melhor não dizer e Meierhold se dessolidariza brutalmente desse livro:

> Nesse momento publica-se toda sorte de coisa sobre mim. Há mesmo um livro de Alpers que acaba de aparecer. Mas ele diz tantas asneiras, manifesta tamanha incompreensão de nossa linha, que tudo isso demonstra que nos é preciso agora ser muito prudentes, nós não podemos conservar nossa despreocupação. Agora que vamos investir em um novo lugar cênico, devemos adotar também novos princípios, refletir sobre o problema do novo espaço cênico, liberto dos berloques, da invasão de acessórios, de objetos supérfluos[60].

Vischniévski fica abalado com os ataques que espoucam contra Meierhold e aproveita um pretexto para lhe retirar a peça: o encenador começou a ensaiar, sem o seu assentimento, o texto da primeira versão que ele havia abandonado. Corre o rumor de que Meierhold pretende montar "uma calúnia contrarrevolucionária e um ataque ao poder soviético"! Trata-se da nova peça de Erdman, *O Suicida*.

---

59 B. Alpers, *Teatr social'noj maski*.
60 Cf. L. D. Vendrovskaja; A.V. Fevralskij (orgs.), op. cit., p. 79.

Após longas chicanas, Vischniévski modifica o título de sua peça que se torna *Ao Oeste, É a Guerra*, e que ele fará representar em 1933 no Teatro da Revolução. Enquanto esta obra medíocre e superficial caiu no merecido esquecimento, a peça seguinte de Vischniévski lhe proporcionará de súbito a glória. Situada no meio dos marinheiros que ele conhece muito bem, construída com rigor e sobriedade, *A Tragédia Otimista* será acolhida como uma obra-prima do teatro de inspiração comunista. É ao Teatro de Câmara de Taírov que caberá inscrever em seu quadro de honra essa obra, que marcará época na história do teatro soviético e que iludirá por muito tempo.

A despeito das diversas tentativas de reconciliação entre esses dois homens de personalidade forte, seus caminhos divergirão cada vez mais. A amizade entre eles não se baseou em um mal-entendido? Meierhold tinha necessidade do apoio de um dramaturgo bem considerado pelo poder, mas não podia impedir-se de pinotear e revoltar-se diante de suas simplificações exageradas. Quanto a Vischniévski, se foi seduzido pelo dinamismo de Meierhold, ele se sentiu logo intimidado por seu perigoso espírito de independência. Quando em 1937 Meierhold em apuros pedira a ajuda do dramaturgo, este lha recusará categoricamente:

> Ontem, na assembleia dos dramaturgos da cidade de Moscou, V. Vischniévski indicou que acabava de receber um telegrama de Meierhold, solicitando-lhe renovar sua colaboração e dar ao Teatro Nacional Meierhold uma peça para a celebração do vigésimo aniversário da grande revolução proletária.
>
> Aproveitando a ocasião que lhe oferecia esta reunião, V. Vischniévski respondeu que está pronto a reatar sua antiga colaboração, com a condição de que Meierhold tome abertamente a palavra perante os meios artísticos da capital para se depurar dos erros formalistas que o isolaram dos dramaturgos soviéticos e conduziram seu teatro a um impasse[61].

As palavras de Vischniévski iriam alimentar o dossiê que Kerientsev preparava, por ordem superior, para abater o encenador recalcitrante.

---

61 Predoloženie V. E. Mejerhol'da i otvet Vs. Vichnevskogo, *Sovetskoe iskusstvo*, n. 22.

Outro Projeto Abortado:
O Suicida

Pode-se perguntar se o projeto, durante longo tempo alimentado por Meierhold, de montar a última peça de Nicolai Erdman, não traduzia certa cegueira, a menos que tenha sido provocação. Em dezembro de 1931, os escritores "proletários" resolvem concentrar fogo na arte teatral. O dramaturgo Afinoguenov é incumbido de exprimir as teses desse movimento que, sob a cobertura de um rigor ideológico irrepreensível, acerta suas contas com os escritores, artistas ou encenadores independentes que recusam dobrar-se a seus *diktats*. Seus ataques contra Meierhold desempenharam certamente seu papel na esquiva de Vischniévski.

A peça de Erdman é pura dinamite. Situando-se na época da nova política econômica, apresenta um intelectual desempregado, Polsekalnikov. Após múltiplas e vãs *demarchés* para encontrar trabalho, decide que não há outra solução exceto a de suicidar-se. Diante desta notícia, todas as espécies de aproveitadores e de embusteiros aparecem para tirar lucro de seu gesto. Quando, por fim, Polsekalnikov renuncia ao seu projeto inicial, seus pretensos amigos, que o julgam fraco, estão dispostos a "suicidá-lo" contra a sua vontade... Essa peça, em que o burlesco se mescla ao grotesco, roça sempre o trágico, evitando-o com uma pirueta. Como Meierhold podia pensar que o humor decapante de uma obra assim seria aceito pelas diversas comissões, que não deixariam de ver aí um ataque em regra aos costumes soviéticos?

Um acontecimento de grande importância se produz no mesmo momento. Em 23 de abril de 1932, o Comitê Central do Partido Comunista publica uma resolução acerca da "remodelação das organizações literárias e artísticas", em nome da qual ficam dissolvidos todos os movimentos existentes e, especialmente, as associações dos escritores proletários. O Partido Comunista declara querer acabar com as batalhas insensatas entre escritores, músicos, pintores, gente do teatro... e permitir-lhes que coabitem pacificamente no seio de um organismo único. Durante dois anos, até a criação da União dos Escritores da URSS e de outras uniões paralelas, a atmosfera será, com efeito, um pouco mais respirável.

A partir do mês de maio de 1932, Meierhold ensaia a peça de Erdman. Na expectativa da sala que deve ser liberada, o Teatro Nacional Meierhold passou três meses (fevereiro-abril) em Taschkent, onde levou as seis peças principais de seu repertório: *A Floresta, O Percevejo, O Tiro, O Mandato, Tirem as Mãos da Europa Soviética* e *É a Luta Final!*. Em suma, o coração do repertório: uma peça clássica, uma peça de Maiakóvski, duas sátiras antiburocráticas e duas revistas político-satíricas.

Os ensaios vão a bom passo e Ilínski, que retornou ao teatro, desempenha o papel principal. Meierhold decide então dar um grande golpe: uma vez que as comissões especializadas são incompetentes, ele vai dirigir-se ao mais alto escalão para obter a licença desejada.

No dia 15 de agosto ocorre o último ensaio. Meierhold repassa inteiramente a cena do banquete do adeus, construída sobre o contraste entre a alegria indiferente dos convivas e a decisão, aparentemente irrevogável, de Polsekalnikov no sentido de pôr fim a seus dias. Logo corre o rumor de que Stálin irá assistir em pessoa ao espetáculo. A nova parece confirmada pelo fato de que todos aqueles que não estão diretamente ligados ao ensaio devem deixar o teatro. Com efeito, não é Stálin que chega, porém seu companheiro Lazar Kaganovitch, membro do Bureau Político do Partido Comunista. Acompanhado de duas outras personalidades do primeiro escalão: Postischev e Stetski[62]. No fim do terceiro ato, Kaganovitch teria se aproximado de Meierhold para lhe dizer: "Não perca seu tempo trabalhando esta peça, você encontrará realmente outra melhor; deixe-a de lado"[63].

A peça foi interditada e, pela primeira vez, os dirigentes não atuaram através de pessoas interpostas, mas intervieram diretamente no domínio cultural. A versão segundo a qual era preciso deixar que os grupos concorrentes dividissem o campo artístico e intelectual voa em estilhaços.

62 Lazar Kaganovitch (1896-1963), membro do Bureau Político, é o primeiro secretário do Comitê do Partido em Moscou (o prefeito da capital); Pavel Postischev (1887-1939), membro do Bureau de Ordem do Comitê Central e secretário deste mesmo Comitê Central; Alexei Stetski (1896-1938), responsável pelo setor de propaganda do Comitê Central.
63 Interventions au GOSTIM après l'article de P. Kerjentsev, Un théâtre étranger (22 a 25 de dezembro de 1937), V. Meyerhold, *Écrits...*, v. IV, p. 191.

Se Meierhold nutria ainda ilusões, este episódio lhe abre definitivamente os olhos. Ele se torna mais prudente na escolha de seu repertório e volta-se de novo para as peças clássicas, esperando assim evitar a renovação de tais dissabores.

Sem dizê-lo, está profundamente ferido. Ele não mudou suas convicções, mas eles não terão traído a causa na qual acreditam tantos milhões de homens na Rússia e no mundo?

Tradução: J. Guinsburg

12. O Teatro da Rua Tverskaia (1932-1938)

Está tudo quieto. Entrei no palco.
Apoiado numa parede do cenário,
Ouço o eco de uma voz longínqua
Desfiar o que será meu destino.

Pasternak (*Hamlet*)

A Temporada de 1932–1933. A Reprise de *Dom Juan* em Leningrado

No outono de 1932 a prefeitura de Moscou finalmente atribui ao Teatro Nacional Meierhold um local provisório no número 15 da rua Tverskaia, numa sala denominada a Passagem[1]. Duas vezes menor que o Teatro ex-Sohn (oitocentos lugares), essa sala, que ainda existe[2], tem, além disso um palco sem profundidade, o que obriga a repensar as encenações concebidas para um palco de grandes dimensões. O que devia ser uma solução provisória para um ou dois

---

1 Numa placa sobre a fachada da porta a seguinte indicação sibilina: "Nesse teatro exerceu, de 1931 a 1938, o GOSTIM que contou com grandes atores e encenadores. Monumento protegido pelo Estado". (GOSTIM é o acrônimo de Gosudarstvennyj teatr imeni Mejerhol'da, Teatro Nacional Meierhold.)
2 Sob o nome de Teatro Ermolova.

anos se tornará, pela força dos acontecimentos, o último refúgio de Meierhold. Ele realizará aí suas últimas encenações moscovitas até aquele 8 de janeiro de 1938, quando perderá tudo, teatro, trupe e possibilidade de praticar sua arte.

Deixando seus assistentes trabalharem com a companhia que deve aprender a utilizar o espaço da nova cena, Meierhold parte para Leningrado a convite de Petrov, seu antigo assistente, que se tornou diretor do Teatro Acadêmico Dramático do Estado (ex--Teatro Alexandrínski) e deseja retomar *Dom Juan* (encenada por Meierhold em 1910).

Vladímir Soloviov, outro velho companheiro de Meierhold, é encenador nesse mesmo teatro; fica subentendido que ele fará os atores trabalhar esperando que o Mestre dê o toque final. O criador do papel de Dom Juan, Iuriev, aceita mesmo retomá-lo por algumas representações.

À sua chegada, Meierhold dá uma espécie de *master class*. Alternam-se as instruções aos atores e as demonstrações de conhecedores, que lhe valem os aplausos de um público seleto. A estreia da nova versão acontecerá em 26 de dezembro. Petrov tem o tempo exato de organizar uma recepção em homenagem a Meierhold e Zinaida Reich, a quem ele precisou ceder o lugar. Ele não teve a sorte de agradar a Búbnov, que o destitui inesperadamente, apesar da intervenção de Kírov, o "patrão" de Leningrado.

Essa experiência confirma, como se fosse necessário, que Meierhold conserva toda a sua autoridade. É apreciado por Kírov, o que é por si só um trunfo precioso. Logo acontece a ideia de retomar *Baile de Máscaras*. Será que não é chegado o tempo de honrar o passado, de celebrar o luxo e a beleza? Iuriev, que criou o papel de Arbenino, mostra-se seduzido por essa perspectiva. Como ele escreve a Meierhold:

> Tudo que há de melhor para mim no teatro está ligado ao seu nome. Jamais esquecerei as horas, os dias, mesmo os anos de felicidade que me trouxeram tanta alegria, quando colaborávamos de mãos dadas em um trabalho criativo, que marcou com seu traço inesquecível toda a minha atividade desde então[3].

3   Carta de I. Iuriev a V. Meierhold (8.3.1933), *Perepiska*, p. 326.

Decide-se retomar essa peça monumental com cenários de Golóvin que não foram modificados.

O ano de 1933 começa com um expurgo no partido, que coage todos os membros a justificar sua atividade. Meierhold submete-se a esse procedimento sem reclamar. Suas respostas aos "examinadores" são consideradas como bastante significativas para serem publicadas no jornal *Cultura Soviética*. Aí ele expõe minuciosamente seu caminho de encenador revolucionário e dá uma espécie de curso sobre a função do teatro na sociedade socialista. Aparentemente seu dossiê é considerado satisfatório e ele é confirmado como membro do partido comunista.

É difícil não ver uma alusão velada a esse procedimento na escolha da primeira peça que ele apresenta no seu novo teatro, *A Adesão ao Partido*. Prevista primeiramente para novembro de 1932, por ocasião dos quinze anos da revolução de outubro de 1917, a peça não fica pronta na data combinada e sua criação é adiada para o fim de janeiro de 1933.

A Adesão ao Partido

Meierhold pediu a um jovem escritor de 21 anos, Iuri Guerman, para fazer a adaptação cênica de seu primeiro romance. Quando retorna da França, onde passou o verão de 1932, o encenador percebe que seu jovem autor não tem nenhum senso de diálogo. Ele então o convida a vir trabalhar consigo. Guerman fica maravilhado com a riqueza de imaginação de Meierhold, a ponto de afirmar, com certa ironia: "Minha peça é inteiramente fruto da imaginação de Meierhold"[4]. Durante a refeição, o encenador compartilha seu entusiasmo com a mulher com tal vivacidade que Guerman fica espantado:

> Meierhold contava a Reich o que eu havia escrito. Ela tinha belos olhos calmos que cintilavam. Era admirável ver como essa mulher extraordinária sabia ouvir. Quanto a mim, eu

[4] J. German, Roždenie čuda, em L. D. Vendrovskaja (org.), *Vstreči s Mejerhol'dom*, p. 451.

engasgava com a sopa pois o que eu tinha escrito não tinha absolutamente nada a ver com o que Meierhold contava[5].

A ação se desenrola na Alemanha contemporânea e, diferentemente da obra de Vischniévski, provém de uma visão profundamente humanista que só pode satisfazer Meierhold. Sua posição política, na verdade, é mais próxima da ideia de revolução permanente, cara a Trótski, do que da edificação do socialismo em um só país proclamada por Stálin. A peça descreve o caminhar do herói do apolitismo até a adesão ao partido comunista alemão, em uma atmosfera de fermentação nazista; ela é de uma atualidade ardente, dado que Hitler chega ao poder em 1º de fevereiro de 1933, na mesma data da criação da peça.

A Alemanha está então mergulhada numa crise econômica e moral profunda, agravada pelo desemprego que atinge todas as camadas da população. No fim da peça, Kelberg, um engenheiro químico, escolhe, não sem hesitar, o combate ao lado dos comunistas: ele decide partir para a União Soviética e Meierhold acompanha sua partida com um grande desfraldar de bandeiras balançando ao vento, simbolizando a esperança e traduzindo o sonho encarnado pelo país do socialismo.

Os malfeitos do desemprego são ilustrados pelo destino do engenheiro Nunbach, homem cultivado que mergulhou no alcoolismo. Ele aparece pela primeira vez, no início da peça, em um restaurante onde acontece uma reunião de antigos alunos da universidade. Cada um se apresenta quando chega, todos se cumprimentam, todos brindam, alguns em certo tom nazista. Para animar essa cena que é longa, Meierhold recorreu a uma dessas ideias das quais tem o segredo: decide fazer o episódio começar quando os convidados estão já um pouco bêbados. Vêm-lhes a ideia de *brincar* de se apresentar um ao outro, para rir. É o momento que Numbach escolhe para subir na mesa. Ele está mal barbeado e veste uma roupa gasta. Com um misto de provocação e confusão, ele desdobra as fotos pornográficas que vende para subsistir. "Vejam, vejam! O amor em 62 posições! Tenham pena de um engenheiro desempregado! As últimas novidades da

5 Idem, p. 449.

França! Preços razoáveis! A podridão de Paris! Os segredos de Montmartre!..."

Aborrecidos, seus antigos companheiros de estudos gritam-lhe para parar; ele então lhes joga as fotos na cara; elas caem num vasto leque sobre a mesa, sobre o palco e até nas primeiras filas da plateia. Ele se lança então numa dança histérica, no ritmo sincopado de uma ária composta por Schebalin. Ele acaba por desabar sobre um aparador. Atrás dele um grande busto de Goethe reina sobre seu pedestal. Nunbach, deixado sozinho, sai de seu estado de prostração. Após um novo acesso de furor, ele cinge os braços em torno do poeta e lhe dirige a palavra: "Por que está me olhando desse jeito? Desculpe-me, eu não o tinha reconhecido". E acrescenta com tristeza: "Como é possível continuar a viver assim? Precisarei vender fotos pornográficas durante toda a vida? Eu queria construir casas, torres! Por que me impedem, oh, Wolfgang Goethe? Por quê? Alemanha, o que fizeste de tua cultura?"[6]

E Meierhold comenta, dirigindo-se ao ator que deve desempenhar esse papel:

> Vamos mostrar o homem humilhado que faz um trabalho de escravo, contrariamente ao trabalho que tem sentido porque serve à sociedade. Será grandioso... O homem forte quando está desempregado é um condenado à morte, você compreende? Vamos ajustar contas com essa prostituta que não compreende o significado grandioso do trabalho livre[7].

De secundária que era na peça, essa cena se torna uma das principais.

Para prolongar esse personagem de Nunbach, Meierhold pede ao autor para completar a peça, mostrando que não há outra saída a não ser o suicídio. O engenheiro desempregado visita seu amigo, o químico Kelberg, e subtrai do seu laboratório uma cápsula de cianureto. Enquanto Kelberg toca ao piano a *Sonata ao Luar*, Nunbach engole o veneno. Ele desmaia, um médico é chamado, mas é muito tarde e ele tem o tempo de exclamar antes de morrer: "É melhor procurar um médico para a Alemanha!".

6   L. Sverdlin, Nezabyvaemyj urok, em L. D. Vendrovskaja (org.), op. cit., p. 457.
7   J. Guerman, op. cit., p. 448-449.

No dia da estreia, diplomatas alemães deixam ruidosamente a sala após essa réplica que acerta em cheio no alvo. No intervalo, Litvínov, o comissário do povo para Negócios Estrangeiros, explica a Meierhold que não quer aborrecimentos com a Alemanha e o encenador aceita prudentemente suprimir a passagem incriminada.

Tanto a encenação foi apreciada, quanto a peça pareceu inconsistente:

> A peça, ou antes um argumento pobre, não podia certamente inspirar Meierhold... Mas vale a pena sacrificar uma noite no teatro por dois ou três momentos de arte teatral autêntica, de visões geniais e cheias de refinamento que não se encontram com frequência nos espetáculos sem asperezas e coquetes dos outros teatros[8].

A Adesão ao Partido é a primeira peça criada no novo contexto cênico pelo Teatro Nacional Meierhold. É também a última que o teatro dedica a um tema político. Não que Meierhold não esteja constantemente à espreita de obras combativas. Mas cada vez que um assunto lhe parece interessante, as autoridades se interpõem e não lhe deixam outra solução senão refugiar-se nos clássicos, aparentemente mais anódinos. Será fácil, em seguida, recriminá-lo por ter negligenciado as obras contemporâneas, por incapacidade de compreender as mudanças sobrevindas na vida de seu país.

As Núpcias de Kretchínski

Meierhold retoma uma peça que conhece bem por tê-la montado em 1917, no Teatro Alexandrínski: *As Núpcias de Kretchínski*, de Sukhovó-Kobilin, obra na qual, como em Gógol, o riso nasce das lágrimas. Contrariamente às duas outras partes da trilogia (*O Caso* e *A Morte de Tarelkin*), o cômico aí vence as dificuldades.

---

8   D. Tal'nikov, *Teatr i dramaturgija*, n. 4.

Lídia esta apaixonada por Kretchinski, um negocista que se apresenta como bom, que a pede em casamento para despojá-la de seus bens. Esse homem é um jogador inveterado, de cartas, em amor ou nos negócios, e o encenador lhe dá maneiras de um chefe de gangue: sete malfeitores lhe servem de guardacostas e de capangas. Raspliuiev, seu segundo, é um pequeno funcionário corrupto pronto a tudo por dinheiro.

Para os papéis principais, Meierhold chamou duas estrelas, Iuriev e Ilínski. O primeiro acaba de deixar o Teatro Acadêmico de Leningrado para entrar no Máli, em Moscou, mas, por amizade ao diretor, ele aceita fazer uma passagem pelo Teatro de Meierhold. Iuriev tem um belo passado mas é um pouco velho para o papel: da mesma geração que Meierhold falta-lhe, aos 61 anos, a adaptabilidade e a leveza necessárias para acentuar o caráter duvidoso da personagem. Meierhold desejava manter na sombra o rosto de Kretchinski durante todo o primeiro ato. Mas Iuriev se opõe ao procedimento: quer ver e ser visto. Quanto a Ilínski, ele volta para Meierhold aureolado por seus sucessos no cinema, no qual seu último papel é o de Frantz em *A Festa de São Jorge*, filmado por Protazánov. Esses dois atores colocam todo seu peso na aventura de "Kretchinski e companhia", como a chama Meierhold.

A primeira aparição de Raspliuiev (Ilínski), no segundo ato, o descreve inteiramente:

> Ele entra de costas, fecha imediatamente a porta e escuta com atenção para saber se não está sendo seguido. Seguro por esse lado, vira-se lentamente para a sala com um dez de espadas na mão, e declara com ar misterioso: "O que se passa? Dinheiro... cartas... o destino... a sorte... que pesadelo apavorante! A vida... todo mundo me roubou. Sou pobre e miserável!" Assim começava o papel de Raspliuiev[9].

Meio cômico, meio trágico, Ilínski, no dizer de um crítico, "era mais cativante nos episódios trágicos. Ele representava o medo, a raiva, a perturbação moral de contorno mais nítido, mais expressivo que a satisfação, a saciedade, a alegria"[10].

9 I. Il' inskij, *Sam o sebe*, p. 243.
10 A. Mackin, *Ženiť ba Krečinskogo*, Izvestija, 2.6.1933.

Dessa mistura de vaudevile e melodrama, Meierhold declara querer fazer uma ilustração do nazismo comum. Trazendo a peça para a época contemporânea, ele estigmatiza indiretamente os grupos armados que semeiam o terror na Alemanha.

> Agora que no Oeste reapareceu o tipo de homem que se pensava enterrado para sempre, o tipo de denunciante policial, de espião, de provocador e de carrasco, frequentemente escondido sob uma máscara de benevolência bajuladora, esse personagem (Raspliuiev) se eleva ao nível do símbolo do "eterno parasita"[11].

Tudo se esclarece quando se sabe que, na terceira parte da trilogia, esse mesmo Raspliuiev será promovido ao posto de um comissário de polícia cuja ambição será prender todo mundo pois o mundo todo é suspeito.

De fato, procurando não dar à sua encenação um caráter acusativo muito forte, Meierhold, por uma vez, dá toda a liberdade a seus atores, que retornam por vontade própria a uma atuação mais açucarada, no registro do vaudevile, apagando os traços odiosos e mesmo monstruosos dos escroques. Com isso, Iuriev e Ilínski atenuam a causticidade dessa obra. Criada em 14 de abril de 1933 na província, ela suscita boa acolhida da crítica sem despertar as paixões inflamadas que acompanham habitualmente as criações meierholdianas. Todavia ela se manterá no repertório até o fim, o que testemunha seu sucesso de público.

Ensaio Geral

A Ucrânia foi para a Rússia soviética, no início dos anos de 1930, em todos os aspectos um campo experimental em tamanho natural. Será que Meierhold podia saber que nesse território, onde ele ia com frequência em turnê, se prefigurava seu destino trágico? Les (Aleksandr) Kurbas, encenador muito próximo

---

11 Ju. Juzovskij, Mejerhol'd dramaturg, *Literaturnyj kritik*, n. 3, p. 81.

dele, pelo seu estilo, sua concepção, seu espírito inventivo, é preso em Moscou em 25 de dezembro de 1933 e enviado à prisão de Lubianka. A partir de 17 de janeiro de 1934 ele é interrogado de maneira brutal até 25 de fevereiro, quando é mandado de volta, para Kharkov, para ser julgado. Sob o efeito dos tratamentos sofridos (privação de sono, obrigação de ficar muitos dias em pé virado para a parede, proibição de ir ao banheiro), ele cede e assina um depoimento no qual confessa ser o chefe de uma organização militar ucraniana que visava sabotar a política do partido no domínio teatral.

Como Meierhold, Les Kurbas é um homem de cultura europeia, um homem da Europa Central. Após ter criado, em 1916 a Companhia do Teatro Jovem em Kiev, ele funda, em 1922, o Teatro Berezil (a Primavera). Em 1925 é nomeado Artista do Povo da República da Ucrânia. Em 1926 o Teatro Berezil é transferido para Kharkov e ele será seu diretor até sua destituição em 1933.

Kurbas, que conheceu Piscator e Reinhardt, é, também ele, um batalhador do "naturalismo". Ele é adepto da caixa cênica nua, na qual se incorpora um dispositivo construtivista ou expressionista segundo o caso. Nos seus ensinamentos ele explica que a personagem cênica estilizada deve ser criada por meios estritamente artísticos e portanto não pode ser idêntica à realidade. Trata-se de uma "recriação" poética por meios oriundos de uma convenção, que varia conforme os diversos registros estéticos. Enunciado em uma linguagem um pouco diferente, existe ali um credo que Meierhold não teria renegado.

O pretexto para as infelicidades que se abatem sobre Kurbas é sua predileção pelo autor ucraniano Kulisch. Na véspera da estreia da peça *Maklena Grassa*, ele é convocado ao secretariado do partido, onde o primeiro-secretário, Postischev, lhe pede para participar da campanha lançada contra os escritores proletários. Fiel às suas convicções, ele recusa. A estreia da peça acontece sob vigilância policial reforçada, na presença dos secretários do partido comunista da Ucrânia, Postischev, Kossior e Liubtchenko, do chefe da Guepeu da Ucrânia, Balitski e do comissário do povo para a Educação e a Cultura, Zatonski. Pouco depois é publicado um artigo atacando violentamente Kurbas por desvio nacionalista burguês e, em 5 de outubro, ele é oficialmente demitido de suas funções de diretor do Teatro Berezil. Kulisch por sua vez será preso e desaparecerá na máquina trituradora das elites ucranianas.

Nesse outono de 1933, quando Kurbas é afastado de seu teatro, Míkhoels, como amigo fiel, lhe estende a mão em socorro e o recebe em Moscou. A estrela do teatro judeu lhe propõe colaborar na realização do *Rei Lear*; ele lhe encontra até uma residência, o que não é uma coisa fácil em Moscou. É nesse apartamento que ele é preso em 25 de dezembro.

O tribunal lhe inflige uma pena de cinco anos em um campo de "reeducação pelo trabalho", e ele é transferido para o quartel-general das tropas de segurança do Estado, que vigiam os condenados destinados à construção do canal sobre o mar Branco. Felizmente existe lá um teatro muito apreciado pelos leões de chácara e Les Kurbas se põe a trabalhar: ele encena a peça *A Intervenção* de Slavin. Infelizmente é denunciado por um invejoso, que coloca diante dos olhos dos serviços de segurança um artigo intitulado: "Contra o 'Kurbassismo' no Teatro", no qual o crítico Grudina o acusa principalmente de trazer dentro de si os germes da "metodologia" fascista[12]. Ele é imediatamente arrancado do teatro reservado aos tchekistas e enviado às ilhas Solóvki, célebre lugar de detenção no mar Branco. Pouco a pouco ele chega a reconstituir uma trupe de detentos e faz representações no refeitório.

Em 1937, uma grande onda de execuções será organizada nos locais de detenção. A "troica", isto é, o tribunal de três pessoas que toma suas decisões baseada em dossiês, se sediará em Leningrado e pronunciará em 9 de outubro cerca de quinhentas condenações. Acusado de continuar sua atividade subversiva no campo ele será condenado à pena capital... No momento em que a decisão da troica chegar aos responsáveis pela prisão, em 3 de novembro de 1937, Les Kurbas será executado[13].

12 D. Grudina, Protiv 'kurbasovščiny v teatre, *Teatr i Dramaturgija*, n. 6. Maltrata-se o "kurbassovismo" esperando atingir o "meierholdismo".
13 As circunstâncias da prisão e da morte do encenador estão expostas em R. Skali, Less Kurbas. Doroga na Solovki, *Teatr*, Moscou, n. 4, p.61-72.

Dado o segredo que reinava nesse gênero de negócios, Meierhold não sabia nada das atribulações de seu camarada, do qual durante muito tempo supôs que ainda estava vivo. Não existe entretanto uma coincidência macabra no fato de a bala que pôs fim à vida de Les Kurbas preceder somente de alguns dias a publicação do artigo do *Pravda*, que fará desaparecer o Teatro Nacional Meierhold?

A Temporada de 1933-1934.
A Dama das Camélias

Desde a primavera prepara-se a nova temporada e Meierhold pensa em montar *A Dama das Camélias*. No verão de 1933 ele retorna a Vichy com Zinaida Reich, depois vai a Paris, onde se impregna da atmosfera que quer reproduzir na peça. Os pintores impressionistas parecem-lhe traduzir mais fielmente a essência dessa sociedade burguesa que serve de enquadramento à ação. Ele leva a Moscou reproduções de Manet, Monet e Renoir, todos pintores nos quais se inspira para formatar as personagens de *A Dama das Camélias* e sua moldura de vida.

Entrementes, o novo diretor do Teatro Acadêmico do Drama de Leningrado, Suschkevitch, convidou Meierhold a renovar *Baile de Máscaras*. O espetáculo inesquecível que Meierhold e Golóvin haviam realizado não envelheceu na verdade. Nos anos de 1920, um jornalista exprimia assim sua admiração por essa obra:

> Sete anos após a revolução, *Baile de Máscaras* [...] continua uma das obras mais interessantes e mais populares do Teatro Acadêmico do Drama. Retomada quase anualmente ela não envelhece, não perde sua força de sedução e atrai sempre um público numeroso[14].

Apesar disso, com o tempo, o jogo dos atores perdeu vivacidade. O espetáculo vai portanto ser inteiramente revisto pelo

---
14 *Rabočij i teatr*, n. 15, p. 12.

encenador, que se dedica a muitos ensaios em Leningrado para trabalhar com os principais protagonistas, principalmente Iuri Iuriev, que criou o papel de Arbenino, e Elizaveta Time o de Nina. Iuriev não acabava mais de aperfeiçoar sua atuação:

> Nos últimos anos eu me questionei sobre a loucura de Arbenino. Na retomada da encenação, na segunda parte da peça, a loucura se torna um elemento essencial da psicologia de Arbenino. Mas veem-se já aí as primícias, na cena do jogo de cartas e na disputa com Zvézditch [o Príncipe][15].

Uma das modificações mais importantes recai sobre a personagem do Desconhecido, que a ideologia reinante não está longe de considerar como fruto do "misticismo", isto é, da crença em um além altamente suspeito. Ele se torna, portanto, um homem bem real, esgotado pela vida, profundamente cético, e empurrado por um sentimento de vingança que não tem nada de sobrenatural.

A primeira representação da versão remodelada ocorre em 25 de dezembro de 1933. Apagando um pouco o aspecto fantástico da obra, Meierhold preserva toda a sua força, dando, ao mesmo tempo, a um público sedento de beleza um espetáculo feérico contrastando com as realizações em honra da política industrial ou agrícola do Estado socialista e, sobretudo, fortemente afastado das misérias de uma vida cotidiana pontuada de desaparições repentinas. Ele retornará cinco anos depois a esse trabalho de revisão que será também seu último trabalho de encenação.

Quando Meierhold renovou, no ano precedente, seu espetáculo *Dom Juan*, ele confiou o papel de dom Carlos a um ator da mesma estatura que Iuriev, mas mais jovem, Mikhail Tsariov, um homem da geração de Zinaida Reich.

No fim da temporada, ele lhe propõe abandonar o Teatro Acadêmico de Leningrado para entrar na sua companhia. Depois de algumas hesitações este aceita e, em maio de 1933, os ensaios de *A Dama das Camélias* pode começar, pois Tsariov será Armando. Satisfeito com os dons de seu novo recruta, Meierhold lhe pede que forme com Zinaida Reich uma equipe para produzir uma adaptação

---

15 Ju. Jur'ev, Novoe čtenie teksta, *Krasnaja gazeta*, 23.12.1933.

da peça. O programa trará, com efeito, o nome dos três "autores" do texto definitivo (Spaeth, Reich e Tsariov).

Meierhold se inspira em *Alexandre Dumas et Marie Duplessis*[16], excelente estudo do meio descrito na peça. Entretanto, com sua preocupação constante de ser acessível ao público, ele decide situar a ação não sob a monarquia de julho, como no romance de Alexandre Dumas Filho, mas sob o Segundo Império. É o período imortalizado pelos romances de Zola e pelas narrativas de Maupassant, às quais se associam a música de Offenbach e sobretudo a pintura dos impressionistas. A sociedade "burguesa" do fim do século deve ser apresentada sob seu aspecto mais brilhante: a profissão do pai de Armando Duval não é bastante reluzente. Ele, que é coletor principal, será um rico industrial. Além de cenários estilizados e esquemáticos, Meierhold mobilia a cena com peças de época, ricos acessórios, cortinados luxuosos. A missão desse cenário é dupla: criar um ambiente de um luxo autêntico, para refinar o gosto dos atores e conferir ao seu jogo a elegância desejada, o exterior agindo sobre o interior; dar ao público a sensação de viver durante algumas horas a vida luxuosa, senão feliz de uma época desaparecida, não tão diferente daquela da alta burguesia russa da mesma época.

A maior parte dos espectadores e dos críticos teve a impressão de um sonho de beleza, lançando como que um desafio à realidade cotidiana tão insignificante e tão detestável que era a sua. Mas essa impressão de vida não devia criar a ilusão de uma cópia da realidade. O espectador devia, alternativamente, se identificar com as personagens e se afastar por um efeito de distanciamento. Lastimava-se Margarida Gautier, vítima de sua honestidade mais do que da doença, lastimava-se Armando, que era ele também, à sua maneira, uma vítima. Ao mesmo tempo, julgava-se ambos como manequins carregados pela torrente indiferente do destino.

Uma vez mais, uma escada curva ocupa o lado da cena. Ela serve principalmente no quarto ato, quando Armando, que soube a verdade (a diligência feita por seu pai para arrancá-lo da amante), vem se jogar aos pés de Margarida Gautier para implorar seu perdão.

---

16 J. Gros, *Alexandre Dumas et Marie Duplessis*.

O ator Sniejnitski, que substituiu o faltoso Tsariov deixou uma narrativa surpreendente da maneira como Meierhold fê-lo descobrir o papel: "Nós vamos repetir o episódio 'Confissão de uma Cortesã', diz Meierhold tirando o casaco e desvirando as mangas. "É mais cômodo assim", diz ele sorrindo... "Vamos lá".

Sniejnitski, escolhido no último minuto, ainda não leu a peça, não tem nenhuma ideia do que deve fazer e segura a brochura na mão durante o ensaio:

> Armando: Margarida, Margarida!
> Margarida: O que você quer?
> Armando: Perdoe-me, perdoe-me!
> Margarida: Você não merece o perdão...

"Stop!" diz Meierhold. "É preciso que você mesmo venha em seu auxílio. Deixe a brochura, são só duas réplicas, você vai se lembrar. Não tenha medo de se atrapalhar. Armando está desestruturado. Ele não sabe o que diz. Ele quer o perdão de Margarida... O perdão a qualquer preço... É para ele questão de vida ou morte!"

Explicando ao ator os sentimentos do jovem, Meierhold coloca-se na pele da personagem. Sua voz é apaixonada, seus olhos brilhantes, seu rosto está descomposto.

> "Ajude-se". Ele se levanta rápido e me dá uma capa e um chapéu. "Descendo a escada, tire seu chapéu e jogue-o do lado, jogue a capa e procure Margarida com o olhar, tente olhá-la bem de frente, direto nos olhos. Ponha-se de joelhos diante dela! Vá!"
> Eu recomeço minha entrada gritando: "Margarida, Margarida!" Me parece que vai melhor: os gestos bruscos com os quais jogo minhas roupas me ajudam a encontrar o ritmo impulsivo buscado. Mas assim que eu me coloco de joelhos dizendo: "Perdoe-me, perdoe-me!" Meierhold me para de novo. "Não é preciso seguir com o olhar a capa e o chapéu para ver onde vão cair. É preciso perder o controle de si mesmo. O espectador precisa ver que você não sabe o que está fazendo. Observe!"

E Meierhold mostra Armando que se precipita para Margarida: a capa e o chapéu voam para a esquerda e para a direita. Em alguns saltos ele está perto de Margarida e se prostra de joelhos diante dela. Ele tem o rosto levantado na direção dela, seus olhos procuram o olhar da jovem, os olhos voltados para ela imploram o perdão. Ele murmura com uma voz quase inaudível: "Perdoe--me, perdoe-me!"

Ele cobre de suaves carícias os cabelos, o rosto, a cintura, as pernas de Margarida. Tem-se a impressão de ver uma multidão de mãos que exprimem seu pensamento melhor que os lábios[17].

Nesse momento Sniejnitski tem a impressão de ver um jovem homem enlouquecido de amor que não sabe o que faz. Ele acrescenta:

> Após ter representado essa cena, cheia de temperamento e justeza, ele se levantou rapidamente e nos olhou a um e a outro como para ver o efeito que havia produzido em nós....
> "Às vezes as mãos podem ser mais eloquentes que as palavras... É um procedimento do teatro chinês. Vão", diz ele retomando seu lugar... "Não se coloque sobre um joelho só. É o que se faz sempre nos teatros nas declarações de amor. Jogue-se aos pés de Margarida e ponha-se sobre os dois joelhos".
> Assim que eu conseguia aplicar uma indicação, uma nova surgia.
> "Suas mãos devem ser fluidas. Não se agarre a Margarida, não a pegue convulsivamente. Acaricie-a com a palma da mão como uma mãe que lava sua criança! Implore seu perdão pelo olhar, pelo gesto!"[18]

A seção de ensaio dura mais ou menos uma hora, após o que Meierhold libera seu ator. Ele sublinha: "É uma cena muito difícil. Uma das cenas cruciais do espetáculo".

Cada cena é trabalhada com esse cuidado, com o detalhe verdadeiro e a precisão do gesto. O casal constituído por Mikhail Tsariov e Zinaida Reich arranca lágrimas do público. É o papel mais bem sucedido da atriz, que sente ter profundas afinidades com essa personagem de feminilidade profunda e de beleza estonteante. O público é seduzido por essa mulher que atua tão bem, que as pessoas esquecem que é atriz.

17 L. Snežnickij, *Na repeticijah u masterov režissury*, p. 113-114.
18 Idem, p. 115.

Um outro grande do teatro, Míkhoels, foi por seu lado tocado por um outro episódio, que resume para ele a arte da metáfora teatral de Meierhold:

> Trata-se da noitada que se passa na casa de uma cortesã amiga de Margarida [Olímpia]. Havia uma escada muito grande pela qual todo mundo descia, enquanto do lado direito da cena havia uma enorme mesa de jogo onde se apostavam grandes somas de dinheiro. Sob o efeito de uma violenta comoção, Margarida desmaia e cai sobre a mesa, como se ela mesma estivesse em jogo. Esse atalho, esse lance, essa mulher tornada um objeto entregue à paixão do jogo e humilhada no mais profundo de si mesma, esse arriscar, diz mais, na minha opinião, que pilhas de tratados sobre a mulher e o socialismo[19].

Meierhold declarava que quando tinha visto Sarah Bernhardt nesse papel ele tinha chorado. Suas lágrimas são transformadas em um grito de desespero diante do lado impiedoso do século. O público o compreendia muito bem[20].

Impregnado da visão de Manet, Meierhold joga com as oposições de preto e branco, e a música com arranjos de Assafiev segundo suas indicações (Weber, Glinka, Johann Strauss) contribui para criar uma atmosfera, na qual a angústia se mistura com a indiferença diante da catástrofe inevitável. Ele consegue transformar o melodrama de Dumas Filho em uma tragédia em consonância com o destino da Rússia, espécie de desafio ao obscurantismo, símbolo da sede de independência de um teatro que não para mais de importunar.

O caráter bilioso das notas publicadas no *Pravda* diz longamente sobre a opinião dos dirigentes sobre essa linha teatral. Eis o que diz Lev Nikuline:

> Que razões houve para querer apresentar essa peça num dos principais teatros soviéticos, em um teatro que tem méritos

---

19 S. M. Mihoels, Vystuplenie u C"ezda režisserov SSSR, 14.6.1939, em *Mir iskusstv* (*Stat'i. Besedy. Publikacii*), p. 440.
20 É o que explica com muita força Tatiana Iessiênin em uma carta escrita ao crítico e historiador de teatro Konstantin Rudnitski, publicada em *Teatr*, n. 2, p. 103.

tanto no domínio da ideia como da forma? Quando nos lembramos de revisões ousadas e cheias de substância realizadas por Meierhold em peças clássicas que tinham em certa medida perdido a atualidade, podíamos esperar que o talento de Meierhold, a ousadia do artista revolucionário, o conduziriam a elevar o texto de Alexandre Dumas a uma altura social extraordinária e forçar de algum modo essa peça a colocar-se no diapasão das sínteses sociais de um Balzac ou de um Zola. Isso não aconteceu porque o material era por si mesmo de má qualidade e sem consistência[21].

Meierhold ainda não é atacado como encenador, mas sugere-se que ele não sabe mais escolher bem seu repertório. Não se suporta que ele queira dar conselhos aos homens de poder, por meio da virtude do melodrama de Alexandre Dumas Filho. São da ordem do dia as formas monumentais e celebra-se como uma vitória excepcional a *Tragédia Otimista*, de Vischniévski, cujo estilo grandiloquente responde ao gosto dos dirigentes. Não é portanto um acaso se esse dramaturgo escreve na *Gazette littéraire*, de 6 de abril, um artigo extremamente crítico a respeito de Meierhold que "vira as costas à arte política".

Chega-se aí ao ponto em que Meierhold não quer mais tergiversar. Apresentando a peça ao público, ele anuncia seu credo artístico, a apologia da autonomia da arte: "A arte reflete a vida, mas a vida reproduzida numa obra de arte é subordinada às leis da arte"[22].

Um amigo de velha data de Meierhold, Vladímir Podgorni, lhe envia a título pessoal observações de grande delicadeza:

> Estou persuadido de que *A Dama das Camélias* não é somente a criação notável e maravilhosa de um grande artista, mas um acontecimento maior de nosso tempo.
>
> O que era pois *A Dama das Camélias* antes da sua realização? Uma tocante história de amor entre Margarida e Armando, um melodrama oferecendo papéis vantajosos, o que é tão sedutor para atores grandes ou pequenos.

21 L. Nikulin, P'esa Aleksandra Djuma v GOSTIMe, *Pravda*, 31.3.1934.
22 V. Mejerhol'd, Vstupitel'noe slovo pered spektaklem *Dama s kamelijami* (7.9.1934), em L. D. Vendrovskaja; A.V. Fevralskij (orgs.), *Tvorčeskoe nasledie V. E. Mejerhol'da*, p. 83.

Na sua encenação é a tragédia da mulher. Nesse espetáculo você é seu defensor nobre e inspirado, seu cavaleiro andante e o acusador apaixonado e veemente do mundo burguês[23].

E esse fino conhecedor da arte teatral continua traduzindo o entusiasmo que transmitia o casal constituído de Mikhail Tsariov e Zinaida Reich:

> Aplaudi calorosamente as personagens principais, Margarida e Armando. Eles eram dignos de seu Mestre cuja arte, desenfreada, generosa e sem limites, me conquistou completamente. Eles criaram sua personagem com a ousadia e o brilho de artistas autênticos. Eu lhes sou profundamente reconhecido pelo trabalho, pelo talento, pela paixão com os quais eles representaram seu difícil papel.

O que pode parecer, com o distanciamento, um paradoxo, esse mergulho cheio de graça e simpatia no mundo maldito da burguesia, talvez fosse menos na época. Os dados estão embaralhados, mas medidas como a dissolução das associações de escritores ou de músicos em 1932, e a rediscussão de uma visão simplificada da história, parecem fazer crer num retorno a certo humanismo na vida cultural.

Essa incerteza acabará no verão de 1934, quando o poder, na pessoa de Idánov, homem inteiramente dedicado a Stálin, vai fazer do "realismo socialista" o método de criação imposto a todos os que militam no domínio artístico, escritores, músicos, pintores e encenadores. Isso não impedirá *A Dama das Camélias*, espetáculo muito afastado desse novo cânone, de ficar muito tempo em cartaz, para a alegria de numerosos espectadores.

Os Sessenta Anos de Meierhold

Um mês antes da criação de *A Dama das Camélias*, Meierhold completou sessenta anos. Enquanto o costume era que as

---

23 Carta de V. Podgorni a V, Meierhold (20.3.1934), *Perepiska*, p. 333.

autoridades enviassem felicitações por essa ocasião, não houve nenhuma reação oficial. Mas Meierhold recebeu numerosos telegramas afetuosos: em 10 de fevereiro, uma mensagem do encenador Zavadski e mesmo de Taírov, sem contar um discurso dos atores e dos encenadores do Teatro Artístico. E, pela ocasião, a imprensa publica inúmeros artigos comemorativos, desde a "Carta sobre Meierhold", do crítico Pavel Markov até lembranças devidas à pena de velhos conhecidos como Olga Knipper-Tchékhova, Vassíli Katchalov, Valeri Bebútov ou Vsévolod Pudóvkin. O escritor Iuri Olescha lhe consagra uma crônica humorística no jornal *Moscou Soir* com o título "O Amor de M." (inicial manifesta de Meierhold).

Ainda no *Moscou Soir* aparece um longo artigo tanto mais apreciado por ser de autoria de Igor Ilínski, o *enfant terrible*, que sublinha a influência determinante da arte de Meierhold sobre o teatro do seu tempo.

> Lembramos-nos com que sarcasmos muitos teatros acolheram em 1920 os *slogans* de Meierhold. Esses sarcasmos se transformaram em reconhecimento para alguns, em sentimentos malévolos para outros. Na ocasião, os sarcasmos não impediam de trabalhar, ao contrário eles nos tornavam mais aguerridos e nos ajudavam. Se eles nos ajudaram durante os primeiros dias do outubro teatral, eles poderiam novamente nos ajudar a batalhar com ainda mais encarniçamento para fazer triunfar aquilo em que acreditamos. Na época, o nível da nova cultura teatral nos permitia dar livre curso ao nosso temperamento no vestíbulo da estação suja, fria, sem aquecimento do teatro Sohn; atuar em um edifício gelado aproximava Meierhold e seu grupo do público proletário. Fazia frio em todo lugar, em todo lugar havia fome. No momento em que ele anuncia que o istmo de Perekop foi tomado pelas tropas vermelhas, o Arauto tem a voz rouca[24].

O ator domina mostrando como a vida material mudou desde então: "Agora, as ruas estão asfaltadas, iluminadas, há inúmeros bons teatros, os salões são espaçosos, bem decorados, e os palcos também". Portanto não é conveniente deixar o Teatro

24 I. Il'inskij, Molože molodyh, *Večernjaja Moskva*, 2.1934.

Nacional Meierhold embolorar, mesmo provisoriamente, nessa caixa barata, nesse antigo clube situado numa passagem insalubre, na rua Tverskaia.

Ele termina com um hino à energia do Mestre que dá mostras de uma juventude extraordinária, malgrado tudo e contra tudo:

> Quem é capaz de improvisar uma dança, saltar sobre um praticável para mostrar o arrebatamento de amor de um adolescente, com mais agilidade e juventude do que o mais novo de nós? O sexagenário Meierhold. Quem, sem poupar esforços, rola gemendo na poeira do palco, para fazer uma demonstração improvisada a seus atores, dando livre curso ao seu temperamento fascinante, representando genialmente um soldado prestes a morrer? O sexagenário Meierhold. Quem chora no palco, representando a personagem de uma jovem de dezesseis anos abandonada? Seus discípulos ficam com a respiração suspensa, o que eles veem no palco não são os cabelos grisalhos, o nariz forte, mas uma jovem de gestos femininos, entonações frescas, jovens, inesperadas, que vos apaixonam, apesar de que as lágrimas que jorram dos olhos de cada um se misturam à alegria de um entusiasmo infinito, em presença desses altos geniais da arte do ator[25].

Sua jornada não acabou depois dessa proeza admirável. Ele se precipita à reunião da célula do partido, ou faz uma conferência diante de um auditório de estudantes ou em uma prefeitura de bairro, ou no regimento geminado com o teatro, ele conta suas lembranças de Maiakóvski, ou prepara um artigo para uma revista. E Ilínski conclui: "Esse é Meierhold, nosso sexagenário!"

Essas homenagens vindas principalmente de seus discípulos vão direto ao coração de um homem que, como todos os artistas, tem constantemente necessidade de ser tranquilizado sobre seu talento. Redobrando de energia, ele se lança ao mesmo tempo em várias direções, como se ele se renovasse com as pulsões de sua juventude.

---

25 Idem, ibidem.

A Temporada de 1934 – 1935.
A Dama de Espadas

Durante o verão de 1934, produziu-se um acontecimento que marca uma virada na vida cultural da Rússia soviética: o congresso de constituição da União dos Escritores. Os escritores têm a primazia, mas essa denominação não é restritiva: o que é decidido lá se aplica com as devidas modificações a todos os domínios da arte: música, artes plásticas, arte da encenação teatral e cinematográfica. De 17 de agosto a 1º de setembro reuniram-se no palácio das Colunas todos os homens de letras do país; enquanto sob a autoridade de Maxim Górki, os escritores mais célebres se sucedem na tribuna, seus discursos alternando-se com os de personalidades políticas como Bukharin, que se revela grande amante de poesia, ou Idánov, o regente da campanha de obediência forçada. Ele lembra a todos a obrigação de trabalhar daquele momento em diante aplicando um método único chamado de "realismo socialista". O período de incerteza iniciado depois da dissolução das associações em 1932 se consuma: ele aparecerá mais tarde como um período de relativa distensão. Em 1º de dezembro acontece o assassinato de Kírov que soa os dobres das últimas esperanças de reforma do regime.

Meierhold trabalha em condições cada vez mais difíceis tanto no plano material como no moral. Encontra cada vez menos apoio de suas autoridades tutelares, e perde, com a morte de Kírov, o último de seus protetores.

Após 25 anos de ausência, Meierhold volta à ópera. Ele acaba de aceitar a oferta feita pelo Pequeno Teatro de Ópera (Malegot) e seu diretor artístico, o regente Samossud, de montar uma obra lírica. É escolhida a ópera que Tchaikóvski tirou da novela de Púschkin, *A Dama de Espadas*. Será seu opus 110. Meierhold é categórico, a música de Piotr Tchaikóvski é tão admirável quanto o libreto de seu irmão Modest trai a novela de base. É verdade que, por razões de conveniência (e de censura), não é possível fazer aparecer na cena o tsar Nicolau I que figura na narrativa de Púschkin. A ópera o substitui pela imperatriz Catarina II que aparece no baile da nobreza, o que obriga a situar a ação no século XVIII e não na época romântica. Mas, sobretudo, na ópera, a tragédia de

Herman, que inicia a linhagem dos jovens ambiciosos dispostos a tudo para obter riqueza, poder e consideração, como Raskolnikov, é atenuada pelo desenvolvimento de uma relação amorosa apaixonada entre ele e Lisa, a pupila da condessa. Essa segunda linha de intriga é impelida ao ponto de culminar com dois suicídios por amor. Da novela elegante de Púschkin passa-se, portanto, ao mais convencional melodrama.

Meierhold não hesita em cortar na carne: faz reescrever o libreto para retornar a Púschkin. Stenitch, a quem esse trabalho de reescrita é confiado, é um poeta honesto, cujo nome não ficou para a posteridade e que se desincumbe da melhor maneira possível dessa tarefa ingrata[26]. Meierhold suprime deliberadamente a primeira cena, situada no jardim de inverno, com seu coro de amas de leite, e as duas últimas consagradas à morte de Herman. Ele muda a ordem das cenas e mesmo das árias, o que obriga a modificar a partitura. A obra é condensada e, abandonando seu lado simplório, se aproxima das grandes tragédias do repertório.

Ao mesmo tempo que consagra algumas semanas aos cantores e aos músicos do Malegot, Meierhold não deixa de prosseguir com seu trabalho em Moscou, e no início de novembro comunica a seu grupo seu novo projeto de voltar a Tchékhov, mas não o das grandes peças. "O Tchékhov de *O Jardim das Cerejeiras* ou de *As Três Irmãs* não é de modo algum feito para a nossa época[27]", declara ele. Ao contrário, ele pensa que, por sua sátira aguda do espírito pequeno-burguês, as peças em um só ato são totalmente atuais. É sob inspiração implícita de Maiakóvski e, mais profundamente, em um movimento de retorno ao seu passado que ele escolhe *O Pedido de Casamento*, *O Urso* e *O Jubileu*, para montar um conjunto de performances cômicas, que, num segundo plano, mostram mordacidade.

De acordo com seu biógrafo Rudnítski, "o braço do encenador criador desse espetáculo se movia tateando como que ao acaso"[28]. Seriam essas marcas de flutuação devidas, como ele pensa, à ativi-

26 Valentin Stènitch (1898–1937), poeta e tradutor, morto vítima do Terror.
27 V. Meyerhold, À Propos du spectacle *Trente-Trois Évanouissements*, *Écrits sur le théâtre*, v. III, p. 190.
28 R. Rudnickij, *Mejerhol'd*, p. 410.

dade transbordante do Mestre? Ou essa multiplicidade de projetos em gêneros tão diferentes traduzirá, em vez disso, a confusão de um homem agindo com pressa, como se pressentisse os sinais do fim próximo?

Enquanto prepara aqueles dois espetáculos, ele tem em mente uma peça monumental para o novo teatro pelo qual batalha: *Boris Godunov*, de Púschkin. Evidentemente os ensaios acontecem no Teatro da Passagem da rua Tverskaia, de dimensões insuficientes, mas trata-se, no momento, de colocar em pé um esboço do espetáculo e de fazer com que os atores ensaiem.

Voltemos a Leningrado e a *A Dama de Espadas*. Após um primeiro encontro com o grupo, na companhia de seus amigos músicos (Samossud, Schostakóvitch, Sofronitski), homens de teatro (Akimov) ou críticos (Sollertinski), Meierhold lhes fala de sua concepção geral, e começa imediatamente a trabalhar com os intérpretes.

Para o criador do espetáculo, o eixo da obra é o conflito entre Herman e o mundo. O importante não é tanto o dinheiro obtido com o jogo, mas o controle sobre seu próprio destino.

Quando Modest Tchaikóvski faz Herman declarar: "Mostrar três cartas e eis-me rico", Stenitch corrige: "Mostrar três cartas e eis-me salvo. Meu destino, a vida ou a morte, está em minhas mãos"[29].

Como se articula a visão de Meierhold? Eis a explicação que ele dá e que parece calcada, palavra por palavra, nas reflexões suscitadas em 1910, pela análise da encenação de *Tristão e Isolda*: "A aproximação com Púschkin não se faz pelo texto, mas pela música, passando pelas atitudes expressivas da interpretação do ator e pelas indicações do encenador... A linha da personagem representada pelo ator deve se harmonizar com a linha da parte cantada"[30].

Meierhold impõe-se uma reflexão estética em profundidade: Como fazer cantores atuar e atores cantar, permanecendo no registro do verossímil? Ele pede ao cenógrafo que construa um cenário leve, fácil de deslocar, cuja peça principal é a escada que fecha o quarto da condessa. Herman subirá os degraus para reencontrar

---

29 Ver N. Ilic, *La Dame de Pique de Piotr Tchaïkovski, mise en scène par Vsévolod Meyerhold en 1935*, p. XLV.
30 V. Mejerhol'd, *Zapiski*. Arquivos Literários e Artísticos da Rússia, fundo 998, inventário 1, documento 287.

Lisa em seu quarto. Um quadro imenso da condessa na época da sua glória, a Vênus russa, domina essa escada que o jovem contempla preso de intensa emoção. A essa marcha ascendente em direção à beleza, à verdade e ao amor, sucede a descida aos infernos, descida a passos lentos, seguido da sombra da capa que arrasta. Na obscuridade percebe-se indistintamente sua silhueta em que é visível apenas a mão, iluminada por um jato de luz. Assim, uma força incoercível o obriga a descer novamente em direção àquela que ele crê deter o segredo da riqueza. Em vez de ficar no primeiro degrau da escada, que o aproxima simbolicamente do céu, ele desce para entrar no domínio dos pactos infernais.

Ele ouve passos. A condessa entra, vestida com seu elegante vestido de baile amarelo com fios prateados. Contrariamente às indicações de Modest Tchaikóvski, ela entra só, sem suas camareiras. Uma única serva a acompanha e se retira em seguida, após uma profunda reverência. A condessa fica imóvel diante da chaminé sob um grande espelho e adota a pose que tem no quadro onde tinha a glória da juventude. Tira rapidamente os brincos e sentando-se em uma ampla poltrona começa a cantar a ária extraída de *Ricardo Coração de Leão*, de Grétry, depois dormita.

Quando Herman aparece de repente e se posta diante da condessa com uma pose napoleônica, a mão no colete, ela acorda e, vendo-o, encolhe-se na poltrona. Herman recua levemente e lhe diz em tom firme: "Não tenhais medo, não tenhais medo, em nome de Deus". Docemente, insidiosamente, olhando-a direto nos olhos ele diz: "Conheceis três cartas..." A essas palavras a condessa começa a tremer, esforça-se por se levantar, mas recai na poltrona e esconde o rosto atrás do leque, sempre fixando Herman com seus olhos implacáveis. Ela se levanta e se esforça por escapar-lhe, mas ele lhe barra o caminho de fuga e se faz insistente, pedindo novamente as três cartas. Ela procura dissuadir o jovem de sua paixão por Lisa. O novo libreto a faz dizer: "Case-se, e eu lhe darei as três cartas". Enquanto a música começa, os dois protagonistas são imobilizados em um duelo moral impiedoso: de um lado, a oração de um desesperado, do outro a recusa de uma vontade férrea. Antevendo a derrota, Herman passa ao registro das ameaças, mas a condessa sente agora um verdadeiro sentimento de pânico, fecha os punhos como para afirmar sua intenção de nada dizer. A cólera de Herman está no auge e a música tem acentos triunfantes. A condessa se esforça, esgotada, por achar uma saída para qualquer lado, tanto que quase tomba nos braços do jovem; então recua bruscamente, como que assombrada ao tocar em seu perseguidor, e vem aos trancos desabar sobre sua poltrona; faz lentamente o sinal da cruz, depois desliza para o chão onde fica estendida de costas. Assim morre a condessa diante de Herman, espectador passivo da morte do seu sonho insensato.

Aproximando-se do texto da novela de Púschkin, Meierhold tende a uma maior verossimilhança. Nessa época em que o realismo se torna a doutrina imposta pelo Estado, ele quer mostrar que o verdadeiro realismo no palco consiste em tornar verossímeis os atos mais insensatos das personagens.

Continuando seu trabalho cirúrgico, Meierhold suprime as duas últimas cenas, a primeira que contém os desabafos líricos de um Herman inteiramente dedicado a seu amor por Lisa, e a última, onde ele morre desesperado e arrependido. Ele termina a ópera na cena do asilo de loucos onde Herman repete sem parar: "O três, o sete, o ás; o três, o sete, a dama...". Assim termina o poema de Púschkin e assim termina a ópera na versão reformada de Meierhold.

Uma parte da crítica evidentemente recriminou o autor do espetáculo por ter ignorado o estilo musical de Tchaikóvski, de lira dramática e não trágica. Quanto a Stenitch, longe de poder rivalizar com Púschkin, teve dificuldade mesmo em igualar Modest Tchaikóvski. Será que por falta de tempo? Sua escrita, que é bastante rebuscada durante a primeira metade da obra (adição da cena do hussardo travestido), se reduz em seguida a simples mudanças de palavras aqui e acolá.

O mundo musical de Leningrado entretanto fica muito interessado pela ressurreição de uma obra que havia até ali sucumbido aos clichês e à rotina. Schostakóvitch chega a declarar que "é uma revelação; revelação de *A Dama de Espadas*, da partitura de Tchaikóvski, revelação dessa tragédia"[31].

---

31 Citado em K. Rudnickij, op. cit., p. 473.

Finalmente a obra se torna uma das favoritas do Pequeno Teatro de Ópera, que a faz figurar no repertório de espetáculos que apresentará no ano seguinte em Moscou, durante a infeliz turnê que desencadeará os golpes da razão de Estado no domínio musical.

Essa versão de A Dama de Espadas não pôde ser retomada mais tarde, mesmo após o fim das perseguições do Estado, como se estivesse muito ligada ao gênio pessoal de Meierhold para poder ser representada sem ele.

Trinta e Três Desfalecimentos

Se A Dama das Camélias devolve ao público a imagem de uma época idealizada pela lembrança, as duas criações seguintes mantêm ligações sutis com o passado do próprio Meierhold. Montando A Dama de Espadas, ele não podia deixar de se lembrar de sua reflexão sobre a arte lírica, feita quando da sua estreia no Teatro Imperial Alexandrínski. Igualmente ele decide, enfim, montar Tchékhov, autor do qual ele criou os principais papéis e que tanto ele tinha representado na aurora de sua carreira de encenador em Kherson.

Nesse outono de 1934, quando ele prepara sua nova encenação, não são as grandes peças do dramaturgo que o tentam. Sob a influência dos críticos "marxistas", o teatro de Tchékhov é largamente considerado na época como passadista e suscitando uma nostalgia por um estado da sociedade rejeitado pela lógica da história. Lembramos-nos da veemência com que Maiakóvski atacava o teatro dos "tios Vânia e tias Mania", o de Stanislávski e Nemiróvitch-Dantchênko, que permaneciam profundamente fiéis à sua visão de seu autor fetiche.

Meierhold decide portanto abordar as peças cômicas em um ato, nas quais se reconhecia o olho vivo do autor das novelas cômicas. Tchékhov aí maneja a hipérbole e o absurdo de uma maneira irreverente à Gógol.

A técnica do cômico em Tchékhov e seu modo de trabalhar a palavra prolongam a tradição gogoliana. Tchékhov joga frequentemente com as combinações verbais alógicas ou os nomes cômicos. Suas peças de teatro estão desse modo longe de serem desprovidas de conteúdo como pode parecer à primeira vista. Por trás de sua aparência de alegria esconde-se, como em Gógol, alguma coisa mais do que um simples trocadilho[32].

As três peças cômicas são pérolas do vaudevile, graças às quais o público poderá rir da mediocridade do ser humano de bizarrices inesgotáveis. Sem ser expressa, essa ideia se lê em segundo plano:

> O outro Tchékhov, esse inimitável retratista de seres mesquinhos, esse espelho de suas paixões derrisórias, dos nadas da vida comum e da mediocridade, é um poderoso aliado na luta que empreendemos contra os vestígios de um espírito pequeno burguês desprezível quaisquer que sejam as formas das quais se reveste[33].

Quando diz "quaisquer que sejam as formas das quais se reveste", ele subentende que não é estrangeiro à sociedade soviética. Os *Trinta e Três Desfalecimentos* são uma arma de combate. Esse trabalho parte de uma convicção assombrosa que não pode ser expressa abertamente: reina na sociedade russa dos anos de 1930 o mesmo desregramento cômico do início do século. É com esse espírito que Meierhold ressuscita a personagem do neurastênico, esse homem sem referências que era, no início de sua carreira, seu papel predileto. Essa tensão nervosa, que é a manifestação de uma insatisfação profunda em relação à vida, vai servir de cimento às três peças escolhidas: *O Pedido de Casamento*, *O Urso* e *O Jubileu* (mais exatamente: *O Aniversário*). Uma leitura atenta dessas peças faz Meierhold descobrir que as personagens entram constantemente em estados de catalepsia, que ele chama de desfalecimentos: onze vezes na primeira peça, oito na segunda e catorze na terceira, o que perfaz um total de 33. Trinta e três desfalecimentos, como há 33 episódios em *A Floresta*.

Uma sequência hábil faz com que uma última peça, *O Aniversário* (*O Jubileu*), que utiliza uma figuração numerosa, a dos empregados

---

32 V. Meyerhold, À propos du spectacle *Trente-Trois Évan*ouissements, *Écrits...*, v. III, p.191.
33 Idem, ibidem.

de banco que festejam o aniversário de fundação dessa instituição, suceda a duas peças de duas personagens. As duas primeiras peças utilizam atores de talento: Ilínski interpreta Lomov em *O Pedido de Casamento*, e Zinaida Reich e Bogoliubov interpretam respectivamente Popova e Smirnov, ambos em *O Urso*.

Esse espetáculo comporta inúmeras autocitações. Assim, no fim de *O Aniversário* assiste-se a um desfalecimento coletivo. Todas as mulheres caem nos braços dos homens e a cena se imobiliza como na cena muda de *Révizor*.

O fenômeno do desfalecimento testemunha um tratamento novo do corpo, mecanizado, brutalizado. Logo que uma personagem indica no texto que está fisicamente enfraquecida, o encenador conclui com o desfalecimento, marcado por uma pausa mais ou menos longa. Essa parada súbita é enfatizada por uma música vinda de duas fontes diferentes: dos instrumentos de sopro à esquerda do palco para as personagens masculinas, dos instrumentos de corda à direita para as personagens femininas. A música pontua constantemente o desenrolar da ação: durante as réplicas, um piano instalado no fundo do palco acompanha o diálogo. Na ausência de uma música original (Schostakóvitch se recusou) ele recorrerá a adaptações de compositores clássicos: para *O Pedido de Casamento*, Tchaikóvski, para *O Urso*, Grieg e para *O Aniversário*, árias de festa tomadas de Johann Strauss e Offenbach.

Para sublinhar o valor que se atribui a essa acumulação de "desfalecimentos", cada ocorrência é indicada por um número, de um a 33, como subtítulo. Essa expressão física do mal-estar é uma manifestação da libido da personagem. E Meierhold rastreia a aparição com a obstinação do detetive. Eis como ele procede:

> Tomemos *O Urso*. À aparição de Popova: "Ah!" (Ela chora) Aqui é evidente. "Ele amava tanto Tobie!", exclama ela no meio de uma tirada onde suas palavras são pronunciadas em um estado de semi-histeria. Desfalecimento leve.
>
> A tirada de Smirnov. (Todas as suas veias estão inchadas sob o efeito da raiva e ele perde o fôlego.) "Ah! Meu Deus! Eis aí, eu me sinto mal! (Ele chama.) Garçom!" Aqui um desfalecimento; esse completa dois.

Lubka leva a mão ao coração: "Meu Deus!", se joga em uma poltrona e lamenta: "Meu Deus! Santa Virgem! Eu me sinto mal, não consigo respirar". Um desfalecimento.
"Sinto-me mal, água!", o desfalecimento se prolonga. De repente Smirnov exclama: "Garçom! Água!", ainda um desfalecimento.
(Meierhold folheia o texto da peça enquanto conta.) Chegamos a oito[34].

O desfalecimento tem uma função teatral: os personagens se imobilizam, a música preenche o espaço e sente-se a desaceleração experimentada com a peça *Bubus*. Tomada da dança, essa técnica cria um sentimento de ambiguidade dinâmica: admiração pela beleza da pose e inquietude pela saúde da personagem.

Finalmente, o que predomina é um sentimento de angústia. O espetáculo não faz rir, o que não parece surpreender Meierhold, que diz, de uma maneira um pouco hiperbólica, que o público não rirá antes da tricentésima representação, pois os atores necessitarão de todo esse tempo para se aperfeiçoar. Mais profundamente, constata-se que mesmo que monte vaudeviles, Meierhold quer levar o público a se interrogar sobre a natureza do teatro. Ou será que é preciso atribuir essa lentidão à fadiga de um homem que se lança ao mesmo tempo nos trabalhos os mais variados, como para escapar da inquietude que o consome?

A estreia aconteceu em 25 de março de 1935, em uma atmosfera ainda marcada pelo choque do assassinato de Kírov mas quando, por um efeito calculado, a situação material do país melhora: os cartões de pão foram suprimidos no início do ano e logo será o fim do racionamento de carne. A primeira linha do metrô de Moscou será inaugurada em 15 de maio, enquanto Stálin lança a palavra de ordem "Os quadros decidem tudo", selando o abandono do ideal coletivo que havia nutrido os primeiros anos da construção socialista.

Trinta e Três Desfalecimentos apareceu nesse ano de 1935 como a última tentativa de conseguir, pela criação artística, algum distanciamento em relação à vida cotidiana e para se esforçar por rir em vez de chorar.

---

34 Cf. M. Sitkoveckaja (org.), *Mejerhol'd repetiruet (spektakly 30-h godov)*, v. II, p. 151.

A Temporada de 1935-1936.
A Desgraça de Ter Espírito (2a Versão)

Para o reinício da temporada de 1935 Meierhold se esforça por desarmar seus adversários que reprovam suas excentricidades. Seu opus 112 e último é uma revisão não da peça de Griboiêdov, mas da versão que ele havia realizado sete anos antes. Para não chocar os censores ele retoma o título canônico da obra (*A Desgraça de Ter Espírito* e não mais *Desgraça do Espírito*) ao mesmo tempo permanecendo totalmente fiel à sua decupagem em episódios e ao argumento elaborado por seu assistente Koreniev. Curiosamente, para caracterizar cada episódio, ele substitui a noção de lugar pela de tempo. Os cartões trazem portanto indicações tais como "De Manhã Cedo", "Meio-dia", "À Noite", "Meia-noite" etc. Principalmente a peça é encurtada, passando de dezessete para treze episódios, e tem o ritmo acelerado. Ele suprime a primeira cena que tinha suscitado tanta discussão, esse intermédio introdutório onde se via a heroína Sofia em companhia de Moltschalin em uma boate, materializando um fantasma griboiedoviano inconsciente.

A grande novidade desse espetáculo é o restabelecimento da cortina cuja supressão tinha sido um dos atos principais de Meierhold em sua estreia. É preciso dizer que essa cortina é mais um piscar de olhos pois é transparente e deixa ver os acessórios instalados no palco. É um tipo de meia-máscara, que oculta e ao mesmo tempo revela e que finalmente denuncia a cortina dando-lhe ao mesmo tempo significado.

Enfim uma diferença importante acontece na escolha dos atores. Zinaida Reich cede o papel de Sofia à sua irmã Aleksandra Kheraskova, atriz honesta mas sem o carisma da irmã mais velha. Quanto ao papel de Tchatski, é confiado a Mikhail Tsariov, restabelecendo assim a imagem tradicional do herói que Meierhold tinha voluntariamente rejeitado na sua primeira versão.

Aproximamo-nos desse ano de 1936, quando o poder político entrará na arena para dar os "formalistas" como pasto ao exército de críticos e logo ao braço secular. Notar-se-á ainda mais a coragem do escritor Ehrenburg, que toma a defesa de Meierhold em um artigo dedicado à peça de Griboiêdov. Talvez por ele morar em Paris como correspondente do *Pravda*, essas querelas artísticas lhe pareçam subalternas e ele vai ao essencial, interrogando-se sobre a natureza da arte do encenador:

> Meierhold não é realista. Mas eu começo a me perguntar se esses críticos, que o remoem da manhã à noite e da noite à manhã, compreendem o termo "realismo". O que significa para eles o realismo? Será a estilização do falar provincial? Ou uma tapeçaria desbotada na parede? Ou o verdadeiro alimento na cena, isto é, os sanduíches? Ou então os membros da juventude comunista de calças curtas? Ou enfim a construção do canal do mar Branco no meio de confetes e serpentinas?[35] É tempo de compreender que o realismo é Shakespeare e não um refrão, Courbet e não os daguerreótipos, Tolstói e não Boborikin. O realismo supõe uma essência, uma síntese, a ideia de paixões, de conflitos, de épocas. Quando se dilui essa essência em água (mais em água suja) chega-se ao naturalismo, essa corrente que combate nesse momento a arte de Meierhold. O homem não é mais jovem, mas cada vez que vejo uma de suas encenações, eu digo a mim mesmo que ele é bem mais jovem que muitos homens de trinta anos. A revolução não é para ele simplesmente uma corrente de ideias ou uma construção conceitual, a revolução está em sua natureza...[36]

Nessa declaração aguda apesar da prudência, Ehrenburg denuncia antecipadamente os argumentos daqueles que farão do formalismo na arte o sinal de todas as torpezas. Ao afirmar que a revolução está na natureza de Meierhold, ele tenta subtraí-lo das flechas de seus detratores que se rotulam de mais revolucionários que ele. É também uma maneira de retirá-lo da esfera política... Meierhold é a revolução nas artes, cabe aos outros servir à revolução nos planos político, econômico, social e policial. Ele visa indiretamente a uma reabilitação do Outubro teatral cujo *slogan* teve que ser abandonado há muitos anos pois, visivelmente, ele descontentava o poder.

---

35 Alusão à peça de Pogodin, *Os Aristocratas*, montada no teatro da Revolução por Okhlopkov, antigo discípulo de Meierhold.
36 Ehrenbourg, citado em K. Rudnickij, op. cit., p. 413.

Em uma sociedade fundada sobre a mentira e a hipocrisia ("o homem se tornou mais alegre e mais feliz!" afirma Stálin ao mesmo tempo que autoriza o emprego de tortura durante os interrogatórios), o pseudorrealismo, isto é, a apresentação toda crua de uma fatia de vida, com os cenários reproduzindo a realidade, é um meio de enganar o público e de contrabandear o produto adulterado imposto pelo poder: jovens comunistas entusiastas, inimigos do público desmascarados e deixados para o braço secular dos "órgãos", dirigentes do partido encarnando todas as virtudes e notadamente uma profunda humanidade, prisioneiros de bom coração reabilitados por um trabalho salutar. A arte de verdade de Meierhold só pode rejeitar de todo coração essa pseudoarte batizada de "realismo socialista" que vem de ser proclamada como modelo por Górki e imposta por Idánov. Não, verdadeiramente os tempos se tornam impossíveis. Os esforços empreendidos pelo encenador, para encontrar uma linha mediana entre as prescrições ideológicas e suas próprias ambições artísticas, foram inexoravelmente frustradas e o conduziram à queda.

Tradução: Anita Guimarães

13.   ## Crônica de uma Morte Planejada (1939-1940)

E eu perdoo
Mesmo aquilo que não se pode perdoar.
Bulat Okudjava

A Preparação do Congresso dos Encenadores

Em 13 de junho de 1939, abre-se nos locais da Sociedade Pan-Russa de Teatro, na esquina da rua Górki (Tverskaia) e da praça Púschkin, a Primeira Conferência dos Encenadores da URSS: esse importante evento deve durar uma semana inteira. Foi preciso esperar cinco anos, desde a criação da União dos Escritores, a fim de que se pudesse organizar para os homens de teatro esta cerimônia de juramento de fidelidade à estética em vigor. O exercício tem por objetivo selar a submissão deles aos imperativos dos funcionários encarregados da ideologia e da propaganda no secretariado do Partido. A justificativa dessa inversão dos valores estriba-se em um sofisma, convertido em um dos lugares-comuns do "marxismo" russo, após ter sido exposto com talento, não isento de ma-fé, por Lev Tolstói em seu panfleto *O Que é a Arte?* Na Idade Média, os artistas trabalhavam para os príncipes ou para os bispos, que dominavam a sociedade política, econômica e ideologicamente. Na época burguesa, trabalhavam para os cavaleiros de indústria e outros ricos notáveis. Na fase atual, em que o poder se acha em mãos dos trabalhadores, os intelectuais devem naturalmente estar a serviço dos novos senhores, representados por suas instituições políticas. Toda tentativa de impor sua própria visão das coisas constitui individualismo, atitude hostil a uma civilização baseada no reinado do coletivo. Se for normal que os artistas estejam interessados na evolução de sua arte, nem por isso trata-se de fazer da busca técnica um fim em si, de se desprender das preocupações da sociedade, que é o comanditário da produção artística. Nesse caso, eles cairiam no pecado de "formalismo". O artista que, como Meierhold, pretende saber quais são as aspirações do povo se encontra moralmente desqualificado e deve ser combatido. É que, ao contrário desses coveiros da arte que fazem pouco dele, Meierhold sabe que o povo não tem senão uma aspiração: a liberdade.

É a este cometimento de terrorismo moral que é consagrado o Primeiro Congresso dos Encenadores da URSS. Ele é encarregado de erradicar os derradeiros traços de "formalismo" que subsistem ainda no mundo do espetáculo, apesar das numerosas condenações, em certa medida explícitas, que pontuaram o ano de 1936 e enunciaram as novas regras do jogo. Não são tanto as pesquisas formais como tais que são perseguidas, quanto as tentativas com o objetivo de sair do quadro ideológico imposto e dar prova de originalidade.

Com um senso de organização que se comprovou em outras circunstâncias (são necessários cerca de seis meses para montar todas as peças de um processo público, provido das confissões necessárias), o preparo do congresso começa seis meses antes. Iuri Zavadski abre esta fase com um informe preliminar, seguido de um debate, em 21 de novembro de 1938, nas dependências da Sociedade Pan-Russa do Teatro. De seu lado, Meierhold pronuncia sucessivamente duas exposições em janeiro de 1939. Suas intervenções em 3 de abril na Casa do Cinema a propósito do filme de

Dovjenko, *Chtchors*, e depois, no dia seguinte, no Teatro Musical Stanislávski e Nemiróvitch-Dantchênko, em que apresenta os projetos do Teatro de Ópera de Stanislávski (do qual é diretor artístico) para a temporada 1939-1940, emprestam sua retórica aos temas previstos para o congresso. Todos os homens de teatro são levados a esclarecer sua posição antes do início do cerimonial.

Qual é o estado de espírito de Meierhold neste período conturbado? Ele ainda está abalado pelo terrível golpe que lhe foi desferido um ano antes. Não se refez ainda do choque provocado pela leitura do devastador artigo do *Pravda*. Seu teatro fora qualificado de teatro "estrangeiro", o que constitui uma sentença de morte. Mesmo que em rota de colisão desde algum tempo com a hostilidade do Comitê para os Assuntos Culturais, ele não esperava uma condenação tão radical e tão brutal. Era evidente que sua sorte estava em jogo, bem como a de seu teatro. O artigo saíra em 17 de dezembro de 1937. Três semanas mais tarde, como consequência lógica deste questionamento ideológico, o próprio teatro fora liquidado por decreto de 7 de janeiro.

Enquanto a trupe se dispersa e Zinaida Reich recebe um convite de trabalho em Leningrado, Meierhold consegue, graças a Stanislávski, o posto de diretor adjunto do Teatro de Ópera deste último. A nomeação é de 1º de março de 1938. O homem de teatro recobra a esperança e reata com a sua paixão. Ele conduz os ensaios ao lado de seu antigo mestre. Quando este morre, em 8 de agosto, Meierhold fica duplamente transtornado. Ele perde um ser querido. Ele perde um protetor.

Meierhold retoma, aparentemente, sua vida normal. Ele considera a possibilidade de montar a ópera de Prokófiev, *Semion Kotko*, rica em melodias do folclore ucraniano. O Instituto de Cultura Física Lesgaft, de Leningrado, o convida para organizar o desfile dos ginastas por ocasião das *Espartaquíadas*, que deverão ocorrer no mês de julho. Além disso, participa principalmente do preparo do Congresso dos Encenadores da URSS. Toma a palavra nas reuniões preparatórias e renova os contatos com seus pares. Meierhold tem consciência de que se espera dele uma autocrítica em boa e devida forma e ele se prepara para tanto, constrangido e forçado. Tenta adotar um perfil baixo.

Konstantin Iessiênin deixou um testemunho significativo desse vergamento de suas faculdades:

> Quando da discussão [3 de abril] consagrada ao filme *Chtchors*, o anúncio de que a palavra era dada agora a Vsévolod Meierhold provocou uma ovação ensurdecedora. A sala ergue-se. Os aplausos prolongaram-se por vários minutos. Mamãe me disse: "Ele vai fazer um mau discurso..." É verdade que amiúde Meierhold não se apresentava no melhor de suas capacidades quando falava em público. Naquele dia, após ter felicitado calorosamente Dovjenko e os principais atores, proferiu de repente uma frase que fez o público sobressaltar-se: "Dovjenko nos mostrou em *Chtchors* que a guerra podia ser alegre"[1].

Para o público formado essencialmente de uma *intelligentsia* resolutamente pacifista, a guerra não podia ser "alegre". Após as abominações acumuladas da guerra mundial e da guerra civil, a população russa desejava antes de tudo a paz. Por isso o auditório retém a respiração. E Meierhold, compreendendo que deixara escapar uma tolice, tenta desenredar-se da delicada situação em que se metera, procurando explicar no que consiste o aspecto alegre da guerra em Dovjenko; quando termina, os aplausos são menos nutridos do que na sua chegada. "Acontece sempre o mesmo com ele", diz Zinaida Reich para concluir[2]. As reflexões desabusadas de sua mulher parecem confirmar o fato de que Meierhold não sabe mais prender um auditório, esse público que aplaude nele um símbolo, perdoando, ao mesmo tempo, no homem suas fraquezas.

Meierhold continua sendo, não obstante, ele mesmo, plenamente ele mesmo, desde que esteja no seu elemento: assim é nos últimos ensaios de *Rigoletto* que ocorrem em fevereiro. Como relata uma testemunha:

> Aí vimos [...] Meierhold no seu elemento; o Meierhold encenador, estabelecendo toda a composição do quadro; o

---

1 Não haverá aí uma alusão à famosa declaração de Stálin: "A vida é agora mais bela e mais alegre"...?
2 K. Esenin, Mejerhol'd-kinozritel', em A. Fevralskij, *Puti k sintezu*, p. 238-239.

Meierhold cenógrafo, esculpindo no palco grupos expressivos a partir de figuras humanas e, enfim, o Meierhold artista, mostrando aos cantores como atuar com audácia e expressividade[3].

É o caso da cena do primeiro ato em que a condessa de Certano é cortejada pelo duque. As duas personagens encontram-se no proscênio. A condessa levanta-se e, deixando a mesa do festim, pretende sair para ir-se embora, quando o duque lhe barra a passagem e lhe declara sua paixão, beijando-lhe ao mesmo tempo a mão. "Desenvolvamos esta cena, a condessa é tão bela e está com um vestido tão maravilhoso, que vamos fazê-la caminhar ao longo do proscênio. Ela irá mesmo além, até sair de cena. Encontraremos uma boa justificação para isso".
E esse pequeno episódio, especifica o narrador, adquire uma importância excepcional, inteiramente no espírito de Stanislávski, cujo trabalho Meierhold se limitava a concluir[4].

Toda arte de Meierhold está resumida nessa passagem: desenvolver os aspectos visuais, teatrais, cênicos de uma encenação, depois encontrar justificativas psicológicas para os movimentos dos atores. "Tive a impressão [...] trabalhando sobre *Rigoletto* [...], que, embora modificando muitas das situações fixadas por Stanislávski, conservei o espírito que ele havia insuflado nesta obra"[5].

Ele já prepara a temporada seguinte, e tenciona encomendar várias óperas a músicos contemporâneos, especialmente a Prokófiev.

Nós nada sabemos do que Meierhold podia pensar acerca da situação de seu país. É com a maior reserva que citaremos, não obstante, as palavras desabusadas, mas de uma amarga lucidez, relatadas por Verbitski, jornalista da revista *O Teatro*. Manejando o humor negro, Meierhold lhe teria afirmado no outono de 1938: "Os antissemitas dizem que eu sou um marrano*, os judeus que

---

3 P. Rumjancev, V opernom teatre imeni K. S. Stanislavskogo, em L. Vendrovskaja (org.), *Vstreči s Mejerhol'dom*, p. 595.
4 Idem, p. 596.
5 V. Meyerhold, Interventions à l'Opera d'État Stanislavski (4 de abril de 1939), *Écrits sur le théâtre*, v. IV, p. 273.
* Não havendo termo em português que corresponda a *youpie* em francês, traduziu-se por "marrano", um vocábulo que designava pejorativamente os judeus, mas que atualmente é mais utilizado como sinônimo de cristão-novo (N. da T.).

eu sou um renegado, enquanto na Lubianka já me preparam, sem dúvida, uma etiqueta de espião alemão!"[6]

É bem verdade que ele ia em breve ser acusado de espionagem, mas lhe falta um elemento: o pacto germano-soviético será concluído no começo de seu encarceramento. Não pode mais tratar-se de espionagem em favor da Alemanha. Meierhold será, portanto, transformado em espião a soldo da Inglaterra, e depois do Japão, de lambuja.

No entanto, no fim do ano de 1938, o horizonte político parece aclarar-se. Em 23 de novembro, Iejov pede para ser dispensado de suas funções: ele se censura de haver faltado ao seu dever de vigilância a ponto de deixar a NKVD, que dirigia, converter-se em um ninho de espiões a soldo dos serviços de informações estrangeiros[7]. Iejov deixa definitivamente a cena política e este homem, tido como o único responsável pela hecatombe organizada há dois anos, será logo ele próprio detido e depois executado, com certo número de seus colaboradores, quase ao mesmo tempo em que o próprio Meierhold. A chegada de Beria ao Comissariado do Povo para os Assuntos Interiores (NKVD) é saudada como anunciadora do fim do terror.

Stálin brinca com suas vítimas. Trata-se de uma dilação passageira que será aproveitada para suscitar falsas esperanças e retomar o controle da polícia política. É nesta fase de relativo apaziguamento que se procede à preparação de um grande processo que atingirá os meios artísticos e literários. O primeiro passo consiste em prender, em dezembro, Mikhail Koltsov, personalidade muito em vista no movimento comunista. Escritor, jornalista no *Pravda*, antigo correspondente em Madrid durante a guerra civil espanhola, é um puro produto do regime e seu único defeito é

---

6 A. Elkana, *Mejerhol'd*, p. 6.
7 Carta de N. Iejov ao Comitê Central do Partido Comunista da URSS (23.11.1938): "É preciso rever completamente nosso serviço de informação no estrangeiro, pois a seção estrangeira da NKVD está infestada de espiões muitos dos quais são antigos agentes no exterior, que colaboraram com redes manipuladas pelos serviços estrangeiros [...] Em vez de ter em consideração o fato de que os conspiradores no seio da NKVD e os serviços secretos estrangeiros que lhes eram ligados haviam conseguido, há pelo menos dez anos, recrutar não só dirigentes da Tcheka, mas também quadros médios e às vezes até agentes de base, eu me contentei em liquidar os dirigentes e uma parte dos quadros médios mais comprometidos. Muitos daqueles que foram objeto de promoções apareceram finalmente, eles também, como espiões e conspiradores" *Istoričeskij Arhiv*, Moscou, n. 1, p. 129, 1992.

ter talento. Os investigadores serão incumbidos de fazê-lo confessar sua implicação e a de várias personalidades artísticas ou literárias em um vasto complô de alta traição.

O *Baile de Máscaras* Revisitado

Ainda no fim do ano de 1938, Meierhold encontra-se, em 28 de dezembro, em Leningrado, onde vislumbra perspectivas encorajadoras. Abrandando sua posição, o Comitê do Repertório deu seu assentimento ao projeto de revisão (a segunda) do *Baile de Máscara*, no Teatro Lenakdrama (Teatro Dramático Acadêmico de Leningrado). Como funcionário zeloso, e com o objetivo de agradar Idánov, que sucedeu a Kírov, Kerientsev apressou-se a mandar retirar esta obra de cartaz. Uma vez substituído por Kraptchenko, Vivien, o diretor do Lenakdrama, amigo de longa data de Meierhold, pede licença para retomar a peça. Respondem-lhe que ela deverá ser desempoeirada e, sobretudo, desembaraçada de seu bafio "místico". A personagem do Desconhecido incomoda muito os ideólogos guardiões da ortodoxia.

Iuri Iuriev deseja, para celebrar seus cinquenta anos de carreira, retomar o papel de Arbenin em que brilhou. Uma tradição firmada diz que nesses casos é preciso ceder aos desejos do interessado. O secretário da seção teatral da União dos Escritores dá a sua concordância fazendo valer argumentos que permitem augurar o fim próximo da quarentena imposta a Meierhold: "É necessário conceder a Meierhold a possibilidade de mostrar do que é capaz. E ele trabalhará com toda sua energia. Essa será a sua reabilitação".

Já em 24 de setembro, os *Izvestia* haviam anunciado a reprise da peça, especificando que a encenação será revista pelo próprio Meierhold. O trabalho dos ensaios se desenvolve em duas fases: a primeira, de 30 de setembro a 9 de outubro, a segunda, de 8 a 27 de dezembro. No dia da estreia, 28 de dezembro, Iuriev endereça ao encenador elogios rasgados e, talvez, até imprudentes em vista das circunstâncias:

Vocês não podem saber o que é, em nossa vida obscura, este período que nós acabamos de viver com Meierhold. É uma festa! Nós nos esquecemos completamente de nossa vida rotineira, de nossas mesquinharias, ele acendeu uma chama tão bela em nós... É para nós uma festa, um triunfo. Nós ressuscitamos, nós sentimos um sopro de ar fresco, tornarmo-nos inteiramente outros, retomamos o gosto pelo trabalho, em suma rejuvenescemos[8].

A aprovação do Comitê do Repertório leva a pensar que as coisas se encaminham, no alto escalão, para uma política de clemência em relação à *intelligentsia* em geral e a Meierhold em particular. E os inícios no teatro de Iurev serão comemorados faustosamente em 24 de março de 1939, a par com a 430ª representação do *Baile de Máscara*.

Sombras e Luzes do Outono Dourado

No outono de 1938, Vsévolod volta de Leningrado onde deixou Zinaida; ele está sozinho em Moscou. Devido ao desaparecimento de Stanislávski durante o verão, ele não sabe ainda se será mantido em suas funções no Teatro de Ópera. Zinaida segue um tratamento destinado a acalmar suas manifestações de histeria, que se redobraram desde os abalos do início do ano. Ela espera igualmente retomar seu ofício de comediante em um novo teatro, mas sem muita esperança.

Meierhold toma seu carro e se dirige a Gorenki para relaxar e haurir forças no seio da natureza. Este mês de outubro é suntuoso, é um verão de Saint-Martin, chamado em russo de "o verão das mulheres". Nesta atmosfera de doçura, de calor, de luminosidade, ele se volta para si mesmo, interroga-se sobre seu destino e pega a caneta para escrever a Zinaida uma carta pungente.

---

8   Resumo da Sessão de Aprovação do Espetáculo pelo Comitê do Repertório (Repertkom), em 28.12.1938", em M. Sitkoveckaja, *Mejerhol'd repetiruet. Spektakli 30-h godov*, v. II, p. 401.

Ele teme perdê-la, tem a impressão da presença de um inimigo acachapado no meio desta beleza com a qual está inebriado. Será que se lembra das cartas que escrevera outrora a Olga Munt? Desejava então fazê-la partilhar de sua exaltação diante do outono dourado, enquanto preparava sua entrada na companhia de Komissarjévskaia. A paisagem é a mesma. Mas aquilo que em 1906 era elã, para um mundo pleno de promessas é, em 1938, o grito de um ser terrificado pelo futuro. Poder-se-ia quase pensar numa carta cifrada, destinada a fazer sua interlocutora compreender o terror sentido. Como, para muitos de seus compatriotas, a vida de Meierhold se desdobra, exteriormente calma, interiormente roída de angústia. Esta carta patética merece ser reproduzida na íntegra:

Gorenki, 15 de outubro de 1938

Minha queridíssima Zinotchka,

Preciso de ti como um cego de seu guia, isso quando estou trabalhando. Quando não estou trabalhando, preciso de ti como um fruto ainda verde que aspira aos raios do sol.

Cheguei aqui no dia treze, olhei as bétulas e retive minha respiração. Como é possível? Qual escultor da Renascença terá estendido todo esse esplendor sobre invisíveis fios das teias de aranha? São folhas de ouro, com certeza! (Você se lembra, quando a gente era criança, dessas frágeis folhas de ouro que cobriam as paredes rugosas das nozes para fazer com elas enfeites de Natal!) Olha essas folhas espalhadas nos ares! Espalhadas e mumificadas sob um véu, sob uma camada de vidro, ou do quê? Eu não sei! Ao mesmo tempo imóvel e como que esperando alguma coisa. Alguém está ali para espreitá-las, mas quem?

Eu me pus a contar os últimos segundos de sua vida como se eu sentisse o pulso de um moribundo.

Encontra-las-ei em vida quando eu retornar a Gorenki, dentro de um dia, de uma hora?

Quando nesse dia fiquei olhando a maravilha do outono dourado, todas essas maravilhas, eu não cessei de murmurar para mim mesmo: Zina, Zinotchka, olhe, olhe esta maravilha e... não me deixe, *eu que te amo*, você que é minha mulher, minha irmã, minha mãe, minha amiga, minha adorada, *você que é dourada como esta natureza que faz milagres!*

Zina, não me deixe!
Não há nada pior no mundo do que a solidão!
Por que as maravilhas da natureza fazem nascer em mim pensamentos de terrível solidão? Mas tudo isso não passa de imaginação, afinal de contas! Sim, quero te dizer que essa solidão não é senão temporária, não é mesmo?

Bem, mas por que eu não estou exaltado, porém aterrorizado com as maravilhas da natureza? Ou mais exatamente, após um curto momento de exaltação, tive um sentimento imediato de terror.

Quando eu era pequeno me acontecia o mesmo: minha admiração pela natureza se transformava logo em um sentimento de *terror*, sempre de terror, precisamente de terror! Eu não sei por que, mas era assim!

Zina, minha adorada, *cuide bem de si, repouse, cuide-se bem*. Aqui, nós nos viraremos bem, todos nós. E nós continuaremos a nos virar. Você me falta de um modo *indizível*, mas é preciso realmente que eu me resigne. Esta separação não vai durar meses, não é? *Logo estaremos juntos de novo como as duas metades de uma maçã bem madura, de uma maçã deliciosa.*

Meu amor, eu te abraço com muita força.

Vsévolod[9]

A gente se pergunta se Meierhold não espera o pior. Sua mulher é o que ele mais ama no mundo com seu trabalho teatral. Já lhe haviam tirado o seu teatro. E se fosse esta a vez de sua mulher?

A resposta de Zinaida Reich a esta carta foi encontrada. A gente se surpreende com certa secura, como se ela não tivesse levado muito a sério as manifestações de angústia de seu companheiro de vida e de trabalho. Ou então estará sabendo que seu papel é o de lhe devolver confiança nos seus momentos de desalento?

Querido Vsévolod,

Obrigada por tua carta poética e outonal, ela é notável!
Eu a reli várias vezes. Cada linha imprimia em meu coração uma dor profunda.

9   Carta de V. Meierhold a Zinaida Reich (15.10.1938). *Perepiska*, p. 350-351.

Você me assustou com suas reações diante do outono, diante de mim, diante do mundo inteiro. Eu me tranquilizo dizendo para mim mesma que se trata de um simples estado de alma passageiro... O de Seva, o impressionista. Você está sob a impressão do momento, depois tua alegria de viver, inata, retoma o domínio, é o que importa em você e, eu começo a crer, que o mesmo acontece comigo.

Acabo de falar com você ao telefone, sua voz era firme, você estava encantado por ter tornado a ver Alexei, e você era o Seva que eu amo loucamente, um maravilhoso otimista, alguém que ama a vida como um verdadeiro pagão. Meu sol! Filho do sol! *Se for preciso te dizer, eu o amo para todo sempre!* Tenho a impressão de que poderei me livrar de minha doença [...] Penso que o bom senso exige que eu permaneça aqui, em Leningrado, durante toda a temporada, assim não serei perseguida pelas lembranças do teatro da rua Górki 15[10]; não serei perseguida pelo sonho impossível do novo teatro da praça Maiakóvski, nem pela lembrança de todas essas pessoas com as quais nós trabalhamos durante quinze anos e que se comportaram como traidores e frouxos por ocasião do drama do fechamento [...].

Eu te abraço com ternura, à minha maneira, meu querido, meu amado, bem como a Konstantin e Tatiana...

Z. N.[11]

O tom caloroso do fim da carta compensa um pouco o estilo compassado do início. Zinaida Reich está decidida a permanecer em Leningrado durante a temporada, até maio, o que não agrada muito a Meierhold. Será que ela espera poder realmente retomar sua carreira em Leningrado? Além disso, conhece bem o seu marido em quem coexistem dois seres. Como o pintor Grigoriev o mostrou: de um lado, vestido de fraque; do outro, bárbaro foice armada de um arco, sonhador e homem de ação, artista e tribuno.

O conjunto da carta deixa, em todo caso, uma impressão de mal-estar, como se, apesar de suas declarações de amor eterno,

---

10 O Teatro Nacional Meierhold.
11 Carta de Zinaida Reich a V. Meierhold (19.10.1938) de Leningrado. Publicação Koršunova e Panfilova, *Teatr*, n. 7/8, p. 123. (Os cortes são delas.) A personagem à qual se faz alusão é provavelmente o ator da trupe Alexei Kelberer (1898-1963), titular de papéis secundários, mas desenhista de talento, um dos raros fiéis.

Zinaida quisesse manter distância com respeito a esse Seva, o qual, no entanto, como ela bem sabe, tem imensa necessidade dela. Meierhold se dirigirá repetidas vezes a Leningrado, no curso do inverno de 1938, a negócios e para encontrar sua mulher, que, por sua vez, se lhe reunirá na primavera de 1939, no apartamento deles em Moscou, na rua Briússov, e estará a seu lado no período crucial do congresso.

O Congresso dos Encenadores (13-20 de junho de 1939)

Por ocasião do XVIII° Congresso do Partido Comunista da URSS, que se reúne no começo de março de 1939, Stálin declara que cumpre adotar uma nova atitude em relação à *intelligentsia*. Apesar da ambiguidade da fórmula, Fadeiev, primeiro secretário da União dos Escritores, deduz daí que se trata de dar prova de mais compreensão no tocante aos intelectuais. Ele se atreve a tomar a defesa de Meierhold. O encenador fora criticado com razão por seu formalismo, mas é preciso dar-lhe uma chance de demonstrar que ele compreendeu bem a lição.

É então que Fadeiev é convocado ao Comitê Central do Partido Comunista para uma reunião de rotina, na qual deve encontrar-se com funcionários subalternos. Para a sua grande surpresa, é recebido por Stálin em pessoa que, alegando a necessidade de atender a algum assunto, pede-lhe que tenha a paciência de esperar na antessala folheando um dossiê de instrução judiciária, que acabam de lhe trazer. Nova surpresa: trata-se de depoimentos devidamente assinados de Mikhail Koltsov e do general Ivan Bielov[12]. Ele dá de repente com o nome de Meierhold, citado pelos dois incriminados.

Segundo seus depoimentos, eles pertenceriam todos os três a uma mesma rede de espionagem que trabalhava para os serviços alemães e, ao mesmo tempo, para os serviços franceses... Meierhold seria o responsável pela rede.

---

12 O general Bielov, governador da região militar de Minsk, será fuzilado em julho de 1939.

Fadeiev fica aterrado. Ele não pode ou não quer imaginar o modo como essas confissões foram obtidas. Aproveitando-se de seu desconcerto, Stálin reaparece entrementes e lhe pergunta:

> E então! Você leu?
> – Eu teria preferido nada ler e nada saber.
> – Nós também preferíamos nada saber e nada ler desse gênero de coisas, mas o que posso fazer? Agora você compreende qual é o homem que você defende. Quanto a Meierhold, com sua permissão, nós vamos detê-lo[13].

A decisão está, pois, tomada; só falta achar o momento oportuno. Prepara-se logo o auto de acusação, a peça que justifica a expedição da intimação judicial.

O período histórico é crucial: a política exterior da URSS encontra-se em plena mutação. Nesta fase de preparo da virada das alianças, todas as precauções são adotadas a fim de não descontentar os alemães, ainda que fossem nazistas. Em 3 de maio, Molotov, presidente do Conselho dos Comissários do Povo, acumula suas funções com as de Comissário do Povo para Negócios Estrangeiros, nas quais substitui Litvínov, o homem da aproximação com as potências democráticas. Descartar uma personalidade judia é um sinal de boa vontade enviado ao governo do Führer.

O pessoal do Comissariado dos Negócios Estrangeiros é imediatamente posto sob controle, os que resistem são substituídos pelos agentes de Beria. Em 31 de maio, em um longo discurso sobre política exterior pronunciado diante do Soviete Supremo, Molotov prepara a opinião para a mudança radical de política, pontuando a situação: as conversações que estiveram em curso com os representantes do Reino Unido e da França malograram porque estes Estados não querem conceder à Rússia as garantias que ela exige de parte da Polônia; enquanto conduz essas conversações, o governo soviético não se sente impedido em desenvolver seus laços comerciais com a Itália e a Alemanha; negociações, tendo em vista um tratado comercial e um acordo financeiro, acham-se, aliás, em curso, com a Alemanha, paralelamente às discussões com as missões militares francesa e britânica.

13 Iz vospominanij K. L. Zelinskogo ob A. A. Fadeeve, *Teatr*, Moscou, n. 1, p. 144.

Enquanto se desenrolam esses acontecimentos de importância capital para a sorte da Europa, a máquina que vai esmagar o encenador rebelde entra inexoravelmente em marcha.

Quando o Congresso dos Encenadores se reúne, por fim, em 13 de junho, a tribuna é ocupada por Kraptchenko, o diretor dos Assuntos Artísticos, ladeado por Vischinski que, em recompensa de seu zelo como procurador, foi promovido ao posto de delegado para Assuntos Culturais junto ao presidente do Conselho dos Comissários do Povo (Molotov). Em sua pessoa, é o instrumento do terror que vem julgar o comportamento dos homens de teatro. Ao lado deles se encontram os principais relatores: Solodovnikov, vice-presidente do Comitê para Assuntos Artísticos, Alexei Popov (diretor artístico do Teatro do Exército Soviético) e Salomão Míkhoels (ator principal e animador do Teatro Judeu de Estado), substituindo de improviso Nemiróvitch-Dantchênko, que mandou se desculpar no último momento.

O auditório está cheio a ponto de estourar. Ele reúne cerca de trezentos delegados provenientes de todos os cantos da Rússia, encenadores, diretores de teatro, atores, alunos das escolas de arte dramática.

Segundo o protocolo desse gênero de reuniões, somente os relatores têm direito à palavra. No entanto, desde o primeiro dia, vozes se elevam na sala para reclamar, em meio a uma tempestade de aplausos, que Meierhold possa também expressar-se. Kraptchenko, embaraçado, lhe propõe, pois, que venha à tribuna, mas este lhe pede um prazo a fim de preparar sua intervenção. Fica entendido, portanto, que ele falará dois dias depois.

A sessão de abertura é dedicada a comunicações relativas a diversos aspectos da atividade teatral: "As Tarefas do Teatro Soviético em Matéria de Criação", "O Papel e o Lugar do Encenador no Teatro" (Salomão Míkhoels), "A Formação Artística dos Atores" (Alexei Popov), "O Teatro e a Dramaturgia" (Konstantin Treniov).

Popov confere elogios rasgados a Stanislávski e a Nemiróvitch-Dantchênko e, encadeando, fala de Meierhold: "É um homem que conhecemos mal, embora seu nome tenha provocados aplausos prolongados". Não é preciso mais para desencadear uma nova salva de aplausos que se transforma em ovação. Ouvem-se espoucar bravos e a sala inteira se põe em pé. Popov celebra em Meierhold o homem de cultura: "Cumpre analisar as razões que levaram Meierhold a fechar-se ao coração dos atores; quando esse coração lhe retornar, este artista falará de novo com plena voz".

Essa afirmação traduz uma vez mais a convicção de que a desgraça em que ele mergulhara não era senão passageira.

Míkhoels se junta a esses elogios e dá como exemplo a maneira pela qual Meierhold soube em *A Dama das Camélias* criar formas cênicas incomparáveis[14].

A última palavra cabe naquele dia a Solodovnikov, funcionário zeloso do poder, que repõe os debates nos trilhos:

> Em seu discurso, o camarada Vischinski declarou que o que impedia a pesquisa de formas ricas, claras e brilhantes na nova arte socialista, são os restos de formalismo e naturalismo que subsistem na consciência de atores e encenadores. A luta contra o formalismo, que carreteia não somente faltas, mas às vezes até influências francamente prejudiciais na arte, deve ser conduzida tanto mais audazmente quanto é esta arma que gente estranha à arte socialista utiliza, para esvaziá-la de sua substância dinâmica e revolucionária[15].

Essa gente "estranha à arte socialista" não é aquela que o artigo de Kerientsev visava ao fustigar um "teatro estrangeiro"? Meierhold é assim advertido de que se esperava de sua parte uma autocrítica "sincera". O orador continua e acusa os teatros, em termos mal velados, de não montar peças contemporâneas, embora reconhecendo que não há muitas delas. Ele nota, para deplorar o fato, o sucesso de *Um Chapéu de Palha da Itália*, de Labiche, no Teatro Vakhtângov, de *A Morte de Pazukhin*, de Saltikov-Chtchedrin, no Teatro Artístico, e de *A Desgraça de Ter Espírito*, de Griboiêdov, no Teatro Máli, isto é, de peças "clássicas", duas russas e uma estrangeira.

---

14 Ver supra, p 545.
15 *Literaturnaja gazeta*, n. 35, 26.6.1939.

Meierhold Fala

No dia 15 de junho Meierhold sobe, enfim, à tribuna. Está em manga de camisa, pois faz calor. Tem a tez amarela, é um velho exausto. O público lhe dispensa tamanha ovação que os membros do bureau se juntam eles mesmos a esses aplausos. O beneficiário dessas marcas de deferência fica embaraçado com elas. Tenta safar-se apontando para Vischinski, dando a entender que esses aplausos não devem ser endereçados a ele, porém àquele eminente representante do governo. Ele acrescenta mesmo a isso que, além dele, é ao genial camarada Stálin que tais homenagens são destinadas. A ambiguidade desta declaração será devidamente relatada ao seu destinatário. Meierhold falará uns quarenta minutos e deixará a sala logo em seguida, pois deve tomar o trem para Leningrado.

Iuri Zavadski, então um jovem encenador, descreve, 25 anos mais tarde, a impressão que lhe causou o aparecimento do Mestre:

> Lembro-me com que energia ele falou da necessidade de proceder atrevidamente pesquisas e da dignidade da arte... A sala inteira levantou-se para saudá-lo. E em minha memória é esse Meierhold que continua a viver, um homem corajoso, com sua grenha de cabelos grisalhos acima de uma testa proeminente, olhando como profeta para o futuro, e que nunca renegou seus princípios, suas ideias e sua vocação[16].

Segundo outras testemunhas, o público aplaudia ostensivamente na figura de Meierhold o símbolo da coragem e da liberdade, mais do que o homem que estava manifestamente exaurido, pouco à vontade e, talvez mesmo, desorientado[17]. Pela primeira vez, dava a impressão de ter sido ultrapassado pelos acontecimentos. Perdendo a linha, parecia implorar indulgência, cheio de apreensão, procurava em vão um apoio para impedi-lo de mergulhar no vazio. Esse apoio, o público lhe oferecia de bom grado com os seus aplausos prolongados e intempestivos, a tal

---

16 Mysli o Mejerhol'de, *Teatr*, Moscou, n. 2, p. 15, 1974.
17 Relato de uma testemunha, Raissa Beniasch, renomada crítica de Leningrado, que cursava estudos teatrais por ocasião do congresso.

ponto que seria possível perguntar se o referido apoio não havia sido manipulado.

Esse discurso ainda hoje é objeto de polêmica. Uma obra recente contesta categoricamente o texto publicado na Rússia. Seu autor considera como texto autêntico o que consta da biografia de Meierhold por Iuri Elaguin, publicado nos Estados Unidos em 1955[18]. Este último sustenta a tese de um Meierhold veemente, que ousa atacar os próprios fundamentos da política artística soviética e que cai, em seguida, vítima de sua revolta. Ele concentra em quatro páginas os quarenta minutos do discurso:

> O que é o formalismo segundo vocês? Eu desejaria devolver-lhes a pergunta indagando o que é o antiformalismo? Ou ainda, o realismo socialista? Aparentemente é este o antiformalismo ortodoxo. Mas eu desejaria colocar esta questão não apenas no plano estético, mas também no plano prático. Como é que vocês chamam aquilo que se passa atualmente no teatro soviético? Eu devo dizê-lo sem hesitação: se vocês julgam que aquilo que vocês fizeram do teatro soviético é o antiformalismo, se vocês julgam que aquilo que se passa atualmente nos palcos dos melhores teatros de Moscou é levado ao crédito do teatro soviético, prefiro, eu, ser aquilo que vocês chamam de um formalista[19].

Como se pode pensar que tamanha liberdade de tom era possível? Esta inverossimilhança não será suficiente para tornar suspeito esse testemunho? A rigor, pode-se estimar que Elaguin traduza o não dito do discurso de Meierhold, tal qual fora percebido por seus contemporâneos nesta atmosfera superaquecida.

O exórdio termina por uma fórmula chocante:

> Lá onde, não há muito tempo ainda, o espírito de invenção estava em seu auge, onde os artistas, tomados por suas pesquisas, cometiam erros, recuavam amiúde e enveredavam por atalhos, mas eram verdadeiros criadores, e realizavam coisas novas, às vezes fracassadas, às vezes maravilhosas, lá onde se encontravam os melhores teatros do mundo, reina

---

18 W. Bannour, *Meyerhold: un saltimbanque de génie*, p. 293.
19 *Temnyj genij* (*Vsevolod Mejerhol'd*), p. 406-410.

agora, pela boa vontade de vocês, algo de enfadonho e medíocre que fere por sua ausência de talento. É isso que vocês queriam? Se este é o caso, o que vocês fizeram é pavoroso. Querendo jogar fora a água suja, vocês jogaram o bebê ao mesmo tempo. Na luta de vocês contra o formalismo, vocês destruíram a arte!

Antes de vir a tratar da elocução efetivamente proferida por Meierhold[20], vale mencionar uma coincidência que explica talvez, em parte, o erro de Elaguin, o qual se estribava principalmente nos recortes de imprensa e nos testemunhos orais.

Na fase de preparação do congresso, Míkhoels, que na época era mimado pelo poder, pronuncia uma conferência, cujo resumo pormenorizado é publicado na *Literaturnaia gazeta*, na data de 26 de maio, sob o título de "Como Faz um Pássaro para Levantar Voo?"[21] Seu tom é espantosamente livre e é possível que a sua publicação tenha sido autorizada no quadro da política recentemente encetada de reconquista da *intelligentsia*. O orador exprime em termos cautelosos uma crítica que não deixa de lembrar aquela que é atribuída a Meierhold: "O teatro tem necessidade de certa dose de 'estilização', sem a qual é impossível respirar em nosso trabalho"[22]. Se substituirmos "estilização" por "formalismo", a ideia é a mesma. Míkhoels chega então ao tema que está na origem do título de seu artigo. Stanislávski pergunta-lhe um dia: "Como procede um pássaro para levantar voo?" e Míkhoels responde evidentemente que o pássaro começa por abrir as asas. Contestação de Stanislávski. "O pássaro começa por encher de ar seu peito, sente com um isso uma imensa alegria e só então que, repleto de energia, abre as asas e se desprega do solo". Esta atitude penetrante que aclara o

---

20 V. Meyerhold, Intervention [...] à la Conférence pansovietique des metteurs en scènes (15 juin 1939), *Écrits...*, v. IV, p. 283-294. Cf. *Mir iskusstv*, p. 441-453, primeira publicação em russo em 1991.
21 Míkhoels será enviado em viagem oficial aos Estados Unidos durante a guerra, a fim de realizar um trabalho de aproximação com a URSS, e sua qualidade de judeu foi utilizada para testemunhar a sinceridade do engajamento da União Soviética na luta contra a Alemanha nazista. Dirigente da seção de Moscou do Movimento Judaico Antifascista, movimento que será dizimado em 1949, seu assassinato sobreveio em Minsk no curso do mesmo ano, sendo maquilado como acidente de tráfego.
22 S. Mihoels, Čem načianaet letat' ptica?, *Literaturnaja gazeta*, n. 29, 26.5.1939.

jogo do ator é comparável à de Meierhold. É uma metáfora do método das "ações físicas", elaborado por Stanislávski ao fim de sua vida, pelo qual ele estendia a mão à biomecânica meierholdiana. Toda ação supõe uma fase de preparação física que induz, a seu turno, a processos psíquicos necessários ao seu desencadeamento. Assim, Míkhoels chega a advogar, de maneira velada, em favor de um tipo de cultura teatral severamente condenado pelos ideólogos tacanhos.

Ele passa, a seguir, à crítica da uniformização dos teatros que devem todos, supostamente, verter-se no molde do Teatro Artístico: "Desde o ano passado, todo mundo fez análise psicológica e análise social no teatro; mas o teatro não é análise, é síntese".

Além disso, o Teatro Artístico não é mais do que a sombra de si mesmo. Como Míkhoels o diz engraçadamente: "Eu tenho a impressão de que *A Gaivota* permaneceu na cortina do teatro como emblema, mas ela desapareceu da cena e levantou voo".

E ele especifica seu pensamento utilizando uma fórmula que faz manifestamente eco àquela que Elaguin atribui a Meierhold: "Enquanto o mundo das ideias não revestir para nós uma forma estética, não haverá arte. E assim, na época dos debates sobre o formalismo, já faz alguns anos, nós jogamos fora com a água do banho a forma estética, a metáfora visual".

Tudo leva a pensar que Elaguin combinou as recordações do discurso de Meierhold (que não havia sido publicado na época) e os elementos da conferência de Míkhoels (que, ela sim, fora publicada).

De fato, em vista das circunstâncias e de seu estado de grande fadiga, o discurso efetivamente pronunciado por Meierhold está longe de ter o vigor chocante imaginado por seu biógrafo. O que está mais, em conformidade com os ritos da época, em que cada parágrafo é entrecortado pela doxologia ritual em honra de Stálin.

O que diz Meyerhold? Ele começa por reconhecer sem convicção seus erros "formalistas":

> Eu fui criticado, assim como Schostakóvitch ou Serguêi Eisenstein e, no entanto, nos deixam trabalhar em paz, nos deixam corrigir nossos erros pelo trabalho.

> Vocês conhecem algum país no mundo, camaradas, onde se possa encontrar um fenômeno semelhante?[23]

Sem dúvida, esta última frase pode ser compreendida como uma questão retórica e, portanto, irônica. Haverá um país no mundo onde os artistas devam justificar-se por seu trabalho perante o poder político?

Ele levanta, em seguida, a lista das censuras que lhe foram dirigidas: experimentação, construtivismo, modificações do texto dos clássicos, falta de colaboração com os autores soviéticos.

> Meus erros, eu os conheço. É antes de tudo o de haver mostrado ao público o meu trabalho experimental, ao passo que um Pavlov passou vinte anos efetuando experiências antes de começar a publicar. Em seguida, houve o construtivismo. Por certo, não ficava mal para o ator poder mostrar-se sem maquilagem, sem costumes habituais, e dar prova de suas capacidades corporais. Isto se faz no trabalho de preparação, mas não se deveria apresentá-lo ao público.
> Vocês repararam que o camarada Vischinski citou, com toda justiça, uma passagem de Lênin em que ele dizia que nós devemos rever e retrabalhar o patrimônio da humanidade. Pois bem é isto que é preciso fazer com os clássicos, revê-los, retrabalhá-los para que se tornem uma aquisição do tempo presente. Mas, sem dúvida, não se deve fazê-lo com eu fiz, não, é preciso proceder de outro modo.

Nova impertinência. Meierhold utiliza as armas de seus adversários para justificar seu trabalho: o que fez ele senão "rever e retrabalhar o patrimônio da humanidade"? E como agir nisso de outro modo para o rejuvenescimento de obras como *A Floresta*, *O Revizor*, *A Dama das Camélias* ou *A Dama de Espadas*?

Após esta autocrítica pouco convincente e um pouco impertinente, ele compreende que foi longe demais e se refugia em considerações técnicas sobre o trabalho teatral e, notadamente, sobre o fato de que, pela arte da improvisação, os atores tendem a alongar a duração dos espetáculos. Isto lhe permite retomar o controle de si mesmo e, como mestre do jogo, aproveita a sua deixa para esta

---

23 V. Meyerhold, *Écrits...*, v. IV, p. 284.

observação: "Mas eu mesmo me deixei levar e ultrapassei o tempo que me foi concedido. (A sala grita: 'Não! Não! Continue!')"

Para terminar, aborda um assunto que sempre tomou a peito, o do cinema. Meierhold vai pura e simplesmente retomar os temas de sua intervenção de 3 de abril sobre o filme de Dovjenko. Ele não cessa de cobrir de elogios esse filme, ignorando, sem dúvida, que, apesar das honras que lhe foram conferidas, esse cineasta não é apreciado por Stálin.

> Pois bem, vou lhes dizer que, graças às indicações do camarada Stálin, fizemos algo de notável nesses últimos tempos: trata-se da realização do filme *Chtchors*, pelo camarada Dovjenko. Esse filme é formidável. No Oeste dizem que uma nova Renascença não é mais possível. É porque não se conhece a República dos Sovietes. Em nossa época stalinista, assistimos a uma verdadeira Renascença e este filme é a prova disso [...] Dovjenko [...] é um homem da Renascença staliniana. Censuram-nos por nos interessarmos em demasia pelos episódios da guerra civil e por adotarmos uma atitude "defensiva". Se vocês tivessem visto o filme, extraído da obra de Remarque, *Nada de Novo no Front*, veriam algo que não pode suscitar senão um pacifismo lamurriento. Mas com *Chtchors*, nada há de semelhante. Aí se tem uma atitude ofensiva. Após assistir a esse filme, somos transportados, estamos prontos a responder: "Estou pronto!" ao camarada Stálin, quando ele nos chamar para lutar contra a agressão[24].

O leitor de hoje fica evidentemente tentado a censurar Meierhold pela bajulação, mas isto seria desconhecer a atmosfera de terror que reinava então no país. E depois, o público desta época não era enganado por tais menções obrigatórias à pessoa do chefe supremo. Isso dito, a peroração de Meierhold encontra-se, sem que ele desconfie disso, inteiramente deslocada com respeito às realidades da política soviética. Naquele mesmo momento, emissários soviéticos negociam às ocultas com a embaixada alemã em Moscou, visando estabelecer uma aliança militar. Qualquer questionamento em relação à Alemanha torna-se um desvio político. Assim, os acentos de Meierhold no militarismo, que fo-

---

24 Idem, p. 294.

cavam evidentemente a Alemanha nazista, caem completamente no vazio.

Seu discurso termina abruptamente nesta promessa de responder presente ao chamado de Stálin em caso de guerra. Talvez tivesse percebido que toda conclusão seria supérflua. Ademais, ultrapassara o seu tempo para o uso da palavra e simplesmente realizara um esforço sobre-humano que esgotara por completo.

A parte de esconde-esconde à qual se entregara o orador não passara por certo despercebida a um observador bem informado como Vischinski. Ele fez um relatório circunstanciado desses debates ao secretário geral do Partido Comunista. Este último pôde convencer-se da incorrigível impertinência de uma personagem cujas estrepolias se suportava de há muito. A ordem de prisão é assinada.

Leningrado: A Detenção

Meierhold se apressa a deixar uma capital invadida pela poeira estival e aspira a mergulhar de novo no trabalho teatral. Ele é chamado como consultor pelo Instituto Leshaft, encarregado da organização de manifestações ginásticas de massa[25]. Cabe-lhe realizar dois espetáculos no curso do verão, um em Leningrado na praça do palácio, e o outro em Moscou na Praça Vermelha. Sem ser supersticioso, Meierhold é subitamente tomado pelo sentimento de se achar no centro de um círculo que se fecha sobre si mesmo. Com efeito, o Instituto Leshaft ocupa o edifício da antiga rua dos Oficiais, que abrigara o Teatro Dramático de Vera Komissarjévskaia. A roda da fortuna, estará ela em vias de chegar ao termo de seu ciclo inexorável?

O programa de ensino deste instituto corresponde às aspirações de Meierhold, que sempre situou o trabalho sobre o corpo

---

25 Propagador da educação física na Rússia, Leshaft fundou, em 1892, a Sociedade para o Encorajamento do Desenvolvimento Físico dos Estudantes. Seus cursos de formação de professores de educação física servem de base para o Instituto Nacional de Educação Física instituído em 1919.

no centro da formação do ator. Pedem-lhe para "teatralizar" as manifestações coletivas previstas. Contrariamente ao hábito, sua proposta é a de fazer convergir para a tribuna os ginastas provenientes de duas direções opostas. É perante os dirigentes que eles executarão seus números esportivos, em vez de desfilar em fileiras cerradas.

Mas esse projeto não será levado adiante, sendo considerado perigoso, pois seria suscetível de favorecer um atentado. Uma vez mais, Meierhold mexe com um tabu, ao pretender imiscuir-se em um domínio com uma carga simbólica muito forte.

No tempo de seu proconsulado em Leningrado, Kírov mandara conceder a Meierhold um apartamento em um imóvel reservado, que se localizava na ilha dita "do lado de Petrogrado". No número 13 do cais Karpovka ergue-se um prédio de cinco andares, especialmente construído para personalidades de destaque. Protegido da curiosidade do público por uma grande grade, compreende, no primeiro pavimento, estúdios iluminados por largas janelas vidradas. Um desses estúdios fora destinado a Meierhold, que aí pernoita quando vem a Leningrado. Lá ele encontra sua cunhada Aleksandra Kheraskova, onde vive com seu marido.

Na rivalidade secular que opõe as duas capitais, esse apartamento é um chamariz destinado a fazer voltar o filho pródigo à cidade onde brilhara em sua juventude. E de fato, nesse mês de junho de 1939, Meierhold alimenta vários projetos a serem realizados em Leningrado por ele e, sobretudo, por Zinaida, cuja carreira teatral fora claramente interrompida.

Durante esse tempo, em Moscou, no bureau dos juízes de instrução (ligado ao Comissariado do Povo para os Negócios Interiores – NKVD), uma ordem de prisão é expedida contra ele. Ela é assinada pelo capitão Golovanov, chefe adjunto do colégio de juízes de instrução. Esse mandato é referendado por Beria e pelo procurador geral, o que testemunha o interesse que se dedica a esse dossiê na alta esfera. O motivo da detenção é sumariamente exposto: conforme um inquérito conduzido desde há longos anos, e em vista dos depoimentos de duas testemunhas de acusação, o suspeito é acusado de pertencer ao bloco trotskista de direita e de ser um agente a serviço de três redes de espionagem estrangeiras. Ele deverá ser detido em Leningrado e reconduzido a Moscou a fim de fornecer confissões detalhadas. O roteiro da instrução está, portanto, decidido de antemão para um homem sobre o qual pesa uma presunção de culpabilidade.

Na noite de 20 de junho, Meierhold vai se distrair em casa de amigos e antigos companheiros de trabalho, o ator Eraste Garin, que se tornou um astro de cinema, e sua mulher, Hassia Lokschina, antiga assistente do encenador. A atriz Elena Tiapkina, uma outra amiga de sempre, encontra-se lá também[26]. Deus sabe o que é dito neste lar amigo, depois dos momentos penosos que Meierhold acaba de viver em Moscou. Teria ele razão de tentar comunicar sua mensagem de maneira tão elíptica a esses homens do poder que parecem estar à espreita dos menores destemperos? Os jovens o compreendem por meias palavras, assim como seus amigos e, sobretudo, Zinaida, sem cujo apoio não poderia continuar a travar esse combate desgastante. Mas o que se poderia esperar de um poder para o qual a caça ao homem substitui a política? Beria, que sucedeu a Iejov após alguns meses, parece querer cativar a *intelligentsia*. Fadeiev, o presidente da União dos Escritores, não pedira publicamente perdão a Meierhold, apesar de suas faltas contra os cânones da estética oficial? Este último sempre quis estar a serviço do povo, e está pronto a rever seu estilo de trabalho, de modo a cumprir sua tarefa de artista revolucionário. Havia sido severamente punido com a dispersão de sua trupe, mas ele espera realmente que o período de desgraça vai acabar logo. É um homem cheio de energia, apesar de seus 65 anos feitos, e que enxergava cada vez melhor a maneira de realizar este teatro popular, cujos fundamentos sempre procurara. Se apenas lhe dessem aquela sala da praça Maiakóvski, testemunha de tantos combates, concretização das reflexões de toda uma vida sobre o lugar teatral! Ele se acerca da solução que busca desde a juventude: reunir no teatro todo um povo e vivificá-lo pelo

---

26 E. Tiapkina, Poslednjaja vstreča, *Teatral'naja žizn'*, n. 5, p. 8. Esse relato dos últimos momentos de liberdade de Meierhold tem um ar de autenticidade, que dificilmente pode ser desmentido pelas alegações fantasiosas de L. Kafanova, em Mejerhol'd i Rajh, *Novyj žurnal*, n. 186.

contágio de um ator enérgico, flexível e cujo semblante posto a nu traduza a sinceridade absoluta.

Nesta época do ano, as noites são brancas em Leningrado e Meierhold se demora na casa de seus amigos. A lenda conta que, quando ele se decide, por fim, a sair do imóvel, um enorme rato lhe corta o caminho. Meio apavorado, meio irônico, ele volta atrás, abalado por esse presságio de mau agouro. Isso faz lembrar, como gracejo, o rato de Gógol, que vem assombrar o sono do governador antes da aparição do falso inspetor geral.

Quando Meierhold chega a sua casa de madrugada, o sol brilha como em pleno dia. Diante da entrada, um carro preto, sinistro como um rato. Dois homens em trajes civis saltam de seu interior, e o mais velho, pondo a mão sobre o ombro de Meierhold, anuncia-lhe que ele está preso e que irão proceder a uma perquisição em seu apartamento. Os pressentimentos eram fundados. Todavia, uma segunda consciência permanece desperta nele, e Meierhold exige que lhe mostrem o mandato de prisão. Seu interlocutor o faz. Meierhold constata que a ordem vem de Moscou, para onde ele deverá ser reconduzido. Em compensação, nenhuma menção é feita com respeito à busca, fato que ele não deixa de lhes assinalar. Não seja por isso. O oficial de polícia intima Meierhold a permanecer ali, enquanto vai até a Casa Grande[27].

Nesse momento, Dmítri Schostakóvitch, que é vizinho do encenador, sai de sua casa e se depara com o pequeno grupo. Ele se apressa a cumprimentar Meierhold e só compreende tarde demais o que se passa. Os policiais o retém como testemunha. A espera dura cerca de meia hora. Ela é interminável para Meierhold que se dá conta, enfim, de que havia entrado em um novo círculo do Inferno. Ela também é interminável para Schostakóvitch que assiste ao vivo um novo episódio do aniquilamento dos florões da cultura russa. Este abalo dará sua cor à *Sinfonia n. 6*, que ele estava começando a compor e que será inteiramente impregnada pela marcha ao suplício de Meierhold[28].

---

27 Nome que era dado ao prédio da NKVD em Leningrado.
28 Revelação feita por Schostakóvitch a um de seus amigos, com a promessa de guardar segredo até sua morte.

O indiciado passa 24 horas na prisão de Leningrado, a tristemente célebre prisão das Cruzes. Após as formalidades de registro carcerário e que incluem especialmente a desinfecção das roupas, ele desaba e, convencido de ter sido acuado para suas últimas posições, está psicologicamente pronto a admitir sua culpabilidade moral.

Avisada por sua irmã, Zinaida Reich é tomada de estupor. Ela não vê senão um único recurso e, apesar da oposição categórica que Meierhold sempre mostrara em relação a tal tentativa, decide dirigir uma petição diretamente a Stálin. Em seis folhas de escrita cerrada, procura dobrar o Senhor da Rússia, fazendo valer o lealismo político de seu esposo. Ela não tem tempo de enviar essa carta, pois, apenas terminada, soa a campainha da porta, são os agentes encarregados de proceder a uma busca. Diante dos quatro brutamontes que penetram na sua casa, a vivacidade de seu temperamento volta a impor-se e ela contesta em alta voz o direito que eles têm de agir daquela maneira na ausência do inculpado. Protesta ainda mais violentamente quando remexem os seus pertences, visto que o mandato concernia somente a Meierhold. Dentre as coisas confiscadas encontrar-se-á o famoso rascunho da carta a Stálin[29].

A Instrução

No dia 22 de junho, à noite, Meierhold deixa Leningrado sob escolta, para retornar a Moscou pelo trem noturno; ele é rapidamente trancafiado em uma cela individual da "prisão interior" da Lubianka: este prédio, que abriga os serviços administrativos do Comissariado do Povo para os Assuntos Interiores, encerra em seu centro um vasto pátio no qual se construiu uma prisão de seis andares, que contêm, oficialmente, 570 locais de detenção,

---

29 O registro da busca efetuada no domicílio de Meierhold menciona, entre outras coisas: "1. Uma carta de Z. Reich a Stálin (6 p.) [...]; 3. Uma carta a Iejov; 4. O registro estenográfico do discurso de V. Meierhold (132 p.)". Publicado em *Vernite mne svobodu, memorial'nyj sbornik dokumentov iz arhivov byvšego KGB*, p. 225.

a "prisão interior". Os indiciados ficam próximos dos juízes de instrução incumbidos de interrogá-los. Leva em geral um mês para a máquina de moer conseguir as confissões esperadas.

Primeiro interrogatório: tão logo chegou a Moscou, Meierhold é inquirido por Kobulov, chefe do colegiado de juízes de instrução[30], encarregado dos crimes de espionagem. Jogando com o sentimento de culpabilidade de um homem profundamente deprimido, Kobulov lhe concede alguns dias para redigir sua confissão. Meierhold passa em revista sua vida, tentando se justificar com uma frase: "eu sou um impulsivo!"[31] Prevendo as perguntas do juiz, ele se acusa do pecado de "formalismo" e reconhece, como bem fundadas as acusações proferidas por Kerientsev. Ele espera que, ao preço de sua franqueza, o autorizem a remir-se e a retomar o trabalho.

O que para seu autor é o resultado de um esforço dilacerante, humilhante, para o juiz é considerado como algo sem interesse. Tomados de paranoia, os dirigentes do país enxergam espiões e sabotadores por toda parte. Ora, para o aparelho político-judicial, Meierhold desempenha um papel bem definido, o de um espião e de um sabotador. É, pois, a confissão desses crimes imaginários que se espera dele. As intenções estéticas subjacentes, as querelas sobre o formalismo e o naturalismo não interessam a ninguém no seio desta máquina que fabrica traidores.

Eles começam censurando a Meierhold seus círculos de amizades suspeitos, por exemplo, Rafail, o administrador do Teatro da Revolução, que trabalhava, em 1922-1923, no Departamento da Educação e da Cultura da cidade de Moscou. Esse Rafail o teria recrutado "para participar de atividades antissoviéticas".

---

30 B. Z. Kobulov, chefe da 2ª seção (política). Ele faz parte dos homens de confiança que Beria traz com ele da Geórgia, quando de sua nomeação em Moscou para o lugar de Iejov. Kobulov será, em seguida, encarregado das questões econômicas no seio da NKVD e tornar-se-á mesmo, em 1941, vice-ministro do Comissariado do Povo para a Segurança do Estado (NKGB), nova denominação da KGB.

31 "*Ja čevolek poryvov*", escreve ele para explicar seus ímpetos. Sua confissão está redigida em duas partes: em 28 de junho, ele evoca sua carreira antes da Revolução; em 29, a parte pós-revolucionária de sua vida. Ele faz questão de precisar que era profundamente sincero no elã que o impeliu a entrar no Partido Bolchevique em 1918, quando estava no "zênite" de sua carreira. "Daí por que ninguém pode me colocar sob suspeita de ter ingressado nas fileiras do Partido por considerações de carreira". *Dossiê de Instrução* n. 537, p. 238, extratos conservados nos arquivos pessoais de M. Valentei.

A personagem duvidosa propunha a Smilga, Ríkov, Drobnis, Bukharin, aos Kamenev e aos Miliutin que assistissem às representações do Teatro Meierhold. Smilga era membro do Conselho Militar Revolucionário, antes de tornar-se vice-presidente do Gosplan; Ríkov ia suceder Lênin como presidente do Conselho de Comissários do Povo, Drobnis era presidente do efêmero Conselho dos Comissários do Povo da Federação da Rússia, Bukharin membro do Comitê Central e depois do Bureau Político do PCUS, assim como Kamenev, enquanto sua mulher tinha atividades culturais na prefeitura de Moscou; Miliutin era vice-presidente do Conselho Pan-Russo da Economia Nacional. Essas personagens, em sua maioria, pereceram mais tarde, condenadas como inimigas do povo.

Para serem generosos, retomam a acusação lançada por Kerientsev, do recurso ao apoio de Trótski para *A Terra Revoltada*.

Por ora, a pressão é unicamente psicológica: confrontam Meierhold com os informes de polícia, que não deixam na sombra nenhum de seus feitos e gestos. Seis adjuntos se sucedem para interrogar o indiciado, deixando para Kobulov o encargo de vir em seguida, descansado, coagir um Meierhold embotado a assinar um depoimento em que confessa, entre outras coisas, ter-se "encontrado na órbita criminosa desses infames e inveterados inimigos do povo". Ele se acusa de "disposições de espírito antissoviéticas" que se formaram nele ao contato com esses homens. Em casa dos Miliutin, teria encontrado homens como Radek, Mejlok, Demian Biedni, Mikhail Koltsov. "Esses jantares tinham evidentemente por objetivo reunir gente de espírito antissoviético para tramar a destruição do regime soviético".

Depois de censurar ao indiciado seus círculos de amizades, acusam-no de criticar o regime, antes de passar à etapa seguinte: participação em atividades de sabotagem e espionagem. Mas a instrução não se limita a destruir um homem: para que seja rendosa, cumpre alargar a rede dos acusados, incriminando pessoas até o momento fora de alcance, como Demian Biedni, poeta oficial do regime. Abrem com todos os riscos um dossiê contra ele. Meierhold reconhece haver encontrado em casa de Búbnov, já executado àquela altura[32], pessoas "que exprimiam grande ceticismo em relação a medidas tomadas pelo poder soviético, o que não podia não influenciar [suas] disposições de espírito". É um encaminhamento confuso para a preparação de um grande processo que deveria ser o da *intelligentsia*.

Ele conclui seu depoimento nos seguintes termos:

> Eu estava tomado por um sentimento de rancor. Por certo, isto era consecutivo às vezes a fatos reais, como os obstáculos encontrados para a construção do teatro. Eu não frequentava o meio que deveria ser o de um membro honesto do Partido, e eu me encontrava com pessoas que partilhavam de minhas disposições de espírito antissoviéticas e que, mesmo se era por outras razões, cometiam ações abomináveis. Darei indicações detalhadas por ocasião dos próximos interrogatórios[33].

Segundo interrogatório, alguns dias mais tarde. Desta vez, Kobulov obriga Meierhold a se acusar de atos concretos de traição: ele pertenceu ao movimento trotskista e desenvolveu atividades de espionagem em proveito dos britânicos.

A partir daí, constroem todo um romance cuja paternidade a vítima deve endossar: fora recrutado, entre 1923 e 1925 (eles não se atrapalham com a precisão!), por esse mesmo Rafail e envolvera Drobnis, Boguslávski, Sosnóvski, Olga Kameneva e B. Volin nas atividades de sabotagem no "campo" teatral. Os nomes citados são os de seus interlocutores normais: Sosnóvski era, nos anos de 1920, diretor do Departamento de Agitação e Propaganda do PCUS[34], enquanto Boguslávski ocupava junto a Kamenev as funções de primeiro adjunto. Ele foi executado em 1937 (segundo processo de Moscou) como antigo membro da oposição trotskista. Ressalta-se, uma vez mais, o episódio da peça *A Terra Revoltada* dedicada

---

32 Andréi Búbnov (1883-1938) é membro do Comitê Central do Partido Bolchevique em novembro de 1917. Depois de haver ocupado diversas funções administrativas, especialmente na Defesa, sucede em 1929 a Lunatchárski como Comissário do Povo para a Educação e a Cultura. Persuadido do gênio de Meierhold, ele o sustenta vigorosamente. Este lhe dedica, em 1933, o espetáculo *O Tiro*, de Iuri Guerman. Detido em outubro de 1937, Búbnov é executado em 1º de agosto de 1938, sob a acusação falaciosa de que pertencia a uma organização contrarrevolucionária de direita ligada aos serviços alemães de espionagem.
33 Cf. *Teatral'naja žizn'*, n. 2, p. 11.
34 Sosnóvski é condenado à morte em 1937, sob a imputação de trotskismo.

a Trótski, sendo especificado que se trata de uma adaptação de *A Noite*, "que é obra de um trotskista francês, Martinet".

Curiosamente, as atividades contrarrevolucionárias de Meierhold conhecem, durante alguns anos, uma fase de latência para reavivar-se em 1932. Ele faz, então, parte de uma rede trotskista de direita, recrutada pela mulher de Miliutin, à qual pertencem, além do próprio Miliutin, Radek, Bukharin e os Ríkov. E Meierhold, compreendendo sua impotência em face dessa loucura monomaníaca, escreve: "Sob a influência desse grupo, continuei minhas atividades de sabotagem, que foram dirigidas contra minhas próprias encenações teatrais". Com efeito, somente um espírito perturbado pode conceber uma sabotagem feita pelo artista em suas próprias criações!

As acusações de espionagem saltam para um novo estágio: Meierhold se relacionava com estrangeiros. Ele é obrigado a justificar-se: "Fred Grey é um cidadão inglês que conheci em 1913. Eu o informava sobre as atividades do teatro soviético". Ele explica que suas relações eram puramente amigáveis e que usou de sua influência apenas para ajudá-lo no seu trabalho de jornalista. A esse título, ele lhe arrumou uma entrevista com Ríkov, na época em que este era Primeiro Ministro (presidente do Conselho dos Comissários do Povo).

Ao fim desta primeira série de interrogatórios, Meierhold julga ter-se saído bem. As acusações contra ele são ou absurdas, ou impossíveis de provar, seus pretensos cúmplices estão ou mortos ou voltaram a seus países.

Deram uma semana inteira a Meierhold para redigir, em sua cela, o depoimento definitivo e para nomear "sinceramente" seus cúmplices trotskistas e outros indivíduos que manifestam "disposições de espírito antissoviéticas".

Em 5 de julho, Kobulov lê a declaração do indiciado. Este último quis bancar o esperto, mencionando os nomes de Stálin e Molotov no rol dos dirigentes que teriam assistido a um ou a outro de seus espetáculos. Este método de defesa é inaceitável para Kobulov: pela primeira vez, ele mandou os inspetores levar o acusado para uma sala adjacente. Esta peça, de piso cimentado, inteiramente nua, contém um único mobiliário, um tamborete de metal chumbado no chão. Conforme o humor dos torturadores, o detento recebe a ordem de ficar sentado no tamborete, impedido de erguer-se ou, ao contrário, obrigam-no a permanecer de pé durante horas, enquanto se revezam para interrogá-lo. No momento, eles são dois, Voronin e Serikov, encarregados de lhe proporcionar uma amostra daquilo que o espera.

Em 8 de julho, começam os "interrogatórios mais enérgicos". Meierhold fica aos cuidados de Voronin. A sessão dura dezoito horas, depois do que é conduzido ao bureau de Kobulov que procede à redação de um novo auto. Meierhold, esgotado pela fadiga e sofrimento, opõe ainda certa resistência:

> Quando e como o senhor estabeleceu relações antissoviéticas comRíkov, Bukharin e Radek? [...] Chega de falar de laços familiais que ligam o senhor a Bukharin, fale de suas relações antissoviéticas com os indivíduos acima nomeados! [...] Isso é falso! O senhor está longe de haver contado tudo sobre suas atividades da alta traição! Por que o senhor esconde suas relações de espionagem?[35]

As sevícias se prolongam assim até 20 de agosto. Meierhold fornecerá mais tarde um relato pungente destas: "Fui estendido, o rosto contra a terra, e fui chicoteado com uma chibata na planta dos pés, depois nas costas; sentaram-me sobre um tamborete e fui então chicoteado nas pernas, uma chuva de pancadas, bem como nas coxas..."

No dia 14 de julho, o interrogatório durou quatorze horas e o tratamento prosseguiu: "Minhas pernas estavam cobertas de hematomas e eu recebia de novo golpes de chibata sobre esses hematomas, o que me fazia sofrer como se derramassem sobre mim água fervente".

Sob o efeito da dor, a personalidade de Meierhold se desdobra e assiste com espanto ao despertar da besta nele acaçapada. A besta grita, urra de dor, o corpo é sacudido por sobressaltos.

> Quando os instrutores combinaram seu "ataque psicológico" e seus "métodos físicos", isto acordou em mim um terror tão violento que minha natureza se revelou até a raiz [...].

---

35 *Teatral'naja žizn'*, n. 2, p. 11.

Meus tecidos nervosos estavam situados justo sob o envoltório corporal e minha pele se revelou terna e sensível como a de uma criança; meus olhos se mostraram capazes (quando eu experimentava sofrimentos físicos e morais insuportáveis) de verter rios de lágrimas. Deitado no solo, com a face contra a terra, descobri que meu corpo podia torcer-se, espernear, uivar como um cão batido por seu dono. O guarda que me levava de volta um dia após um interrogatório me disse: "Você não estaria com a malária?" Todo o meu corpo era sacudido por tremores nervosos. Deitei-me sobre meu estrado e adormeci, antes de partir uma hora mais tarde para um novo interrogatório (o precedente acabava de durar dezoito horas). Fui despertado sob o efeito de meus próprios gemidos, e era presa de tremores, como se sofresse um acesso de febre ardente[36].

Reduzido ao estado de choque, este homem de 66 anos guarda uma consciência plenamente desperta; ele analisa com uma acuidade clínica o estado de derrelição no qual se encontra mergulhado.

"É preciso sem dúvida que seja assim", eu repetia para mim mesmo e meu eu se dividia em dois. O primeiro eu procurava os crimes do segundo e quando não os achava, começava a inventá-los. Eu tinha um juiz de instrução cheio de habilidade e nós inventamos, em conjunto, um romance em estreita colaboração. Quando minha imaginação secava, os inspetores intervinham em dois (Voronin e Rodos, Voronin e Schwartzman) e arrumavam à sua maneira os autos (alguns foram recopiados até três ou quatro vezes).

Fui vítima da fome (eu não podia comer nada), da insônia (durante três meses), de indisposições cardíacas no decorrer da noite e de crises de histeria (eu derramava rios de lágrimas, eu tremia como em um acesso de febre), eu mergulhava no desespero e me enrodilhava em mim mesmo, curvado e envelhecido em dez anos, os inspetores ficaram assustados. Fui bem cuidado [...] mas isso não deu resultados, salvo exteriormente; fisicamente, meus nervos continuavam sempre no mesmo estado, e minha consciência continuava sempre eclipsada, adormecida, pois eu tinha sempre suspensa sobre mim uma espada de Dâmocles. O inspetor me ameaçava incessante-

---

[36] Descrição que figura nas duas cartas escritas em sua cela por V. Meierhold a Molotov, nos dia 2 e 13 de janeiro de 1940. Cf. V. Meyerhold, *Écrits...*, v. IV, p. 297-300.

mente: "Você não quer escrever (isto é, efabular), pois bem, nós vamos te malhar de novo, pouparemos apenas a cabeça e a mão direita, e do resto faremos um montão de carne informe e sanguinolenta".

O Assassinato de Zinaida Reich

No transcurso da noite de 14 para 15 de julho, uma das mais atrozes, sua mulher Zinaida Reich é selvagemente assassinada. Dois indivíduos penetram em seu quarto de dormir por volta de uma hora da madrugada. Diante de sua resistência e de seus gritos de pavor, crivam-na de punhaladas. Nem os vizinhos nem a zeladora ousam dar o alarme, pois supõem mui naturalmente que a polícia viera detê-la. Ela não é mulher de um homem caído em desgraça? Ou então está possuída por um dessas crises de histeria que se multiplicaram nesses últimos tempos.

Poucos dias antes desta agressão, Zinaida Reich conjurou Maria (a filha de Tatiana Meierhold-Vorobiova) a escrever ao alto escalão para pleitear a inocência de seu avô[37]. Ao mesmo tempo, ela se censurava pela falta imperdoável que havia cometido, redigindo a carta que lhe fora confiscada. O juiz de instrução, incumbido em 1955 da reabilitação de Meierhold, iria declarar que a referida carta selara a sorte deste último. Zinaida Reich se insurgia aí notadamente contra a decisão única que fora o fechamento do teatro. Segundo outras testemunhas, houvera o registro de uma frase imprudente pronunciada pela atriz: "Digam a Stálin que ele não entende nada de arte, ele pode sempre se dirigir a Meierhold". Nesta época, em que cada um devia cobrir com uma máscara seus pensamentos, ela permanecia incapaz de dissimular.

Quando chega o socorro chamado por Lídia Nissimovna, a doméstica que esperava na cozinha tremendo a partida dos malfeitores, Zinaida Reich já havia perdido muito sangue. Descobre-se com horror que ela está com os olhos vazados. Será para evitar uma eventual acareação? Mas a precaução é inútil, pois ela morre

---

37 Cf. M. Valentei, Dolžna skazat'..., *Teatral'naja žizn'*, n. 5, p. 3.

na ambulância que a conduz ao hospital. O apartamento está em desordem, mas nada foi levado, o que tende a provar que o roubo não era o móvel do crime. O corpo será trazido de volta à rua Briússov para um ofício religioso antes de ser enterrado em Moscou, no cemitério Vaganski.

Tatiana e Konstantin Iessiênin são intimados a deixar a casa em 48 horas; o apartamento é requisitado, a despeito do fato de que nenhuma sentença fora (ainda) proferida contra o seu ocupante titular. Os filhos aproveitam esse prazo para salvar os arquivos de Meierhold, transportados para o apartamento quando do fechamento do teatro. Eles enchem às pressas vinte pastas de documentos que serão provisoriamente depositados no apartamento de Nicolai Reich, o pai de Zinaida, onde a família se apinha.

No dia determinado, instalam-se duas criaturas da NKVD: uma jovem atriz, protegida por Beria, recebe a parte esquerda do apartamento (o escritório do Mestre e o quarto de dormir), enquanto o lado direito (a cozinha e o quarto dos filhos) cabe a um motorista deste organismo. Malgrado o inquérito da polícia e algumas prisões fantasistas, a identidade dos assassinos não foi estabelecida. Quanto a seu móvel, talvez tenham recebido simplesmente a ordem de intimidar uma mulher que se pretendia expulsar de seu apartamento. Devido a sua inesperada resistência, eles não tiveram de algum modo outra saída senão a de eliminá-la. A mulher da limpeza, cujo testemunho pode ser capital, é logo encarcerada sob a acusação de cumplicidade e não será libertada, senão depois de haver sido moralmente alquebrada, convencida de que é de seu interesse calar-se.

Terá sido Meierhold informado dessa desgraça, mais insuportável para ele do que todas as torturas? Parece realmente que sim[38]. Intimam-no agora a denunciar seus cúmplices. É nesse momento aí que aparecem nos autos os nomes de Baltrusaitis, Ehrenburg, Pasternak e Olescha. Conforme um processo habitual, para levá-lo a dobrar-se, citam-lhe o depoimento, arrancado alguns dias antes a Isaak Babel, em que afirma, sob o ditado de seus torturadores: "O chefe da rede no domínio literário era eu, Babel; no

---

38 T. Esenina, O V. E. Mejerhol'de i Z. N. Rajh. Pis'ma K. L. Rudnickomu, *Teatr*, n. 2, p. 84.

domínio do cinema era Serguêi Eisenstein; no domínio do teatro, Míkhoels, sustentado por Meierhold".

A instrução termina em 20 de agosto, ou seja, dois meses após a detenção do indiciado. Este se encontra então em tal estado de prostração que o enviam ao hospital da prisão da Lubianka onde leva um mês para repor-se.

O pacto germano-soviético de não agressão é assinado nesse momento (23 de agosto). Pode-se pensar que, em face dessa nova situação, as autoridades resolveram postergar para uma hora mais oportuna o grande processo dos intelectuais, para o qual se preparavam. Daí por que, embora rematando a empreitada de destruição e morte daqueles que já se acham trancafiados – Babel, Koltsov ou Meierhold –, as coisas são mantidas em suspenso para aqueles que, como Pasternak, Ehrenburg ou Olescha, estão implicados, mas que são deixados provisoriamente em liberdade. Eles serão, sem dúvida, sempre alvos de suspeita e de malevolência, mas escaparam da detenção e da morte violenta. Quanto a Baltrusaitis, esse poeta lituano que representava seu país em Moscou, ele se refugiará na França quando a Lituânia perder a sua independência. Esse velho amigo de Meierhold, que partilhou com ele o gosto pela poesia e que era um de seus raros confidentes, levou seus segredos para o túmulo.

O Ato de Acusação

Trata-se agora de dar uma forma plausível aos autos arrancados sob tortura. A Kobulov sucede um magistrado íntegro, Medvedev, que é um admirador do encenador. Ele o escuta atentamente e, persuadido de que se trata de um erro judicial, comunica a seus superiores suas conclusões. Ignoraria ele que a detenção fora decidida no alto escalão? E ele próprio é destituído, encarcerado e morrerá na prisão[39]. Assim, mesmo nesse mundo sinistro,

---

39 M. Valentej, Delo n. 537, *Teatral'naja žizn'*, n. 2, p. 13.

do qual toda esperança está banida, Meierhold soube despertar, ainda que por um instante, a chama da verdade e da justiça.

A instrução do caso recomeça com um novo juiz, Schibkov, que interrogará o detido três vezes, em 22 de setembro e, depois, nos dias 3 e 19 de outubro. Como seu predecessor, ele tem um comportamento humano, o que torna o indiciado mais confiante. Mas este juiz permanece estritamente no quadro de sua missão: está encarregado de redigir o ato de acusação. Meierhold volta atrás, prudentemente, em seu depoimento. Toma como ponto de honra desculpar Alexei Diki, encenador do Segundo Teatro Artístico de Moscou, com o qual sempre mantivera relações amistosas e que fora por ele implicado, assim como outros, em um pretenso complô.

> À pergunta: "O senhor sabia que Diki era membro de uma organização antissoviética?", ele responde: "Eu não sabia que Diki era membro de uma organização antissoviética e nada posso dizer contra ele a esse respeito".
> Pergunta: "Mas por ocasião da instrução o senhor depôs contra ele".
> Resposta: "Era uma efabulação de minha parte".
> Pergunta: "Por que caluniar Diki? O senhor tinha contas a ajustar com ele?".
> Resposta: "Não, eu não tinha contas para ajustar com ele. Nossas relações eram normais. Mas eu o caluniei porque durante os interrogatórios eu me encontrava em um estado de abatimento psíquico e moral. Não há outras razões para isso. Afirmo categoricamente que eu não tinha conhecimento de nenhuma atividade terrorista de parte de Diki e peço ao magistrado instrutor que acredite em mim neste ponto"[40].

Ao cabo de um mês de trabalho de polimento, o juiz de instrução põe o ponto final no ato de acusação do dossiê n. 537. Estabelecido mais de quatro meses após a detenção do indiciado, corresponde ponto por ponto aos termos do mandato de prisão, que serviu de base à detenção de Meierhold e que é preciso de algum modo justificar *a posteriori* a pertinência.

40 Idem, ibidem.

27 de outubro de 1939

ATO DE ACUSAÇÃO
relativo ao dossiê de instrução n. 537 inculpando
MEIERHOLD-REICH V. E. pelos crimes passíveis
dos artigos 58-1a e 58-11 do Código Penal da RSFSR

Em consequência do inquérito realizado sobre uma rede trotskista e antissoviética descoberta e depois aniquilada, constituída de escritores e artistas, foi estabelecido que um de seus membros era Meierhold-Reich Vsevelod Emilievitch, antigo encenador principal do Teatro Nacional de Ópera Stanislávski.

Com base nesses dados, Meierhold-Reich foi detido em 20 de junho de 1939 e apresentado à barra do tribunal na qualidade de indiciado.

O inquérito conduzido no quadro deste caso permitiu estabelecer que Meierhold-Reich foi recrutado, em 1923, por Rafail, como membro de um grupo trotskista antissoviético que grassava nos meios do teatro (Peça n. 1).

Em razão de suas atividades trotskistas, Meierhold-Reich foi posto em contato com trotskistas ativos como Drobnis, Boguslávski, Sosnóvski, Olga Kameneva etc.

Meierhold tomou parte ativa em reuniões clandestinas desse grupo, no curso das quais se discutiu artigos de Trótski e onde se criticou violentamente a política do Partido Comunista (Bolchevique) e do governo soviético (Peça n. 2).

Em 1930, Meierhold dirigiu o grupo trotskista antissoviético "Frente de Esquerda", em que se encontravam todos os indivíduos de espírito antissoviético nos meios artísticos (Peça n. 3).

Em 1933, Meierhold estabeleceu contatos organizacionais com os inimigos do povo Ríkov, Bukharin e Radek, que o encarregaram de missões concretas de sabotagem no domínio artístico.

Ele foi o organizador, em seu domicílio, de um encontro clandestino de Ríkov e Grey, agente dos serviços secretos britânicos (Peça n. 4).

Em 1934-1935, Meierhold entregou-se a atividades de espionagem.

Tornando-se agente dos serviços secretos britânico e japonês, Meierhold realizou atividades de espionagem contrárias à URSS (Peça n. 5).

Meierhold confessou, sem rodeios, ter pertencido a uma rede trotskista antissoviética e ter tido atividades de espionagem.

Ele foi igualmente objeto de denúncias de Babel, do espião japonês Yoshido, de Korolieva, de Boiarski e de M. Koltsov.

Em consequência do que precede,

Meierhold-Reich Vsévolod Emilievitch, nascido em 1874, em Penza, de nacionalidade alemã, de cidadania soviética, ex--membro, desde 1918, do Partido Comunista (Bolchevique), excluído do Partido por causa de sua prisão e, até a data desta prisão, encenador principal do Teatro Nacional de Ópera Stanislávski,

É acusado:

De ser um militante trotskista, membro ativo de uma rede trotskista, ser um agente dos serviços secretos britânico e japonês e de ter conduzido atividades de espionagem e sabotagem;

E, portanto, de ter cometido crimes incursos nos artigos 58-1a e 58-11 do Código Penal da República da Rússia.

Em aplicação do artigo 208 do Código de Procedimento Penal da República da Rússia, decide-se transferir o dossiê n. 537 inculpando Meierhold-Reich Vsevelod Emilievitch, à barra do tribunal para que ele seja citado em julgamento.

O magistrado instrutor da direção da Segurança do Estado do Comissariado do Povo para Assuntos Interiores
Tenente da Segurança do Estado,

CHIPKOV

O diretor adjunto da Seção de Instrução da direção da Segurança do Estado do Comissariado do Povo para os Assuntos Interiores,
Antigo tenente da Segurança do Estado,

PINTSUR

Nota: o detento Meierhold-Reich V. E. se encontra na prisão da Butirka[41].
Elemento material de prova: nenhum[42].

---

41 A prisão da Butirka (*Butyrskaja tjur'ma*) é a maior de todas as prisões de Moscou. Ela pode conter 3.500 detentos para um pessoal de guarda composto por 1.184 agentes. Cf. A. Kokurin; N. Petrov, NKVD: Struktura, Funkcii, Kadry. 1938-1941, *Svobodnaja mysl'*, n. 7.
42 *Tetralnaja žizn'*, n. 2, p. 3-5, fac-símile das p. 197-198 do dossiê de instrução.

O papel do juiz de instrução consistiu em efetuar uma síntese dos autos que estão anexados e cujo conteúdo deve levar à inculpação do indiciado. As confissões extorquidas a Meierhold e das testemunhas da acusação estão reunidas em dois dossiês de noventa páginas cada um.

Um japonês é introduzido no momento oportuno para implicar Meierhold em uma nova rede de espionagem. Entre as suas frequentações suspeitas, figura a de um estagiário nipônico, Seki Sano, que Meierhold acolhera em seu teatro, em 1936. Ele o convidara muitas vezes à sua casa. O estagiário deixou a Rússia em 1937 para ir a Paris. Ora, por uma estranha coincidência, no começo do ano de 1938, o ator japonês Yoshido Yoshima [Ryôkichi Sugimoto], um simpatizante comunista amigo de Seki Sano, ofuscado pelo sonho de uma Rússia libertada, decide transpor clandestinamente, com sua amante, a atriz Okado Yosiko, a fronteira que separa o Japão da URSS, na ilha Sakalina. Os infelizes são logo detidos. O ator será fuzilado em 27 de setembro de 1939, depois de ser obrigado a confessar que era um espião e que Meierhold fazia parte de sua rede. Sua missão era "entrar em contato com o espião Meierhold para realizar em conjunto com ele, ações de diversão. Como, por exemplo, cometer um atentado contra o camarada Stálin, quando este fosse ao seu teatro".

Yoshido se retratará corajosamente por ocasião de seu processo: "Pode-se ter medo da morte, mas dizer o que não é [verdade] é pior do que ser um espião. Eu me julgo culpado de ter denunciado Meierhold".

Com certeza não são declarações pronunciadas à morte que serão retidas, mas aquelas que incriminam Meierhold.

Alta Traição

Os artigos 58-1a e 58-11, aos que o ato de acusação a Meierhold remete, foram introduzidos secretamente no Código Penal em 8 de junho de 1934[43]. Secretamente, pois se trata

---

[43] O artigo 58 faz parte da seção especial do Código Penal, sendo consagrado aos "crimes contrarrevolucionários", categoria muito ampla, que permite uma extensa repressão:

de conservar uma fachada honrosa e democrática em face da opinião pública russa e estrangeira. Trata-se, ao mesmo tempo, de tranquilizar a coorte dos torturadores a serviço do regime, conferindo base legal às suas atividades. Ao menos é o que eles pensam. Assim é o caso de Rodos, um dos interrogadores de Meierhold, que Kruschev mandará executar em 1956, talvez por que ele sabia demais[44].

> Há pouco tempo disso, alguns dias antes do congresso, nós interrogamos Rodos por ocasião de uma sessão do Presidium do Comitê Central: ele estava encarregado, em seu tempo na instrução, do caso de Kosior, Tchubar e Kossariev e realizou o interrogatório. Trata-se de um velhaco, sem mais cérebro do que um passarinho e, do ponto de vista moral, completamente degenerado. Pois bem, é a esse tipo de homem que foi confiada a sorte de eminentes dirigentes do Partido [...] Na sessão do Presidium do Comitê Central, ele nos declarou: "Disseram-me que Kossior e Tchubar eram inimigos do povo e que, por consequência, em minha qualidade de juiz de instrução, eu devia levá-los a confessar que eles haviam agido como inimigos". Confissões que ele não podia obter senão por meio de repetidas torturas [...] Ele fez, além disso, esta declaração cínica: "Eu estava convencido de estar execu-

---

"58-1a: Traição da pátria, em outros termos, atividades perpetradas por cidadãos da URSS em detrimento das forças armadas da URSS, de sua independência nacional ou da inviolabilidade de suas fronteiras, sob a forma de espionagem, de revelação de segredos militares ou de Estado, de passagem ao inimigo, de fuga ou de transposição da fronteira. Essas atividades são passíveis:
– do grau supremo de punição em matéria penal, a saber, a pena de morte combinada com a confiscação dos bens;
– em caso de circunstâncias atenuantes, da privação de liberdade por um decurso de 10 anos com a confiscação dos bens".
"58-11: Toda atividade organizada com o objetivo de preparar ou cometer os crimes visados no presente capítulo, assim como o fato de participar de uma organização constituída para preparar ou cometer os crimes visados neste capítulo, acarretando as medidas de proteção social previstas nos artigos pertinentes do presente capítulo"
As "medidas de proteção social" são enumeradas no artigo 58-2:
"O grau supremo de proteção social é a condenação à morte ou ao envilecimento como inimigo dos trabalhadores, combinado com o confisco dos bens, assim como a perda da cidadania da República e, portanto, da URSS, acarretando o banimento perpétuo fora dos limites da URSS; em caso de circunstâncias atenuantes, é dada a possibilidade de reduzir a sentença a uma pena privativa de liberdade por três anos ao menos, com o confisco parcial ou total dos bens".

(Código Penal da RSFSR.)
44 Amy Knight, *Beria*, p. 152.

tando as ordens do Partido". Eis a tradução prática das ordens de Stálin relativas ao emprego de métodos de coerção física contra os detentos[45].

Sem dúvida, é possível questionar-se sobre o grau de confiança a ser concedido a um dirigente que participou plenamente, ele próprio, desse sistema. Mas ao menos dois dos torturadores de Meierhold, Rodos e Schwartzman, pagaram com a vida por seu comportamento criminoso.

Meierhold, é claro, tem conhecimento da significação desses terríveis artigos do Código Penal, alínea 58-1a: "alta traição", e alínea 58-11: "participação em uma conspiração antissoviética". Esses crimes acarretam a pena capital:

> "Oh, diz a si mesmo o inculpado, mais vale, sim, mais vale a morte do que tudo isso!". É isso que eu me disse também, e dei então livre curso a minhas acusações mentirosas contra mim mesmo, esperando que isso me conduziria ao cadafalso. Foi assim que se passou. Sobre a última folha do dossiê n. 537, uma vez terminada a instrução, apareceram as terríveis cifras dos parágrafos do Código Penal, artigo 58, alíneas 1a e 11[46].

Quando Schipkov lhe pede (em 4 de dezembro) que aponha sua assinatura sobre a última página do dossiê definitivo, Meierhold se queixa de não ter disposto de tempo suficiente para uma releitura atenta. Ele contesta algumas formulações, mas sua resistência é quebrada, e ele assina.

O dossiê é definitivamente encerrado e transmitido ao tribunal, que deve pronunciar ou não a inculpação. Para conservar as aparências de legalidade, o réu é conduzido à presença de um procurador militar, Belkin, diante do qual deve, presume-se, confirmar ou contestar a exatidão dos autos. Mas Belkin está em seu bureau, rodeado por Voronin e Rodos, e Meierhold põe-se a tremer ao vê-los. O procurador conduz, evidentemente, o encontro de modo a desmontar o inculpado. Este reconhece, então, ter

---

45 N. S. Khrouchtchev, *Texte intégral du rapport secret de M. Krouchtchev*, p. 45-46.
46 Carta de V. Meierhold a V. Molotov (2-13.1.1940), op. cit.

feito parte de um grupo trotskista, mas que se limitava a discutir e emitir críticas; admite que esse delito de opinião exerceu influência negativa sobre seu trabalho artístico. Em suma, mesmo na ausência de coação, Meierhold confirma o essencial de seus depoimentos:

> Quando do interrogatório de 9 de novembro, perdi de novo o controle de mim mesmo, meu espírito ficou de novo entorpecido, fui tomado de uma tremedeira histérica e derramei torrentes de lágrimas... As respostas [que dei] eram as de um homem mergulhado em um estado de profunda histeria que repetiu as elucubrações, as confissões falaciosas de suas declarações anteriores[47].

Ele se arrepende por haver cedido ao medo pânico que se apoderara de toda sua pessoa. Seus torturadores conseguiram transformá-lo em um ser desapossado de si próprio, em uma marionete obediente. Amarga ironia do destino para um homem que havia sido acusado de ter transformado o ator em marionete!

Poucos dias antes, em 5 de novembro, Evgueni Mravínski regia, com a Filarmônica de Leningrado, a primeira audição da *Sinfonia n. 6*, de Schostakóvitch. Esta composição atípica, amputada de seu primeiro movimento, abre-se para um longo largo de uns vinte minutos, fonte de tensão e de espera interminável. É uma lenta marcha ao cadafalso, que desemboca em uma sensação de apaziguamento final. Como dá a entender o compositor, impulsos suicidas e depois um sobressalto de resistência interior o acompanhara, ao efetuar a escritura desse primeiro movimento de uma grandeza trágica. Compreende-se melhor a economia desta parte quando se sabe que, ao escrevê-la, é em Meierhold que o compositor pensava[48]. Os dois últimos movimentos são breves, rápidos, alegres e sarcásticos. Breve adeus, como para um moribundo que revê em alguns segundos os acontecimentos salientes de sua vida, breve adeus às realizações do encenador, desde o encantamento da *Barraca de Feira*, de Blok, até as palhaçadas de *O Percevejo*, de Maiakóvski, passando pela truculência do *Corno Magnífico*. Em sua

---

47 Carta de V. Meyerhold ao procurador da URSS (20.1.1940), *Teatral'naj žizn'*, p. 35.
48 S. Volkov, *Testimony, the Memoirs of Dmitri Chostakovitch*, p. 119.

cela solitária da Butirka, ouvia Meierhold, no fundo de si mesmo, essa música pungente que acaba em uma dança endiabrada?

Ele recobrou a lucidez. Ele se recorda de que tentara colaborar sinceramente com o juiz de instrução. Pouco a pouco se enredara em um sistema que se revelara errôneo. Ao querer embaraçar as coisas com acusações insensatas, ele próprio ficara preso nesse tecido de mentiras, sem escapar por isso às humilhações e às sevícias. Como muitos outros detidos dotados de imaginação em demasia, pensara que a detenção, as acusações, os golpes, tudo isso era demasiado monstruoso para ser verdadeiro. As confissões eram tão evidentemente falsificadas, que bastava acrescentar mais ainda ao confessado para que a inanidade da construção aparecesse à luz do dia.

A intervenção musculosa dos inspetores de Voronin lhe fez compreender até que ponto se enganava. Uma profunda raiva interior se apoderou dele e Meierhold sente necessidade de repor agora as coisas no ponto, dar fim a esse pesadelo e, sobretudo, lavar seus amigos de toda lama que derramara sobre eles contra a vontade.

Retratação

O procurador mostra-se sensível às reclamações do acusado e lhe concede não só o direito de rever seu dossiê, mas de dar tempo ao tempo. Ele sabe que, a partir do momento em que Meierhold, à beira da histeria, assinou a última peça de seu dossiê, nada mais pode modificar o curso da instrução.

Uma semana mais tarde, Meierhold é conduzido ao gabinete de Schibkov, que lhe pede para sentar, sinal eminente de respeito, e coloca à sua disposição os autos estabelecidos no curso dos interrogatórios. Tranquilizado com a atitude deferente do juiz, Meierhold redige, nos dias 16 e 17 de novembro, uma retratação na qual dá provas de um espantoso vigor de espírito. Procura antes de tudo desculpar seus amigos mais próximos, Ilia Ehrenburg, Boris Pasternak e Iuri Olescha.

> 1. Ilia Ehrenburg não me incitou a fazer parte de uma rede trotskista, e eu não o arrastei, eu mesmo, a fazer parte de uma rede assim [...] Afirmo categoricamente que nem Ehrenburg, nem Malraux abordaram diante de mim a questão da fragilidade do regime soviético [...] eles não declararam tampouco [...] que era preciso trabalhar para derrubar o poder soviético.
> 2. Eu não tive nenhuma conversação com Boris Pasternak tendo em vista os dirigentes do Partido e do governo (ver p. 48 dos autos) [...] Eu jamais confiei a B. Pasternak a missão de recrutar, para a rede trotskista, escritores animados de espírito antissoviético [...].
> 3. No que concerne a Olescha, julgo que é de meu dever a seguinte precisão que é essencial: eu não propus a Iuri Olescha entrar em uma rede trotskista.

A variedade das personagens incriminadas, tidas como integrantes da rede de espionagem dirigida por Meierhold, confirma a hipótese de um futuro processo em que seriam acusados artistas universalmente reconhecidos. Que se julgue a possibilidade, retomando a enumeração feita por Meierhold:

> I. Ehrenburg, B. Pasternak, L. Seifulina, V. Ivánov, K. Fedin, S. Kirsanov, V. Schebalin, D. Schostakóvitch, Lapina (a filha de Ehrenburg), S. Eisenstein, E. Garin e V. V. Dmitriev. O que une esse grupo de escritores e de músicos é uma comunhão de concepções em matéria artística, independentemente de toda influência trotskista.

Na paranoia do aparelho político-policial, o trotskismo é como uma peste, cujo contágio contamina pouco a pouco todo o país. Cumpre absolutamente se premunir contra isso, sob pena de ser eliminado. Daí esta declaração liminar. Isto não impede Meierhold de utilizar a arma do trotskismo quando lhe parece útil, por exemplo, ao falar de Malraux, talvez por dizer-se que a distância o protege. Schibkov manteve a palavra e juntou esta peça ao dossiê de Meierhold, em que ela figura em bom lugar[49].

Em sequência ao colapso moral, causado pelos maus tratos sofridos na Lubianka, Meierhold é enviado ao hospital psiquiátrico da

---

49 Ver Anexo II, infra, p. 639.

prisão da Butirka. Nesta grande construção sinistra, o hospital, instalado na antiga igreja da prisão, tem aparência de um lugar privilegiado. As paredes são pintadas de azul e branco, em vez da têmpera sinistra (verde garrafa) das outras alas. Meierhold é aí encerrado em uma cela individual onde recebe um tratamento médico apropriado, beneficiando-se ao mesmo tempo de rações melhoradas. Ele se repõe paulatinamente de seus ferimentos físicos.

Como todo detido, ele tem autorização de escrever cartas (uma folha de papel por semana, em vez de uma folha todos os dez dias para o regime normal). A partir do fim do mês de novembro, ele não deixa passar uma só ocasião de escrever. Meierhold endereçará um total de seis cartas, redigidas com uma escrita firme e sem rasuras. Ele escreve sucessivamente ao Procurador da URSS (23 de novembro e 13 de dezembro de 1939, 20 de janeiro de 1940), ao Comissário do Povo para os Assuntos Interiores (NKVD), Lavrenti Beria (3 de dezembro) e ao presidente do Conselho dos Comissários do Povo, Viatcheslav Molotov (2 e 13 de janeiro). Essas cartas patéticas, mas marcadas por uma grande dignidade, constituem um testemunho esmagador da crueldade dos homens que pretendiam estar agindo em nome de seu povo. Há uma pessoa a quem ele não escreve, é a Stálin.

Ele se esforça, portanto, de colocar as confissões que lhe foram extorquidas na conta de "circunstâncias" independentes de sua vontade. Mas, na carta a Beria, não pode se impedir de citar nomeadamente aqueles que tão cruelmente o humilharam, espancaram e o reduziram a um ser infra-humano. Espera ele realmente fazer com que as autoridades judiciais, policiais e políticas voltem atrás em suas decisões? Ou então, talvez, a escritura aja sobre Meierhold como uma terapêutica, o único meio de recuperar sua humanidade e o sentimento da liberdade.

A Fúria de Escrever

Citemos em particular a carta, escrita em duas folhas, dirigida ao "Comissário do Povo dos Assuntos Interiores da União das

Repúblicas Socialistas Soviéticas, Lavrenti Pavlovitch Beria, pelo detido Meierhold-Reich Vsévolod Emilievitch (nascido em 1874)"[50].

Depois de duas circunstâncias (e, sobretudo, da primeira que será mencionada brevemente abaixo) que me mergulharam em um estado profundo de depressão que acarretou uma perda absoluta de controle de meus meios, depressão, após a qual minha consciência ficou embotada a um ponto monstruoso, em vários depoimentos alentados por ocasião do inquérito conduzido pelos magistrados instrutores (concernente ao meu dossiê de acusação), eu forneci respostas afirmativas quando eu deveria responder pela negativa, eu me caluniei a mim mesmo (eu me acusei da maneira mais anormal possível, o que não deixará de lhe saltar aos olhos quando, como espero, o senhor tomar conhecimento das peças de meu dossiê), acusei pessoas absolutamente inocentes.

O que foi que pôde, me dirá o senhor, me incitar tão imperiosamente a me atribuir crimes que não cometi?

1. Eu fui transformado em um pacote de nervos, incapaz de suportar as dores físicas e ainda menos as humilhações morais que me fizeram sofrer os inspetores Voronin, Rodos e Serikov (medidas coercitivas de ordem física e moral). Eu me debatia como um histérico e assinava os depoimentos de olhos fechados. Permaneci neste estado até 9 de novembro de 1939. O procurador que supervisionava o inquérito (e especialmente o que me dizia respeito) pode lhe dizer do que ele foi testemunha nesse dia 9 de novembro, em que eu me debatia como um histérico e em que, temendo eventuais medidas de coerção, assinei uma vez mais uma falsa declaração (segundo a qual eu teria feito parte de uma organização trotskista de direita)[51].

---

[50] Meierhold acrescenta que é de nacionalidade alemã: conforme o registro civil, ele é, com efeito, de cidadania soviética e de "nacionalidade" (etnia) alemã, pois de pai e mãe alemães.

[51] Carta de V. Meierhold ao procurador da URSS (24.1.1940), *Vernite mne svobodu...*, p. 231. Meierhold volta repetidas vezes a esta data fatídica de 9 de novembro em que ele devia, em presença do procurador militar da URSS, confirmar ou contestar os termos dos autos assinados por ele sob tortura. Mas o procurador, incumbido de supostamente verificar a legalidade do processo, estava rodeado pelos principais interrogadores do indiciado, entre os quais Voronin. Este continuava, aliás, a ameaçá-lo de "se ocupar dele" se ele não falasse. Apesar do pânico que se apodera dele, Meierhold tem assim mesmo a coragem de declarar ao procurador que "por ocasião dos interrogatórios conduzidos por Voronin, suas declarações foram obtidas pela coerção". Ele obtém um sursis de uma semana para reler suas declarações antes da data definitiva da assinatura fixada para 16 de novembro. Nesse dia, ele será confrontado com Schibkov que, embora o tratando corretamente, o obrigará a assinar os autos sem lhe deixar tempo suficiente para relê-los.

2. Eu fui levado de Leningrado onde fui detido, atormentado por uma ideia fixa que era a de que eu devia me sacrificar, julgando que o castigo que eu já havia sofrido (fechamento de meu teatro, dispersão da trupe com a qual eu trabalhava, privação da sala de teatro em curso de reconstrução na praça Maiakóvski) era insuficiente aos olhos do governo. Pus-me a "ajudar" o magistrado instrutor a encontrar um crime que eu teria efetivamente cometido. Daí toda sorte de detalhes e exageros de caráter monstruoso.

Eu lhe suplico [o favor] de me convocar à sua presença. Eu lhe darei explicações completas.

Bastará um só depoimento perante um novo juiz de instrução para me lavar da borra que se acumulou em meu dossiê e eu sofrerei o castigo que mereço pelo que efetivamente cometi e não por aquilo que é fruto de uma imaginação mórbida.

[Assinado] V. Meyerhold-Reich 3.XII.1937 [sic][52]

Essas repetidas *démarches* têm uma consequência inesperada, que Meierhold não previra. Seu estilo é tão claro, tão controlado e sua faculdade de raciocínio se mostra tão intacta, que não se justifica mais manter o preso sob observação médica. Meierhold é, pois, transferido para uma cela situada na ala dos condenados, no segundo pavimento de uma torre de aresta, a Torre Pugatchov. A cela em arco de círculo dispõe apenas de uma janela, constantemente recoberta por uma vedação. Ela é iluminada todas as 24 horas por uma lâmpada muito forte. Em um canto, latrinas, em outro, a enxerga. É lá que o encenador passará o último mês de sua existência.

No dia 2 de janeiro de 1940, Meierhold escreve a Molotov uma súplica que ele concluirá dez dias mais tarde, quando tiver recebido a segunda folha de papel regulamentar. Ainda que aquele que se vangloriava de ser a mão direita de Stálin não fosse um admirador de seu teatro, ele espera comovê-lo, fazer vibrar nele a fibra humana.

Viatcheslav Mikhailovitch, o senhor conhece os meus defeitos (o senhor se lembra do dia em que me disse: "Então,

---

52 Carta de V. Meierhold a L. Beria (3.12.1939), op. cit., p. 226. (Cabe observar que Meierhold data erradamente sua carta com o ano de 1937 em vez de 1939.)

Meierhold, procurando sempre ser original?"), ora um homem que conhece os defeitos de um outro o conhece melhor do que seus admiradores. Pois bem, diga-me, será que o senhor pode realmente acreditar que eu seja traidor da pátria (um inimigo do povo), que eu seja um espião, membro de uma rede trotskista de direita e um contrarrevolucionário, que na minha arte dei prova de trotskismo, que eu tenha conduzido (com toda consciência) um trabalho de sapa em meu teatro para abalar as bases da arte soviética?[53]

Após esta afirmação de sua inocência, escorada em argumentos de simples bom senso, ele lança como uma garrafa ao mar esse grito dilacerante: "Eu suplico ao senhor, como chefe do governo, salve-me, dê-me a liberdade[54]. Eu amo minha pátria e lhe darei todas as forças de que disponho nos poucos anos que me restam para viver".

Meierhold não hesita em entrar nos pormenores dos mais precisos relativos às torturas que sofreu e com uma precisão clínica que testemunha uma faculdade de observação aguçada pela solidão. Com a arte consumada do comediante êmulo de Diderot, ele olha para si em ação, o que lhe permite descrever, quase com desapego, as reações de seu corpo torcido pela dor e pelas afrontas. Com a vergonha engolida, ele exibe suas chagas sob o nariz dos responsáveis nos mais altos escalões. Acreditará ele ainda na clemência desses seres implacáveis? Ou então, será finalmente uma espécie de derradeira provocação, a arma do fraco contra o forte? Talvez se trate igualmente de um derivativo para um espírito que rumina na sua cela, iluminada de dia e de noite, todas as circunstâncias desta encenação dantesca. Ele não pode mais atuar. Ele pode ao menos escrever... ainda que seja sobre um papel racionado, que não permite nem correções, nem rasuras, nem acréscimos. Ele medita ao longo do tempo os termos dessas missivas que, embora redigidas em estilo cheio de firmeza, nem por isso deixam de ser gritos de desespero.

Há, enfim, uma última leitura possível desse desdobramento. Meierhold tem consciência desde o início dos anos de 1930 e,

---

[53] Carta de Vs Meierhold a V. Molotov (2-13.1.1940), *Écrits...*, v. IV, p. 297.
[54] É esta expressão que serve de título a uma coletânea de documentos concernentes aos escritores e artistas vítimas do terror, *Vernite mne svobodu*.

talvez, de há muito, da inépcia dos ideólogos que ocupam as altas posições. Ele não cessou, no fundo, de jogar um jogo duplo, ao escolher, nas suas montagens, obras que apelavam para a lucidez contra a canga cada vez mais pesada, imposta pelo Partido, adotando ao mesmo tempo em seus discursos o vocabulário da ideologia no poder. Ele mesmo não deixou de fustigar o "formalismo" e o "meierholdismo", mas não era o que pensava disso e ele se esforçava audaciosamente em enganar seus censores. Nesta hipótese, a detenção não fora para ele uma surpresa. Mas julgava ingenuamente que seria cobrado apenas por esse jogo duplo, intelectual e artístico, e que se livraria disso, como sempre, adulando os detentores do poder. A Lubianka abriu-lhe definitivamente os olhos sobre as realidades de seu país.

Tomado de uma fúria de escrever, redige em 24 de janeiro, dez dias após a carta a Molotov, uma nova súplica ao Procurador Geral da URSS. Ele se queixa do fato de que no momento do fechamento de seu dossiê, em 16 de novembro, não quiseram levar em conta sua retratação. Ele gostaria de saber se sua declaração final seria comunicada ao procurador encarregado do exame do dossiê. Ele resume solenemente os pontos essenciais sobre os quais versa sua retratação:

1. Ele nunca foi membro de uma rede trotskista.
2. Ele não teve atividades contrarrevolucionárias.
3. Ele nunca foi espião.
4. Se *O Tiro*, de Bezimenski e *O Segundo Comandante do Exército* de Selvínski comportavam tendências trotskistas, ele próprio se apressara a eliminá-las, chocando-se nisso com a vontade expressa de seus autores[55].

Nesse mesmo dia 24 de janeiro, os termos do ato de acusação, estabelecidos desde 27 de outubro, são aprovados por Afanassiev, substituto do Procurador Geral Militar, que, "de conformidade com a lei de 1º de dezembro de 1934", manda transmitir o dossiê n. 537 à Câmara Militar que deve estatuir. A assinatura de Afanassiev é em lápis azul, o que significa a morte.

---

55 *Teatral'naja žizn'*, n. 2, p. 33. Uma vez mais Meierhold se defende denunciando homens que estiveram ao seu lado.

Uma Paródia de Justiça

A Câmara Militar da Corte Suprema da URSS reúne-se no dia 31 de janeiro em audiência preliminar, sob a presidência do general de exército Vassíli Ulrisch, magistrado militar, assistido pelo general de brigada Kandibin, magistrado militar, por Bukhanov, magistrado militar de primeira classe, pelo escrivão Kozlov, magistrado militar de segunda classe, e em presença do general de brigada Afanassiev, substituto do Procurador Geral Militar. O tribunal toma conhecimento do ato de acusação estabelecido pela NKVD da URSS e aprovado por Afanassiev. De conformidade com os termos desse documento, que remete Meierhold-Reich Vsévolod Emilievitch à Câmara Militar da Corte Suprema da URSS para ser julgado a título dos artigos 58-1a e 58-11 do Código Penal da Federação da Rússia, o tribunal decide:

1. Aprovar o ato de acusação e levar o caso a seu termo;
2. Citar em julgamento Meierhold-Reich V. E. a título dos artigos 58-1a e 58-11 do Código Penal da Federação da Rússia;
3. Proceder ao julgamento a portas fechadas, sem representante do ministério público nem da defesa, e sem comparecimento de testemunhas;
4. Como medida de coerção prolongar a detenção do inculpado[56].

É entregue a Meierhold, na sua cela, cópia do ato de acusação; ele assina o recebimento, atestando que tomou conhecimento dele. O sistema burocrático empenha-se, com uma precisão meticulosa, em respeito às formas judiciais vazias de todo conteúdo. A ordem foi dada ao procurador para exigir e obter a cabeça do acusado. A *troika* (os três magistrados militares) executa fielmente as decisões tomadas no alto escalão, o que permite ministrar uma justiça expeditiva. Uma das perversões mais flagrantes desse sistema é sua condenação do "formalismo", formalismo do qual ele mesmo é sua quintessência. O procurador, que nos termos da lei soviética é o garante da legalidade do processo, é, ao mesmo tempo, juiz e parte interessada, porquanto deve aprovar como magistrado a decisão que adotou antes como procurador.

56 Idem, ibidem.

Agora se representa o último ato da comédia trágica, que arrasta Meierhold nos seus remoinhos e o conduz a uma morte que não é uma morte de teatro.

Ao alvorecer do dia 1º de fevereiro, o inculpado é transferido da prisão da Butirka até as proximidades da Praça Vermelha, para o edifício onde tem assento a Câmara Militar da Corte Suprema. Após um momento de espera em uma cela do subsolo, ele é apresentado à corte. O tribunal se compõe de três juízes, o general de exército Vassíli Ulrisch e seus dois assessores.

O auto estabelecido pelo escrivão Kozlov traz a menção "segredo absoluto"; ele descreve, na sua secura, o desenrolar do processo, que arremeda as práticas dos mais severos tribunais em matéria de equidade[57].

O réu tem a palavra. Meierhold faz uma longa declaração destinada a refutar uma vez mais as acusações de alta traição que pesam contra ele. Ele volta, por exemplo, a André Malraux. Sabendo que os inspetores suspeitavam fortemente de Roland, meio-irmão do escritor, de espionagem militar, ele precisa: "Ele encontrou Malraux na qualidade de escritor. Este tinha dois irmãos. Qual deles se interessava pela aviação, ele não sabia dizer. Henri[58] Malraux era escritor".

Tratava-se de uma questão que seguramente fora abordada no curso dos interrogatórios, a de suas origens "étnicas". Ele confirma a posição que sempre fora a sua: contrariamente ao que pensavam alguns, ele não era judeu. Mais exatamente, declara que "de nacionalidade era alemão, mas [que] o consideram em geral como judeu".

Sem poder protestar formalmente contra as sevícias que padecera, procura dar parte do fato ao tribunal, esperando, contra toda lógica que este levará isso em conta em seu veredicto, ou então, que a posteridade saberá render-lhe justiça: "A instrução de seu caso foi muito difícil. As elocubrações que relatou no curso da instrução se explicam pelo fato de que foi espancado".

---

57 Ver Anexo III, infra, p 642.
58 Preso de uma forte emoção, Meierhold devia esta falando muito baixo. O escrivão confunde os dois prenomes André e Henri que, para um ouvido russo, soam foneticamente próximos.

Os magistrados, aos quais Meierhold se dirige, fazem parte, eles próprios, da vasta máquina impiedosa, instalada desde os inícios do regime soviético para quebrar o homem. A comédia de justiça aí levada é tanto mais penosa de suportar para um homem que sempre combateu pela verdade.

A Morte

O veredicto é redigido em um formulário com cabeçalho em letras maiúsculas:

SENTENÇA PROFERIDA EM NOME DA UNIÃO DAS REPÚBLICAS
SOCIALISTAS SOVIÉTICAS PELA CÂMARA MILITAR
DA CORTE SUPREMA DA URSS
EM AUDIÊNCIA ESPECIAL.

Em 1º de fevereiro de 1940 foram examinados a portas fechadas, na cidade de Moscou, as acusações dirigidas contra Meierhold-Reich Vsévolod Emilievitch, nascido em 1874, antigo encenador principal do Teatro Nacional de Ópera Stanislávski, concernente aos crimes visados nos artigos 58-1a e 58-11 do Código Penal da RSFSR [...].

[...] A instrução prévia e os debates no curso da audiência estabeleceram que Meierhold, trotskista desde 1923, entrou no grupo trotskista de Rafail, grupo que desde 1923 desenvolveu atividade trotskista nos meios teatrais; nos últimos anos, por sua atividade trotskista, Meierhold manteve relação com os militantes trotskistas Drobnis, Boguslávski, Sosnóvski etc.; em 1930, Meierhold dirigiu o grupo trotskista antissoviético "Front de Esquerda da Arte", que reunia todos os elementos antissoviéticos no domínio artístico. Em 1933, Meierhold estabeleceu laços organizacionais com agentes dos serviços secretos britânicos e japoneses e desenvolveu até 1939 uma atividade de espionagem em proveito deles; além disso, ele organizou, em 1935, no seu apartamento, encontros clandestinos entre o inimigo do povo Ríkov e um agente de informação britânico.

A culpabilidade de Meierhold, relativamente aos crimes visados pelos artigos 58-1a e 58-11 do Código Penal da RSFSR, tendo sido assim demonstrada, a Câmara Militar da Corte Suprema da URSS pronuncia, com respeito a Meierhold-Reich Vsévolod Emilievitch, a condenação à pena mais elevada prevista em matéria penal, à execução com confiscação dos bens.

A sentença é executória e não é suscetível de apelo.

O Presidente: V. Ulrisch
Os Assessores: D. Kandibin
V. Bukhanov
O Escrivão: N. Kozlov[59].

O "corvo", denominação familiar do furgão penitenciário, reconduziu o inculpado à sua cela na prisão da Butirka. O último clarão de esperança ao qual ele se agarrava, quando fazia apelo à humanidade de Beria ou de Molotov, estava doravante extinto. De volta à sua derradeira morada terrestre, uma cela úmida, de forma triangular, ele se joga na sua cama e tenta pôr ordem em seu espírito perturbado. Ele esvazia a cabeça e de repente ela se enche de centenas de personagens, as que ele encarnou ou deu vida.

Meierhold treme de frio em sua cela. No entanto, está com seu casaco cinzento, grosso e quente, que sua família conseguira fazer chegar às suas mãos, e do qual ele não mais se separa. Uma a uma, as diferentes personagens de sua lenda se apresentam naquela cela, cujos contornos ele já não distingue: eis a patética Beatriz, virgem transfigurada; a música encantadora do duo de amor entre Tristão e Isolda; o porte altivo de Dom Juan; as imprecações impotentes de Arbenin à beira da loucura, ladeado pelo Desconhecido mascarado; a retórica pacifista de Herenien em uma Moscou gelada; a perfeição do ritmo de Ilínski, de Babanova e de Zaitchikov, meio ginástica, meio dança; esse farsante Khlestakov, que põe de pernas para o ar toda uma cidade e também a matreira Paulina, que chora por um chapéu; ele revê agora Aksiuscha, a jovial, a Mulher do Governador, sensual e ambiciosa; a trágica Marguerite Gautier, vítima aquiescente que levanta o véu de seu chapéu, e através desses fantasmas é Zinaida que palpita e revive nele, no desabrochar de seu jogo de

---

59 *Teatral'naja žizn'*, n. 2, p. 9-10.

comediante. Ela partiu antes dele e seu coração desfalece ao pensamento desta abominação. Ele sente queimar por dentro e, no entanto, treme de frio. Eis o que esses loucos sanguinários fizeram de simples comediantes ingênuos, empenhados em tornar os homens melhores, fazendo-os rir, ofuscando-os com a beleza, dando-lhes a intuição da verdade... De repente, o fantasma de um fantasma lhe roça a fronte. A seu lado se perfila a silhueta do doce príncipe com o qual ele tanto sonhou. Ele se lembra de haver dito: "Vós podeis escrever sobre meu túmulo: Aqui jaz um ator que jamais representou Hamlet, um encenador que jamais montou *Hamlet*"[60]. Hamlet o deixa depois de tê-lo recoberto com seu casaco.

Ele dormita, mas a manhã está próxima. O ferrolho range. É preciso partir, deixar esta cela que se tornou a cena do mundo. O tenente Krivitski o faz passar à frente. Eles descem dois andares de uma escada em caracol, como aquelas que obsedavam seus espetáculos. Enveredam por um corredor de paredes pintadas de um verde desagradável. Krivitski se adianta, abre uma porta que dá para uma sala abobadada, em todo o seu comprimento, com um banco em um dos lados, do outro um fosso cheio de areia que servirá para estancar o sangue jorrado do ferimento fatal. O carrasco manda o condenado despir-se. Ele está inteiramente nu, arqueado, magro e as pernas cobertas de varizes: ele tirita. Será que é somente de frio?

Ele se transforma subitamente. Ele é Treplev, é o seu primeiro papel profissional. Ele puxa a cortina e Nina está aí, toda intimidada.

> Ó vós, seres humanos, leões, águias e faisões, cervos, gansas, peixes mudos que povoais as águas, estrelas do mar e criaturas microscópicas, tudo aquilo que era vida, tendo concluído seu triste périplo extinguiu-se... Faz frio, frio, frio; vazio, vazio, vazio; o pavor reina, o pavor, o pavor... O corpo dos seres vivos desfez-se em pó... sua alma se fundiu em uma alma única... Eu sou a alma de Alexandre e de César e de Shakespeare e de Napoleão e da última das sanguessugas. Em mim a consciência dos seres humanos se confunde com o instinto

60 A. Gladkov, *Mejerhol'd*, v. II, p. 48.

dos animais e eu me lembro de tudo, tudo, tudo, e eu vejo de novo cada uma das vidas que estão em mim... Uma única coisa me é dada a conhecer, é que na luta pertinaz e cruel contra o diabo, fonte das forças materiais, eu serei vitorioso...[61]

O frio do metal contra a nuca. Um tiro. Um pontapé nos rins. O corpo oscila, desaba e tomba na fossa repleta de areia. Ele será içado de lá por cordas para ser jogado, com um número no pé, na carroceria do caminhão que aguarda no pátio, com o motor ligado. O corpo de Meierhold vai juntar-se aí ao de Koltsov, que fora um grande repórter do *Pravda*, e o de Boiarski, que fora diretor administrativo do Teatro Artístico de Moscou, bem como os de tantos outros executados neste mesmo dia. A seguir, os corpos supliciados serão transportados até o convento Donskoi, onde serão atirados em uma fossa comum.

A Memória

Sua filha, Tatiana Meierhold-Vorobiova, e sua enteada, Tatiana Iessiênin, sempre deram mostras de uma grande determinação no intento de salvar Meierhold das garras que o aprisionavam. Elas fazem o assédio ao guichê da NKVD, situado na Ponte dos Marechais, mas lá seus pacotes são recusados porque o nome que elas fornecem é desconhecido nos serviços. Levará certo tempo para ficarem sabendo que, devido ao estado civil, ele é Meierhold-Reich e não simplesmente Meierhold. Então, de dez em dez dias serão aceitas as encomendas e o dinheiro que elas lhe enviam. Em outubro, dois agentes da NKVD provocam um grande pavor ao se apresentarem no apartamento de Nicolai Reich, onde toda a família havia se refugiado. Eles vieram apenas para transmitir o pedido de roupas quentes do detido. Após muito esforço, os familiares encontram sua velha peliça, e Olga Munt, que viera correndo de Leningrado desde o início, a repara chorando. Em novembro, anunciam-lhes que a instrução está

---

61 A. Tchekhov, *La Mouette, Théâtre*, p. 46-48.

terminada e que o acusado fora transferido para a prisão da Butirka. Recorrem a Braude, um famoso causídico, para que assuma a defesa do Mestre, mas logo ficam sabendo que não é admitida a presença de um advogado perante a Câmara Militar. Logo depois o guichê da prisão recusa os pacotes destinados a Meierhold-Reich e os devolve à família por meio dos serviços da Câmara Militar. Um funcionário comunica a essas mulheres desoladas que seu parente fora condenado a dez anos de reclusão sem direito a correspondência. Como saber que esta fórmula hipócrita significa a morte? Como outras, a família Meierhold aguardará, acalentada por uma esperança falaciosa.

Se bem que ainda bastante jovem, Maria participa ativamente de diversas tentativa feitas para descobrir as pegadas de seu avô. No início do ano de 1941, ela se dirige, uma vez mais, à Câmara Militar da Corte Suprema, a qual lhe responde que Meierhold está vivo. Pedem-lhe inclusive que assine uma declaração pela qual ela reconhece ter sido informada desse fato. Em 1942, é a vez de sua mãe ser detida e enviada para um campo na Sibéria, por haver falado em termos elogiosos de seu próprio pai, um "inimigo do povo".

Terminada a guerra, no começo de 1946, Maria Vorobiova e Tatiana Iessiênin escrevem em conjunto uma carta ao presidente do Soviete Supremo (Chefe do Estado), Schvernik, para lhe solicitar notícias daquele que é respectivamente avô e padrasto delas. Maria Vorobiova toma a decisão de escrever a Stálin. Será em decorrência dessa iniciativa audaciosa? O fato é que, pouco tempo depois, ela é convocada a comparecer à Lubianka e, após algumas tergiversações relacionadas ao problema de ela ser apenas neta do interessado, encaminham-na ao serviço de registro civil do distrito da Lubianka. Entregam-lhe o extrato do registro de óbito de Meierhold-Reich, que teria falecido em 17 de março de 1942, de uma "parada cardíaca". O lugar do passamento não é indicado... Esta data figurará durante certo tempo nas obras de referência soviéticas.

Destarte, foi preciso esperar seis anos para se conhecer o destino de Meierhold e, ainda, com dados falsificados. Só quinze após sua execução é que a verdade será exumada. Em 1955, no início do Degelo, Tatiana Iessiênin endereça à Corte Suprema uma petição oficial com vistas à reabilitação do artista assassinado. O juiz de instrução encarregado do dossiê de reabilitação, Boris Riajski, confia-lhes, a ela e a Maria Vorobiova, o documento que, na sua frieza impessoal, atesta a execução efetiva do veredicto:

> Documento Secreto 205
>
> ATESTADO
>
> A pena capital pronunciada contra Meierhold-Reich Vsévolod Emilievitch foi executada em 2 de fevereiro de 1940 em Moscou.
>
> A declaração oficial de execução da sentença está conservada nos arquivos classificados da unidade especial n. 1 do Comissariado do Povo do Interior (NKVD) da URSS, volume XIX, folha 151.
>
> O chefe da 12ª seção da unidade especial n. 1 da NKVD da URSS,
>
> (Assinado) *Krivitski*
> Tenente da Segurança do Estado[62]

Em consequência de um inquérito aprofundado e graças à mobilização de sobreviventes que testemunharam ardentemente em seu favor[63], Vsévolod Meierhold foi reabilitado em novembro de 1955. A decisão cassa o veredicto inicial proferido em 1940 pela mesma instância, mas a notificação oficial só será dada a sua neta em 1988!

---

62 *Teatral'naja žizn'*, n. 5, p. 3.
63 Numerosos testemunhos provenientes de membros eminentes da *intelligentsia*, Ilia Ehrenburg, Boris Pasternak etc. Eis um extrato da carta de Nicolai Erdman ao procurador encarregado do dossiê (4.9.1955, em *Vernite mne svobodu*, Moscou: Medium, 1997, p. 234):
"Persuadido de que minha opinião sobre Meierhold não terá senão pouca influência sobre seu destino póstumo, julgo que é judicioso comunicar-lhe a opinião a seu respeito de pessoas notáveis que eu conheci no curso de minha feliz juventude.
Stanislávski, Nemiróvitch-Dantchênko, Glazunov, Lunatchárski, o pintor Golóvin, depois os da geração seguinte, Maiakóvski, Vakhtângov, Eisenstein, cada vez que a conversação versava sobre Meierhold, falavam dele como um notável homem de teatro e de um Mestre extraordinário [...] Mesmo Okhlopkov, que se ergueu na imprensa contra seu mestre, é incapaz de renegá-lo em cena e, em seus melhores trabalhos de encenação, permanece fiel a ele como discípulo [...] A reabilitação de Meierhold devolveria à história do teatro soviética uma boa parte de suas páginas mais brilhantes".

Eu vos comunico as informações em nosso poder sobre Meierhold-Reich Vsvolod Emilievitch.

Por decisão da Câmara Militar da Corte Suprema da URSS na data de 1º de fevereiro de 1940, Meierhold, V. E., foi condenado à morte devido a uma falsa acusação: tendo se tornado trotskista em 1923, ele teria entrado em um grupo trotskista que promovia atividades antissoviéticas entre o pessoal de teatro e teria dirigido, em 1930, um grupo trotskista compostos de todos os elementos antissoviéticos no domínio artístico; Meierhold foi igualmente acusado de espionagem [...].

O Escrivão-Chefe da Câmara Militar da Corte Suprema da URSS

A. Nikonov[64]

A esta carta se anexou o atestado oficial que valida a reabilitação:

Câmara Militar da Corte Suprema da URSS
30 de novembro de 1955

ATESTADO

As acusações contra Meierhold-Reich Vsévolod Emilievitch foram reexaminadas pela Câmara Militar da Corte Suprema da União das Repúblicas Socialistas Soviéticas no dia 26 de novembro de 1955.

A condenação pronunciada pela Câmara por acusação, em 1º de fevereiro de 1940, contra Meierhold-Reich V. E. foi anulada em razão da ausência de provas; ela é por consequência declarada improcedente.

O Vice-Presidente da Câmara Militar da Corte Suprema da União das Repúblicas Socialistas Soviéticas

O magistrado-coronel
V. Borissoglebski[65]

O caso parece, portanto, clara e definitivamente acertado. No entanto, durante mais de dez anos, a reabilitação jurídica de Meierhold remanescerá no domínio dos rumores. Será mister esperar

64 *Teatr*, n. 1, p. 36.
65 *Tetral'naja žizn'*, n. 5, p. 10.

ainda vários anos para se chegar à reabilitação artística do encenador. Os golpes desfechados contra o "formalismo", de que ele se teria tornado culpado, foram tais que, para muitos, Meierhold continua a cheirar a enxofre mesmo no início do Degelo. Por isso procede-se por etapas: em 1956, ocorre um colóquio presidido pelo crítico Rostotski, que se impõem por seu dogmatismo. Ele se atribui a palma de conceder um atestado comedido de boa conduta a um artista "cheio de talento, mas que muitas vezes cometeu faltas[66]" Por mais que se leve em conta o tabu que proibia até então pronunciar o nome de Meierhold, essa medida permanece confidencial. O julgamento de Rostotski, uma espécie de resposta adocicada às acusações de Kerientsev, não será publicada antes de 1960!

Felizmente, uma comissão de fiéis, que tem como secretária Maria Valentei-Vorobiova, é oficialmente constituída a fim de restaurar o patrimônio artístico de Meierhold e empenhar-se em reviver sua memória. Duas publicações maiores balizaram seus trabalhos. A primeira data de 1967. Trata-se de uma recolha de mais de seiscentas páginas, contendo cerca de quarenta testemunhos de atores, críticos, autores e de amigos de Meierhold, revelando ao leitor o semblante contrastado e atraente de um homem, do qual a nova geração ignorava até a existência[67]. A segunda obra, publicada no ano seguinte, é uma coletânea em dois volumes de escritos, cartas, alocuções e conversações que desenham o retrato deste homem no trabalho, em suas relações com os artistas de seu tempo, obra de que os leitores franceses dispõem de uma excelente tradução[68].

Graças à sua atividade infatigável e à sua obstinação, Maria Valentei-Vorobiova, obteve que fossem transformados em museu a casa natal de Meierhold, em Penza e o apartamento da rua Briússov, em Moscou. Esse lugar de culto por onde passaram André Malraux e Boris Pasternak, para citar apenas eles, é o testemunho vivo da preeminência do espírito sobre as forças de destruição. Quanto aos jovens atores e encenadores, eles bebem na herança de Meierhold forças para ir à frente.

66 B. Rostockij, *O režisserskom tvorčestve V. E. Mejerhol'da*. (Publicação tardia de duas conferências pronunciadas no Instituto de História da Arte da Academia das Ciências da URSS nos dias 19 de abril e 11 de maio de 1956.)
67 L. D. Vendrovskaja, (org.), *Vstreči s Mejerhol'dom*.
68 A. V. Fevralskij (org.), *Stat'i, pis'ma, reči, besedy*.

O Centro de Criação Meierhold de Moscou aceita o desafio que consiste em perpetuar o espírito do Mestre, mesmo se um espírito tão independente quanto ele não teria talvez aprovado esse tipo de iniciativa. Mas as realizações do diretor desse centro – o encenador Valeri Fokin – permitem augurar o bom futuro dessa empreitada dedicada exclusivamente à memória de Meierhold. O estilo de trabalho desse encenador (*A Metamorfose*, de Kafka, ou *Almas Mortas*, de Gógol[69]) testemunham uma profunda afinidade entre o artista de hoje e o Mestre desaparecido.

Pode-se afirmar que os homens de teatro contemporâneos, quer se trate de encenadores ou de coreógrafos, estão impregnados, amiúde à sua revelia, do espírito de liberdade etérea e da seriedade profissional com a qual Meierhold operava a metamorfose cênica. Antes de tornar-se um objeto de estudo baseado na perquirição minuciosa dos textos, o espírito de Meierhold filtrara-se por meios indiretos. Sabe-se que Gordon Craig viajava a Moscou para admirar suas "demonstrações" na cena. Na mesma época, Bertolt Brecht pedia a Tretiakov que lhe contasse a extraordinária epopeia de Meierhold. Sua teoria do distanciamento, toda inspirada na prática meierholdiana, alimentou largamente o movimento teatral da Europa Ocidental, durante o período mais negro da reação na Rússia.

No momento atual, uma vez concluído o trabalho do luto, a memória está restaurada. Assim, o condenado à morte tinha razão de afirmar que a verdade triunfaria. Resta sacar dos arquivos, ainda inéditos, para melhor dispor a originalidade radical de que o encenador dava provas em cada uma de suas realizações e valorizar a afirmação de Vakhtângov, segundo a qual Meierhold havia plantado no teatro "as raízes do futuro".

Tradução: J. Guinsburg

---

[69] *Quarto de Hotel na Cidade de NN* (segundo *Almas Mortas* de Nicolai Gógol), obra estreada em 1994 em Moscou e apresentada no Festival de Avignon em 1997. Além de seu talento de encenador, Valeri Fokin empenha-se com grande energia para perpetuar a memória de Meierhold. Financiamento do Museu Meierhold, projeto de construção de um teatro e de um centro de estudos, edição dos 2 volumes do *Mejerhol'dovskij sbornik* em Moscou, em 1992, são outros tantos testemunhos da atividade do Centro de Criação Meierhold que ele dirige.

A Cortina Ergue-se Novamente

A imagem de um homem que suscitou tantas paixões contraditórias só pode encontrar sua coerência à vista da história, ainda que esta não disponha senão de cartas marcadas. De um lado os detratores, para quem Meierhold é um espírito destruidor, um terrorista, o ditador da cena convencido de ser o único a deter a verdade ou, para falar como Molotov, um homem que "quer ser original a todo custo". De outro os turiferários, que salientam o fato de que ele procedeu a uma verdadeira revolução na arte do teatro, ao fazer do espetáculo teatral o elemento de um diálogo entre o homem contemporâneo e esse nó de emoções, de conhecimentos e de paixões que constitui a singularidade de um escritor. Ao lado de Stanislásvski, mas diferente dele, Meierhold é *o inventor da encenação* de cujo conceito ele contribuiu para elaborar, encarnando-o ao mesmo tempo.

Cada encenação era para ele a ocasião de tomar partido, de falar com uma voz forte e de resolver os conflitos, aparentemente insolúveis, que prendem os homens em suas redes e os impedem de atingir sua estatura de seres livres. Por trás da fachada de um jogo estético, cada encenação é uma ascese condutora na busca da verdade.

Dizer a verdade é arrancar as máscaras dos hipócritas que povoam as cenas e descem pelas ruas das cidades. O teatro é um meio privilegiado para denunciar a hipocrisia. A máscara pode penetrar tão profundamente no rosto de uma personagem que esta se confunde com ela, revelando o diabólico no homem. O horror do abismo que o espectador então descobre encontra sua resolução no riso libertador que escapa dos peitos opressos.

Meierhold é o protótipo do encenador contemporâneo para quem o espetáculo é uma explicação minuciosa de texto transcrito no espaço da caixa cênica. Sua escritura passa pela sutil configuração do ator que, por seus dons físicos, sua rapidez de reação e, sobretudo, por sua imaginação artística, é, ao mesmo tempo, o instrumento e o motor da ação.

Não é exato dizer que Meierhold negligencia o ator. Mas, ao contrário de Stanislávski, sua arte da direção dos atores está subordinada ao valor literário do texto. Um axioma atravessa toda a sua vida: "O teatro nasce da literatura", mesmo durante seu período construtivista, que poderia tê-lo conduzido à rejeição do texto escrito, ele se impõe uma fidelidade absoluta a este último. Inversamente àquilo que se disse a seu respeito, ele não era um dogmático. Para retomar uma fórmula judiciosa, "as fórmulas provocativas do construtivismo constituem, o mais das vezes, coisa dos teóricos à volta do encenador do que do próprio Meierhold"[1]. Por um paradoxo aparente, ele se mostra mais livre em relação ao texto quando se trata dos clássicos (*A Floresta, O Revizor*). É que aí ele compõe um hipertexto, utilizando variantes rejeitadas ou modificando o roteiro (o famoso "tema" dos formalistas), de modo a valorar melhor o desenrolar da fábula. Trata-se de restituir a juventude às obras cujo mordente o tempo embotou.

---

[1] C. Hamon-Siréjols, *Le Constructivisme au théâtre*, p. 126.

O encenador tem necessidade de atores profissionais, mas a atitude de Meierhold difere também nisso da de Stanislávski. Enquanto este passa a vida formando atores, Meierhold tem como objetivo privilegiado a formação de encenadores. Um encenador é antes de tudo um ator, porém é mais do que um ator, pois é também um intérprete e um organizador. Vários encenadores famosos saíram dos cursos de Meierhold: Eisenstein, Iutkevitch, Ekk, Okhlopkov, Radlov ou Lutze. O que eles têm em comum é esse ouvido musical que é, sem dúvida, o segredo de Meierhold. O trabalho do diretor é assim semelhante ao do regente de orquestra: senso da composição, das grandes massas a dirigir, autoridade, tato, musicalidade.

O comediante, segundo Meierhold, se distingue do homem comum pelo fato de ele ser um profissional encarregado de despertá-lo à maneira do sacerdote de Orfeu ao acolher o mista (Para o tradutor: Não achei esse term nem em francês nem em português) no templo. Mesmo nas realizações mais excêntricas, o ator é instrumento de revelação. Os olhos do espectador abrem-se de súbito para uma realidade interior ou exterior que ele ignorava até então. Mas quem diz revelação não diz hipnose e perda do senso das realidades. O espectador de Meierhold é um homem desperto. Seus olhos estão abertos para a realidade da vida; eles se abrem também para a realidade do jogo teatral. A ilusão teatral é ela própria submetida à prova da verdade, desmontada, distanciada. Ao fim da representação, o espectador está transformado, porém lúcido. Longe de reencontrar, com tristeza, uma vida quotidiana insípida, ele deixa o teatro com uma recarga de energia vital, que o converte em um homem com plena posse de seus meios, um cidadão livre, pronto a agir na cidade.

A grandeza do desígnio não impedia o nosso homem de ser pouco cômodo. Ele tinha os defeitos dos grandes artistas, ciúme, entusiasmos passageiros, desconfiança, arrogância. Suas relações com os comediantes nem sempre eram fáceis. Os destaques do cartaz defrontavam-se sucessivamente com sua admiração e sua vindita. Pensamos em Ilínski e Garin, que, para se libertarem da garra do Mestre, deixavam periodicamente o teatro de Meierhold, para aí voltar em seguida, quando ele tinha necessidade deles. O caso mais doloroso foi o de Maria Babanova, excluída sem a menor deferência cinco anos depois de haver feito trabalhos notáveis. Ao lado disso, há atores que sempre permaneceram fiéis ao Mestre, que lhes retribuiu do mesmo modo, como Bogoliubov ou Sverdlin. Sem serem tão brilhantes como Ilínski ou Garin, não eram artistas de menos de talento.

O ponto mais discutido da estética meierholdiana é sua teoria do teatro "da convenção", elaborada muito cedo, quando da experiência simbolista, realizada em 1905, sob a tutela benevolente de Stanislávski. Por certo, a expressão foi tomada de empréstimo de Briússov, sensível à ruptura radical introduzida pela dramaturgia simbolista. O teatro simbolista demanda um novo jogo de convenções que apela para a imaginação dos espectadores e exige deles um contrato de confiança.

O teatro simbolista reata com o teatro elizabetano, ultrapassando-o ao mesmo tempo. Eles se encontram em certo nível de abstração, pelo qual se estabelece a convenção que sela a aliança entre o público e o comediante, em vista da cerimônia na qual, um e outro comungam. Esta tomada de consciência do espectador como elemento ativo da representação é um dos pontos de ancoragem de Meierhold. A supressão da cortina resulta desta mesma convicção. A fim de melhor participar do espetáculo, o público deve impregnar-se, antes do começo da ação, dos elementos de um dispositivo cênico de caráter abstrato, mas cuja linguagem deve ser assimilada para permitir a comunicação necessária.

A ideia de uma convenção compartilhada no plano visual, em matéria de cenografia, vai evoluir com o tempo e tornar-se mais complexa. Sendo o comediante considerado ele próprio, sob certo ângulo, como um elemento do dispositivo cênico, seu corpo se faz significante. Sem dúvida, a máscara que ele reveste real ou metaforicamente é, em si, um elemento desta convenção consciente. A gente reconhece de pronto a diferença entre um Arlequim, cúmplice divertido, brilhante e diabólico, e um Pierrô de rosto redondo e branco, de roupa solta, com espantos ingênuos: a convenção das máscaras da comédia italiana encontra seu prolongamento na plástica corporal do ator. Esses movimentos serão levados ao seu paroxismo no tratamento abstrato aplicado em

O Corno Magnífico, de 1922. Vestidos com um simples macacão, idêntico para todos, os comediantes de Meierhold atuam aí com todos os recursos de um corpo que reivindica sua liberdade. A diferença entre o homem e a mulher é exacerbada por esta aparente uniformidade. A história inverossímil de Bruno, exigindo que todos os homens da cidade passem sobre o corpo de sua mulher Stella, para que ele possa detectar o objeto de seu ciúme doentio, constitui, de fato, uma assombrosa máquina a celebrar a autonomia e a alegria do corpo.

A liberdade absoluta demanda o ajuste de convenções claras. Ela incide em um domínio que é por excelência o da liberdade interior: o tempo. Tal é a razão profunda da fascinação que Meierhold sente pelo teatro de Shakespeare. Quanto tempo escoa-se entre o aparecimento do fantasma do pai de Hamlet e a cena da ratoeira, em termo de uma verificação das dimensões das palavras do defunto rei? Impossível deduzi-lo a partir do texto. Shakespeare joga com o tempo, que é uma matéria tão maleável quanto o restante das coisas humanas.

O domínio do tempo se traduz em Meierhold pela importância acrescida que atribui à música de cena. A partir de 1921, não há obra dele sem música. Ele encomenda a Schostakóvitch, Schebalin ou Assafiev obras com ritmos modernos, mas empresta também música dos clássicos, de Bach a Liszt, para exprimir sentimentos românticos. A música não serve apenas para mobiliar os silêncios, ou para mascarar as passagens de uma cena a outra. Ela faz parte integrante do espetáculo. Uma personagem pontua suas réplicas com trechos que executa ao piano, outra exprime seu mundo interior em uma tocante queixa, que ela canta acompanhando-se ao acordeão. A música é também uma personagem à parte, inteira, ela arrasta o espectador ao seu mundo extratemporal. O tempo é detido, e esse tempo é pleno. O espectador não sabe mais onde se encontra, não sabe que horas são. Ele é arrebatado, em um movimento interior, que o faz entrar em uma cumplicidade, um pouco distanciada, com a personagem presente na cena.

O teatro de Meierhold é um mundo de signos a decifrar, e seus atores são a matéria-prima de uma ousada visão criativa, ao mesmo tempo irreal e encarnada.

Meierhold terá agido por oportunismo ao aderir ao comunismo? É evidentemente difícil responder a tal indagação; mesmo se o nosso homem adotou com frequência um vocabulário marxista nas suas análises estéticas, sua cultura era muito mais eclética. Ele tomou o cuidado de explicar, em sua primeira confissão na Lubianka, que não havia agido por oportunismo, porquanto em 1918 se achava no topo de sua carreira. O argumento não é muito convincente, porém os sentimentos de Meierhold eram certamente ambivalentes.

Meierhold acreditou na possibilidade de uma simbiose entre a ação política e a ação cultural, com a condição de que esta última conservasse sua autonomia. Ele próprio passou por uma fase de extremismo, visto que desejava obter por decreto o fechamento de todos os teatros "burgueses". Lunatchárski precisou intervir a fim de impedi-lo disso.

Desde o começo Meierhold viu na Revolução um enorme cometimento de libertação das forças ocultas no seio do povo. O teatro tinha a sua parte nesta ação, visto que o desenvolvimento dos clubes artísticos nas cidades, nas aldeias, nas fábricas, nas guarnições permitia mobilizar o talento daqueles que, até então, não haviam tido direito à palavra. E Meierhold viu-se, por algum tempo, à testa de um exército de animadores, portadores da boa nova, quer dizer, a visão meierholdiana do teatro, até o recôndito da nova Rússia.

A breve experiência da vida administrativa, em 1920-1921, serviu-lhe de lição preciosa: ele descobriu as profundezas insuspeitas da incompetência e da arrogância dos funcionários encarregados dos assuntos culturais. Não se pode duvidar que a descoberta das morosidades burocráticas, de sua arbitrariedade e, sobretudo, da crassa ignorância da maioria dos funcionários investidos de autoridade, abriu-lhe os olhos sobre a realidade do novo regime. A esperança de uma grande política cultural, visando elevar o nível geral da população no plano físico (as paradas de ginastas) e no plano moral (graças, notadamente, a espetáculos revolucionários), chocou-se bem depressa com um muro de malevolência, de incompetência e de mau humor. As peripécias que acompanharam a criação de seu teatro acabaram por convencê-lo da imperícia administrativa do novo regime. Sob o antigo, o diretor dos teatros imperiais, uma vez no cargo, dispunha da autoridade necessária para conduzir uma política artística coerente.

Findo o sonho de uma Rússia coberta por uma rede de teatros sob o seu cajado, Meierhold se recolhe a um trabalho de formiga em apartamento. Ele realiza com isso algumas obras-primas de teatro que, cumpre dizê-lo, tinham apenas uma relação longínqua com o projeto de transformação da sociedade. *O Corno Magnífico* foi recebido com perplexidade pelos paladinos da arte proletária que culpavam, com razão, um espetáculo que exibia um virtuosismo gratuito. Todo o trabalho de Meierhold consistirá doravante em despertar os espíritos e sacudi-los, a fim de que se insurjam contra uma atmosfera que se torna cada vez mais pesada.

Encontrou-se uma fotografia de Meierhold com um boné da cavalaria do Exército Vermelho. Debaixo da dedicatória está escrito: "Eu tenho sofrido, eu sofro, eu sofrerei, porque não faço compromisso"[2]. Esta profissão de fé data de 1922, após sua experiência como Diretor dos Teatros. Num só lance, ele abarca toda a sua vida, passada e futura, e a resume nessa palavra sofrimento, evocadora de Dionísio, o deus sofredor, o deus que deu nascimento ao teatro grego, o deus do teatro.

Por uma amarga ironia, foi preciso que Meierhold escrevesse uma de suas cartas mais profundas a Molotov, a própria encarnação do burocrata sem alma, que proíbe a si mesmo de pensar além das diretrizes do chefe de serviço, o secretário geral do Partido. Ele assume totalmente sua personagem de funcionário limitado, convencido até o fim de seu legítimo direito e cujo sentimento de sua culpabilidade sequer aflora. Em se tratando de pessoas detidas durante o terror, ele declara em boa consciência: "Que necessidade há de provas... a partir do momento que sabemos de maneira pertinente que essas pessoas eram inimigos e que eram culpados?"[3]

Em um Estado proletário, o teatro é perigoso porque cria, a cada representação, uma microssociedade em que as distinções

---

[2] Documentário da RTR sobre Meierhold (*Mejerhol'd: Nerazgadannaja zagadka*. Autores: Natalija Zvenigorodskaja; Vadim Ščerbokov, Moscou, 1955).
[3] Tchouev, *Conversations avec Molotov*, p. 307.

sociais são temporariamente suspensas, o que permite falar a verdade. Aquilo, portanto, que o Estado totalitário necessita é de um teatro inteiramente fundado na ilusão teatral. É por esta razão que o sistema de Stanislávski foi imposto como regra absoluta a todos os teatros da Rússia: a ilusão de verdade à qual se chega permite travestir a verdade e libera o Estado, que vê sua política glorificada na cena.

A aposta é realmente a verdade. Suas últimas palavras públicas, relatadas pelo escrivão impassível da Corte Suprema da URSS, foram para afirmar a confiança absoluta de Meierhold no triunfo da verdade, "mais forte do que a morte". Tem-se o direito de pensar que essas palavras constituem a expressão fiel de suas convicções íntimas.

Poderia ele desconfiar que fossem necessários uns cinquenta anos para a verdade reaparecer? Sua confiança no triunfo da verdade vai mais longe. Trata-se da ressurreição do teatro da verdade, realidade espiritual suprema, transcendendo à vida de cada indivíduo para lançar uma luz intemporal sobre os acontecimentos. Esta verdade que o jogo teatral tem por vocação revelar e que incomoda. A verdade do teatro de Meierhold realizava esse milagre que é a constituição de um verdadeiro público, isto é, de um grupo momentaneamente soldado em uma mesma busca, quaisquer que fosse, para além das convicções de seus elementos individuais, fossem eles homens ou mulheres, ignaros ou cultos, trabalhadores manuais ou intelectuais, comunistas ou anticomunistas, resignados ou combativos.

Mártir da verdade, Meierhold reatou os laços com o caráter sagrado do teatro. Através de seu mundo de ilusões e de seu jogo de máscaras, o teatro é educador da alma. Meierhold jamais foi tão ele mesmo do que, quando, em meio de um ensaio, lançava-se ao palco para encarnar uma personagem: graças a essas vinhetas efêmeras apresentadas diante de uma assistência entusiasmada, o maravilhoso cabotino que ele era levantava de súbito o véu sobre a eternidade.

Tradução: J. Guinsburg

Anexos

Anexo I
Formulário Distribuído à Saída
das Representações Dadas
no Primeiro Teatro da RSFSR

PRIMEIRO TEATRO DA RSFSR
Enquete de opinião relativa à representação do...

1. Homem ou mulher.
2. Idade (adolescente, adulto, idoso etc.).
3. Proveniência social e profissão principal (camponês, operário, membro da *intelligentsia*, empregado etc.).
4. Nível de estudos (autodidata, estudos primários, secundários, superiores etc.).
5. É a primeira vez que você vai ao teatro e, no caso contrário, você vai aí com frequência desde outubro de 1917? (Cerca de uma vez por mês, uma vez por semana, mais frequentemente.)
6. A peça lhe agradou ou não? Diga por quê.
7. O jogo dos atores lhe agradou ou não? Diga por quê.
8. O que no espetáculo lhe agradou e o que não lhe agradou, independentemente da peça e do desempenho dos atores?
    a. A maquilagem?
    b. As indumentárias?
    c. O arranjo do palco e dos cenários?
    d. A iluminação da cena?

e. O dispositivo cênico?
f. A música?
9. O que no teatro da RSFSR lhe agradou e o que não lhe agradou, independentemente da representação teatral? Diga por quê.
a. A disposição da sala?
b. A iluminação da sala?
10. O que mais você pode dizer sobre a representação cênica?
11. O que você pode dizer sobre o teatro da RSFSR?
12. No fim de contas, você está satisfeito com o teatro e a representação?

Arquivos Literários e Artísticos da Rússia.
Fundo 963, n. de inventário 1, documento n. 9 (1) e (2).

Anexo II
Retratação

Declaração Hológrafa do Detento Meierhold-Reich V. E., nos Dias 16 e 17 de Novembro de 1939[1]

No que concerne aos depoimentos que prestei relativos às seguintes pessoas: I. Ehrenburg, B. Pasternak, L. Seifulina, V. Ivánov, K. Fedin, S. Kirsanov, V. Schebalin, D. Schostakóvitch, Lapina, S. Eisenstein, E. Garin e V. V. Dmitriev, considero que é de meu dever dar alguns complementos e, sobretudo, fazer várias correções de fundo:

1. Ilia Ehrenburg não me incitou a fazer parte de uma rede trotskista, e eu mesmo não o arrastei tampouco a fazer parte de uma tal rede. No que concerne ao fato de que Ehrenburg teria tido ligações com trotskistas na URSS e no estrangeiro (ver, p. 76 dos autos), eu indiquei ao inspetor Voronin que seu secretário Milman podia dar todas as indicações requeridas sobre suas relações na URSS. Quanto aos seus contatos no estrangeiro (em Paris), há uma pessoa que pode fornecer indicações pormenorizadas a esse propósito, é o escritor Savitch, que voltou de Paris em maio de 1939 e que manteve durante muito tempo laços de amizade com Ehrenburg de quem é um familiar. Não é verdade que Ehrenburg me tivesse dito que na França ele mantinha contatos regulares com

---

1 Teatral'naja žizn', n. 2, p. 33.

André Malraux precisamente em matéria de trotskismo. O que é verdade é a amizade que, como já indiquei, Ehrenburg sentia por Malraux. E julgo necessário acrescentar que na sua primeira estada (na URSS) Malraux e Ehrenburg advogaram muito em prol de *A Condição Humana*; este romance apresenta fortes tinturas de elocubrações trotskistas. Eles tentaram adaptar este romance ao cinema (por S. Eisenstein) e ao teatro (por meu intermédio, insistindo para que eu efetuasse a adaptação). Felizmente, este romance não foi publicado, nem adaptado para o cinema nem para o teatro, pois Eisenstein e eu perdemos rapidamente todo interesse por esta obra.

Eu afirmo categoricamente que nem Ehrenburg, nem Malraux abordaram diante de mim a questão da fragilidade do regime soviético, nem a de uma próxima tomada do poder pelos trotskistas; tampouco declararam que, devido à detenção de muitos membros da rede trotskista, era preciso cerrar fileiras, nem que era preciso continuar com encarniçamento e perseverança a luta contra o Partido, nem, enfim, que era preciso trabalhar para derrubar o poder soviético.

2. Eu não mantive nenhuma conversação com Boris Pasternak, visando os dirigentes do Partido e do governo (ver p. 48 dos autos). Não é verdade que eu haja recrutado para uma rede trotskista, seja por instigação de Ehrenburg ou por minha própria iniciativa, B. Pasternak, I. Olescha, L. Seifulina, V. Ivánov, K. Fedin, S. Kirsanov, V. Schebalin, D. Schostakóvitch, nem Lapina; não é verdade que eu lhe tenha confiado missões. O que une este grupo de escritores e de músicos é uma comunidade de concepções em matéria artística, sem relação com o trotskismo. Eu jamais confiei a B. Pasternak a missão de recrutar, para a rede trotskista, escritores animados de espírito antissoviético. Não é verdade que B. Pasternak me tenha dito que recrutou S. Kirsanov e O. Brik para a rede trotskista. O. Brik (eu digo isso a título de complemento) estava ligado a D. Sterenberg, que pintou na casa dele (Brik) o retrato do inimigo do povo Primakov.

3. No que concerne a Olescha, julgo de meu dever aduzir a seguinte precisão que é essencial: eu não propus a Iuri Olescha entrar em uma rede trotskista. O que eu disse em meus depoimentos precedentes (p. 86 e 87 dos autos), a saber, que

eu havia tentado confiar a Olescha a tarefa de eliminar fisicamente dirigentes do Partido e do governo soviético, não tem nenhuma relação com a verdade. Nós jamais conversamos juntos sobre o terror.

V. Meierhold-Reich

Declaração recebida pelo juiz de instrução da seção de Instrução da Direção da Segurança do Estado do Comissariado do Povo para o Interior [NKDV].

Tenente dos Serviços de Segurança do Estado
I. Schibkov
Dossiê n. 537, p. 35-36.

Anexo III
Minutas do Processo de V. Meierhold
1º de fevereiro de 1940 em Moscou[1]

O presidente declara que o tribunal examinou o caso de Meierhold-Reich Vsévolod Emilievitch, no qual é acusado de crimes passíveis dos artigos 58-1a e 58-11 do Código Penal da Federação da Rússia.

O presidente certifica-se da identidade do inculpado e lhe pergunta se ele recebeu uma expedição do ato de acusação e se tomou conhecimento dele.

O inculpado responde que recebeu uma expedição do ato de acusação e que tomou conhecimento dele. O objeto da acusação não tem ambiguidade.

O presidente dá a conhecer a composição do tribunal: nenhum juiz é recusado.

Nenhum pedido de adiamento foi apresentado.

O presidente pergunta ao réu se ele se julga culpado.

O réu responde que ele se julga não culpado e que repudia os depoimentos feitos quando da instrução.

Em 1923, o réu conheceu de fato Rafail que estava próximo dos trotskistas. Ele o encontrou de novo em 1923 ou 1924, enquanto exercia funções na administração da Instrução Pública e da Cultura;

---

[1] Protokol zakrytogo sudebnogo zasedanija voennoj kollegii Versuda SSSR, *Vernite mne svobodu, memorial'nyj sbornik dokumentov iz arhivov byvšego kgb*, p. 234-236. Dossiê n. 537, p. 199-203.

a este título, tinha a tutela de alguns teatros entre os quais o Teatro da Revolução, e foi nesta qualidade que ele o reviu.

Na época, Rafail e Drobnis[2] haviam tentado dissuadi-lo de dirigir o teatro que trazia o seu nome e queriam confiar a direção a Okhlopkov, o que o réu recusou, provocando seu despeito.

Ele travou conhecimento com Olga Davidovna Kameneva[3] desde o início de suas atividades artísticas. Em seu livro, Trótski o chamou de "o impetuoso Vsévolod" e, no começo, sentiu-se lisonjeado, mas em seguida, quando este caiu na contrarrevolução, ele se afastou de tudo isso.

O réu conheceu Grey por intermédio de sua antiga aluna Barsova que desposou Grey. Embora portando o mesmo nome que a artista do Bolshoi, Barsova, esta não tem nenhum laço de parentesco com aquela. Ele encontrou Grey repetidas vezes, que era um cidadão britânico que representava na URSS uma sociedade comercial americana. Isso ocorreu em 1934 e 1935.

Ele não encontrou Grey no estrangeiro, mas tornou a ver sua mulher em Paris. Por razões financeiras, o réu lhe perguntou se podia viver na casa dela por algum tempo. Foi em 1930. As únicas palavras que ele trocou com Anna Grey diziam respeito a questões artísticas. Depois da estada dos Grey na Rússia entre 1934 e 1935, ele voltou a ver Anna Grey, em 1936, em Paris, no exterior.

Durante sua estada em Moscou, Grey pediu-lhe que lhe arrumasse um encontro com o vice-comissário das Finanças, Mantsev, o que fez escrevendo-lhe uma carta de recomendação; ele não sabe se o encontro ocorreu.

No que concerne à entrevista entre Grey e Ríkov, eis como isso se passou: Grey estava de passagem em sua casa, quando recebeu a visita da sra. Miliutin, de Razmirovitch e de Ríkov, e,

---

2 Iakov Drobnis (1891-1937), fundador do Partido Comunista Ucraniano, organizador da oposição armada contra Petliura. Presidente em 1922-1923 do efêmero Conselho dos Comissários do Povo da RSFSR. Excluído do Partido Comunista no XVº Congresso (dezembro de 1927), como partidário de Trótski. Reintegrado no Partido após ter feito uma retratação pública e designado para o Comissariado do Povo para as Comunicações. Figurou, em 1937, entre os acusados do segundo processo de Moscou (centro trotskista antissoviético). Foi executado em 30 de janeiro de 1937.
3 Olga Kameneva (1883-1941), nascida Bronstein, irmã de Trótski e esposa de Kamenev. Ela dirige a política teatral nacional, de janeiro de 1918 a julho de 1919 e, depois, foi encarregada da Educação Artística na municipalidade de Moscou. Executada em 1941.

nessas condições, esforçou-se para organizar o encontro desejado, por Grey, com este último. Por cegueira política, não tentou saber por que Grey queria ver Mantsev e Ríkov. Ele não sabe se este último recebeu Grey.

Do mesmo modo, Grey lhe pediu ajuda para obter o prolongamento de seu visto de permanência e ele escreveu nesta ocasião uma carta ao serviço competente da prefeitura de Moscou.

Foi mesmo inteiramente por acaso que Baltrusaitis lhe fez uma visita no mesmo momento em que Grey se achava em sua casa.

Ele prestou a Grey todos os serviços que este lhe pedira, devido a suas ligações de amizade com Barsova, sua antiga aluna que havia esposado Grey.

Quanto a Baltrusaitis, ele o conhecia muito bem e sua amizade por ele remontava a 1898. No dia em que este último veio visitá-lo, ele havia pedido a Grey que permanecesse em casa para servir de intérprete entre ele [Baltrusaitis] e a esposa do embaixador do Reino Unido. Parece-lhe que foi naquele dia que Grey se encontrou com Ríkov, mas Miliutin diz que não; ele não se lembra disso muito bem.

Todo o episódio de seu encontro com o japonês Seki Sano é uma pura mentira, são efabulações.

Houve de fato uma pessoa de nome Seki Sano, mas era um estagiário ligado a seu teatro. Ele se beneficiava de uma bolsa do Comissariado do Povo para a Instrução e a Cultura, atribuída a pedido da Associação Internacional dos Teatros Revolucionários.

Não houve a menor discussão antissoviética com Seki Sano, ele não lhe confiou nenhuma carta para Paris; todo este episódio é uma efabulação.

O réu tornou a encontrar Baltrusaitis em 1928; este viera vê-lo em seu teatro para assistir à *première* de um de seus espetáculos.

Leu-se ao inculpado extratos de seu depoimento concernente a uma conversa que ele tivera com Piscator sobre a Associação Internacional dos Teatros Revolucionários e sobre a atividade de espionagem de Seki Sano.

O inculpado responde que se tratava, no caso, de uma efabulação de sua parte. Seki Sano deixou Moscou em 1937, quando [Meierhold] pôs fim às atividades de seu laboratório de pesquisas.

A célula do Partido [do teatro] suspeitava que ele fosse espião e se opunha à sua presença.

No que se refere ao japonês Yoshido Yoshima, ele não sabe do que se trata, nem por que se falou a esse propósito de atividades trotskistas.

A partir de 1935, não mais reviu Grey.

Com Baltrusaitis, ele jamais falou de política, o único tema de conversação deles era a arte teatral.

Ele não viu Bukharin senão uma vez. Encontrou-o na casa do fisiologista Pavlov, após o que ele o convidou à sua casa. Se o encontrou uma segunda vez, foi depois de ter ido ver Pikel.

Ele encontrou Malraux enquanto escritor. Ele tinha dois irmãos. Qual deles se interessava pela aviação, ele não sabia. Henri Malraux [sic] era escritor.

Ele nunca fez questão de montar para ele um espetáculo a fim de celebrar o tricentenário da casa dos Romanov. O espetáculo em questão foi realizado por Lavrentiev e Innokentiev, fato que é fácil de ser verificado.

De nacionalidade ele era alemão, mas é considerado em geral como judeu.

A instrução de seu caso fora muito difícil. As efabulações que relatou no curso da instrução se explicam pelo fato de ele estar abatido.

Não há nada mais a acrescentar.

O interrogatório é declarado findo e o réu tem o direito de pronunciar uma declaração final.

Ele declara que se pode achar estranho, que um homem de 66 anos[4] tenha declarado coisas inverossímeis na instrução e se haja acusado sem razão, unicamente porque o açoitaram com uma chibata. A partir daquele momento, ele decidira contar as histórias e subir ao cadafalso. Ele não é culpado de nada, e não é de forma alguma traidor da pátria. Ele tem uma filha que é comunista e cuja educação política ele própria a fez. O réu crê que o tribunal o compreenderá e se dará realmente conta de que ele

---

4 Nascido em 10 de fevereiro de 1874, falta-lhe uma semana para atingir a idade de sessenta e seis anos.

é inocente. Ele cometeu erros em matéria artística e por isso foi privado de sua trupe.

Ele pede ao tribunal para considerar que, embora tenha 66 anos, não lhe falta energia e ele pode ainda corrigir os erros que cometeu.

Nestes últimos tempos, escreveu a Lavrenti Pavlovitch [Beria], a Vitcheslav Mikhailovitch [Molotov] e ao procurador. Ele não acredita em Deus, mas na verdade; nela crê porque a verdade triunfará.

O tribunal se retira para deliberar.

No fim da deliberação, o tribunal volta a entrar em sessão e o Presidente profere a sentença.

[Assinado] O Presidente
[Assinado] O Escrivão

Dossiê n. 537, p. 199-203

Tradução: J. Guinsburg

Anexo IV
Cartas de Meierhold

A Monsieur
Gaston Baty

Merci de tout coeur pour votre magnifique hospitalité pendant les representations de mon théâtre a Paris et tous mes voeux pour la prosperité et le succés du Théâtre Montparnasse-Baty.

V. Meyerhold

18/IX 1930
Paris.

Extrato da carta endereçada por Meierhod a Taírov, em 3 de dezembro de 1917

Original da carta endereçada por Meierhold da sua cela a Béria, em dezembro de 1939

Народному Комиссару внутренних дел Союза ССР
Лаврентию Павловичу Берия

арестованного
Мейерхольда-Райха,
Всеволода Эмильевича
(год рожд. 1874 г.)

Заявление.

Вследствие двух обстоятельств (и особенно первого из двух, о чем скажу здесь кратко ниже), повергших меня в величайшую депрессию вплоть до полной потери власти над собою, депрессию, вызвавшую чудовищную притупленность сознания, —

я в целом ряде протоколов допроса следственной части (по моему делу) давал положительные ответы там, где я должен был давать ответы отрицательны.

Я клеветал на себя (я давал самоговоры сверх-естественные, которые не могут не броситься в глаза Вам, когда Вы будете, на что я надеюсь, знакомиться с содержанием моего дела), я оговаривал людей, ни в чем неповинных.

Какие же обстоятельства, спросите Вы меня, привели меня к необходимости приписывать себе преступления, которых я не совершал?

1) Я оказался сплошным клубком нервов. Я не выдерживал ни болей физических, ни тем более оскорблений моральных, направленных на меня следователями Воронинным, Родосом и Сериковым (репрессии физического и морального порядка). Я бился, как в горячке, и подписывал протоколы вслепую. Это мое состояние не покидало меня вплоть до 9 ноября 1939. Прокурор, наблюдающий за следствием (и в частности за следствием по моему делу), может доложить Вам о том, чему свидетелем он был 9 ноября, когда я опять бился в истерике и в страхе перед возможной репрессией снова подписал ложь (якобы я состоял в право-троцкистской организации).

2) Я явился привезенный из Ленинграда, где был арестован, с навязчивой идеей итти на самопожертвование, полагал, что кара, уже наложенная на меня (закрытие театра, роспуск коллектива, с которым я работал, отнятие у меня вновь строящегося на пл. Маяковского театра), считается правительством недостаточной. Я стал "помогать" следственной части выискивать преступления. Отсюда всяческие заострения и чудовищные преувеличения.

Умоляю Вас вызвать меня к себе и я дам исчерпывающие объяснения.

Один протокол вновь назначенного следователя может снять образовавшуюся накипь в деле и я буду нести кару за то, что

Bibliografia

Obras Principais, Escritos e Propostas de Meierhold

FEVRALSKIJ, A. V. (org.). *Stat'i, Pis'ma, Reči, Besedy*. Moscou: Iskusstvo, 1968, v. I: 1891-1917; v. II: 1917-1939.
KORŠUNOVA, V. P.; SITKOVECKAJA, M. (orgs.). *Perepiska*. Moscou: Iskusstvo, 1976.
MEJERHOL'D v russkoj teatral'noj kritike (1892-1918). Moscou: "Artist, režisser, teatr", 1997.
O TEATRE. Saint-Pétersbourg: Prosveščenie, 1913. (Três partes: História e Técnica do Teatro; Extratos de Jornal; O Teatro de Feira.).
REKONSTRUKCIJA teatra. Leningrado/Moscou: Teakinopečat', 1930.
SITKOVECKAJA, M. (org.). *Mejerhol'd repetiruet*. Moscou: Théâtre russe, 1993, v. I: anos 20; v. II: anos 30.
VENDROVSKAJA, L. D.; FEVRALSKIJ, A. V. *Tvorčeskoe nasledie Vs. E. Meyerhol'da*. Moscou: STD, 1978.

Obras de Meierhold Traduzidas

LA RIVOLUZIONE teatrale. Giovanni Crino (org.). Trad. Irina Malystchev e Liliana Persanti. Roma: Editori Riuniti, 1962.
LE THÉÂTRE théâtral. Apresentação, tradução e seleção de Nina Gourfinkel. Paris: Gallimard, 1963.
MEYERHOLD on Theater. Tradução, seleção e comentário de Edward Braun. London: Methuen, 1969.
MEYERHOLD. Testos Teóricos. Introdução, seleção e notas de Juan Antonio Hornigon. Madrid: Alberto Corazón, 1970.

MEYERHOLD. *Écrits sur le théâtre*. Tradução, prefácio e notas de Béatrice Picon-Vallin. 4v. Lausanne: L'Âge d'Homme, 1973- 1992.

MEYERHOLD at Work. Tradução, comentários e notas de Paul Schmidt. Austin: University of Texas Press, 1980.

O POZORISTU. Milos Stambolic (org.). Belgrado: Nolit, 1976.

SCHRIFTEN, *Aufsätze, Breife, Reden, Gespräche*. Trad. de Stat'i... Berlin: Heuschelverlag Kunst und Gesellschaft, 1979, 2 v.

SPOTKANIA z *Meyerholdem*. Tradução de *Vstreči s Mejerhol'dom*. Varsovie: Éd. Eugeniusz Piotr Melech, 1981.

SZINHAZI *forradalom*. Tradução pirata do livro de N. Gourfinkel. Budapest, [s.n.] 1967.

TEORIA *Teatral*. Tradução de Agustín Barreno. Madrid: Editorial Fundamentes, 1971.

VSEVOLOD Meyerhold. *Theater Arbeit. 1917-1930*. Apresentação, seleção e comentários de Rosemarie Tietze. München: Carl Hansen, 1974.

Meierhold, Sua Vida e Obra em Russo e em Outras Línguas

ALPERS, B. V. *Teatr social'noj maski*. Moscou/Leningrado: GIHL, 1931.

BANOUR, Wanda. *Meyerhold, un saltimbanque de génie*. Paris: La Différence, 1996.

BEESON, N. B. *Vsevolod Meyerhold and the Experimental Prerevolutionary Theater in Russia (1900 to 1917)*. New York: Columbia University Press, 1981. (microfilm)

GLADKOV, Alexandr. *Mejerhol'd*. Moscou: STD, 1990, 2 v.

HOOVER, Marjorie L. *Meyerhold, The Art of Conscious Theater*. Amherst: University of Massachusetts Press, 1974.

JÄNIS, Marija. *Vsevolod Mejerhold: Teatterin Lokadure*. Helsinki: Lovekirjat, 1981.

LEACH, Robert. *Vsevolod Meyerhold*. Cambridge: Cambridge University Press, 1989.

MARLAND-HANSEN, Christian. *Mejerchold's Theaterästhetik in den 1920 er Jahren- ihr theaterpolitischer und kulturideologisches Kontext*. Kopenhagen: Rösenkild und Bagger, 1980.

MARTINEL, Karel. *Mejerchold*. Prague: Orbis, 1963.

MIHAJLOVA, A. A. et al. *Mejerhol'd i hudožniki*. Moscou: Galart, 1995.

PICON-VALLIN, Béatrice. *Meyerhold*. Paris: Presses du CNRS, 1995. (Les Voies de la création théâtrale, n. 17.)

RUDNICKIJ, K.L. *Mejerhol'd*. Moscou: Iskusstvo, 1981.

_____. *Režisser Mejerhol'd*. Moscou: Nauka, 1969.

SATO, Y. *Meyerhold*. Tokyo: Hayakawa-Shobo, 1976. (Edição aumentada.)

SYMONS, James M. *Meyerhold's Theatre of the Grotesque. Post-revolutionary Productions, 1920-1932*. Coral Gables: University of Miami Press, 1971.

VENDROVSKAJA, L. D. (org.). *Vstreči s Mejerhol'dom, Sbornik vospominanij*. Moscou: STD, 1967.

"VERNITE mne svobodu!", *dejateli literatury i iskusstva Rossii i Gennanii – zertvy stalinskogo terrora*. Moscou: Medium, 1997. (Peças do dossiê de Meyerhol'd-Reich, p. 220-241.)

VOLKOV, N. D. *Mejerhol'd*. Moscou: Zreliša: 1923.

_____. *Mejerhol'd*. Moscou/Leningrado: Academia, 1929, v. I: 1874-1908; v. II: 1908-1917.

Sobre o Movimento de Renovação Teatral do Século xx

AMIARD-CHEVREL, Claudine. *Le Théâtre artistique de Moscou (1898-1917)*. Paris: CNRS, 1979.
_____. *Les Symbolistes russes et le théâtre*. Lausanne: L'Âge d'Homme, 1994.
ANNENKOV, Iurij. *Dnevnik moih vstrec: Cikl tragedij*. New York: Inter-Language Literary Associates, 1966, 2 v.
BAKSHY, Alexander. *The Path of the Modern Russian Stage and Other Essays*. London: Palmer and Hayward, 1916.
BLOK, Alexandre. *OEuvres en prose*. Trad. J. Michaud. Lausanne: L'Âge d'Homme, 1974.
_____. *OEuvres dramatiques*. Trad. G. Abensour. Lausanne: L'Âge d'Homme, 1982.
CHEKHOV, Michael. *Être acteur*. Paris: Pygmalion, 1980. (Trad. do inglês por Elizabeth Janvier; Paul Savatier.)
CORVIN, Michel (org.). *Dictionnaire encyclopédique du théâtre*. Paris: Bordas, 1991.
DUSIGNE, Jean-François. *Le Théâtre d'art, aventure européenne du XXe siècle*. Paris: Éditions théâtrales, 1997.
HAMON-SIRÉJOLS, Christine. *Le Construrctivisme au théâtre*. Paris: CNRS, 1992.
IL'INSKIJ, Igor'. *Sam o sebe*. Moscou: Société russe du théâtre, 1962.
ISTORIJA sovetskogo dramaticeskogo teatra. Moscou: Nauka, 1966-1971, 6 v.
LACIS, Anna. *Revolutionär im Beruf. Berichte über proletarischen theater; über Meyerhold, Brecht und Piscator*. München, [s.n.], 1971.
LIVCHITZ, Bénédikt. *L'Archer à un oeil et demi*. Lausanne: L'Âge d'Homme, 1971.
MEYER, Krzysztof. *Dmitri Chostakovitch*. Paris: Fayard, 1994.
MOISSON-FRANCKAUSER, Suzanne. *Serge Prokofiev et les courants esthétiques de son temps (1891-1953)*. Paris: Publications orientalistes de France, 1974.
NEMIROVIČ-DANČENKO, Vladimir. *Iz prošlogo*. Leningrado: Academia, 1936.
REICH, Bernhardt. *Im Wettlauf mit der Zeit. Erinneringen aus fünf Jahrzehnten deutscher Theatergeschichte*. Berlin, [s.n.], 1970.
RUDNICKIJ, Konstantin. *Russkoe režisserskoe iskusstvo, 1898-1907*. Moscou: Nauka, 1989.
_____. *Russkoe režisserskoe iskusstvo, 1908-1917*. Moscou: Nauka, 1990.
SEGEL, Harold B. *Twentieth Century Russian Drama*. New York: Columbia University Press, 1979.
SEROFF, Victor. *Sergei Prokofief, A Soviet Tragedy*. New York: Funk and Wagnalls, 1968.
SOVETSKIJ teatr, Dokumenty i materialy. Leningrad: Iskusstvo, 1982, v. I (1817- 1921), 1968; v. II (1921-1926), 1975; v. III (1926-1932).
STANISLAVSKI, Constantin. *La Construction du personnage*. Paris: Pygmalion, 1984. (Trad. do inglês por Charles Antonetti.)
_____. *La Formation de l'acteur*. Paris: Pygmalion, 1986. (Trad. do inglês por Elizabeth Janvier.)
_____. *Ma vie dans l'art*. Trad. Denise Yoccoz. Lausanne: L'Âge d'Homme, 1980.
_____. *Notes artistiques*. Trad. Macha Zonina; J.-P. Thibaudat. Paris: Circé, 1997.
TAÏROV, Alexandre. *Le Théâtre libéré*. Trad. C. Amiard-Chevrel. Lausanne: L'Âge d'Homme, 1983.
TRÉTIAKOV, Serge M. *Hurle, Chine! et autres pièces*. Présentation de C. Amiard-Chevrel. Lausanne: L'Âge d'Homme, 1982.
TRETJAKOV, Serguëi. *Ljudi odnogo kostra*. Moscou, [s.n.], 1932.
_____. *Strana-perekrestok*. Moscou, [s.n.], 1991.

VOLKOV, Solomon. *Testimony. The Memoirs of Dmitri Shostakovitch.* New York: Harper and Row, 1979.
ZAHAVA, B. *Vospominanija.* Moscou: VTO, 1982.
ZOLOTNITSKIJ, D. *Zori teatral'nogo oktjabrja.* Leningrado: Iskusstvo, 1976.
_____. *Budni i prazdniki teatral'nogo oktjabrja.* Leningrado: Iskusstvo, 1978.
_____. *Akademiceskie teatry na putjah Oktjabrja.* Leningrado: Iskusstvo, 1982.

Sobre o Período (Vida Política)

CHENTALINSKI, Vitali. La Parole ressuscitée. Dans les archives littéraires du KGB. Paris: Robert Laffont, 1993.
CONQUEST, Robert. La Grande Terreur, les purges staliniennes des années 30. Paris: Stock, 1970.
CONTE, Francis et al. Les Grandes Dates de la Russie et de l'URSS. Paris: Larousse, 1990.
FERRO, Marc. La Révolution de 1917. Paris: Aubier, 1967 e 1976, 2 v.
_____. Des soviets au communisme bureaucratique. Paris: Gallimard/Julliard, 1980.
HELLER, Michel; NEKRICH, Alexandre. L'Utopie au pouvoir: Histoire de l'URSS des origines à nos jours. Paris: Calmann-Lévy, 1982.
IOSIF Stalin v ob'jatiah sem'i, iz licnogo arhiva. Moscou: Ed. Q, 1993.
KEMP-WELCH, Anthony. Stalin and the Literary Intelligentsia (1928-1939). Basingstoke: Macmillan, 1991.
KNIGHT, Amy. Beria. Paris: Aubier, 1994.
MARIE-SCHWARTZENBERG, Nadine. Le KGB. Paris: PUF, 1993.
PASCAL, Pierre, Mon journal de Russie (1916-1 927). Lausanne: L'Âge d'Homme, 1975-1982, 4 v.
SOKOLOFF, Georges. La Puissance pauvre: une histoire de la Russie de 1815 à nos jours. Paris: Fayard, 1993.
TUCKER, Robert C. Staline révolutionnaire, 1879-1929, Essai historique et psychologique. Paris: Fayard, 1975.
_____. Stalin in Power, the Revolution from Above, 1928-1941. New York/London, Norton, 1990.
VAKSBERG, Arcadi. Vychinski, le procureur de Staline. Paris: Albin Michel, 1991.
VAN REGERMORTER, Jean-Louis. La Russie et le monde au XXe siècle. Paris: Masson/ Armand Colin, 1995.

Livros:

AKHMATOVA, Anna. *Poème sans héros.* Trad. Jeanne Rude. Paris: Seghers, 1970.
ALPERS, Boris. *Teatr Revoljucii.* Moscou: Tea-Kino-Pečat', 1928.
AMIARD-CHEVREL, Claudine. *Le Theatre artistique de Moscou: 1898-1917.* Paris: CNRS, 1979.
ANDREEV, Leonid. *P'esy.* Moscou: Gos. izd-vo Iskusstvo, 1959.
BAGORSKIJ, M. O trajedii Verij Komissarževskaj. *Sbornik v pamjat' V. F. Komissarževskoj.* Moscou: [s.n.], 1931.

BANNOUR, Wanda. *Meyerhold, saltimbanque de génie.* Paris: La Différence, 1996.
BEBUTOV, V. Neutomimyj novator. In: VENDROVSKAJA, L. D. (org.). *Vstreči s Mejerhol'dom.*
BELJAEV, M. D. *Maskarad i rabota nad ego postanovkoj A. Ja. Golovina.* In: LANSERE, E. (org.). Maskarad *Lermontova v eskizah Golovina.*
BELYJ, A. Simvolističeskij teatr. *Teatr: kniga o novom teatre.* São Petersburgo, [s.n.], 1908.
BENJAMIN, Walter. *Voyage à Moscou.* Trad. J.-F. Poirier. Paris: L'Arche, 1983.
BERDJAEV, N. Ivanovskie sredy. In: VENGEROV, S. A. (org.). *Russkaja literatura XX-go veka,* Moscou: Mir, 1916, v. III.
BEZYMENSKIJ, Aleksandr. *Vystrel,* Moscou, [s.n.], 1930.
BLOK, Aleksandr. *Oeuvres en prose.* Trad. J. Michaut. Lausanne: L'Âge d'Homme, 1974.
_____. *Izbrannie proizvenija v 6 tt.* Moscou, [s.n.], 1971, v. VI.
_____. *Sobranie sočinenij v 8 tt..* Moscou/Lenigrado: GIHL, 1961-1963, v. III, VI, VII, VIII.
BRUSTEJN, A. *Stranicy prošlogo.* Moscou: Sov. Pisatel, 1956.
COQUELIN AÎNÉ, Benoit-Constant. *L'Art et le comédien.* Paris: Ollendorff, 1887.
CROMMELYNCK, Fernand. *Le Cocu Magnifique, Théâtre I.* Paris: Gallimard, 1967.
CUI, César. *La Musique en Russie.* Paris: G. Fischbacher, 1880.
DERŽAVIN, K. Teatr v fevrale i v oktjabre. *Sto let Aleksandrinskogo/Gosudarstvennogo teatra,* Leningrado, [s.n.], 1932.
DUMAS FILHO, Alexandre. *La Dame aux camélias.* Paris: Flammarion, 1981.
DULLIN, Charles. *Souvenirs et notes de travail d'un acteur.* Paris: Odette Lieutier, 1946.
EJSENSTEJN, Sergej M. *Memuary.* Moscou: Redakcija gazety "Trud", v. II, 1997.
_____. *Sobranie sočinenij.* Moscou: Iskusstvo, 1964.
ELAGIN, Ju. *Temnyj genij (Vsevolod Mejerhol'd).* 2. edição. London: Overseas Publications Interchange Ltd., 1982.
ELKANA, Arié. *Mejerhol'd.* Tel Aviv: [s.n.], 1991.
FAIKO, A. Ozeno Ljul'. In: VENDROVSKAJA, L. D. (org.). *Vstreči s Mejerhol'dom.*
_____. *Zapiski starogo teatrala.* Moscou: Iskusstvo, 1966.
FEVRALSKIJ, A. *Puti k sintezu.* Moscou: Iskusstvo, 1978.
_____. *Zapiski rovesnika veka.* Moscou: Sovetskij pisatel', 1976.
FOKIN, M. *Protiv tečenija. Vospominanija baletmejstera. Stat'i pis'ma.* Leningrad-Moscou: Iskusstvo, 1962.
FUCHS, Georg. *Die Schaubühne der Zukunft.* Berlin/Leipzig: Schuster/Loeffler, 1905.
GARIN, Erast. *S Mejerhol'dom (Vospominanija).* Moscou: Iskusstvo, 1974.
_____. *O Mandate i o drugom.* In: VENDROVSKAJA, L. (org.). *Vstreči s Mejerhol'dom.*
GERMAN, J. Roždenie čuda. In: VENDROVSKAJA, L. (org.). *Vstreči s Mejerhol'dom.*
GIPPIUS, Zinaïda. Zelenoe-Beloe-Aloe. *Zelenoe kol'co.* Petrogrado: Ogni, 1916.
GLADKOV, Aleksandr. *Teatr, vospominanija i razmyšlenija.* Moscou: Iskusstvo, 1980.
_____. Iz Vospominanij o Mejerhol'de. *Teatralnaja Moskva.* Moscou, [s.n.], 1960.
GOGOL, N. *Le Révizor, Oeuvres complètes.* Paris: Gallimard, [s.d.].
GOLOVIN, Aleksandr. *Vstreči i vpečatlenija.* Leningrado/Moscou, [s.n.], 1960.
GRIPIČ, A. Ucitel'sceny. In: VENDROVSKAJA, L. D. (org.). *Vstreči s Mejerhol'dom.*
GROS, J. *Alexandre Dumas et Marie Duplessis.* Paris: Louis Conard, 1923.
GURVIČ, A. *Tri dramaturga: Pogodin, Oleša, Kiršon.* Moscou, [s.n.], 1936.
GUSEV N. I. et al. (orgs.). *S. A. Esenin, Materialy k biografii.* Moscou: Istoričeskoe nasledie, 1993.
HAMSUN, Knut. *Aux portes du royaume.* Trad. P. J. Jouve. Paris, [s.n.], 1924.
HEIDEGGER, Martin. *La Théorie de Kant sur l'être. Questions II.* Paris: Gallimard, 1968.
HODOTOV, N. *Blizkoe i dalekoe.* Moscou/Leningrado, [s.n.], 1932.

HOFFMANN, E. T. A. *Fantaisies dans la manière de Callot*. Trad. Henri de Curzon. Paris: Phebus, 1979.
HOFMANNSTHAL, Hugo von. *Werken. Dramen*. Frankfurt, [s.n.], 1953.
ILIC, Nathalie. *La Dame de Pique de Piotr Tchaïkovski, mise en scène par Vsévolod Meyerhold en 1935*. Paris: Tese, 1995.
IVANOV, Vjasčesláv. *Krizis individualizma. Polnoe sobranie sočinenij*. Bruxelles, [s.n.], 1971, v. I.
JUREN'EVA, V. "Aktrisy". *Ogoniok*. Moscou, [s.n.], 1925.
JUŠKÉVITČ, S. *V gorode*. In: *Rasskazy I p'esy*, São Petersburgo, [s.n.], 1908.
KALAŠNIKOV, Ju. Ob iskusstve Orlova. *Dimitrij Nikolaevič Orlov. Kniga o tvorčestve*. Moscou: VTO, 1962.
KARATYGIN, Vjačeslav Gavrilovič. *Izbrannye staťi*. Moscou: Muzyka, 1965.
KATANJAN, Valentin. *Majakovskij. Literaturnaja hronika*. Moscou, [s.n.], 1961.
KERJENTSEV, Platon. Postanovlenie obchego sobraniia rabotnikov gos. teatra imeni V. Mejerhol'da. *Mejerhoľdovskii sbornik*. Moscou: Centro de Criação Meierhold, 1992, v. 1.
KOMISSARŽÉVSKAJA, Vera F.. *Pis'ma aktrisy; vospominanija o nej; materialy*. Moscou/Leningrado: Iskusstvo, 1964.
LANSERE, E (org.). Maskarad *Lermontova, po eskisam Aleksandra Golovina*. Moscou/Leningrado: VTO, 1941.
LERMONTOV, M. *Maskarad. Sočinenija*. Moscou: Pravda, 1990, v. II.
LIFAR, Serge. *Chez Diaghilev*. Paris: Albin Michel, 1949.
LUNAČARSKIJ, A. *O teatre i dramaturgii*. Moscou: Iskusstvo, 1958.
MAETERLINCK, Maurice. *Théâtre*. Bruxelles, [s.n.], 1901.
_____. *Le Trésor des humbles*. Paris, [s.n.], 1896.
MAJAKOVSKIJ, V. *Sobranie sočinenij v 4-h tomah*. Moscou: GIHL, 1936, v. I.
MAIAKOVSKI, Vladimir. *Théâtre*. Trad. Michel Wassiltchikoff. Paris: Fasquelle, 1972.
_____. *La Punaise*. Trad. M. Wassiltchikoff. In: *Théâtre*, Paris: Fasquelle, 1957.
MALJUTIN, Jurij. *Aktery moego pokolenija*. Leningrado/Moscou: Iskusstvo, 1959.
MANDELSTAM, Ossip. *Le Bruit du temps*. Trad. Edith Scherrer. Lausanne: L'Âge d'Homme, 1972.
_____. *Sobranie sočinenija v 3-h tomah*. New York: Inter-Language Literary Associates, [s.d.], v. II.
MARKOV, P. *Pravda teatra*. Moscou, [s.n.], 1965.
MARTINET, Marcel. *Les Temps maudits*. Paris: UGC, 1975.
MEREŽKOVSKIJ, D. *Romantiki*. Petrogrado: Ogni, 1917.
MGEBROV, A. *Žizn'v teatre*. Moscou/Leningrado: Academia, 1932, 2 v.
MIHOELS, S. M. Vystuplenie u C"ezda režiserov SSSR, 14.6.1939. In: *Mir iskusstv (Staťi. Besedy. Publikacii)*. Moscou: GITIS et Institut d' esthétique, 1991.
OSTROVSKIJ, A. *L'Orage. Théâtre*. Trad. Géma Cannac. Paris: L'Arche, 1966, v. 1.
PASTERNAK, Boris. *Stihotvorenija*. Moscou/Leningrado: Biblioteka poeta, 1965
PETROV, N. *50 i 500*. Moscou: VTO, 1960.
POUCHKINE, A. "Prologue" de *Rouslan et Lioudmila*. Trad. Gabriel Arout. *Oeuvres poétiques*. Lausanne: L'Âge d' Homme, 1981, v. I.
PRZYBYSZEWSKI, S. *Moi Wspołcześni*, Varsovie, [s.n.], 1959
_____. O drame i o scene. *Polnoe sobranie sočinenij*. Moscou, 1908-1911, v. IV.
REMIZOV, Aleksei. *Iveren*. Berkeley: Berkeley Slavic Specialties, 1986.
ROSTOCKIJ, B. *O režisserskom tvorčestve V. E. Mejerhoľda*. Moscou: VTO, 1960.
RUDNICKIJ, K. *Ljubimcy publiki*. Kiev: Mistectvo, 1990.

_____. "Mikhail Bulgakov". In: _____ (org.). *Voprosy teatra*, Moscou: VTO, 1966.
RUMJANCEV, P. V opernom teatre imeni K. S. Stanislavskogo. In: VENDROVSKAJA, L D. (org.). *Vstreči s Mejerhoľ dom*.
SAHNOVSKIJ, V. *Vremennik RTO*. Moscou, [s.n.], 1924.
SHAKESPEARE, William. *Othello. Oeuvres complètes*. Trad. Armand Robin. Paris: Le Club français du livre, 1964, v. IX.
_____. *La Tragédie de Hamlet*. Trad. Yves Bonnefoy. Paris: Club Français du Livre, 1957.
SLONIMSKIJ, A. *Les* (Opyt analiza spktaklja), *Sbornik "Teatral' nyj Oktjabr"*. Leningrado/Moscou, [s.n.], 1926.
SNEŽNICKIJ, L. D. *Na repeticjahu masterov režsury*. Moscou: Iskusstvo, 1972.
SOLOGUB, Fyodor. *Pobeda smerti*. S.-Peterburg: "Fakely" K-vo D.K. Tikhomirova, 1908.
SOLOV'EVA, I. *Nemirovič-Dančenko*. Moscou: Isskustvo 1979.
SOUVARINE, B. *Staline*. Paris: Champ libre, 1977.
STANISLAVSKIJ, Konstantin. *Stať i. Reči. Besedy. Pis'ma*. Moscou, [s.n.], 1953.
TAL'NIKOV, D. *Komissarževskaja*. Moscou, [s.n.], 1939.
TCHEKHOV, Anton. *Polnoe sobranie sočinenij i pisem*. Moscou: OGIZ, 1944-1951, v. XVIII.
_____. *La Mouette. Théâtre*. Trad. Elsa Triolet. Paris: Les Éditeurs Français Réunis, 1954.
TCHOUEV. *Conversations avec Molotov*. Trad. D. Seseman. Paris: Albin Michel, 1995.
TELJAKOVSKIJ, Vladimir. *Vospominanija*. Leningrado/Moscou: Iskusstvo, 1965.
KHROUCHTCHEV, Nikita Sergueevitch. *Texte intégral du rapport secret de M. Krouchtchev*. Paris: Buchet-Chastel, 1956.
TIME, Elizaveta Ivanovna. *Dorogi iskusstva*. Leningrado/Moscou: Vserossiiskoe teatralnoe obshchestvo, 1962.
TUROVSKAJA, M. *Babanova. Legenda i biografija*. Moscou: Iskusstvo, 1981.
UL'JANOV, N. *Moi vstreči*, Moscou, [s.n.], 1952.
VERBININA, B. *V škole russkoj dramy*. Moscou: [s.n.], 1978.
VERIGINA, V. *Vospominanija*. Leningrado: Iskusstvo, 1974.
VOLKOV, N. *Teatraľ nye večera*. Moscou: Iskusstvo, 1966.
_____. *Mejerhoľ d*. Moscou/Leningrado: Academia, 1934, v. II.
WAGNER, Richard. *L' Oeuvre d'art de l' avenir*. Trad. J.-G. Prudhomme. *Œuvres en prose*. Paris: Editions d'aujourd'hui, 1928, v. III.
ZNOSKO-BOROVSKIJ, E. *Russkij teatr načala XX-go veka*. Prague, [s.n.], 1925.

Periódicos e Artigos

ALPERS, Boris. Skvoz'dymku. *Teatraľ naja žizn'*, n. 3, 1995.
ARABAŽIN, K. *Založniki žizni*. Aleksandrinskij teatr, *Večernee vremja*, 7.11.1912.
AUSLENDER, S.Moi portrety, Mejerhoľd. *Teatr i muzyka*, n. 1-2, 1923.
_____. Petersburgskie teatry. *Apollon*, n. 2, 1909.
_____. Teatry Sankt-Peterburga. *Zolotoe runo*, n. 10, 1907.
AKSENOV, I. Pjaťlet Teatra imeni V. Mejerhoľda. *Teatr*, Moscou, n. 1, 1994.
BALMONT, K. Tajna odinočestva i smert v tvorčestve Meterlinka. *Vesy*, n. 2, 1905.
BASILEVSKIJ, V. Peterburgskie etjudy. *Rampa i žizn'*, n. 1, 1912.
BEBUTOV, V. Ešče o novyh putjah. *Rampa i žizn'*, 28.8.1911.
BELJAEV, Ju. "Groza". *Novoe vremja*, 12.1.1916.
_____. Krasivyj večer. *Novoe Vremja*, 7.11.1912.

BENUA, A. *Groza* v Aleksandrinke. *Reč*, 30.9.1916.
_____. O postanovke *Založnikov žizni*. *Reč*, 6.12.1912.
BESKIN. E. Teatral'nyj Lef. *Sovetskoe Iskusstvo*, n. 6, Moscou, 1925.
BILL-BELOCERKOVSKIJ, V. Toska po proslomu. *Novyj zritel'*, n. 39, 23.9.1928.
BOLOTIN, L. *Teatr i Iskusstvo*, n. 8, 1904.
BONC-TOMASEVSKIJ, M. Pantomima Artura Šniclera v svobodnom teatre. *Maski*, n. 2, 1913-1914.
BRAUDO, E. *Tristan i Izolda*. In: *Apollon*, n. 4, 1910.
BRJUSSOV, V. Vehi. Nenužnaja pravda, *Vesy*, jan.1906.
CHAUVEAU, P. Au théâtre. *Les Nouvelles littéraires*, 21.6.1930.
ČISTJAKOVA, V. Glavy iz vospominanij. *Teatr*, Moscou, n. 4, 1992.
DAŽE železnyj organizm – ne možet vyderžať vseh etih potrjasenij..., *Teatr*. Moscou, n. 1, 1990.
ENTREVISTA de V. Meierhold. *Peterburgskij listok*, n. 41, 1913.
ERMILOV, V. O nastroenijah melkoburžuaznoj "levizny" v hudožestvennoj literature. *Pravda*, 9.3.1930.
ESENINA, T. O V. E. Mejerhol'de i Z. N. Rajh. Pis'ma K. L. Rudnickomu. *Teatr*, n. 2, Moscou, 1993.
GAN, A. Smertel'noe javlenie v dome umeršego Tarelkina. *Zrelišča*, n. 16, 1922.
GEORGE-MICHEL, Michel. *Comoedia*, 19 de maio de 1913.
GORODINSKIJ, V. *Klop* v teatre Mejerhol'de. *Rabočij i teatr*, n. 10, 1929.
GRUDINA, D. Protiv 'kurbasovščiny v teatre. *Teatr i Dramaturgija*, n. 6, 1934.
GVOZDEV, A. Muzykal'naja pantomima *Revizora*, *Žizn' iskusstva*, Leningrado, n. 3, 1927.
_____. Postanovka *D. E.* v Teatre im. Mejerhol'da. *Žizn' iskusstva*, Moscou, n. 26, 1924.
HENRIOT, Émile. *Comoedia*, 8 de junho de 1913.
IL'INSKIJ, I. Molože molodyh. *Večernjaja Moskva*, 2.1934.
ISTORIČESKIJ *Arhiv*, n. 2, 1962.
IVANOV, Vjasčeslav. Ty esi. *Zolotoe runo*, n. 7-8-9, 1907.
JORDANSKI, N. Individualizm v teatre. *Sovremennyj mir*, n. 1, 2ª parte, 1909.
JUR'EV, Ju. Novoe čtenie teksta. *Krasnaja gazeta*, 23.12.1933.
JUTKEVIČ, S. V. E. Meyerhol'd i teorija kinematografičeskoj postanovki, *Iskusstvo kino*, Moscou, n. 8, 1975.
JUZOVSKIJ, Ju. Mejerhol'd dramaturg. *Literaturnyj kritik*, n. 3, 1933.
KAFANOVA, L. Mejerhol'd i Rajh. *Novyj žurnal*, New York, n. 186, 1992.
KERŽENCEV, P. Teatr Mejerhol'da dolžen žit. *Pravda*, 21.9.1928.
KIRŠON, V. Metod, čuždyj proletarskoj literature. *Sovetskij teatr*, n. 4, 1931.
KOKURIN, A.; PETROV, N. NKVD: Struktura, Funkcii, Kadry. 1938-1941. *Svobodnaja mysl'*, Moscou, n. 7, 1997.
KRUPSKAJA, N. Postanovka *Zor'* Verharena (v teatre b. Zona). *Pravda*, 10.11.1920.
KUGEL, A. Zametki. *Teatr i iskusstvo*, n. 10-11, 12.3.1917.
KUZNECOV, E. "*Smert Tarelkina*" *Rabočij i teatr*, n. 2, 1932.
_____. Čemy smeets?. *Arena*, 1924.
LENORMAND, H. Meyerhold en prision. *Le Figaro*, 11.07.1939.
LINSKIJ, M. *Teatr i Iskusstvo*, n. 3, 1904.
LUNAČARSKIJ, A. O teatral'nyh trevogah. *Krasnaja gazeta*, 13.9.1928.
_____. O Teatre im. Mejerhol'da. *Večernjaja Moskva*, 22.4.1925.
_____. Beseda o *Zorjah* v Teatre RSFSR. *Vestnik teatra*, n. 75, 1920.

_____. Ložka protivojada. *Iskusstvo kommuny*, 29.12.1918.
_____. Zadači gosudarstvennyh teatrov. *Izvestija*, 13.12.1917.
MACKIN, A. Vremja uhoda. Hronika tragicheskih let. *Teatr*, Moscou, n. 1, 1990.
_____. *Ženit'ba Krečinskogo*, *Izvestija*, 2.6.1933.
MALKIN, B. Vstreča v Smol'nom. V. Mejerhol'd v pervye gody revoljucii. *Sovietskoe isskustvo*, 12.2.1934.
MALKOV, N. Solovej Igorja Stravinskogo. *Teatr i iskusstvo*, n. 20-21, 1918.
MARKOV, P. *Mandat* v Teatre im. Mejerhol'da. *Pravda*, 24.4.1925.
MAZING, B. Kačalov i Mejerhol'd v kino (Belyj orel). *Večernjaja krasnaja gazeta*, Leningrado, 25.10.1928.
MEJERHOL'D. Vsevolod. Iz lekcii na akterskom fakul'tete, GEKTEMAS (10.1.1929). *Teatr*, Moscou, n. 2, 1974.
_____. O Bane V. Majakovskogo. *Večernjaja Moskva*, 13.3.1930.
_____. Vojna i teatr. *Birževye vedomosti*, 11.9.1914.
_____. Beseda s režisserem V. E. Mejerhol'dom. *Peterburgskaja gazeta*, 6.11.1912.
_____. Novye puti; beseda s Vs. Meyerhol'dom. *Rampa i žizn'*, 21.8.1911.
MEJERHOL'DA, V.; BEBUTOV, V. K postanovke *Zor'* v 1-om teatre RSFSR. *Vestnik teatra*, n. 72-73, 1920.
MEREŽKOVSKIJ, D. Osel i rozy, *Reč'*, 10.11.1912.
MIHEEVA-SOLLERTINSKAJA, Ljudimila. Pis'ma Šostakoviča k Sollertinskomu. *Žurnal ljubitelei iskusstva*, São Petersburgo, n. 8-9, 1997.
MIHOELS, S. Čem načianaet letat' ptica?. *Literaturnaja gazeta*, n. 29, 26.5.1939.
MOLOGIN, M. Teatr Mejerhol'da za granicej. *Prožektor*, 22.8.1930.
NEKTO. Toska pó dvorovomu. *Obozrenie teatrov*, 21-22.11.1917.
NIKULIN, L. P'esa Aleksandra Djuma v GOSTIMe. *Pravda*, 31.3.1934.
PIOTRAVSKIJ, A. Tragikomedija o den'gah. *Večernaja krasnaja gazeta*, 16.4.1933.
PROTIV formalizma i naturalizma. Diskussija u teatral'nyh rabotnikov. Vystuplenie V. E. Mejerhol'da. *Teatr i Dramaturgija*, n. 4, 1936.
RABOČIJ i teatr, n. 15, 1924.
REMIZOV, A. Tovariščestvo novoj dramy. *Vesy*, n. 4, abr.1904.
ROMAŠOV, B. Veselye popriščinskie dni. *Teatr i myzika*, Moscou, n. 11 1922.
SADKI (V. I. Blum). Akademik Mejerhol'd. *Izvestija*, 5.5.1922.
SAZONOVA, Ju. Sovetskaja skuka. *Poslednie novosti*, Paris, 25.6.1930.
SEL'VINSKIJ, I. *Komandarm 2*. O pe'se. *Literaturnaja gazeta*, 30.9.1929.
SKALI, R. Less Kurbas. Doroga na Solovki. *Teatr*, Moscou, n. 4, 1992.
SOLOV'EV, V. Petrogradskie teatry. *Apollon*, out.-dez. 1917.
_____. "N. Sapunov". *Apollon*, n. 4, 1914.
SUMBUR vmesto muzyki. Ob opere *Ledi Makbet Mcenskogo uezda'* Pravda, 18.1.1936.
TAL'NIKOV, D. *Teatr i dramaturgija*, n. 4, 1933.
TCHKALOV, V. O teatre Mejerhol'da: Bankrotstvo. *Izvestia*, 20.12.1937.
TEATRAL'NAJA žizn', Moscou, n. 2, jan. 1990.
TJAPKINA, E. Poslednjaja vstreča. *Teatral'naja žizn'*, n. 5, 1989, p. 8.
TSAREV, M. O teatre Mejerhol'da: Počemu ja porval s Mejerhol'dom. *Izvestia*, 20.12.1937.
VALENTEJ, M. Delo n. 537. *Teatral'naja žizn'*, Moscou, n. 2, jan. 1990.
_____. Ne mogu molčat'. *Teatral' naja žizn'*, Moscou, n. 6, março 1989.
_____. Dolžna skazat'... *Teatral'naja žizn'*, Moscou, n. 5, março de 1989.

_____. Dolžna skazat'... *Teatral'naja žizn'*, Moscou, n. 5, março de 1989.
VICHNIEVSKI. Predoloženie V. E. Mejerhol'da i otvet Vs. Vichnevskogo. *Sovetskoe iskusstvo*, n. 22, 11.5.1937.
VITVICKAJA, B. Revolucija iskusstvo, vojna. *Teatr i iskusstvo*, Petrogrado, n. 18, 30.4.1917.
ZNOSKO-BOROVSKIJ, E. Bašennyj teatr. *Apollon*, n. 10, 1910.

Índice de Nomes

A

Adriano 221
Affinassiev, Alexei 615,616
Afinoguenov, Aleksandr 34, 532
Agranov, Iakov 41
Akhmatova, Anna 292
Akimov, Nicolai 557
Akulchin, Rodion 474
Aleksandróvski 140
Alexandre I 461
Alexandre II 208
Alexeiev, família 82
Almedingen 258,33,405
Alpers, Boris 355, 441, 530
Altman, Nathan 335
Andrêiev, Leonid 114, 149, 173-174, 176-179, 181, 197, 202, 217, 202, 217, 298, 302, 380, 492
Andrêieva, Maria 118, 330, 347, 350
Angelico, Fra (Guido di Pietro, dito) 153
Anglada Camarasa, Hermenegildo 267, 283
Anisfeld, Boris 172
Annenkov, Iuri 330, 512
Antínoo 221
Antoine, Andre 121
Apollinare, Guillaume 281, 283
Apollonski, Roman 209, 214, 315
Appia, Adolphe 26, 222, 225, 282
Arkadiev, Andréi 140, 175
Arnstam, Leo 441
Assafiev, Boris 481, 550, 631
Auber, Esprit 335, 336, 348
Auslender, Serguêi 148
Avertchenko, Arkadi 218
Axionov, Ivan 390, 398, 403, 408, 409

B

Babanova, Maria 365,399, 402, 403, 418, 419-422, 428, 438-440, 441, 447, 452-455, 462-465, 467-472, 477, 619, 630

Babel, Issak 30, 600, 601, 604
Bach, Johann Sebastian 481,482, 631
Bakhruchin, Iuri 69
Bakrylov 339
Bakshy, Aleksander 24
Bakst, Leon 131, 148, 280-282
Bakunin, Mikhail 306
Baliév, Nikita 217
Balitski, V. A. 543
Balmont, Konstantin 109, 128, 172, 239
Baltrusaitis, Iuri 122, 600, 601, 644, 645
Balzac, Honoré de 76, 551
Barkhin, Mikhail 131, 519
Barres, Mikhail 131, 519
Batiuschkov, Fiódor 315, 337, 338, 339
Batty, Gaston 509, 511
Baudelaire, Charles 95, 146
Beardsley, Aubrey 109, 178
Bebútov, Valeri 243, 235, 236, 264, 363, 365, 366, 382, 398,553
Beethoven, Ludwig van 84, 233, 481
Belilóvski 54
Belkin 607
Benderski, S. A. 326
Benjamin, Walter 438, 462
Benois, Aleksandr 207, 219, 222, 232, 247, 261, 305
Berdiaev, Nicolai 128
Bergson, Henri 108
Beria, Lavrenti 572, 579, 589, 590, 600, 611, 612, 619, 646
Bernhardt, Sarah 233, 550
Bezimenski, Aleksandr 34, 57, 443, 502, 525, 615
Bialetski, Igor (filho de Maria) 387
Bialtski, Nina (filha de Maria) 387
Bitchkov, Nicolai 265, 267
Biedni, Demian 462, 525, 594
Bielaev, Iuri 232, 256
Bielov, Ivan 578

Biely, Andrei 95,129, 158, 182, 183, 232, 285, 421, 462, 463
Bilibin, Ivan 196, 207, 218, 237
Bill-Bielotserkóvski, Vladímir 488, 491, 492, 505
Bizet, Georges 84
Bjornson, Bjornstjerne 84
Blarambere, Pavel 28
Blok, Aleksandr 129, 130, 148, 149, 155, 160, 162, 163, 164, 166, 177, 181, 182, 186, 187n, 189, 197, 198, 200, 201, 202, 203, 220, 230, 237, 242, 251, 252, 253, 254, 255, 256, 261, 263, 265, 266, 272, 287, 288, 290, 301, 323, 335, 341, 608
Blok, Liubov 200, 202, 203, 213, 229, 253, 265, 268, 269, 288, 301
Blum, Léon 282
Blum, Vladímir 401
Boborikin, Piotr 76, 96, 565
Bobrischtchev-Púschkin, Aleksandr 295, 355
Boccioni, Umberto 283
Böcklin, Arnold 134
Bogdanov, Aleksandr 158, 358, 360, 361
Bogolépov, 74
Bogoliubov, Nicolai 474n, 516,562,630
Boguslávski, Mikhail 595, 603, 618
Boiarski (Chimchélévitch Iakov, dito) 604, 621
Bondi, Iuri 265, 266, 268, 269, 270, 288, 289, 296, 346
Bondi, Serguêi 268, 270, 346
Borissoglebski, V. 624
Borodai 86
Botticelli, Sandro 134, 135
Boyer, Paul 622
Braude 505
Braudo, Evgueni 223
Brávitch (Kasimir Baranovitch, dito) 175,180, 190, 194, 213
Brecht, Bertolt 57n, 438n, 626
Brik, Óssip 411, 640
Briússov, Valeri 95, 121-123, 130, 148, 153, 158, 187, 188, 193, 389, 630
Búbnov, Andrei 19, 19, 518, 536, 594, 595n
Budieni, Semion Mikhailovitch 457
Bukhanov, V. 616, 619
Bulgakov, Mikhail 66, 456, 503, 505, 508, 515, 516
Burliuv, David 196, 345
Byron, Lord (George Gordon, dito) 309, 362

C
Calderón de La Barca, Pedro 239-240, 247, 299
Callot, Jacques 264, 272, 274, 297, 395
Catarina II 247, 555
Cervantes, Miguel de 269
Chaliápin, Fiódor 200, 207, 208, 257
Chaplin, Charles 11, 450
Cherchenevitch, Vadim 386, 404, 462
Chevalier, Maurice 517
Chopin, Frederic 233, 382, 441, 442
Chouko 237
Ciurlionis, Mikalojus 220
Claudel, Paul 334, 362, 391
Clemenceau, Georges 378
Colette, Sidonie Gabrielle 282
Coquelin aîné [primogênito], (Constant Coquelin, dito) 394
Courbet, Gustave 565
Craig, Gordon 24, 26, 28, 67, 222, 245, 282, 437, 450,551, 626
Crommelynck, Fernand 390
Cui, César 308, 309
Curzon, George 306

D
Dalmátov, Vassíli 78, 209
D'Annunzio, Gabriele 196, 280, 281
Dargomiski, Aleksandr 83, 219, 308, 309
Darski, Mikhail 210
Daumier, Honoré 321
Davidov, Vladímir 209, 210
Debussy, Claude –267
De Max (Eduard Alexandre Max, dito) 282
Denikin, Anton 302, 355
Denis, Maurice 116
Dénissov, Vassili 157
Deutsch de la Muerthe, Henri 282
Diaghilev, Serguêi 95, 108, 197, 210, 280, 282, 315, 493, 509
Diderot, Denis 614
Di Grasso 47
Dikei, Alexei 515, 602
Dimov, Óssip 137, 148
Dmitriev, Vladimir 368, 610, 639
Dobujínski, Mstislav 195, 218, 237
Dohnányi, Erno 242
Donskoy, Guéorgui 267

Dostoiévski, Fiódor 39, 79, 345
Dovjenko, Aleksandr 569, 570, 587
Driesen, barão 236, 237
Drobnis, Iakov 41, 594, 595, 603, 618, 643
Dullins, Charles 15, 26, 509
Dumas Filho, Alexandre 21, 38, 52, 62n, 547, 550, 551
Duncan, Isadora 120, 231, 233, 276, 280, 394, 428
Duse, Eleonora 233-236

E
Egorov, Vladímir 325, 326
Ehrenburg, Ilia 281, 363, 436, 564, 565, 600, 601, 609, 610, 623n, 639, 640
Eichenwald, Iuli 217
Einsenstein, Serguêi 22, 23, 24n, 30, 392, 393, 411, 434, 585, 601, 629, 639, 640
Ekk, Nicolai 458, 629
Ekskusovitch 336, 339
Elaguim, Iuri 448, 583, 584, 585
El Lissístzki 477, 514
Erdman, Boris 404
Erdman, Nicolai 57, 404, 443, 444, 494, 523, 526, 530, 532, 533, 623n
Ermilov, Vladímir 506
Ermolova, Maria 82
Evrêinov, Nicolai 37, 196, 197, 216, 217, 237, 320, 330, 367

F
Fadiev, Aleksandr 578, 579, 590
Faixo, Alexei 420-422, 423, 439, 440, 442
Fedin, Konstantin 494, 610, 639, 640
Feona, Alexei 140
Ferdinandov, Boris 404, 405
Fevralski, Aleksandr 489, 492
Field, John 481
Filipova, Ekatrina 148
Fiodorov, Vassíli 312n, 393, 452, 455
Fokin, Valeri 11, 258, 259, 260, 280, 281, 626
Fort, Paul 282
Franck, César 84
Frederix, conde 315
Frederix, Maria (irmã de Meierhold) 50
Frederix, Vsevold 39
Freud, Sigmund 226
Fritche, Vladímir 345

Frunze, Mikhail 448
Fuchs, Georg 26, 105, 137, 222, 223, 282
Fuller, Loie 276

G
Gabrilóvitch, Evgueni 38n, 40, 42, 43, 48, 50, 52
Gaideburov, Pavel 147, 303, 330
Galitski 68
Gan, Alexei 314, 364, 365, 408
Garin, Erast 390, 400n, 406, 407, 413, 437, 447, 452, 461, 465, 469, 479, 480, 481n, 509, 516, 590, 610, 629, 630, 639
Garschin, Vsévolod 78
Ginesty, Paul 282
Giotto di Bondone 153
Gladkov, Aleksandr 29, 30, 66, 67
Glazunov, Aleksandr 312, 336, 625n
Glébova, Olga 148
Glier, Reingold 515
Glinka, Mikhail 465, 467, 550
Gluck, Christoph, Willibald 219, 256, 258, 259
Gnedich, Piotr 209
Gnessin, Mikhail 251, 268
Godunov, Boris 247
Goethe, Johann Wolfang von 137, 349, 539
Gógol, Nicolai 38, 56, 71, 79, 109, 345, 380, 391, 435, 451, 459, 460-463, 465, 540, 560, 561, 591, 626
Goleizovski, Kassian 362, 438
Golovanov, Vladímir 589
Golóvin, Aleksandr 109, 200, 207, 210, 215, 227, 228, 247, 248, 256, 258, 259, 260, 266, 268, 292, 300, 305, 308, 312, 315, 316, 320, 333, 344, 346, 370, 537, 545, 623
Golubev, Andréi 200, 201, 265, 346
Górki, Maxim 30, 73, 97, 101, 107, 118, 129, 130, 147, 151, 158, 200, 257, 330, 347, 361, 380, 450, 555, 566
Gorodetski, Serguêi 128, 148
Gorodinski 496
Goya (Francisco José de Goya y Lucientes, dito) 178, 264, 395, 406
Gozzi, Carlo 268, 288, 291, 408
Granovski, Aleksandr 381, 488
Grétry, André Ernst Modeste 558
Grey, Anna (Barsova) 279, 643, 664
Grey, Frederic 596, 603, 643-645

Griboiêdov, Aleksandr 101, 480, 481, 564, 581
Grieg, Edward 382, 562
Grigoriev, Apollon 303
Grigoriev, Boris 249, 577
Grillparzer, Franz 197
Griptch, Alexei 218, 290, 346
Groppius, Walter 520
Grossman, Leonid 462
Grudina, D. 544
Guerman, Iuri 537
Guglielmo, Ebreo 276, 277
Guiches, Gustave 284
Guilherme II 79
Gumiliov, Lev 196, 386
Gurevitch, Liubov 213
Gvozdiev, Aleksandr

H
Hamsun, Knut 11, 197, 203, 211, 212, 213
Hardt, Ernst 215, 219, 225
Hauptmamm, Gerhardt 88, 89, 91, 95, 96, 101, 105, 106, 107, 109, 111, 203
Heiberg, Gunnar 167, 168
Heiermans, Herman 106
Hippus, Zinaida 299, 300
Hitler, Adolf 538
Hoffmann, Ernst Theodor Amadeus 241, 243, 254, 264, 272, 273, 274, 275, 309, 352, 413
Hofmannsthal, Hugo von 158, 168, 171 172, 197, 203, 219, 227, 228

I
Iagoda, Guenrik 479
Iakontov, Vladímir 479
Iakulov, Gueorgui 344, 345, 370
Ianova, 325, 326
Iartsev, Piotr 169, 341-342
Ibsen, Henrik 88, 92, 95, 101, 105, 106 107, 109, 111, 137, 138, 142, 149, 150, 159, 167 168, 170, 171, 172, 189, 195, 203, 212, 234, 335, 356, 382, 392
Idánov, Andréi 29, 65, 552, 55, 566, 573
Idánova, Maria 326
Idánov, O. P. 382
Iessiênin, Konstantin 458, 570, 600
Iessiênin, Serguêi, 27, 385-387, 388, 391n, 404, 428, 429, 450, 451, 458

Iessiênin, Tatiana 23, 428, 458, 550, 600, 621, 622, 623
Iejov, Nicolai 37, 41, 48, 66, 572, 590, 592n, 593n
Ignatov 296
Ildebrando di Parma (Ildebrando Pizzetti, dito) 280
Ilínski, Igor 21, 365, 399, 403, 440, 441, 445, 457, 477, 486, 487, 496, 509, 516, 533, 541, 542, 553, 554, 562, 619, 629, 630
Immermann, Karl 213
Inkijinof, Valeri 328
Iordanski, Nicolai 150
Iujin ver Sumbatov, Aleksandr
Iurievi, Iuri 217, 247, 319, 320, 321, 536, 541, 542, 546, 573
Iuschkévitch, Semion 151, 285
Iussupov, príncipe 217, 302
Iutkevitch, Serguêi 325, 629
Ivan IV, o Terrível 43
Ivánov, Viastcheslav 25, 95, 124, 126, 127, 128, 148, 148, 168, 238, 266, 450, 639, 640
Ivánov, Vsévolod 525, 610
Ivánova, Vera 148,200

J
Jouvet, Louis 509
Joyce, James 464

K
Kafka, Franz 626
Kaganovitch, Lazar 533
Kalinin, Mikhail 489
Kalmakov, Nicolai 197
Kamenev, Lev 345, 404, 408, 448, 461, 476, 594, 595,
Kameneva, Olga 345, 346, 357, 366, 415, 595, 603, 643
Kamenski, Vassíli 345
Kandibin, general 616, 619
Karatyguin 304
Karpov, Evstaki 313, 314, 337, 340, 342
Katchálov, Vassíli 214, 492, 553
Kazin, Vassíli 443
Kelberer, Alexei- 393, 577n
Kellerman, Boris 436
Kerenski, Aleksandr 324, 328, 343

Kerjenstsev, Platon 12,19, 29, 33, 35, 36, 38, 50, 52, 53, 57, 59, 60, 61, 64, 65, 66, 360, 450, 489, 490, 531, 573, 582, 593, 594, 625
Kheraskova, Aleksandra (Aleksandra Reich, dita) 428, 564, 589
Khlébnikov, Velimir 345
Khnopff, Fernand 369
Khodótov, Nicolai 215, 293
Khoklov, Konstantin 326
Kholmskaia, Zinaida 217
Kírov, Serguêi 29, 73, 536, 555, 563, 573, 589
Kirschon, Vladímir 34, 518
Kirsanov, Semion 610, 639, 640
Kisseliov, V. P. 459
Kiukhelbeker, Vilguelm,- 481
Klitchkov, Serguêi 386
Kniájnin, Vladímir 239
Kobulov, Bogdan 593-597, 601
Kochevérov, Aleksandr 98
Kock, Paul de 76
Kolenda, Viktor 168, 169, 172
Koltschak, Aleksandr 302, 354
Koltsov, Mikhail 30, 572, 578, 594, 601, 604, 621
Komissarjévskaia, Vera 19, 131, 132, 137, 140, 141, 147-151, 153, 157-161, 166, 169, 172, 173, 177-183, 186-190, 192-200, 206, 210, 213, 253, 254, 271, 310, 388, 575, 588
Komissarjévski, Fiódor (pai de V.K.) 147
Komissarjévski, Fiódor (irmão de V.K.) 147, 175, 180, 185, 190, 195, 197, 216, 330, 365, 399, 470
Kontchalóvski, Piotr 67
Koreniev, Mikhail 459, 564
Korolieva, Nina 604
Korovin, Konstantin 344
Korsch, Fedor Adamovich 82
Kossariev 606
Kossior, I.V. 543, 606
Kossóvski 81
Kostromskoi 105
Kovalenko 336
Kozlov, M. B. 616, 617, 619
Kozirev 364
Kreisler, Johannes 274
Krivitski, tenente 620, 623
Krupskaia, Nadejda 372
Krueger, Viktorina 64
Kseschínskaia 208

Kudlai, Piotr 50
Kugel, Aleksandr 152, 155, 186, 188, 190, 217, 321, 462
Kuibischev, Valerian 73
Kukriniksi (pseudônimo coletivo do grupo de cartunistas Mikhail Kuprianov, Porfiri Krilov e Nicolai Sokolov) 495
Kulbin, Nicolai 265
Kulisch, Panteleimon 543, 544
Kun, Bela 376, 457
Kurbas, Less (Aleksandr) 542-545
Kustodiev 109
Kutiepov, general 493
Kuzmin, Mikhail 128, 148, 174, 176, 200, 202, 226, 239, 265, 289, 312
Kuznetsov, Evgueni 371

L
Labiche, Eugène 404, 581
Lander, Karl 381
Lapina (Irina Lapina, dita) 610, 639, 640
Lavrentiev, Andrei 332, 645
Lawrence, D. H. 168
Leblanc, Georgette 282
Lênin (Vladímir Ilitch Ulianov, dito) 53, 54, 73, 296, 324, 336, 358, 361, 368, 372, 377, 379, 410, 414, 431, 448, 461, 518, 586, 594
Lenormand, Henri 511
Lentulov, Aristarkh 330
Lérmontov, Mikhail 79, 215, 292, 299, 300, 311, 312
Levidov, Mikhail 462
Levitski, Aleksandr 325
Liatchev 41
Lebedinski 515
Lifar, Serguêi 509
Lilina, Maria 71
Liubtchenko, Panas 543
Lipkovskaia 294
Lipman 438
Liszt, Franz 382, 442, 631
Litvínov (Maksim Valakh, dito) 540, 579
Loyd, Harold 450
Lloyd George, David 378
Lokschina, Hassia 452, 453, 459, 479, 489, 590
Lothar, Rudolf 380
Luís XIV 247, 308
Lujski, Vassíli 212

Lunatchárski, Anatoli 19, 54, 158, 285, 303, 330, 335-340, 345, 347, 349, 350, 353, 357, 358, 361, 364, 372, 381, 382, 387, 416, 442, 446, 457, 462, 463, 484, 489, 518, 632
Lubitsch 438
Lugné-Poë (Aurélien-Françoise-Marie Lugnê, dito) 180
Luscinius, Wolmar. *Ver* Soloviov, Vladímir
Lutze, Vladímir 22, 393, 397, 629

M

Maeterlinck, Maurice 95, 101, 102, 105, 108, 109, 111, 112, 114, 117, 121, 123, 124, 132, 134, 137, 148, 152, 156-158, 160, 164, 165, 168, 170-172, 180, 181, 187, 189, 228, 254, 302
Maiakóvski, Vladímir 36, 55, 57, 196, 323, 335, 341, 345, 348-353, 355, 365, 377-382, 411, 439, 443, 462, 477, 494, 495, 497, 502-508, 516, 526, 533, 554, 556, 560, 608
Makóvski, Serguêi 217
Makovski, Vladímir 416
Malakov 415
Malevitch, Kazimir 350
Maliavine, Filipp 204
Malinovskaia 86
Maliutin, Iuri 322
Malraux, André 30, 451, 610, 617, 625
Malraux, Roland 30, 617
Mamôntov, Sava 113, 118, 208, 225
Mandelstam, Óssip 31, 37, 147, 150, 174
Manet, Édouard 545, 550
Maria Fiodorovna (tsarina) 258, 284
Maria Pavlovna
Marienhof, Anatol 386
Marinetti, Filippo Tommaso 280, 283
Markov, Pavel 434, 455, 462, 463, 553
Martinet, Marcel 367, 410, 411, 414, 596
Martinson, Serguêi 509, 515
Masaniello (Tommaso Aniello d'Amalfi, dito) 348
Maslovskaia, S. D. 348, 363
Matskin, Aleksandr 38
Maupassant, Guy de 44, 152, 293, 547
Medvedev 601
Mei, Lev Aleksandrovitch 84
Meiergold, Alfredo (irmão de V. M.) 78
Meiergold, Boris 77
Meiergold, Emil (pai de V. M.) 77, 78, 80

Meiergold, Fiódor 77, 80
Meiergold, Lidia 77
Meierhold, Irina 142, 143, 355, 357, 363, 387
Meierhold, Maria (Marussia) 83, 142, 354, 355, 387
Meierhold, Olga. *Ver* Munt, Olga
Meierhold-Vorobiova, Tatiana 22, 143, 355, 386, 454
Mejlok, V. I. 594
Mendeleev, Dmítri 253
Mereikóvski, Dmítri 55, 56, 95, 230, 300, 306, 307
Messerer, Assaf 441
Mguebrov, Aleksandr 176, 202, 290, 365, 371
Micoian, Anastas 29, 66, 448
Míkhoels, Salomão [Schloime] 544, 550, 580, 581, 584, 585, 601
Miliutin, Nicolai 594, 596, 643, 644
Molière 215, 219, 238, 246-249, 256, 309, 310
Mologin, Nicolai 513
Molotov, Viatcheslav 29, 449, 513, 579, 580, 596, 611, 613, 615, 619, 627, 633
Moltchánov, Anatoli 208
Monatte, Pierre 411
Monet, Claude 545
Morozov, Sava 96
Moskvin 89, 91
Mottl, Felix 225
Mozart, Wolfgang Amadeus 309, 481
Mravínski, Evgueni 51, 608
Munt, Ekaterina (Katia) 75, 78, 82, 97, 104, 113, 138-139, 148, 175, 186, 201, 265
Munt, Olga (primeira esposa de Meierhold) 72, 78-80, 83, 142-146, 252, 387, 388, 575, 621
Munte, Suzanne 282
Muraviov 337, 338
Mussolini, Benito 450
Mussórgski, Modest Petrovich 207, 219, 257

N

Naidionov, Serguêi 111
Naprávnik, Eduard 225
Nazarov 66
Neeze, Alvina (mãe de Meierhold) 77
Nemiróvitch-Dantchênko, Vladímir 68, 70, 76, 84-89, 91, 93, 95-97, 105, 108, 111, 118, 119, 159, 178, 205, 212, 219, 306, 315, 405, 560, 569, 580, 623n
Nicolau I 291, 308, 555

Nicolau II 314
Nietzsche, Friedrich 25, 95, 126, 127, 213
Nijinski, Vaslav Fomitch 284
Nikonov 52
Nikonov, A. 624
Nikuline, Lev 550
Nissimovna, Lídia 599

O

Oborin, Lev 67n, 481
Offenbach, Jacques 547, 562
Okado, Yosiko 605
Okhlopkov, Nicolai 22, 406, 565n, 623n, 629, 643
Olescha, Iuri 525-527, 553, 600, 601, 609, 610, 640, 641
Olescha, Olga 525
Oriechin, Piotr 386
Orlov, Dmítri 406, 417, 419
Ostróvski, Aleksandr 21, 38, 82, 85, 92, 101, 140, 209, 269, 303, 305, 313, 323, 416, 419, 423, 425-427, 430, 434, 435, 455, 456
Ostróvski, Nicolai 38n, 40, 42, 51, 58
Ozarovski 217

P

Pailleron, Édouard 85
Panina, condessa 216
Pantchulidze, marechal 79
Parnak, Valentin 438
Pasternak, Boris 29, 31, 66-68, 484-486, 600, 601, 609, 610, 623n, 625, 639, 640
Pavlov, Ivan 586
Pelsché 462
Perugino (Pietro di Cristoforo Vannucci, dito), o 115
Petliura, Simon 40
Petrov, Nicolai 314, 318, 319, 346, 462, 536
Pevtsov 102, 185, 186
Piast, Vladímir 239, 265
Piatakov, Gueorgui 41, 476
Picasso, Pablo 37, 101, 369, 493, 500
Picon-Vallin, Béatrice 405, 460
Pilniak, Boris 23
Pintsur, Israil 604
Piscator, Erwin 520, 543
Pitoeff, Marguerita 132

Plekhanov, Georgi 212
Pletniov, Valerian 360, 361, 363, 389, 462
Plevako 363
Podgaievski, Mikhail 443
Podgorni, Vladímir 551
Poe, Edgar 218
Pogodin, Nicolai 34, 565n
Popov, Alexei 580, 581
Popov, Nicolai 217, 391
Popova, Liubov 392, 412
Posticher, Pavel 533, 543
Potapenko, Ignati 76
Pototskaia 214, 215
PudóvkinVsévolod 553
Pugatchov, Emelian 386
Punin, Nicolai 346
Purischkevitch, Vladímir 284
Púschkin, Aleksandr 19, 36, 39, 79, 217, 219, 254, 264, 308-311, 345, 349, 467, 555-557, 559

R

Rachmáninov, Serguêi 221
Radek, Karl 41, 457, 476, 594, 596, 597, 603
Radlov, Serguêi 22, 68, 270, 271, 346, 629
Rafail, Mikhail 457, 593, 595, 603, 618
Rakóvski, Christian 476
Rameau, Jean-Philippe 247
Rasputin, Grigori 302
Reich, Aleksandra. *Ver* Kheraskova, Aleksandra
Reich, Nicolai 600, 621
Reich, Zinaida 23, 27, 30, 31, 37, 51, 59, 60, 62-64, 66, 71, 72, 385-388, 393, 428-431, 438, 440, 447, 449-454, 462, 464, 465, 467-469, 471, 474n, 477, 480, 485-488, 490, 494n, 499, 504, 512, 513, 516, 525, 528, 536, 545, 546, 549, 552, 562, 564, 569, 570, 574, 576-578, 589, 590, 592, 599-601, 619
Reinhardt, Max 26, 183, 264, 543
Reisner, Larissa 330, 335
Remarque, Erich Maria 587
Rêmizov, Alexei 78, 81, 83, 91, 103, 104, 122, 148, 195, 253, 261, 323, 345
Remizova, Varvara 468
Renoir, Auguste 545
Riabuschínski, Nicolai 208
Riajski, Boris 623
Ribot, Théodule 274

Rimbaud, Arthur 19, 327
Rímski-Kórsakov, Nicolai 221, 308, 335, 380
Rochemont, M. de 248
Rodin, Auguste 327
Rodos, Boris 598, 606, 607, 612
Rodtchenko, Aleksandr 441, 496
Roerich, Nicolai 237
Rolland, Romain 410
Romanov, família 227
Roschtchina-Insarova, Ekaterina 295, 304, 312
Rosmer, Alfred 410, 411
Ross, Sidney 512
Rossov, Nicolai 68, 80, 82
Rostand, Maurice 282
Rostotski 625
Rouché, Jacques 282, 283
Rudnítski, Konstantin 113, 244, 515, 550n, 556
Rutkovskaia 420
Roxanova 90
Rozanov, Vassíli 185
Rubinstein, Ida 280-282
Russolo, Luigi 283
Ríkov, Alexei 67n, 73, 336, 513, 594, 596, 597, 603, 618, 643, 644
Ryjkov 294

S
Sadóvski, Mikhail 62, 63
Sakhnovski, Vassíli 30, 435, 447
Saltikov-Chtchedrin, Mikhail 581
Samoilov, Evguêni 46, 47
Samossud, Samuel 555, 557
Samsonov, Aleksandr 296
Sánin, Aleksandr 210
Sapúnov, Nicolai 113, 117, 119, 122, 147, 149, 161, 208, 243, 245, 265, 266
Sardou, Victorien 293
Satz, Iliá 113, 176
Savina, Maria 208, 210, 301
Savitskaia, Margarita 87
Savonarola, Girolamo 413
Sazonova, Iulia 511
Schadr (Ivan Ivanov, dito) 327
Scheller, Aleksandr (dito Mikhailov) 76
Schiller, Friedrich von 380
Schnitzler, Arthur 101, 105, 137, 241, 242
Schöntan, Franz von 100

Schwartzman, Lev 598, 607
Scríabin, Aleksandr 221, 261, 517
Scribe, Eugène 337, 382
Schebalin, Vissarion 67n, 539, 610, 631, 639, 640
Schervaschidze, Alexandre (príncipe) 224, 226
Schestakov, Viktor- 418, 420, 479
Schibkov, Ivan 602, 609, 610, 612, 641
Schilovskaia, Émilia 140, 148
Schklóvski, Viktor 411, 462
Schlepianov, Iliá 446, 455
Schtschepkina-Kupernik, Tatiana 337
Schvarsalon, Vera 240
Schvernik, N. M. 622
Schostakóvitch, Dmítri 10, 22, 28-31, 37, 41, 50, 67n, 441n, 481, 496, 557, 559, 562, 585, 591, 608, 610, 631, 639, 640
Seifulina, Lidia 38, 39, 610, 639, 640
Seki, Sano 605, 644
Selvínski, Iliá 34, 367, 494, 497, 526, 615
Serebriannikova, Natalia 464, 516
Serguêi Mikhailovitch, grão-duque 208
Serikov, Pavel 597, 612
Serov, Aleksandr 28
Serov, Valentin 280
Shakespeare, William 19, 28, 209, 375, 526, 565, 620, 631
Shaw, George Bernard 235, 299
Sholokhov, Mikhail 28
Simon-Demanche, Louise 330
Simov, Viktor 214
Sinelnikov 303
Skarskaia 147
Skobelev, Mikhail 239
Slavin 544
Slonimski, Aleksandr 463
Smilga, Ivan 594
Smolin, Dmítri 391
Sneguirev 107
Sniejnitski, Lev 52, 67, 72, 548, 549
Sofronitski, Vladímir 67n, 557
Sokolov 41
Sollertinski, Ivan 557
Sologub, Fiódor 127, 129, 148, 149, 180, 189, 191, 193, 197, 204, 215, 217, 229-232, 263, 265, 285, 293, 323, 327
Sollogub, Vladímir, conde 218
Solodovnikov, Aleksandr 580, 581

Soloviov, Vladímir (Wolmar Luscinius) 265, 268--270, 277
Somov, Konstantin 128, 148
Sófocles 89, 251, 266
Sorokina 295
Sosnóvski 595, 603, 618
Suchkevitch 545
Sudéikin, Serguêi [Serge Sudeikin] 109, 113, 117, 119, 122, 131, 147, 153, 208, 239, 293-295
Sukhovó-Kobilin, Aleksandr 38, 52, 330, 331, 335, 345, 382, 405, 503, 540
Sulerjítski, Leopold 120
Sumbatov, Aleksandr (dito Iujin) 76
Sureniantz 168
Suvórin, Alexei 293
Suvorina, Anastássia 293, 295
Spaeth 547
Spielhagen, Friedrich 76
Stálin, Josef (Iossif Djougachvili, dito) 29-32, 36-38, 41, 52, 53, 55, 57, 66, 73, 336, 407, 445, 448, 458, 461, 472, 473, 488, 489, 491, 499, 505, 508, 518, 524, 533, 538, 552, 563, 566, 572, 578, 579, 582, 585, 587, 588, 592, 596, 599, 605, 607, 611, 613, 622
Stenitch 556, 557, 559
Stanislávski, Konstantin 11, 17n, 19, 22, 25, 69-72, 82, 83, 87-89, 91, 93, 96, 97, 105, 107-113, 118-121, 123, 126, 132, 135, 136, 140, 165, 168, 175-178, 199, 205, 217, 218, 245, 253, 254, 262, 271, 274, 282, 326, 405, 435, 455-457, 476, 492, 560, 569, 571, 574, 580, 584, 585, 603, 604, 618, 623n, 627-630, 634
Steiger, Edgar 104
Stenberg, Vladímir 50
Stendhal (Henri Beyle, dito) 76
Stepanova, Varvara 405, 406, 408
Sterenberg, David 335, 346, 640
Stetski, Alexei 533
Strauss, Johann 550, 562
Strauss, Richard 219, 227, 228, 260
Stravínski, Igor 185, 221, 335, 336
Strindberg, August 111, 266, 362, 380
Sudermann, Hermann 82, 84, 88, 105, 106, 140
Sverdlin, Lev 630
Sviderski, A. 488, 489

T
Taírov, Aleksandr 22, 68, 216, 330, 334, 335, 344, 362, 368, 370, 382, 508, 515, 531, 553
Tatlin, Vladímir 327, 368, 369, 437
Tchaadaiev, Piotr 481
Tchaikóvski, Modest 555-559
Tchaikóvski, Piotr 28, 233, 416, 555, 559, 562
Tchékhov, Anton 34, 55, 76, 78, 83, 88, 90-93, 96, 97, 101, 108, 111, 126, 194, 231, 293, 476, 556, 560, 561
Tchékhov, Mikhail 362, 457, 469, 488, 526
Tcherepnin, Nicolai 221
Tchírikov, Evguéni 111, 135
Tchistiakova, Valentina 402, 403
Tchitchagov, Konstantin 346
Tchkalov, Valeri 68
Tchubar, Vlas 606
Tchukóvski, Kornei 464
Tchulkóv, Guéorgui 130, 148, 169, 180, 186, 192, 200, 367
Teliakóvski, Vladímir 19, 95, 200, 203, 206, 208-210, 214, 222, 224, 226, 228, 231, 257, 258, 307, 313, 315, 319
Terechkovitch, Max 406
Thaelmann, Ernst 414
Tiapkina, Elena 464, 590
Time, Elizaveta 321, 546
Toller, Ernst 410, 457
Tolstaia, Sofia 451
Tolstói, Alexei 89
Tolstói, Lev 79, 95, 120, 249, 256, 342, 345, 391, 530, 565, 568
Torelli, Giacomo 437
Tukhatchévski, Mikhail 41, 376
Turguêniev, Ivan 79
Trailin, general 356
Treniov, Konstantin 501, 580
Trépov, Dmítri 200
Tretiakov, Serguêi 57, 411, 413, 438n, 443, 451, 454, 476, 494, 514, 626
Trótski, Lev 54, 55, 336, 345, 353, 376, 410-412, 415, 448, 461, 473, 475, 487, 490n, 497, 499, 519, 538, 594, 596, 603, 643
Tsariov, Mikhail 52, 68, 546-549, 552, 564
Tsetnerovitch, Pavel 43, 459
Tsvetaeva, Marina 421

U
Uliánov, Nicolai 113, 119, 161
Ulrich, Vassíli 41, 616, 617, 619
Ungern, barão 180, 203, 205
Urusov 90

V
Vakhtângov, Evguêni 25, 165, 245, 626
Vakhtângov, Serguêi 131, 519, 528
Valentei-Vorobiova, Maria 622, 623, 625
Varlámov, Konstantin 209, 247, 248
Vaschkévitch 128
Vassilévski 49
Velázquez (Diego Rodríguez de Silva y Velázquez, dito) 500
Velijev 416
Verbitski 571
Verhaeren, Émile 54, 366, 370-372, 377, 381, 382, 411
Vereguina, Valentina 117, 138, 140, 148, 163, 201, 203, 212, 215, 265, 267, 278, 291
Vereguina, Vera 201
Verlaine, Paul 220
Veronese (Paolo Caliari, dito) 239
Virta, Nicolai 34
Vischnievskaia, Sofia 514, 529
Vischniévski, Vsévolod 34, 514, 516, 518, 525, 528-532, 538, 551
Vivien, Leonid 346, 347, 573
Vogak, Konstantin 268, 270
Volin, B. 595
Volkonski, Serguêi 95, 147, 208, 222, 302, 315
Vólkov, Nicolai 388
Vólkov, Dmítri 83
Volokhova, Natália 140, 148, 166, 187, 200-202
Voltaire 220
Voronin 597, 598, 607, 609, 612
Voronov 312
Voronski, Aleksandr 457
Vrubel, Mikhail 220
Vischinski, Andrei 580-582, 586, 588
Vissotskaia 267

W
Wagner, Richard 84, 219-225, 227, 259, 297, 380, 391n
Wagner, Wieland 225
Weber, Carl Maria von 550
Wechter 82
Wedekind, Frank 107, 149, 168, 179, 181, 184-186, 190, 203, 204, 263
Wilde, Oscar 197, 324
Wise, Robert 452
Willy, Colette. *Ver* Collete
Wolf-Ferrari, Ermanno 202, 294

Y
Yoshido, Yoshima 605, 645
Yoshiko, Okada 605

Z
Zagárov, Aleksandr 105-107, 210
Zaitchikov 365, 399, 403, 413, 503, 515, 619
Zakuschniak, Aleksandr 187
Zandin, Mikhail 258
Zatonski 543
Zavadski, Iuri 480, 553, 568, 582
Zetkin, Clara 457
Zilotti 337, 339
Zinoviev, Grigori 296, 448, 461, 475
Zinovieva-Annibal, Lidia 128, 240
Znosko-Boróvski, Evguêni 158, 243
Zochtchenko, Mikhail 525
Zola, Émile 547, 551
Zonov, Arkadi 197, 212

Índice de Obras

A

Abismo, O 85
Acrobatas, Os 100
Adesão ao Partido,A 20, 537-540
Aglavaine e Sélysette 108
Águia Branca, A 492
Ajeitam-se Entre Si 85
Alegres Dias de Raspliuiev, Os 331
Alemanha 528-529
Alexandre Dumas et Marie Duplessis 547
Almas Mortas 429, 626
Almas Solitárias 91
Amantes, Os 267, 283
Americanos, Os 76
"Amor de M., O" 553
Amor de Três Laranjas, O 268, 270
Amor Tardio 85
Angústia,A– 104
Aniversário, O(ex Jubileu, O) 561,562
Anúncio Feito a Maria, O 362
Anuário dos Teatros Imperiais 221
Antepassados, Os 197
Antes do Nascer do Sol 91
Antígone 89, 251
"Antitradição Futurista, A" 283
Ao Oeste É a Guerra(ex Alemanha) 531
Aos Meierhold 485
Apoteose do General Branco, A 293
Aristocratas, Os 565n
Arlequim Casamenteiro 265, 279
Art théâtral moderne, La 282
Às Portas do Reino 197, 203, 209, 211, 215
Ascensão de Hannele, A 89
Assim foi Temperado o Aço 40, 58, 69
Auroras, As 20, 54, 366-373, 374, 376, 377, 379, 380, 381, 383, 411, 448, 457
Auroras do Prolekult, As 380

B

Banhos, Os 417, 502-506, 516
Baile de Máscaras 22, 215, 290-292, 297, 304, 311, 312- 322, 536, 545, 573, 574
Balança, A(balé) 380
Barraca de Feira 148,160-164, 178, 182, 185, 198, 202, 203, 204, 230, 242, 253-256, 263, 288-290, 608
"Barraca de Feira" 261, 268, 271
Batalha das Borboletas, A 84, 140
Belga,O 293
Boêmios, Os 222
Boa Esperança, A 106
Boris Godunov 12, 36, 37, 207, 219, 256-257, 356, 557
Bubus, o Preceptor 423, 435, 439-443, 446, 447, 457, 469, 487, 563
Bufão no Trono, O. Ver Rei Arlequim, O
Brand 159

C

Cadáver Vivo, O 256, 343
Cagnotte, La 404
Caim 137, 138, 362
"Camarada" Khlestakov, O 391
Carta a uma Mulher 428-429
"Carta sobre Meierhold" 553
Canhoneira de Yang-Tse, A 452
Caprichos, Os 395, 406
Casa de Bonecas- 140, 159-160, 161, 195, 196, 233, 356, 366, 391-392
Casamento de Fígaro, O 374, 467
Casamento de Zobeida, O(ex Jovem Moça, A)- 168, 171-173
Caso,O 330, 331, 332 540
Cegos, Os 108
Cenas da Época da Cavalaria 264
Círculo Verde, O 299-302, 304
Chtchors 569, 570, 587
Cinco Anos do Teatro de Meierhold 408

Circo, O (Picasso) 500
Corno Magnífico, O 390, 394-403, 404, 406, 413, 415, 446, 448, 457, 469, 477, 484, 509, 608, 631, 633
Coração Ardente 435, 455, 456
Colega Crampton, O 106, 111
Comédia com Assassinato 477
Comédia do Amor, A 167, 169-170, 194, 382
Comédia Feérica 36
"Como Faz um Pássaro para Levantar Voo?" 584
Conspiração de Rienzi, A 380
Conspiração dos Sentimentos, A 525
Conto Eterno, O 156-158, 181
Contos (Hoffmann) 241
Convidado de Pedra, O 213, 308-311, 314
Copo d'Água, O 337
Crepúsculo 211
Crepúsculo dos Deuses, O 222
Crimes e Crimes 266
Crise do Individualismo, A 127
Crise do Teatro, A 217

D

"Da Cacofonia à Guisa de Música" 28
Dama das Camélias, A 21, 3, 34, 38, 49, 52, 60-62, 69, 219, 233, 429, 545-552, 560, 581, 586
Dama de Espadas, A (novela) 555, 586
Dama de Espadas, A (ópera) 28, 32, 34, 69, 72, 555-560
Dama do Mar, A 101, 172, 355
Das Werdendesneuen Dramas 105
Desejado, Mas Não Esperado 294
Desgraça do Espírito 55, 69, 408n, 429, 478-487, 564
Desgraça de Ter Espírito, A 80, 101, 478, 564-566, 581
Despertar da Primavera, O 149, 179, 183-187
...moiselles d'Avignon, Les 207
Desconhecida, A 263, 288
Devoção à Cruz, A 238-241, 245, 266
Diário Íntimo (Meierhold) - 68, 79, 80, 84
Dias dos Turbin, Os 505, 508
Die Schaubühne der Zukunft 105
Dinheiro Insano 101
Divertissement 294
"Do Drama" 311
Do Teatro 199, 249, 256, 261-264, 268n, 282
Dois Irmãos, Os 299
Dois Orfãos, Os 390

Dom Juan 209, 215, 219, 238, 246-249, 256, 263, 285, 308, 535-536, 546
Dom Sábio das Abelhas, O 127, 148
Dom Silencioso, O (ópera) 28
Donzela da Neve, A 92, 335, 344
Dramaturgia e a Atuação Teatral, A 102

E

É a Luta Final! 20, 515-518, 519, 528, 529, 533
Echarpe de Colombina, A 241-245, 263, 283, 290
Édipo Rei 404
Elektra 197, 203, 204, 219, 226-228, 258, 259
Emploi do Ator, O 398
Érico XIV 362, 380
Espectros 137
Espírito da Terra, O 190, 203
Estalagem Vermelha, A 256
Eu Quero uma Criança 57, 476, 494, 514

F

Faina 166
Fausto 441
Favorita de Carlos Magno, A 203
Fenella, ver *Muda de Portici, A*
Festa de São Jorge, A 541
"Filho Doutor Stockmann, O" 212
Filhos do Sol, Os 147
Fim de Sodoma, O 106, 140
Flavia Tessini 337
Flautas Noturnas 294
Floresta, A 21, 38, 49, 69, 101, 423, 425-434, 446, 448, 457, 458, 464, 469, 484, 509, 510, 511, 512, 533, 561, 586, 628
Fogo, O 20, 296-299
Francesca de Rimini 196
Frutos da Instrução, Os 391

G

Gaivota, A 76, 89, 93, 101, 123, 126, 132, 178, 194, 195, 231, 313, 585
Galo de Ouro, O 380
Gógol e o Diabo 55
Gógol e Meierhold 463
Governador, O 492
Grande Enciclopédia Soviética 66
Grita, China! 57, 435, 451-455, 458, 469, 509, 510
Grito da Vida, O 138

Gruta de Salamanca, A 269
Guarda Branca, A 456
"Guerra e o Teatro, A" 298

H
Hamlet 37, 67, 245, 366, 487,494n, 620
Hedda Gabler 137, 138, 140-142, 145, 148, 149-150, 179, 195, 310
Hernani 299
Himeneu 459
História da Guarda a Cavalo 79
Honra e Vingança 218

I
Ilha dos Mortos, A 134
Infância 380
Intendente Ivan e o Pajem Jehan, O 197,263
Interior 101, 108
Intervenção, A 544
Intriga e Amor 380
Intrusa, A 108
Inveja, A 525
Irmã Beatriz 148, 152-156, 181, 187, 188, 196, 198
Irmãos de Hoje, Os 237
Iuri Mirolavski 467
Ivan, o Terrível 22

J
"Jalões" 121
Jogadores, Os 460
Jardim das Cerejeiras, O 102, 556
Jogo da Vida, O 111, 211
Jogo de Teófilo, O 237
Jogo do Diabo à Espreita de um Homem Íntegro e a Moralidade da Vida e da Morte, O 195
Jovem Moça, A. Ver *Casamento de Zobeida, O*
Jubileu, O. Ver *Aniversário, O*
Judeus, Os 135

K
Khovantchina, A 280

L
Lady Macbeth de Mtesensk 28, 29
Lago Lul, O 420-423, 438, 446
Lista das Benesses, A 429, 520, 525-528

Liubov Iarovaia 501
Locandiera, La 87, 89

M
Macbeth 114
Mademoiselle Fifi 44, 292-293
Maklena Grassa 543
Malva 97
Mandato, O 408n, 435, 443-449, 457, 458, 533
Máscaras Negras, As 197
Me eum esse 123
"Meierhold contra o Meierholdismo" 32
Memórias (Garin) 407
Memórias (Schostakóvitch) 41
Memórias (Teliakóvski) 200
Mercador de Veneza, O 89
Mestre e Margarida, O 66n
Metamorfose, A 626
Michael Kramer 95
1914 302
Milagre de Santo Antônio, O 137, 138, 160, 164-166, 182, 196
Mistério Bufo (primeira versão) 230, 348, 349-353, 355, 365, 366, 457, 504
Mistério Bufo (segunda versão) 55, 376-381
Monna Vanna 102
Morte de Ivan, o Terrível, A 91
Morte de Pazukhin, A 581
Morte de Tarelkin, A 330, 331, 332, 404, 405-409, 415, 417, 446, 457, 503, 540
Morte de Tintagiles, A 111, 113-121, 132-133, 135, 138, 153, 178, 187
Morte do Cisne, A 441
Muda de Portici, A 335, 336, 348
Mundo em que nos Aborrecemos, O 85

N
Na Cidade 150-152
Nada de Novo no Front 587
Não é Sábio Quem Sucumbe 435
Não se Vive como se Quer 85
Natascha 38, 69
Nesses Dias 293
Neve 102, 103, 104, 107, 111, 122
"Nietzsche e Dioniso" 127
No Fundo 101, 151, 380
Noite, A 367, 410, 411, 596

Noite de Maio, A 314
Noite de Reis, A 91
Noiva do Tsar, A 84
Nos Sonhos 95, 96
Noturno (Chopin) 441
Novo Front, O 380
Núpcias de Kretchínski, As 38, 52, 330, 331, 540-542

O

Obra de Arte do Futuro, A 220
Olga, Filha de Funcionário 85
Ondina, A. Ver *Russalka, A*
O Que É a Arte? 568
Orfeu e Eurídice 219, 256, 258-260
Ouro do Reno, O 222
Otelo 82, 83

P

Papoula Vermelha, A 515
Pato Selvagem, O 95
Pátria, A (Sardou) 293
Pátria, A (Sudermann) 82
Pavel Kortchaguin. Ver *Uma Só Vida*
Pavilhão de Armida,O 219
Pedido de Casamento, O 556, 561, 562
Pedro, o Padeiro 343
Pelléas e Mélisande 149, 180, 187-190
Percevejo, O 36, 487, 494-497, 503, 504, 507, 533, 608
Petrúschka 218
Pigmalião 299, 304
Pisanela ou a Morte Perfumada,A 280, 281, 282
Poema do Machado, O 34
Poema sem Herói 292
Prelúdios (Debussy) 267
Primavera, A 134
Princesa, A (ex *Salomé*) 197
Príncipe Constante, O 299
Príncipe Igor, O 336, 338
Prólogo 218
Psique 84, 390

Q

Quando Despertamos de Entre os Mortos 92
Queda da Casa de Usher, A 218

R

Reconstrução do Teatro, A 521
Reféns da Vida, Os 215, 229, 233
Rei, a Lei e a Liberdade, O 302
Rei Arlequim, O 380
Rei Lear 544
Rei na Praça, O 148
Rendição de Breda, A 521
Respeitado Camarada! 525
Retrato de Dorian Gray, O 324, 325, 326
Revizor, O 38, 49, 52, 55, 64, 69, 380, 391, 435, 451, 456, 459-469, 484-486, 495, 504, 509, 510, 511, 520,562, 586, 628
Ricardo Coração de Leão 558
Rigoletto 570, 571
Ritmo, O 34
Robin e Marion 237
Roma (sinfonia) 84
Românticos, Os 306-308
Rosa e a Cruz, A 252, 287
Roseira Brava, A 76
Rouxinol, O 185, 335, 336, 344
Russalka, A (*Ondina, A*) 39, 83

S

Sábio, O 435
Sagração da Primavera, A 280
Salomé 197
Schluck e Jaú 118
"*Segredo da Solidão e da Morte na Obra de Maeterlinck, O*" 109
Segredo de Suzana, O 202, 294
Segundo Comandante do Exército, O 17n, 20, 57, 367, 494, 497-501, 519, 615
Semíramis 220
Servos, Os 209
Siegfried 222
Sinfonia n. 5(Schostakóvitch) 50
Sinfonia n. 6 (Schostakóvitch) 591, 608
Sino Submerso, O 106
Solista da Corte, A 107
Solness, o Construtor 195, 203
Sonata ao Luar 539
Sonho de uma Noite de Verão 101
Sortilégios dos Mortos 327
Suicida, O 57, 494, 530, 532-534

T

Tântalo 148
Tantris, o Bobo 215, 219, 225-226
Tartufo 247
"Teatro (Contribuição à sua História e à sua Técnica), O" 199
Teatro Criador, O 59
Teatro da Máscara Social, O 530
Tempestade, A 303-306
Terra, A 34
Terra Revoltada, A 20, 54, 409-414, 415, 446, 448, 457, 458, 520, 594, 595
Teses de Abril (Lênin) 324
Tesouro dos Humildes, O 108
Tetralogia, A 222
Tio Vânia 100, 216
Tirem as Mãos da Europa 20, 435, 436-439, 446, 457, 469, 513, 529
Tirem as Mãos da Europa Soviética 513-514,533
Tiro, O 57, 417, 502, 504, 533, 615
Tragédia 349
Tragédia de Hamlet, A 278
Tragédia de Nora Helmer, A 397
Tragédia do Amor, A 167, 168- 169
Tragédia Otimista, A 531, 551
"Trágico da Vida Cotidiana, O" 108
Traviata, La 219
Trem Blindado 14-69, O 476
Três Auroras 128
Três Irmãs, As 92, 99, 106, 441, 556
Três Magos, Os 237
Trinta e Três Desfalecimentos 34, 55, 560-563
Triunfo das (Grandes) Potências, O 20, 295-296, 355
Tristão e Isolda 219, 220-225, 238, 557
Troca, A 334, 335, 344
Truste " Tirem as Mãos da Europa", O 436
Tsar Fiódor Ioanovitch, O 89
.Túnel, O 436

U

Última Vítima, A 82
Últimas Vontades, As 85
Um Chapéu de Palha da Itália 581
Um Demônio de Pequena Envergadura 191
Um Inimigo do Povo 92, 94, 106, 107, 212
Uma Aventura de Stensgaard. Ver União dos Jovens, A
Um Emprego Lucrativo 12, 416-419, 423, 446
Uma Janela para o Campo 56, 473-475, 478
Uma Luva 84
"Uma Musa Revoltada" 327
Uma Só Vida (ex Pavel Kortchaguin) 20, 38n, 40, 42-50, 52, 61
União dos Jovens, A 382
Urso, O 556, 561, 562
Usina a Gás 402

V

Valor da Vida, O 76
Valquíria, A 222
Vampiro (O Espírito da Terra), O 204
Vassilissa Melentieva 85
Vendedora de Cigarros de Mosselprom, A 440
Veranistas, Os 107
"Verdade Supérflua, A" 121
Véu de Beatriz, O 241
Véu de Pierrette, O 242
Vida de Homen, A 114, 149, 173-179 180, 181, 186,195, 196, 198, 203
Vida pelo Tsar, A 336
Vitória da Morte, A 149, 180, 190, 191-194, 195, 203, 204, 225, 228
Vouloir 284

Agradecimentos

Meus agradecimentos se endereçam a todos aqueles que me ajudaram a realizar esta obra. Primeiramente, àqueles que conheceram o Mestre, como a atriz Serebrianikova e Aleksandr Fevralski, ou Raissa Beniasch, crítica de talento. Àqueles que o estudaram – como Konstantin Rudnitski, cuja perda é irremediável – e continuam a estudar – como Tatiana Batchelis, Béatrice Picon-Vallin, Alma Law, Edward Braun, Lars Kleberg ou Alexandre Cherel.

Meu reconhecimento e minha amizade vão muito particularmente a Maria Valentei-Vorobiova, a corajosa neta de Meierhold, que foi a artífice de sua ressurreição.

Eu não poderia ter trabalhado sem a ajuda de instituições tais como a biblioteca do Département des Arts du Spectacle da Bibliothèque Nationale de France; a Bibliothèque-Musée de l'Opéra, em Paris; a Bibliothèque de Langues Orientales, em Paris; os Arquivos Literários e Artísticos da Rússia, em Moscou; a Public Library de Nova York.

Meus deslocamentos foram facilitados pelo apoio do Ministério dos Negócios Estrangeiros (direção das relações culturais) e do Instituto Nacional das Línguas e das Civilizações Orientais.

Que me seja igualmente permitido agradecer aqui a Mireille Barthélemy, pelo trabalho exemplar de edição do manuscrito que ela realizou.

Muito obrigado a Jacqueline, por seus encorajamentos... e sua paciência.

G. A.

Este livro foi impresso na cidade de Guarulhos
nas oficinas da Cherma Indústria da Arte Gráfica Ltda.,
em março de 2011, para a Editora Perspectiva S.A.